U0896144

2017

中国社会统计年鉴

China Social Statistical Yearbook

国家统计局社会科技和文化产业统计司　编

Compiled by
Department of Social, Science and Technology, and Cultural Statistics
National Bureau of Statistics of China

图书在版编目（CIP）数据

中国社会统计年鉴. 2017 : 汉英对照 / 国家统计局社会科技和文化产业统计司主编. -- 北京 : 中国统计出版社, 2017.12
ISBN 978-7-5037-8429-3

Ⅰ. ①中… Ⅱ. ①国… Ⅲ. ①社会统计－统计资料－中国－2017－年鉴－汉、英 Ⅳ. ①C832-54

中国版本图书馆 CIP 数据核字(2017)第 300103 号

中国社会统计年鉴—2017

作　　者/国家统计局社会科技和文化产业统计司编
责任编辑/徐　涛　张会英
封面设计/李雪燕　王　芳
出版发行/中国统计出版社
通信地址/北京市西城区月坛南街 57 号　邮政编码/100826
办公地址/北京市丰台区西三环南路甲 6 号　邮政编码/100073
电　　话/邮购（010）63376909　书店（010）68783171
网　　址/http://www.zgtjcbs.com
印　　刷/河北鑫兆源印刷有限公司
经　　销/新华书店
开　　本/880×1230 毫米　1/16
字　　数/928 千字
印　　张/28.75
版　　别/2017 年 12 月第 1 版
版　　次/2017 年 12 月第 1 次印刷
定　　价/360.00 元

本书附同版本 CD-ROM 一张，光盘内容以书面文字为准。
如有印装差错，由本社发行部调换。

《中国社会统计年鉴—2017》
编委会和编辑人员

《China Social Statistical Yearbook 2017》 Editorial Board and Staff

编 者 说 明

一、《中国社会统计年鉴—2017》是一部反映我国社会发展相关领域基本情况的综合性统计资料年刊。书中收录了 2016 年全国和各省、自治区、直辖市社会发展各领域的主要统计数据以及重要年份的全国主要统计数据，同时收录了国际社会统计的主要数据。

二、本年鉴正文内容分为 13 个篇章。即：1.综合；2.人口家庭；3.卫生健康；4.教育培训；5.就业；6.收入消费；7.社会保障；8.居住环境；9.文化休闲；10.资源环境；11.公共安全；12.社会参与；13.国际资料。附录为主要统计指标解释。

三、本年鉴所涉及的全国性统计数据，除行政区划、土地面积和森林资源及特殊注明外，均未包括香港、澳门特别行政区和台湾省数据。

四、本年鉴所使用的度量衡单位均采用国际统一标准计量单位。

五、本年鉴中部分数据合计数或相对数由于单位取舍不同而产生的计算误差，均未做机械调整。

六、本年鉴资料分别来自于：最高人民法院、最高人民检察院、教育部、公安部、民政部、司法部、财政部、人力资源和社会保障部、国土资源部、环境保护部、住房和城乡建设部、交通运输部、水利部、文化部、国家卫生和计划生育委员会、国家新闻出版广电总局、国家体育总局、国家安全生产监督管理总局、国家林业局、中国地震局、中国气象局、国家海洋局、国家文物局、中央统战部、国家档案局、中华全国总工会和中国残疾人联合会等部门、国家统计局有关司。

七、符号使用说明:年鉴各表中的“空格”表示该项统计指标数据不详或无该项数据；“#”表示其中的主要项。

八、本年鉴编辑过程中，得到各相关部门的大力支持，在此表示衷心感谢。由于本年鉴涉及内容多、范围广，在资料的整理和编撰方面难免存在不足，敬请指正。

PREFACE

I. *China Social Statistical Yearbook 2017* is the comprehensive statistics yearbook which reflects various aspects related to social development. It is collected main social statistical data on provinces and national total data in 2016, also main social indicators of other countries/regions in some years.

II. This Yearbook includes 12 sections: 1.General Survey, 2.Population and Family, 3.Health and Wellness, 4.Education and Training, 5.Employment, 6.Earning and Consumption, 7.Social Security, 8.Living Condition, 9.Culture and Leisure, 10.Resources and Environment, 11.Public Safety, 12.Social Participation，13.International Statistical Indicators. Explanatory notes on main statistical indicators are provided in Appendix.

III. The national data in this Yearbook do not include those of the Hong Kong Special Administrative Region, the Macao Special Administrative Region and Taiwan Province, except for the divisions of administrative areas, the area of the national territory and forest resources and otherwise specified.

IV. The units of measurement used in the Yearbook are internationally standard measurement units.

V. Statistical discrepancies on totals and relative figures due to rounding are not adjusted in the Yearbook.

VI. Data in the Yearbook are sourced from the following departments: Supreme People's Court, Supreme People's Procuratorate, Ministry of Education, Ministry of Public Security, Ministry of Civil Affairs, Ministry of Justice, Ministry of Finance, Ministry of Human Resources and Social Security, Ministry of Land and Resources, Ministry of Environmental Protection, Ministry of Housing and Urban-Rural Development, Ministry of Transport, Ministry of Water Resources, Ministry of Culture, National Health and Family Planning Commission, General Administration of Press and Publication, Radio, Film and Television, General Administration of Sports, State Administration of Work Safety, State Administration of Forest, Earthquake Administration, Meteorological Administration, State Oceanic Administration, State Administration of Culture Heritage, the United Front Work Department of CPC Central Committee, State Archives Administration, All-China Federation of Trade Unions, China Disabled Persons' Federation, Some Departments of National Bureau of StatistIcs of China, etc.

VII. Notations used in the Yearbook：(blank space) indicates that the data are unknown, or are not available; "#" indicates a major breakdown of the total.

VIII. Our deep appreciation goes to many departments which provided supports in compiling this Yearbook. It is inevitable that there might be some mistakes in the book because of wide coverage involved in collecting and compiling social statistics. Suggestions from readers are welcome so as to improve the quality of this publication in the future.

目　　录

CONTENTS

一、综　合

General Survey

二、人口家庭

Population and Family

三、卫生健康

Health and Wellness

四、教育培训

Education and Training

五、就业

Employment

六、收入消费

Earning and Consumption

七、社会保障
Social Security

八、居住环境

Living Condition

九、文化休闲

Culture and Leisure

十、资源环境
Resources and Environment

十一、公共安全
Public Safety

十二、社会参与
Social Participation

十三、国际资料
International Statistical Indicators

附 录

Appendix

一、综　　合
General Survey

1-1 县及以上行政区划
Division of Administrative Areas at County Level and Above

单位：个 (unit)

年 份 Year	省 级 Provinces, Autonomous Regions and Municipalities	地 级（不含地级市）Administrative Areas at Prefecture Level (Excluding Cities at Prefecture Level)	县 级（不含县级市、市辖区）Administrative Areas at County Level (Excluding Cities at County level and Districts under the Jurisdiction of Cities)	市 Cities	#地 级 Cities at Prefecture Level	#县 级 Cities at County Level	市辖区 Districts under the Jurisdiction of Cities	县级合计 Number of Regions at County Level
1978	30	212	2153	193	98	92	408	2653
1979	30	211	2153	216	104	109	428	2690
1980	30	211	2151	223	107	113	511	2775
1981	30	208	2144	233	108	122	514	2780
1982	30	210	2140	245	112	130	527	2797
1983	30	178	2091	289	144	142	552	2785
1984	30	175	2069	300	147	150	595	2814
1985	30	165	2046	324	162	159	621	2826
1986	30	159	2017	353	166	184	629	2830
1987	30	156	1986	381	170	208	632	2826
1988	31	151	1936	434	183	248	647	2831
1989	31	151	1919	450	185	262	648	2829
1990	31	151	1903	467	185	279	651	2833
1991	31	151	1894	479	187	289	650	2833
1992	31	148	1848	517	191	323	662	2833
1993	31	139	1795	570	196	371	669	2835
1994	31	127	1735	622	206	413	697	2845
1995	31	124	1716	640	210	427	706	2849
1996	31	117	1696	666	218	445	717	2858
1997	33	110	1693	668	222	442	727	2862
1998	33	104	1689	668	227	437	737	2863
1999	34	95	1682	667	236	427	749	2858
2000	34	74	1674	663	259	400	787	2861
2001	34	67	1660	662	265	393	808	2861
2002	34	57	1649	660	275	381	830	2860
2003	34	51	1642	660	282	374	845	2861
2004	34	50	1636	661	283	374	852	2862
2005	34	50	1636	661	283	374	852	2862
2006	34	50	1635	656	283	369	856	2860
2007	34	50	1635	655	283	368	856	2859
2008	34	50	1635	655	283	368	856	2859
2009	34	50	1636	654	283	367	855	2585
2010	34	50	1633	657	283	370	853	2856
2011	34	48	1627	657	284	369	857	2853
2012	34	48	1624	657	285	368	860	2852
2013	34	47	1613	658	286	368	872	2853
2014	34	45	1596	649	288	361	897	2854
2015	34	43	1567	652	291	361	921	2850
2016	34	41	1537	653	293	360	954	2851

1-2 乡镇级行政区划
Division of Administrative Areas at Townships Level

单位：个 (unit)

年 份 Year	乡镇级区划数 Total Number of Administrative Areas at Townships Level	镇 Towns	乡级 Townships Level	#民族乡 Ethnic Townships	街道办事处 Street Communities	区公所 District Communities
1978	6195	2173				4022
1979	10424	2361			4444	3619
1980						
1981	11434	2678			4965	3791
1982						
1983	49695	2968	35514		5304	5909
1984	106439	7186	85290		5844	8119
1985	104900	9140	82450	3144	5402	7908
1986	83954	10718	61353	2936	5718	6165
1987	81025	11103	58739	3020	5680	5503
1988	65345	11481	45195	1571	5099	3570
1989	65419	11873	44624	1755	5420	3502
1990	65188	12084	44397	1980	5269	3438
1991	63391	12455	42654	1403	5186	3096
1992	54830	14539	33827	1348	5233	1231
1993	54863	15805	32445	1351	5470	1143
1994	54605	16702	31463	1322	5372	1068
1995	53360	17532	29502	1330	5596	730
1996	51336	18171	27056	1383	5565	544
1997	50967	18925	25966	1545	5678	398
1998	50999	19216	25712	1517	5732	339
1999	50750	19756	24745	1222	5904	345
2000	51024	20312	24555	1356	5902	255
2001	46369	20358	20012	1165	5972	27
2002	44822	20600	18640	1162	5516	66
2003	44067	20226	18064	1149	5751	26
2004	43275	19892	17534	1127	5829	20
2005	41636	19522	15951	1093	6152	11
2006	41040	19369	15306	1089	6355	10
2007	40813	19249	15120	1094	6434	10
2008	40828	19234	15067	1097	6524	3
2009	40858	19322	14848	1098	6686	2
2010	40906	19410	14571	1096	6923	2
2011	40466	19683	13587	1086	7194	2
2012	40466	19881	13281	1064	7282	2
2013	40497	20117	12812	1035	7566	2
2014	40381	20401	12282	1020	7696	2
2015	39789	20515	11315	991	7957	2
2016	39862	20883	10872	989	8105	2

注：民族乡中含1个民族苏木。
a) The data of ethnic townships includes one ethnic sumu

1-3 分地区行政区划（2016年底）
Divisions of Administrative Areas in China (End of 2016)

单位：个 (unit)

省级区划名称 Provinces, Autonomous Regions and Municipalities		地级区划数 Number of Regions at Prefecture Level	#地级市 Cities at Pre-fecture Level	县级区划数 Number of Regions at County Level	#市辖区 Districts under the Juris-diction of Cities	#县级市 Cities at County Level	#县 Counties
全 国	**National Total**	**334**	**293**	**2851**	**954**	**360**	**1366**
北京市	Beijing			16	16		
天津市	Tianjin			16	16		
河北省	Hebei	11	11	168	47	19	96
山西省	Shanxi	11	11	119	23	11	85
内蒙古自治区	Inner Mongolia	12	9	103	23	11	17
辽宁省	Liaoning	14	14	100	59	16	17
吉林省	Jilin	9	8	60	21	20	16
黑龙江省	Heilongjiang	13	12	128	65	19	43
上海市	Shanghai			16	16		
江苏省	Jiangsu	13	13	96	55	21	20
浙江省	Zhejiang	11	11	89	36	19	33
安徽省	Anhui	16	16	105	44	6	55
福建省	Fujian	9	9	85	28	13	44
江西省	Jiangxi	11	11	100	24	11	65
山东省	Shandong	17	17	137	54	27	56
河南省	Henan	17	17	158	52	21	85
湖北省	Hubei	13	12	103	39	24	37
湖南省	Hunan	14	13	122	35	16	64
广东省	Guangdong	21	21	121	64	20	34
广西壮族自治区	Guangxi	14	14	111	40	7	52
海南省	Hainan	4	4	23	8	5	4
重庆市	Chongqing			38	26		8
四川省	Sichuan	21	18	183	52	16	111
贵州省	Guizhou	9	6	88	15	7	54
云南省	Yunnan	16	8	129	16	15	69
西藏自治区	Tibet	7	5	74	6		68
陕西省	Shaanxi	10	10	107	29	3	75
甘肃省	Gansu	14	12	86	17	4	58
青海省	Qinghai	8	2	43	6	3	27
宁夏回族自治区	Ningxia	5	5	22	9	2	11
新疆维吾尔自治区	Xinjiang	14	4	105	13	24	62
香港特别行政区	Hong Kong Special Administrative Region						
澳门特别行政区	Macao Special Administrative Region						
台湾省	Taiwan						

注：乡镇级总数包含河北省、新疆维吾尔自治区的各一个区公所。
a) Number of regions at townships level include one district office of Hebei and Xinjiang separately.

1-3 续表 continued

单位：个 (unit)

省级区划名称	Provinces, Autonomous Regions and Municipalities	#自治县 Autonomous Counties	乡镇级区划数 Number of Regions at Townships Level	#镇 Towns	#乡级 Towns	#民族乡 minority towns	#街道办事处 Street Communities
全　国	**National Total**	**117**	**39862**	**20883**	**10872**	**989**	**8105**
北京市	Beijing		331	143	38	5	150
天津市	Tianjin		245	124	3	1	118
河北省	Hebei	6	2255	1107	845	49	302
山西省	Shanxi		1398	564	632		202
内蒙古自治区	Inner Mongolia		1014	503	272	18	239
辽宁省	Liaoning	8	1531	642	212	56	677
吉林省	Jilin	3	910	428	182	28	300
黑龙江省	Heilongjiang	1	1197	521	365	52	311
上海市	Shanghai		214	107	2		105
江苏省	Jiangsu		1287	763	69	1	455
浙江省	Zhejiang	1	1378	655	274	14	449
安徽省	Anhui		1488	953	289	9	246
福建省	Fujian		1105	638	288	19	179
江西省	Jiangxi		1555	824	579	8	152
山东省	Shandong		1826	1106	73		647
河南省	Henan		2435	1120	682	12	633
湖北省	Hubei	2	1234	759	168	10	307
湖南省	Hunan	7	1929	1135	401	83	393
广东省	Guangdong	3	1600	1128	11	7	461
广西壮族自治区	Guangxi	12	1246	788	330	59	128
海南省	Hainan	6	218	175	21		22
重庆市	Chongqing	4	1028	622	190	14	216
四川省	Sichuan	4	4633	2105	2182	98	346
贵州省	Guizhou	11	1379	832	326	193	221
云南省	Yunnan	29	1389	681	545	140	163
西藏自治区	Tibet		697	140	545	9	12
陕西省	Shaanxi		1295	988	23		284
甘肃省	Gansu	7	1352	741	487	34	124
青海省	Qinghai	7	399	140	225	28	34
宁夏回族自治区	Ningxia		237	102	90		45
新疆维吾尔自治区	Xinjiang	6	1057	349	523	42	184
香港特别行政区	Hong Kong Special Administrative Region						
澳门特别行政区	Macao Special Administrative Region						
台湾省	Taiwan						

1-4 人口与家庭基本情况
Basic Statistics on Population and Family

项 目	Item	1995	2000	2005	2010	2014	2015	2016
总人口(年末)(万人)	Total Population(year-end 10000 persons)	121121	126743	130756	134091	136728	137462	138271
#女	Female	59313	61306	63381	65343	66703	67048	67456
#城镇人口	Urban	35174	45906	56212	66978	74916	77116	79298
乡村人口	Rural	85947	80837	74544	67113	61866	60346	58973
性别比(女性＝100)	Sex Ratio (female = 100)	104.2	106.7	106.3	105.2	105.1	105.0	105.0
出生率(‰)	Birth Rate (‰)	17.12	14.03	12.40	11.90	12.37	12.07	12.95
死亡率(‰)	Death Rate (‰)	6.57	6.45	6.51	7.11	7.16	7.11	7.09
自然增长率(‰)	Natural Growth Rate (‰)	10.55	7.58	5.89	4.79	5.21	4.96	5.86
年龄结构(%)	Age Composition (%)							
0－14岁	Age 0-14	26.6	22.9	20.3	16.6	16.5	16.5	16.7
15－64岁	Age 15-64	67.2	70.1	72.0	74.5	73.4	73.0	72.5
65岁及以上	Age 65 and Over	6.2	7.0	7.7	8.9	10.1	10.5	10.8
总抚养比(%)	Gross Dependency Ratio (%)	48.8	42.6	38.8	34.2	36.2	37.0	37.9
少儿抚养比(%)	Children Dependency Ratio (%)	39.6	32.6	28.1	22.3	22.5	22.6	22.9
老年抚养比(%)	Old Dependency Ratio (%)	9.2	9.9	10.7	11.9	13.7	14.3	15.0
平均家庭户规模(人/户)	Average Family Size (person/household)	3.7	3.4	3.4	3.1	3.0	3.1	3.1
结婚登记(万对)	Total Number of Registered Marriages (10 000 couples)	934.1	848.5	823.1	1241.0	1306.7	1224.7	1142.8
离婚登记(万对)	Total Number of Registered Divorces (10 000 couples)	105.6	121.3	178.5	267.8	295.7	384.1	415.8
粗离婚率(‰)	Crude Divorce Rate (‰)	0.88	0.96	1.37	2.00	2.67	2.79	3.02
15岁及以上人口婚姻状况构成(%)	Marital Status of Population Aged 15 and Over (%)							
未婚	Never Married	20.0	20.2	19.2	21.6	19.7	19.7	18.9
有配偶	Married with Spouse	73.2	73.3	74.1	71.3	73.2	73.1	73.6
离婚	Divorced	0.7	0.9	1.0	1.4	1.7	1.7	1.9
丧偶	Widowed	6.1	5.6	5.7	5.7	5.4	5.5	5.6

注：2000、2010年数据为当年人口普查数据推算数；其余年份数据为年度人口抽样调查推算数据。
For the year,2000 and 2010 are the census year estimates; the rest of the data covered in those tables have been estimated on the basis of the annual national sample surveys of population.

1-5 卫生与健康基本情况
Basic Statistics on Health and Wellness

项　目	Item	1995	2000	2005	2010	2015	2016
医疗卫生机构(个)	Number of Health Care Institutions(unit)	994409	1034229	882206	936927	983528	983394
#医院	#Hospitals and Health Centers	15663	16318	18703	20918	27587	29140
基层医疗卫生机构	Health Care Institutions at Grass-root Lerel		1000169	849488	901709	920770	926518
#乡镇卫生院	Health Center	51797	49229	40907	37836	36817	36795
村卫生室	Village Clinics	804352	709458	583209	648424	640536	638763
专业公共卫生机构	Specialized Public Health Institutions		11386	11177	11835	31927	24866
#疾病预防控制中心	Center for Disease Control and Prevention	3729	3741	3585	3513	3478	3481
卫生人员(万人)	Number of Employed Persons in Health Institutions (10 000 persons)	670.4	691.0	644.7	820.8	1069.4	1117.3
#卫生技术人员	#Medical Technical Personnel	425.7	449.1	456.4	587.6	800.8	845.4
#执业(助理)医师	#Licensed (Assistant) Doctors	191.8	207.6	204.2	241.3	303.9	319.1
#注册护士	Registered Nurses	112.6	126.7	135.0	204.8	324.1	350.7
乡村医生和卫生员	Village Doctors and Assistants	133.1	131.9	91.7	109.2	103.2	100.0
每千人口执业(助理)医师(人)	Number of Licensed (Assistant) Doctors per 1000 Persons (person)	1.6	1.7	1.6	1.8	2.2	2.3
医疗卫生机构床位(万张)	Number of Beds in Health Care Institutions (10 000 beds)	314.1	317.7	336.8	478.7	701.5	741.0
#医院	# Hospitals	206.3	216.7	244.5	338.7	533.1	568.9
基层医疗卫生机构	Health Care Institutions at Grass-root Lerel		76.7	72.6	119.2	141.4	144.2
#乡镇卫生院	Township Health Institution	73.3	73.5	67.8	99.4	119.6	122.4
专业公共卫生机构	Specialized Public Health Institutions		11.9	13.6	16.5	23.6	24.7
每千人口医疗卫生机构床位(张)	Beds of Medical Institutions per 1000 Population (bed)				3.6	5.1	5.4
医疗卫生机构诊疗人次数(亿人次)	Number of Visits in Medical Institutions (100 million persontimes)			41.0	58.4	77.0	79.3
监测地区婴儿死亡率(‰)	Infant Mortality Rate (‰)	36.4	32.2	19.0	13.1	8.1	7.5
监测地区5岁以下儿童死亡率(‰)	Mortality Rate of Children under 5 in Surveillance Areas (‰)	44.5	39.7	22.5	16.4	10.7	10.2
监测地区孕产妇死亡率(1/10万)	Maternal Mortality Rate in Surveillance Areas (1/100 000)	61.9	53.0	47.7	30.0	20.1	19.9
卫生总费用(亿元)	Total Health Expenditure (100 million yuan)	2155.1	4586.6	8659.9	19980.4	40974.6	46344.9
政府卫生支出	Government Health Expenditure	387.3	709.5	1552.5	5732.5	12475.3	13910.3
社会卫生支出	Social Health Expenditure	767.8	1171.9	2586.4	7196.6	16506.7	19096.7
个人现金卫生支出	Out-of-pocket Health Expenditure	1000.0	2705.2	4521.0	7051.3	11992.6	13337.9
卫生总费用与GDP之比(%)	Health Expenditure as Percentage of GDP (%)	3.51	4.57	4.62	4.84	5.95	6.23

1-6 教育培训基本情况
Basic Statistics on Education and Training

项　目	Item	1995	2000	2005	2010	2015	2016
学校数	**Number of Schools**						
普通高等学校	Regul HEIs	1054	1041	1792	2358	2560	2596
普通高中	Regular Senior Secondary Schools	13991	14564	16092	14058	13240	13383
中等职业教育	Vocational Secondary Schools	22072	19727	14466	13862	11202	10893
初中	Junior Secondary Schools	68564	63898	62486	54890	52405	52118
普通小学	Regular Primary Schools	668685	553622	366213	257410	190525	177633
特殊教育	Special Education Schoo	1379	1539	1593	1706	2053	2080
学前教育	Pre-school Education Institution	180438	175836	124402	150420	223683	239812
专任教师数(万人)	**Number of Full-time Teachers (10 000 persons)**						
普通高等学校	Regul HEIs	40.1	46.3	96.6	134.3	157.3	160.2
普通高中	Regular Senior Secondary Schools	55.1	75.7	130.0	151.8	169.5	173.3
中等职业教育	Vocational Secondary Schools	74.0	79.7	75.0	87.1	84.4	84.0
初中	Junior Secondary Schools	282.1	328.7	349.2	352.5	347.6	348.8
普通小学	Regular Primary Schools	566.4	586.0	559.3	561.7	568.5	578.9
特殊教育	Special Education Schoo	2.5	3.2	3.2	4.0	5.0	5.3
学前教育	Pre-school Education Institution	87.5	85.6	72.2	114.4	205.1	223.2
在校学生数(万人)	**Total Enrollment (10 000 persons)**						
研究生	Postgraduates	14.5	30.1	97.9	153.8	191.1	198.1
普通本专科	Regular Undergraduates and College Students	290.6	556.1	1561.8	2231.8	2625.3	2695.8
普通高中	Regular Senior Secondary Schools	713.2	1201.3	2409.1	2427.3	2374.4	2366.6
中等职业教育	Vocational Secondary Schools	1230.2	1284.5	1600.0	2237.4	1656.7	1599.0
初中	Junior Secondary Schools	4727.5	6256.3	6214.9	5279.3	4312.0	4329.4
普通小学	Regular Primary Schools	13195.2	13013.3	10864.1	9940.7	9692.2	9913.0
每十万人口平均在校生数(人)	**Number of Students Per 100 000 Population by Level (person)**						
高等教育	Higher Education	457	723	1613	2189	2524	2530
高中阶段	Senior Secondary	1610	2000	3070	3504	2965	2887
初中阶段	Junior Secondary	3945	4969	4781	3955	3152	3150
小学	Primary Education	11010	10335	8358	7448	7086	7211
学前教育	Pre-school Education	2262	1782	1676	2230	3118	3211
入学率和升学率(%)	**Enrollment Rate and Promotion Rate(%)**						
高中升学率	Promotion Rate from Senior Secondary Schools to Higher Education	49.9	73.2	76.3	83.3	92.5	94.5
初中升学率	Promotion Rate from Junior Secondary Schools to Senior Secondary Schools	48.3	51.2	69.7	87.5	94.1	93.7
小学升学率	Promotion Rate from Primary Schools to Junior Secondary Schools	90.8	94.9	98.4	98.7	98.2	98.7
小学学龄儿童净入学率	Net Enrollment Rate of Primary School	98.5	99.1	99.2	99.7	99.9	99.9
教育经费合计(亿元)	**Total Edutional Fund (100 million yuan)**	**1878**	**3849**	**8419**	**19562**	**36129**	**38888**
#国家财政性教育经费	#Government Appropriation for Education	1412	2563	5161	14670	29221	31396

1-7 就业基本情况
Basic Statistics on Employment

项　目	Item	1995	2000	2005	2010	2014	2015	2016
就业人员合计(万人)	Total Number of Employed Persons (10 000 persons)	68065	72085	74647	76105	77253	77451	**77603**
第一产业	Primary Industry	35530	36043	33442	27931	22790	21919	21496
第二产业	Secondary Industry	15655	16219	17766	21842	23099	22693	22350
第三产业	Tertiary Industry	16880	19823	23439	26332	31364	32839	33757
城镇就业人员(万人)	Urban Employed (10 000 persons)	19040	23151	28389	34687	39310	40410	41428
#国有单位	Stats-owned Units	11261	8102	6488	6516	6312	6208	6170
城镇集体单位	Urban Collective-own Units	3147	1499	810	597	537	481	453
私营企业	Private Enterprises	485	1268	3458	6071	9857	11180	12083
个体	Self-employed Individuals	1560	2136	2778	4467	7009	7800	8627
乡村就业人员(万人)	Rural Employed Persons (10 000 persons)	49025	48934	46258	41418	37943	37041	36175
#私营企业	Private Enterprises	471	1139	2366	3347	4533	5215	5914
个体	Self-employed Individuals	3054	2934	2123	2540	3575	3882	4235
城镇登记失业人数(万人)	Number of Registered Unemployed Persons in Urban Areas (10 000 persons)	520	595	839	908	952	966	982
城镇登记失业率(%)	Registered Unemployment Rate in Urban Areas (%)	2.9	3.1	4.2	4.1	4.09	4.05	4.02
城镇单位就业人员工资总额(亿元)	Total Wage Bill of Employed Persons in Urban Units (100 million yuan)	8056	10955	20627	47270	102817	112008	120075
城镇单位就业人员工资总额指数（上年=100)	Indices of Total Wage Bill of Employed Persons in Urban Units (preceding year =100)	118.8	107.9	117.1	117.3	110.5	108.9	107.2
城镇单位就业人员平均工资(元)	Average Wage of Employed Persons in Urban Units (yuan)	5348	9333	18200	36539	56360	62029	67569
城镇单位就业人员平均货币工资指数(上年=100)	Indices of Average Wage of Employed Persons in Urban Units (preceding year =100)	118.9	112.2	114.3	113.3	109.5	110.1	108.9
城镇单位就业人员平均实际工资指数(上年=101)	Indices of Average Real Wage of Employed Persons in Urban Units (preceding year =101)	101.8	111.3	112.5	109.8	107.2	108.5	106.7

1-8　全国居民人均收支情况
Per Capita Income and Consumption Expenditure Nationwide

单位：元　(yuan)

指　标	Item	2013	2014	2015	2016
全国居民人均收入	**Per Capita Income Nationwide**				
可支配收入	Disposable Income	18310.8	20167.1	21966.2	23821.0
1.工资性收入	1.Income of Wages and Salaries	10410.8	11420.6	12459.0	13455.2
2.经营净收入	2.Net Business Income	3434.7	3732.0	3955.6	4217.7
3.财产净收入	3.Net Income from Property	1423.3	1587.8	1739.6	1889.0
4.转移净收入	4.Net Income from Transfer	3042.1	3426.8	3811.9	4259.1
现金可支配收入	Cash Disposable Income	17114.6	18747.4	20424.3	22204.5
1.工资性收入	1.Income of Wages and Salaries	10348.6	11352.7	12386.2	13379.0
2.经营净收入	2.Net Business Income	3354.2	3571.5	3782.7	4111.4
3.财产净收入	3.Net Income from Property	526.6	621.8	689.5	739.8
4.转移净收入	4.Net Income from Transfer	2885.2	3201.3	3565.9	3974.3
全国居民人均支出	**Per Capita Expenditure Nationwide**				
消费支出	Consumption Expenditure	13220.4	14491.4	15712.4	17110.7
1.食品烟酒	1.Food,Tobacco and Liquor	4126.7	4493.9	4814.0	5151.0
2.衣着	2.Clothing	1027.1	1099.3	1164.1	1202.7
3.居住	3.Residence	2998.5	3200.5	3419.2	3746.4
4.生活用品及服务	4.Household Facilities, Articles and Services	806.5	889.7	951.4	1043.7
5.交通通信	5.Transport and Communications	1627.1	1869.3	2086.9	2337.8
6.教育文化娱乐	6.Education, Cultural and Recreation	1397.7	1535.9	1723.1	1915.3
7.医疗保健	7.Health Care and Medical Services	912.1	1044.8	1164.5	1307.5
8.其他用品及服务	8.Miscellaneous Goods and Services	324.7	358.0	389.2	406.3
现金消费支出	Cash Consumption Expenditure	10917.4	11975.7	12988.7	14142.0
1.食品烟酒	1.Food, Tobacco and Liquor	3822.8	4185.6	4505.0	4846.7
2.衣着	2.Clothing	1025.7	1098.6	1163.5	1202.2
3.居住	3.Residence	1155.1	1215.7	1251.9	1359.8
4.生活用品及服务	4.Household Facilities, Articles and Services	801.8	882.6	943.8	1036.1
5.交通通信	5.Transport and Communications	1624.8	1866.2	2083.7	2332.9
6.教育文化娱乐	6.Education, Cultural and Recreation	1396.5	1534.9	1722.0	1914.3
7.医疗保健	7.Health Care and Medical Services	772.1	838.3	933.3	1048.5
8.其他用品及服务	8.Miscellaneous Goods and Services	318.7	353.8	385.6	401.5

注：从2013年起，国家统计局开展了城乡一体化的住户收支与生活状况调查，与2012年及以前分别开展的城镇和农村住户调查的调查范围、调查方法、指标口径有所不同 。

a) The NBS started an integrated household income and expenditure survey since 2013, including both urban and rural households. The data shown in The coverage, methodology and definitions used in the survey are different from those used for the separated urban and rural household surveys prior to 2012 .

1-9 社会保障基本情况
Basic Statistics on Social Insurance

项 目	Item	1995	2000	2005	2010	2015	2016
社会保险年末参保人数(万人)	**Number of People Participated in Social Insurance at Year-end (10 000 persons)**						
城镇职工基本养老保险	Urban Employees Basic Pension Insurance	10979.0	13617.4	17487.9	25707.3	35361.2	37929.7
职工	Staff and Workers	8737.8	10447.5	13120.4	19402.3	26219.2	27826.3
离退休人员	Retirees	2241.2	3169.9	4367.5	6305.0	9141.9	10103.4
城乡居民基本养老保险	Basic Pension Insurance for Urban and Rural Residents				10276.8	50472.2	50847.1
城镇基本医疗保险	Urban Basic Medical Care Insurance	745.9	3786.9	13782.9	43262.9	66581.6	74391.6
城镇职工	Staff and Workers	745.9	3786.9	13782.9	23734.7	28893.1	29531.5
城镇居民	Residents				19528.3	37688.5	44860
失业保险	Unemployment Insurance	8237.7	10408.4	10647.7	13375.6	17326.0	18088.8
工伤保险	Work Injury Insurance	2614.8	4350.3	8478.0	16160.7	21432.5	21889.3
生育保险	Maternity Insurance	1500.2	3001.6	5408.5	12335.9	17771.0	18451
社会保险基金收入(亿元)	**Revenue of Social Insurance Fund (100 million yuan)**	**1006.0**	**2644.9**	**6975.2**	**19276.1**	**46012.1**	**53562.7**
基本养老保险	Basic Pension Insurance	950.1	2278.5	5093.3	13872.9	32195.5	37990.8
城镇基本医疗保险	Basic Medical Care Insurance	9.7	170.0	1405.3	4308.9	11192.9	13084.3
失业保险	Unemployment Insurance	35.3	160.4	340.3	649.8	1367.8	1228.9
工伤保险	Work Injury Insurance	8.1	24.8	92.5	284.9	754.2	736.9
生育保险	Maternity Insurance	2.9	11.2	43.8	159.6	501.7	521.9
社会保险基金支出(亿元)	**Expenses of Social Insurance Fund (100 million yuan)**	**877.1**	**2385.6**	**5400.8**	**15018.9**	**38988.1**	**46888.4**
基本养老保险	Basic Pension Insurance	847.6	2115.5	4040.3	10755.3	27929.4	34004.3
城镇基本医疗保险	Basic Medical Care Insurance	7.3	124.5	1078.7	3538.1	9312.1	10767.1
失业保险	Unemployment Insurance	18.9	123.4	206.9	423.3	736.4	976.1
工伤保险	Work Injury Insurance	1.8	13.8	47.5	192.4	598.7	610.3
生育保险	Maternity Insurance	1.6	8.3	27.4	109.9	411.5	530.6
社会服务	**Social Services**						
提供住宿的社会服务机构床位数(万张)	Beds of Social Welfare Institutions with Residential Accommodations(10 000 beds)	97.6	113.0	180.7	349.6	393.2	414
#老年及残疾人床位	Aged and Disable	91.9	104.5	158.1	316.1	358.2	378.8
儿童床位	Child	1.1	1.8	3.2	5.5	10.0	10.0
每千人口社会服务床位数(张)	Beds of Social Services per 1000 Population(bed)	0.81	0.89	1.38	2.61	5.33	5.54
每千老年人口养老床位数(张)	Beds of Aged Person per 1000 Population(bed)			10.97	17.79	30.31	31.62
家庭儿童收养登记总数(件)	Number of Adoption Registration of Family Children(case)		55802	49506	34529	22348	18736
国家重点优抚对象(万人)	Number of People Receiving Pension and Subsidy (10 000 persons)	448.8	442.4	460.3	625.0	897.0	874.8
社区服务机构和设施(个)	Community Service Centers(unit)		187888	203275	152941	360956	386186
城市居民最低生活保障人数(万人)	Number of Urban Residents Receiving Minimum Living Allowance (10 000 persons)		403	2234	2311	1701	1480
农村居民最低生活保障人数(万人)	Number of Rural Residents Receiving Minimum Living Allowance (10 000 persons)			825	5214	4904	4587

注：1.2007年及以后城镇基本医疗保险基金中包括城镇职工基本医疗保险和城镇居民基本医疗保险。
2.2010年及以后基本养老保险基金中包括城镇职工基本养老保险和城乡居民基本养老保险。
3.2001年起，社会服务机构床位数口径有所调整，除收养性机构床位数外，还包括了救助类机构床位数、社区类机构床位数以及军休所、军供站等机构床位数。老年人口指60岁及以上老年人口。

a) Data of basic medical care insurance include both urban workers and urban residence from 2007.
b) Data of the basic pension insurance for 2010 and following years include the basic pension insurances for urban workers and for urban and rural residents.
c) Since 2001, coverage of beds of social services institutions has changed. It includes beds of salvation institutions, community institutions, and serviceman recreation habitation, serviceman supply stations, etc. The aged refer to those 60 years old and above.

1-10 居住环境基本情况
Basic Statistics on Living Condition

项 目	Item	1995	2000	2005	2010	2013	2014	2015	2016
城市人口密度（人/平方公里）	Population Density of City Districts (person/sq.km)	322	442		2209	2362	2419	2399	2408
城市人均生活用水(吨)	Per Capita Water Consumption for Residential Use in City(ton)	71.3	95.5	75.0	62.6	63.3	63.4	63.7	64.6
城市燃气普及率(%)	Coverage Rate of Population with Access to Gas in City (%)	34.3	45.4	82	92	94.3	94.6	95.3	95.8
城市人均公园绿地面积（平方米）	Per Capita Area of Parks and Green Land in City (sq.m)	2.5	3.7	7.9	11.2	12.6	13.1	13.3	13.7
城市每万人拥有公交车辆（标台）	Number of Public Transportation Vehicles per 10 000 Population in City (unit)	3.6	5.3	8.6	11.2	12.8	13.0	13.3	13.8
城市生活垃圾清运量(万吨)	Volume of Garbage Disposal	10671	11819	15577	15805	17239	17860	19142	20362
城市生活垃圾无害化处理率(%)	Proportion of Harmless Treated Garbage in City(%)				77.9	89.3	91.8	94.1	96.6
城市污水日处理能力（万立方米）	Daily Disposal Capacity of City Sewage (10 000 cu.m)		4741	7990	13393	14653	15124	16065	16779
农村用电量(亿千瓦时)	Electricity Consumed in Rural Areas (100 million kwh)	1655.7	2421.3	4375.7	6632.3	8549.5	8884.4	9026.9	9238.3
农村居民平均每百户年末彩色电视机拥有量(台)	Number of Color TV Set Owned Per 100 Rural Households at Year-end(set)	16.9	48.7	84.1	111.8	112.9	115.6	116.9	118.8
电话普及率(含移动电话)（部/百人）	Telephone Popularization Rate(including Mobile Telephone) (set/100 persons)	4.7	19.1	57.2	86.4	110.0	112.3	109.3	110.6
移动电话普及率(部/百人)	Popularization Rate of Mobile Telephone (set/100 persons)	0.3	6.7	30.1	64.4	90.3	94.0	92.5	95.6
互联网上网人数(万人)	Number of Internet Users(10 000 persons)		2250	11100	45730	61758	64875	68826	73125
互联网普及率(%)	Popularization Rate of Internet (%)			8.5	34.3	45.8	47.9	50.3	53.2

1-11 文化休闲基本情况
Basic Statistics on Culture Leisure

项 目	Item	1995	2000	2005	2010	2015	2016
公共图书馆(个)	Public Libraries(unit)	2615	2675	2762	2884	3139	3153
公共图书馆总藏量(亿件册)	Total Collection in Public Library (100 million volumes)		4.1	4.8	6.2	8.4	9.0
文化馆(站)(个)	Cultural Centers(unit)	13487	45321	41588	43382	44291	44497
博物馆(个)	Museums(unit)	1194	1392	1581	2435	3852	4109
艺术表演团体(个)	Arts Performance Troupes(unit)	2682	2619	2805	6864	10787	12301
艺术表演场馆(个)	Arts Performance Places(unit)	1958	1900	1866	1461	2143	2285
国家综合档案馆(个)	National Comprehensive Archives(unit)	3024	3070	3142	3194	3322	3336
广播节目综合人口覆盖率(%)	Population Coverage Rate of Radio Programs(%)	78.7	92.5	94.5	96.78	98.17	98.37
广播节目制作时间(万小时)	Length of Radio Programs Produced (10 000 hours)	233.2	404.3	613.9	681.4	771.8	782.0
电视节目综合人口覆盖率(%)	Population Coverage Rate of TV Programs(%)	84.5	93.7	95.8	97.6	98.8	98.9
电视节目制作时间(万小时)	Length of TV Programs Produced (10 000 hours)	38.4	87.1	255.4	274.3	352.0	350.7
有线广播电视用户数占家庭总户数比重(%)	Popularization Rate of Cable Radio and TV (%)			35.4	46.4	54.6	52.8
#农村	Rural				29.4	33.5	33.2
广播电视总收入(亿元)	Revenue of Radio and TV(100 million yuan)	170.3	431.0	931.1	2301.9	4634.6	5039.8
生产故事影片(部)	Feature Films Produced(film)	146.0	91.0	260.0	526.0	686.0	772.0
生产动画、科教、纪录、特种影片(部)	Cartoons, Popular Science Films & Documentary and Special Films Produced (reel)	188.0	60.0	42.0	95.0	202.0	172.0
图书出版种数(万种)	Number of Books Published(kind)	10.1	14.3	22.2	32.8	47.6	50.0
图书出版总印数(亿册、亿张)	Total Printed Copies of Books (100 million copies)	63.2	62.7	64.7	71.7	86.6	90.4
期刊出版种数(万种)	Number of Magazines Published(kind)	0.8	0.9	0.9	1.0	1.0	1.0
期刊出版总印数(亿册)	Total Printed Copies of Magazines (100 million copies)	23.4	29.4	27.6	32.2	28.8	27.0
报纸出版种数(种)	Number of Newspapers Published(kind)	2089	2007	1931	1939	1906	1894
报纸出版总印数(亿份)	Total Printed Copies of Newspapers (100 million copies)	263.3	329.3	412.6	452.1	430.1	390.1
运动员获世界冠军个数(个)	World Championships Won by Chinese Athletes(unit)	102	110	106	108	127	107
运动员创世界纪录次数(次)	World Records Chalked up by Chinese Athletes by Events(times)	24	30	21	15	12	9

注：1.2007年以前艺术表演团体为文化系统内数据，2007年起含非文化部门单位。艺术表演场馆不含民营艺术表演场馆。
2.1996年以前文化站数据未包括其他部门所属乡镇文化站。1996-1998年包括其他部门所属文化站，1999年以后，其他部门所属文化站划归文化部门管理。

a) The Art performance troupes referred to those under the official cultural system before 2007 and expanded the coverage to those both under and outside the official cultural system starting from 2007. The Art Performance Places do not include those of non-state owned.

b) Culture stations did not include township culture stations of other department before 1996, and included culture stations of other department from 1996 to 1998. Since 1999, culture stations of other department was put under Culture Department's administration.

1-12 资源环境基本情况
Basic Statistics on Resources and Environment

项 目	Item	1995	2000	2005	2010	2013	2014	2015	2016
森林覆盖率(%)	Forest Coverage Rate(%)	13.40	16.55	18.21	20.36	21.63	21.63	21.63	21.63
造林总面积(万公顷)	Area of Afforestation(10 000 hectares)	521	511	365	591	610	555	768	720
自然保护区(个)	Number of Nature Reserves(unit)	799	1227	2349	2588	2697	2729	2740	2750
自然保护区面积(万公顷)	Area of Nature Reserves(10 000 hectares)	7191	9821	14995	14944	14631	14699	14703	14733
水资源总量(亿立方米)	Total Amount of Water Resources (100 million cu.m)		27701	28053	30906	27958	27267	27963	32466
人均水资源量(立方米/人)	Per Capita Water Resources(cu.m)		2194	2152	2310	2060	1999	2039	2355
用水总量(亿立方米)	Water Use(100 million cu.m)		5498	5633	6022	6183	6095	6103	6040
人均用水量(立方米/人)	Per Capita Water Use (cu.m)		435	432	450	456	447	445	438
废水排放总量(亿吨)	Waste Water Discharged (100 million tons)	373	415	525	617	695	716	735	711
二氧化硫排放量(万吨)	Emission of SO2(10 000 tons)	1891	1995	2549	2185	2044	1974	1859	1103
发生地质灾害数量(处)	Geological Disasters(unit)		19653	17751	30670	15374	10937	8355	10997
森林火灾次数(起)	Total Number of Forest Fires (case)			11542	7723	3929	3703	2936	2034
森林火灾火场总面积(万公顷)	Total Area of Forest Fires (10 000 hectares)	7.1	8.8	7.4	11.6	4.3	5.5	3.3	1.8
环境污染治理投资总额(亿元)	Total Investment in the Treatment of Environmental Pollution (100 million yuan)		1015	2388	7612	9037	9576	8806	9220
环境污染治理投资总额占GDP比重(%)	Total Investment in the Treatment of Environmental Pollution as of GDP(%)		1.13	1.30	1.86	1.52	1.49	1.28	1.24

注：森林覆盖率为历次全国森林资源清查资料数。
Forest coverage rate are the figures of the National Forestry Survey.

1-13 公共安全基本情况
Basic Statistics on Public Security

项目	Item	1995	2000	2005	2010	2015	2016
公安机关刑事案件立案数(万起)	Criminal Cases Registered in Public Security Organs(10 000 cases)	169.7	363.7	464.8	597.0	717.4	642.8
公安机关治安案件查处数(万起)	Offence Cases Against Public Order Handled by Public Security Organs(10 000 cases)	296.8	382.3	630.1	1212.2	1097.2	1065.2
检察机关直接立案侦查案件数(万件)	Cases under Direct Investigation by People's Procuratorate(10 000 cases)		4.5	3.5	3.3	4.1	3.5
检察机关审查批捕、决定逮捕人数(万人)	Arrests of Criminal Suspects and Defendants Approved by People's Procuratorate(10 000 persons)					89.3	84.2
检察机关处理申诉案件结案数(件)	Appeals Settled by People's Procuratorate (case)		4831	4169	10948	4846	4722
人民法院审理一审案件收案数(万件)	First Trial Cases Accepted by Courts (10 000 cases)	454.6	535.6	516.1	699.9	1144.5	1208.9
刑事案件	Criminal	49.6	56.0	68.5	78.0	112.7	110.1
民事案件	Civil	271.9	341.2	438.0	609.1	1009.8	1076.2
行政案件	Administrative	5.3	8.6	9.6	12.9	22.0	22.5
人民法院审理刑事案件罪犯总数(万人)	Number of Criminal Offenders Heard by Courts (10 000 persons)		64.0	84.3	100.6	123.2	122.0
#不满18岁青少年罪犯	Young Offenders Less Than 18 Years		4.2	8.3	6.8	4.4	3.6
律师事务所(个)	Number of Law Offices(unit)	7263	9541	12988	17230	24425	26150
专职律师(万人)	Full-time Lawyers (10 000 persons)	4.5	6.9	11.4	17.6	26.8	29.4
公证员(万人)	Notaries(10 000 persons)	1.1	1.3	1.2	1.1	1.3	1.3
专职司法助理员(人)	Full-time Judicial Assistants(person)				72698	80973	79877
交通事故发生数(万起)	Traffic Accidents(10 000 cases)	27.0	62.0	45.0	22.0	18.8	21.3
交通事故死亡人数(万人)	Deaths on Traffic Accidents(10 000 persons)	7.1	9.4	9.9	6.5	5.8	6.3
交通事故直接财产损失(亿元)	Direct Property Losses on Traffic Accidents(100 million yuan)	15.2	26.7	18.8	9.3	10.4	12.1

1-14 社会参与基本情况
Basic Statistics of Social Participation

项目	Item	1995	2000	2005	2010	2015	2016
社会团体(万个)	Social Organization (10 000 units)	18.1	13.1	17.1	24.5	32.9	33.6
基金会(个)	Fund Organization (unit)			975	2202	4784	5559
民办非企业单位(万个)	Non-enterprise Units Run by NGO (10 000 units)		2.3	14.8	19.8	32.9	36.1
村民居委会(万个)	Village Committee(10 000 units)	93.2	73.2	62.9	59.5	58.1	55.9
社区委会(万个)	Neighborhood Committee(10 000 units)	11.2	10.8	8.0	8.7	10.0	10.3
工会基层组织数(万个)	Number of Grassroots Trade Unions (10 000 units)	59.3	85.9	117.4	197.6	280.6	282.5
工会专职工作人员人数(万人)	Number of Full-time Personnel of Trade Unions (10 000 persons)	41.8	48.2	47.7	86.4	111.4	113.0

1-15　国内生产总值及构成
Gross Domestic Product and Composition by Year

年　份 Year	国内生产总　值(亿元) GDP (100 million yuan)	第一产业 Primary Industry	第二产业 Secondary Industry	第三产业 Tertiary Industry	国内生产总值构成(%) GDP Composition (%)	第一产业 Primary Industry	第二产业 Secondary Industry	第三产业 Tertiary Industry	人均国内生产总值(元) Per Capita GDP (yuan)
1978	3678.7	1018.5	1755.2	905.1	100.0	27.7	47.7	24.6	385
1979	4100.5	1259.0	1925.4	916.1	100.0	30.7	47.0	22.3	423
1980	4587.6	1359.5	2204.7	1023.4	100.0	29.6	48.1	22.3	468
1981	4935.8	1545.7	2269.1	1121.1	100.0	31.3	46.0	22.7	497
1982	5373.4	1761.7	2397.7	1214.0	100.0	32.8	44.6	22.6	533
1983	6020.9	1960.9	2663.0	1397.0	100.0	32.6	44.2	23.2	588
1984	7278.5	2295.6	3124.8	1858.1	100.0	31.5	42.9	25.5	702
1985	9098.9	2541.7	3886.5	2670.7	100.0	27.9	42.7	29.4	866
1986	10376.2	2764.1	4515.2	3096.9	100.0	26.6	43.5	29.8	973
1987	12174.6	3204.5	5274.0	3696.2	100.0	26.3	43.3	30.4	1123
1988	15180.4	3831.2	6607.4	4741.8	100.0	25.2	43.5	31.2	1378
1989	17179.7	4228.2	7300.9	5650.6	100.0	24.6	42.5	32.9	1536
1990	18872.9	5017.2	7744.3	6111.4	100.0	26.6	41.0	32.4	1663
1991	22005.6	5288.8	9129.8	7587.0	100.0	24.0	41.5	34.5	1912
1992	27194.5	5800.3	11725.3	9668.9	100.0	21.3	43.1	35.6	2334
1993	35673.2	6887.6	16473.1	12312.6	100.0	19.3	46.2	34.5	3027
1994	48637.5	9471.8	22453.1	16712.5	100.0	19.5	46.2	34.4	4081
1995	61339.9	12020.5	28677.5	20641.9	100.0	19.6	46.8	33.7	5091
1996	71813.6	13878.3	33828.1	24107.2	100.0	19.3	47.1	33.6	5898
1997	79715.0	14265.2	37546.0	27903.8	100.0	17.9	47.1	35.0	6481
1998	85195.5	14618.7	39018.5	31558.3	100.0	17.2	45.8	37.0	6860
1999	90564.4	14549.0	41080.9	34934.5	100.0	16.1	45.4	38.6	7229
2000	100280.1	14717.4	45664.8	39897.9	100.0	14.7	45.5	39.8	7942
2001	110863.1	15502.5	49660.7	45700.0	100.0	14.0	44.8	41.2	8717
2002	121717.4	16190.2	54105.5	51421.7	100.0	13.3	44.5	42.2	9506
2003	137422.0	16970.2	62697.4	57754.4	100.0	12.3	45.6	42.0	10666
2004	161840.2	20904.3	74286.9	66648.9	100.0	12.9	45.9	41.2	12487
2005	187318.9	21806.7	88084.4	77427.8	100.0	11.6	47.0	41.3	14368
2006	219438.5	23317.0	104361.8	91759.7	100.0	10.6	47.6	41.8	16738
2007	270232.3	27788.0	126633.6	115810.7	100.0	10.3	46.9	42.9	20505
2008	319515.5	32753.2	149956.6	136805.8	100.0	10.3	46.9	42.8	24121
2009	349081.4	34161.8	160171.7	154747.9	100.0	9.8	45.9	44.3	26222
2010	413030.3	39362.6	191629.8	182038.0	100.0	9.5	46.4	44.1	30876
2011	489300.6	46163.1	227038.8	216098.6	100.0	9.4	46.4	44.2	36403
2012	540367.4	50902.3	244643.3	244821.9	100.0	9.4	45.3	45.3	40007
2013	595244.4	55329.1	261956.1	277959.3	100.0	9.3	44.0	46.7	43852
2014	643974.0	58343.5	277571.8	308058.6	100.0	9.1	43.1	47.8	47203
2015	689052.1	60862.1	282040.3	346149.7	100.0	8.8	40.9	50.2	50251
2016	744127.2	63670.7	296236.0	384220.5	100.0	8.6	39.8	51.6	53980

注：1.本表按当年价格计算。
　　2.实施研发支出核算方法改革后，对各年度GDP数据进行了系统修订(以下相关表同)。

a) Data in this table are calculated at current prices.

b) As methodology of R&D expenditure accounting is reformed, data of GDP of all years are adjusted systematically. The same applies to the relevant tables following.

1-16 地区生产总值
Gross Regional Product

单位：亿元 (100 million yuan)

地 区	Region	2010	2011	2012	2013	2014	2015	2016
北 京	Beijing	14113.58	16251.93	17879.40	19800.81	21330.83	23014.59	25669.13
天 津	Tianjin	9224.46	11307.28	12893.88	14442.01	15726.93	16538.19	17885.39
河 北	Hebei	20394.26	24515.76	26575.01	28442.95	29421.15	29806.11	32070.45
山 西	Shanxi	9200.86	11237.55	12112.83	12665.25	12761.49	12766.49	13050.41
内蒙古	Inner Mongolia	11672.00	14359.88	15880.58	16916.50	17770.19	17831.51	18128.10
辽 宁	Liaoning	18457.27	22226.70	24846.43	27213.22	28626.58	28669.02	22246.90
吉 林	Jilin	8667.58	10568.83	11939.24	13046.40	13803.14	14063.13	14776.80
黑龙江	Heilongjiang	10368.60	12582.00	13691.58	14454.91	15039.38	15083.67	15386.09
上 海	Shanghai	17165.98	19195.69	20181.72	21818.15	23567.70	25123.45	28178.65
江 苏	Jiangsu	41425.48	49110.27	54058.22	59753.37	65088.32	70116.38	77388.28
浙 江	Zhejiang	27722.31	32318.85	34665.33	37756.58	40173.03	42886.49	47251.36
安 徽	Anhui	12359.33	15300.65	17212.05	19229.34	20848.75	22005.63	24407.62
福 建	Fujian	14737.12	17560.18	19701.78	21868.49	24055.76	25979.82	28810.58
江 西	Jiangxi	9451.26	11702.82	12948.88	14410.19	15714.63	16723.78	18499.00
山 东	Shandong	39169.92	45361.85	50013.24	55230.32	59426.59	63002.33	68024.49
河 南	Henan	23092.36	26931.03	29599.31	32191.30	34938.24	37002.16	40471.79
湖 北	Hubei	15967.61	19632.26	22250.45	24791.83	27379.22	29550.19	32665.38
湖 南	Hunan	16037.96	19669.56	22154.23	24621.67	27037.32	28902.21	31551.37
广 东	Guangdong	46013.06	53210.28	57067.92	62474.79	67809.85	72812.55	80854.91
广 西	Guangxi	9569.85	11720.87	13035.10	14449.90	15672.89	16803.12	18317.64
海 南	Hainan	2064.50	2522.66	2855.54	3177.56	3500.72	3702.76	4053.20
重 庆	Chongqing	7925.58	10011.37	11409.60	12783.26	14262.60	15717.27	17740.59
四 川	Sichuan	17185.48	21026.68	23872.80	26392.07	28536.66	30053.10	32934.54
贵 州	Guizhou	4602.16	5701.84	6852.20	8086.86	9266.39	10502.56	11776.73
云 南	Yunnan	7224.18	8893.12	10309.47	11832.31	12814.59	13619.17	14788.42
西 藏	Tibet	507.46	605.83	701.03	815.67	920.83	1026.39	1151.41
陕 西	Shaanxi	10123.48	12512.30	14453.68	16205.45	17689.94	18021.86	19399.59
甘 肃	Gansu	4120.75	5020.37	5650.20	6330.69	6836.82	6790.32	7200.37
青 海	Qinghai	1350.43	1670.44	1893.54	2122.06	2303.32	2417.05	2572.49
宁 夏	Ningxia	1689.65	2102.21	2341.29	2577.57	2752.10	2911.77	3168.59
新 疆	Xinjiang	5437.47	6610.05	7505.31	8443.84	9273.46	9324.80	9649.70

注:本表按当年价格计算。
Data in this table are calculated at current prices.

1-17 人均地区生产总值
Per Capita Gross Regional Product

单位: 元 (yuan)

地 区	Region	2010	2011	2012	2013	2014	2015	2016
北 京	Beijing	73856	81658	87475	94648	99995	106497	118198
天 津	Tianjin	72994	85213	93173	100105	105231	107960	115053
河 北	Hebei	28668	33969	36584	38909	39984	40255	43062
山 西	Shanxi	26283	31357	33628	34984	35070	34919	35532
内蒙古	Inner Mongolia	47347	57974	63886	67836	71046	71101	72064
辽 宁	Liaoning	42355	50760	56649	61996	65201	65354	50791
吉 林	Jilin	31599	38460	43415	47428	50160	51086	53868
黑龙江	Heilongjiang	27076	32819	35711	37697	39226	39462	40432
上 海	Shanghai	76074	82560	85373	90993	97370	103796	116562
江 苏	Jiangsu	52840	62290	68347	75354	81874	87995	96887
浙 江	Zhejiang	51711	59249	63374	68805	73002	77644	84916
安 徽	Anhui	20888	25659	28792	32001	34425	35997	39561
福 建	Fujian	40025	47377	52763	58145	63472	67966	74707
江 西	Jiangxi	21253	26150	28800	31930	34674	36724	40400
山 东	Shandong	41106	47335	51768	56885	60879	64168	68733
河 南	Henan	24446	28661	31499	34211	37072	39123	42575
湖 北	Hubei	27906	34197	38572	42826	47145	50654	55665
湖 南	Hunan	24719	29880	33480	36943	40271	42754	46382
广 东	Guangdong	44736	50807	54095	58833	63469	67503	74016
广 西	Guangxi	20219	25326	27952	30741	33090	35190	38027
海 南	Hainan	23831	28898	32377	35663	38924	40818	44347
重 庆	Chongqing	27596	34500	38914	43223	47850	52321	58502
四 川	Sichuan	21182	26133	29608	32617	35128	36775	40003
贵 州	Guizhou	13119	16413	19710	23151	26437	29847	33246
云 南	Yunnan	15752	19265	22195	25322	27264	28806	31093
西 藏	Tibet	17027	20077	22936	26326	29252	31999	35184
陕 西	Shaanxi	27133	33464	38564	43117	46929	47626	51015
甘 肃	Gansu	16113	19595	21978	24539	26433	26165	27643
青 海	Qinghai	24115	29522	33181	36875	39671	41252	43531
宁 夏	Ningxia	26860	33043	36394	39613	41834	43805	47194
新 疆	Xinjiang	25034	30087	33796	37553	40648	40036	40564

1-18 分地区一般公共预算收入(2016年)

单位：亿元

地　区	Region	地方一般公共预算收入 General Public Budget Revenue	税收收入 Tax Revenue	国内增值税 Domestic Value-added Tax	营业税 Business Revenue	企业所得税 Corporate Income Tax
地方合计	**Region Total**	**87239.35**	**64691.69**	**18762.61**	**10168.80**	**10135.58**
北　京	Beijing	5081.26	4452.97	1214.34	584.41	1095.23
天　津	Tianjin	2723.50	1624.22	455.80	252.34	278.46
河　北	Hebei	2849.87	1996.12	595.20	342.41	272.99
山　西	Shanxi	1557.00	1036.67	349.45	161.56	116.55
内蒙古	Inner Mongolia	2016.43	1335.88	300.30	155.42	96.93
辽　宁	Liaoning	2200.49	1687.45	534.57	238.91	238.68
吉　林	Jilin	1263.78	872.97	267.88	111.44	134.01
黑龙江	Heilongjiang	1148.41	827.85	226.73	135.31	94.60
上　海	Shanghai	6406.13	5625.90	1614.48	845.96	1336.89
江　苏	Jiangsu	8121.23	6531.83	1974.58	1325.14	978.81
浙　江	Zhejiang	5301.98	4540.09	1472.21	678.78	704.86
安　徽	Anhui	2672.79	1857.53	530.34	309.99	233.24
福　建	Fujian	2654.83	1962.72	545.68	298.27	350.02
江　西	Jiangxi	2151.47	1471.10	378.81	282.88	166.26
山　东	Shandong	5860.18	4212.59	1129.75	650.45	503.24
河　南	Henan	3153.47	2158.44	550.61	345.54	297.31
湖　北	Hubei	3102.06	2122.93	563.33	374.23	299.12
湖　南	Hunan	2697.88	1551.33	432.61	252.71	172.31
广　东	Guangdong	10390.35	8098.63	2579.49	1036.42	1492.07
广　西	Guangxi	1556.27	1036.22	285.46	156.00	117.03
海　南	Hainan	637.51	504.96	121.55	91.08	65.16
重　庆	Chongqing	2227.91	1438.45	367.76	215.75	187.71
四　川	Sichuan	3388.85	2329.23	638.30	436.30	299.48
贵　州	Guizhou	1561.34	1120.44	256.28	179.92	127.12
云　南	Yunnan	1812.29	1173.52	369.93	167.23	148.76
西　藏	Tibet	155.99	99.05	48.77	15.74	4.64
陕　西	Shaanxi	1833.99	1204.39	394.14	202.92	130.74
甘　肃	Gansu	786.97	526.00	173.16	110.64	54.95
青　海	Qinghai	238.51	176.48	46.82	50.30	17.07
宁　夏	Ningxia	387.66	246.55	84.04	45.28	24.47
新　疆	Xinjiang	1298.95	869.18	260.24	115.47	96.87

General Public Budget Revenue by Region(2016)

(100 million yuan)

个人所得税 Individual Income Tax	资源税 Resource Tax	城市维护建设税 City Maintenance and Construction Tax	房产税 House Property Tax	印花税 Stamp Tax	城镇土地使用税 Urban Land Use Tax	土地增值税 Land Appreciation Tax
4034.92	**919.40**	**3880.32**	**2220.91**	**958.82**	**2255.74**	**4212.19**
571.26	0.75	221.64	198.22	80.52	19.18	177.34
96.78	1.69	98.19	72.18	35.31	23.47	120.41
71.52	30.20	115.21	54.63	33.18	101.65	138.74
35.18	140.35	56.39	33.31	17.42	34.18	31.62
52.69	118.16	57.20	49.20	15.89	122.03	40.06
76.68	29.84	124.28	84.10	27.51	125.21	60.08
41.72	7.31	67.66	27.31	10.76	28.69	34.15
37.28	40.74	52.24	31.92	10.38	57.94	53.31
593.08	0.01	239.49	170.96	77.70	42.97	334.25
382.37	17.56	433.98	256.60	87.94	185.12	480.58
317.10	11.76	300.65	184.30	67.58	134.13	234.55
59.28	17.82	113.39	51.58	23.22	141.87	104.83
123.50	9.25	112.04	63.74	31.32	36.13	215.87
49.79	56.62	76.86	34.37	17.96	46.26	118.75
143.15	95.18	250.83	143.36	61.26	393.74	293.15
71.75	28.07	117.09	53.78	29.94	104.77	144.83
92.98	15.56	143.48	59.70	29.73	52.53	201.55
74.62	8.86	119.18	46.07	19.32	58.89	96.48
638.11	16.70	491.74	243.97	119.47	133.60	681.58
40.16	17.22	61.15	30.71	14.20	26.14	62.58
21.47	3.16	25.04	15.62	7.18	21.52	90.29
58.54	11.34	81.49	56.88	23.80	139.14	102.77
128.40	26.18	137.55	79.79	32.14	65.10	143.98
35.08	23.15	61.93	30.51	17.88	30.12	95.01
52.54	17.24	103.65	37.92	16.56	30.39	42.63
13.00	1.04	8.62		2.71	0.20	1.62
58.85	82.67	85.71	42.84	18.42	27.69	34.89
20.55	13.02	43.07	19.54	8.44	19.20	23.58
6.41	14.84	11.59	5.67	2.97	5.70	3.26
9.85	10.49	17.25	10.02	4.90	8.68	7.76
61.23	52.62	51.73	32.11	13.21	39.50	41.69

1-18 续表

单位：亿元

地区	Region	车船税 Tax on Vehicles and Boat Operation	耕地占用税 Farm Land Occupation Tax	契税 Deed Tax	烟叶税 Tobacco Leaf Tax	其他税收收入 Other Tax Revenue	非税收入 Non-Tax Revenue
地方合计	**Region Total**	**682.68**	**2028.89**	**4300.00**	**130.54**	**0.29**	**22547.66**
北京	Beijing	32.44	3.34	254.29		0.01	628.29
天津	Tianjin	10.47	8.02	171.10			1099.28
河北	Hebei	36.12	67.24	136.74	0.29		853.75
山西	Shanxi	18.56	11.75	30.06	0.29		520.33
内蒙古	Inner Mongolia	17.36	262.01	48.44	0.19		680.55
辽宁	Liaoning	31.28	14.97	100.25	0.92	0.17	513.04
吉林	Jilin	14.73	61.11	65.36	0.76	0.08	390.81
黑龙江	Heilongjiang	17.36	21.50	46.67	1.87		320.56
上海	Shanghai	19.66	4.62	345.83			780.23
江苏	Jiangsu	47.11	26.63	335.41			1589.40
浙江	Zhejiang	46.71	82.65	304.79	0.02		761.89
安徽	Anhui	16.83	68.38	185.40	1.36		815.26
福建	Fujian	17.59	16.43	136.32	6.56		692.11
江西	Jiangxi	13.23	86.04	140.29	2.95	0.03	680.37
山东	Shandong	61.00	217.30	267.63	2.55		1647.59
河南	Henan	33.51	184.34	186.95	9.95		995.03
湖北	Hubei	21.31	115.60	149.64	4.17		979.13
湖南	Hunan	18.98	63.36	178.58	9.36		1146.55
广东	Guangdong	73.59	76.67	513.67	1.55		2291.72
广西	Guangxi	14.62	122.07	88.03	0.85		520.05
海南	Hainan	3.36	12.23	27.30			132.55
重庆	Chongqing	11.00	48.67	129.84	3.76		789.46
四川	Sichuan	29.82	118.36	184.14	9.69		1059.62
贵州	Guizhou	9.91	146.15	91.92	15.46		440.90
云南	Yunnan	17.54	61.28	52.35	55.50		638.77
西藏	Tibet	0.99	1.72				56.94
陕西	Shaanxi	17.72	54.75	50.81	2.24		629.60
甘肃	Gansu	10.66	5.52	23.47	0.20		260.97
青海	Qinghai	2.53	5.64	3.68			62.03
宁夏	Ningxia	3.59	7.33	12.84	0.05		141.11
新疆	Xinjiang	13.10	53.21	38.20			429.77

continued

(100 million yuan)

专项收入 Special Program Receipts	行政事业性收费收入 Charge of Administrative and Institutional Units	罚没收入 Penalty Receipts	国有资本经营收入 Operation Income of State-owned Assets	国有资源(资产)有偿使用收入 Income from Use of State-owned Resources (Assets)	捐赠收入 Donation Income	政府住房基金收入 Revenue of Government Housing Funds	其他收入 Other Non-tax Receipts
6186.88	**4416.50**	**1851.51**	**857.65**	**6652.43**	**127.33**	**747.85**	**1707.51**
375.16	55.37	45.66		103.32	0.83	32.68	15.27
204.54	170.90	31.78	32.76	404.95	0.35	28.17	225.83
187.80	208.65	113.47	31.60	224.37	4.91	40.40	42.55
149.46	75.72	48.17	3.92	201.51	2.83	21.41	17.31
122.04	133.59	41.11	87.35	268.07	2.43	17.42	8.54
152.91	131.80	77.94	19.03	85.18	1.46	28.66	16.06
92.92	83.77	28.70	35.83	131.64	2.42	7.11	8.42
66.01	66.17	42.19	18.22	96.13	1.17	24.42	6.25
377.64	128.38	43.66		216.98	0.14	1.44	11.99
484.42	410.47	132.52		440.71	2.91	36.35	82.02
474.02	49.00	123.40	-61.95	133.35	0.82	34.21	9.04
209.10	160.16	52.74	41.39	300.29	4.38	23.97	23.23
214.62	97.14	55.84	53.79	209.84	8.48	24.51	27.89
120.78	181.65	66.34	4.19	256.41	0.94	7.44	42.62
322.24	328.25	156.12	57.61	663.29	16.15	43.24	60.69
241.07	238.63	90.56	92.53	219.17	3.58	33.38	76.11
195.31	321.96	89.70	39.21	237.70	4.21	29.55	61.49
171.84	150.26	80.70	18.98	469.00	2.53	30.00	223.24
863.02	328.29	152.67	54.23	401.25	7.65	94.18	390.43
120.17	105.12	41.00	85.76	115.03	2.14	17.77	33.06
43.30	19.65	10.24	7.13	35.67	3.19	5.95	7.42
96.30	309.26	41.06		281.73	6.74	24.98	29.39
209.90	207.98	69.77	42.37	362.23	15.91	36.81	114.65
88.45	72.48	38.85	43.12	139.69	10.74	17.44	30.13
225.45	103.54	67.14	25.25	149.98	9.51	32.08	25.82
7.87	4.89	3.44	1.34	27.40	0.01	0.30	11.69
156.66	117.98	39.48	95.64	159.14	1.90	14.74	44.06
67.25	57.66	29.19	2.15	58.61	3.66	17.94	24.51
19.92	8.53	5.17	0.23	22.79	0.31	2.10	2.98
33.06	20.91	8.52	1.36	63.62	0.38	5.23	8.03
93.65	68.34	24.38	24.61	173.38	4.65	13.97	26.79

1-19 分地区一般公共预算支出（2016年）

单位：亿元

地 区	Region	地方一般公共预算支出 General Public Budget Expenditure	一般公共服务支出 Expenditure for General Public Services	外交支出 Expenditure for Foreign Affairs	国防支出 Expenditure for National Defense	公 共 安全支出 Expenditure for Public Security
地方合计	**Region Total**	**160351.36**	**13581.37**	**2.28**	**219.87**	**9290.07**
北 京	Beijing	6406.77	367.20		8.51	358.79
天 津	Tianjin	3699.43	192.20		3.66	177.40
河 北	Hebei	6049.53	551.81		10.00	336.57
山 西	Shanxi	3428.86	266.28		4.84	203.52
内蒙古	Inner Mongolia	4512.71	324.69	0.03	4.04	222.17
辽 宁	Liaoning	4577.47	370.92		8.17	297.15
吉 林	Jilin	3586.09	260.91		4.35	205.08
黑龙江	Heilongjiang	4227.34	266.70		4.88	210.30
上 海	Shanghai	6918.94	302.09		9.38	337.17
江 苏	Jiangsu	9981.96	920.93		14.61	634.76
浙 江	Zhejiang	6974.26	660.26		8.52	518.58
安 徽	Anhui	5522.95	404.09		6.09	221.17
福 建	Fujian	4275.40	338.21	0.30	6.34	257.32
江 西	Jiangxi	4617.40	416.59		5.87	229.14
山 东	Shandong	8755.21	783.56		13.13	521.52
河 南	Henan	7453.74	750.94		9.52	358.41
湖 北	Hubei	6422.98	639.60		3.55	352.73
湖 南	Hunan	6339.16	675.95		11.01	333.45
广 东	Guangdong	13446.09	1147.35	0.19	12.46	1066.08
广 西	Guangxi	4441.70	450.78	0.11	9.02	263.28
海 南	Hainan	1376.48	129.48	0.99	10.98	85.09
重 庆	Chongqing	4001.81	285.54	0.20	6.25	226.17
四 川	Sichuan	8008.89	682.78		16.85	429.39
贵 州	Guizhou	4262.36	446.11		4.55	249.96
云 南	Yunnan	5018.86	476.98	0.02	7.20	293.61
西 藏	Tibet	1587.98	228.03	0.28	2.30	95.66
陕 西	Shaanxi	4389.37	364.86		3.66	215.79
甘 肃	Gansu	3150.03	290.79		2.74	156.52
青 海	Qinghai	1524.80	121.42		0.88	70.98
宁 夏	Ningxia	1254.54	75.79		1.29	61.43
新 疆	Xinjiang	4138.25	388.53	0.16	5.22	300.88

General Public Expenditure by Region (2016)

(100 million yuan)

教育支出 Expenditure for Education	科学技术支出 Expenditure for Science and Technology	文化体育与传媒支出 Expenditure for Culture, Sport and Media	社会保障和就业支出 Expenditure for Social Safety Net and Employment Effort	医疗卫生与计划生育支出 Expenditure for Medical and Health Care, Family Planning	节能环保支出 Expenditure for Environment Protection	城乡社区支出 Expenditure for Urban and Rural Community Affairs
26625.06	**3877.86**	**2915.13**	**20700.87**	**13067.61**	**4439.33**	**18374.86**
887.37	285.78	198.35	716.20	397.95	363.38	1120.37
502.49	125.18	57.16	377.92	203.23	65.63	1146.48
1134.90	73.18	87.54	839.27	547.86	262.80	555.70
606.97	34.56	72.64	542.28	300.86	115.54	256.70
554.97	32.38	89.25	642.54	284.63	159.39	592.33
633.96	61.61	84.70	1145.49	307.31	87.24	392.74
499.70	41.01	72.03	497.59	273.62	122.14	383.35
558.87	44.92	53.21	732.41	280.56	113.44	387.08
840.97	341.71	113.34	988.81	383.10	134.41	1588.04
1842.94	381.02	193.28	897.93	712.77	285.11	1440.12
1300.03	269.04	158.72	631.19	542.44	161.40	788.93
910.87	259.50	84.23	761.59	480.12	133.64	669.06
789.11	80.28	81.26	348.99	377.58	130.35	572.24
848.88	83.12	70.49	582.23	438.72	117.88	380.12
1825.99	167.00	137.47	992.66	790.19	239.28	1012.46
1343.76	96.10	97.33	1067.40	778.01	195.72	879.33
1047.37	190.11	96.61	978.82	588.90	145.64	588.48
1032.37	71.44	140.68	874.41	546.27	170.85	640.66
2318.47	742.97	229.71	1146.31	1121.83	297.45	1515.29
854.55	45.20	71.08	538.95	468.18	90.70	364.99
214.24	15.69	26.90	184.01	114.17	37.31	116.38
575.18	51.62	47.98	640.55	331.18	136.20	684.56
1301.85	101.09	145.20	1320.17	772.24	166.35	550.93
843.54	69.30	67.34	367.23	392.51	127.09	131.91
871.14	46.86	77.93	692.38	466.98	150.13	216.49
169.64	4.81	34.85	208.47	69.97	33.05	142.07
777.53	62.01	125.85	655.48	381.66	126.79	433.15
548.95	26.23	63.84	464.81	273.25	95.25	196.45
171.36	10.90	33.32	196.17	103.06	73.41	119.74
152.57	18.26	25.23	164.24	82.03	36.69	182.14
664.52	44.98	77.61	504.37	256.43	65.07	326.57

1-19 续表

单位: 亿元

地 区	Region	农林水支出 Expenditure for Agriculture, Forestry and Water Conservancy	交 通 运输支出 Expenditure for Transportation	资源勘探信息等支出 Expenditures for Affairs of Resource Exploration and Information	商业服务业等支出 Expenditure for Affairs of Commerce and Services	金融支出 Expenditure for Financial Affairs
地方合计	**Region Total**	**17808.29**	**9686.59**	**5465.41**	**1688.14**	**550.33**
北 京	Beijing	443.55	353.48	194.67	56.15	11.30
天 津	Tianjin	161.02	111.52	220.80	40.91	3.05
河 北	Hebei	800.79	251.80	125.35	35.80	7.50
山 西	Shanxi	432.02	193.17	60.55	15.91	7.95
内蒙古	Inner Mongolia	729.02	299.43	94.92	37.04	4.44
辽 宁	Liaoning	480.73	188.37	94.34	33.24	28.10
吉 林	Jilin	550.50	202.05	125.81	30.01	34.25
黑龙江	Heilongjiang	801.77	250.40	81.99	17.47	5.90
上 海	Shanghai	327.41	403.88	558.64	129.25	20.40
江 苏	Jiangsu	985.62	511.81	437.26	123.74	26.95
浙 江	Zhejiang	722.41	463.75	191.01	133.51	10.33
安 徽	Anhui	624.83	341.37	157.36	59.47	33.04
福 建	Fujian	410.58	287.66	175.39	83.11	6.28
江 西	Jiangxi	580.90	223.49	258.33	41.22	4.07
山 东	Shandong	943.44	372.84	239.05	113.79	43.17
河 南	Henan	807.06	347.97	120.86	42.97	34.95
湖 北	Hubei	704.59	391.80	209.94	37.28	4.13
湖 南	Hunan	729.75	325.01	188.45	57.75	4.47
广 东	Guangdong	715.44	1014.52	772.96	203.33	159.47
广 西	Guangxi	573.48	217.12	113.55	40.71	5.29
海 南	Hainan	179.04	114.24	24.77	11.37	1.26
重 庆	Chongqing	347.99	268.00	143.64	48.13	4.52
四 川	Sichuan	988.71	569.11	263.80	73.41	21.79
贵 州	Guizhou	629.38	289.97	123.76	31.05	4.32
云 南	Yunnan	712.92	487.06	87.16	31.55	1.26
西 藏	Tibet	243.28	210.47	45.63	6.87	7.86
陕 西	Shaanxi	543.30	256.15	107.44	49.03	4.68
甘 肃	Gansu	488.10	219.24	69.98	24.27	3.16
青 海	Qinghai	232.35	178.72	49.58	14.60	6.92
宁 夏	Ningxia	201.29	73.03	33.96	21.98	18.16
新 疆	Xinjiang	717.02	269.16	94.46	43.22	21.36

1-19　continued

(100 million yuan)

援助其他地区支出 Expenditure for Other Regional Assistance	国土海洋气象等支出 Expenditure for Affairs of Land, Ocean and Weather	住房保障支出 Expenditure for Affairs of Housing Security	粮油物资储备支出 Expenditure for Affairs of Management of Grain & Oil Reserves	债务付息支出 Expenditure for Interest Payment on Debts	债务发行费用支出 Expenditure for Issuing Debts	其他支出 Other Expenditure
303.17	**1473.93**	**6338.77**	**738.03**	**1700.49**	**36.74**	**1467.16**
41.21	19.51	322.09	11.07	36.33	0.79	212.72
11.44	57.40	116.23	7.11	18.59	0.67	99.34
7.47	73.65	182.01	25.65	80.32	1.42	58.14
2.54	91.18	148.70	17.88	30.24	0.59	23.94
0.35	58.34	210.71	20.60	66.15	2.02	83.27
10.53	38.78	154.40	23.97	100.23	2.23	33.26
2.43	45.61	136.45	49.47	41.58	0.70	7.45
2.98	35.73	271.95	62.32	35.52	0.82	8.12
34.86	52.19	230.67	18.07	44.15	1.03	59.37
33.59	73.49	269.43	31.51	95.38	2.56	67.15
22.80	45.88	160.86	18.71	86.81	2.29	76.79
4.42	40.36	229.29	31.56	56.53	0.94	13.42
2.93	40.04	105.85	23.59	38.64	1.03	118.32
3.00	28.39	171.65	22.18	48.66	0.90	61.57
18.04	107.39	248.74	33.74	101.43	2.12	48.20
2.89	54.37	268.58	37.24	101.43	2.06	56.84
5.73	48.77	240.64	40.60	65.42	1.43	40.84
4.13	64.56	305.21	41.87	73.79	1.87	45.21
83.74	77.80	662.85	56.44	81.64	1.53	18.26
	44.10	185.55	20.95	56.69	0.85	26.57
	10.26	56.25	3.24	24.23	0.26	16.32
1.56	45.15	108.20	10.61	34.30	0.77	3.51
5.49	67.65	312.28	33.43	61.47	1.55	123.35
	28.42	291.73	10.35	76.05	1.61	76.18
	67.51	242.30	14.45	35.90	1.27	37.76
	12.33	51.14	2.30	1.22	0.01	17.74
0.99	35.80	215.98	18.88	47.49	1.13	-38.28
	37.06	124.50	13.14	28.57	0.43	22.75
0.05	16.89	69.93	5.60	40.75	0.82	7.35
	8.68	63.58	2.91	23.01	0.26	8.01
	46.64	181.02	28.59	67.97	0.78	33.69

1-20　按主要行业分的全社会固定资产投资历年表

单位：亿元

项　　目	Item	2003	2004	2005
全　国　总　计	**National Total**	**55566.6**	**70477.4**	**88773.6**
农、林、牧、渔业	Agriculture, Forestry, Animal Husbandry and Fishery	1652.3	1890.7	2323.7
采矿业	Mining	1775.2	2395.9	3587.4
制造业	Manufacturing	14689.5	19585.5	26576.0
电力、热力、燃气及水 生产和供应业	Production and Supply of Electricity, Heat, Gas and Water	3962.4	5795.1	7554.4
建筑业	Construction	924.4	964.0	1119.0
批发和零售业	Wholesale and Retail Trades	922.7	1273.0	1716.4
交通运输、仓储和邮政业	Transport, Storage and Post	6289.4	7646.2	9614.0
住宿和餐饮业	Hotels and Catering Services	423.0	560.8	808.8
信息传输、软件和信息技术服务业	Information Transmission, Software and Information	1660.7	1657.7	1581.8
金融业	Technology	90.2	136.0	109.5
房地产业	Financial Intermediation	13143.4	16678.9	19505.3
租赁和商务服务业	Real Estate	375.5	420.8	549.6
科学研究和技术服务业	Leasing and Business Services	285.8	333.1	435.1
水利、环境和公共设施管理业	Scientific Research and Technical Services	4365.8	5071.7	6274.3
居民服务、修理和其他服务业	Management of Water Conservancy, Environment	241.6	313.7	363.5
教育	Services to Households, Repair and Other Services	1671.1	2024.8	2209.2
卫生和社会工作	Education	405.8	516.7	661.8
文化、体育和娱乐业	Health and Social Service	531.5	773.4	857.0
公共管理、社会保障和社会组织	Culture, Sports and Entertainment	2153.7	2437.4	2926.8
国际组织	Public Management, Social Security and Social Organization	2.5	2.0	0.2

Total Investment in Fixed Assets in the Whole Country by Sector

(100 million yuan)

2006	2007	2008	2009	2010	2011	2012	2013	2014	2015	2016
109998.2	**137323.9**	**172828.4**	**224598.8**	**278121.9**	**311485.1**	**374694.7**	**446294.1**	**512020.7**	**561999.8**	**606465.7**
2749.9	3403.5	5064.5	6894.9	7923.1	8757.8	10996.4	13478.8	16573.8	21042.7	24853.1
4678.4	5878.8	7705.8	9210.8	11000.9	11747.0	13300.8	14650.8	14538.9	12970.8	10320.3
34089.5	44505.1	56702.4	70612.9	88619.2	102712.9	124550.0	147705.0	167025.3	180370.4	187962.1
8585.7	9467.6	10997.2	14434.6	15679.7	14659.7	16672.7	19634.7	22829.7	26722.8	29747.7
1125.5	1302.3	1555.9	1992.5	2802.2	3357.1	3739.0	3669.8	4125.8	4956.6	4614.9
2265.3	2880.3	3741.8	5132.8	6032.2	7439.4	9810.7	12720.5	15800.2	18924.9	18166.9
12138.1	14154.0	17024.4	24974.7	30074.5	28291.7	31444.9	36790.1	43215.7	49200.0	53890.4
1095.7	1519.4	1959.2	2625.4	3366.8	3956.6	5153.5	6041.1	6230.1	6546.7	5976.2
1875.9	1848.1	2162.6	2589.0	2454.5	2174.4	2692.0	3084.9	4110.0	5521.9	6325.5
121.4	157.6	260.6	360.2	489.4	638.7	923.9	1242.0	1363.0	1367.2	1310.2
24524.4	32438.9	40441.8	49358.5	64877.3	81686.1	99159.3	118809.4	131348.2	134284.3	142359.4
725.6	949.3	1355.9	2036.2	2692.6	3382.8	4700.4	5893.2	7965.2	9447.9	12341.9
495.3	560.0	782.0	1200.8	1379.3	1679.8	2475.8	3133.2	4219.1	4752.0	5567.8
8152.7	10154.3	13534.3	19874.4	24827.6	24523.1	29621.6	37663.9	46225.0	55679.6	68647.6
389.5	434.7	522.0	801.9	1114.1	1443.3	1905.0	2099.3	2371.7	2730.3	2750.9
2270.2	2375.6	2523.8	3521.2	4033.6	3894.6	4613.0	5433.0	6708.7	7726.8	9326.7
769.0	885.0	1155.6	1858.6	2119.0	2330.3	2617.1	3139.3	3991.5	5175.6	6282.1
955.4	1243.4	1589.9	2383.4	2959.4	3162.0	4271.3	5231.1	6178.4	6728.3	7834.2
2990.5	3166.1	3748.5	4735.9	5676.6	5647.8	6047.4	5874.1	7200.5	7851.1	8187.7
0.1		0.3	0.2							

1-21 各行业按建设性质和构成分固定资产投资(不含农户)(2016年)

单位：亿元

指　　标	Item	投资额 Investment
全　国　总　计	**National Total**	**596500.8**
农、林、牧、渔业	**Agriculture, Forestry, Animal Husbandry and Fishery**	**22773.9**
农业	Farming	10232.6
林业	Forestry	2175.7
畜牧业	Animal Husbandry	5344.9
渔业	Fishery	1085.2
农、林、牧、渔服务业	Service in Support of Agriculture	3935.6
采矿业	**Mining**	**10319.7**
煤炭开采和洗选业	Mining and Washing of Coal	3037.7
石油和天然气开采业	Extraction of Petroleum and Natural Gas	2331.0
黑色金属矿采选业	Mining and Processing of Ferrous Metal Ores	978.3
有色金属矿采选业	Mining and Processing of Non-Ferrous Metal Ores	1428.7
非金属矿采选业	Mining and Processing of Non-metal Ores	2126.2
开采辅助活动	Support Activities for Mining	342.8
其他采矿业	Mining of Other Ores	75.0
制造业	**Manufacturing**	**187836.0**
农副食品加工业	Processing of Food from Agricultural Products	11786.4
食品制造业	Manufacture of Foods	5824.8
酒、饮料和精制茶制造业	Manufacture of Liquor, Beverages and Refined Tea	4106.0
烟草制品业	Manufacture of Tobacco	209.2
纺织业	Manufacture of Textile	6642.6
纺织服装、服饰业	Manufacture of Textile, Wearing Apparel and Accessories	4780.9
皮革、毛皮、羽毛及其制品和制鞋业	Manufacture of Leather, Fur, Feather and Related Products and Footwear	2305.9
木材加工和木、竹、藤、棕、草制品业	Processing of Timber, Manufacture of Wood, Bamboo, Rattan, Palm and Straw Products	4307.7
家具制造业	Manufacture of Furniture	3067.6
造纸及纸制品业	Manufacture of Paper and Paper Products	3091.3
印刷和记录媒介复制业	Printing and Reproduction of Recording Media	1853.8
文教、工美、体育和娱乐用品制造业	Manufacture of Articles for Culture, Education, Arts and Crafts, Sport and Entertainment Activities	2641.9
石油加工、炼焦及核燃料加工业	Processing of Petroleum, Coking and Processing of Nuclear Fuel	2696.2
化学原料及化学制品制造业	Manufacture of Raw Chemical Materials and Chemical Products	14753.1
医药制造业	Manufacture of Medicines	6299.2
化学纤维制造业	Manufacture of Chemical Fibres	1116.0
橡胶和塑料制品业	Manufacture of Rubber and Plastics Products	7015.0
非金属矿物制品业	Manufacture of Non-metallic Mineral Products	16869.3
黑色金属冶炼和压延加工业	Smelting and Pressing of Ferrous Metals	4161.5
有色金属冶炼和压延加工业	Smelting and Pressing of Non-ferrous Metals	5258.5
金属制品业	Manufacture of Metal Products	10111.3
通用设备制造业	Manufacture of General Purpose Machinery	13060.7
专用设备制造业	Manufacture of Special Purpose Machinery	12037.0
汽车制造业	Manufacture of Automobiles	12036.9
铁路、船舶、航空航天和其他运输设备制造业	Manufacture of Railway, Ship, Aerospace and Other Transport Equipments	2929.6
电气机械和器材制造业	Manufacture of Electrical Machinery and Apparatus	12781.5
计算机、通信和其他电子设备制造业	Manufacture of Computers, Communication and Other Electronic Equipment	10464.4
仪器仪表制造业	Manufacture of Measuring Instruments and Machinery	1746.3
其他制造业	Other Manufacture	2205.2
废弃资源综合利用业	Utilization of Waste Resources	1375.4
金属制品、机械和设备修理业	Repair Service of Metal Products, Machinery and Equipment	300.5
电力、热力、燃气及水生产和供应业	**Production and Supply of Electricity, Heat, Gas and Water**	**29736.0**
电力、热力生产和供应业	Production and Supply of Electric Power and Heat Power	22637.7
燃气生产和供应业	Production and Supply of Gas	2134.8
水的生产和供应业	Production and Supply of Water	4963.5
建筑业	**Construction**	**4577.4**
房屋建筑业	Construction of Buildings	1284.9
土木工程建筑业	Civil Engineering	2376.9
建筑安装业	Building Installation	272.7
建筑装饰和其他建筑业	Building Decoration and Other Constructions	642.9

Investment in Fixed Assets (Excluding Rural Households) by Sector, Type of Construction and Composition of Funds (2016)

(100 million yuan)

#新　建 New Construction	#扩　建 Expansion	#改建和技术改造 Reconstruction and Technical Transformation	建筑安装工程投资 Construction and Installation	设备工器具购置 Purchase of Equipment and Instruments	其他费用 Other Expenses
421160.3	**68981.9**	**85391.5**	**415196.3**	**111859.9**	**69444.6**
18061.0	**3074.7**	**1371.6**	**17007.4**	**2982.1**	**2784.4**
8376.4	1273.7	503.2	7552.1	1321.9	1358.7
1727.5	300.9	131.7	1452.4	189.8	533.5
4241.1	845.4	232.6	4118.8	772.8	453.3
772.8	137.6	123.7	799.8	188.5	96.9
2943.1	517.2	380.3	3084.4	509.2	342.0
5492.8	**1689.7**	**2925.6**	**6974.7**	**2388.2**	**956.8**
1452.4	446.0	1010.6	1843.8	871.6	322.2
1845.0	245.9	231.7	1886.6	227.2	217.1
328.4	216.2	426.1	644.2	278.4	55.8
670.6	324.4	425.9	950.2	275.3	203.3
970.7	419.1	691.6	1364.7	619.7	141.8
186.2	30.2	113.7	234.5	97.4	10.8
39.5	7.8	25.9	50.7	18.5	5.8
90319.3	**34162.9**	**53802.3**	**105773.4**	**70857.3**	**11205.3**
6131.8	2250.7	3108.9	7614.5	3479.8	692.0
2991.7	1078.1	1531.9	3588.4	1874.0	362.5
1987.8	783.1	1166.6	2699.5	1132.8	273.7
90.1	24.9	66.0	126.1	68.1	15.0
2447.8	1796.0	2093.3	3139.9	3144.2	358.6
2349.4	1008.1	1236.1	2848.4	1685.3	247.2
1120.2	498.3	580.4	1391.0	782.9	131.9
1768.4	1013.8	1404.6	2583.9	1453.3	270.6
1591.3	547.4	822.6	1897.8	969.8	200.0
1320.7	673.4	917.2	1726.3	1193.1	172.0
701.7	378.6	606.7	1000.7	762.0	91.1
1230.5	588.0	706.6	1618.0	846.3	177.6
1448.2	499.8	686.2	1386.0	1057.6	252.6
6848.2	2645.7	4720.4	7826.7	5954.8	971.7
3378.8	1034.7	1639.4	3966.6	1992.0	340.5
471.5	300.8	301.8	543.6	502.7	69.7
2992.9	1515.9	2115.0	3801.1	2840.6	373.3
8137.7	3042.8	5193.8	10009.0	5825.4	1035.0
1535.6	678.4	1803.2	2225.3	1720.0	216.2
2809.1	907.6	1292.3	2755.5	2181.5	321.5
4608.1	1924.5	3032.6	5651.6	3895.6	564.1
5456.0	2508.3	4187.3	6828.6	5514.5	717.6
5732.4	1997.6	3527.3	6624.9	4724.3	687.8
6174.6	1802.1	3364.2	6438.7	4821.1	777.2
1668.1	430.6	670.6	1737.9	976.7	215.0
6531.5	2049.3	3390.0	7041.1	5106.2	634.2
5761.7	1306.4	2246.6	5229.2	4662.1	573.2
796.2	277.2	522.7	963.0	672.7	110.7
1327.9	362.3	391.7	1468.2	497.7	239.3
763.7	189.8	394.9	858.8	423.3	93.3
145.8	48.9	81.3	183.4	97.0	20.1
20720.7	**3684.5**	**5012.8**	**17532.4**	**9677.7**	**2525.9**
15928.7	2662.7	3825.2	12193.6	8427.9	2016.2
1398.3	347.5	344.0	1479.5	526.5	128.8
3393.8	674.2	843.7	3859.3	723.3	380.9
3339.0	**449.4**	**514.0**	**3735.7**	**616.3**	**225.5**
1035.4	106.6	81.4	1107.3	133.1	44.5
1757.9	228.6	270.8	1980.0	266.8	130.1
173.1	22.3	53.3	196.5	66.7	9.5
372.6	91.9	108.5	451.8	149.7	41.4

1-21 续表

单位：亿元

指　　标	Item	投资额 Investment
批发和零售业	**Wholesale and Retail Trades**	**17939.1**
批发业	Wholesale Trade	9220.7
零售业	Retail Trade	8718.3
交通运输、仓储和邮政业	**Transport, Storage and Post**	**53628.5**
铁路运输业	Railway Transport	7748.1
道路运输业	Road Transport	32937.3
水上运输业	Water Transport	2163.3
航空运输业	Air Transport	2219.6
管道运输业	Transport Via Pipelines	262.7
装卸搬运和运输代理业	Loading, Unloading and Forwarding Agency	1089.4
仓储业	Storage	6983.5
邮政业	Post	224.4
住宿和餐饮业	**Hotels and Catering Services**	**5947.4**
住宿业	Hotels	4137.8
餐饮业	Catering Services	1809.6
信息传输、软件和信息技术服务业	**Information Transmission, Software and Information Technology**	**6318.7**
电信、广播电视和卫星传输服务	Telecommunication, Radio and Television and Satellite Transmission Service	2647.0
互联网和相关服务	Internet and Related Service	938.4
软件和信息技术服务业	Software and Information Technology	2733.2
金融业	**Financial Intermediation**	**1310.2**
货币金融服务	Monetary and Financial Service	560.0
资本市场服务	Capital Market Service	430.7
保险业	Insurance	118.1
其他金融业	Other Financial Activities	201.4
房地产业	**Real Estate**	**135283.7**
租赁和商务服务业	**Leasing and Business Services**	**12315.7**
租赁业	Leasing	1594.5
商务服务业	Business Services	10721.2
科学研究和技术服务业	**Scientific Research and Technical Services**	**5567.8**
研究和试验发展	Research and Experimental Development	1359.2
专业技术服务业	Professional Technical Services	1950.7
科技推广和应用服务业	Science and Technology Popularization and Application Services	2257.9
水利、环境和公共设施管理业	**Management of Water Conservancy, Environment and Public Facilities**	**68647.2**
水利管理业	Management of Water Conservancy	8725.4
生态保护和环境治理业	Ecological Protection and Environmental Treatment	3145.6
公共设施管理业	Management of Public Facilities	56776.3
居民服务、修理和其他服务业	**Service to Households, Repair and Other Services**	**2676.6**
居民服务业	Service to Households	1490.7
机动车、电子产品和日用产品修理业	Repair of Motor Vehicle, Electronics and Household Products	577.6
其他服务业	Other Services	608.3
教育	**Education**	**9323.7**
卫生和社会工作	**Health and Social Service**	**6281.6**
卫生	Health	4601.4
社会工作	Social Service	1680.1
文化、体育和娱乐业	**Culture, Sports and Entertainment**	**7830.1**
新闻和出版业	Journalism and Publishing Activities	99.8
广播、电视、电影和影视录音制作业	Radio, Television, Motion Picture and Videotape Programme Production Services	619.1
文化艺术业	Cultural and Art Activities	3407.9
体育	Sports Activities	1421.3
娱乐业	Entertainment	2282.0
公共管理、社会保障和社会组织	**Public Management, Social Security and Social Organization**	**8187.5**
中国共产党机关	Organs of Communist Party of China	31.8
国家机构	Government Agencies	5770.7
人民政协、民主党派	People's Political Consultative Conference and Democratic Parties	3.9
社会保障	Social Security	261.3
群众团体、社会团体和其他成员组织	Non-Governmental Organizations, Social Organizations and Membership Organizations	476.5
基层群众自治组织	Grass Roots Self-Governing Organizations	1643.3
国际组织	**International Organizations**	

continued

(100 million yuan)

#新 建 New Construction	#扩 建 Expansion	#改建和技术改造 Reconstruction and Technical Transformation	建筑安装工程投资 Construction and Installation	设备工器具购置 Purchase of Equipment and Instruments	其他费用 Other Expenses
12114.9	**2547.2**	**2475.6**	**13267.1**	**3339.2**	**1332.8**
5873.2	1415.7	1387.9	6624.0	2001.7	595.0
6241.7	1131.5	1087.7	6643.2	1337.4	737.8
39971.3	**5825.5**	**4821.7**	**40302.7**	**5919.8**	**7405.9**
6081.5	439.9	321.4	5086.3	1048.6	1613.2
24543.0	3855.2	3827.4	26492.3	1834.8	4610.3
1517.4	205.0	126.8	1367.1	560.4	235.8
909.8	339.0	48.9	809.7	1197.0	212.9
196.0	31.3	32.8	174.2	61.5	27.0
829.9	139.3	77.9	783.6	206.8	99.1
5742.1	775.9	373.6	5429.4	961.0	593.1
151.8	39.9	12.8	160.2	49.7	14.5
4361.5	**783.9**	**703.5**	**4826.0**	**623.9**	**497.4**
3211.7	500.6	375.9	3392.1	366.6	379.0
1149.9	283.3	327.6	1433.9	257.3	118.4
3878.1	**675.6**	**1214.6**	**3561.2**	**2359.0**	**398.5**
1349.1	394.9	773.3	1313.9	1181.6	151.6
606.6	72.5	116.1	530.5	345.8	62.1
1922.3	208.2	325.2	1716.8	831.6	184.8
923.1	**92.5**	**165.6**	**955.6**	**247.7**	**107.0**
368.4	42.9	75.6	373.5	129.2	57.3
315.8	35.3	58.5	346.6	58.7	25.4
95.7	6.6	10.5	98.2	13.8	6.1
143.3	7.7	21.0	137.2	45.9	18.2
129494.2	**2513.4**	**1798.8**	**103884.3**	**2385.7**	**29013.7**
8942.7	**1162.5**	**863.0**	**8932.1**	**2246.0**	**1137.7**
392.9	56.8	64.4	345.3	1219.8	29.4
8549.8	1105.6	798.6	8586.7	1026.1	1108.3
3906.0	**633.7**	**676.5**	**3866.5**	**1204.9**	**496.5**
1027.9	141.6	133.8	914.6	264.7	179.8
1283.4	232.0	258.0	1384.4	412.4	153.9
1594.6	260.1	284.8	1567.4	527.7	162.7
53827.4	**7486.5**	**6475.5**	**57092.1**	**3373.0**	**8182.1**
6651.2	1010.2	988.7	7379.3	359.1	986.9
2236.8	302.8	526.7	2309.2	361.0	475.4
44939.4	6173.5	4960.1	47403.6	2652.9	6719.8
1906.0	**329.2**	**329.3**	**2058.2**	**415.8**	**202.7**
1119.4	177.3	153.6	1197.5	166.7	126.5
342.1	95.4	99.0	403.5	140.8	33.2
444.5	56.5	76.7	457.2	108.2	42.9
6779.4	**1425.7**	**653.7**	**7744.4**	**746.0**	**833.2**
4412.8	**811.9**	**410.0**	**4852.9**	**963.6**	**465.1**
3015.7	633.5	327.2	3461.5	818.5	321.5
1397.1	178.3	82.9	1391.4	145.1	143.6
6448.9	**701.8**	**504.1**	**6009.7**	**824.8**	**995.7**
70.5	9.4	10.5	69.0	18.4	12.5
494.5	27.4	55.9	388.5	125.4	105.3
2724.6	359.0	248.5	2676.0	264.5	467.4
1215.2	113.4	72.7	1174.9	125.5	120.9
1944.0	192.6	116.5	1701.3	291.0	289.7
6261.1	**931.7**	**673.4**	**6819.9**	**689.0**	**678.6**
25.7	1.5	3.3	28.6	2.1	1.1
4587.7	500.7	436.4	4690.6	562.9	517.2
2.6	0.3	0.5	3.1	0.8	0.0
215.5	30.9	11.0	226.3	9.7	25.4
299.1	110.5	47.6	408.1	34.6	33.8
1130.6	287.9	174.6	1463.2	79.0	101.2

1-22 分地区分行业分的全社会固定资产投资（2016年）
Total Investment in Fixed Assets in the Whole Country by Sector（2016）

单位：亿元 (100 million yuan)

地区 Region	合计 Total	农、林、牧、渔业 Agriculture, Forestry, Animal Husbandry and Fishery	采矿业 Mining	制造业 Manufacturing	电力、热力、燃气及水生产和供应业 Production and Supply of Electricity, Heat, Gas and Water	建筑业 Construction	批发和零售业 Wholesale and Retail Trades
全国 National Total	606465.7	24853.1	10320.3	187962.1	29747.7	4614.9	18166.9
北京 Beijing	7943.9	104.7	2.9	384.8	323.3	6.6	30.0
天津 Tianjin	12779.4	324.9	109.6	3230.9	328.3	96.9	847.0
河北 Hebei	31750.0	1775.3	442.4	13450.8	1889.8	9.5	857.8
山西 Shanxi	14198.0	1978.8	1054.6	2643.4	1264.0	14.2	369.8
内蒙古 Inner Mongolia	15080.0	1011.3	904.1	3562.4	1903.5	151.1	387.0
辽宁 Liaoning	6692.2	245.2	124.3	1765.2	296.6	15.1	217.1
吉林 Jilin	13923.2	807.0	450.0	6012.9	546.9	177.9	748.1
黑龙江 Heilongjiang	10648.3	1178.2	366.0	3024.0	374.1	205.9	638.1
上海 Shanghai	6755.9	4.1	0.3	761.3	218.0	3.1	37.2
江苏 Jiangsu	49663.2	481.3	72.9	22882.9	1619.7	130.8	1648.5
浙江 Zhejiang	30276.1	433.0	58.6	7860.4	1217.1	12.0	374.7
安徽 Anhui	27033.4	938.2	232.9	10388.3	993.7	156.2	935.9
福建 Fujian	23237.4	892.2	220.0	6455.4	1143.9	81.4	416.6
江西 Jiangxi	19694.2	538.0	302.0	9190.8	792.2	52.8	941.5
山东 Shandong	53322.9	1577.3	499.4	23444.3	2499.6	1072.1	2361.7
河南 Henan	40415.1	2250.4	567.6	16241.4	1731.8	3.6	1236.1
湖北 Hubei	30011.7	1157.8	329.4	10522.4	939.0	475.9	726.6
湖南 Hunan	28353.3	1330.0	499.4	8824.5	950.8	326.4	1118.4
广东 Guangdong	33303.6	541.3	163.6	9600.6	1297.0	38.7	795.3
广西 Guangxi	18236.8	1065.1	276.4	5181.7	938.4	185.0	759.0
海南 Hainan	3890.4	56.9	9.7	100.7	111.8	67.2	53.2
重庆 Chongqing	16048.1	455.3	200.9	4720.5	480.1	4.4	224.2
四川 Sichuan	28812.0	1190.0	419.5	5910.9	1773.4	23.9	508.2
贵州 Guizhou	13204.0	457.3	525.6	1723.1	484.7	17.1	273.8
云南 Yunnan	16119.4	951.5	378.8	1616.3	855.1	2.1	274.5
西藏 Tibet	1596.0	88.0	48.2	38.3	200.9	4.0	14.0
陕西 Shaanxi	20825.3	1421.7	673.4	3659.0	1253.1	29.9	643.5
甘肃 Gansu	9664.0	702.0	178.9	1315.2	722.9	1007.6	488.6
青海 Qinghai	3528.1	147.5	97.0	647.0	443.0	101.5	32.2
宁夏 Ningxia	3794.2	196.8	47.4	946.3	635.9	0.6	47.3
新疆 Xinjiang	10287.5	552.0	579.3	1856.3	1302.9	141.3	161.3
不分地区 Not Classified by Region	5378.0		485.1		216.4		

1-22 续表 1 continued

单位：亿元 (100 million yuan)

地 区 Region	交通运输、仓储和邮政业 Transport, Storage and Post	住宿和餐饮业 Hotels and Catering Services	信息传输、软件和信息技术服务业 Information Transmission, Software and Information Technology	金融业 Financial Intermediation	房地产业 Real Estate	租赁和商务服务业 Leasing and Business Services	科学研究和技术服务业 Scientific Research and Technical Services
全 国 National Total	53890.4	5976.2	6325.5	1310.2	142359.4	12341.9	5567.8
北 京 Beijing	761.6	45.8	198.9	50.6	4726.7	129.2	70.6
天 津 Tianjin	735.1	66.8	165.3	20.4	3290.6	1122.4	301.4
河 北 Hebei	2095.3	186.1	239.1	93.1	5764.9	501.1	351.8
山 西 Shanxi	912.6	75.6	100.9	9.2	2940.8	164.8	104.6
内蒙古 Inner Mongolia	1427.7	68.2	126.8	16.8	1829.4	141.6	87.8
辽 宁 Liaoning	661.2	74.2	63.1	12.9	2255.7	93.1	44.0
吉 林 Jilin	1170.0	154.3	226.2	68.5	1251.2	266.9	150.8
黑龙江 Heilongjiang	1134.6	232.5	229.2	64.8	1190.1	258.7	194.3
上 海 Shanghai	944.9	20.6	136.9	18.5	3720.7	119.9	40.4
江 苏 Jiangsu	2551.0	455.9	635.5	141.6	10467.4	1545.7	639.2
浙 江 Zhejiang	2581.9	296.8	318.8	88.9	10281.5	645.9	141.3
安 徽 Anhui	1628.5	275.9	301.7	92.4	6068.3	655.5	345.3
福 建 Fujian	2505.4	192.5	311.1	50.6	5682.5	337.2	116.0
江 西 Jiangxi	965.4	275.5	171.2	48.9	2775.6	494.7	153.3
山 东 Shandong	2982.2	375.2	294.4	101.8	9405.0	1184.0	1055.7
河 南 Henan	1954.5	358.0	238.9	30.8	9484.1	455.4	252.2
湖 北 Hubei	2833.0	292.1	150.7	33.0	6446.4	806.4	151.9
湖 南 Hunan	1944.4	296.6	298.3	78.6	4906.0	723.5	358.2
广 东 Guangdong	3032.3	352.4	506.7	94.1	12087.4	437.2	223.5
广 西 Guangxi	1849.8	201.8	223.2	72.1	3400.5	560.5	152.5
海 南 Hainan	467.1	135.5	88.4		2118.0	33.0	38.3
重 庆 Chongqing	1630.7	160.3	90.9	12.2	4346.1	244.8	30.8
四 川 Sichuan	3738.0	354.5	292.9	21.3	8543.1	401.2	96.2
贵 州 Guizhou	1779.9	227.8	67.0	13.6	3479.4	324.0	32.4
云 南 Yunnan	2577.5	232.4	228.5	10.2	5484.1	60.0	18.1
西 藏 Tibet	542.3	22.0	11.4	4.9	176.6	17.3	7.3
陕 西 Shaanxi	1584.6	250.0	225.5	22.9	5127.4	259.4	215.5
甘 肃 Gansu	1100.0	195.6	105.3	22.5	1433.7	145.0	79.0
青 海 Qinghai	589.9	30.1	76.0	4.8	638.8	42.5	39.5
宁 夏 Ningxia	367.7	20.5	66.5	1.0	874.3	22.7	17.2
新 疆 Xinjiang	836.1	50.5	136.2	9.2	2163.4	148.3	58.8
不分地区 Not Classified by Region	4005.1						

1-22 续表 2 continued

单位：亿元 (100 million yuan)

地 区	Region	水利、环境和公共设施管理业 Management of Water Conservancy, Environment and Public Facilities	居民服务、修理和其他服务业 Services to Households, Repair and Other Services	教 育 Education	卫生和社会工作 Health and Social Service	文化、体育和娱乐业 Culture, Sports and Entertainment	公共管理、社会保障和社会组织 Public Management, Social Security and Social Organizations	国际组织 International Organizations
全 国	National Total	68647.6	2750.9	9326.7	6282.1	7834.2	8187.7	
北 京	Beijing	722.2	16.3	139.9	56.9	153.2	19.7	
天 津	Tianjin	1629.1	167.4	140.4	55.7	119.7	27.6	
河 北	Hebei	2705.9	95.0	325.3	316.4	461.7	188.9	
山 西	Shanxi	1873.6	45.2	188.5	167.3	192.9	97.1	
内蒙古	Inner Mongolia	2645.3	35.2	149.2	127.6	210.5	294.5	
辽 宁	Liaoning	505.2	49.0	57.9	66.0	83.6	62.8	
吉 林	Jilin	1161.3	106.0	123.9	145.4	107.8	248.1	
黑龙江	Heilongjiang	864.5	102.4	164.2	156.9	146.7	122.9	
上 海	Shanghai	474.4	2.6	79.1	52.8	107.1	14.1	
江 苏	Jiangsu	3965.4	260.9	590.1	446.4	642.2	485.8	
浙 江	Zhejiang	4361.4	130.7	506.8	273.1	390.2	302.9	
安 徽	Anhui	2597.1	109.8	375.4	231.4	242.7	464.2	
福 建	Fujian	3588.5	51.7	328.2	198.7	324.0	341.5	
江 西	Jiangxi	2004.4	120.4	218.3	145.6	176.0	327.6	
山 东	Shandong	2959.7	315.4	745.4	545.9	829.0	1074.9	
河 南	Henan	3698.3	153.8	533.7	555.9	547.7	121.0	
湖 北	Hubei	3735.2	142.0	366.7	269.5	324.1	309.8	
湖 南	Hunan	4526.2	137.0	568.1	414.3	512.8	539.9	
广 东	Guangdong	2843.2	40.1	514.7	215.3	319.2	201.1	
广 西	Guangxi	2076.5	112.3	478.4	218.5	223.0	261.9	
海 南	Hainan	399.3	10.1	62.5	57.3	63.0	18.6	
重 庆	Chongqing	2839.8	44.7	243.5	131.7	112.7	74.7	
四 川	Sichuan	3977.1	60.9	579.3	402.1	234.7	284.9	
贵 州	Guizhou	2960.4	49.2	326.2	171.7	262.0	28.6	
云 南	Yunnan	2022.1	59.2	438.8	215.5	186.1	508.6	
西 藏	Tibet	193.5	8.0	39.5	17.4	26.2	136.4	
陕 西	Shaanxi	4026.5	125.8	424.7	307.3	348.8	226.2	
甘 肃	Gansu	1073.6	147.5	294.3	155.1	292.1	205.2	
青 海	Qinghai	327.4	6.1	64.4	26.1	44.7	169.3	
宁 夏	Ningxia	348.3	20.2	56.9	45.6	45.3	33.9	
新 疆	Xinjiang	1539.8	26.6	202.4	92.6	104.4	326.0	
不分地区	Not Classified by Region	2.4					669.0	

二、人口家庭
Population and Family

2-1 人口数及构成
Population and Its Composition

单位：万人 (10 000 persons)

年 份 Year	总人口(年末) Total Population (year-end)	按性别分 By Sex				按城乡分 By Residence			
		男 Male		女 Female		城镇 Urban		乡村 Rural	
		人口数 Population	比重(%) Proportion	人口数 Population	比重(%) Proportion	人口数 Population	比重(%) Proportion	人口数 Population	比重(%) Proportion
1949	54167	28145	51.96	26022	48.04	5765	10.64	48402	89.36
1950	55196	28669	51.94	26527	48.06	6169	11.18	49027	88.82
1951	56300	29231	51.92	27069	48.08	6632	11.78	49668	88.22
1955	61465	31809	51.75	29656	48.25	8285	13.48	53180	86.52
1960	66207	34283	51.78	31924	48.22	13073	19.75	53134	80.25
1965	72538	37128	51.18	35410	48.82	13045	17.98	59493	82.02
1970	82992	42686	51.43	40306	48.57	14424	17.38	68568	82.62
1971	85229	43819	51.41	41410	48.59	14711	17.26	70518	82.74
1972	87177	44813	51.40	42364	48.60	14935	17.13	72242	82.87
1973	89211	45876	51.42	43335	48.58	15345	17.20	73866	82.80
1974	90859	46727	51.43	44132	48.57	15595	17.16	75264	82.84
1975	92420	47564	51.47	44856	48.53	16030	17.34	76390	82.66
1976	93717	48257	51.49	45460	48.51	16341	17.44	77376	82.56
1977	94974	48908	51.50	46066	48.50	16669	17.55	78305	82.45
1978	96259	49567	51.49	46692	48.51	17245	17.92	79014	82.08
1979	97542	50192	51.46	47350	48.54	18495	18.96	79047	81.04
1980	98705	50785	51.45	47920	48.55	19140	19.39	79565	80.61
1981	100072	51519	51.48	48553	48.52	20171	20.16	79901	79.84
1982	101654	52352	51.50	49302	48.50	21480	21.13	80174	78.87
1983	103008	53152	51.60	49856	48.40	22274	21.62	80734	78.38
1984	104357	53848	51.60	50509	48.40	24017	23.01	80340	76.99
1985	105851	54725	51.70	51126	48.30	25094	23.71	80757	76.29
1986	107507	55581	51.70	51926	48.30	26366	24.52	81141	75.48
1987	109300	56290	51.50	53010	48.50	27674	25.32	81626	74.68
1988	111026	57201	51.52	53825	48.48	28661	25.81	82365	74.19
1989	112704	58099	51.55	54605	48.45	29540	26.21	83164	73.79
1990	114333	58904	51.52	55429	48.48	30195	26.41	84138	73.59
1991	115823	59466	51.34	56357	48.66	31203	26.94	84620	73.06
1992	117171	59811	51.05	57360	48.95	32175	27.46	84996	72.54
1993	118517	60472	51.02	58045	48.98	33173	27.99	85344	72.01
1994	119850	61246	51.10	58604	48.90	34169	28.51	85681	71.49
1995	121121	61808	51.03	59313	48.97	35174	29.04	85947	70.96
1996	122389	62200	50.82	60189	49.18	37304	30.48	85085	69.52
1997	123626	63131	51.07	60495	48.93	39449	31.91	84177	68.09
1998	124761	63940	51.25	60821	48.75	41608	33.35	83153	66.65
1999	125786	64692	51.43	61094	48.57	43748	34.78	82038	65.22
2000	126743	65437	51.63	61306	48.37	45906	36.22	80837	63.78
2001	127627	65672	51.46	61955	48.54	48064	37.66	79563	62.34
2002	128453	66115	51.47	62338	48.53	50212	39.09	78241	60.91
2003	129227	66556	51.50	62671	48.50	52376	40.53	76851	59.47
2004	129988	66976	51.52	63012	48.48	54283	41.76	75705	58.24
2005	130756	67375	51.53	63381	48.47	56212	42.99	74544	57.01
2006	131448	67728	51.52	63720	48.48	58288	44.34	73160	55.66
2007	132129	68048	51.50	64081	48.50	60633	45.89	71496	54.11
2008	132802	68357	51.47	64445	48.53	62403	46.99	70399	53.01
2009	133450	68647	51.44	64803	48.56	64512	48.34	68938	51.66
2010	134091	68748	51.27	65343	48.73	66978	49.95	67113	50.05
2011	134735	69068	51.26	65667	48.74	69079	51.27	65656	48.73
2012	135404	69395	51.25	66009	48.75	71182	52.57	64222	47.43
2013	136072	69728	51.24	66344	48.76	73111	53.73	62961	46.27
2014	136782	70079	51.23	66703	48.77	74916	54.77	61866	45.23
2015	137462	70414	51.22	67048	48.78	77116	56.10	60346	43.90
2016	138271	70815	51.21	67456	48.79	79298	57.35	58973	42.65

注：1.1981年及以前数据为户籍统计数;1982、1990、2000、2010年数据为当年人口普查数据推算数；其余年份数据为年度人口抽样调查推算数据(下相关表同)。

2.总人口和按性别分人口中包括现役军人，按城乡分人口中现役军人计入城镇人口。

a) Figures 1981 (inclusive) are from household registrations; for the year 1982,1990,2000 and 2010 are the census year estimates; the rest of the data covered in those tables have been estimated on the basis of the annual national sample surveys of population. The same applies to the relevant tables following.

b) Total population and population by sex include the military personnel of the Chinese People's Liberation Army, the military personnel are classified as urban population in the item of population by residence.

2-2 人口出生率、死亡率和自然增长率
Birth Rate, Death Rate and Natural Growth Rate of Population

单位：‰ (‰)

年 份 Year	出生率 Birth Rate	死亡率 Death Rate	自然增长率 Natural Growth Rate
1978	18.25	6.25	12.00
1980	18.21	6.34	11.87
1981	20.91	6.36	14.55
1982	22.28	6.60	15.68
1983	20.19	6.90	13.29
1984	19.90	6.82	13.08
1985	21.04	6.78	14.26
1986	22.43	6.86	15.57
1987	23.33	6.72	16.61
1988	22.37	6.64	15.73
1989	21.58	6.54	15.04
1990	21.06	6.67	14.39
1991	19.68	6.70	12.98
1992	18.24	6.64	11.60
1993	18.09	6.64	11.45
1994	17.70	6.49	11.21
1995	17.12	6.57	10.55
1996	16.98	6.56	10.42
1997	16.57	6.51	10.06
1998	15.64	6.50	9.14
1999	14.64	6.46	8.18
2000	14.03	6.45	7.58
2001	13.38	6.43	6.95
2002	12.86	6.41	6.45
2003	12.41	6.40	6.01
2004	12.29	6.42	5.87
2005	12.40	6.51	5.89
2006	12.09	6.81	5.28
2007	12.10	6.93	5.17
2008	12.14	7.06	5.08
2009	11.95	7.08	4.87
2010	11.90	7.11	4.79
2011	11.93	7.14	4.79
2012	12.10	7.15	4.95
2013	12.08	7.16	4.92
2014	12.37	7.16	5.21
2015	12.07	7.11	4.96
2016	12.95	7.09	5.86

2-3 人口年龄结构和抚养比
Age Composition and Dependency Ratio of Population

单位：万人，%　　(10 000 persons,%)

年 份 Year	总人口(年末) Total Population (year-end)	0-14岁 Aged 0-14 人口数 Population	0-14岁 Aged 0-14 比重 Proportion	15-64岁 Aged 15-64 人口数 Population	15-64岁 Aged 15-64 比重 Proportion	65岁及以上 Aged 65 and Over 人口数 Population	65岁及以上 Aged 65 and Over 比重 Proportion	总抚养比 Gross Dependency Ratio	少儿抚养比 Children Dependency Ratio	老年抚养比 Old Dependency Ratio
1953	58796	21331	36.3	34872	59.3	2593	4.4	68.6	61.2	7.4
1964	70499	28686	40.7	39303	55.8	2510	3.6	79.4	73.0	6.4
1982	101654	34146	33.6	62517	61.5	4991	4.9	62.6	54.6	8.0
1987	109300	31347	28.7	71985	65.9	5968	5.4	51.8	43.5	8.3
1990	114333	31659	27.7	76306	66.7	6368	5.6	49.8	41.5	8.3
1991	115823	32095	27.7	76791	66.3	6938	6.0	50.8	41.8	9.0
1992	117171	32339	27.6	77614	66.2	7218	6.2	51.0	41.7	9.3
1993	118517	32177	27.2	79051	66.7	7289	6.2	49.9	40.7	9.2
1994	119850	32360	27.0	79868	66.6	7622	6.4	50.1	40.5	9.5
1995	121121	32218	26.6	81393	67.2	7510	6.2	48.8	39.6	9.2
1996	122389	32311	26.4	82245	67.2	7833	6.4	48.8	39.3	9.5
1997	123626	32093	26.0	83448	67.5	8085	6.5	48.1	38.5	9.7
1998	124761	32064	25.7	84338	67.6	8359	6.7	47.9	38.0	9.9
1999	125786	31950	25.4	85157	67.7	8679	6.9	47.7	37.5	10.2
2000	126743	29012	22.9	88910	70.1	8821	7.0	42.6	32.6	9.9
2001	127627	28716	22.5	89849	70.4	9062	7.1	42.0	32.0	10.1
2002	128453	28774	22.4	90302	70.3	9377	7.3	42.2	31.9	10.4
2003	129227	28559	22.1	90976	70.4	9692	7.5	42.0	31.4	10.7
2004	129988	27947	21.5	92184	70.9	9857	7.6	41.0	30.3	10.7
2005	130756	26504	20.3	94197	72.0	10055	7.7	38.8	28.1	10.7
2006	131448	25961	19.8	95068	72.3	10419	7.9	38.3	27.3	11.0
2007	132129	25660	19.4	95833	72.5	10636	8.1	37.9	26.8	11.1
2008	132802	25166	19.0	96680	72.7	10956	8.3	37.4	26.0	11.3
2009	133450	24659	18.5	97484	73.0	11307	8.5	36.9	25.3	11.6
2010	134091	22259	16.6	99938	74.5	11894	8.9	34.2	22.3	11.9
2011	134735	22164	16.5	100283	74.4	12288	9.1	34.4	22.1	12.3
2012	135404	22287	16.5	100403	74.1	12714	9.4	34.9	22.2	12.7
2013	136072	22329	16.4	100582	73.9	13161	9.7	35.3	22.2	13.1
2014	136782	22558	16.5	100469	73.4	13755	10.1	36.2	22.5	13.7
2015	137462	22715	16.5	100361	73.0	14386	10.5	37.0	22.6	14.3
2016	138271	23008	16.7	100260	72.5	15003	10.8	37.9	22.9	15.0

2-4 人口密度
Population Density

年 份 Year	总人口（万人） Population (10 000 persons)	人口密度（人/平方公里） Population Density (person/sq.km)	年 份 Year	总人口（万人） Population (10 000 persons)	人口密度（人/平方公里） Population Density (person/sq.km)
1949	54167	56	1981	100072	104
1950	55196	57	1982	101654	106
1951	56300	59	1983	103008	107
1952	57482	60	1984	104357	109
1953	58796	61	1985	105851	110
1954	60266	63	1986	107507	112
1955	61465	64	1987	109300	114
1956	62828	65	1988	111026	116
1957	64653	67	1989	112704	117
1958	65994	69	1990	114333	119
1959	67207	70	1991	115823	121
1960	66207	69	1992	117171	122
1961	65859	69	1993	118517	123
1962	67295	70	1994	119850	125
1963	69172	72	1995	121121	126
1964	70499	73	1996	122389	127
1965	72538	76	1997	123626	129
1966	74542	78	1998	124761	130
1967	76368	80	1999	125786	131
1968	78534	82	2000	126743	132
1969	80671	84	2001	127627	133
1970	82992	86	2002	128453	134
1971	85229	89	2003	129227	135
1972	87177	91	2004	129988	135
1973	89211	93	2005	130756	136
1974	90859	95	2006	131448	137
1975	92420	96	2007	132129	138
1976	93717	98	2008	132802	138
1977	94974	99	2009	133450	139
1978	96259	100	2010	134091	140
1979	97542	102	2011	134735	140
1980	98705	103	2012	135404	141
			2013	136072	142
			2014	136782	142
			2015	137462	143
			2016	138271	144

2-5 全国六次人口普查基本情况
Basic Statistics on National Population Census in 1953, 1964, 1982, 1990, 2000 and 2010

指　　标	Item	1953	1964	1982	1990	2000	2010
总人口（万人）	**Total Population (10 000 persons)**	**58260**	**69458**	**100818**	**113368**	**126583**	**133972**
男	Male	30190	35652	51944	58495	65355	68685
女	Female	28070	33806	48874	54873	61228	65287
性别比（以女性为100）	Sex Ratio (female=100)	107.56	105.46	106.30	106.60	106.74	105.20
家庭户规模（人/户）	**Average Family Household Size (person/household)**	**4.33**	**4.43**	**4.41**	**3.96**	**3.44**	**3.10**
各年龄组人口比重（%）	**Percentage of Population by Age Group (%)**						
0-14岁	Aged 0-14	36.28	40.69	33.59	27.69	22.89	16.60
15-64岁	Aged 15-64	59.31	55.75	61.50	66.74	70.15	74.53
65岁及以上	Aged 65 and Over	4.41	3.56	4.91	5.57	6.96	8.87
民族人口	**Population by Ethnicity**						
汉族（万人）	Han (10 000 persons)	54728	65456	94088	104248	115940	122593
占总人口比重（%）	Percentage to Total Population (%)	93.94	94.24	93.32	91.96	91.59	91.51
少数民族（万人）	Ethnic Minorities (10 000 persons)	3532	4002	6730	9120	10643	11379
占总人口比重（%）	Percentage to Total Population (%)	6.06	5.76	6.68	8.04	8.41	8.49
每十万人拥有的各种受教育程度人口（人）	**Population with Various Education Attainments Per 100 000 Persons (person)**						
大专及以上	Junior College and Above		416	615	1422	3611	8930
高中和中专	Senior Secondary School and Technical Secondary School		1319	6779	8039	11146	14032
初中	Junior Secondary School		4680	17892	23344	33961	38788
小学	Primary School		28330	35237	37057	35701	26779
文盲人口及文盲率	**Illiterate Population and Illiterate Rate**						
文盲人口（万人）	Illiterate Population (10 000 persons)		23327	22996	18003	8507	5466
文盲率（%）	Illiterate Rate (%)		33.58	22.81	15.88	6.72	4.08
城乡人口	**Population by Residence**						
城镇化率（%）	Urbanization Rate (%)	13.26	18.30	20.91	26.44	36.22	49.68
城镇人口（万人）	Urban Population (10 000 persons)	7726	12710	21082	29971	45844	66557
乡村人口（万人）	Rural Population (10 000 persons)	50534	56748	79736	83397	80739	67415
平均预期寿命（岁）	**Life Expectancy (year old)**			**67.77***	**68.55**	**71.40**	**74.83**
男	Male			66.28*	66.84	69.63	72.38
女	Female			69.27*	70.47	73.33	77.37

注：1.1953年、1964年、1982年及1990年全国人口普查标准时点为当年7月1日零时，2000年和2010年全国人口普查标准时点为当年11月1日零时。
2.历次普查总人口数据包括中国人民解放军现役军人。在城乡人口中，中国人民解放军现役军人列为城镇人口统计。
3.1964年文盲人口为13岁及以上不识字人口，1982、1990、2000、2010年文盲人口为15岁及以上不识字或识字很少的人。
4.表中“*”号表示为1981年数据。

Note:a) Standard reference time of national population census in 1953, 1964, 1982 and 1990 was zero hour of July 1st, and in 2000 and 2010 was zero hour of November 1st.
b) Total population from the five national population censuses includes the military personnel. Military personnel is listed as urban population in population by residence.
c) Illiterate population of 1964 National Population Census referred to the population aged 13 and over who are unable to read. Illiterate population of 1982, 1990, 2000 and 2010 National Population Censuses referred to the population aged 15 and over who are unable or have difficulty to read.
d) Data with “*” in this table are of 1981.

2-6 分地区人口平均预期寿命
Population Life Expectancy by Region

单位：岁 (year old)

地区	Region	1990			2000			2010		
		合计 Total	男 Male	女 Female	合计 Total	男 Male	女 Female	合计 Total	男 Male	女 Female
全 国	**National Total**	**68.55**	**66.84**	**70.47**	**71.40**	**69.63**	**73.33**	**74.83**	**72.38**	**77.37**
北 京	Beijing	72.86	71.07	74.93	76.10	74.33	78.01	80.18	78.28	82.21
天 津	Tianjin	72.32	71.03	73.73	74.91	73.31	76.63	78.89	77.42	80.48
河 北	Hebei	70.35	68.47	72.53	72.54	70.68	74.57	74.97	72.70	77.47
山 西	Shanxi	68.97	67.33	70.93	71.65	69.96	73.57	74.92	72.87	77.28
内蒙古	Inner Mongolia	65.68	64.47	67.22	69.87	68.29	71.79	74.44	72.04	77.27
辽 宁	Liaoning	70.22	68.72	71.94	73.34	71.51	75.36	76.38	74.12	78.86
吉 林	Jilin	67.95	66.65	69.49	73.10	71.38	75.04	76.18	74.12	78.44
黑龙江	Heilongjiang	66.97	65.50	68.73	72.37	70.39	74.66	75.98	73.52	78.81
上 海	Shanghai	74.90	72.77	77.02	78.14	76.22	80.04	80.26	78.20	82.44
江 苏	Jiangsu	71.37	69.26	73.57	73.91	71.69	76.23	76.63	74.60	78.81
浙 江	Zhejiang	71.78	69.66	74.24	74.70	72.50	77.21	77.73	75.58	80.21
安 徽	Anhui	69.48	67.75	71.36	71.85	70.18	73.59	75.08	72.65	77.84
福 建	Fujian	68.57	66.49	70.93	72.55	70.30	75.07	75.76	73.27	78.64
江 西	Jiangxi	66.11	64.87	67.49	68.95	68.37	69.32	74.33	71.94	77.06
山 东	Shandong	70.57	68.64	72.67	73.92	71.70	76.26	76.46	74.05	79.06
河 南	Henan	70.15	67.96	72.55	71.54	69.67	73.41	74.57	71.84	77.59
湖 北	Hubei	67.25	65.51	69.23	71.08	69.31	73.02	74.87	72.68	77.35
湖 南	Hunan	66.93	65.41	68.70	70.66	69.05	72.47	74.70	72.28	77.48
广 东	Guangdong	72.52	69.71	75.43	73.27	70.79	75.93	76.49	74.00	79.37
广 西	Guangxi	68.72	67.17	70.34	71.29	69.07	73.75	75.11	71.77	79.05
海 南	Hainan	70.01	66.93	73.28	72.92	70.66	75.26	76.30	73.20	80.01
重 庆	Chongqing				71.73	69.84	73.89	75.70	73.16	78.60
四 川	Sichuan	66.33	65.06	67.70	71.20	69.25	73.39	74.75	72.25	77.59
贵 州	Guizhou	64.29	63.04	65.63	65.96	64.54	67.57	71.10	68.43	74.11
云 南	Yunnan	63.49	62.08	64.98	65.49	64.24	66.89	69.54	67.06	72.43
西 藏	Tibet	59.64	57.64	61.57	64.37	62.52	66.15	68.17	66.33	70.07
陕 西	Shaanxi	67.40	66.23	68.79	70.07	68.92	71.30	74.68	72.84	76.74
甘 肃	Gansu	67.24	66.35	68.25	67.47	66.77	68.26	72.23	70.60	74.06
青 海	Qinghai	60.57	59.29	61.96	66.03	64.55	67.70	69.96	68.11	72.07
宁 夏	Ningxia	66.94	65.95	68.05	70.17	68.71	71.84	73.38	71.31	75.71
新 疆	Xinjiang	62.59	61.95	63.26	67.41	65.98	69.14	72.35	70.30	74.86

注：根据人口普查数据计算。
Note: Data in this table are calculated according to the National Population Census.

2-7 分地区年末人口数
Population at Year-end by Region

单位：万人 (10 000 persons)

地区	Region	1995	2000	2005	2010	2011	2012	2013	2014	2015	2016
全国	**National Total**	**121121**	**126743**	**130756**	**134091**	**134735**	**135404**	**136072**	**136782**	**137462**	**138271**
北京	Beijing	1251	1364	1538	1962	2019	2069	2115	2152	2171	2173
天津	Tianjin	942	1001	1043	1299	1355	1413	1472	1517	1547	1562
河北	Hebei	6437	6674	6851	7194	7241	7288	7333	7384	7425	7470
山西	Shanxi	3077	3247	3355	3574	3593	3611	3630	3648	3664	3682
内蒙古	Inner Mongolia	2284	2372	2403	2472	2482	2490	2498	2505	2511	2520
辽宁	Liaoning	4092	4184	4221	4375	4383	4389	4390	4391	4382	4378
吉林	Jilin	2592	2682	2716	2747	2749	2750	2751	2752	2753	2733
黑龙江	Heilongjiang	3701	3807	3820	3833	3834	3834	3835	3833	3812	3799
上海	Shanghai	1415	1609	1890	2303	2347	2380	2415	2426	2415	2420
江苏	Jiangsu	7066	7327	7588	7869	7899	7920	7939	7960	7976	7999
浙江	Zhejiang	4319	4680	4991	5447	5463	5477	5498	5508	5539	5590
安徽	Anhui	6013	6093	6120	5957	5968	5988	6030	6083	6144	6196
福建	Fujian	3237	3410	3557	3693	3720	3748	3774	3806	3839	3874
江西	Jiangxi	4063	4149	4311	4462	4488	4504	4522	4542	4566	4592
山东	Shandong	8705	8998	9248	9588	9637	9685	9733	9789	9847	9947
河南	Henan	9100	9488	9380	9405	9388	9406	9413	9436	9480	9532
湖北	Hubei	5772	5646	5710	5728	5758	5779	5799	5816	5852	5885
湖南	Hunan	6392	6562	6326	6570	6596	6639	6691	6737	6783	6822
广东	Guangdong	6868	8650	9194	10441	10505	10594	10644	10724	10849	10999
广西	Guangxi	4543	4751	4660	4610	4645	4682	4719	4754	4796	4838
海南	Hainan	724	789	828	869	877	887	895	903	911	917
重庆	Chongqing		2849	2798	2885	2919	2945	2970	2991	3017	3048
四川	Sichuan	11325	8329	8212	8045	8050	8076	8107	8140	8204	8262
贵州	Guizhou	3508	3756	3730	3479	3469	3484	3502	3508	3530	3555
云南	Yunnan	3990	4241	4450	4602	4631	4659	4687	4714	4742	4771
西藏	Tibet	240	258	280	300	303	308	312	318	324	331
陕西	Shaanxi	3514	3644	3690	3735	3743	3753	3764	3775	3793	3813
甘肃	Gansu	2438	2515	2545	2560	2564	2578	2582	2591	2600	2610
青海	Qinghai	481	517	543	563	568	573	578	583	588	593
宁夏	Ningxia	513	554	596	633	639	647	654	662	668	675
新疆	Xinjiang	1661	1849	2010	2185	2209	2233	2264	2298	2360	2398

注：1.2000、2010年数据为当年人口普查数据推算数；其余年份数据为年度人口抽样调查推算数据。2005年起各地区数据为常住人口口径。
2.2012年，根据第六次全国人口普查数据，北京对2006-2009年数据，西藏对2001-2009年数据进行了修订。
3.全国人口数中包括中国人民解放军现役军人，分地区人口数中未包括。

Note: a) Data of 2000 and 2010 are the census year estimates; the rest are the estimates from the annual national sample survey of population. Since 2005, data by region are of usual residents.
b) Data of 2006-2009 of Beijing and data of 2001-2009 of Tibet were revised according to the 2010 National Population Census results in 2012.
c) The millitary personnel of Chinese People's Liberation Army are included in the national total population, but are not included in the population by region.

2-8 分地区年末城镇人口比重
Proportion of Urban Population at Year-end by Region

单位：% (%)

地 区	Region	2005	2010	2011	2012	2013	2014	2015	2016
全 国	**National Total**	**42.99**	**49.95**	**51.27**	**52.57**	**53.73**	**54.77**	**56.1**	**57.35**
北 京	Beijing	83.62	85.96	86.20	86.20	86.30	86.35	86.50	86.50
天 津	Tianjin	75.11	79.55	80.50	81.55	82.01	82.27	82.64	82.93
河 北	Hebei	37.69	44.50	45.60	46.80	48.12	49.33	51.33	53.32
山 西	Shanxi	42.11	48.05	49.68	51.26	52.56	53.79	55.03	56.21
内蒙古	Inner Mongolia	47.20	55.50	56.62	57.74	58.71	59.51	60.30	61.19
辽 宁	Liaoning	58.70	62.10	64.05	65.65	66.45	67.05	67.35	67.37
吉 林	Jilin	52.52	53.35	53.40	53.70	54.20	54.81	55.31	55.97
黑龙江	Heilongjiang	53.10	55.66	56.50	56.90	57.40	58.01	58.80	59.20
上 海	Shanghai	89.09	89.30	89.30	89.30	89.60	89.60	87.60	87.90
江 苏	Jiangsu	50.50	60.58	61.90	63.00	64.11	65.21	66.52	67.72
浙 江	Zhejiang	56.02	61.62	62.30	63.20	64.00	64.87	65.80	67.00
安 徽	Anhui	35.50	43.01	44.80	46.50	47.86	49.15	50.50	51.99
福 建	Fujian	49.40	57.10	58.10	59.60	60.77	61.80	62.60	63.60
江 西	Jiangxi	37.00	44.06	45.70	47.51	48.87	50.22	51.62	53.10
山 东	Shandong	45.00	49.70	50.95	52.43	53.75	55.01	57.01	59.02
河 南	Henan	30.65	38.50	40.57	42.43	43.80	45.20	46.85	48.50
湖 北	Hubei	43.20	49.70	51.83	53.50	54.51	55.67	56.85	58.10
湖 南	Hunan	37.00	43.30	45.10	46.65	47.96	49.28	50.89	52.75
广 东	Guangdong	60.68	66.18	66.50	67.40	67.76	68.00	68.71	69.20
广 西	Guangxi	33.62	40.00	41.80	43.53	44.81	46.01	47.06	48.08
海 南	Hainan	45.20	49.80	50.50	51.60	52.74	53.76	55.12	56.78
重 庆	Chongqing	45.20	53.02	55.02	56.98	58.34	59.60	60.94	62.60
四 川	Sichuan	33.00	40.18	41.83	43.53	44.90	46.30	47.69	49.21
贵 州	Guizhou	26.87	33.81	34.96	36.41	37.83	40.01	42.01	44.15
云 南	Yunnan	29.50	34.70	36.80	39.31	40.48	41.73	43.33	45.03
西 藏	Tibet	20.85	22.67	22.71	22.75	23.71	25.75	27.74	29.56
陕 西	Shaanxi	37.23	45.76	47.30	50.02	51.31	52.57	53.92	55.34
甘 肃	Gansu	30.02	36.12	37.15	38.75	40.13	41.68	43.19	44.69
青 海	Qinghai	39.25	44.72	46.22	47.44	48.51	49.78	50.30	51.63
宁 夏	Ningxia	42.28	47.90	49.82	50.67	52.01	53.61	55.23	56.29
新 疆	Xinjiang	37.15	43.01	43.54	43.98	44.47	46.07	47.23	48.35

注：2010年数据为当年人口普查数据推算数；其余年份数据为年度人口抽样调查推算数据，部分省份 2005-2009年数据根据2010年普查数据进行了修订。

Note: Data of 2010 are the census year estimates; the rest are the estimates from the annual national sample survey population. Data of some provinces from 2005 to 2009 have been revised according to the Sixth National Population Census in 2010.

2-9 分地区人口的城乡构成和出生率、死亡率、自然增长率（2016年）
Total Population by Urban and Rural Residence and Birth Rate, Death Rate, Natural Growth Rate by Region (2016)

地 区	Region	总人口(年末)(万人) Total Population (year-end) (10 000 persons)	城镇人口 Urban Population 人口数 Population	城镇人口 Urban Population 比重（%） Proportion	乡村人口 Rural Population 人口数 Population	乡村人口 Rural Population 比重（%） Proportion	出生率(‰) Birth Rate (‰)	死亡率(‰) Death Rate (‰)	自然增长率(‰) Natural Growth Rate (‰)
全 国	**National Total**	**138271**	**79298**	**57.35**	**58973**	**42.65**	**12.95**	**7.09**	**5.86**
北 京	Beijing	2173	1880	86.50	293	13.50	9.32	5.20	4.12
天 津	Tianjin	1562	1295	82.93	267	17.07	7.37	5.54	1.83
河 北	Hebei	7470	3983	53.32	3487	46.68	12.42	6.36	6.06
山 西	Shanxi	3682	2070	56.21	1612	43.79	10.29	5.52	4.77
内蒙古	Inner Mongolia	2520	1542	61.19	978	38.81	9.03	5.69	3.34
辽 宁	Liaoning	4378	2949	67.37	1429	32.63	6.60	6.78	-0.18
吉 林	Jilin	2733	1530	55.97	1203	44.03	5.55	5.60	-0.05
黑龙江	Heilongjiang	3799	2249	59.20	1550	40.80	6.12	6.61	-0.49
上 海	Shanghai	2420	2127	87.90	293	12.10	9.00	5.00	4.00
江 苏	Jiangsu	7999	5417	67.72	2582	32.28	9.76	7.03	2.73
浙 江	Zhejiang	5590	3745	67.00	1845	33.00	11.22	5.52	5.70
安 徽	Anhui	6196	3221	51.99	2975	48.01	13.02	5.96	7.06
福 建	Fujian	3874	2464	63.60	1410	36.40	14.50	6.20	8.30
江 西	Jiangxi	4592	2438	53.10	2154	46.90	13.45	6.16	7.29
山 东	Shandong	9947	5871	59.02	4076	40.98	17.89	7.05	10.84
河 南	Henan	9532	4623	48.50	4909	51.50	13.26	7.11	6.15
湖 北	Hubei	5885	3419	58.10	2466	41.90	12.04	6.97	5.07
湖 南	Hunan	6822	3599	52.75	3223	47.25	13.57	7.01	6.56
广 东	Guangdong	10999	7611	69.20	3388	30.80	11.85	4.41	7.44
广 西	Guangxi	4838	2326	48.08	2512	51.92	13.82	5.95	7.87
海 南	Hainan	917	521	56.78	396	43.22	14.57	6.00	8.57
重 庆	Chongqing	3048	1908	62.60	1140	37.40	11.77	7.24	4.53
四 川	Sichuan	8262	4066	49.21	4196	50.79	10.48	6.99	3.49
贵 州	Guizhou	3555	1570	44.15	1985	55.85	13.43	6.93	6.50
云 南	Yunnan	4771	2148	45.03	2623	54.97	13.16	6.55	6.61
西 藏	Tibet	331	98	29.56	233	70.44	15.79	5.11	10.68
陕 西	Shaanxi	3813	2110	55.34	1703	44.66	10.64	6.23	4.41
甘 肃	Gansu	2610	1166	44.69	1444	55.31	12.18	6.18	6.00
青 海	Qinghai	593	306	51.63	287	48.37	14.70	6.18	8.52
宁 夏	Ningxia	675	380	56.29	295	43.71	13.69	4.72	8.97
新 疆	Xinjiang	2398	1159	48.35	1239	51.65	15.34	4.26	11.08

注：1.本表是2016年全国人口变动情况抽样调查样本数据，抽样比为0.837‰。全国总人口根据抽样误差和调查误差进行了修正，分地区人口未作修正。

2.全国总人口包括现役军人数，分地区数字中未包括。3.以下相关表同。

a) Data in this table are obtained from the 2016 National Sample Survey on Population Changes. The sampling fraction is 0.837‰. The national total population was adjusted on the basis of sampling errors and survey errors. Similar adjustments were not made to regional figures.

b) The military personnel were included in the national total population, but were not included in the population by region.The same applies to the relevant tables following.

2-10 按年龄和性别分人口数（2016年）
Population by Age and Sex (2016)

年 龄 Age	人口数 （人） Population (person)	男 Male	女 Female	占总人口比重 （%） Percentage to Total Population (%)	男 Male	女 Female	性别比 （女=100） Sex Ratio (Female=100)
总计 Total	**1158019**	**593087**	**564932**	**100.00**	**51.22**	**48.78**	**104.98**
0-4	68447	36703	31744	5.91	3.17	2.74	115.62
5-9	63831	34666	29165	5.51	2.99	2.52	118.86
10-14	60420	32773	27647	5.22	2.83	2.39	118.54
15-19	61562	33199	28363	5.32	2.87	2.45	117.05
20-24	79102	41366	37736	6.83	3.57	3.26	109.62
25-29	106663	54225	52439	9.21	4.68	4.53	103.41
30-34	87573	44070	43503	7.56	3.81	3.76	101.30
35-39	80485	40992	39492	6.95	3.54	3.41	103.80
40-44	94730	48342	46388	8.18	4.17	4.01	104.21
45-49	104623	53194	51429	9.03	4.59	4.44	103.43
50-54	97608	49491	48116	8.43	4.27	4.16	102.86
55-59	59638	30264	29374	5.15	2.61	2.54	103.03
60-64	67696	33810	33887	5.85	2.92	2.93	99.77
65-69	48454	23878	24576	4.18	2.06	2.12	97.16
70-74	31677	15545	16132	2.74	1.34	1.39	96.36
75-79	22449	10744	11705	1.94	0.93	1.01	91.79
80-84	14331	6446	7884	1.24	0.56	0.68	81.76
85-89	6416	2613	3803	0.55	0.23	0.33	68.73
90-94	1902	630	1271	0.16	0.05	0.11	49.58
95+	413	134	279	0.04	0.01	0.02	48.25

2-11 分地区户数、人口数、性别比和户规模（2016年）
Household, Population, Sex Ratio and Household Size by Region (2016)

地区	Region	户数（户）Number of Households (household)	家庭户 Family Household	集体户 Collective Household	人口数（人）Population (person)	男 Male	女 Female	性别比（女=100）Sex Ratio (Female=100)
全 国	**National Total**	**371070**	**364431**	**6638**	**1158019**	**593087**	**564932**	**104.98**
北 京	Beijing	6793	6372	421	18132	9324	8808	105.85
天 津	Tianjin	4497	4145	352	13046	6961	6085	114.39
河 北	Hebei	19210	19130	80	62750	32082	30668	104.61
山 西	Shanxi	9835	9768	67	30910	15909	15002	106.04
内蒙古	Inner Mongolia	7654	7467	187	21136	10675	10461	102.05
辽 宁	Liaoning	13389	13344	45	36668	18503	18165	101.86
吉 林	Jilin	8038	8016	22	22945	11665	11280	103.41
黑龙江	Heilongjiang	11521	11460	61	31874	16104	15770	102.11
上 海	Shanghai	8127	7801	325	20188	10382	9806	105.87
江 苏	Jiangsu	20935	20355	580	66998	33738	33260	101.44
浙 江	Zhejiang	17378	16889	489	46831	24377	22454	108.56
安 徽	Anhui	15687	15635	52	52056	26727	25329	105.52
福 建	Fujian	10591	10310	281	32474	16540	15934	103.80
江 西	Jiangxi	10585	10482	102	38576	20069	18506	108.45
山 东	Shandong	28939	28783	156	83464	42579	40886	104.14
河 南	Henan	22955	22834	120	80140	40834	39306	103.89
湖 北	Hubei	15757	15304	453	49384	25352	24032	105.49
湖 南	Hunan	17503	17414	89	57310	29286	28024	104.51
广 东	Guangdong	29620	27857	1763	92107	48869	43238	113.02
广 西	Guangxi	11484	11410	74	40677	21161	19516	108.43
海 南	Hainan	2037	2020	17	7698	4058	3641	111.46
重 庆	Chongqing	9209	9132	77	25560	12992	12568	103.37
四 川	Sichuan	22929	22751	178	69457	34682	34775	99.73
贵 州	Guizhou	8986	8940	46	29915	15438	14476	106.65
云 南	Yunnan	11282	11002	279	40141	20285	19855	102.16
西 藏	Tibet	686	675	10	2789	1410	1380	102.18
陕 西	Shaanxi	9758	9510	248	32014	16160	15854	101.93
甘 肃	Gansu	6374	6353	21	21960	11134	10826	102.85
青 海	Qinghai	1482	1471	11	4987	2564	2423	105.80
宁 夏	Ningxia	1783	1776	8	5666	2925	2741	106.70
新 疆	Xinjiang	6046	6025	22	20165	10303	9861	104.48

2-11 续表 continued

地 区	Region	家庭户人口数(人) Family Household Population (person)	男 Male	女 Female	集体户人口数(人) Collective Household Population (person)	男 Male	女 Female	平均家庭户规模(人/户) Average Family Size (person/household)
全 国	**National Total**	**1132138**	**578632**	**553506**	**25881**	**14455**	**11426**	**3.11**
北 京	Beijing	16695	8334	8361	1437	990	447	2.62
天 津	Tianjin	11472	5759	5714	1574	1202	371	2.77
河 北	Hebei	62372	31900	30472	378	182	196	3.26
山 西	Shanxi	30383	15674	14709	528	235	293	3.11
内蒙古	Inner Mongolia	20376	10431	9945	760	244	516	2.73
辽 宁	Liaoning	36513	18415	18099	155	88	66	2.74
吉 林	Jilin	22881	11632	11249	64	33	31	2.85
黑龙江	Heilongjiang	31496	16026	15470	378	78	300	2.75
上 海	Shanghai	19303	9799	9505	885	583	302	2.47
江 苏	Jiangsu	64769	32742	32027	2229	997	1233	3.18
浙 江	Zhejiang	45228	23147	22081	1603	1230	373	2.68
安 徽	Anhui	51868	26628	25240	188	99	88	3.32
福 建	Fujian	31399	15935	15464	1075	605	470	3.05
江 西	Jiangxi	38169	19714	18455	406	355	51	3.64
山 东	Shandong	82708	42383	40325	757	196	561	2.87
河 南	Henan	79392	40566	38826	748	268	480	3.48
湖 北	Hubei	47625	24326	23299	1759	1026	733	3.11
湖 南	Hunan	56440	28711	27729	870	575	295	3.24
广 东	Guangdong	86392	45364	41028	5715	3504	2210	3.10
广 西	Guangxi	40474	21028	19446	203	133	70	3.55
海 南	Hainan	7626	4021	3605	72	37	35	3.78
重 庆	Chongqing	25129	12700	12430	430	292	138	2.75
四 川	Sichuan	68636	34421	34215	821	261	560	3.02
贵 州	Guizhou	29753	15332	14421	161	106	55	3.33
云 南	Yunnan	39058	19907	19152	1082	378	704	3.55
西 藏	Tibet	2721	1363	1357	69	46	22	4.03
陕 西	Shaanxi	30710	15580	15130	1304	580	725	3.23
甘 肃	Gansu	21887	11097	10791	73	38	35	3.45
青 海	Qinghai	4945	2534	2411	42	30	12	3.36
宁 夏	Ningxia	5634	2907	2727	32	17	14	3.17
新 疆	Xinjiang	20082	10257	9824	83	46	37	3.33

2-12 分地区人口年龄构成和抚养比（2016年）
Age Composition and Dependency Ratio of Population by Region (2016)

地 区	Region	人口数（人）Population (person)	0-14岁 Aged 0-14		15-64岁 Aged 15-64		65岁及以上 Aged 65 and Over		总抚养比(%) Gross Dependency Ratio (%)	少年儿童抚养比 Children Dependency Ratio	老年人口抚养比 Old Dependency Ratio
			人口数 Population	比重 Population	人口数 Population	比重 Population	人口数 Population	比重 Population			
全 国	**National Total**	**1158019**	**192698**	**16.64**	**839679**	**72.51**	**125642**	**10.85**	**37.91**	**22.95**	**14.96**
北 京	Beijing	18132	1973	10.88	14031	77.38	2129	11.74	29.23	14.06	15.17
天 津	Tianjin	13046	1421	10.89	10142	77.74	1482	11.36	28.63	14.01	14.62
河 北	Hebei	62750	11584	18.46	44321	70.63	6845	10.91	41.58	26.14	15.44
山 西	Shanxi	30910	4747	15.36	23475	75.95	2688	8.70	31.67	20.22	11.45
内蒙古	Inner Mongolia	21136	2705	12.80	16436	77.76	1995	9.44	28.60	16.46	12.14
辽 宁	Liaoning	36668	3900	10.64	27919	76.14	4849	13.22	31.34	13.97	17.37
吉 林	Jilin	22945	2903	12.65	17552	76.50	2490	10.85	30.72	16.54	14.19
黑龙江	Heilongjiang	31874	3204	10.05	24865	78.01	3805	11.94	28.19	12.89	15.30
上 海	Shanghai	20188	1953	9.67	15618	77.36	2617	12.96	29.26	12.50	16.76
江 苏	Jiangsu	66998	9199	13.73	48750	72.76	9048	13.51	37.43	18.87	18.56
浙 江	Zhejiang	46831	6063	12.95	35319	75.42	5449	11.63	32.59	17.17	15.43
安 徽	Anhui	52056	9128	17.53	36958	71.00	5969	11.47	40.85	24.70	16.15
福 建	Fujian	32474	5940	18.29	23303	71.76	3231	9.95	39.36	25.49	13.87
江 西	Jiangxi	38576	8187	21.22	26687	69.18	3702	9.60	44.55	30.68	13.87
山 东	Shandong	83464	14140	16.94	59599	71.41	9725	11.65	40.04	23.72	16.32
河 南	Henan	80140	16659	20.79	55405	69.14	8075	10.08	44.64	30.07	14.57
湖 北	Hubei	49384	7645	15.48	36023	72.94	5716	11.58	37.09	21.22	15.87
湖 南	Hunan	57310	10431	18.20	40065	69.91	6814	11.89	43.04	26.03	17.01
广 东	Guangdong	92107	15417	16.74	69603	75.57	7086	7.69	32.33	22.15	10.18
广 西	Guangxi	40677	8686	21.35	28048	68.95	3943	9.69	45.03	30.97	14.06
海 南	Hainan	7698	1520	19.75	5543	72.01	635	8.25	38.88	27.43	11.45
重 庆	Chongqing	25560	3949	15.45	18041	70.58	3570	13.97	41.68	21.89	19.79
四 川	Sichuan	69457	11086	15.96	48858	70.34	9513	13.70	42.16	22.69	19.47
贵 州	Guizhou	29915	6663	22.27	20373	68.10	2879	9.62	46.83	32.70	14.13
云 南	Yunnan	40141	7839	19.53	28939	72.09	3362	8.38	38.71	27.09	11.62
西 藏	Tibet	2789	671	24.06	1980	70.99	139	4.97	40.88	33.87	7.01
陕 西	Shaanxi	32014	4750	14.84	23826	74.42	3439	10.74	34.37	19.93	14.43
甘 肃	Gansu	21960	3725	16.96	16049	73.08	2186	9.96	36.83	23.21	13.62
青 海	Qinghai	4987	983	19.71	3643	73.05	360	7.22	36.87	26.98	9.89
宁 夏	Ningxia	5666	1085	19.15	4140	73.07	441	7.78	36.85	26.20	10.65
新 疆	Xinjiang	20165	4541	22.52	14165	70.25	1458	7.23	42.35	32.06	10.30

2-13 分地区按性别和婚姻状况分的人口(2016年)
Population by Sex, Marital Status and Region (2016)

单位：人 (person)

地 区	Region	15岁及以上人口 Population Aged 15 and Over	男 Male	女 Female	未 婚 Never Married	男 Male	女 Female	有配偶 Married	男 Male	女 Female
全 国	**National Total**	**965321**	**488944**	**476376**	**182568**	**107984**	**74584**	**710768**	**354610**	**356158**
北 京	Beijing	16160	8275	7885	3434	2038	1396	11730	5933	5798
天 津	Tianjin	11624	6217	5407	2224	1281	943	8625	4679	3947
河 北	Hebei	51166	25832	25334	7397	4459	2938	40290	19972	20317
山 西	Shanxi	26163	13383	12780	5328	3095	2233	19253	9684	9569
内蒙古	Inner Mongolia	18431	9303	9128	3415	1799	1615	13801	7055	6746
辽 宁	Liaoning	32768	16513	16254	5355	3132	2223	24269	12147	12123
吉 林	Jilin	20043	10116	9927	2940	1712	1228	15254	7668	7586
黑龙江	Heilongjiang	28670	14444	14226	4791	2688	2104	21042	10579	10463
上 海	Shanghai	18236	9347	8889	3103	1761	1343	14057	7260	6796
江 苏	Jiangsu	57799	28713	29085	9063	5070	3993	44561	22214	22347
浙 江	Zhejiang	40768	21118	19650	6981	4361	2620	30912	15820	15092
安 徽	Anhui	42927	21710	21218	7570	4603	2966	32254	15933	16321
福 建	Fujian	26534	13292	13241	4207	2537	1670	20412	10164	10248
江 西	Jiangxi	30389	15452	14937	5829	3626	2203	22395	11104	11290
山 东	Shandong	69325	34752	34573	10634	6207	4426	53971	26796	27175
河 南	Henan	63480	31520	31960	12159	6931	5228	47045	22823	24221
湖 北	Hubei	41739	21236	20503	7885	4886	2999	30667	15152	15516
湖 南	Hunan	46880	23678	23201	8152	5002	3150	34753	17226	17527
广 东	Guangdong	76689	40344	36345	21475	12922	8553	51226	26207	25019
广 西	Guangxi	31991	16441	15550	7430	4632	2798	22134	11003	11131
海 南	Hainan	6178	3228	2950	1645	1042	602	4159	2063	2096
重 庆	Chongqing	21611	10852	10759	3699	2205	1494	15938	7880	8059
四 川	Sichuan	58371	28868	29503	10583	6132	4451	42053	20548	21505
贵 州	Guizhou	23252	11848	11404	5120	3084	2036	16077	7938	8138
云 南	Yunnan	32301	16265	16036	7063	4071	2992	22774	11309	11465
西 藏	Tibet	2119	1076	1043	649	344	304	1306	679	628
陕 西	Shaanxi	27265	13659	13606	5849	3278	2572	19383	9618	9765
甘 肃	Gansu	18235	9127	9109	3801	2202	1599	13025	6411	6614
青 海	Qinghai	4004	2065	1938	856	523	334	2772	1403	1369
宁 夏	Ningxia	4581	2345	2236	889	534	355	3402	1710	1692
新 疆	Xinjiang	15624	7925	7699	3044	1828	1216	11229	5633	5595

2-13 续表 continued

单位：人 (person)

地区 Region	离婚 Divorced	男 Male	女 Female	丧偶 Widowed	男 Male	女 Female
全国 National Total	**18408**	**10415**	**7993**	**53577**	**15935**	**37641**
北京 Beijing	341	151	191	654	153	501
天津 Tianjin	228	109	119	547	148	399
河北 Hebei	732	470	262	2748	931	1817
山西 Shanxi	375	239	136	1208	366	842
内蒙古 Inner Mongolia	351	202	149	865	247	618
辽宁 Liaoning	1221	660	561	1923	576	1347
吉林 Jilin	735	410	325	1114	326	788
黑龙江 Heilongjiang	1181	660	520	1656	517	1140
上海 Shanghai	366	164	202	709	162	548
江苏 Jiangsu	890	493	397	3285	937	2348
浙江 Zhejiang	732	429	303	2143	508	1634
安徽 Anhui	692	439	253	2412	734	1677
福建 Fujian	409	227	183	1506	366	1140
江西 Jiangxi	427	245	182	1739	476	1263
山东 Shandong	769	489	281	3950	1260	2691
河南 Henan	769	497	272	3507	1268	2239
湖北 Hubei	785	456	329	2402	742	1659
湖南 Hunan	965	574	391	3009	876	2133
广东 Guangdong	888	438	450	3100	777	2324
广西 Guangxi	499	278	221	1928	528	1400
海南 Hainan	73	46	27	301	76	225
重庆 Chongqing	620	312	309	1352	455	897
四川 Sichuan	1589	890	699	4145	1298	2847
贵州 Guizhou	567	339	228	1489	487	1002
云南 Yunnan	629	369	260	1835	515	1320
西藏 Tibet	46	15	32	117	38	79
陕西 Shaanxi	404	247	158	1628	516	1112
甘肃 Gansu	277	165	112	1132	349	783
青海 Qinghai	149	76	73	226	64	163
宁夏 Ningxia	93	50	43	197	51	146
新疆 Xinjiang	604	277	327	747	186	561

2-14 分地区按家庭户规模分的户数和构成（2016年）
Family Households and Percentage by Size and Region (2016)

单位：户，%　　　　(household,%)

地区 Region	家庭户户数 Number of Family Households	一人户 One Person	二人户 Two Persons	三人户 Three Persons	四人户 Four Persons	五人户 Five Persons	六人户 Six Persons	七人户 Seven Persons	八人户 Eight Persons	九人户 Nine Persons	十人及以上户 Ten Persons and Over
全 国 National Total	**364431**	**51347**	**93925**	**95094**	**64894**	**35430**	**15813**	**4744**	**1777**	**743**	**664**
北 京 Beijing	6372	1327	1969	1872	631	414	104	32	18	4	1
天 津 Tianjin	4145	584	1258	1386	571	253	76	11	4		1
河 北 Hebei	19130	1967	4991	4779	3851	1965	1169	287	76	29	17
山 西 Shanxi	9768	953	2481	2902	2222	821	296	59	24	5	4
内蒙古 Inner Mongolia	7467	898	2484	2568	1010	374	108	19	6	2	
辽 宁 Liaoning	13344	1817	4450	4469	1487	851	207	49	10	2	2
吉 林 Jilin	8016	1036	2556	2509	972	663	215	41	19	4	1
黑龙江 Heilongjiang	11460	1467	3861	3895	1223	762	181	50	18	3	1
上 海 Shanghai	7801	1758	2694	2044	718	477	84	22	4	1	1
江 苏 Jiangsu	20355	2446	5302	5493	3224	2576	943	238	89	23	22
浙 江 Zhejiang	16889	3657	5150	4076	2272	1130	453	97	35	17	2
安 徽 Anhui	15635	1563	3746	4200	3196	1627	887	266	91	44	16
福 建 Fujian	10310	1788	2685	2322	1746	1024	514	132	54	20	25
江 西 Jiangxi	10482	819	2081	2444	2465	1459	751	272	92	57	42
山 东 Shandong	28783	3798	8302	8594	5300	1957	668	111	29	20	5
河 南 Henan	22834	2072	4979	5475	5243	2809	1614	429	118	51	44
湖 北 Hubei	15304	1934	3910	4344	2684	1576	617	134	65	27	14
湖 南 Hunan	17414	2247	4004	4551	3487	1831	864	256	94	43	37
广 东 Guangdong	27857	6693	6051	5169	4502	2758	1376	688	304	146	170
广 西 Guangxi	11410	1548	2075	2623	2407	1401	710	314	148	80	103
海 南 Hainan	2020	206	327	412	511	295	148	62	28	12	20
重 庆 Chongqing	9132	1975	2562	2164	1379	701	245	70	30	3	5
四 川 Sichuan	22751	3609	6011	5634	4043	2250	846	240	83	25	11
贵 州 Guizhou	8940	1166	2033	1999	1835	1058	548	192	69	27	14
云 南 Yunnan	11002	1092	2077	2568	2578	1481	825	235	90	29	28
西 藏 Tibet	675	94	115	121	126	75	52	32	24	16	21
陕 西 Shaanxi	9510	1136	2295	2415	2002	1078	421	97	43	10	13
甘 肃 Gansu	6353	630	1387	1684	1234	746	436	150	50	19	16
青 海 Qinghai	1471	212	303	350	285	168	94	33	14	4	7
宁 夏 Ningxia	1776	168	449	523	371	157	75	23	8	2	1
新 疆 Xinjiang	6025	687	1339	1511	1321	694	286	105	43	17	21

2-14 续表 continued

单位：户，%　　(household,%)

地 区	Region	家庭户户数构成 Percentage of Family Households	一人户 One Person	二人户 Two Persons	三人户 Three Persons	四人户 Four Persons	五人户 Five Persons	六人户 Six Persons	七人户 Seven Persons	八人户 Eight Persons	九人户 Nine Persons	十人及以上户 Ten Persons and Over
全 国	**National Total**	**100**	**14.1**	**25.8**	**26.1**	**17.8**	**9.7**	**4.3**	**1.3**	**0.5**	**0.2**	**0.2**
北 京	Beijing	100	20.8	30.9	29.4	9.9	6.5	1.6	0.5	0.3	0.1	
天 津	Tianjin	100	14.1	30.3	33.4	13.8	6.1	1.8	0.3	0.1		
河 北	Hebei	100	10.3	26.1	25.0	20.1	10.3	6.1	1.5	0.4	0.2	0.1
山 西	Shanxi	100	9.8	25.4	29.7	22.7	8.4	3.0	0.6	0.2	0.1	
内蒙古	Inner Mongolia	100	12.0	33.3	34.4	13.5	5.0	1.4	0.3	0.1		
辽 宁	Liaoning	100	13.6	33.3	33.5	11.1	6.4	1.6	0.4	0.1		
吉 林	Jilin	100	12.9	31.9	31.3	12.1	8.3	2.7	0.5	0.2		
黑龙江	Heilongjiang	100	12.8	33.7	34.0	10.7	6.6	1.6	0.4	0.2		
上 海	Shanghai	100	22.5	34.5	26.2	9.2	6.1	1.1	0.3	0.1		
江 苏	Jiangsu	100	12.0	26.0	27.0	15.8	12.7	4.6	1.2	0.4	0.1	0.1
浙 江	Zhejiang	100	21.7	30.5	24.1	13.5	6.7	2.7	0.6	0.2	0.1	0.0
安 徽	Anhui	100	10.0	24.0	26.9	20.4	10.4	5.7	1.7	0.6	0.3	0.1
福 建	Fujian	100	17.3	26.0	22.5	16.9	9.9	5.0	1.3	0.5	0.2	0.2
江 西	Jiangxi	100	7.8	19.9	23.3	23.5	13.9	7.2	2.6	0.9	0.5	0.4
山 东	Shandong	100	13.2	28.8	29.9	18.4	6.8	2.3	0.4	0.1	0.1	0.0
河 南	Henan	100	9.1	21.8	24.0	23.0	12.3	7.1	1.9	0.5	0.2	0.2
湖 北	Hubei	100	12.6	25.5	28.4	17.5	10.3	4.0	0.9	0.4	0.2	0.1
湖 南	Hunan	100	12.9	23.0	26.1	20.0	10.5	5.0	1.5	0.5	0.2	0.2
广 东	Guangdong	100	24.0	21.7	18.6	16.2	9.9	4.9	2.5	1.1	0.5	0.6
广 西	Guangxi	100	13.6	18.2	23.0	21.1	12.3	6.2	2.8	1.3	0.7	0.9
海 南	Hainan	100	10.2	16.2	20.4	25.3	14.6	7.3	3.1	1.4	0.6	1.0
重 庆	Chongqing	100	21.6	28.1	23.7	15.1	7.7	2.7	0.8	0.3	0.0	0.1
四 川	Sichuan	100	15.9	26.4	24.8	17.8	9.9	3.7	1.1	0.4	0.1	0.0
贵 州	Guizhou	100	13.0	22.7	22.4	20.5	11.8	6.1	2.1	0.8	0.3	0.2
云 南	Yunnan	100	9.9	18.9	23.3	23.4	13.5	7.5	2.1	0.8	0.3	0.3
西 藏	Tibet	100	13.9	17.0	17.9	18.7	11.1	7.7	4.7	3.6	2.4	3.1
陕 西	Shaanxi	100	11.9	24.1	25.4	21.1	11.3	4.4	1.0	0.5	0.1	0.1
甘 肃	Gansu	100	9.9	21.8	26.5	19.4	11.7	6.9	2.4	0.8	0.3	0.3
青 海	Qinghai	100	14.4	20.6	23.8	19.4	11.4	6.4	2.2	1.0	0.3	0.5
宁 夏	Ningxia	100	9.5	25.3	29.4	20.9	8.8	4.2	1.3	0.5	0.1	0.1
新 疆	Xinjiang	100	11.4	22.2	25.1	21.9	11.5	4.7	1.7	0.7	0.3	0.3

2-15 结婚登记情况
Registered Marriages

年 份 Year	结婚登记总数 (万对) Total Number of Registered Marriages (10 000 couples)	内地居民登记结婚数 Registered Marriages of the Mainland	涉外华侨港澳台登记结婚数 Registered Marriages with Foreigners, Overseas Chinese and Citizens of Hong Kong, Macao and Taiwan	粗结婚率 (‰) Crude Marriage Rate (‰)
1978	597.8	597.8		6.2
1979	637.1	636.3	0.8	6.7
1980	720.9	719.8	1.1	7.3
1981	1041.7	1040.3	1.4	10.4
1982	836.9	835.5	1.4	8.3
1983	765.4	764.2	1.3	7.5
1984	784.8	783.4	1.4	7.5
1985	831.3	829.1	2.2	7.9
1986	884.0	882.3	1.7	8.2
1987	926.7	924.7	2.0	8.6
1988	899.2	897.2	2.0	8.3
1989	937.2	935.2	2.0	8.4
1990	951.1	948.7	2.4	8.2
1991	953.6	951.0	2.6	8.3
1992	957.5	954.5	3.0	8.3
1993	915.4	912.2	3.3	7.8
1994	932.4	929.0	3.4	7.8
1995	934.1	929.7	4.4	7.7
1996	938.7	934.0	4.7	7.7
1997	914.1	909.1	5.1	7.4
1998	891.7	886.7	5.0	7.2
1999	885.3	879.9	5.4	7.1
2000	848.5	842.0	6.5	6.7
2001	805.0	797.1	7.9	6.3
2002	786.0	778.8	7.3	6.1
2003	811.4	803.5	7.8	6.3
2004	867.2	860.8	6.4	6.7
2005	823.1	816.6	6.4	6.3
2006	945.0	938.2	6.8	7.2
2007	991.4	986.3	5.1	7.5
2008	1098.3	1093.2	5.1	8.3
2009	1212.4	1207.5	4.9	9.1
2010	1241.0	1236.1	4.9	9.3
2011	1302.4	1297.5	4.9	9.7
2012	1323.6	1318.3	5.3	9.8
2013	1346.9	1341.4	5.5	9.9
2014	1306.7	1302.0	4.7	9.6
2015	1224.7	1220.6	4.1	9.0
2016	1142.8	1138.6	4.2	8.3

注：粗结婚率计算方法：

$$\text{粗结婚率}=\frac{\text{结婚对数}}{(\text{当年期初人口数}+\text{当年期末人口数})/2}\times 1000‰$$

$$\text{marriage rate}=\frac{\text{Number of Couples Registered Marriages}}{(\text{Beginning population}+\text{Ending population})/2}\times 1000‰$$

2-16 离婚办理情况
Registration of Divorces

年 份 Year	离婚总数（万对） Total Number of Divorces (10 000 couples)	民政部门登记离婚数 Number of Divorces Registered in Civil Affairs Departments	内地居民登记离婚数 Registered Divorces of the Mainland	涉外华侨港澳台登记离婚数（对） Registered Divorces with Foreigners, Oversesa Chinese and Citizens of Hong Kong, Macao and Taiwan (couple)	法院部门办理离婚数 Number of Divorces Registered in Courts	粗离婚率（‰） Number of Divorces per 1000 Population (Crude Divorce Rate) (‰)
1978	28.5	17.0	17.0		11.5	0.18
1979	31.9	19.3	19.3	82	12.6	0.33
1980	34.1	18.0	18.0	330	16.1	0.35
1981	38.9	18.7	18.7	46	20.2	0.39
1982	42.8	21.1	21.1	116	21.7	0.42
1983	41.8	19.7	19.7	126	22.1	0.42
1984	45.4	19.9	19.9	110	25.5	0.40
1985	45.8	19.6	19.6	108	26.2	0.44
1986	50.6	21.4	21.4	205	29.2	0.47
1987	58.1	23.6	23.6	220	34.5	0.55
1988	65.5	26.4	26.4	310	39.1	0.60
1989	75.3	28.8	28.7	518	46.5	0.68
1990	80.0	30.1	30.0	602	49.9	0.69
1991	83.1	30.1	30.0	588	53.0	0.72
1992	85.0	31.6	31.5	833	53.4	0.74
1993	91.0	33.6	33.5	968	57.4	0.77
1994	98.2	35.5	35.4	737	62.7	0.82
1995	105.6	36.8	36.7	813	68.8	0.88
1996	113.4	39.4	39.3	1175	74.0	0.93
1997	119.9	44.0	43.9	1385	75.9	0.97
1998	119.2	46.6	46.5	948	72.6	0.96
1999	120.2	47.8	47.7	975	72.4	0.96
2000	121.3	48.9	48.8	1075	72.4	0.96
2001	125.0	52.8	52.5	2856	72.2	0.98
2002	117.7	57.3	56.8	5221	60.4	0.90
2003	133.0	69.0	68.7	3333	64.0	1.05
2004	166.5	104.6	104.0	5830	61.9	1.28
2005	178.5	118.4	117.5	8267	60.1	1.37
2006	191.3	129.1	128.3	8414	62.2	1.46
2007	209.8	145.7	144.8	8852	64.1	1.59
2008	226.9	161.0	160.0	9470	65.9	1.71
2009	246.8	180.2	179.6	5747	66.6	1.85
2010	267.8	201.0	200.4	5783	66.8	2.00
2011	287.4	220.7	220.2	5761	66.7	2.13
2012	310.4	242.3	241.7	6161	68.1	2.29
2013	350.0	281.5	280.9	6538	68.5	2.58
2014	363.9	295.7	295.1	6714	67.9	2.67
2015	384.1	314.9	314.3	6237	69.3	2.79
2016	415.8	348.6	348.0	6315	67.2	3.02

注：粗离婚率计算方法：

$$粗离婚率=\frac{离婚对数}{(当年期初人口数+当年期末人口数)/2}\times 1000‰$$

$$\text{Crude divorce rate}=\frac{\text{Number of couples registered divorces}}{(\text{Beginning population}+\text{Ending population})/2}\times 1000‰$$

2-17 分地区婚姻情况(2016年)
Statistics on Marriages and Divorces by Region(2016)

地 区	Region	结婚登记 (万对) Total Number of Registered Marriages (10 000 couples)	内地居民登记结婚 Registered Marriages in the Mainland	初婚 (万人) First Marriages (10 000 persons)	再婚 (万人) Re-marriages (10 000 persons)	离婚 (万对) Divorces (10 000 couples)	粗结婚率 (‰) Crude Marriages Rate (‰)	粗离婚率 (‰) Crude Divorce Rate (‰)
全 国	**National Total**	**1142.82**	**1138.61**	**1913.26**	**372.39**	**415.82**	**8.31**	**3.02**
北 京	Beijing	16.62	16.52	20.08	13.17	10.58	7.69	4.89
天 津	Tianjin	9.82	9.78	16.15	3.49	6.52	6.38	4.24
河 北	Hebei	55.19	55.09	85.14	25.24	22.02	7.43	2.96
山 西	Shanxi	30.01	30.00	53.08	6.94	7.65	8.19	2.09
内蒙古	Inner Mongolia	19.84	19.82	28.09	11.59	9.84	7.90	3.92
辽 宁	Liaoning	31.26	31.09	55.50	7.02	16.01	7.13	3.65
吉 林	Jilin	22.15	22.07	39.59	4.71	12.92	8.08	4.71
黑龙江	Heilongjiang	30.63	30.48	52.21	9.05	18.72	8.03	4.91
上 海	Shanghai	12.52	12.35	15.92	9.13	8.26	5.17	3.41
江 苏	Jiangsu	71.61	71.47	116.28	26.94	26.13	8.97	3.27
浙 江	Zhejiang	36.68	36.39	60.58	12.79	14.71	6.61	2.65
安 徽	Anhui	71.34	71.20	114.17	28.50	21.72	11.62	3.54
福 建	Fujian	31.46	30.96	53.99	8.94	9.63	8.19	2.51
江 西	Jiangxi	30.20	30.09	50.83	9.58	10.21	6.61	2.24
山 东	Shandong	67.07	66.96	99.51	34.63	25.45	6.80	2.58
河 南	Henan	96.90	96.81	185.10	8.70	27.75	10.22	2.93
湖 北	Hubei	51.38	51.26	97.20	5.57	18.31	8.78	3.13
湖 南	Hunan	49.94	49.78	78.67	21.20	19.35	7.37	2.85
广 东	Guangdong	78.61	77.80	136.53	20.69	21.19	7.24	1.95
广 西	Guangxi	39.40	39.18	67.47	11.32	11.28	8.21	2.35
海 南	Hainan	7.83	7.77	14.09	1.56	1.66	8.60	1.83
重 庆	Chongqing	27.85	27.79	38.06	17.64	13.90	9.22	4.60
四 川	Sichuan	72.71	72.56	109.36	36.07	29.62	8.87	3.61
贵 州	Guizhou	45.32	45.28	86.70	3.94	12.10	12.83	3.43
云 南	Yunnan	44.61	44.31	74.41	14.81	11.93	9.41	2.52
西 藏	Tibet	3.01	3.00	5.76	0.26	0.35	9.27	1.08
陕 西	Shaanxi	33.24	33.19	54.49	11.99	10.14	8.76	2.67
甘 肃	Gansu	21.91	21.90	42.55	1.27	5.03	8.43	1.94
青 海	Qinghai	6.12	6.12	10.83	1.41	1.52	10.40	2.58
宁 夏	Ningxia	6.20	6.20	10.30	2.11	1.95	9.28	2.92
新 疆	Xinjiang	21.41	21.39	40.63	2.18	9.36	9.12	3.98

三、卫生健康
Health and Wellness

3-1 医疗卫生机构
Number of Health Care Institutions

单位：个 (unit)

年份 Year	合计 Total	#医院 Hospitals	#综合医院 General Hospitals	#中医医院 Hospitals Specialized in Traditional Chinese Medicine	#专科医院 Specialized Hospitals	#基层医疗卫生机构 Health Care Institutions at Grass-root Level	#社区卫生服务中心(站) Community Health Service Centers
1950	8915	2803	2692	4	85		
1955	67725	3648	3351	67	188		
1960	261195	6020	5173	330	401		
1965	224266	5330	4747	131	339		
1970	149823	5964	5353	117	385		
1975	151733	7654	6817	160	543		
1980	180553	9902	7859	678	694		
1985	978540	11955	9197	1485	938		
1986	999102	12442	9363	1646	1030		
1987	1012804	12962	9657	1790	1097		
1988	1012485	13544	9916	1932	1190		
1989	1027522	14090	10242	2046	1265		
1990	1012690	14377	10424	2115	1362		
1991	1003769	14628	10562	2195	1345		
1992	1001310	14889	10774	2269	1376		
1993	1000531	15436	11426	2298	1438		
1994	1005271	15595	11549	2336	1440		
1995	994409	15663	11586	2361	1445		
1996	1078131	15833	11696	2405	1473		
1997	1048657	15944	11771	2413	1488		
1998	1042885	16001	11779	2443	1495		
1999	1017673	16678	11868	2441	1533		
2000	1034229	16318	11872	2453	1543	1000169	
2001	1029314	16197	11834	2478	1576	995670	
2002	1005004	17844	12716	2492	2237	973098	8211
2003	806243	17764	12599	2518	2271	774693	10101
2004	849140	18393	12900	2611	2492	817018	14153
2005	882206	18703	12982	2620	2682	849488	17128
2006	918097	19246	13120	2665	3022	884818	22656
2007	912263	19852	13372	2720	3282	878686	27069
2008	891480	19712	13119	2688	3437	858015	24260
2009	916571	20291	13364	2728	3716	882153	27308
2010	936927	20918	13681	2778	3956	901709	32739
2011	954389	21979	14328	2831	4283	918003	32860
2012	950297	23170	15021	2889	4665	912620	33562
2013	974398	24709	15887	3015	5127	915368	33965
2014	981432	25860	16524	3115	5478	917335	34238
2015	983528	27587	17430	3267	6023	920770	34321
2016	983394	29140	18020	3462	6642	926518	34327

注：1.村卫生室数计入医疗卫生机构数中。
2.2008年社区卫生服务中心(站)减少的原因是江苏省约5000家农村社区卫生服务站划归村卫生室。
3.2002年起，医疗卫生机构数不再包括高中等医学院校本部、药检机构、国境卫生检疫所和非卫生部门举办的计划生育指导站。
4.2013年起，医疗卫生机构数包括原计生部门主管的计划生育技术服务机构。
5.1996年以前门诊部(所)不包括私人诊所。

a) Number of village clinics was included in health care institutions.
b) The reasons of decrease of community health centers(stations) in 2008 is that 5000 rural community health stations in Jiangsu is divided into village clinics.
c) Since 2002, health care institutions did not include headquarters of higher and secondary medical schools, drug test institutions, border health quarantine institutions and family planning service stations run by other than health department.
d) Since 2013, health care institutions included family planning technical services institutions managed by original family planning department.
e) Before 1996, clinics did not include private clinics.

3-1 续表 continued

单位：个 (unit)

年 份 Year	#乡 镇卫生院 Township Health Centers	#村卫生室 Village Clinics	#门诊部(所) Outpatient Department	#专业公共卫生机构 Specialized Public Health Institutions	#疾病预防控制中心 Center for Disease Control and Prevention	#专科疾病防治院(所/站) Specialized Disease Prevention & Treatment Institution	#妇幼保健院(所/站) Women and Children Care Agencies	#卫生监督所(中心) Health Inspection Institution (center)	#计划生育技术服务机构 Family Planning Technical Service Institution
1950			3356		61	30	426		
1955			51600		315	287	3944		
1960	24849		213823		1866	683	4213		
1965	36965		170430		2499	822	2910		
1970	56568		79600		1714	607	1124		
1975	54026		80739		2912	683	2128		
1980	55413		102474		3105	1138	2745		
1985	47387	777674	126604		3410	1566	2996		
1986	46967	795963	127575		3475	1635	3059		
1987	47177	807844	128459		3512	1697	3082		
1988	47529	806497	128422		3532	1727	3103		
1989	47523	820798	128112		3591	1747	3112		
1990	47749	803956	129332		3618	1781	3148		
1991	48140	794733	128665		3652	1818	3187		
1992	46117	796523	125873		3673	1845	3187		
1993	45024	806945	115161		3729	1872	3115		
1994	51929	813529	105984		3711	1905	3190		
1995	51797	804352	104406		3729	1895	3179		
1996	51277	755565	237153		3737	1887	3172		
1997	50981	733624	229474		3747	1893	3180		
1998	50071	728788	229349		3746	1889	3191		
1999	49694	716677	226588		3763	1877	3180		
2000	49229	709458	240934	11386	3741	1839	3163		
2001	48090	698966	248061	11471	3813	1783	3132		
2002	44992	698966	219907	10787	3580	1839	3067	571	
2003	44279	514920	204468	10792	3584	1749	3033	838	
2004	41626	551600	208794	10878	3588	1583	2998	1284	
2005	40907	583209	207457	11177	3585	1502	3021	1702	
2006	39975	609128	212243	11269	3548	1402	3003	2097	
2007	39876	613855	197083	11528	3585	1365	3051	2553	
2008	39080	613143	180752	11485	3534	1310	3011	2675	
2009	38475	632770	182448	11665	3536	1291	3020	2809	
2010	37836	648424	181781	11835	3513	1274	3025	2992	
2011	37295	662894	184287	11926	3484	1294	3036	3022	
2012	37097	653419	187932	12083	3490	1289	3044	3088	
2013	37015	648619	195176	31155	3516	1271	3144	2967	
2014	36902	645470	200130	35029	3490	1242	3098	2975	
2015	36817	640536	208572	31927	3478	1234	3078	2986	
2016	36795	638763	216187	24866	3481	1213	3063	2986	13053

3-2 分地区医疗卫生机构(2016年)
Number of Health Care Institutions by Region(2016)

单位: 个、% (unit,%)

地区 Region	机构数 Institutiions				占全部机构数比重 Proportion			每万人口医疗卫生机构数 Health Care Institutions per 10000 population
	合计 Total	#医院 Hospitals	#基层医疗卫生机构 Health Care Institutions at Grass-root Level	#专业公共卫生机构 Specialized Public Health Institutions	医院 Hospitals	基层医疗卫生机构 Health Care Institutions at Grass-root Level	专业公共卫生机构 Specialized Public Health Institutions	
全国 National Total	**983394**	**29140**	**926518**	**24866**	**2.96**	**94.22**	**2.53**	**7.11**
北京 Beijing	9773	638	8908	112	6.53	91.15	1.15	4.50
天津 Tianjin	5443	421	4844	126	7.73	89.00	2.31	3.48
河北 Hebei	78795	1618	76003	1089	2.05	96.46	1.38	10.55
山西 Shanxi	42204	1393	40288	455	3.30	95.46	1.08	11.46
内蒙古 Inner Mongolia	24002	720	22606	600	3.00	94.18	2.50	9.52
辽宁 Liaoning	36131	1190	33931	854	3.29	93.91	2.36	8.25
吉林 Jilin	20829	662	19589	428	3.18	94.05	2.05	7.62
黑龙江 Heilongjiang	20375	1031	18256	1037	5.06	89.60	5.09	5.36
上海 Shanghai	5016	349	4470	117	6.96	89.11	2.33	2.07
江苏 Jiangsu	32117	1678	29099	1059	5.22	90.60	3.30	4.02
浙江 Zhejiang	31546	1130	29811	420	3.58	94.50	1.33	5.64
安徽 Anhui	24385	1039	22271	983	4.26	91.33	4.03	3.94
福建 Fujian	27656	587	26190	809	2.12	94.70	2.93	7.14
江西 Jiangxi	38272	592	36784	794	1.55	96.11	2.07	8.33
山东 Shandong	76997	2018	72904	1891	2.62	94.68	2.46	7.74
河南 Henan	71271	1596	67174	2223	2.24	94.25	3.12	7.48
湖北 Hubei	36354	927	34703	557	2.55	95.46	1.53	6.18
湖南 Hunan	61055	1260	58245	1493	2.06	95.40	2.45	8.95
广东 Guangdong	49079	1381	46033	1544	2.81	93.79	3.15	4.46
广西 Guangxi	34253	543	32020	1650	1.59	93.48	4.82	7.08
海南 Hainan	5144	211	4805	119	4.10	93.41	2.31	5.61
重庆 Chongqing	19933	699	19044	156	3.51	95.54	0.78	6.54
四川 Sichuan	79513	2066	76619	744	2.60	96.36	0.94	9.62
贵州 Guizhou	28017	1220	26172	597	4.35	93.41	2.13	7.88
云南 Yunnan	24234	1187	22395	593	4.90	92.41	2.45	5.08
西藏 Tibet	6835	145	6546	142	2.12	95.77	2.08	20.68
陕西 Shaanxi	36598	1085	34017	1390	2.96	92.95	3.80	9.60
甘肃 Gansu	28197	446	25791	1844	1.58	91.47	6.54	10.80
青海 Qinghai	6291	199	5908	180	3.16	93.91	2.86	10.60
宁夏 Ningxia	4254	190	3968	85	4.47	93.28	2.00	6.30
新疆 Xinjiang	18825	919	17124	775	4.88	90.96	4.12	7.85

3-3 分地区医院情况(2016年)
Health Care Institutions by Region(2016)

单位：个、% (unit,%)

地区	Region	医院 Hospitals	#综合医院 General Hospitals	#中医医院 Hospitals Specialized in Traditional Chinese Medicine	#专科医院 Specialized Hospitals	占医院数比重 Proportion 综合医院 General Hospitals	中医医院 Hospitals Specialized in Traditional Chinese Medicine	专科医院 Specialized Hospitals	每十万人口医院数 Hospitals per 10000 population
全国	**National Total**	**29140**	**18020**	**3462**	**6642**	**61.84**	**11.88**	**22.79**	**2.11**
北京	Beijing	638	272	154	169	42.63	24.14	26.49	2.94
天津	Tianjin	421	278	53	87	66.03	12.59	20.67	2.70
河北	Hebei	1618	1086	201	295	67.12	12.42	18.23	2.17
山西	Shanxi	1393	693	210	463	49.75	15.08	33.24	3.78
内蒙古	Inner Mongolia	720	402	110	134	55.83	15.28	18.61	2.86
辽宁	Liaoning	1190	694	139	339	58.32	11.68	28.49	2.72
吉林	Jilin	662	375	84	188	56.65	12.69	28.40	2.42
黑龙江	Heilongjiang	1031	684	138	195	66.34	13.39	18.91	2.71
上海	Shanghai	349	181	19	113	51.86	5.44	32.38	1.44
江苏	Jiangsu	1678	1032	111	403	61.50	6.62	24.02	2.10
浙江	Zhejiang	1130	505	152	411	44.69	13.45	36.37	2.02
安徽	Anhui	1039	678	99	236	65.26	9.53	22.71	1.68
福建	Fujian	587	356	79	139	60.65	13.46	23.68	1.52
江西	Jiangxi	592	382	101	100	64.53	17.06	16.89	1.29
山东	Shandong	2018	1250	196	532	61.94	9.71	26.36	2.03
河南	Henan	1596	985	258	322	61.72	16.17	20.18	1.67
湖北	Hubei	927	551	115	237	59.44	12.41	25.57	1.58
湖南	Hunan	1260	745	141	340	59.13	11.19	26.98	1.85
广东	Guangdong	1381	813	155	385	58.87	11.22	27.88	1.26
广西	Guangxi	543	330	93	97	60.77	17.13	17.86	1.12
海南	Hainan	211	158	17	30	74.88	8.06	14.22	2.30
重庆	Chongqing	699	452	76	142	64.66	10.87	20.31	2.29
四川	Sichuan	2066	1362	204	437	65.92	9.87	21.15	2.50
贵州	Guizhou	1220	923	90	177	75.66	7.38	14.51	3.43
云南	Yunnan	1187	787	131	236	66.30	11.04	19.88	2.49
西藏	Tibet	145	105		9	72.41		6.21	4.39
陕西	Shaanxi	1085	740	157	176	68.20	14.47	16.22	2.85
甘肃	Gansu	446	276	82	64	61.88	18.39	14.35	1.71
青海	Qinghai	199	113	13	37	56.78	6.53	18.59	3.35
宁夏	Ningxia	190	123	22	39	64.74	11.58	20.53	2.82
新疆	Xinjiang	919	689	62	110	74.97	6.75	11.97	3.83

3-4 分地区分等级医院情况(2016年)
Hospital by Level and Region (2016)

单位：个，% (unit, %)

地　区　Region	合　计 Total	#三级医院 Thrid-level Hospital	#二级医院 Second-level Hospital	#一级医院 First-level Hospital	比重 Proportion 三级医院 Thrid-level Hospital	比重 Proportion 二级医院 Second-level Hospital	比重 Proportion 一级医院 First-level Hospital
全　国　National Total	**29140**	**2232**	**7944**	**9282**	**7.7**	**27.3**	**31.9**
北　京　Beijing	638	93	126	394	14.6	19.7	61.8
天　津　Tianjin	421	42	58	197	10.0	13.8	46.8
河　北　Hebei	1618	69	482	825	4.3	29.8	51.0
山　西　Shanxi	1393	58	341	331	4.2	24.5	23.8
内蒙古　Inner Mongolia	720	67	272	263	9.3	37.8	36.5
辽　宁　Liaoning	1190	124	287	438	10.4	24.1	36.8
吉　林　Jilin	662	46	216	108	6.9	32.6	16.3
黑龙江　Heilongjiang	1031	92	345	372	8.9	33.5	36.1
上　海　Shanghai	349	47	105	11	13.5	30.1	3.2
江　苏　Jiangsu	1678	149	373	689	8.9	22.2	41.1
浙　江　Zhejiang	1130	132	222	43	11.7	19.6	3.8
安　徽　Anhui	1039	66	317	411	6.4	30.5	39.6
福　建　Fujian	587	64	192	313	10.9	32.7	53.3
江　西　Jiangxi	592	59	213	90	10.0	36.0	15.2
山　东　Shandong	2018	150	495	712	7.4	24.5	35.3
河　南　Henan	1596	86	456	822	5.4	28.6	51.5
湖　北　Hubei	927	121	301	251	13.1	32.5	27.1
湖　南　Hunan	1260	68	332	349	5.4	26.3	27.7
广　东　Guangdong	1381	162	390	325	11.7	28.2	23.5
广　西　Guangxi	543	63	218	142	11.6	40.1	26.2
海　南　Hainan	211	19	35	70	9.0	16.6	33.2
重　庆　Chongqing	699	34	127	147	4.9	18.2	21.0
四　川　Sichuan	2066	144	534	266	7.0	25.8	12.9
贵　州　Guizhou	1220	49	246	512	4.0	20.2	42.0
云　南　Yunnan	1187	67	337	211	5.6	28.4	17.8
西　藏　Tibet	145	7	11	87	4.8	7.6	60.0
陕　西　Shaanxi	1085	54	333	290	5.0	30.7	26.7
甘　肃　Gansu	446	36	184	42	8.1	41.3	9.4
青　海　Qinghai	199	16	92		8.0	46.2	
宁　夏　Ningxia	190	13	71	44	6.8	37.4	23.2
新　疆　Xinjiang	919	35	233	527	3.8	25.4	57.3

3-5 分地区三级医院情况(2016年)
Third-level Hospital by Region (2016)

单位：个，% (unit,%)

地 区	Region	三级医院 Third-level Hospital	#甲等 Grade A	#乙等 Grade B	#丙等 Grade C	比重 Proportion 甲等 Grade A	乙等 Grade B	丙等 Grade C
总 计	**National Total**	**2232**	**1308**	**433**	**36**	**58.6**	**19.4**	**1.6**
北 京	Beijing	93	54	1	14	58.1	1.1	15.1
天 津	Tianjin	42	31	4		73.8	9.5	
河 北	Hebei	69	44	1		63.8	1.4	
山 西	Shanxi	58	41	12		70.7	20.7	
内蒙古	Inner Mongolia	67	23	19	4	34.3	28.4	6.0
辽 宁	Liaoning	124	64	21	2	51.6	16.9	1.6
吉 林	Jilin	46	29	8	9	63.0	17.4	19.6
黑龙江	Heilongjiang	92	65	13	2	70.7	14.1	2.2
上 海	Shanghai	47	32	5		68.1	10.6	
江 苏	Jiangsu	149	69	46		46.3	30.9	
浙 江	Zhejiang	132	70	62		53.0	47.0	
安 徽	Anhui	66	41	9		62.1	13.6	
福 建	Fujian	64	34	10		53.1	15.6	
江 西	Jiangxi	59	44	9		74.6	15.3	
山 东	Shandong	150	83	34	1	55.3	22.7	0.7
河 南	Henan	86	51	1		59.3	1.2	
湖 北	Hubei	121	72	14		59.5	11.6	
湖 南	Hunan	68	43	3		63.2	4.4	
广 东	Guangdong	162	108	4		66.7	2.5	
广 西	Guangxi	63	43	6	1	68.3	9.5	1.6
海 南	Hainan	19	10		3	52.6		15.8
重 庆	Chongqing	34	27			79.4		
四 川	Sichuan	144	67	77		46.5	53.5	
贵 州	Guizhou	49	29	4		59.2	8.2	
云 南	Yunnan	67	34	16		50.7	23.9	
西 藏	Tibet	7	2	5		28.6	71.4	
陕 西	Shaanxi	54	34	17		63.0	31.5	
甘 肃	Gansu	36	17	18		47.2	50.0	
青 海	Qinghai	16	10	6		62.5	37.5	
宁 夏	Ningxia	13	6	7		46.2	53.8	
新 疆	Xinjiang	35	31	1		88.6	2.9	

3-6 分地区分床位医院情况(2016年)
Hospitals by Beds and Region (2016)

单位：个，% (unit,%)

地区 Region	合计 Total	0-99张 0-99 Beds	比重 Proportion	100-299张 100-299 Beds	比重 Proportion	300-499张 300-499 Beds	比重 Proportion	500张及以上 500 Beds over and above	比重 Proportion
全 国 National Total	**29140**	**17490**	**60.0**	**6251**	**21.5**	**2154**	**7.4**	**3245**	**11.1**
北 京 Beijing	638	436	68.3	94	14.7	36	5.6	72	11.3
天 津 Tianjin	421	320	76.0	50	11.9	16	3.8	35	8.3
河 北 Hebei	1618	1054	65.1	279	17.2	135	8.3	150	9.3
山 西 Shanxi	1393	1035	74.3	241	17.3	62	4.5	55	3.9
内蒙古 Inner Mongolia	720	448	62.2	171	23.8	49	6.8	52	7.2
辽 宁 Liaoning	1190	695	58.4	269	22.6	74	6.2	152	12.8
吉 林 Jilin	662	347	52.4	199	30.1	52	7.9	64	9.7
黑龙江 Heilongjiang	1031	585	56.7	288	27.9	71	6.9	87	8.4
上 海 Shanghai	349	141	40.4	82	23.5	44	12.6	82	23.5
江 苏 Jiangsu	1678	992	59.1	357	21.3	128	7.6	201	12.0
浙 江 Zhejiang	1130	629	55.7	265	23.5	83	7.3	153	13.5
安 徽 Anhui	1039	619	59.6	226	21.8	61	5.9	133	12.8
福 建 Fujian	587	314	53.5	131	22.3	62	10.6	80	13.6
江 西 Jiangxi	592	263	44.4	164	27.7	76	12.8	89	15.0
山 东 Shandong	2018	1315	65.2	355	17.6	100	5.0	248	12.3
河 南 Henan	1596	924	57.9	317	19.9	120	7.5	235	14.7
湖 北 Hubei	927	487	52.5	200	21.6	80	8.6	160	17.3
湖 南 Hunan	1260	681	54.0	290	23.0	110	8.7	179	14.2
广 东 Guangdong	1381	656	47.5	357	25.9	135	9.8	233	16.9
广 西 Guangxi	543	236	43.5	142	26.2	69	12.7	96	17.7
海 南 Hainan	211	153	72.5	28	13.3	12	5.7	18	8.5
重 庆 Chongqing	699	414	59.2	158	22.6	58	8.3	69	9.9
四 川 Sichuan	2066	1239	60.0	494	23.9	145	7.0	188	9.1
贵 州 Guizhou	1220	885	72.5	191	15.7	67	5.5	77	6.3
云 南 Yunnan	1187	716	60.3	292	24.6	92	7.8	87	7.3
西 藏 Tibet	145	120	82.8	21	14.5	3	2.1	1	0.7
陕 西 Shaanxi	1085	671	61.8	241	22.2	73	6.7	100	9.2
甘 肃 Gansu	446	207	46.4	119	26.7	58	13.0	62	13.9
青 海 Qinghai	199	126	63.3	48	24.1	10	5.0	15	7.5
宁 夏 Ningxia	190	114	60.0	50	26.3	13	6.8	13	6.8
新 疆 Xinjiang	919	668	72.7	132	14.4	60	6.5	59	6.4

3-7 分地区基层医疗卫生机构(2016年)

Number of Health Care Institutions at Grasstoot Level by Region(2016)

单位：个，% (unit,%)

地区	Region	基层医疗卫生机构 Health Care Institutions at Grass-root Level	#社区卫生服务中心(站) Community Health Service Centers	#乡镇卫生院 Township Health Centers	#村卫生室 Village Clinics	#门诊部(所) Outpatient Department	占基层医疗卫生机构数比重 Proportion 社区卫生服务中心(站) Community Health Service Centers	乡镇卫生院 Township Health Centers	村卫生室 Village Clinics	门诊部(所) Outpatient Department
全　国	**National Total**	**926518**	**34327**	**36795**	**638763**	**216187**	**3.7**	**4.0**	**68.9**	**23.3**
北　京	Beijing	8908	1915		2729	4264	21.5		30.6	47.9
天　津	Tianjin	4844	585	145	2528	1581	12.1	3.0	52.2	32.6
河　北	Hebei	76003	1197	1970	60371	12465	1.6	2.6	79.4	16.4
山　西	Shanxi	40288	929	1353	29027	8713	2.3	3.4	72.0	21.6
内蒙古	Inner Mongolia	22606	1195	1321	13632	6458	5.3	5.8	60.3	28.6
辽　宁	Liaoning	33931	1165	1014	20120	11612	3.4	3.0	59.3	34.2
吉　林	Jilin	19589	395	774	10172	8247	2.0	4.0	51.9	42.1
黑龙江	Heilongjiang	18256	653	988	11384	5220	3.6	5.4	62.4	28.6
上　海	Shanghai	4470	1039		1218	2213	23.2		27.2	49.5
江　苏	Jiangsu	29099	2660	1039	15475	9923	9.1	3.6	53.2	34.1
浙　江	Zhejiang	29811	5871	1194	11677	11062	19.7	4.0	39.2	37.1
安　徽	Anhui	22271	1908	1371	15276	3715	8.6	6.2	68.6	16.7
福　建	Fujian	26190	555	880	18945	5810	2.1	3.4	72.3	22.2
江　西	Jiangxi	36784	591	1585	30394	4208	1.6	4.3	82.6	11.4
山　东	Shandong	72904	2310	1621	53226	15743	3.2	2.2	73.0	21.6
河　南	Henan	67174	1329	2059	56774	7006	2.0	3.1	84.5	10.4
湖　北	Hubei	34703	1231	1139	24792	7510	3.5	3.3	71.4	21.6
湖　南	Hunan	58245	715	2269	44339	10918	1.2	3.9	76.1	18.7
广　东	Guangdong	46033	2566	1192	26886	15380	5.6	2.6	58.4	33.4
广　西	Guangxi	32020	279	1267	21011	9463	0.9	4.0	65.6	29.6
海　南	Hainan	4805	170	297	2670	1668	3.5	6.2	55.6	34.7
重　庆	Chongqing	19044	496	894	11240	6401	2.6	4.7	59.0	33.6
四　川	Sichuan	76619	951	4490	55958	15217	1.2	5.9	73.0	19.9
贵　州	Guizhou	26172	635	1399	20652	3444	2.4	5.3	78.9	13.2
云　南	Yunnan	22395	566	1366	13432	7027	2.5	6.1	60.0	31.4
西　藏	Tibet	6546	10	678	5360	498	0.2	10.4	81.9	7.6
陕　西	Shaanxi	34017	623	1561	25412	6412	1.8	4.6	74.7	18.8
甘　肃	Gansu	25791	581	1375	16748	7086	2.3	5.3	64.9	27.5
青　海	Qinghai	5908	235	405	4518	750	4.0	6.9	76.5	12.7
宁　夏	Ningxia	3968	142	219	2365	1242	3.6	5.5	59.6	31.3
新　疆	Xinjiang	17124	830	930	10432	4931	4.8	5.4	60.9	28.8

3-8 分地区专业公共卫生机构(2016年)
Specialized Public Health Care Institutions by Region(2016)

单位：个，% (unit,%)

地 区 Region	专业公共卫生机构 Specialized Public Health Institutions	#疾病预防控制中心 Center for Disease Control and Prevention	#专科疾病防治院(所/站) Specialized Disease Prevention & Treatment Institution	#妇幼保健院(所/站) Women and Children Care Agencies	#卫生监督所(中心) Health Inspection Institution (center)	占专业公共卫生机构比重 Proportion 疾病预防控制中心 Center for Disease Control and	专科疾病防治院(所/站) Specialized Disease Prevention & Treatment	妇幼保健院(所/站) Women and Children Care Agencies	卫生监督所(中心) Health Inspection Institution (center)
全 国 National Total	**24866**	**3481**	**1213**	**3063**	**2986**	**14.0**	**4.9**	**12.3**	**12.0**
北 京 **Beijing**	112	29	25	20	18	25.9	22.3	17.9	16.1
天 津 Tianjin	126	24	16	21	19	19.0	12.7	16.7	15.1
河 北 Hebei	1089	192	11	191	179	17.6	1.0	17.5	16.4
山 西 Shanxi	455	136	7	134	131	29.9	1.5	29.5	28.8
内蒙古 Inner Mongolia	600	117	54	113	114	19.5	9.0	18.8	19.0
辽 宁 Liaoning	854	133	85	110	90	15.6	10.0	12.9	10.5
吉 林 Jilin	428	68	54	71	39	15.9	12.6	16.6	9.1
黑龙江 Heilongjiang	1037	168	109	139	139	16.2	10.5	13.4	13.4
上 海 Shanghai	117	20	21	21	18	17.1	17.9	17.9	15.4
江 苏 Jiangsu	1059	117	42	110	106	11.0	4.0	10.4	10.0
浙 江 Zhejiang	420	101	16	87	101	24.0	3.8	20.7	24.0
安 徽 Anhui	983	121	47	120	112	12.3	4.8	12.2	11.4
福 建 Fujian	809	96	24	87	85	11.9	3.0	10.8	10.5
江 西 Jiangxi	794	147	109	112	110	18.5	13.7	14.1	13.9
山 东 Shandong	1891	184	125	156	106	9.7	6.6	8.2	5.6
河 南 Henan	2223	180	21	164	177	8.1	0.9	7.4	8.0
湖 北 Hubei	557	115	74	105	105	20.6	13.3	18.9	18.9
湖 南 Hunan	1493	147	87	139	131	9.8	5.8	9.3	8.8
广 东 Guangdong	1544	137	135	128	150	8.9	8.7	8.3	9.7
广 西 Guangxi	1650	115	37	103	110	7.0	2.2	6.2	6.7
海 南 Hainan	119	26	18	24	24	21.8	15.1	20.2	20.2
重 庆 Chongqing	156	42	16	42	39	26.9	10.3	26.9	25.0
四 川 Sichuan	744	206	25	202	200	27.7	3.4	27.2	26.9
贵 州 Guizhou	597	100	10	101	95	16.8	1.7	16.9	15.9
云 南 Yunnan	593	152	29	145	142	25.6	4.9	24.5	23.9
西 藏 Tibet	142	82		55	1	57.7		38.7	0.7
陕 西 Shaanxi	1390	119	5	116	115	8.6	0.4	8.3	8.3
甘 肃 Gansu	1844	103	7	100	93	5.6	0.4	5.4	5.0
青 海 Qinghai	180	56	1	34	55	31.1	0.6	18.9	30.6
宁 夏 Ningxia	85	25		21	24	29.4		24.7	28.2
新 疆 Xinjiang	775	223	3	92	158	28.8	0.4	11.9	20.4

3-9 村卫生室情况
Statistics on Village Clinics

年 份 Year	合计 (个) Total (unit)	村办 Run by Village	乡卫生院设点 Township Hospitals	联合办 Jointly Run	私人办 Run by Private	其他 Others
1985	777674	305537	29769	88803	323904	29661
1990	803956	266137	29963	87149	381844	38863
1995	804352	297462	36388	90681	354981	
2000	709458	300864	47101	89828	255179	16486
2005	583209	313633	32396	38561	180403	18216
2006	609128	333790	34803	36805	186524	17206
2007	613855	340082	33633	33649	186841	19650
2008	613143	342692	40248	31698	180157	18348
2009	632770	350515	45434	31035	183699	22087
2010	648424	365153	49678	32650	177080	23863
2011	662894	372661	56128	33639	175747	24719
2012	653419	370099	58317	32278	167025	25700
2013	648619	371579	59896	32690	158811	25643
2014	645470	349428	59396	29180	160549	46917
2015	640536	353196	60231	29208	153353	44548
2016	638763	351016	60419	29336	152164	45828

3-10 分地区村卫生室情况(2016年)
Statistics on Village Clinics by Region(2016)

单位：个 (unit)

地 区	Region	合 计 Total	村 办 Run by Village	乡卫生院设点 Township Hospitals	联合办 Jointly Run	私人办 Run by Private	其 他 Others
全 国	**National Total**	**638763**	**351016**	**60419**	**29336**	**152164**	**45828**
北 京	Beijing	2729	2419	7	3	278	22
天 津	Tianjin	2528	850	724	122	264	568
河 北	Hebei	60371	28727	2111	1030	25138	3365
山 西	Shanxi	29027	19734	1024	724	3652	3893
内蒙古	Inner Mongolia	13632	5235	2132	481	4867	917
辽 宁	Liaoning	20120	8692	379	158	10259	632
吉 林	Jilin	10172	4063	1382	1256	2982	489
黑龙江	Heilongjiang	11384	7551	1679	169	1474	511
上 海	Shanghai	1218	913	190	31		84
江 苏	Jiangsu	15475	8409	4062	1983	23	998
浙 江	Zhejiang	11677	7241	1319	157	2010	950
安 徽	Anhui	15276	7146	2784	1923	928	2495
福 建	Fujian	18945	11592	499	231	4704	1919
江 西	Jiangxi	30394	13929	265	1585	12935	1680
山 东	Shandong	53226	26732	14224	4693	4202	3375
河 南	Henan	56774	33534	814	2844	16548	3034
湖 北	Hubei	24792	15499	3603	2984	1860	846
湖 南	Hunan	44339	29456	1645	1046	8540	3652
广 东	Guangdong	26886	19582	1533	156	4917	698
广 西	Guangxi	21011	13638	852	180	5467	874
海 南	Hainan	2670	857	145	30	1473	165
重 庆	Chongqing	11240	6763	1257	357	1653	1210
四 川	Sichuan	55958	27024	2931	2478	18950	4575
贵 州	Guizhou	20652	9115	2170	530	6868	1969
云 南	Yunnan	13432	10064	1319	607	465	977
西 藏	Tibet	5360	1692	2478	150		1040
陕 西	Shaanxi	25412	19645	652	455	4020	640
甘 肃	Gansu	16748	6829	1637	995	5316	1971
青 海	Qinghai	4518	1651	522	538	1057	750
宁 夏	Ningxia	2365	721	345	207	757	335
新 疆	Xinjiang	10432	1713	5735	1233	557	1194

3-10 续表 continued

地区 Region	比重(%) Proportion(%) 村办 Run by Village	乡卫生院设点 Township Hospitals	联合办 Jointly Run	私人办 Run by Private	其他 Others	平均每村村卫生室人员数(人) Medical Personnel of Village Clinic per Village (person)	每千农村人口村卫生室人员数(人) Medical Personnel of Village Clinic per 1000 Agriculture Population (person)
全 国 National Total	**55.0**	**9.5**	**4.6**	**23.8**	**7.2**	**1.79**	**1.04**
北 京 Beijing	88.6	0.3	0.1	10.2	0.8	1.76	
天 津 Tianjin	33.6	28.6	4.8	10.4	22.5	2.75	8.06
河 北 Hebei	47.6	3.5	1.7	41.6	5.6	1.95	2.00
山 西 Shanxi	68.0	3.5	2.5	12.6	13.4	1.78	2.04
内蒙古 Inner Mongolia	38.4	15.6	3.5	35.7	6.7	2.01	1.56
辽 宁 Liaoning	43.2	1.9	0.8	51.0	3.1	1.66	1.45
吉 林 Jilin	39.9	13.6	12.3	29.3	4.8	2.29	1.30
黑龙江 Heilongjiang	66.3	14.7	1.5	12.9	4.5	2.84	1.41
上 海 Shanghai	75.0	15.6	2.5		6.9	4.33	7.85
江 苏 Jiangsu	54.3	26.2	12.8	0.1	6.4	4.34	1.38
浙 江 Zhejiang	62.0	11.3	1.3	17.2	8.1	2.16	0.81
安 徽 Anhui	46.8	18.2	12.6	6.1	16.3	4.45	1.37
福 建 Fujian	61.2	2.6	1.2	24.8	10.1	1.90	1.36
江 西 Jiangxi	45.8	0.9	5.2	42.6	5.5	2.04	1.53
山 东 Shandong	50.2	26.7	8.8	7.9	6.3	2.83	2.17
河 南 Henan	59.1	1.4	5.0	29.1	5.3	2.90	1.78
湖 北 Hubei	62.5	14.5	12.0	7.5	3.4	2.69	1.58
湖 南 Hunan	66.4	3.7	2.4	19.3	8.2	1.69	1.26
广 东 Guangdong	72.8	5.7	0.6	18.3	2.6	1.66	0.88
广 西 Guangxi	64.9	4.1	0.9	26.0	4.2	1.99	1.04
海 南 Hainan	32.1	5.4	1.1	55.2	6.2	2.46	0.98
重 庆 Chongqing	60.2	11.2	3.2	14.7	10.8	2.70	1.72
四 川 Sichuan	48.3	5.2	4.4	33.9	8.2	1.49	1.33
贵 州 Guizhou	44.1	10.5	2.6	33.3	9.5	2.12	1.12
云 南 Yunnan	74.9	9.8	4.5	3.5	7.3	3.14	1.04
西 藏 Tibet	31.6	46.2	2.8		19.4	2.13	4.34
陕 西 Shaanxi	77.3	2.6	1.8	15.8	2.5	1.69	1.68
甘 肃 Gansu	40.8	9.8	5.9	31.7	11.8	1.94	1.67
青 海 Qinghai	36.5	11.6	11.9	23.4	16.6	2.03	1.90
宁 夏 Ningxia	30.5	14.6	8.8	32.0	14.2	2.20	1.40
新 疆 Xinjiang	16.4	55.0	11.8	5.3	11.4	2.30	1.23

3-11 卫生人员数

Employed Persons in Health Care Institutions

单位：人，%　　　　(person,%)

年份 Year	卫生人员 Medical Personnel	#卫生技术人员 Medical Technical Personnel	#执业(助理)医师 Licensed (Assistant) Doctors	#执业医师 Licensed Doctor	#注册护士 Registered Nurse	#药师(士) Pharmacist	#乡村医生和卫生员 Village Doctors and Assistants	占卫生人员比重 Proportion: #卫生技术人员 Medical Technical Personnel	#执业(助理)医师 Licensed (Assistant) Doctors	#注册护士 Registered Nurse	#乡村医生和卫生员 Village Doctors and Assistants
1950	611240	555040	380800	327400	37800	8080		90.8	62.3	6.2	
1955	1052787	874063	500398	402409	107344	60974		83.0	47.5	10.2	
1960	1769205	1504894	596109	427498	170143	119293		85.1	33.7	9.6	
1965	1872300	1531600	762804	510091	234546	117314		81.8	40.7	12.5	
1970	6571795	1453247	702304	446251	295147		4779280	22.1	10.7	4.5	72.7
1975	7435212	2057068	877716	521617	379545	219904	4841695	27.7	11.8	5.1	65.1
1978	7883041	2463931	978152	609608	405223	266570	4777469	31.3	12.4	5.1	60.6
1980	7355483	2798241	1153234	709473	465798	308438	3820776	38.0	15.7	6.3	51.9
1985	5606105	3410910	1413281	724238	636974	365145	1293094	60.8	25.2	11.4	23.1
1986	5725854	3506517	1444150	745592	680583	372760	1279935	61.2	25.2	11.9	22.4
1987	5842621	3608618	1481754	777333	717596	382121	1278499	61.8	25.4	12.3	21.9
1988	5924557	3723756	1618174	1095926	829261	394287	1247045	62.9	27.3	14.0	21.0
1989	6028234	3809097	1718018	1257668	921687	401098	1241275	63.2	28.5	15.3	20.6
1990	6137711	3897921	1763086	1302997	974541	405978	1231510	63.5	28.7	15.9	20.1
1991	6278458	3984974	1779545	1310933	1011943	409325	1253324	63.5	28.3	16.1	20.0
1992	6409307	4073986	1808194	1327875	1039674	413598	1269061	63.6	28.2	16.2	19.8
1993	6540522	4117067	1831665	1372471	1056096	413025	1325106	62.9	28.0	16.1	20.3
1994	6630710	4199217	1882180	1425375	1093544	417166	1323701	63.3	28.4	16.5	20.0
1995	6704395	4256923	1917772	1454926	1125661	418520	1331017	63.5	28.6	16.8	19.9
1996	6735097	4311845	1941235	1475232	1162609	424952	1316095	64.0	28.8	17.3	19.5
1997	6833962	4397805	1984867	1505342	1198228	428295	1317786	64.4	29.0	17.5	19.3
1998	6863315	4423721	1999521	1513975	1218836	423644	1327633	64.5	29.1	17.8	19.3
1999	6894985	4458669	2044672	1561584	1244844	418574	1324937	64.7	29.7	18.1	19.2
2000	6910383	4490803	2075843	1603266	1266838	414408	1319357	65.0	30.0	18.3	19.1
2001	6874527	4507700	2099658	1637337	1286938	404087	1290595	65.6	30.5	18.7	18.8
2002	6528674	4269779	1843995	1463573	1246545	357659	1290595	65.4	28.2	19.1	19.8
2003	6216971	4380878	1942364	1534046	1265959	357378	867778	70.5	31.2	20.4	14.0
2004	6332739	4485983	1999457	1582442	1308433	355451	883075	70.8	31.6	20.7	13.9
2005	6447246	4564050	2042135	1622684	1349589	349533	916532	70.8	31.7	20.9	14.2
2006	6681184	4728350	2099064	1678031	1426339	353565	957459	70.8	31.4	21.3	14.3
2007	6964389	4913186	2122925	1715460	1558822	325212	931761	70.5	30.5	22.4	13.4
2008	7251803	5174478	2201904	1791881	1678091	330525	938313	71.4	30.4	23.1	12.9
2009	7781448	5535124	2329206	1905436	1854818	341910	1050991	71.1	29.9	23.8	13.5
2010	8207502	5876158	2413259	1972840	2048071	353916	1091863	71.6	29.4	25.0	13.3
2011	8616040	6202858	2466094	2020154	2244020	363993	1126443	72.0	28.6	26.0	13.1
2012	9115705	6675549	2616064	2138836	2496599	377398	1094419	73.2	28.7	27.4	12.0
2013	9790483	7210578	2794754	2285794	2783121	395578	1081063	73.6	28.5	28.4	11.0
2014	10234213	7589790	2892518	2374917	3004144	409595	1058182	74.2	28.3	29.4	10.3
2015	10693881	8007537	3039135	2508408	3241469	423294	1031525	74.9	28.4	30.3	9.6
2016	11172945	8454403	3191005	2651398	3507166	439246	1000324	75.7	28.6	31.4	9.0

注：1.卫生人员和卫生技术人员包括公务员中卫生监督员10000名。
2.2013年卫生人员数包括卫生计生部门主管的计划生育技术服务机构人员数。
3.执业(助理)医师数包括村卫生室执业(助理)医师数。
4.1985年以前乡村医生和卫生员系赤脚医生数。

a) Medical personnel and medical technical personnel include 10000 health supervisors in civil servants.
b) In 2013, medical personnel included personnel of family planning technical services institutions managed by family planning department.
c) Licensed (assistant) doctors include licensed (assistant) doctors in village clinics.
d) Before 1985, rural doctors and assistants referred to barefoot doctors.

3-12 分地区卫生人员数(2016年)
Employed Persons in Health Care Institutions by Region(2016)

单位：人，% (person, %)

地 区	Region	卫生人员 Medical Personnel	#卫生技术人员 Medical Technical Personnel	#执业(助理)医师 Licensed (Assistant) Doctors	#执业医师 Licensed Doctor	#注册护士 Registered Nurse	#药师(士) Pharmacist
全 国	**Natoional Total**	**11172945**	**8454403**	**3191005**	**2651398**	**3507166**	**439246**
北 京	Beijing	299460	233953	89411	84276	98082	13682
天 津	Tianjin	122558	94952	37804	35435	36088	5579
河 北	Hebei	555115	393059	177140	137687	143432	16418
山 西	Shanxi	311250	225880	91699	79147	92112	10385
内蒙古	Inner Mongolia	221090	170406	66391	56996	66445	10429
辽 宁	Liaoning	365729	277494	109800	98985	119147	13463
吉 林	Jilin	223250	166605	69666	61269	65749	7933
黑龙江	Heilongjiang	292297	221362	84422	72084	85418	11550
上 海	Shanghai	217061	178196	65386	61762	79373	9779
江 苏	Jiangsu	654117	516986	204647	169889	221168	27757
浙 江	Zhejiang	523598	432641	168178	145017	174523	26872
安 徽	Anhui	388224	293732	112741	90089	126350	13875
福 建	Fujian	288205	219557	79685	69186	95641	14336
江 西	Jiangxi	301651	220972	79187	66016	95519	14246
山 东	Shandong	874110	641701	244900	210806	268379	33395
河 南	Henan	796480	547001	206747	152056	222123	25904
湖 北	Hubei	494077	384532	141741	117036	174918	18508
湖 南	Hunan	515472	392547	160627	122423	161531	20684
广 东	Guangdong	819106	665257	243224	199457	283793	39311
广 西	Guangxi	390601	289872	96673	77826	122602	16693
海 南	Hainan	74585	57522	19874	16271	26495	2931
重 庆	Chongqing	242826	179354	64709	51474	77463	8574
四 川	Sichuan	670444	495750	185414	153601	207633	23998
贵 州	Guizhou	277380	204621	69007	55371	85993	8128
云 南	Yunnan	329760	249677	85876	71460	105966	10377
西 藏	Tibet	29187	14829	6542	4791	3833	654
陕 西	Shaanxi	372646	288607	85681	71585	116803	14815
甘 肃	Gansu	186756	134641	52791	42793	50530	6222
青 海	Qinghai	49653	37010	13670	11757	14364	1915
宁 夏	Ningxia	56218	44700	17070	15336	18069	2722
新 疆	Xinjiang	220039	170987	60302	49517	67624	8111

3-12 续表 continued

单位：人，% (person, %)

地区	Region	#乡村医生和卫生员 Village Doctors and Assistants	占卫生人员比重 Proportion #卫生技术人员 Medical Technical Personnel	#执业(助理)医师 Licensed (Assistant) Doctors	#注册护士 Registered Nurse	#乡村医生和卫生员 Village Doctors and Assistants
全国	**Natoional Total**	**1000324**	**75.7**	**28.6**	**31.4**	**9.0**
北京	Beijing	3364	78.1	29.9	32.8	
天津	Tianjin	5140	77.5	30.8	29.4	
河北	Hebei	82281	70.8	31.9	25.8	0.7
山西	Shanxi	38593	72.6	29.5	29.6	0.3
内蒙古	Inner Mongolia	17944	77.1	30.0	30.1	0.2
辽宁	Liaoning	25095	75.9	30.0	32.6	0.2
吉林	Jilin	17248	74.6	31.2	29.5	0.2
黑龙江	Heilongjiang	23464	75.7	28.9	29.2	0.2
上海	Shanghai	806	82.1	30.1	36.6	
江苏	Jiangsu	32520	79.0	31.3	33.8	0.3
浙江	Zhejiang	8000	82.6	32.1	33.3	0.1
安徽	Anhui	43290	75.7	29.0	32.5	0.4
福建	Fujian	26502	76.2	27.6	33.2	0.2
江西	Jiangxi	45079	73.3	26.3	31.7	0.4
山东	Shandong	118280	73.4	28.0	30.7	1.1
河南	Henan	113804	68.7	26.0	27.9	1.0
湖北	Hubei	40396	77.8	28.7	35.4	0.4
湖南	Hunan	47058	76.2	31.2	31.3	0.4
广东	Guangdong	24996	81.2	29.7	34.6	0.2
广西	Guangxi	34981	74.2	24.7	31.4	0.3
海南	Hainan	3312	77.1	26.6	35.5	
重庆	Chongqing	21644	73.9	26.6	31.9	0.2
四川	Sichuan	65450	73.9	27.7	31.0	0.6
贵州	Guizhou	34690	73.8	24.9	31.0	0.3
云南	Yunnan	36038	75.7	26.0	32.1	0.3
西藏	Tibet	10905	50.8	22.4	13.1	0.1
陕西	Shaanxi	32706	77.4	23.0	31.3	0.3
甘肃	Gansu	21121	72.1	28.3	27.1	0.2
青海	Qinghai	6528	74.5	27.5	28.9	0.1
宁夏	Ningxia	3559	79.5	30.4	32.1	
新疆	Xinjiang	15530	77.7	27.4	30.7	0.1

3-13 分地区全科医生数(2016年)
General Doctor by Region (2016)

单位：人 (person)

年 份 Year / 地 区 Region		全科医生数 General Doctor	注册为全科医学专业的人数 Persons Registered as Professional in General Medicine	取得全科医生培训合格证书的人数 Persons Obtaining General Doctor Training Certificate	每万人口全科医生数 General Doctor per 10,000 persons
2013		145511	47402	98109	1.07
2014		172597	64156	108441	1.27
2015		188649	68364	120285	1.37
2016		209083	77631	131452	1.51
北 京	Beijing	8402	4396	4006	3.87
天 津	Tianjin	2403	1072	1331	1.54
河 北	Hebei	9355	2288	7067	1.25
山 西	Shanxi	4175	1629	2546	1.13
内蒙古	Inner Mongolia	3178	1126	2052	1.26
辽 宁	Liaoning	4195	1582	2613	0.96
吉 林	Jilin	3384	1259	2125	1.24
黑龙江	Heilongjiang	4454	1342	3112	1.17
上 海	Shanghai	7967	5761	2206	3.29
江 苏	Jiangsu	25162	8815	16347	3.15
浙 江	Zhejiang	22571	8111	14460	4.04
安 徽	Anhui	8625	3506	5119	1.39
福 建	Fujian	5786	1756	4030	1.49
江 西	Jiangxi	3641	1219	2422	0.79
山 东	Shandong	11372	3570	7802	1.14
河 南	Henan	12129	3882	8247	1.27
湖 北	Hubei	7020	2216	4804	1.19
湖 南	Hunan	6516	2714	3802	0.96
广 东	Guangdong	18338	9721	8617	1.67
广 西	Guangxi	5104	1268	3836	1.05
海 南	Hainan	986	466	520	1.08
重 庆	Chongqing	3127	868	2259	1.03
四 川	Sichuan	10360	2296	8064	1.25
贵 州	Guizhou	3714	1610	2104	1.04
云 南	Yunnan	4737	980	3757	0.99
西 藏	Tibet	202	130	72	0.61
陕 西	Shaanxi	2738	702	2036	0.72
甘 肃	Gansu	3773	1277	2496	1.45
青 海	Qinghai	993	382	611	1.67
宁 夏	Ningxia	654	286	368	0.97
新 疆	Xinjiang	4022	1401	2621	1.68

3-14 每千人口卫生技术人员
Medical Technical Personnel in Health Care Institutions per 1000 Persons

单位：人 (person)

年 份 Year	卫生技术人员 Medical Technical Personnel			执业(助理)医师 Licensed (Assistant) Doctors			注册护士 Registered Nurses		
	合计 Total	城市 City	农村 Rural	合计 Total	城市 City	农村 Rural	合计 Total	城市 City	农村 Rural
1949	0.93	1.87	0.73	0.67	0.70	0.66	0.06	0.25	0.02
1955	1.42	3.49	1.01	0.81	1.24	0.74	0.14	0.64	0.04
1960	2.37	5.67	1.85	1.04	1.97	0.90	0.23	1.04	0.07
1965	2.11	5.37	1.46	1.05	2.22	0.82	0.32	1.45	0.10
1970	1.76	4.88	1.22	0.85	1.97	0.66	0.29	1.10	0.14
1975	2.24	6.92	1.41	0.95	2.66	0.65	0.41	1.74	0.18
1980	2.85	8.03	1.81	1.17	3.22	0.76	0.47	1.83	0.20
1985	3.28	7.92	2.09	1.36	3.35	0.85	0.61	1.85	0.30
1990	3.45	6.59	2.15	1.56	2.95	0.98	0.86	1.91	0.43
1995	3.59	5.36	2.32	1.62	2.39	1.07	0.95	1.59	0.49
1998	3.64	5.30	2.35	1.65	2.34	1.11	1.00	1.64	0.51
1999	3.64	5.24	2.38	1.67	2.33	1.14	1.02	1.64	0.52
2000	3.63	5.17	2.41	1.68	2.31	1.17	1.02	1.64	0.54
2001	3.62	5.15	2.38	1.69	2.32	1.17	1.03	1.65	0.54
2002	3.41			1.47			1.00		
2003	3.48	4.88	2.26	1.54	2.13	1.04	1.00	1.59	0.50
2004	3.53	4.99	2.24	1.57	2.18	1.04	1.03	1.63	0.50
2005	3.50	5.82	2.69	1.56	2.46	1.26	1.03	2.10	0.65
2006	3.60	6.09	2.70	1.60	2.56	1.26	1.09	2.22	0.66
2007	3.72	6.44	2.69	1.61	2.61	1.23	1.18	2.42	0.70
2008	3.90	6.68	2.80	1.66	2.68	1.26	1.27	2.54	0.76
2009	4.15	7.15	2.94	1.75	2.83	1.31	1.39	2.82	0.81
2010	4.39	7.62	3.04	1.80	2.97	1.32	1.53	3.09	0.89
2011	4.58	7.90	3.19	1.82	3.00	1.33	1.66	3.29	0.98
2012	4.94	8.54	3.41	1.94	3.19	1.40	1.85	3.65	1.09
2013	5.27	9.18	3.64	2.04	3.39	1.48	2.04	4.00	1.22
2014	5.56	9.70	3.77	2.12	3.54	1.51	2.20	4.30	1.31
2015	5.84	10.21	3.90	2.22	3.72	1.55	2.37	4.58	1.39
2016	6.12	10.42	4.08	2.31	3.79	1.61	2.54	4.75	1.50

注：1.城市包括直辖市区和地级市辖区，农村包括县及县级市。
2.合计项分母为常住人口数，分城乡分母项为户籍人口数。

a) City includes district of municipalities and prefecture-level city, rural area include county and city at county level.
b) Total population used in this table are resident population. Population of city and rural usad in this table are registered population.

3-15 分地区每千人口卫生技术人员(2016年)

Medical Technical Personnel in Health Care Institutions per 1000 Persons by Region(2016)

单位：人 (person)

地 区	Region	卫生技术人员 Medical Technical Personnel			执业(助理)医师 Licensed (Assistant) Doctors			注册护士 Registered Nurses		
		合计 Total	城市 City	农村 Rural	合计 Total	城市 City	农村 Rural	合计 Total	城市 City	农村 Rural
全 国	**National Total**	**6.1**	**10.4**	**4.0**	**2.3**	**3.8**	**1.6**	**2.5**	**4.7**	**1.5**
北 京	Beijing	10.8	17.2		4.1	6.6		4.5	7.2	
天 津	Tianjin	6.1	9.1	8.4	2.4	3.6	4.2	2.3	3.6	2.2
河 北	Hebei	5.3	9.8	3.6	2.4	4.0	1.8	1.9	4.3	1.1
山 西	Shanxi	6.1	12.6	4.0	2.5	4.8	1.7	2.5	5.8	1.4
内蒙古	Inner Mongolia	6.8	12.7	4.8	2.6	4.6	2.0	2.6	5.6	1.6
辽 宁	Liaoning	6.3	10.3	3.5	2.5	3.9	1.5	2.7	4.7	1.3
吉 林	Jilin	6.1	9.8	4.7	2.5	4.1	2.0	2.4	4.3	1.7
黑龙江	Heilongjiang	5.8	9.6	4.1	2.2	3.5	1.7	2.2	4.3	1.3
上 海	Shanghai	7.4	12.5	7.6	2.7	4.5	3.9	3.3	5.6	2.4
江 苏	Jiangsu	6.5	9.8	4.7	2.6	3.6	2.1	2.8	4.6	1.8
浙 江	Zhejiang	7.7	12.2	6.7	3.0	4.5	2.7	3.1	5.2	2.5
安 徽	Anhui	4.7	6.9	3.0	1.8	2.4	1.2	2.0	3.4	1.1
福 建	Fujian	5.7	9.9	4.0	2.1	3.6	1.4	2.5	4.5	1.6
江 西	Jiangxi	4.8	9.7	3.2	1.7	3.3	1.2	2.1	4.7	1.3
山 东	Shandong	6.5	10.2	4.7	2.5	3.8	1.8	2.7	4.7	1.8
河 南	Henan	5.7	11.0	3.4	2.2	3.8	1.4	2.3	5.3	1.2
湖 北	Hubei	6.5	9.9	4.6	2.4	3.4	1.8	3.0	4.9	1.9
湖 南	Hunan	5.8	11.5	3.9	2.4	4.2	1.7	2.4	5.6	1.4
广 东	Guangdong	6.0	11.5	3.6	2.2	4.1	1.4	2.6	5.1	1.4
广 西	Guangxi	6.0	8.6	3.9	2.0	2.9	1.3	2.5	4.0	1.5
海 南	Hainan	6.3	13.0	4.0	2.2	4.5	1.4	2.9	6.4	1.7
重 庆	Chongqing	5.9	7.1	3.6	2.1	2.5	1.4	2.5	3.3	1.4
四 川	Sichuan	6.0	8.2	4.2	2.2	2.9	1.6	2.5	3.8	1.6
贵 州	Guizhou	5.8	13.1	3.4	1.9	4.8	1.1	2.4	6.1	1.3
云 南	Yunnan	5.2	13.3	4.0	1.8	4.8	1.3	2.2	6.2	1.6
西 藏	Tibet	4.5	11.8	2.9	2.0	5.3	1.2	1.2	4.1	0.5
陕 西	Shaanxi	7.6	10.7	5.3	2.2	3.4	1.5	3.1	4.9	1.9
甘 肃	Gansu	5.2	7.8	3.6	2.0	3.0	1.4	1.9	3.4	1.1
青 海	Qinghai	6.2	19.8	3.7	2.3	6.8	1.5	2.4	9.1	1.1
宁 夏	Ningxia	6.6	10.0	3.9	2.5	3.7	1.6	2.7	4.4	1.3
新 疆	Xinjiang	7.1	15.1	6.3	2.5	5.6	2.2	2.8	6.5	2.4

注：1.城市包括直辖市区和地级市辖区，农村包括县及县级市。
2.合计项分母为常住人口数，分城乡分母项为户籍人口数。

a) City includes district of municipalities and prefecture-level city, rural area include county and city at county level.

b) Total population used in this table are resident population. Population of city and rural usad in this table are registered population.

3-16 医疗卫生机构床位数
Employed Persons in Health Care Institutions

单位：万张 (10000 beds)

年份 Year	合计 Total	#医院 Hospitals	#综合医院 General Hospitals	#中医医院 Hospitals Specialized in Traditional Chinese Medicine	#专科医院 Specialized Hospitals	#基层医疗卫生机构 Health Care Institutions at Grass-root Level	#社区卫生服务中心(站) Community Health Service Centers	#乡镇卫生院 Township Health Centers	#专业公共卫生机构 Specialized Public Health Institutions	#妇幼保健院(所/站) Women and Children Care Agencies	#专科疾病防治院(所/站) Specialized Disease Prevention & Treatment Institution
1950	11.91	9.71	8.46	0.01	0.74					0.27	
1955	36.28	21.53	17.08	0.14	2.80					0.57	
1960	97.68	59.14	44.74	1.42	7.95			4.63		0.88	1.74
1965	103.33	61.20	48.04	1.04	7.49			13.25		0.92	
1970	126.15	70.50	57.21	1.01	7.79			36.80		0.70	
1975	176.43	94.02	76.33	1.37	11.11			62.03		0.97	2.88
1980	218.44	119.58	94.11	5.00	12.87			77.54		1.64	2.73
1985	248.71	150.86	112.77	11.23	16.56			72.06		3.46	2.95
1986	256.25	155.98	117.52	12.52	17.71			71.12		3.67	3.06
1987	268.50	165.34	123.71	14.21	19.03			72.30		4.00	3.07
1988	279.49	174.70	129.06	15.55	20.23			72.61		4.35	3.00
1989	286.70	181.46	133.60	16.60	20.93			72.30		4.50	3.10
1990	292.54	186.89	136.90	17.57	21.95			72.29		4.66	3.10
1991	299.19	192.61	140.55	18.82	22.26			72.92		4.80	3.17
1992	304.94	197.66	144.10	20.04	22.71			73.28		5.00	3.22
1993	309.90	203.64	156.63	21.35	24.37			73.08		4.50	3.03
1994	313.40	207.04	158.70	22.18	24.85			73.24		4.80	2.98
1995	314.06	206.33	158.72	22.72	24.51			73.31		5.13	3.07
1996	309.96	209.65	159.73	23.75	24.86			73.47		5.60	2.83
1997	313.45	211.92	161.21	24.46	24.97			74.24		6.02	3.06
1998	314.30	213.41	162.00	24.95	25.01			73.77		6.30	2.90
1999	315.90	215.07	163.25	25.33	25.03			73.40		6.63	2.93
2000	317.70	216.67	164.09	25.93	25.08	76.65		73.48	11.86	7.12	2.84
2001	320.12	215.56	150.50	24.60	25.65	77.14		74.00	12.02	7.40	2.70
2002	313.61	222.18	168.38	24.67	26.21	71.05	1.20	67.13	12.37	7.98	3.18
2003	316.40	226.95	171.34	26.02	26.72	71.05	1.21	67.27	12.61	8.09	3.38
2004	326.84	236.35	177.68	27.55	28.26	71.44	1.81	66.89	12.73	8.70	3.12
2005	336.75	244.50	183.47	28.77	29.21	72.58	2.50	67.82	13.58	9.41	3.34
2006	351.18	256.04	190.29	30.32	32.05	76.19	4.12	69.62	13.50	9.93	2.80
2007	370.11	267.51	197.16	32.16	34.37	85.03	7.66	74.72	13.29	10.62	2.59
2008	403.87	288.29	211.28	35.03	37.77	97.10	9.80	84.69	14.66	11.73	2.64
2009	441.66	312.08	227.11	38.56	41.67	109.98	13.13	93.34	15.40	12.61	2.71
2010	478.68	338.74	244.95	42.42	45.95	119.22	16.88	99.43	16.45	13.44	2.93
2011	515.99	370.51	267.07	47.71	49.65	123.37	18.71	102.63	17.81	14.59	3.14
2012	572.48	416.15	297.99	54.80	55.74	132.43	20.32	109.93	19.82	16.16	3.57
2013	618.19	457.86	325.52	60.88	62.11	134.99	19.42	113.65	21.49	17.55	3.85
2014	660.12	496.12	349.99	66.50	68.58	138.12	19.59	116.72	22.30	18.48	3.76
2015	701.52	533.06	372.10	71.54	76.25	141.38	20.10	119.61	23.63	19.54	4.03
2016	741.05	568.89	392.79	76.18	84.46	144.19	20.27	122.39	24.72	20.65	4.00

3-17 分地区医疗卫生机构床位(2016年)
Number of Beds in Health Care Institutions (2016)

单位：张 (bed)

地区	Region	合计 Total	#医院 Hospitals	#基层医疗卫生机构 Health Care Institutions at Grass-root Level	#社区卫生服务中心(站) Health Service Centers for Community (stations)	#乡镇卫生院 Township Health Centers	#专业公共卫生机构 Specialized Public Health Institutions	#妇幼保健院(所、站) Maternity and Child Care Centers (Institutions, Stations)	#专科疾病防治院(所、站) Specialized Prevention & Treatment Centers (Institutions, Stations)
全国	**National Total**	**7410453**	**5688875**	**1441940**	**202689**	**1223891**	**247228**	**206538**	**40048**
北京	Beijing	117041	110073	4443	4417		2525	1971	554
天津	Tianjin	65832	57561	7101	2869	4093	874	130	744
河北	Hebei	360485	270831	76853	9762	66624	11796	10910	831
山西	Shanxi	189689	147011	37042	3977	30068	3786	3616	160
内蒙古	Inner Mongolia	139236	109676	24802	4581	20002	4242	3848	394
辽宁	Liaoning	284384	239350	36720	5935	30424	3334	1210	1995
吉林	Jilin	151195	124837	20896	3180	17429	3164	2109	1055
黑龙江	Heilongjiang	220054	181514	30039	6989	22469	7551	4044	3503
上海	Shanghai	129166	110148	16690	16690		1465	1317	148
江苏	Jiangsu	443060	356188	77546	18480	58768	6495	5411	1079
浙江	Zhejiang	289870	254793	24605	7184	17096	8500	7985	448
安徽	Anhui	281720	216281	58613	7137	51305	6156	3787	2339
福建	Fujian	174767	131892	32833	3338	29449	7502	5917	1554
江西	Jiangxi	209097	143049	52240	4284	47672	11998	8994	3004
山东	Shandong	540994	399427	115017	16271	97894	23404	18611	4663
河南	Henan	521546	387054	111968	11267	99994	22379	20894	1455
湖北	Hubei	360558	256909	87662	14561	71546	15987	13752	2231
湖南	Hunan	425757	299251	107788	10967	96111	18618	13627	4991
广东	Guangdong	465142	371685	65634	8512	56075	26787	20965	5822
广西	Guangxi	224471	148480	62207	1569	60565	12883	12442	440
海南	Hainan	40324	31667	6493	1021	5432	1477	1383	94
重庆	Chongqing	190850	136245	50288	8757	40045	3612	3222	390
四川	Sichuan	519205	375378	132023	11214	120279	11452	11122	274
贵州	Guizhou	210279	159098	43758	2894	39905	7323	7047	276
云南	Yunnan	253555	194727	51206	4682	46225	6734	6175	531
西藏	Tibet	14456	10397	3345	60	3285	674	674	
陕西	Shaanxi	225400	180316	36346	3308	32722	7970	7054	916
甘肃	Gansu	134346	100638	28631	3877	24600	4427	4383	32
青海	Qinghai	34749	29156	5193	1127	4062	400	360	40
宁夏	Ningxia	36313	32027	3218	305	2913	968	968	
新疆	Xinjiang	156912	123216	30740	3474	26839	2745	2610	85

3-18 分城乡医疗卫生机构床位数
Number of Beds in Health Institutions by Urban and Rural Areas

单位：张 (bed)

年份 地区	Year Region	医疗卫生机构床位数 Beds of Medical Institutions			每千人口医疗卫生机构床位 Beds of Medical Institutions per 1000 Population			每千农村人口乡镇卫生院床位数 Beds of Township Health Centers per 1000 Rural Population
		合计 Total	城市 Urban	农村 Rural	合计 Total	城市 Urban	农村 Rural	
	2010	4786831	2302297	2484534	3.58	5.94	2.60	1.12
	2011	5159889	2475222	2684667	3.84	6.24	2.80	1.16
	2012	5724775	2733403	2991372	4.24	6.88	3.11	1.24
	2013	6181891	2948465	3233426	4.55	7.36	3.35	1.30
	2014	6601214	3169880	3431334	4.85	7.84	3.54	1.34
	2015	7015214	3418194	3597020	5.11	8.27	3.71	1.24
	2016	7410453	3654956	3755497	5.37	8.41	3.91	1.27
北京	Beijing	117041	117041		5.39	8.64		
天津	Tianjin	65832	60521	5311	4.21	6.31	6.15	4.74
河北	Hebei	360485	148711	211774	4.83	8.04	3.61	1.14
山西	Shanxi	189689	93759	95930	5.15	9.44	3.79	1.19
内蒙古	Inner Mongolia	139236	70018	69218	5.53	10.22	3.94	1.14
辽宁	Liaoning	284384	190867	93517	6.50	9.95	4.07	1.33
吉林	Jilin	151195	79464	71731	5.53	9.43	4.01	0.97
黑龙江	Heilongjiang	220054	136868	83186	5.79	10.34	3.62	0.98
上海	Shanghai	129166	126010	3156	5.34	9.11	4.70	
江苏	Jiangsu	443060	244696	198364	5.54	8.41	4.07	1.20
浙江	Zhejiang	289870	158123	131747	5.19	8.58	4.25	0.55
安徽	Anhui	281720	134038	147682	4.55	6.40	2.98	1.03
福建	Fujian	174767	79658	95109	4.51	6.94	3.58	1.11
江西	Jiangxi	209097	80351	128746	4.55	8.51	3.18	1.18
山东	Shandong	540994	245199	295795	5.44	7.95	4.28	1.42
河南	Henan	521546	208749	312797	5.47	9.89	3.37	1.08
湖北	Hubei	360558	169620	190938	6.13	8.81	4.52	1.69
湖南	Hunan	425757	156329	269428	6.24	11.41	4.53	1.61
广东	Guangdong	465142	320355	144787	4.23	7.67	2.85	1.10
广西	Guangxi	224471	91870	132601	4.64	5.86	3.29	1.50
海南	Hainan	40324	21439	18885	4.40	9.05	2.81	0.81
重庆	Chongqing	190850	111387	79463	6.26	6.87	4.49	2.26
四川	Sichuan	519205	217579	301626	6.28	7.62	4.81	1.92
贵州	Guizhou	210279	65994	144285	5.92	11.88	3.69	1.02
云南	Yunnan	253555	70046	183509	5.31	10.62	4.52	1.14
西藏	Tibet	14456	6529	7927	4.37	10.65	3.01	1.25
陕西	Shaanxi	225400	113895	111505	5.91	8.03	4.37	1.28
甘肃	Gansu	134346	59962	74384	5.15	7.25	3.82	1.26
青海	Qinghai	34749	15674	19075	5.86	16.19	3.94	0.84
宁夏	Ningxia	36313	23937	12376	5.38	7.88	3.33	0.78
新疆	Xinjiang	156912	36267	120645	6.54	11.27	6.18	1.38

注：人口数采用年末常住人口。
a) Figures of population come from usual population at year-end.

3-19 各类医疗卫生机构医疗服务及床位利用情况(2016年)
Number of Visits and Inpatients in Medical Institutions and Utilization of Beds (2016)

机构名称	Institutions	诊疗人次数(万人次) Visits (10 000 person-times)	入院人数(万人) Inpatients (10 000 persons)	医师日均担负诊疗人次(人次) Daily Visits Each Doctor (person-time)	病床周转次数(次) Turnover of Beds (time)	病床工作日(日) Working Days of Beds (day)	病床使用率(%) Utilization Rate of Beds (%)	平均住院日(日) Average Stay Days in Hospital (day)
总计	**Total**	**793170**	**22728**	**8.3**	**32.0**	**291.3**	**79.8**	**8.8**
医院	Hospitals	326956	17528	7.3	32.0	311.3	85.3	9.4
综合医院	General Hospitals	238513	13402	7.4	35.2	314.6	86.2	8.7
中医医院	Hospitals Specialized in Traditional Chinese Medicine	50774	2279	7.7	31.0	310.1	84.9	9.8
中西医结合医院	Hospital of Integrated Traditional Chinese with Western Medicine	5927	229	7.5	27.2	293.9	80.5	10.5
民族医院	Nationalities Hospitals	969	60	4.7	24.6	258.0	70.7	10.4
专科医院	Specialized Hospitals	30627	1546	6.2	19.5	301.3	82.6	14.2
护理院	Nursing Hospital	146	13	2.8	3.7	278.5	76.3	51.3
基层医疗卫生机构	Basic Medical Institutions	436663	4165	10.1	30.4	218.0	59.7	6.7
#社区卫生服务中心(站)	Community Health Service Centers	71889	329	15.6	17.9	197.4	54.1	9.6
卫生院	Health Centers	109114	3819	9.5	32.2	221.1	60.6	6.4
街道卫生院	Urban Health Centers	881	19	9.5	23.2	185.6	50.9	7.2
乡镇卫生院	Township Health Centers	108233	3800	9.5	32.2	221.4	60.6	6.4
村卫生室	Village Clinics	185264						
门诊部	Outpatient Department	10289	17	5.6				
专业公共卫生机构	Specialized Public Health Institutions	29300	991	8.6	42.0	263.7	72.3	6.0
#专科疾病防治院(所、站)	Specialized Disease Prevention & Treatment Institution	2247	54	5.6	14.1	258.8	70.9	16.4
妇幼保健院(所、站)	Women and Children Care Agencies	26401	936	9.1	47.4	264.7	72.5	5.4
其他医疗卫生机构	Other Institutions	251	45	3.2	16.2	186.8	51.2	8.4

3-20 分地区医疗卫生机构门诊服务情况(2016年)
Outpatient Services of Health Institutions by Region (2016)

地 区	Region	诊疗人次数(万人次) Visits (10 000 person-times)	#门急诊 Outpatients with Emergency Treatment	观察室留观病例数(万人) Cases in Observation Room (10 000 persons)	健康检查人数(万人) Number of Health Examinations (10 000 persons)	急诊病死率(%) Fatality Rate among Emergency Admissions (%)	观察室病死率(%) Fatality Rate in Observation Room (%)	居民平均就诊次数(次) Average Number of Visits of Doctors (time)
全 国	**National Total**	**793170**	**760034**	**5077**	**45290**	**0.07**	**0.09**	**5.75**
北 京	Beijing	23205	23034	223	829	0.09	0.14	10.68
天 津	Tianjin	12004	11598	138	433	0.08	0.06	7.68
河 北	Hebei	43494	39854	178	1483	0.16	0.09	5.82
山 西	Shanxi	12942	11905	49	803	0.14	0.14	3.52
内蒙古	Inner Mongolia	10340	9648	45	531	0.13	0.22	4.10
辽 宁	Liaoning	19294	17860	253	933	0.12	0.06	4.41
吉 林	Jilin	10761	9546	51	448	0.10	0.09	3.94
黑龙江	Heilongjiang	11891	10975	52	576	0.17	0.32	3.13
上 海	Shanghai	25932	25549	19	881	0.12	2.54	10.72
江 苏	Jiangsu	55195	53654	170	2786	0.04	0.03	6.90
浙 江	Zhejiang	55521	54453	108	8491	0.04	0.15	9.93
安 徽	Anhui	26300	25167	160	1391	0.08	0.02	4.25
福 建	Fujian	21927	21314	66	922	0.02	0.04	5.66
江 西	Jiangxi	21341	20378	170	1284	0.03	0.02	4.65
山 东	Shandong	62163	58970	374	2855	0.16	0.12	6.25
河 南	Henan	57777	54769	161	2636	0.18	0.10	6.06
湖 北	Hubei	35479	33993	349	1778	0.07	0.05	6.03
湖 南	Hunan	26431	24551	415	1652	0.07	0.10	3.87
广 东	Guangdong	81201	79345	561	4240	0.03	0.04	7.38
广 西	Guangxi	25423	24677	175	1403	0.03	0.04	5.25
海 南	Hainan	4866	4802	21	219	0.03	0.02	5.31
重 庆	Chongqing	14906	14363	240	752	0.08	0.02	4.89
四 川	Sichuan	46425	44692	280	2824	0.07	0.04	5.62
贵 州	Guizhou	13844	13236	140	784	0.05	0.03	3.89
云 南	Yunnan	24460	23851	365	981	0.03	0.06	5.13
西 藏	Tibet	1394	1327	9	142	0.04	0.02	4.22
陕 西	Shaanxi	18500	18019	20	889	0.09	0.18	4.85
甘 肃	Gansu	13042	12207	128	935	0.10	0.56	5.00
青 海	Qinghai	2357	2198	42	148	0.24	0.01	3.97
宁 夏	Ningxia	3832	3689	48	189	0.11	0.02	5.68
新 疆	Xinjiang	10923	10413	66	1075	0.14	0.18	4.55

3-21 分地区医疗卫生机构住院服务情况(2016年)

Hospitalization Services in Health Institutions by Region (2016)

地区	Region	入院人数 (万人) Number of Inpatients (10 000 persons)	出院人数 (万人) Patients Discharged (10 000 persons)	住院病人手术人次 (万人次) Surgical Operation of Hospitalized (10 000 person-times)	病死率 (%) Fatality Rate (%)	每床出院人数 (人) Patients Discharged per Beds (person)	每百门急诊入院人数 (人) Inpatients per 100 Outpatient and Emergency Visits (person)	居民年住院率 (%) Annual Hospitalization Rate of Residents (%)
全国	**National Total**	**22727.6**	**22603.6**	**5082.2**	**0.4**	**30.5**	**4.4**	**16.5**
北京	Beijing	311.9	310.9	129.2	1.1	26.6	1.5	14.4
天津	Tianjin	162.1	162.4	64.2	0.6	24.7	1.6	10.4
河北	Hebei	1117.7	1107.1	194.2	0.3	30.7	5.6	15.0
山西	Shanxi	430.1	425.0	96.3	0.2	22.6	5.5	11.7
内蒙古	Inner Mongolia	329.5	328.0	61.1	0.6	23.6	4.8	13.1
辽宁	Liaoning	692.6	687.5	136.1	0.9	24.2	5.4	15.8
吉林	Jilin	368.8	365.9	69.9	1.0	24.2	5.6	13.5
黑龙江	Heilongjiang	564.1	561.2	120.2	1.0	25.5	6.8	14.8
上海	Shanghai	366.6	366.2	199.1	1.4	28.4	1.5	15.2
江苏	Jiangsu	1309.0	1302.7	330.1	0.2	29.5	3.2	16.4
浙江	Zhejiang	871.3	869.4	268.0	0.3	30.0	1.9	15.6
安徽	Anhui	897.3	891.4	180.1	0.3	31.7	5.4	14.5
福建	Fujian	535.0	533.9	132.3	0.1	30.6	3.6	13.8
江西	Jiangxi	745.5	742.0	130.5	0.2	35.5	6.8	16.2
山东	Shandong	1691.8	1684.2	351.9	0.4	31.2	5.2	17.0
河南	Henan	1601.8	1593.9	314.8	0.2	30.7	5.0	16.8
湖北	Hubei	1197.6	1190.8	271.7	0.4	33.0	5.5	20.3
湖南	Hunan	1400.9	1391.0	222.3	0.1	32.7	9.1	20.5
广东	Guangdong	1546.9	1544.9	556.5	0.5	33.3	2.6	14.1
广西	Guangxi	860.4	858.4	143.2	0.4	38.2	5.1	17.8
海南	Hainan	110.0	109.9	20.0	0.3	27.3	3.2	12.0
重庆	Chongqing	631.4	628.0	113.2	0.3	32.9	6.6	20.7
四川	Sichuan	1656.0	1647.3	323.5	0.4	31.7	5.6	20.0
贵州	Guizhou	661.9	654.6	126.0	0.2	31.2	7.4	18.6
云南	Yunnan	819.4	816.9	188.1	0.3	32.3	5.1	17.2
西藏	Tibet	34.4	28.7	5.0	0.2	19.9	3.4	10.4
陕西	Shaanxi	680.7	675.5	143.0	0.3	30.0	6.1	17.9
甘肃	Gansu	400.2	396.9	60.9	0.2	29.6	5.7	15.3
青海	Qinghai	91.2	90.7	15.5	0.2	26.1	5.6	15.4
宁夏	Ningxia	106.7	105.6	24.5	0.2	29.1	3.8	15.8
新疆	Xinjiang	535.1	532.5	90.9	0.4	34.0	6.4	22.3

3-22 各类医院病床使用率
Utilization Rate of Beds of all Kinds of Hospital

单位：% (%)

分　类	Item	2005	2010	2013	2014	2015	2016
总　计	**Total**	**70.3**	**86.7**	**89.0**	**88.0**	**85.4**	**85.3**
按经济类型分	By Economic Type						
公立医院	State Hospital	71.5	90.0	93.5	92.8	90.4	91.0
民营医院	Private Hospital	49.8	59.0	63.4	63.1	62.8	62.8
按主办单位分	By Organizer						
政府办	Organized by Government	74.9	92.8	95.4	94.5	91.9	92.4
社会办	Organized by Society	55.6	69.1	73.4	73.6	72.6	72.1
个人办	Organized by Private	47.4	55.2	60.5	60.1	59.9	60.0
按营利类别分	Profit Type						
非营利性	Non-profit	71.4	88.9	91.7	90.9	88.3	88.6
营利性	Profit	48.3	52.9	58.3	57.3	56.9	57.2
按医院等级分	By Level						
三级医院	Third-level Hospital	90.5	102.9	102.9	101.8	98.8	98.8
二级医院	Second-level Hospital	68.1	87.3	89.5	87.9	84.1	84.1
一级医院	First-level Hospital	49.6	56.6	60.9	60.1	58.8	58.0
按机构类别分	By Organization Type						
综合医院	General Hospitals	76.6	87.5	89.8	88.8	86.1	86.2
中医医院	Hospitals Specialized in Traditional Chinese Medicine	65.7	84.1	88.6	87.3	84.7	84.9
中西医结合医院	Hospital of Integrated Traditional Chinese with Western Medicine	68.0	82.8	85.7	84.2	81.5	80.5
民族医院	Nationalities Hospitals	57.4	70.6	72.1	71.3	71.4	70.7
专科医院	Specialized Hospitals	75.7	85.7	86.4	86.2	83.2	82.6
护理院	Nursing Hospital	89.6	85.3	78.1	78.5	76.5	76.3

3-23 分地区医院住院服务情况(2016年)
Hospitalization Services in Hospital by Region (2016)

单位：万人，万人次 (10 000 persons, 10 000 person times)

地 区 Region	入院人数 Number of Inpatients			出院人数 Number of Discharged Patients			住院病人手术人次数 Person Times of Operation of Hospital Patients		
	合计 Total	公立 State	民营 Private	合计 Total	公立 State	民营 Private	合计 Total	公立 State	民营 Private
全 国 National Total	**17527.7**	**14750.5**	**2777.2**	**17432.6**	**14687.0**	**2745.7**	**4790.8**	**4106.9**	**683.9**
北 京 Beijing	297.5	259.9	37.7	296.6	259.2	37.4	123.5	110.7	12.9
天 津 Tianjin	151.8	135.7	16.1	152.1	135.5	16.6	63.4	61.6	1.8
河 北 Hebei	891.6	759.5	132.1	883.0	751.7	131.3	184.9	163.1	21.7
山 西 Shanxi	367.9	312.2	55.7	363.4	309.0	54.4	93.7	80.8	13.0
内蒙古 Inner Mongolia	275.3	249.5	25.8	273.9	248.4	25.5	58.1	51.9	6.3
辽 宁 Liaoning	619.8	534.9	84.9	615.4	531.8	83.6	134.3	119.2	15.1
吉 林 Jilin	337.3	283.3	54.1	334.5	281.3	53.2	68.5	56.1	12.4
黑龙江 Heilongjiang	474.3	427.4	46.9	471.8	425.3	46.5	116.0	106.5	9.6
上 海 Shanghai	342.7	322.6	20.1	342.3	322.5	19.8	191.0	180.7	10.3
江 苏 Jiangsu	1077.5	832.8	244.8	1073.4	830.8	242.7	318.9	249.1	69.7
浙 江 Zhejiang	783.5	691.9	91.7	782.0	691.4	90.6	252.1	223.4	28.7
安 徽 Anhui	707.7	558.0	149.7	703.8	556.1	147.7	174.7	135.3	39.4
福 建 Fujian	425.2	368.2	56.9	424.3	367.6	56.7	124.6	106.2	18.4
江 西 Jiangxi	479.9	414.3	65.6	477.9	413.7	64.3	115.6	96.8	18.9
山 东 Shandong	1297.5	1111.0	186.5	1292.5	1108.7	183.8	330.1	284.2	45.9
河 南 Henan	1200.4	965.3	235.1	1194.7	962.0	232.7	286.8	229.7	57.1
湖 北 Hubei	841.7	738.2	103.5	837.5	735.1	102.5	257.0	227.6	29.4
湖 南 Hunan	916.8	761.2	155.6	911.2	758.1	153.1	202.5	172.6	29.9
广 东 Guangdong	1213.8	1075.1	138.7	1210.9	1073.2	137.7	501.9	455.2	46.7
广 西 Guangxi	530.2	495.1	35.1	529.4	494.6	34.9	132.0	122.8	9.2
海 南 Hainan	91.1	84.9	6.2	90.7	84.7	6.0	18.9	15.9	3.0
重 庆 Chongqing	424.7	310.6	114.1	422.4	309.7	112.8	107.1	77.6	29.5
四 川 Sichuan	1127.8	860.9	266.9	1121.4	857.1	264.3	305.0	246.8	58.2
贵 州 Guizhou	507.7	372.1	135.6	501.8	367.8	133.9	118.3	91.1	27.2
云 南 Yunnan	639.7	511.5	128.2	637.6	510.5	127.1	183.2	152.7	30.5
西 藏 Tibet	29.3	23.3	6.0	23.7	17.8	5.8	4.9	3.2	1.7
陕 西 Shaanxi	572.4	479.9	92.5	568.5	477.6	90.9	138.5	116.6	21.8
甘 肃 Gansu	309.3	286.8	22.5	306.4	283.8	22.6	57.7	52.9	4.8
青 海 Qinghai	77.9	68.1	9.9	77.7	68.2	9.4	15.3	14.1	1.3
宁 夏 Ningxia	96.7	83.6	13.1	95.7	82.8	12.9	23.1	20.3	2.8
新 疆 Xinjiang	418.6	372.8	45.7	416.1	371.1	45.0	89.1	82.3	6.7

3-24 分地区医院床位利用情况(2016年)
Utilization of Hospital Bed by Region (2016)

地 区	Region	病床工作日(日) Work Day of Beds (day)			病床使用率(%) Utilization Rate of Beds(%)			出院者平均住院日(日) Average Say Days in Hospital (day)		
		合计 Total	公立 State	民营 Private	合计 Total	公立 State	民营 Private	合计 Total	公立 State	民营 Private
全 国	**National Total**	**311.3**	**332.2**	**229.2**	**85.3**	**91.0**	**62.8**	**9.4**	**9.6**	**8.6**
北 京	Beijing	300.1	328.0	196.1	82.2	89.8	53.7	10.5	10.5	10.5
天 津	Tianjin	299.6	323.3	190.4	82.1	88.6	52.2	10.3	10.4	9.1
河 北	Hebei	315.0	333.8	228.2	86.3	91.4	62.5	8.8	9.0	7.4
山 西	Shanxi	277.1	293.8	202.3	75.9	80.5	55.4	10.5	10.7	9.3
内蒙古	Inner Mongolia	272.7	293.2	156.1	74.7	80.3	42.8	9.9	10.0	9.0
辽 宁	Liaoning	305.9	329.8	200.7	83.8	90.4	55.0	10.8	11.1	9.4
吉 林	Jilin	285.9	304.9	202.2	78.3	83.5	55.4	9.6	9.9	7.9
黑龙江	Heilongjiang	301.9	317.0	201.6	82.7	86.9	55.2	10.7	10.9	9.5
上 海	Shanghai	349.6	362.1	273.6	95.8	99.2	75.0	10.1	9.7	16.5
江 苏	Jiangsu	318.7	345.6	252.9	87.3	94.7	69.3	9.6	9.7	9.3
浙 江	Zhejiang	326.3	350.4	238.9	89.4	96.0	65.5	9.9	9.6	12.7
安 徽	Anhui	309.7	331.0	243.0	84.8	90.7	66.6	8.8	9.1	7.9
福 建	Fujian	299.1	315.1	213.6	81.9	86.3	58.5	8.7	9.0	7.2
江 西	Jiangxi	326.3	335.3	275.0	89.4	91.9	75.3	9.1	9.3	7.9
山 东	Shandong	310.4	330.9	222.4	85.0	90.7	60.9	8.9	9.1	8.2
河 南	Henan	320.7	332.6	274.4	87.9	91.1	75.2	9.7	10.0	8.5
湖 北	Hubei	335.7	353.1	237.8	92.0	96.7	65.2	9.7	9.9	8.4
湖 南	Hunan	313.9	335.4	228.9	86.0	91.9	62.7	9.5	9.9	7.8
广 东	Guangdong	306.5	325.8	212.6	84.0	89.3	58.2	8.8	8.8	8.5
广 西	Guangxi	321.1	329.6	241.2	88.0	90.3	66.1	8.6	8.6	9.1
海 南	Hainan	285.4	294.3	199.2	78.2	80.6	54.6	9.0	9.1	7.6
重 庆	Chongqing	308.0	336.8	240.0	84.4	92.3	65.8	9.2	9.6	7.9
四 川	Sichuan	329.1	360.7	252.0	90.2	98.8	69.0	10.1	10.4	9.1
贵 州	Guizhou	285.4	329.0	205.1	78.2	90.1	56.2	8.5	8.7	8.1
云 南	Yunnan	303.0	341.6	201.6	83.0	93.6	55.2	8.6	8.8	7.6
西 藏	Tibet	271.8	285.7	217.3	74.5	78.3	59.5	9.2	10.5	5.2
陕 西	Shaanxi	300.1	324.8	208.2	82.2	89.0	57.0	9.2	9.3	8.2
甘 肃	Gansu	301.6	309.9	217.3	82.6	84.9	59.5	9.1	9.2	7.3
青 海	Qinghai	271.5	287.1	171.9	74.4	78.7	47.1	9.3	9.5	7.9
宁 夏	Ningxia	308.1	328.2	216.2	84.4	89.9	59.2	9.3	9.5	8.2
新 疆	Xinjiang	315.8	335.7	192.2	86.5	92.0	52.7	8.7	8.9	6.6

3-25 医院门诊病人次均医药费用
Per Percon-time Medical Expenses of Outpatient in Hospital

级别 年份	Type Year	门诊病人次均医药费(元) Per Person-time Medical Expenses of Outpatient (yuan)	#药费 Expenses for Medience	#检查费 Expenses for Inspection	占门诊医药费(%) of Clinic Expenses(%) 药费 Expenses for Medience	检查费 Expenses for Inspection
医院合计	Hospital Total					
	2010	166.8	85.6	30.0	51.3	18.0
	2011	179.8	90.9	32.4	51.5	18.5
	2012	192.5	96.9	35.0	50.3	18.2
	2013	206.4	101.7	37.4	49.3	18.1
	2014	220.0	106.3	40.3	48.3	18.3
	2015	233.9	110.5	42.7	47.3	18.3
	2016	245.5	111.7	45.2	45.5	18.4
#公立医院	State Hospital					
	2010	167.3	87.4	30.8	52.3	18.4
	2011	180.2	92.8	33.4	51.5	18.5
	2012	193.4	99.3	36.2	51.3	18.7
	2013	207.9	104.4	38.7	50.2	18.6
	2014	221.6	109.3	41.8	49.3	18.9
	2015	235.2	113.7	44.3	48.4	18.8
	2016	246.5	115.1	46.9	46.7	19.0
#三级医院	Third-level Hospital					
	2010	220.2	117.6	37.9	53.4	17.2
	2011	231.8	122.0	40.2	52.6	17.3
	2012	242.1	126.7	42.7	52.3	17.6
	2013	256.7	132.1	45.2	51.5	17.6
	2014	269.8	136.0	48.4	50.4	17.9
	2015	283.7	139.8	51.1	49.3	18.0
	2016	294.9	139.8	53.9	47.4	18.3
#二级医院	Second-level Hospital					
	2010	139.3	70.5	28.9	50.6	20.8
	2011	147.6	73.6	31.0	49.9	21.0
	2012	157.4	77.9	33.3	49.5	21.1
	2013	166.2	79.6	35.2	47.9	21.2
	2014	176.0	82.8	37.7	47.1	21.4
	2015	184.1	85.0	39.2	46.2	21.3
	2016	190.6	85.5	40.6	44.9	21.3
#一级医院	First-level Hospital					
	2010	93.1	51.6	11.5	55.4	12.4
	2011	103.9	56.1	13.4	54.0	12.9
	2012	112.0	59.9	14.7	53.5	13.1
	2013	119.8	64.2	15.6	53.6	13.1
	2014	125.3	66.4	17.1	53.0	13.7
	2015	132.9	70.6	17.6	53.1	13.3
	2016	144.5	73.8	19.4	51.0	13.4

注：按当年价格计算。
Data are calculated at current prices.

3-26 30种疾病平均住院医药费用(2016年)
Average Hospitalization Medical Expenses of 30 Diseases (2016)

疾病名称(ICD-10)	Diseases	出院人数(人) Patients Discharged (person)	平均住院日(日) Average Duration of Hospita-lization (day)	人均医药费(元) Per Capita Medical Expenses (yuan)	药费 Medicine Expenses	检查费 Inspectioni Expenses	治疗费 Treatment Expenses	手术费 Operation Expenses	卫生材料费 Healthcare Material Expenses
病毒性肝炎	Viral Hepatitis	251631	12.9	7894	4080	584	443	254	313
浸润性肺结核	Infiltrative Pulmonary Tuberculosis	310424	13.1	8429	3506	974	843	512	633
急性心肌梗塞	Acute Myocardial Infarction	343416	8.9	26057	5242	1680	2353	3127	11559
充血性心力衰竭	Chronic Heart Failure	24633	9.9	8424	3377	926	1089	711	698
细菌性肺炎	Bacterial Pneumonia	419713	8.8	6971	2936	746	749	216	366
慢性肺源性心脏病	Chronic Pulmonary Heart Disease	105169	10.2	7591	3216	858	1078	217	354
急性上消化道出血	Acute Upper Gastrointestinal Bleeding	143834	7.8	8655	3795	814	859	377	558
原发性肾病综合征	Primary Nephrotic Syndrome	134055	10.4	7957	3481	741	532	195	400
甲状腺功能亢进	Hyperthyroidism	105824	8.1	5749	1804	932	496	2106	365
脑出血	Cerebral Hemorrhage	525267	14.6	17787	7219	1951	2928	1713	1879
脑梗塞	Cerebral Infarction	3008581	10.9	9387	4492	1422	1050	405	451
再生障碍性贫血	Aplastic Anemia	92202	7.3	8696	3405	585	525	227	324
急性白血病	Acute Leukemia	82302	12.8	17414	8393	839	1107	162	811
结节性甲状腺肿	Nodular Goiter	187158	7.7	12001	2580	851	682	3355	2236
急性阑尾炎	Acute Appendicitis	731643	6.7	7820	2518	491	581	1880	1275
急性胆囊炎	Acute Cholecystitis	111818	8.0	8228	3416	917	582	2020	962
腹股沟疝	Inguinal Hernia	552730	6.6	7734	1344	432	470	1821	2535
胃恶性肿瘤	Malignant Gastric Tumor	258206	12.8	20470	7572	1610	1520	3343	5138
肺恶性肿瘤	Malignant Lung Tumor	222581	12.7	18290	6332	1939	1596	2328	4422
食管恶性肿瘤	Malignant Esophageal Tumor	148979	14.5	17956	6408	1953	2879	2664	3389
心肌梗塞冠状动脉搭桥	Myocardial Infarction Coronary Artery Bypass	4054	16.9	57265	11192	3306	3987	9026	22852
膀胱恶性肿瘤	Malignant Bladder Tumor	67200	12.5	17727	6459	1542	1224	3060	2925
前列腺增生	Benign Prostatic Hyperplasia	277675	11.1	11656	3645	1066	882	2736	1752
颅内损伤	Intracranial Injury	715242	12.0	12000	5047	1585	1355	1380	1359
腰椎间盘突出症	Lumbar Disc Herniation	452832	10.4	9205	2073	976	1468	2795	2786
儿童支气管肺炎	Children Bronchopneumonia	1828645	6.6	3072	1174	162	421	83	226
感染性腹泻	Infectious Diarrhea	8353	4.8	2264	825	264	238	172	123
子宫平滑肌瘤	Leiomyoma of Uterus	346736	8.8	12146	2595	730	912	3232	2196
剖宫产	Caesarean Section	2286649	6.3	7345	1534	369	721	1723	1204
老年性白内障	Senile Cataract	632270	4.0	6536	410	424	272	2030	2689

注：本表系卫生计生部门综合医院数据。
Data are obtained from General Hospitals in Ministry of Health.

3-27 五级医院30种疾病平均住院医药费用(2016年)
Per Capita Medical Expenses of 30 Diseases of Different Level Hospitals (2016)

单位：元 (yuan)

疾病名称(ICD-10)	Diseases	中央属 Central	省属 Provincial	地级市属 Prefecture-level City	县级市属 County-level City	县属 County
病毒性肝炎	Viral Hepatitis	9787	9933	8800	7103	5855
浸润性肺结核	Infiltrative Pulmonary Tuberculosis	15908	14577	10075	7964	5460
急性心肌梗塞	Acute Myocardial Infarction	35420	34786	28694	19336	11709
充血性心力衰竭	Chronic Heart Failure	18114	11583	9897	6678	5596
细菌性肺炎	Bacterial Pneumonia	13619	11138	8198	5382	4008
慢性肺源性心脏病	Chronic Pulmonary Heart Disease	17204	14045	11431	7463	5659
急性上消化道出血	Acute Upper Gastrointestinal Bleeding	17600	14842	11167	7448	6167
原发性肾病综合征	Primary Nephrotic Syndrome	11078	9205	8052	6103	4565
甲状腺功能亢进	Hyperthyroidism	8725	6592	5793	5353	4228
脑出血	Cerebral Hemorrhage	25424	24844	21360	16245	13218
脑梗塞	Cerebral Infarction	17868	14806	11968	7823	5990
再生障碍性贫血	Aplastic Anemia	14379	12666	8992	6689	4591
急性白血病	Acute Leukemia	28803	19344	17709	13697	7831
结节性甲状腺肿	Nodular Goiter	16244	14226	12087	10234	8158
急性阑尾炎	Acute Appendicitis	14132	12661	9754	7185	5712
急性胆囊炎	Acute Cholecystitis	18984	16021	10819	7049	4980
腹股沟疝	Inguinal Hernia	10461	11387	8988	7254	5499
胃恶性肿瘤	Malignant Gastric Tumor	35951	29756	23158	15509	9628
肺恶性肿瘤	Malignant Lung Tumor	31678	28407	18877	12079	7329
食管恶性肿瘤	Malignant Esophageal Tumor	26649	25533	21953	14820	9966
心肌梗塞冠状动脉搭桥	Myocardial Infarction Coronary Artery Bypass	59879	61835	56433	49843	38229
膀胱恶性肿瘤	Malignant Bladder Tumor	21777	21642	18501	13930	9630
前列腺增生	Benign Prostatic Hyperplasia	16768	16018	13230	10040	8060
颅内损伤	Intracranial Injury	26210	21194	15751	10840	8427
腰椎间盘突出症	Lumbar Disc Herniation	28082	19445	11041	6708	4620
儿童支气管肺炎	Bronchopneumonia	6237	5397	3919	2848	2313
儿童感染性腹泻	Infectious Diarrhea	7363	7050	3172	2523	1957
子宫平滑肌瘤	Leiomyoma of Uterus	16151	15851	12884	10626	7921
剖宫产	Caesarean Section	11369	10790	8547	6749	5536
老年性白内障	Senile Cataract	7294	8542	7269	6062	4592

注：本表系卫生计生部门综合医院数据。
Data are obtained from General Hospitals in Ministry of Health.

3-28 分地区医院门诊和住院病人人均医药费用(2016年)

Medical Expenses of Outpatient and Discharged Patient by Region (2016)

地 区	Region	门诊病人次均医药费(元) Per-time Medical Expenses of Outpatient (yuan)	#药费 Medicine Expenses	#检查费 Inspectioni Expenses	住院病人人均医药费(元) Per-capita Medical Expenses of Discharged Patient (yuan)	#药费 Medicine Expenses	#检查费 Inspectioni Expenses	#手术费 Operation Expenses
全 国	**National Total**	**245.5**	**111.7**	**45.2**	**8604.7**	**2977.5**	**740.7**	**567.8**
北 京	Beijing	460.2	267.3	49.2	20648.2	6455.2	1378.3	1045.8
天 津	Tianjin	299.3	176.7	22.5	15684.9	5297.6	800.6	666.9
河 北	Hebei	214.9	92.5	50.5	7793.8	3134.3	722.1	352.7
山 西	Shanxi	237.7	102.0	52.2	8065.7	2972.8	764.4	431.2
内蒙古	Inner Mongolia	223.4	87.7	53.3	8460.2	3222.9	755.9	380.3
辽 宁	Liaoning	272.8	119.7	58.7	8866.9	3321.8	884.0	545.0
吉 林	Jilin	253.5	99.0	55.6	8730.2	3449.6	723.0	475.7
黑龙江	Heilongjiang	244.5	90.2	65.7	8617.1	3939.8	685.7	293.5
上 海	Shanghai	340.4	172.6	39.3	17111.7	5520.7	1035.3	1482.6
江 苏	Jiangsu	249.9	110.0	40.7	10364.1	3828.4	737.2	652.7
浙 江	Zhejiang	238.0	111.3	30.3	10952.6	3545.2	649.0	935.1
安 徽	Anhui	216.2	92.5	48.3	6935.2	2236.7	561.6	473.9
福 建	Fujian	220.6	90.9	46.2	8413.7	2423.5	866.8	745.3
江 西	Jiangxi	227.6	109.7	48.2	7417.0	2852.6	561.8	513.3
山 东	Shandong	241.0	106.3	54.2	8943.5	3075.4	729.2	694.3
河 南	Henan	172.2	73.3	42.0	7085.4	2644.0	653.9	471.0
湖 北	Hubei	221.4	104.5	41.6	8207.3	2803.1	736.0	600.5
湖 南	Hunan	266.7	112.5	60.0	7303.2	2437.5	606.3	489.1
广 东	Guangdong	231.8	100.7	42.7	10537.5	3210.4	1010.5	829.1
广 西	Guangxi	181.0	76.3	39.4	7544.2	2425.8	747.7	399.6
海 南	Hainan	231.9	104.2	46.9	9472.8	3506.1	717.3	509.5
重 庆	Chongqing	279.4	123.7	46.0	7714.4	2684.6	750.4	459.6
四 川	Sichuan	229.4	92.7	50.1	7380.8	2285.7	744.9	448.4
贵 州	Guizhou	229.6	80.0	53.6	5704.3	1767.2	612.5	401.7
云 南	Yunnan	193.0	80.5	40.0	6072.5	2079.0	634.5	366.2
西 藏	Tibet	154.4	73.0	22.2	7311.4	2672.5	597.9	571.2
陕 西	Shaanxi	218.5	89.9	49.4	6803.5	2498.9	663.1	503.4
甘 肃	Gansu	177.4	82.0	41.8	5587.5	2060.5	552.2	378.1
青 海	Qinghai	192.0	77.8	37.3	8151.6	3036.7	788.8	326.8
宁 夏	Ningxia	215.0	108.6	39.4	7708.9	2799.6	594.8	457.0
新 疆	Xinjiang	212.6	102.5	46.0	6775.2	2259.5	831.7	382.4

3-29 社区卫生服务中心(站)医疗服务情况

Medical Services of Community Health Service Centers (Stations)

年份 Year 地区 Region	社区卫生服务中心 Community Health Service Centers					社区卫生服务站 Community Health Service Stations	
	诊疗人次 (万人次) Number of Visits (10 000 person-times)	入院人数 (人) Number of Inpatients (person)	病床使用率 (%) Utilization Rate of Beds (%)	平均住院日 (日) Average Duration of Hospitalization(day)	医师日均担负诊疗人次(人次) Daily Visits Per Doctor (person-time)	诊疗人次 (万人次) Visits of Community Health Service Stations (10 000 person-times)	医师日均担负诊疗人次(人次) Daily Visits Per Doctor (person-time)
2005	5938.5	266215	60.7	17.2	13.7	6281.5	11.0
2006	8285.5	436288	57.9	15.5	13.0	9378.9	13.1
2007	12712.4	743186	59.6	13.1	13.1	9875.0	14.6
2008	17247.3	1032788	58.7	13.4	12.9	8425.1	12.5
2009	26080.2	1642427	59.8	10.6	14.0	11617.3	13.7
2010	34740.4	2180577	56.1	10.4	13.6	13711.1	13.6
2011	40950.0	2473426	54.4	10.2	14.0	13703.8	13.7
2012	45475.1	2686554	55.5	10.1	14.8	14393.6	14.0
2013	50788.6	2920630	57.0	9.8	15.7	14921.2	14.3
2014	53618.8	2980571	55.6	9.9	16.1	14912.0	14.4
2015	55902.6	3055499	54.7	9.8	16.3	14742.5	14.1
2016	56327.0	3137143	54.6	9.7	15.9	15561.9	14.5
北京 Beijing	4668.2	25480	31.7	18.1	17.1	599.3	21.2
天津 Tianjin	1544.1	12977	21.7	12.1	22.9	268.5	31.1
河北 Hebei	689.5	60561	44.2	9.2	8.7	997.6	10.9
山西 Shanxi	379.3	40363	41.9	10.9	6.7	405.3	6.9
内蒙古 Inner Mongolia	415.5	55386	50.5	9.1	6.6	368.5	7.7
辽宁 Liaoning	996.6	64929	37.1	9.9	9.9	556.8	12.6
吉林 Jilin	381.7	23690	30.0	9.9	6.1	70.8	9.2
黑龙江 Heilongjiang	633.5	73599	39.2	9.9	6.1	111.3	7.2
上海 Shanghai	8580.2	74638	88.6	62.9	27.8		
江苏 Jiangsu	6373.5	345414	51.7	9.0	19.1	1420.4	21.0
浙江 Zhejiang	8824.4	62032	40.1	15.3	24.2	385.9	24.1
安徽 Anhui	1060.5	127432	43.8	7.6	11.0	1077.3	13.4
福建 Fujian	1361.3	59750	35.8	6.5	16.1	331.7	13.8
江西 Jiangxi	352.4	44610	50.9	7.8	8.5	352.6	12.5
山东 Shandong	1819.5	240313	51.8	8.5	9.8	1491.7	13.9
河南 Henan	1181.9	155168	48.0	9.3	9.3	939.2	14.6
湖北 Hubei	1497.8	331316	62.0	8.0	9.3	934.4	21.9
湖南 Hunan	840.3	292777	66.7	7.2	6.6	241.4	7.2
广东 Guangdong	9263.1	162040	50.8	8.7	22.7	2189.5	29.2
广西 Guangxi	719.6	31586	50.8	7.2	14.2	177.3	13.5
海南 Hainan	96.2	23420	60.4	5.7	10.5	205.5	15.1
重庆 Chongqing	685.1	281928	73.5	7.7	8.5	116.2	12.5
四川 Sichuan	1898.3	230501	62.7	8.0	13.8	460.9	12.7
贵州 Guizhou	245.9	79761	50.1	5.3	7.3	286.9	9.1
云南 Yunnan	452.7	92036	55.7	7.0	11.8	263.2	11.3
西藏 Tibet	6.7		14.3		3.8	1.4	6.3
陕西 Shaanxi	448.1	50162	41.6	8.7	8.3	294.0	11.5
甘肃 Gansu	327.2	40554	57.1	5.8	8.1	325.2	10.9
青海 Qinghai	68.9	8975	47.8	7.8	7.4	176.8	18.8
宁夏 Ningxia	37.8	1029	60.0	10.3	14.0	166.1	19.9
新疆 Xinjiang	477.2	44716	50.6	8.8	10.7	346.1	9.7

3-30 分地区乡镇卫生院医疗服务情况(2016年)

Situations of Medical Services in Township Health Centers by Region(2016)

地 区	Region	诊疗人次(万人次) Number of Visits (100 million person-times)	入院人数(万人) Number of Inpatients (10 000 persons)	病床使用率(%) Utilization Rate of Beds (%)	平均住院日(日) Average Duration of Hospitalization (day)
全 国	**National Total**	**108233.03**	**3799.94**	**60.6**	**6.4**
北 京	Beijing				
天 津	Tianjin	645.94	7.22	44.0	7.5
河 北	Hebei	4777.19	168.67	58.5	7.2
山 西	Shanxi	1603.68	42.65	35.1	8.5
内蒙古	Inner Mongolia	1217.01	36.28	42.2	6.5
辽 宁	Liaoning	1718.16	55.25	44.3	7.6
吉 林	Jilin	967.24	17.66	28.8	7.5
黑龙江	Heilongjiang	983.28	66.56	56.6	6.3
上 海	Shanghai				
江 苏	Jiangsu	8288.55	163.38	63.6	7.6
浙 江	Zhejiang	9351.85	30.69	49.7	9.1
安 徽	Anhui	4576.62	157.95	60.6	6.6
福 建	Fujian	2702.97	82.14	49.5	6.1
江 西	Jiangxi	3228.70	201.88	68.7	5.4
山 东	Shandong	7331.87	273.53	60.7	7.3
河 南	Henan	11218.47	287.33	62.2	7.2
湖 北	Hubei	5755.85	258.67	76.7	7.0
湖 南	Hunan	4046.01	373.03	70.5	6.0
广 东	Guangdong	6690.25	194.48	55.2	5.3
广 西	Guangxi	5132.05	252.32	63.3	5.2
海 南	Hainan	1149.72	7.72	33.3	6.5
重 庆	Chongqing	2002.69	153.74	74.1	6.7
四 川	Sichuan	9372.06	443.28	70.7	6.3
贵 州	Guizhou	2661.97	119.63	44.9	4.9
云 南	Yunnan	5087.92	140.96	53.4	5.8
西 藏	Tibet	413.63	3.70	28.3	5.0
陕 西	Shaanxi	2202.58	75.43	46.6	7.3
甘 肃	Gansu	2006.48	67.76	60.0	6.4
青 海	Qinghai	258.76	11.49	55.1	5.5
宁 夏	Ningxia	670.59	4.88	49.1	6.6
新 疆	Xinjiang	2170.96	101.67	74.0	6.1

3-31 甲乙类法定报告传染病发病人数及死亡人数(2016年)
Number of Infectious Diseases Reported and Number of Deaths of Class A and B (2016)

单位：人 (person)

序号 No.	发病 Diseases			死亡 Death		
	疾病名称	Diseases	发病人数 Persons	疾病名称	Diseases	死亡人数 Persons
1	病毒性肝炎	Viral Hepatitis	1221479	艾滋病	AIDS	14091
2	肺结核	Pulmonary Tuberculosis	836236	肺结核	Pulmonary Tuberculosis	2465
3	梅毒	Syphilis	438199	狂犬病	Hydrophobia	592
4	细菌性和阿米巴性痢疾	Dysentery	123283	病毒性肝炎	Viral Hepatitis	537
5	淋病	Gonorrhea	115024	人感染H7N9禽流感	HpAI H7N9	73
6	猩红热	Scarlet Fever	59282	梅毒	Syphilis	53
7	艾滋病	AIDS	54360	流行性出血热	Hemorrhage Fever	48
8	布鲁氏菌病	Brucellosis	47139	流行性乙型脑炎	Encephalitis B	47
9	麻疹	Measles	24820	麻疹	Measles	18
10	伤寒和副伤寒	Typhoid and Paratyphoid Fever	10899	疟疾	Malaria	16
11	流行性出血热	Hemorrhage Fever	8853	流行性脑脊髓膜炎	Epidemic Encephalitis	10
12	百日咳	Pertussis	5584	细菌性和阿米巴性痢疾	Dysentery	4
13	疟疾	Malaria	3189	百日咳	Pertussis	3
14	血吸虫病	Schistosomiasis	2924	新生儿破伤风	Newborn Tetanus	3
15	登革热	Dengue Fever	2050	布鲁氏菌病	Brucellosis	2
16	流行性乙型脑炎	Encephalitis B	1237	炭疽	Anthrax	2
17	狂犬病	Hydrophobia	644	淋病	Gonorrhea	1
18	炭疽	Anthrax	374	伤寒和副伤寒	Typhoid and Paratyphoid Fever	1
19	钩端螺旋体病	Leptospirosis	354	钩端螺旋体病	Leptospirosis	1
20	人感染H7N9禽流感	HpAI H7N9	264	人感染高致病性禽流感	HpAI	1
21	新生儿破伤风	Newborn Tetanus	177	猩红热	Scarlet Fever	
22	流行性脑脊髓膜炎	Epidemic Encephalitis	101	血吸虫病	Schistosomiasis	
23	霍乱	Cholera	27	登革热	Dengue Fever	
24	鼠疫	The Plague	1	霍乱	Cholera	
25	人感染高致病性禽流感	HpAI		鼠疫	The Plague	
26	传染性非典	SARS		传染性非典	SARS	
27	脊髓灰质炎	Poliomyelitis		脊髓灰质炎	Poliomyelitis	
28	白喉	Diphtheria		白喉	Diphtheria	

注：1.空格系无报告发病或死亡病例。
2.自2013年11月1日起，人感染H7N9禽流感纳入法定乙类传染病进行管理，甲型H1N1流感从乙类调整至丙类，并归并至流行性感冒进行统计。

a) Blank means no infectious or deaths cases reported.

b) Since Nov.1st,2013, HpAI(H7N9) was accepted as legal B Class, H1N1 was adjusted from Class B to Class C, and merged as Influenza.

3-32 甲乙类法定报告传染病发病率和死亡率(2016年)
Incidence and Death Rates of Class A and B Infectious Diseases Reported (2016)

序号 No.	发病 Disease Incidence 疾病名称 Diseases	发病率(1/10万) Incidence (1/100 000)	死亡 Death 疾病名称 Diseases	死亡率(1/10万) Death Rate (1/100 000)
1	病毒性肝炎 Viral Hepatitis	89.11	艾滋病 AIDS	1.0300
2	肺结核 Pulmonary Tuberculosis	61.00	肺结核 Pulmonary Tuberculosis	0.1783
3	梅毒 Syphilis	31.97	病毒性肝炎 Viral Hepatitis	0.0388
4	细菌性和阿米巴性痢疾 Dysentery	8.99	狂犬病 Hydrophobia	0.0428
5	淋病 Gonorrhea	8.39	人感染H7N9禽流感 HpAI H7N9	0.0053
6	猩红热 Scarlet Fever	4.32	梅毒 Syphilis	0.0038
7	艾滋病 AIDS	3.97	流行性出血热 Hemorrhage Fever	0.0035
8	布鲁氏菌病 Brucellosis	3.44	流行性乙型脑炎 Encephalitis B	0.0034
9	麻疹 Measles	1.81	麻疹 Measles	0.0013
10	伤寒和副伤寒 Typhoid and Paratyphoid Fever	0.80	疟疾 Malaria	0.0012
11	流行性出血热 Hemorrhage Fever	0.65	流行性脑脊髓膜炎 Epidemic Encephalitis	0.0007
12	百日咳 Pertussis	0.41	细菌性和阿米巴性痢疾 Dysentery	0.0003
13	疟疾 Malaria	0.23	百日咳 Pertussis	0.0002
14	血吸虫病 Schistosomiasis	0.21	新生儿破伤风 Newborn Tetanus	0.0002
15	登革热 Dengue Fever	0.15	布鲁氏菌病 Brucellosis	0.0001
16	流行性乙型脑炎 Encephalitis B	0.09	炭疽 Anthrax	0.0001
17	狂犬病 Hydrophobia	0.05	淋病 Gonorrhea	0.0001
18	炭疽 Anthrax	0.03	伤寒和副伤寒 Typhoid and Paratyphoid Fever	0.0001
19	钩端螺旋体病 Leptospirosis	0.03	钩端螺旋体病 Leptospirosis	0.0001
20	人感染H7N9禽流感 HpAI H7N9	0.02	人感染高致病性禽流感 HpAI	0.0001
21	新生儿破伤风 Newborn Tetanus	0.01	猩红热 Scarlet Fever	
22	流行性脑脊髓膜炎 Epidemic Encephalitis	0.01	血吸虫病 Schistosomiasis	
23	霍乱 Cholera		登革热 Dengue Fever	
24	鼠疫 The Plague		霍乱 Poliomyelitis	
25	人感染高致病性禽流感 HpAI		鼠疫 The Plague	
26	传染性非典型肺炎 SARS		传染性非典型肺炎 SARS	
27	脊髓灰质炎 Poliomyelitis		脊髓灰质炎 Poliomyelitis	
28	白喉 Diphtheria		白喉 Diphtheria	

3-33 城市居民主要疾病死亡率及死因构成(2016年)
Death Rate of Major Diseases in Urban Areas (2016)

疾病名称	Category of Diseases	合计 Total 死亡率(1/10万) Crude Mortality Rate (1/100000)	构成(%) Percentage (%)	位次 Rank	男 Male 死亡率(1/10万) Crude Mortality Rate (1/100000)	构成(%) Percentage (%)	位次 Rank	女 Female 死亡率(1/10万) Crude Mortality Rate (1/100000)	构成(%) Percentage (%)	位次 Rank
传染病(含呼吸道结核)	Infectious Disease(including Respiratory Tuberculosis)	6.46	1.05	10	9.01	1.29	8	3.85	0.73	10
寄生虫病	Parasitic Disease	0.05	0.01	17	0.05	0.01	16	0.06	0.01	17
恶性肿瘤	Malignant Tumour	160.07	26.06	1	200.97	28.73	1	118.05	22.42	2
血液,造血器官及免疫疾病	Diseases of the Blood and Blood-forming Organs and Immunodeficiency	1.37	0.22	15	1.40	0.20	15	1.33	0.25	15
内分泌,营养和代谢疾病	Endocrine, Nutritional & Metabolic Diseases	20.43	3.33	6	19.42	2.78	6	21.47	4.08	6
精神障碍	Mental Disorders	2.72	0.44	11	2.60	0.37	11	2.83	0.54	11
神经系统疾病	Diseases of the Nervous System	7.50	1.22	8	7.63	1.09	9	7.37	1.40	8
心脏病	Heart Diseases	138.70	22.58	2	142.30	20.34	2	135.00	25.64	1
脑血管病	Cerebrovascular Disease	126.41	20.58	3	139.50	19.94	3	112.95	21.46	3
呼吸系统疾病	Diseases of the Respiratory System	69.03	11.24	4	79.65	11.39	4	58.12	11.04	4
消化系统疾病	Diseases of the Digestive System	14.05	2.29	7	17.38	2.48	7	10.62	2.02	7
肌肉骨骼和结缔组织疾病	Diseases of the Musculoskeletal System and Connective Tissue	2.25	0.37	12	1.78	0.25	13	2.73	0.52	12
泌尿生殖系统疾病	Diseases of the Genitourinary System	6.58	1.07	9	7.44	1.06	10	5.69	1.08	9
妊娠,分娩产褥期并发症	Pregnancy, Childbirth and the Puerperium	0.09	0.02	16				0.19	0.04	16
围生期疾病	Perinatal Diseases	1.87	0.30	13	2.24	0.32	12	1.49	0.28	13
先天畸形,变形和染色体异常	Congenital Malformations, Deformations and Chromosomal Abnormalities	1.55	0.25	14	1.74	0.25	14	1.37	0.26	14
损伤和中毒外部原因	External Causes of Injury and Poison	37.34	6.08	5	48.12	6.88	5	26.25	4.99	5
诊断不明	Undiagnosed Diseases	2.18	0.36		2.92	0.42		1.43	0.27	
其他疾病	Other Diseases	6.06	0.99		5.03	0.72		7.11	1.35	

3-34 农村居民主要疾病死亡率及构成(2016年)
Death Rate of Major Diseases in Rural Areas (2016)

疾病名称	Category of Diseases	合计 Total			男 Male			女 Female		
		死亡率(1/10万) Crude Mortality Rate (1/100000)	构成(%) Percen-tage (%)	位次 Rank	死亡率(1/10万) Crude Mortality Rate (1/100000)	构成(%) Percen-tage (%)	位次 Rank	死亡率(1/10万) Crude Mortality Rate (1/100000)	构成(%) Percen-tage (%)	位次 Rank
传染病(含呼吸道结核)	Infectious Disease(including Respiratory Tuberculosis)	7.76	1.14	8	10.57	1.36	8	4.84	0.83	10
寄生虫病	Parasitic Disease	0.07	0.01	17	0.09	0.01	16	0.05	0.01	17
恶性肿瘤	Malignant Tumour	155.83	22.92	2	199.41	25.73	1	110.45	19.02	3
血液,造血器官及免疫疾病	Diseases of the Blood and Blood-forming Organs and Immunodeficiency	1.15	0.17	15	1.21	0.16	15	1.10	0.19	15
内分泌营养和代谢疾病	Endocrine, Nutritional & Metabolic Diseases	15.72	2.31	6	13.90	1.79	7	17.61	3.03	6
精神障碍	Mental Disorders	2.85	0.42	11	2.78	0.36	11	2.92	0.50	11
神经系统疾病	Diseases of the Nervous System	7.54	1.11	9	7.43	0.96	10	7.65	1.32	8
心脏病	Heart Diseases	151.18	22.24	3	154.07	19.88	3	148.17	25.52	1
脑血管病	Cerebrovascular Disease	158.15	23.26	1	173.81	22.42	2	141.84	24.43	2
呼吸系统疾病	Diseases of the Respiratory System	81.72	12.02	4	90.54	11.68	4	72.54	12.49	4
消化系统疾病	Diseases of the Digestive System	14.31	2.11	7	18.40	2.37	6	10.06	1.73	7
肌肉骨骼和结缔组织疾病	Diseases of the Musculoskeletal System and Connective Tissue	1.68	0.25	14	1.38	0.18	14	1.99	0.34	12
泌尿生殖系统疾病	Diseases of the Genitourinary System	7.38	1.09	10	8.61	1.11	9	6.10	1.05	9
妊娠分娩产褥期并发症	Pregnancy, Childbirth and the Puerperium	0.12	0.02	16				0.24	0.04	16
围生期疾病	Perinatal Diseases	2.12	0.31	12	2.59	0.33	12	1.63	0.28	13
先天畸形,变性和染色体异常	Congenital Malformations, Deformations and Chromosomal Abnormalities	1.74	0.26	13	1.91	0.25	13	1.56	0.27	14
损伤和中毒外部原因	External Causes of Injury and Poison	54.48	8.01	5	72.54	9.36	5	35.68	6.15	5
诊断不明	Undiagnosed Diseases	2.11	0.31		2.44	0.31		1.76	0.30	
其他疾病	Other Diseases	6.17	0.91		4.99	0.64		7.40	1.27	

3-35 监测地区5岁以下儿童和孕产妇死亡率
Mortality Rate of the Maternal and Children Aged under 5 in Surveillance Areas

年 份 Year	新生儿死亡率(‰) Newborn Mortality Rate (‰)			婴儿死亡率(‰) Infant Mortality Rate (‰)			5岁以下儿童死亡率(‰) Mortality Rate of Children under 5(‰)			孕产妇死亡率(1/10万) Maternal Mortality Rate (1/100 000)		
	合计 Total	城市 Urban	农村 Rural	合计 Total	城市 Urban	农村 Rural	合计 Total	城市 Urban	农村 Rural	合计 Total	城市 Urban	农村 Rural
1991	33.1	12.5	37.9	50.2	17.3	58.0	61.0	20.9	71.1	80.0	46.3	100.0
1992	32.5	13.9	36.8	46.7	18.4	53.2	57.4	20.7	65.6	76.5	42.7	97.9
1993	31.2	12.9	35.4	43.6	15.9	50.0	53.1	18.3	61.6	67.3	38.5	85.1
1994	28.5	12.2	32.3	39.9	15.5	45.6	49.6	18.0	56.9	64.8	44.1	77.5
1995	27.3	10.6	31.1	36.4	14.2	41.6	44.5	16.4	51.1	61.9	39.2	76.0
1996	24.0	12.2	26.7	36.0	14.8	40.9	45.0	16.9	51.4	63.9	29.2	86.4
1997	24.2	10.3	27.5	33.1	13.1	37.7	42.3	15.5	48.5	63.6	38.3	80.4
1998	22.3	10.0	25.1	33.2	13.5	37.7	42.0	16.2	47.9	56.2	28.6	74.1
1999	22.2	9.5	25.1	33.3	11.9	38.2	41.4	14.3	47.7	58.7	26.2	79.7
2000	22.8	9.5	25.8	32.2	11.8	37.0	39.7	13.8	45.7	53.0	29.3	69.6
2001	21.4	10.6	23.9	30.0	13.6	33.8	35.9	16.3	40.4	50.2	33.1	61.9
2002	20.7	9.7	23.2	29.2	12.2	33.1	34.9	14.6	39.6	43.2	22.3	58.2
2003	18.0	8.9	20.1	25.5	11.3	28.7	29.9	14.8	33.4	51.3	27.6	65.4
2004	15.4	8.4	17.3	21.5	10.1	24.5	25.0	12.0	28.5	48.3	26.1	63.0
2005	13.2	7.5	14.7	19.0	9.1	21.6	22.5	10.7	25.7	47.7	25.0	53.8
2006	12.0	6.8	13.4	17.2	8.0	19.7	20.6	9.6	23.6	41.1	24.8	45.5
2007	10.7	5.5	12.8	15.3	7.7	18.6	18.1	9.0	21.8	36.6	25.2	41.3
2008	10.2	5.0	12.3	14.9	6.5	18.4	18.5	7.9	22.7	34.2	29.2	36.1
2009	9.0	4.5	10.8	13.8	6.2	17.0	17.2	7.6	21.1	31.9	26.6	34.0
2010	8.3	4.1	10.0	13.1	5.8	16.1	16.4	7.3	20.1	30.0	29.7	30.1
2011	7.8	4.0	9.4	12.1	5.8	14.7	15.6	7.1	19.1	26.1	25.2	26.5
2012	6.9	3.9	8.1	10.3	5.2	12.4	13.2	5.9	16.2	24.5	22.2	25.6
2013	6.3	3.7	7.3	9.5	5.2	11.3	12.0	6.0	14.5	23.2	22.4	23.6
2014	5.9	3.5	6.9	8.9	4.8	10.7	11.7	5.9	14.2	21.7	20.5	22.2
2015	5.4	3.3	6.4	8.1	4.7	9.6	10.7	5.8	12.9	20.1	19.8	20.2
2016	4.9	2.9	5.7	7.5	4.2	9.0	10.2	5.2	12.4	19.9	19.5	20.0

3-36 孕产妇保健情况
Maternal Health Care

年 份 year	活产数 Number of Live Birth	高危产妇比重 (%) Percent of Women at High Risk of Maternal (%)	建卡率 (%) Percent of Setting Record for Maternal Care (%)	系 统 管理率 (%) Percent of Systematic Management (%)	产 前 检查率 (%) Percent of Antenatal Care (%)	产 后 访视率 (%) Percent of Postnatal Visit for Mother (%)	住院分娩率(%) Hospital Delivery Rate (%) 合计 Total	市 Urban	县 Rural	新法接生率(%) Skilled Attendant at Birth (%) 合计 Total	市 Urban	县 Rural
1980										91.4	98.7	90.3
1985							43.7	73.6	36.4	94.5	98.7	93.5
1990	14517207						50.6	74.2	45.1	94.0	98.6	93.9
1991	15293237						50.6	72.8	45.5	93.7	98.1	93.2
1992	11746275		76.6		69.7	69.7	52.7	71.7	41.2	84.1	91.2	82.0
1993	10170690		75.7		72.2	71.0	56.5	68.3	51.0	83.6	81.1	84.7
1994	11044607		79.1		76.3	74.5	65.6	76.4	50.4			87.4
1995	11539613		81.4		78.7	78.8	58.0	70.7	50.2			87.6
1996	11412028	7.3	82.4	65.5	83.7	80.1	60.7	76.5	51.7			95.5
1997	11286021	8.1	84.5	68.3	85.9	82.3	61.7	76.4	53.0			91.8
1998	10961516	8.6	86.2	72.3	87.1	83.9	66.2	79.0	58.1			92.6
1999	10698467	9.2	87.9	75.4	89.3	85.9	70.0	83.3	61.5	96.8	98.9	95.4
2000	10987691	10.0	88.6	77.2	89.4	86.2	72.9	84.9	65.2	96.6	98.8	95.2
2001	10690630	11.1	89.4	78.6	90.3	87.2	76.0	87.0	69.0	97.3	99.0	96.1
2002	10591949	11.9	89.2	78.2	90.1	86.7	78.7	89.4	71.6	96.7	98.6	95.4
2003	10188005	11.8	87.6	75.5	88.9	85.4	79.4	89.9	72.6	95.9	98.5	94.1
2004	10892614	12.4	88.3	76.4	89.7	85.9	82.8	91.4	77.1	97.3	98.9	96.2
2005	11415809	12.8	88.5	76.7	89.8	86.0	85.9	93.2	81.0	97.5	98.7	96.7
2006	11770056	13.0	88.2	76.5	89.7	85.7	88.4	94.1	84.6	97.8	98.7	97.2
2007	12506498	13.7	89.3	77.3	90.9	86.7	91.7	95.8	88.8	98.4	99.1	97.9
2008	13307045	15.7	89.3	78.1	91.0	87.0	94.5	97.5	92.3	99.1	99.6	98.7
2009	13825431	16.4	90.9	80.9	92.2	88.7	96.3	98.5	94.7	99.3	99.8	99.0
2010	14218657	17.1	92.9	84.1	94.1	90.8	97.8	99.2	96.7	99.6	99.9	99.4
2011	14507141	17.7	93.8	85.2	93.7	91.0	98.7	99.6	98.1	99.7	99.9	99.6
2012	15442995	18.5	94.8	87.6	95.0	92.6	99.2	99.7	98.8	99.8	99.9	99.7
2013	15108153	19.4	95.7	89.5	95.6	93.5	99.5	99.9	99.2	99.9	100.0	99.7
2014	15178881	20.7	95.8	90.0	96.2	93.9	99.6	99.9	99.4	99.9	100.0	99.8
2015	14544524	22.6	96.4	91.5	96.5	94.5	99.7	99.9	99.5	99.9	100.0	99.9
2016	18466561	24.7	96.6	91.6	96.6	94.6	99.8	100.0	99.6	99.9	100.0	99.9

注：2016年活产数源自全国住院分娩月报，包括户籍和非户籍活产数；2015年及以前年份活产数源自全国妇幼卫生年报，仅包括户籍活产数。

2016 number of live birth is from national monthly statistics report, includes live birth of registered and non-registered household. Before and including 2015, number of live birth is from national annual lapel on martial and child health, includes live birth of registere household.

3-37 分地区儿童保健情况(2016年)
Child Health Care by Region (2016)

地区 Region	出生体重<2500克婴儿比重(%) Incidence of Low Birth-weight (<2,500g) (%)	围产儿死亡率(‰) Death Rate of Perinatal Infant (‰)	5岁以下儿童中重度营养不良比重(%) Prevalence of Moderate and Severe Malnutrition among Children under 5 (%)	新生儿访视率(%) Percent of Postnatal Visit for Children (%)	3岁以下儿童系统管理率(%) Percent of Systematic Management of Children under 3 (%)	7岁以下儿童保健管理率(%) Percent of Health Care Management of Children under 7 (%)
全　国 National Total	**2.73**	**5.05**	**1.44**	**94.6**	**91.1**	**92.4**
北　京 Beijing	4.23	3.69	0.17	96.3	94.5	98.9
天　津 Tianjin	4.28	7.53	0.33	98.2	89.0	93.8
河　北 Hebei	2.78	4.06	2.14	91.7	90.3	92.9
山　西 Shanxi	2.22	7.48	0.88	92.8	88.7	90.9
内蒙古 Inner Mongolia	2.66	5.96	0.57	94.9	92.8	93.6
辽　宁 Liaoning	2.52	6.86	0.80	93.7	93.2	94.3
吉　林 Jilin	2.82	6.67	0.27	96.1	88.8	90.1
黑龙江 Heilongjiang	2.17	6.39	1.39	96.5	94.4	95.3
上　海 Shanghai	4.54	2.19	0.15	98.1	98.0	99.6
江　苏 Jiangsu	2.66	3.53	0.62	100.0	96.2	97.9
浙　江 Zhejiang	3.67	3.90	0.50	98.7	96.7	97.1
安　徽 Anhui	1.86	4.22	0.68	92.2	87.4	91.9
福　建 Fujian	3.31	4.87	0.93	94.5	92.7	94.9
江　西 Jiangxi	2.11	2.87	2.42	94.7	87.4	87.7
山　东 Shandong	1.37	4.69	0.96	92.8	92.5	92.3
河　南 Henan	2.47	3.99	1.70	89.1	87.8	87.9
湖　北 Hubei	2.27	4.63	1.18	95.1	92.0	92.8
湖　南 Hunan	2.72	4.59	1.31	95.8	90.0	90.8
广　东 Guangdong	4.05	4.61	1.72	95.6	91.9	95.5
广　西 Guangxi	4.87	6.60	3.86	99.2	90.8	91.7
海　南 Hainan	3.31	4.40	2.84	90.4	87.4	92.7
重　庆 Chongqing	1.79	4.27	1.02	93.6	90.3	92.2
四　川 Sichuan	2.04	3.91	1.15	95.2	94.3	93.8
贵　州 Guizhou	2.01	5.06	1.26	93.5	88.4	89.4
云　南 Yunnan	3.83	7.31	1.77	97.9	91.6	92.4
西　藏 Tibet	2.39	16.52	3.32	82.1	72.3	69.7
陕　西 Shaanxi	1.71	4.28	0.94	97.5	95.4	96.0
甘　肃 Gansu	2.33	7.46	1.45	96.4	93.0	92.6
青　海 Qinghai	2.64	7.06	2.38	89.2	87.3	85.9
宁　夏 Ningxia	2.96	8.79	0.85	99.0	95.0	96.5
新　疆 Xinjiang	2.68	14.77	1.72	91.9	86.1	87.0

3-38 分地区孕产妇保健情况(2016年)
Maternal Health Care by Region (2016)

地 区 Region	活产数 Number of Live Birth	高危产妇比重(%) Percent of Women at High Risk of Maternal (%)	建卡率(%) Percent of Setting Record for Maternal Care (%)	系统管理率(%) Percent of Systematic Management (%)	产前检查率(%) Percent of Antenatal Care (%)	产后访视率(%) Percent of Postnatal Visit for Mother (%)	住院分娩率(%) Hospital Delivery Rate (%)	新法接生率(%) Skilled Attendant at Birth (%)
全 国 National Total	**18466561**	**24.7**	**96.6**	**91.6**	**96.6**	**94.6**	**99.8**	**99.9**
北 京 Beijing	279434	62.8	100.0	96.3	98.7	96.5	100.0	100.0
天 津 Tianjin	133703	54.0	98.1	95.2	97.2	96.4	100.0	100.0
河 北 Hebei	1084347	14.9	96.1	88.9	96.0	92.3	100.0	100.0
山 西 Shanxi	439105	17.8	96.7	87.4	96.0	92.6	99.9	100.0
内蒙古 Inner Mongolia	252151	30.2	97.6	93.8	97.2	95.4	100.0	100.0
辽 宁 Liaoning	358553	25.7	98.3	91.8	97.7	94.0	100.0	100.0
吉 林 Jilin	198344	37.7	98.5	92.0	97.3	96.0	100.0	100.0
黑龙江 Heilongjiang	209949	18.1	98.6	94.4	97.9	96.4	100.0	100.0
上 海 Shanghai	230185	48.8	100.0	95.9	98.4	98.1	100.0	100.0
江 苏 Jiangsu	881545	34.8	99.7	100.0	100.0	100.0	100.0	100.0
浙 江 Zhejiang	729313	56.1	99.8	96.3	98.8	98.1	100.0	100.0
安 徽 Anhui	809344	27.4	94.8	87.2	94.1	92.0	100.0	100.0
福 建 Fujian	625495	38.9	97.1	91.7	97.2	94.2	100.0	100.0
江 西 Jiangxi	633049	17.5	96.4	89.6	96.1	94.9	100.0	100.0
山 东 Shandong	1642236	14.4	95.5	91.8	95.3	93.2	100.0	100.0
河 南 Henan	1612803	17.6	90.7	86.0	94.4	90.2	100.0	100.0
湖 北 Hubei	673005	22.5	98.2	92.8	97.2	95.3	100.0	100.0
湖 南 Hunan	845126	31.6	97.1	92.9	96.8	95.2	100.0	100.0
广 东 Guangdong	1906484	24.5	96.8	92.1	97.2	95.2	99.9	100.0
广 西 Guangxi	842870	25.5	99.9	97.4	99.4	98.7	100.0	100.0
海 南 Hainan	131526	16.2	96.3	87.2	96.4	89.9	99.8	99.8
重 庆 Chongqing	337287	18.9	97.7	90.9	97.0	93.4	99.6	99.9
四 川 Sichuan	911007	19.2	96.0	93.8	96.1	95.2	98.7	99.7
贵 州 Guizhou	541625	11.6	95.2	89.5	94.8	93.4	99.0	99.9
云 南 Yunnan	668898	33.1	99.0	91.2	98.5	97.8	99.6	99.9
西 藏 Tibet	41030	7.2	87.9	74.4	90.2	87.4	91.7	98.0
陕 西 Shaanxi	510900	22.4	98.5	95.1	98.2	97.4	100.0	100.0
甘 肃 Gansu	372701	13.3	97.3	93.6	97.2	96.2	99.5	100.0
青 海 Qinghai	63242	13.6	93.4	90.6	94.7	93.5	97.3	99.7
宁 夏 Ningxia	115053	30.4	99.7	97.2	99.2	98.5	99.9	100.0
新 疆 Xinjiang	386251	29.4	95.2	84.7	94.5	92.5	98.8	99.1

3-39 分地区孕产妇死亡率及死因构成(2016年)
Maternal Mortality Ratio and Causes of Mortality by Region (2016)

地 区 Region	孕产妇死亡率(1/10万) Maternal Mortality Ratio(1/100 000)			孕产妇死因构成(%) Causes of Maternal Mortality(%)				
	合计 Total	市 Urban	县 Rural	产科出血 Obstetric Haemorrhage	妊娠高血压疾病 Pregnancy-related Hypertension	内科合并症 Medical Complication	羊水栓塞 Amniotic Fluid Embolism	其他 Others
北 京 Beijing	10.5	11.1	9.5	12.5		31.3	18.8	37.5
天 津 Tianjin	9.4	10.3	5.9	12.5		62.5	12.5	12.5
河 北 Hebei	11.1	9.5	12.2	19.6	7.2	27.8	20.6	24.7
山 西 Shanxi	12.1	12.3	12.0	12.8	10.3	28.2	15.4	33.3
内蒙古 Inner Mongolia	15.6	14.6	16.4	16.1	12.9	25.8	22.6	22.6
辽 宁 Liaoning	9.2	10.5	4.7	14.8	7.4	33.3	11.1	33.3
吉 林 Jilin	14.6	9.4	29.9	16.0	4.0	16.0	8.0	56.0
黑龙江 Heilongjiang	14.8	16.2	12.2	22.2	14.8	22.2	18.5	22.2
上 海 Shanghai	3.4	3.4			33.3	66.7		
江 苏 Jiangsu	2.2	2.0	2.7	18.8		43.8	25.0	12.5
浙 江 Zhejiang	5.7	4.6	8.3	12.0	4.0	56.0	4.0	24.0
安 徽 Anhui	13.0	10.7	14.3	21.2	8.1	39.4	15.2	16.2
福 建 Fujian	8.5	8.9	8.1	11.1	8.9	26.7	24.4	28.9
江 西 Jiangxi	9.9	12.3	8.7	11.5	4.9	29.5	21.3	32.8
山 东 Shandong	9.6	8.8	10.4	13.0	6.5	32.4	21.3	26.9
河 南 Henan	9.4	11.1	8.6	14.9	10.5	26.9	29.1	18.7
湖 北 Hubei	8.6	7.3	10.6	10.7	1.8	32.1	14.3	41.1
湖 南 Hunan	13.8	15.0	13.2	11.8	9.1	30.0	22.7	26.4
广 东 Guangdong	7.5	6.8	10.3	18.0	2.0	32.0	31.0	17.0
广 西 Guangxi	12.7	13.7	12.1	11.7	10.6	33.0	29.8	14.9
海 南 Hainan	17.7	20.7	11.5	5.3	5.3	42.1	21.1	26.3
重 庆 Chongqing	13.1	11.1	16.2	24.4	7.3	31.7	17.1	19.5
四 川 Sichuan	17.5	12.3	20.6	27.4	10.4	29.6	8.9	23.7
贵 州 Guizhou	22.4	24.5	21.5	31.0	6.0	26.0	13.0	24.0
云 南 Yunnan	23.3	13.8	26.8	32.0	6.4	24.8	14.4	22.4
西 藏 Tibet	109.9	13.4	124.9	42.6	4.9	23.0	8.2	21.3
陕 西 Shaanxi	9.5	9.3	9.6	11.1	11.1	16.7	38.9	22.2
甘 肃 Gansu	17.1	14.9	18.2	39.2	2.0	9.8	21.6	27.5
青 海 Qinghai	31.5	10.2	35.5	15.0	15.0	35.0	10.0	25.0
宁 夏 Ningxia	20.0	12.3	27.9	25.0	12.5	25.0	18.8	18.8
新 疆 Xinjiang	31.9	21.3	37.1	24.5	12.3	30.2	12.3	20.8

3-40 卫生总费用情况
Health Expenditure

年份 year	卫生总费用(亿元) Total Health Expenditure (100 million yuan)				卫生总费用构成(%) As Percentage of Health Expenditure (%)		
	合计 Total	政府卫生支出 Government Health Expenditure	社会卫生支出 Social Health Expenditure	个人卫生支出 Personal Health Expenditure	政府卫生支出 Government Health Expenditure	社会卫生支出 Social Health Expenditure	个人卫生支出 Personal Health Expenditure
1978	110.21	35.44	52.25	22.52	32.16	47.41	20.43
1979	126.19	40.64	59.88	25.67	32.21	47.45	20.34
1980	143.23	51.91	60.97	30.35	36.24	42.57	21.19
1981	160.12	59.67	62.43	38.02	37.27	38.99	23.74
1982	177.53	68.99	70.11	38.43	38.86	39.49	21.65
1983	207.42	77.63	64.55	65.24	37.43	31.12	31.45
1984	242.07	89.46	73.61	79.00	36.96	30.41	32.64
1985	279.00	107.65	91.96	79.39	38.58	32.96	28.46
1986	315.90	122.23	110.35	83.32	38.69	34.93	26.38
1987	379.58	127.28	137.25	115.05	33.53	36.16	30.31
1988	488.04	145.39	189.99	152.66	29.79	38.93	31.28
1989	615.50	167.83	237.84	209.83	27.27	38.64	34.09
1990	747.39	187.28	293.10	267.01	25.06	39.22	35.73
1991	893.49	204.05	354.41	335.03	22.84	39.67	37.50
1992	1096.86	228.61	431.55	436.70	20.84	39.34	39.81
1993	1377.78	272.06	524.75	580.97	19.75	38.09	42.17
1994	1761.24	342.28	644.91	774.05	19.43	36.62	43.95
1995	2155.13	387.34	767.81	999.98	17.97	35.63	46.40
1996	2709.42	461.61	875.66	1372.15	17.04	32.32	50.64
1997	3196.71	523.56	984.06	1689.09	16.38	30.78	52.84
1998	3678.72	590.06	1071.03	2017.63	16.04	29.11	54.85
1999	4047.50	640.96	1145.99	2260.55	15.84	28.31	55.85
2000	4586.63	709.52	1171.94	2705.17	15.47	25.55	58.98
2001	5025.93	800.61	1211.43	3013.88	15.93	24.10	59.97
2002	5790.03	908.51	1539.38	3342.14	15.69	26.59	57.72
2003	6584.10	1116.94	1788.50	3678.67	16.96	27.16	55.87
2004	7590.29	1293.58	2225.35	4071.35	17.04	29.32	53.64
2005	8659.91	1552.53	2586.40	4520.98	17.93	29.87	52.21
2006	9843.34	1778.86	3210.92	4853.56	18.07	32.62	49.31
2007	11573.97	2581.58	3893.72	5098.66	22.31	33.64	44.05
2008	14535.40	3593.94	5065.60	5875.86	24.73	34.85	40.42
2009	17541.92	4816.26	6154.49	6571.16	27.46	35.08	37.46
2010	19980.39	5732.49	7196.61	7051.29	28.69	36.02	35.29
2011	24345.91	7464.18	8416.45	8465.28	30.66	34.57	34.77
2012	28119.00	8431.98	10030.70	9656.32	29.99	35.67	34.34
2013	31668.95	9545.81	11393.79	10729.34	30.14	35.98	33.88
2014	35312.40	10579.23	13437.75	11295.41	29.96	38.05	31.99
2015	40974.64	12475.28	16506.71	11992.65	30.45	40.29	29.27
2016	46344.88	13910.31	19096.68	13337.90	30.01	41.21	28.78

注：1.本表系核算数，2016年为初步测算数。
2.按当年价格计算。
3.2001年起卫生总费用不含高等医学教育经费,2006年起包括城乡医疗救助经费。

a) Data in this table are accounting numbers.Data of 2016 are preliminary data.
b) Data are at current prices.
c) Since 2001, total health expenditure does not include that of educational expenditure of higher education. Since 2006, it included medical aid expenditure in urban and rural areas.

3-40 续表 continued

年 份 year	城乡卫生费用(亿元) Urban and Rural Health Expenditure (100 million yuan)		人均卫生费用(元) Per Capita Health Expenditure (yuan)			卫生总费用与GDP之比(%) Health Expenditure as Percentage of GDP (%)
	城市 Urban	农村 Rural	合计 Total	城市 Urban	农村 Rural	
1978			11.4			3.00
1979			12.9			3.08
1980			14.5			3.12
1981			16.0			3.24
1982			17.5			3.30
1983			20.1			3.44
1984			23.2			3.33
1985			26.4			3.07
1986			29.4			3.04
1987			34.7			3.12
1988			44.0			3.21
1989			54.6			3.58
1990	396.0	351.4	65.4	158.8	39.3	3.96
1991	482.6	410.9	77.1	187.6	45.6	4.06
1992	597.3	499.5	93.6	222.0	55.3	4.03
1993	760.3	617.5	116.3	268.6	68.4	3.86
1994	991.5	769.8	147.0	332.6	85.5	3.62
1995	1239.5	915.7	177.9	401.3	101.5	3.51
1996	1494.9	1214.5	221.4	467.4	134.3	3.77
1997	1771.4	1425.4	258.6	537.8	157.2	4.01
1998	1906.9	1771.8	294.9	625.9	194.6	4.32
1999	2193.1	1854.4	321.8	702.0	203.2	4.47
2000	2621.7	1964.9	361.9	813.0	214.9	4.57
2001	2793.0	2233.0	393.8	841.2	244.8	4.53
2002	3448.2	2341.8	450.8	987.1	259.3	4.76
2003	4150.3	2433.8	509.5	1108.9	274.7	4.79
2004	4939.2	2651.1	583.9	1261.9	301.6	4.69
2005	6305.6	2354.3	662.3	1126.4	315.8	4.62
2006	7174.7	2668.6	748.8	1248.3	361.9	4.49
2007	8968.7	2605.3	876.0	1516.3	358.1	4.28
2008	11251.9	3283.5	1094.5	1861.8	455.2	4.55
2009	13535.6	4006.3	1314.3	2176.6	562.0	5.03
2010	15508.6	4471.8	1490.1	2315.5	666.3	4.84
2011	18571.9	5774.0	1807.0	2697.5	879.4	4.98
2012	21280.5	6838.5	2076.7	2999.3	1064.8	5.20
2013	23644.9	8024.0	2327.4	3234.1	1274.4	5.32
2014	26575.6	8736.8	2581.7	3558.3	1412.2	5.48
2015			2980.8			5.95
2016			3351.7			6.23

3-41 分地区卫生总费用(2015年)
Health Expenditure by Region (2015)

地区	Region	卫生总费用(亿元) Total Health Expenditure (100 million yuan)				卫生总费用构成(%) As Percentage of Health Expenditure (%)			卫生总费用与GDP之比(%) Health Expenditure as Percentage of GDP (%)	人均卫生费用(元) Per Capita Health Expenditure (yuan)
		合计 Total	政府卫生支出 Government Health Expenditure	社会卫生支出 Social Health Expenditure	个人卫生支出 Personal Health Expenditure	政府卫生支出 Government Health Expenditure	社会卫生支出 Social Health Expenditure	个人卫生支出 Personal Health Expenditure		
全国	**National Total**	**40974.64**	**12475.28**	**16506.71**	**11992.65**	**30.4**	**40.3**	**29.3**	**5.95**	**2980.80**
北京	Beijing	1834.75	445.81	1069.88	319.07	24.3	58.3	17.4	7.99	8453.14
天津	Tianjin	752.79	202.24	317.37	233.19	26.9	42.2	31.0	4.55	4866.32
河北	Hebei	1861.50	552.58	622.13	686.78	29.7	33.4	36.9	6.25	2507.10
山西	Shanxi	922.93	298.09	319.43	305.40	32.3	34.6	33.1	7.23	2518.82
内蒙古	Inner Mongolia	829.33	271.46	255.60	302.27	32.7	30.8	36.4	4.65	3302.78
辽宁	Liaoning	1411.95	292.79	610.70	508.46	20.7	43.3	36.0	4.92	3221.86
吉林	Jilin	833.05	252.11	274.95	305.99	30.3	33.0	36.7	5.92	3025.98
黑龙江	Heilongjiang	1043.18	284.34	383.51	375.32	27.3	36.8	36.0	6.92	2736.56
上海	Shanghai	1536.60	319.94	882.39	334.27	20.8	57.4	21.8	6.12	6362.02
江苏	Jiangsu	2974.42	674.73	1496.00	803.69	22.7	50.3	27.0	4.24	3729.07
浙江	Zhejiang	2250.21	500.08	1086.54	663.60	22.2	48.3	29.5	5.25	4062.49
安徽	Anhui	1460.42	497.29	527.68	435.46	34.1	36.1	29.8	6.64	2376.98
福建	Fujian	1130.61	357.42	478.01	295.19	31.6	42.3	26.1	4.35	2945.07
江西	Jiangxi	978.66	421.78	287.37	269.51	43.1	29.4	27.5	5.85	2143.54
山东	Shandong	2843.96	722.22	1212.98	908.75	25.4	42.7	32.0	4.51	2888.09
河南	Henan	2258.50	729.70	734.65	794.14	32.3	32.5	35.2	6.10	2382.38
湖北	Hubei	1649.24	530.67	565.72	552.85	32.2	34.3	33.5	5.58	2818.49
湖南	Hunan	1629.32	506.82	573.11	549.39	31.1	35.2	33.7	5.61	2402.06
广东	Guangdong	3301.67	956.00	1485.88	859.78	29.0	45.0	26.0	4.53	3043.29
广西	Guangxi	1008.94	386.97	353.17	268.80	38.4	35.0	26.6	6.00	2103.71
海南	Hainan	262.61	102.70	93.61	66.31	39.1	35.6	25.2	7.09	2883.25
重庆	Chongqing	1000.23	323.69	393.80	282.74	32.4	39.4	28.3	6.36	3315.82
四川	Sichuan	2164.33	696.24	825.99	642.10	32.2	38.2	29.7	7.20	2638.14
贵州	Guizhou	754.18	371.70	206.10	176.37	49.3	27.3	23.4	7.18	2136.78
云南	Yunnan	1095.19	425.76	338.20	331.22	38.9	30.9	30.2	8.04	2309.65
西藏	Tibet	103.95	72.39	25.62	5.94	69.6	24.6	5.7	10.13	3208.66
陕西	Shaanxi	1254.37	377.76	465.24	411.37	30.1	37.1	32.8	6.96	3307.08
甘肃	Gansu	654.07	259.10	199.60	195.37	39.6	30.5	29.9	9.63	2516.10
青海	Qinghai	215.82	107.08	57.17	51.58	49.6	26.5	23.9	8.93	3667.80
宁夏	Ningxia	227.86	77.14	75.90	74.82	33.9	33.3	32.8	7.83	3411.75
新疆	Xinjiang	870.98	262.92	390.81	217.25	30.2	44.9	24.9	9.34	3691.00

3-42 政府卫生支出情况
Composition of Government Health Expenditure

单位：亿元 (100 million yuan)

年 份 year	合计 Total	医疗卫生服务支出 Medical and Health Service Expenditure	医疗保障支出 Medical Security Expenditure	行政管理事务支出 Administrative Affairs Expenditure	人口与计划生育事务支出 Population and Family Planing Expenditure
1990	187.28	122.86	44.34	4.55	15.53
1991	204.05	132.38	50.41	5.15	16.11
1992	228.61	144.77	58.10	6.37	19.37
1993	272.06	164.81	76.33	8.04	22.89
1994	342.28	212.85	92.02	10.94	26.47
1995	387.34	230.05	112.29	13.09	31.91
1996	461.61	272.18	135.99	15.61	37.83
1997	523.56	302.51	159.77	17.06	44.23
1998	590.06	343.03	176.75	19.90	50.38
1999	640.96	368.44	191.27	22.89	58.36
2000	709.52	407.21	211.00	26.81	64.50
2001	800.61	450.11	235.75	32.96	81.79
2002	908.51	497.41	251.66	44.69	114.75
2003	1116.94	603.02	320.54	51.57	141.82
2004	1293.58	679.72	371.60	60.90	181.36
2005	1552.53	805.52	453.31	72.53	221.18
2006	1778.86	834.82	602.53	84.59	256.92
2007	2581.58	1153.30	957.02	123.95	347.32
2008	3593.94	1397.23	1577.10	194.32	425.29
2009	4816.26	2081.09	2001.51	217.88	515.78
2010	5732.49	2565.60	2331.12	247.83	587.94
2011	7464.18	3125.16	3360.78	283.86	694.38
2012	8431.98	3506.70	3789.14	323.29	812.85
2013	9545.81	3838.93	4428.82	373.15	904.92
2014	10579.23	4288.70	4958.53	436.95	895.05
2015	12475.28	5191.25	5822.99	625.94	835.10
2016	13910.31	5867.38	6497.20	804.31	741.42

注：1.本表按当年价格计算。
2.2016年为初步测算数。

a) Data are at current prices.
b) Data of 2016 are preliminary data.

3-43 政府卫生支出比重

Proportion of Government Health Expenditure

年 份 year	政府卫生支出 (亿元) Government Health Expenditure (100 million yuan)	占财政支出比重 (%) Proportion of Financial Expenditure (%)	占卫生总费用比重 (%) Proportion of Total Health Expenditure (%)	与国内生产总值之比 (%) Proportion of GDP (%)
1990	187.28	6.07	25.06	0.99
1991	204.05	6.03	22.84	0.93
1992	228.61	6.11	20.84	0.84
1993	272.06	5.86	19.75	0.76
1994	342.28	5.91	19.43	0.70
1995	387.34	5.68	17.97	0.63
1996	461.61	5.82	17.04	0.64
1997	523.56	5.67	16.38	0.66
1998	590.06	5.46	16.04	0.69
1999	640.96	4.86	15.84	0.71
2000	709.52	4.47	15.47	0.71
2001	800.61	4.24	15.93	0.72
2002	908.51	4.12	15.69	0.75
2003	1116.94	4.53	16.96	0.81
2004	1293.58	4.54	17.04	0.80
2005	1552.53	4.58	17.93	0.83
2006	1778.86	4.40	18.07	0.81
2007	2581.58	5.19	22.31	0.96
2008	3593.94	5.74	24.73	1.12
2009	4816.26	6.31	27.46	1.38
2010	5732.49	6.38	28.69	1.39
2011	7464.18	6.83	30.66	1.53
2012	8431.98	6.69	29.99	1.56
2013	9545.81	6.83	30.14	1.60
2014	10579.23	6.98	29.96	1.64
2015	12475.28	7.10	30.45	1.82
2016	13910.31	7.41	30.01	1.87

注：1.本表按当年价格计算。
2.2016年为初步测算数。
a) Data are at current prices.
b) Data of 2016 are preliminary data.

3-44 分地区城乡居民医疗保健支出情况(2016年)
Urban and Rural Residents Health Care Expenditure by Region (2016)

单位：元，%　　(yuan, %)

地区	Region	全国居民 National Residents 人均消费支出 Per Capita Consumer Expenditure	#医疗保健 Health Care	医疗保健支出占消费支出比重 Health Care Expenditure Proportion of Consumer Expenditure	城镇居民 Urban Residents 人均消费支出 Per Capita Consumer Expenditure	#医疗保健 Health Care	医疗保健支出占消费支出比重 Health Care Expenditure Proportion of Consumer Expenditure	农村居民 Rural Residents 人均消费支出 Per Capita Consumer Expenditure	#医疗保健 Health Care	医疗保健支出占消费支出比重 Health Care Expenditure Proportion of Consumer Expenditure
全　国	**National Total**	**17110.7**	**1307.5**	**7.6**	**23078.9**	**1630.8**	**7.1**	**10129.8**	**929.2**	**9.2**
北　京	Beijing	35415.7	2455.7	6.9	36642.0	2369.5	6.5	15811.2	1336.0	8.4
天　津	Tianjin	26129.3	2022.9	7.7	26229.5	1888.1	7.2	14739.4	1159.9	7.9
河　北	Hebei	14247.5	1225.4	8.6	17586.6	1500.6	8.5	9022.8	920.5	10.2
山　西	Shanxi	12682.9	1227.5	9.7	15818.6	1394.1	8.8	7421.2	794.3	10.7
内蒙古	Inner Mongolia	18072.3	1569.9	8.7	21876.5	1575.7	7.2	10637.4	1117.7	10.5
辽　宁	Liaoning	19852.8	1912.1	9.6	21556.7	1761.9	8.2	8872.8	1064.5	12.0
吉　林	Jilin	14772.6	1681.7	11.4	17972.6	1924.2	10.7	8783.3	1058.1	12.0
黑龙江	Heilongjiang	14445.8	1694.7	11.7	17152.1	1924.3	11.2	8391.5	1112.8	13.3
上　海	Shanghai	37458.3	2720.7	7.3	36946.1	2361.7	6.4	16152.3	1464.3	9.1
江　苏	Jiangsu	22129.9	1453.7	6.6	24966.0	1594.3	6.4	12882.5	1088.2	8.4
浙　江	Zhejiang	25526.6	1506.5	5.9	28661.3	1539.0	5.4	16107.7	1246.3	7.7
安　徽	Anhui	14711.5	1092.1	7.4	17233.5	1073.3	6.2	8975.2	808.2	9.0
福　建	Fujian	20167.5	1053.9	5.2	23520.2	1165.3	5.0	11960.8	826.9	6.9
江　西	Jiangxi	13258.6	764.5	5.8	16731.8	841.4	5.0	8485.6	569.7	6.7
山　东	Shandong	15926.4	1339.0	8.4	19853.8	1416.1	7.1	8747.6	919.2	10.5
河　南	Henan	12712.3	1113.4	8.8	17154.3	1365.5	8.0	7887.4	769.0	9.7
湖　北	Hubei	15888.7	1528.2	9.6	18192.3	1482.0	8.1	9803.1	985.1	10.0
湖　南	Hunan	15750.5	1165.0	7.4	19501.4	1174.6	6.0	9690.6	844.1	8.7
广　东	Guangdong	23448.4	1144.9	4.9	25673.1	1096.4	4.3	11103.0	723.1	6.5
广　西	Guangxi	12295.2	907.4	7.4	16321.2	866.2	5.3	7582.0	709.7	9.4
海　南	Hainan	14275.4	1021.0	7.2	18448.4	1307.1	7.1	8210.3	634.5	7.7
重　庆	Chongqing	16384.8	1344.5	8.2	19742.3	1394.1	7.1	8937.7	745.9	8.3
四　川	Sichuan	14838.5	1172.6	7.9	19276.8	1369.3	7.1	9250.6	839.8	9.1
贵　州	Guizhou	11931.6	724.7	6.1	16914.2	872.2	5.2	6644.9	449.5	6.8
云　南	Yunnan	11768.8	976.4	8.3	17675.0	1351.9	7.6	6830.1	577.6	8.5
西　藏	Tibet	9318.7	257.7	2.8	17022.0	534.4	3.1	5579.7	136.4	2.4
陕　西	Shaanxi	13943.0	1528.2	11.0	18463.9	1783.6	9.7	7900.7	958.2	12.1
甘　肃	Gansu	12254.2	1122.7	9.2	17450.9	1390.8	8.0	6829.8	669.8	9.8
青　海	Qinghai	14774.7	1503.9	10.2	19200.6	1459.3	7.6	8566.5	1190.9	13.9
宁　夏	Ningxia	14965.4	1473.2	9.8	18983.9	2016.0	10.6	8414.9	926.0	11.0
新　疆	Xinjiang	14066.5	1333.2	9.5	19414.7	1517.1	7.8	7697.9	731.8	9.5

四、教育培训
Education and Training

4-1 各级各类学校情况
Number of School by Type and Level

单位：所 (unit)

年份 Year	普通高等学校 Regular HEIs	#高职(专科) Specialized Courses	普通高中 Regular Senior Secondary Schools	中等职业教育 Secondary Vocational Education	初中 Junior Secondary Schools	#职业初中 Vocational Junior Secondary Schools	普通小学 Regular Primary Schools	特殊教育 Special Education Schools	学前教育 Pre-school Education Institutions
1978	598		49215	2760	113130		949323	292	163952
1980	675		31300	3459	87077		917316	292	170419
1985	1016		17318	14190	77529	1626	832309	375	172262
1990	1075		15678	20763	73462	1509	766072	746	172322
1995	1054		13991	22072	68564	1535	668685	1379	180438
2000	1041	442	14564	19727	63898	1194	553622	1539	175836
2001	1225	628	14907	17580	66590	1065	491273	1531	111706
2002	1396	767	15406	15919	65645	984	456903	1540	111752
2003	1552	908	15779	14682	64730	1019	425846	1551	116390
2004	1731	1047	15998	14454	63757	697	394183	1560	117899
2005	1792	1091	16092	14466	62486	601	366213	1593	124402
2006	1867	1147	16153	14693	60885	335	341639	1605	130495
2007	1908	1168	15681	14832	59384	275	320061	1618	129086
2008	2263	1184	15206	14847	57914	213	300854	1640	133722
2009	2305	1215	14607	14388	56320	153	280184	1672	138209
2010	2358	1246	14058	13862	54890	67	257410	1706	150420
2011	2409	1280	13688	13083	54117	54	241249	1767	166750
2012	2442	1297	13509	12654	53216	49	228585	1853	181251
2013	2491	1321	13352	12262	52804	40	213529	1933	198553
2014	2529	1327	13253	11878	52623	26	201377	2000	209881
2015	2560	1341	13240	11202	52405	22	190525	2053	223683
2016	2596	1359	13383	10893	52118	16	177633	2080	239812

4-2 各级各类学校专任教师情况
Number of Full-time Teachers of Schools by Type and Level

单位：万人 (10 000 persons)

年 份 Year	普通高等学校 Regular HEIs	#高职(专科) Specialized Courses	普通高中 Regular Senior Secondary Schools	中等职业教育 Secondary Vocational Education	初中 Junior Secondary Schools	#职业初中 Vocational Junior Secondary Schools	普通小学 Regular Primary Schools	特殊教育 Special Education Schools	学前教育 Pre-school Education Institutions
1978	20.6		74.1	9.9	244.1		522.6	0.4	27.8
1980	24.7		57.1	13.3	244.9		549.9	0.5	41.1
1985	34.4		49.2	35.5	216.0		537.7	0.7	55.0
1990	39.5		56.2	66.3	249.9	2.9	558.2	1.4	75.0
1995	40.1		55.1	74.0	282.1	3.7	566.4	2.5	87.5
2000	46.3	8.7	75.7	79.7	328.7	3.8	586.0	3.2	85.6
2001	53.2	12.4	84.0	73.8	338.6	3.7	579.8	2.9	54.6
2002	61.8	15.6	94.6	69.1	346.8	3.7	577.9	3.0	57.1
2003	72.5	19.7	107.1	71.3	349.8	3.1	570.3	3.0	61.3
2004	85.8	23.8	119.1	73.5	350.1	2.4	562.9	3.1	65.6
2005	96.6	26.8	130.0	75.0	349.2	2.0	559.3	3.2	72.2
2006	107.6	31.6	138.7	79.9	347.5	1.2	558.8	3.3	77.6
2007	116.8	35.5	144.3	85.9	347.3	0.9	561.3	3.5	82.7
2008	123.8	37.7	147.6	89.5	347.6	0.7	562.2	3.6	89.9
2009	129.5	39.5	149.3	86.7	351.8	0.5	563.3	3.8	98.6
2010	134.3	40.4	151.8	87.1	352.5	0.2	561.7	4.0	114.4
2011	139.3	41.3	155.7	88.1	352.5	0.2	560.5	4.1	131.6
2012	144.0	41.3	159.5	88.0	350.4	0.2	558.6	4.4	147.9
2013	149.7	43.7	162.9	86.8	348.1	0.1	558.5	4.6	166.3
2014	153.5	43.8	166.3	85.8	348.8	0.1	563.4	4.8	184.4
2015	157.3	45.5	169.5	84.4	347.6	0.1	568.5	5.0	205.1
2016	160.2	46.7	173.3	84.0	348.8		578.9	5.3	223.2

4-3 各级各类学校、教职工和专任教师情况（2016年）
Number of Schools, Educational Personnel and Full-time Teachers by Type and Level (2016)

项　目	Item	学校数（所）Schools (unit)	教职工数（人）Educational Personnel (person)	专任教师（人）Full-time Teachers (person)
高等教育	**Higher Education**			
研究生培养机构	Institutions Providing Postgraduate Programs	(793)		
普通高校	Regular Higher Education Institutions	(576)		
科研机构	Research Institutions	(217)		
普通高等学校	Regular Higher Education Institutions	2596	2404784	1601968
本科院校	HEIs Offering Degree Programs	1237	1750614	1134030
#独立学院	Independent Institutions	266	164913	123428
高职(专科)院校	Higher Vocational Colleges	1359	652580	466934
其他普通高教机构	Other Institutions	(25)	1590	1004
成人高等学校	Adult HEIs	284	43119	25214
民办的其他高等教育机构	Other Non-government HEIs	(813)	22469	10326
中等教育	**Secondary Education**	**77398**	**7681640**	**6065556**
高中阶段教育	Senior Secondary Education	24711	3681359	2575569
高中	Senior Secondary Schools	13818	2595259	1735980
普通高中	Regular Senior Secondary Schools	13383	2591946	1733459
完全中学	Combined Secondary Schools	5479	1041601	526135
高级中学	Regular High Schools	6706	1306471	1147876
十二年一贯制学校	12-Year Schools	1198	243874	59448
成人高中	Adult High Schools	435	3313	2521
中等职业教育	Secondary Vocational Education	10893	1086100	839589
普通中专	Regular Specialized Secondary Schools	3398	401426	302697
成人中专	Adult Specialized Secondary Schools	1243	63644	47210
职业高中	Vocational Senior Secondary Schools	3726	344647	285074
技工学校	Skilled Workers Schools	2526	265053	196446
其他中职机构	Other Institutions	(342)	11330	8162
初中阶段教育	Junior Secondary Education	52687	4000281	3489987
初中	Junior Secondary Schools	52118	3997502	3487789
初级中学	Regular Junior Secondary Schools	36471	2770381	2514419
九年一贯制学校	9-Year Schools	15631	1226629	515074
十二年一贯制学校	12-Year Schools			63816
完全中学	Combined Secondary Schools			394019
职业初中	Vocational Junior Secondary Schools	16	492	461
成人初中	Adult Junior Secondary Schools	569	2779	2198
初等教育	**Primary Education**	**189435**	**5560547**	**5801544**
普通小学	Regular Primary Schools	177633	5537298	5789145
小学	Primary Schools	177633	5537298	5176454
九年一贯制学校	9-Year Schools			554609
十二年一贯制学校	12-Year Schools			58082
成人小学	Adult Primary Schools	11802	23249	12399
#扫盲班	Literacy Courses	8289	15727	7405
工读学校	**Correctional Work-Study Schools**	**89**	**2889**	**2081**
特殊教育	**Special Education Schools**	**2080**	**62468**	**53213**
学前教育	**Pre-school Education Institutions**	**239812**	**3817830**	**2232067**

注：1.完全中学的学校数和教职工数计入高中阶段教育，九年一贯制学校的校数和教职工数计入初中阶段教育，十二年一贯制学校的校数和教职工数计入高中阶段教育。专任教师是按照教育层次划分归类。

2."()"内数据为不计校数。以下相关表同。

a) The numbers of complete secondary schools and their educational personnel are calculated into the number of senior secondary education,the numbers of Combined Primary and Lower Secondary Schools and their educational personnel are calculated into the junior secondary education, the numbers of the Combined Primary and Secondary Schools and their educational personnel are calculated into senior secondary education. The fulltime teachers are classified by educational level.

b) The data within "( )"are not calculated as the number of schools, the same applies to the relevant tables follouing.

4-4 高等教育学校(机构)数(2016年)
Number of Higher Education Institutions(2016)

单位：所，% (unit, %)

项目	Item	合计 Total	中央部门 HEIs under Central Ministries & Agencies			地方 HEIs under Local Auth.	
			小计 Subotal	教育部 HEIs unde MOE	其他部门 HEIs unders Other Central Agencie	小计 Subotal	教育部门 HEIs under MOE
研究生培养机构	**Institutions Providing Postgraduate Programs**	**(793)**	**286**	**76**	**210**	**501**	**442**
普通高校	Regular HEIs	**(576)**	110	76	34	461	441
科研机构	Research Institutes	**(217)**	176		176	40	1
普通高等学校	**Regular HEIs**	**2596**	**118**	**76**	**42**	**1737**	**1099**
本科院校	HEIs Offering Degree Programs	1237	113	76	37	700	626
#独立学院	Independent Institutions	266					
高职(专科)院校	Higher VocationalColleges	1359	5		5	1037	473
成人高等学校	**Adult HEIs**	**284**	**13**	**1**	**12**	**270**	**90**
民办的其他高等教育机构	**Other Non-government HEIs**	**(813)**					

4-4 续表 continued

单位：所，% (unit, %)

项目	Item	地方 HEIs under Local Auth.		民办 Non-government	比重 Proportion		
		其他部门 Run by Non-ed. Dept.	地方企业 Local Enterprises		中央 Central Ministries & Agencies	地方 Local Auth	民办 Non-government
研究生培养机构	**Institutions Providing Postgraduate Programs**	**58**	**1**	**6**	**36.07**	**63.18**	**0.76**
普通高校	Regular HEIs	**20**		5	19.10	80.03	0.87
科研机构	Research Institutes	**38**	1	1	81.11	18.43	0.46
普通高等学校	**Regular HEIs**	**591**	**47**	**741**	**4.55**	**66.91**	**28.54**
本科院校	HEIs Offering Degree Programs	**74**		424	9.14	56.59	34.28
#独立学院	Independent Institutions			266			100.00
高职(专科)院校	Higher VocationalColleges	**517**	47	317	0.37	76.31	23.33
成人高等学校	**Adult HEIs**	**140**	**40**	**1**	**4.58**	**95.07**	**0.35**
民办的其他高等教育机构	**Other Non-government HEIs**			**813**			**100.00**

4-5 分类型普通高等学校情况(2016年)
Number of Higher Education Institutions by Type (2016)

单位：所 (unit)

项 目	Item	合 计 Total	本科院校 HEIs Offering Degree Programs	高职(专科)院校 Higher Vocational Colleges	#高等职业技术学院 Higher Vocational and Technical College
合 计	**Total**	**2596**	**1237**	**1359**	**1228**
综合大学	Comprehensive University	619	300	319	317
理工院校	College of Science and Engineering	923	361	562	551
农业院校	Agricultural Colleges	81	41	40	40
林业院校	Forestry Colleges	19	6	13	13
医药院校	Medical Colleges	195	107	88	48
师范院校	Normal Colleges	225	156	69	4
语文院校	Language & Literature	55	31	24	23
财经院校	Financial University	262	126	136	129
政法院校	Political Science & Law	73	36	37	33
体育院校	Sport Colleges	34	16	18	17
艺术院校	Art Colleges	92	43	49	49
民族院校	Institute of Nationalities	18	14	4	4
总计中民办高校	of the Total:Non-government HEIs	741	424	317	

4-6 分地区高等教育学校(机构)数(2016年)
Number of Higher Education Institutions by Region(2016)

单位：所 (unit)

地区 Region	普通高校 Regular HEIs	#中央部门 of Which: HEIs unde Central Ministries & Agencies	本科院校 HEIs Offering Degree Programs	高职(专科)院校 Higher Vocational Colleges	成人高等学校 Adult HEIs	#中央部门 of Which: HEIs unde Central Ministries & Agencies	民办的其他高等教育机构 Other Non-government HEIs
全 国 National Total	**2596**	**118**	**1237**	**1359**	**284**	**13**	**(813)**
北 京 Beijing	91	37	66	25	24	8	65
天 津 Tianjin	55	3	30	25	14		
河 北 Hebei	120	4	61	59	6	1	36
山 西 Shanxi	80		33	47	11		48
内蒙古 Inner Mongolia	53		17	36	2		
辽 宁 Liaoning	116	5	65	51	20	2	68
吉 林 Jilin	60	2	37	23	14		14
黑龙江 Heilongjiang	82	3	39	43	21		36
上 海 Shanghai	64	10	38	26	14		217
江 苏 Jiangsu	166	10	77	89	8	1	
浙 江 Zhejiang	107	2	59	48	9		20
安 徽 Anhui	119	2	45	74	6		7
福 建 Fujian	88	2	37	51	3		
江 西 Jiangxi	98		42	56	8		23
山 东 Shandong	144	3	67	77	11		71
河 南 Henan	129	1	55	74	11		51
湖 北 Hubei	128	8	68	60	14		18
湖 南 Hunan	123	3	51	72	12		29
广 东 Guangdong	147	5	62	85	14		30
广 西 Guangxi	73		36	37	6		
海 南 Hainan	18		7	11	1		
重 庆 Chongqing	65	2	25	40	4		6
四 川 Sichuan	109	6	51	58	17	1	39
贵 州 Guizhou	64		27	37	3		
云 南 Yunnan	72	1	31	41	2		
西 藏 Tibet	7		4	3			
陕 西 Shaanxi	93	6	55	38	15		
甘 肃 Gansu	49	2	22	27	5		35
青 海 Qinghai	12		4	8	2		
宁 夏 Ningxia	18	1	8	10	1		
新 疆 Xinjiang	46		18	28	6		

4-7 分地区普通高等学校教职工情况（2016年）
Situations on Educational Personnel in Regular Schools (Institutions) of Higher Education by Region (2016)

单位：人 (person)

地 区 Region	教职工数 Educational Personnel	#校本部教职工 In Main Campus	专任教师 Full-time Teachers	正高级 Senior	副高级 Sub-senior	中级 Middle	初级 Junior	无职称 No Rank	行政人员 Administrative Personnel	教辅人员 Supporting Staff	工勤人员 Workers
全 国 National Total	**2404784**	**2296172**	**1601968**	**202154**	**473801**	**636438**	**188893**	**100682**	**331482**	**216513**	**146209**
北 京 Beijing	142953	124205	70013	19944	24245	21789	2420	1615	23257	18102	12833
天 津 Tianjin	46233	45365	30509	4748	9751	12198	2475	1337	7727	4624	2505
河 北 Hebei	103789	100884	70447	9979	21327	28312	7314	3515	14110	9134	7193
山 西 Shanxi	59845	57737	41301	2864	10819	16094	8023	3501	7326	5230	3880
内蒙古 Inner Mongolia	39263	38451	25935	2747	8269	10131	2936	1852	5766	4224	2526
辽 宁 Liaoning	98546	96282	64946	9048	20149	26968	6631	2150	16423	7797	7116
吉 林 Jilin	63359	60982	39823	6352	12776	15168	4810	717	8797	6524	5838
黑龙江 Heilongjiang	74901	72594	46829	7538	15978	18663	3261	1389	11414	7353	6998
上 海 Shanghai	73357	68618	42308	7805	13759	16576	2857	1311	12434	9386	4490
江 苏 Jiangsu	165722	156891	109846	14625	37182	46289	8235	3515	23912	14644	8489
浙 江 Zhejiang	90214	86066	60477	8824	18636	25770	3862	3385	14339	8346	2904
安 徽 Anhui	80416	78182	59479	5117	16144	23257	11483	3478	8744	5878	4081
福 建 Fujian	67488	64873	44751	4972	13014	18543	6477	1745	11147	6378	2597
江 西 Jiangxi	76969	74770	55550	5140	13986	22496	8601	5327	7346	8179	3695
山 东 Shandong	150345	145698	107748	10678	30510	46366	14566	5628	18374	12189	7387
河 南 Henan	138777	133366	102725	8694	26779	41913	17969	7370	13337	8943	8361
湖 北 Hubei	131014	125180	83517	10955	27072	31186	9379	4925	19463	12548	9652
湖 南 Hunan	100543	96847	68726	7499	20010	28007	7364	5846	13268	9351	5502
广 东 Guangdong	149360	142864	101160	13004	26710	41872	8111	11463	21202	13948	6554
广 西 Guangxi	63690	56781	40421	4412	10733	16416	3421	5439	8120	4648	3592
海 南 Hainan	14651	14462	9306	1085	2551	3764	1117	789	2241	1466	1449
重 庆 Chongqing	57453	55684	40583	4595	11684	16742	4685	2877	7909	4203	2989
四 川 Sichuan	123931	118289	85832	9128	22624	33418	15235	5427	15403	9514	7540
贵 州 Guizhou	45028	44493	33087	3002	10568	10494	5179	3844	6162	3378	1866
云 南 Yunnan	52559	51573	38924	4008	10455	14530	6546	3385	5968	3860	2821
西 藏 Tibet	3663	3618	2467	194	773	989	342	169	577	367	207
陕 西 Shaanxi	103453	98408	66133	8452	18917	27021	8172	3571	15227	9812	7236
甘 肃 Gansu	39256	36051	26731	3228	8867	9865	3350	1421	4734	2401	2185
青 海 Qinghai	6625	6351	4340	793	1443	960	628	516	810	760	441
宁 夏 Ningxia	11584	11208	8044	1363	2281	2149	1352	899	1601	928	635
新 疆 Xinjiang	29797	29399	20010	1361	5789	8492	2092	2276	4344	2398	2647

4-8 各级各类学校招生情况

Number of Entrants of Formal Education by Type and Level

单位：万人 (10 000 persons)

年 份 Year	普通本专科 Undergraduate in Regular HEIs	#专科 Specialized Courses	普通高中 Regular Senior Secondary Schools	中等职业教育 Secondary Vocational Education	初中 Junior Secondary Schools	#职业初中 Vocational Junior Secondary Schools	普通小学 Regular Primary Schools	特殊教育 Special Education Schools	学前教育 Pre-school Education Institutions
1978	40.2	12.4	692.9	44.7	2006.0		3315.4	0.6	
1980	28.1	7.7	383.4	58.3	1557.6	6.7	2942.3	0.6	
1985	61.9	30.2	257.5	234.2	1367.0	17.6	2298.2	0.9	
1990	60.9	29.2	249.8	286.1	1389.3	19.4	2064.0	1.6	
1995	92.6	47.8	273.6	498.6	1781.1	28.8	2531.8	5.6	1972.4
2000	220.6	48.7	472.7	408.3	2295.6	32.3	1946.5	5.3	1531.1
2001	268.3	66.6	558.0	399.9	2287.9	30.0	1944.2	5.6	1398.2
2002	320.5	89.1	676.7	473.6	2281.8	29.5	1952.8	5.3	1373.6
2003	382.2	199.6	752.1	515.8	2220.1	24.8	1829.4	4.9	1316.8
2004	447.3	237.4	821.5	566.2	2094.6	16.4	1747.0	5.1	1350.3
2005	504.5	268.1	877.7	655.7	1987.6	11.1	1671.7	4.9	1356.2
2006	546.1	293.0	871.2	747.8	1929.5	5.9	1729.4	5.0	1391.3
2007	565.9	283.8	840.2	810.0	1868.5	4.8	1736.1	6.3	1433.6
2008	607.7	310.6	837.0	812.1	1859.6	3.4	1695.7	6.2	1482.7
2009	639.5	313.4	830.3	868.2	1788.5	2.1	1637.8	6.4	1546.9
2010	661.8	310.5	836.2	870.4	1716.6	1.1	1691.7	6.5	1700.4
2011	681.5	324.9	850.8	813.9	1634.7	0.7	1736.8	6.4	1827.3
2012	688.8	314.8	844.6	754.1	1570.8	0.5	1714.7	6.6	1911.9
2013	699.8	318.4	822.7	674.8	1496.1	0.4	1695.4	6.6	1970.0
2014	721.4	338.0	796.6	619.8	1447.8	0.2	1658.4	7.1	1987.8
2015	737.8	348.4	796.6	601.2	1411.0	0.2	1729.0	8.3	2008.8
2016	748.6	343.2	802.9	593.3	1487.2	0.1	1752.5	9.2	1922.1

4-9 各级各类学校在校学生情况

Number of Enrolments of Formal Education by Type and Level

单位：万人 (10 000 persons)

年 份 Year	普通本专科 Undergraduate in Regular HEIs	#专科 Specialized Courses	普通高中 Regular Senior Secondary Schools	中等职业教育 Secondary Vocational Education	初中 Junior Secondary Schools	#职业初中 Vocational Junior Secondary Schools	普通小学 Regular Primary Schools	特殊教育 Special Education Schools	学前教育 Pre-school Education Institutions
1978	85.6	38.0	1553.1	212.8	4995.2		14624.0	3.1	787.7
1980	114.4	28.2	969.8	586.3	4551.2	13.5	14627.0	3.3	1150.8
1985	170.3	58.0	741.1	476.1	4010.1	45.2	13370.2	4.2	1479.7
1990	206.3	74.3	717.3	763.5	3916.6	47.9	12241.4	7.2	1972.2
1995	290.6	126.8	713.2	1230.2	4727.5	69.7	13195.2	29.6	2711.2
2000	556.1	100.9	1201.3	1284.5	6256.3	88.6	13013.3	37.8	2244.2
2001	719.1	146.8	1405.0	1164.9	6514.4	83.3	12543.5	38.6	2021.8
2002	903.4	193.4	1683.8	1190.8	6687.4	83.4	12156.7	37.5	2036.0
2003	1108.6	479.4	1964.8	1256.7	6690.8	72.4	11689.7	36.5	2003.9
2004	1333.5	595.7	2220.4	1409.2	6527.5	52.5	11246.2	37.2	2089.4
2005	1561.8	713.0	2409.1	1600.0	6214.9	43.1	10864.1	36.4	2179.0
2006	1738.8	795.5	2514.5	1809.9	5958.0	20.6	10711.5	36.3	2263.9
2007	1884.9	860.6	2522.4	1987.0	5736.2	15.3	10564.0	41.9	2348.8
2008	2021.0	916.8	2476.3	2087.1	5585.0	10.8	10331.5	41.7	2475.0
2009	2144.7	964.8	2434.3	2194.2	5440.9	7.3	10071.5	42.8	2657.8
2010	2231.8	966.2	2427.3	2237.4	5279.3	3.4	9940.7	42.6	2976.7
2011	2308.5	958.9	2454.8	2204.3	5066.8	2.6	9926.4	39.9	3424.5
2012	2391.3	964.2	2467.2	2112.7	4763.1	1.9	9695.9	37.9	3685.8
2013	2468.1	973.6	2435.9	1923.0	4440.1	1.1	9360.5	36.8	3894.7
2014	2547.7	1006.6	2400.5	1755.3	4384.6	0.8	9451.1	39.5	4050.7
2015	2625.3	1048.6	2374.4	1656.7	4312.0	0.5	9692.2	44.2	4264.8
2016	2695.8	1082.9	2366.6	1599.0	4329.4	0.4	9913.0	49.2	4413.9

4-10 各级各类学校毕业生情况
Number of Graduates of Formal Education by Type and Level

单位：万人　　(10 000 persons)

年份 Year	普通本专科 Undergraduate in Regular HEIs	#专科 Specialized Courses	普通高中 Regular Senior Secondary Schools	中等职业教育 Secondary Vocational Education	初中 Junior Secondary Schools	#职业初中 Vocational Junior Secondary Schools	普通小学 Regular Primary Schools	特殊教育 Special Education Schools	学前教育 Pre-school Education Institutions
1978	16.5	0.8	682.7	40.3	1692.6		2287.9	0.3	
1980	14.7		616.2	73.3	964.8	7.9	2053.3	0.4	
1985	31.6	14.4	196.6	92.5	1007.2	8.9	1999.9	0.4	
1990	61.4	30.6	233.0	240.6	1123.0	13.9	1863.1	0.5	
1995	80.5	48.0	201.6	348.4	1244.4	17.0	1961.5	1.9	
2000	95.0	17.9	301.5	476.7	1633.5	26.4	2419.2	4.3	
2001	103.6	19.3	340.5	430.6	1731.5	24.5	2396.9	4.6	1160.2
2002	133.7	27.7	383.8	380.1	1903.7	23.8	2351.9	4.4	1152.7
2003	187.7	94.8	458.1	346.4	2018.5	22.9	2267.9	4.5	1072.0
2004	239.1	119.5	546.9	359.2	2087.3	16.9	2135.2	4.7	1059.7
2005	306.8	160.2	661.6	418.2	2123.4	16.9	2019.5	4.3	1025.4
2006	377.5	204.8	727.1	479.1	2071.6	9.2	1928.5	4.5	1045.1
2007	447.8	248.2	788.3	530.9	1963.7	6.9	1870.2	5.0	1049.1
2008	512.0	286.3	836.1	580.7	1868.0	5.1	1865.0	5.2	1040.5
2009	531.1	285.6	823.7	624.9	1797.7	3.0	1805.2	5.7	1040.6
2010	575.4	316.4	794.4	665.0	1750.4	1.8	1739.6	5.9	1057.6
2011	608.2	328.5	787.7	660.0	1736.7	1.2	1662.8	4.4	1184.7
2012	624.7	320.9	791.5	674.6	1660.8	0.9	1641.6	4.9	1433.6
2013	638.7	318.7	799.0	674.4	1561.5	0.7	1581.1	5.1	1491.7
2014	659.4	318.0	799.6	622.9	1413.5	0.3	1476.6	4.9	1527.2
2015	680.9	322.3	797.7	567.9	1417.6	0.2	1437.3	5.3	1590.3
2016	704.2	329.8	792.4	533.6	1423.9	0.2	1507.4	5.9	1623.2

4-11　研究生和留学人员情况
Statistics on Postgraduates and Students Studying Abroad

单位：人 (person)

年　份 Year	研究生数 Number of Postgraduates			出　国 留学人员 Number of Students Studying Abroad	学成回国 留学人员 Number of Returned Students
	毕业生数 Graduates	招生数 Entrants	在校学生数 Enrolment		
1978	9	10708	10934	860	248
1980	476	3616	21604	2124	162
1985	17004	46871	87331	4888	1424
1990	35440	29649	93018	2950	1593
1995	31877	51053	145443	20381	5750
2000	58767	128484	301239	38989	9121
2001	67809	165197	393256	83973	12243
2002	80841	202611	500980	125179	17945
2003	111091	268925	651260	117307	20152
2004	150777	326286	819896	114682	24726
2005	189728	364831	978610	118515	34987
2006	255902	397925	1104653	134000	42000
2007	311839	418612	1195047	144000	44000
2008	344825	446422	1283046	179800	69300
2009	371273	510953	1404942	229300	108300
2010	383600	538177	1538416	284700	134800
2011	429994	560168	1645845	339700	186200
2012	486455	589673	1719818	399600	272900
2013	513626	611381	1793953	413900	353500
2014	535863	621323	1847689	459800	364800
2015	551522	645055	1911406	523700	409100
2016	563938	667064	1981051	544500	432500

4-12 分学科研究生情况（2016年）

Number of Postgraduate Students by Academic Field (2016)

单位：人 (person)

项目	Item	毕业生数 Graduates	博士 Doctor's Degree	硕士 Master's Degree	招生数 Entrants	博士 Doctor's Degree	硕士 Master's Degree	在校学生数 Enrolment	博士 Doctor's Degree	硕士 Master's Degree
总计	**Total**	**563938**	**55011**	**508927**	**667064**	**77252**	**589812**	**1981051**	**342027**	**1639024**
#女	Female	291037	21535	269502	354577	31639	322938	1003110	132132	870978
学术型学位	Academic Degree	344415	52700	291715	384938	74743	310195	1245286	333076	912210
专业学位	Professional Degree	219523	2311	217212	282126	2509	279617	735765	8951	726814
哲学	Philosophy	3879	633	3246	4319	853	3466	14568	4165	10403
经济学	Economics	26978	2046	24932	30396	2809	27587	82970	13600	69370
法学	Law	39576	2661	36915	43531	3834	39697	127775	17769	110006
教育学	Education	31427	1023	30404	37569	1452	36117	97878	6480	91398
文学	Literature	31123	1852	29271	33561	2520	31041	95309	11399	83910
历史学	History	5164	674	4490	5884	997	4887	19135	4794	14341
理学	Science	51437	11589	39848	66199	16084	50115	203901	63409	140492
工学	Engineering	196827	19067	177760	232624	29643	202981	712357	141776	570581
农学	Agriculture	21795	2445	19350	26957	3480	23477	71423	14291	57132
医学	Medicine	65798	9211	56587	79341	10463	68878	227162	36427	190735
军事学	Military Science	195	24	171	185	29	156	663	168	495
管理学	Administrators	71998	3237	68761	85047	4369	80678	265871	24954	240917
艺术学	Art	17741	549	17192	21451	719	20732	62039	2795	59244
普通高校	**Regular HEIs**	**556401**	**53641**	**502760**	**658510**	**75240**	**583270**	**1954755**	**334160**	**1620595**
#女	Female	287938	21060	266878	350724	30908	319816	992272	129459	862813
学术型学位	Academic Degree	338426	51330	287096	378263	72736	305527	1223522	325214	898308
专业学位	Professional Degree	217975	2311	215664	280247	2504	277743	731233	8946	722287
哲学	Philosophy	3759	597	3162	4161	794	3367	14073	3954	10119
经济学	Economics	26336	1881	24455	29591	2555	27036	80625	12583	68042
法学	Law	38701	2514	36187	42488	3566	38922	124729	16889	107840
教育学	Education	31427	1023	30404	37569	1452	36117	97878	6480	91398
文学	Literature	31032	1813	29219	33445	2464	30981	94973	11231	83742
历史学	History	5039	647	4392	5731	960	4771	18714	4663	14051
理学	Science	50811	11421	39390	65454	15839	49615	201557	62499	139058
工学	Engineering	194116	18673	175443	229928	29118	200810	703194	139209	563985
农学	Agriculture	21014	2270	18744	26023	3208	22815	68613	13380	55233
医学	Medicine	65180	9093	56087	78643	10321	68322	225097	35969	189128
军事学	Military Science	194	24	170	184	29	155	660	168	492
管理学	Administrators	71217	3182	68035	84016	4273	79743	263156	24541	238615
艺术学	Art	17575	503	17072	21277	661	20616	61486	2594	58892
科研机构	**Research Institutions**	**7537**	**1370**	**6167**	**8554**	**2012**	**6542**	**26296**	**7867**	**18429**
#女	Female	3099	475	2624	3853	731	3122	10838	2673	8165
学术型学位	Academic Degree	5989	1370	4619	6675	2007	4668	21764	7862	13902
专业学位	Professional Degree	1548		1548	1879	5	1874	4532	5	4527
哲学	Philosophy	120	36	84	158	59	99	495	211	284
经济学	Economics	642	165	477	805	254	551	2345	1017	1328
法学	Law	875	147	728	1043	268	775	3046	880	2166
教育学	Education									
文学	Literature	91	39	52	116	56	60	336	168	168
历史学	History	125	27	98	153	37	116	421	131	290
理学	Science	626	168	458	745	245	500	2344	910	1434
工学	Engineering	2711	394	2317	2696	525	2171	9163	2567	6596
农学	Agriculture	781	175	606	934	272	662	2810	911	1899
医学	Medicine	618	118	500	698	142	556	2065	458	1607
军事学	Military Science	1		1	1		1	3		3
管理学	Administrators	781	55	726	1031	96	935	2715	413	2302
艺术学	Art	166	46	120	174	58	116	553	201	352

4-13 普通本科分学科学生和构成情况（2016年）
Number and Composition of Regular Students for Normal Courses in HEIs by Discipline (2016)

单位：人，%　　(person,%)

项　目	Item	绝对数 Value			构成 Percentage		
		毕业生数 Graduates	招生数 Entrants	在校学生数 Enrolment	毕业生数 Graduates	招生数 Entrants	在校学生数 Enrolment
总　计	**Total**	**3743680**	**4054007**	**16129535**	**100.00**	**100.00**	**100.00**
#女	Female	1995345	2279299	8619566	53.30	56.22	53.44
#师范生	Teacher Training	369501	356452	1468144	9.87	8.79	9.10
哲　学	Philosophy	2046	2866	9911	0.05	0.07	0.06
经济学	Economics	224165	236371	946488	5.99	5.83	5.87
法　学	Law	134880	139750	559597	3.60	3.45	3.47
教育学	Education	134202	155838	596697	3.58	3.84	3.70
文　学	Literature	374636	386342	1491599	10.01	9.53	9.25
#外语	Foreign Languages	204487	209267	795313	5.46	5.16	4.93
历史学	History	17946	18609	73777	0.48	0.46	0.46
理　学	Science	257436	281861	1085235	6.88	6.95	6.73
工　学	Engineering	1226730	1378558	5375655	32.77	34.00	33.33
农　学	Agriculture	64499	72529	279373	1.72	1.79	1.73
医　学	Medicine	234751	270173	1207311	6.27	6.66	7.49
管理学	Administrators	729175	720367	2966717	19.48	17.77	18.39
艺术学	Art	343214	390743	1537175	9.17	9.64	9.53

4-14 普通专科分学科学生和构成情况（2016年）
Number and Composition on Students in Undergraduate and Junior Colleges by Field of Study (2016)

单位：人，%　　(person,%)

项　目	Item	绝对数 Value			构成 Percentage		
		毕业生数 Graduates	招生数 Entrants	在校学生数 Enrolment	毕业生数 Graduates	招生数 Entrants	在校学生数 Enrolment
总　计	**Total**	**3298120**	**3432103**	**10828898**	**100.00**	**100.00**	**100.00**
#女	Female	1722508	1925097	5541438	52.23	56.09	51.17
#师范生	Teacher Training	215159	193701	667532	6.52	5.64	6.16
农林牧渔大类	Agriculture,Forestry,Husbandry and Fishing	55911	57727	179040	1.70	1.68	1.65
资源环境与安全大类	Resources Environment and Safety	59693	41521	150107	1.81	1.21	1.39
能源动力与材料大类	Energy Power and Material	40176	38928	124093	1.22	1.13	1.15
土木建筑大类	Civil Engineering and Architecture	380770	268687	1010323	11.55	7.83	9.33
水利大类	Water Resources	13965	13389	42802	0.42	0.39	0.40
装备制造大类	Equipment Manufacturing	386263	393597	1301903	11.71	11.47	12.02
生物与化工大类	Biology and Chemical Engineering	42809	31234	117289	1.30	0.91	1.08
轻工纺织大类	Light Idustry and Textile	17206	16364	51878	0.52	0.48	0.48
食品药品与粮食大类	Food,Medicine and Grain	50289	56278	172504	1.52	1.64	1.59
交通运输大类	Transportation and Communication	150735	210564	587929	4.57	6.14	5.43
电子信息大类	Electronic Information	283440	408656	1104021	8.59	11.91	10.20
医药卫生大类	Medical and Health	373714	425334	1307628	11.33	12.39	12.08
财经商贸大类	Finance,Economics and Business	716563	729323	2363155	21.73	21.25	21.82
旅游大类	Tourism	102422	114986	340687	3.11	3.35	3.15
文化艺术大类	Culture and Arts	164272	163211	525817	4.98	4.76	4.86
新闻传播大类	Journalism and Communication	28837	30620	91606	0.87	0.89	0.85
教育与体育大类	Education and Sport	354196	351902	1118253	10.74	10.25	10.33
公安与司法大类	Public Security and Justice	48192	47069	141455	1.46	1.37	1.31
公共管理与服务大类	Public Administration and Service	28667	32713	98408	0.87	0.95	0.91

4-15 成人本科分学科学生和构成情况(2016年)

Number and Composition of Adult Students for Normal Courses in HEIs by Discipline (2016)

单位：人，% (person,%)

项目	Item	绝对数 Value			构成 Percentage		
		毕业生数 Graduates	招生数 Entrants	在校学生数 Enrolment	毕业生数 Graduates	招生数 Entrants	在校学生数 Enrolment
总计	**Total**	**1021846**	**969387**	**2686619**	**100.00**	**100.00**	**100.00**
#女	Female	587208	597502	1615588	57.47	61.64	60.13
#师范生	Teacher Training	83261	74643	195739	8.15	7.70	7.29
哲学	Philosophy	7	18	143			
经济学	Economics	28520	20551	61649	2.79	2.12	2.29
法学	Law	45112	37416	98381	4.41	3.86	3.66
教育学	Education	59603	73993	172931	5.83	7.63	6.44
文学	Literature	79073	58084	167820	7.74	5.99	6.25
#外语	Foreign Language	21381	12567	41382	2.09	1.30	1.54
历史学	History	1526	888	2775	0.15	0.09	0.10
理学	Science	20518	13570	41210	2.01	1.40	1.53
工学	Engineering	254155	206592	615726	24.87	21.31	22.92
农学	Agriculture	17259	15378	42353	1.69	1.59	1.58
医学	Medicine	228578	298242	772464	22.37	30.77	28.75
管理学	Administrators	271933	232884	667873	26.61	24.02	24.86
艺术学	Art	15562	11771	43294	1.52	1.21	1.61

4-16 成人专科分学科学生和构成情况（2016年）

Number and Composition of Adult Students for Short-cycle Courses in HEIs by Discipline (2016)

单位：人，% (person,%)

项目	Item	绝对数 Value			构成 Percentage		
		毕业生数 Graduates	招生数 Entrants	在校学生数 Enrolment	毕业生数 Graduates	招生数 Entrants	在校学生数 Enrolment
总计	**Total**	**1422804**	**1142903**	**3157264**	**100.00**	**100.00**	**100.00**
#女	Female	796943	633497	1759778	56.01	55.43	55.74
#师范生	Teacher Training	119339	87565	227661	8.39	7.66	7.21
农林牧渔大类	Agriculture,Forestry,Husbandry and Fishing	24158	21566	56773	1.70	1.89	1.80
资源环境与安全大类	Resources Environment and Safety	41412	10027	46477	2.91	0.88	1.47
能源动力与材料大类	Energy Power and Material	13014	6889	22085	0.91	0.60	0.70
土木建筑大类	Civil Engineering and Architecture	122482	83462	253069	8.61	7.30	8.02
水利大类	Water Resources	5179	3121	8890	0.36	0.27	0.28
装备制造大类	Equipment Manufacturing	151028	129484	346764	10.61	11.33	10.98
生物与化工大类	Biology and Chemical Engineering	9973	6317	20168	0.70	0.55	0.64
轻工纺织大类	Light Idustry and Textile	4620	2522	7921	0.32	0.22	0.25
食品药品与粮食大类	Food,Medicine and Grain	3007	2181	6343	0.21	0.19	0.20
交通运输大类	Transportation and Communication	46325	44046	120248	3.26	3.85	3.81
电子信息大类	Electronic Information	85150	71429	184713	5.98	6.25	5.85
医药卫生大类	Medical and Health	221108	159335	542906	15.54	13.94	17.20
财经商贸大类	Finance,Economics and Business	358610	322105	813175	25.20	28.18	25.76
旅游大类	Tourism	25305	19719	53391	1.78	1.73	1.69
文化艺术大类	Culture and Arts	31542	30070	80433	2.22	2.63	2.55
新闻传播大类	Journalism and Communication	1668	1316	3489	0.12	0.12	0.11
教育与体育大类	Education and Sport	206309	165054	431777	14.50	14.44	13.68
公安与司法大类	Public Security and Justice	18576	15496	38477	1.31	1.36	1.22
公共管理与服务大类	Public Administration and Service	53338	48764	120165	3.75	4.27	3.81

4-17 网络本科分学科学生和构成情况（2016年）

Number and Composition of Web-based Students for Normal Courses in HEIs by Discipline (2016)

单位：人，% (person, %)

项　目	Item	绝对数 Value			构成 Percentage		
		毕业生数 Graduates	招生数 Entrants	在校学生数 Enrolment	毕业生数 Graduates	招生数 Entrants	在校学生数 Enrolment
总　计	**Total**	**700906**	**847568**	**2339270**	**100.00**	**100.00**	**100.00**
#女	Female	373996	437195	1209322	53.36	51.58	51.70
#师范生	Teacher Training	20083	32285	57449	2.87	3.81	2.46
哲　学	Philosophy						
经济学	Economics	29615	35056	97329	4.23	4.14	4.16
法　学	Law	57995	64358	205572	8.27	7.59	8.79
教育学	Education	27596	48685	105377	3.94	5.74	4.50
文　学	Literature	37134	48226	124336	5.30	5.69	5.32
#外语	Foreign Language	6144	7050	22988	0.88	0.83	0.98
历史学	History	411	567	4269	0.06	0.07	0.18
理　学	Science	6399	8190	21207	0.91	0.97	0.91
工　学	Engineering	168703	204619	526852	24.07	24.14	22.52
农　学	Agriculture	6002	9739	21153	0.86	1.15	0.90
医　学	Medicine	63525	79239	209649	9.06	9.35	8.96
管理学	Administrators	300758	345396	1011853	42.91	40.75	43.26
艺术学	Art	2768	3493	11673	0.39	0.41	0.50

4-18 网络专科分学科学生和构成情况（2016年）

Number and Composition of Web-based Students for Short-cycle Courses in HEIs by Discipline (2016)

单位：人，% (person, %)

项　目	Item	绝对数 Value			构成 Percentage		
		毕业生数 Graduates	招生数 Entrants	在校学生数 Enrolment	毕业生数 Graduates	招生数 Entrants	在校学生数 Enrolment
总　计	**Total**	**1173881**	**1448520**	**4110059**	**100.00**	**100.00**	**100.00**
#女	Female	563105	655353	1864463	47.97	45.24	45.36
#师范生	Teacher Training	17179	22713	42935	1.46	1.57	1.04
农林牧渔大类	Agriculture,Forestry,Husbandry and Fishing	40019	48355	157719	3.41	3.34	3.84
资源环境与安全大类	Resources Environment and Safety	17889	6968	29417	1.52	0.48	0.72
能源动力与材料大类	Energy Power and Material	9325	10315	21462	0.79	0.71	0.52
土木建筑大类	Civil Engineering and Architecture	134798	127252	383418	11.48	8.78	9.33
水利大类	Water Resources	6059	7360	21883	0.52	0.51	0.53
装备制造大类	Equipment Manufacturing	70908	110173	286047	6.04	7.61	6.96
生物与化工大类	Biology and Chemical Engineering	3063	3597	10019	0.26	0.25	0.24
轻工纺织大类	Light Idustry and Textile	410	314	928	0.03	0.02	0.02
食品药品与粮食大类	Food,Medicine and Grain	1149	1602	4835	0.10	0.11	0.12
交通运输大类	Transportation and Communication	21438	26455	59887	1.83	1.83	1.46
电子信息大类	Electronic Information	44032	77208	205558	3.75	5.33	5.00
医药卫生大类	Medical and Health	57588	67813	186012	4.91	4.68	4.53
财经商贸大类	Finance,Economics and Business	361327	443771	1258873	30.78	30.64	30.63
旅游大类	Tourism	4662	9862	27772	0.40	0.68	0.68
文化艺术大类	Culture and Arts	3885	5556	19005	0.33	0.38	0.46
新闻传播大类	Journalism and Communication	958	1316	4587	0.08	0.09	0.11
教育与体育大类	Education and Sport	104861	143463	398883	8.93	9.90	9.71
公安与司法大类	Public Security and Justice	62164	86248	241737	5.30	5.95	5.88
公共管理与服务大类	Public Administration and Service	229346	270892	792017	19.54	18.70	19.27

4-19 普通高中学校和构成情况(2016年)
Number and Composition of Regular Senior Secondary Schools (2016)

单位：所，% (unit,%)

项目	Item	学校数 School 合计 Total	完全中学 Combined Secondary Schools	高级中学 Regular High Schools	十二年一贯制学校 12-year Schools	构成 Percentage 合计 Total	完全中学 Combined Secondary Schools	高级中学 Regular High Schools	十二年一贯制学校 12-year Schools
总 计	**Total**	**13383**	**5479**	**6706**	**1198**	**100.00**	**100.00**	**100.00**	**100.00**
教育部门办	Run by Ed. Dept.	10422	4412	5765	245	77.87	80.53	85.97	20.45
其他部门办	Run by Non-ed. Dept.	165	55	71	39	1.23	1.00	1.06	3.26
地方企业办	Run by Local Enterprises	9	4	1	4	0.07	0.07	0.01	0.33
民办	Non-government	2787	1008	869	910	20.82	18.40	12.96	75.96
城区	**Urban Area**	**6628**	**2730**	**3174**	**724**	**100.00**	**100.00**	**100.00**	**100.00**
教育部门办	Run by Ed. Dept.	4898	2103	2629	166	73.90	77.03	82.83	22.93
其他部门办	Run by Non-ed. Dept.	79	25	33	21	1.19	0.92	1.04	2.90
地方企业办	Run by Local Enterprises	5	3	1	1	0.08	0.11	0.03	0.14
民办	Non-government	1646	599	511	536	24.83	21.94	16.10	74.03
镇区	**Counties & Towns Area**	**6103**	**2441**	**3287**	**375**	**100.00**	**100.00**	**100.00**	**100.00**
教育部门办	Run by Ed. Dept.	5073	2069	2940	64	83.12	84.76	89.44	17.07
其他部门办	Run by Non-ed. Dept.	80	27	37	16	1.31	1.11	1.13	4.27
地方企业办	Run by Local Enterprises	3	1		2	0.05	0.04		0.53
民办	Non-government	947	344	310	293	15.52	14.09	9.43	78.13
乡村	**Rural Area**	**652**	**308**	**245**	**99**	**100.00**	**100.00**	**100.00**	**100.00**
教育部门办	Run by Ed. Dept.	451	240	196	15	69.17	77.92	80.00	15.15
其他部门办	Run by Non-ed. Dept.	6	3	1	2	0.92	0.97	0.41	2.02
地方企业办	Run by Local Enterprises	1			1	0.15			1.01
民办	Non-government	194	65	48	81	29.75	21.10	19.59	81.82

4-20 普通高中学生和构成情况（2016年）
Number and Composition of Students in Regular Srnior Secondary Schools(2016)

单位：人，%　　(person,%)

项目	Item	绝对数 Value 毕业生数 Graduates	招生数 Entrants	在校学生数 Enrolment	构成 Percentage 毕业生数 Graduates	招生数 Entrants	在校学生数 Enrolment
总计	**Total**	**7923500**	**8029206**	**23666465**	**100.00**	**100.00**	**100.00**
教育部门	Run by Ed. Dept.	7070043	6941605	20702498	89.23	86.45	87.48
其他部门	Run by Non-ed. Dept.	54999	56161	167390	0.69	0.70	0.71
地方企业	Run by Local Enterprises	1738	2517	5783	0.02	0.03	0.02
民办	Non-government	796720	1028923	2790794	10.06	12.81	11.79
城区	**Cities**	**3788663**	**3741850**	**11125875**	**100.00**	**100.00**	**100.00**
教育部门	Run by Ed. Dept.	3338311	3181988	9578494	88.11	85.04	86.09
其他部门	Run by Non-ed. Dept.	27397	26096	79872	0.72	0.70	0.72
地方企业	Run by Local Enterprises	1023	1252	3043	0.03	0.03	0.03
民办	Non-government	421932	532514	1464466	11.14	14.23	13.16
镇区	**Counties and Towns**	**3901550**	**4017364**	**11783882**	**100.00**	**100.00**	**100.00**
教育部门	Run by Ed. Dept.	3541393	3557458	10543062	90.77	88.55	89.47
其他部门	Run by Non-ed. Dept.	26040	28115	82426	0.67	0.70	0.70
地方企业	Run by Local Enterprises	715	1265	2740	0.02	0.03	0.02
民办	Non-government	333402	430526	1155654	8.55	10.72	9.81
乡村	**Rural**	**233287**	**269992**	**756708**	**100.00**	**100.00**	**100.00**
教育部门	Run by Ed. Dept.	190339	202159	580942	81.59	74.88	76.77
其他部门	Run by Non-ed. Dept.	1562	1950	5092	0.67	0.72	0.67
地方企业	Run by Local Enterprises						
民办	Non-government	41386	65883	170674	17.74	24.40	22.55

4-21 中等职业学校分学科学生和构成情况（2016年）
Number and Composition of Students by Field of Education in Secondary Vocational Schools(2016)

单位：人，%　　(person,%)

项目	Item	绝对数 Value 毕业生数 Graduates	#获得职业资格证书 Recipients of Vocational Qualifications	招生数 Entrants	在校学生数 Enrolment	构成 Percentage 毕业生数 Graduates	招生数 Entrants	在校学生数 Enrolment
总　计	**Total**	**4405572**	**3547673**	**4661428**	**12758604**	**100.00**	**100.00**	**100.00**
#女	Female	2160019	1717225	2135237	6034257	49.03	45.81	47.30
农林牧渔类	Agriculture,Forestry, Husbandry & Fisheries	391465	284025	293260	898107	8.89	6.29	7.04
资源环境类	Resources and Environment	21537	18872	7344	27859	0.49	0.16	0.22
能源与新能源类	Energy and New Energy	15534	13489	12688	41385	0.35	0.27	0.32
土木水利类	Civil and Hydraulic Engineering	202534	169720	151149	471638	4.60	3.24	3.70
加工制造类	Manufacturing	636091	549398	569330	1654699	14.44	12.21	12.97
石油化工类	Petroleum and Chemical	29602	24714	15747	55052	0.67	0.34	0.43
轻纺食品类	Light Industry, Textile, and Food	42259	36790	39428	102993	0.96	0.85	0.81
交通运输类	Transport	387971	328141	534680	1412653	8.81	11.47	11.07
信息技术类	Information Technologies	732737	619716	784499	2065301	16.63	16.83	16.19
医药卫生类	Medicine and Health	443900	301102	450903	1340680	10.08	9.67	10.51
休闲保健类	Leisure and Health	24605	20246	33024	86014	0.56	0.71	0.67
财经商贸类	Finance and Trade	482064	378881	556876	1516292	10.94	11.95	11.88
旅游服务类	Tourism Services	204530	169900	269571	674204	4.64	5.78	5.28
文化艺术类	Culture and Arts	211857	168360	249656	678789	4.81	5.36	5.32
体育与健身	Sports and Fitness	35740	21991	49960	125829	0.81	1.07	0.99
教育类	Education	432156	355334	523940	1318941	9.81	11.24	10.34
司法服务类	Justice Services	16362	9339	19745	48049	0.37	0.42	0.38
公共管理与服务类	Public Management and Services	52590	43853	55386	133806	1.19	1.19	1.05
其他	Others	42038	33802	44242	106313	0.95	0.95	0.83

4-22 技工学校情况
General Condition of Vocational School

单位：万人 (10 000 persons)

年 份 Year	技工学校数（个） Number of Vocational Schools (unit)	招生数 Students Newly Enrolled	在校学生数 Number of Students in School	毕业生数 Number of Graduates	在职教职工数 Total Teachers and Staff	兼职教师数 Part-time Teachers	培训社会人员人次 Person-time of Trainees from the Society	培训社会人员结业人数 Graduates of Trainees Recruited from the Society
绝对数 Absolute figure								
1990	4184	50.6	133.2	41.3	30.8	1.7		
1995	4521	74.6	189.0	68.5	33.7	1.9	89.9	71.3
2000	3792	50.4	140.1	64.6	24.0	2.7	158.5	156.7
2001	3470	55.1	134.7	47.7	22.0	2.6	151.7	163.9
2002	3075	73.3	153.0	45.4	20.3	2.6	208.6	196.9
2003	2970	91.6	193.1	45.3	20.2	3.0	226.9	223.7
2004	2884	109.7	234.4	53.5	20.4	2.9	265.6	257.5
2005	2855	118.4	275.3	69.0	20.4	3.2	273.3	270.1
2006	2880	134.8	320.8	86.4	21.5	3.6	337.7	330.2
2007	2995	158.5	367.1	99.7	24.0	3.8	380.7	369.8
2008	3075	161.4	397.5	109.0	24.7	4.1	400.0	389.8
2009	3064	156.4	414.3	115.2	25.8	4.3	484.1	382.9
2010	2998	158.6	421.0	121.3	26.5	4.4	468.4	371.3
2011	2914	163.5	429.4	118.9	26.5	4.3	527.5	416.1
2012	2892	156.8	422.8	120.2	26.7	4.3	551.3	441.6
2013	2882	133.5	386.6	116.9	26.9	4.1	525.3	397.1
2014	2818	124.4	339.0	106.8	26.5	4.2	508.5	372.3
2015	2545	121.4	321.5	94.6	26.0	4.1	476.6	378.9
2016	2526	127.2	323.2	93.1	26.5	4.3	451.6	349.9
比上年增长(%) Increase over Preceding year(%)								
2001	-8.5	9.4	-3.8	-26.1	-8.3	-4.1	-4.3	4.6
2002	-11.4	33.0	13.6	-4.9	-7.6	-2.4	37.6	20.2
2003	-3.4	25.0	26.2	-0.2	-0.5	17.4	8.8	20.2
2004	-2.9	19.8	21.4	18.1	1.0	-3.3	17.1	13.6
2005	-1.0	7.9	17.4	29.0		10.3	2.9	4.9
2006	0.9	13.9	16.5	25.2	5.4	12.5	23.6	22.3
2007	4.0	17.6	14.4	15.3	11.6	5.6	12.7	12.0
2008	2.7	1.8	8.3	9.4	2.8	7.9	5.1	5.4
2009	-0.4	-3.1	4.2	5.7	4.6	5.2	21.0	-1.8
2010	-2.2	1.4	1.6	5.3	2.7	1.0	-3.2	-3.0
2011	-2.8	3.1	2.0	-2.0		-1.7	12.6	12.1
2012	-0.8	-4.1	-1.5	1.1	0.8	0.6	4.5	6.1
2013	-0.3	-14.9	-8.6	-2.8	0.9	-5.7	-4.7	-10.1
2014	-2.2	-6.8	-12.3	-8.6	-1.6	2.8	-3.2	-6.2
2015	-9.7	-2.4	-5.2	-11.4	-1.8	-1.7	-6.3	1.8
2016	-0.7	4.7	0.5	-1.6	1.8	4.9	-5.2	-7.6

4-23 分地区技工学校情况(2016年)
General Condition of Vocational School by Region(2016)

单位：人 (person)

地 区	Region	学校数(个) Vocational Schools (unit)	在职教职工数 Total Teachers and Staff	女性 Female	专任教师数 Full-time Teachers	招生数 Entrants	在校学生数 Enrolment	女性 Female	毕业生数 Graduates
全 国	**National Total**	**2526**	**265053**	**118195**	**196446**	**1271983**	**3231523**	**960213**	**930668**
北 京	Beijing	29	3277	1602	1885	12272	35232	9102	12584
天 津	Tianjin	28	2513	1108	1643	8034	21795	5330	5917
河 北	Hebei	175	13076	6532	9539	43842	100535	26661	41257
山 西	Shanxi	98	8684	4356	5781	34077	100546	30799	38225
内蒙古	Inner Mongolia	50	6276	2898	4766	8076	16841	4617	6157
辽 宁	Liaoning	108	8552	4160	5961	22425	62313	15054	21015
吉 林	Jilin	60	3727	1764	2535	13454	29520	5694	8061
黑龙江	Heilongjiang	127	10893	5223	8083	23205	56295	18174	27561
江 苏	Jiangsu	121	18882	8767	14629	101975	243271	81173	71219
浙 江	Zhejiang	78	11229	5089	8810	47800	137923	38223	33880
安 徽	Anhui	86	7676	3137	5721	24735	56378	23801	19328
福 建	Fujian	62	4070	1880	3047	32244	59016	19925	17500
江 西	Jiangxi	89	9604	4190	7064	50411	126665	45576	31499
山 东	Shandong	194	29133	12229	22908	133600	335348	94172	89629
河 南	Henan	149	14089	5940	10163	108296	267042	78162	85050
湖 北	Hubei	124	7639	3073	5694	34694	79156	24161	27034
湖 南	Hunan	130	11056	3546	8683	47606	135654	37627	29207
广 东	Guangdong	166	29249	13259	21624	186303	532587	153836	161419
广 西	Guangxi	43	6120	2523	4623	55476	111627	34420	25146
海 南	Hainan	11	1524	684	1317	8295	21802	5049	5762
重 庆	Chongqing	51	4590	2079	2988	29492	97522	34132	23317
四 川	Sichuan	81	10480	4571	7862	39632	106669	33162	30136
贵 州	Guizhou	69	6455	2950	4729	36839	85207	26218	19421
云 南	Yunnan	36	5038	2094	4259	53259	132165	35316	28815
陕 西	Shaanxi	133	10437	4772	7172	63635	133876	39857	38359
甘 肃	Gansu	82	4553	1706	3078	11984	39559	15622	14948
青 海	Qinghai	14	1838	890	1439	3026	16753	4961	5778
宁 夏	Ningxia	24	2873	1513	1875	2489	3457	970	336
新 疆	Xinjiang	108	11520	5660	8568	34807	86769	18419	12108

注：专任教师人数包括文化技术理论课教师和生产实习指导教师，不含一体化教师。
Full-time teacher include teachers of cultural and technical theory and production guide teachers, not include allround teachers.

4-24 全国职业技能鉴定情况
Statistics of Occupational Skill Testing

单位：人 (person)

年 份 year	职业技能鉴定机构数（个） Numbe of Testing Agencies (unit)	鉴定所数 Testing Agencies	鉴定站数 Testing Stations	工考委和中央企业试点单位数 The Units of Workers Assessing Committees & the Central Enterprises Pilot	考评人员人数 Number of the Assessors	本年鉴定考核人数 Number of the Candidates	初 级 Primary	中 级 Medium	高 级 Senior
1996	5682	2369	794	2519	37859	2685695	932642	1318141	360490
1997	5752	3012	1030	1710	50779	3141832	1044325	1625749	427603
1998	6878	3690	1263	1925	70466	3194218	1185862	1670410	278862
1999	7820	4202	2240	1378	97209	3678723	1548193	1711318	369049
2000	8179	4440	2824	915	128033	4421880	1818534	2050863	505685
2001	8336	4702	2837	797	143068	5348001	2057575	2571508	645644
2002	8517	4448	3617	452	175247	6619012	2373190	3204580	965404
2003	7252	4780	2293	179	155971	6875444	2461777	3338421	969477
2004	9441	4305	5059	77	198560	8812781	3145324	4164858	1237088
2005	7654	4144	3347	163	164442	9577395	3222564	4552986	1456750
2006	7998	3860	4002	136	161596				
2007	7794	4251	3378	165	158186	12231413	4389064	5422375	1907654
2008	9933	4096	4662	1175	203883	13374707	5104213	5758542	2029246
2009	9538	4825	4486	227	232060	14920761	6029998	6110523	2126028
2010	9803	4612	5058	133	210497	16575457	6768836	6531792	2722092
2011	10677	5533	4977	167	194795	17459327	7254275	6579593	3098462
2012	10963	5321	5441	201	213403	18305470	7538797	6611139	3476563
2013	9865	5067	4664	134	252662	18385729	7752500	6355360	3514734
2014	9521	4387	4701	433	215761	18539992	6934618	6745021	3930805
2015	12156	5750	5578	828	264237	18941156	7079392	6986241	4006089
2016	8224	3460	4438	326	282782	17554798	6410623	6540058	3855614

4-24 续表 continued

单位：人 (person)

年 份 year	技 师 Technicians	高级技师 Senior Technicians	本年获取证书人数 Number of the Candidates Got the Certificates	初 级 Primary	中 级 Medium	高 级 Senior	技 师 Technicians	高级技师 Senior Technicians
1996	69132	5290	2146895	727215	1094809	271346	51262	2263
1997	39478	4677	2786360	949828	1439046	364024	30506	2956
1998	51799	7285	2858782	1071270	1491968	244529	44995	6020
1999	45329	4780	3141392	1341236	1466663	293584	36699	3210
2000	43794	3004	3726619	1553035	1743885	393201	34175	2323
2001	67688	5586	4570081	1756881	2236967	523010	49689	3534
2002	69379	6459	5562607	2036748	2712382	761195	48852	3430
2003	96653	9116	5839222	2124504	2870097	768890	69501	6230
2004	215859	49652	7375590	2692723	3519811	982528	143818	36710
2005	290637	54458	7857292	2732405	3756905	1133278	195577	39127
2006			9252416	3124130	4390924	1440591	260830	35384
2007	442715	69605	9956079	3687419	4518674	1429235	274176	46575
2008	403738	78968	11372105	4492273	4891989	1606473	318047	63323
2009	544210	110002	12320051	5251357	5134383	1516357	336623	81331
2010	453762	98975	13929377	5899097	5544598	2097432	316663	71587
2011	428247	98750	14820504	6533022	5464700	2464290	286769	71723
2012	503134	175837	15487834	6655352	5604790	2760639	336187	130866
2013	577770	185365	15366664	6766044	5372332	2728517	376144	123627
2014	654415	275133	15542766	6094580	5707155	3117737	429024	194270
2015	659634	209800	15392295	5915465	5831396	3092249	416439	136746
2016	577112	171391	14461529	5549708	5481352	2963711	350596	116162

4-25 初中阶段学校和构成情况(2016年)
Number and Composition of Schools in Junior Secondary Education(2016)

单位：所,% (unit,%)

项 目	Item	绝对数 Value				构成 Percentage			
		合计 Total	初级中学 Regular Junior Secondary Schools	九年一贯制学校 9-year Schools	职业初中 Vocational Junior Secondary Schools	合计 Total	初级中学 Regular Junior Secondary Schools	九年一贯制学校 10-year Schools	职业初中 Vocational Junior Secondary Schools
总 计	**Total**	**52118**	**36471**	**15631**	**16**	**100.00**	**100.00**	**100.00**	**100.00**
教育部门	Run by Ed. Dept.	46492	34998	11480	14	89.21	95.96	73.44	87.50
其他部门	Run by Non-ed. Dept.	516	155	360	1	0.99	0.42	2.30	6.25
地方企业办	Run by Local Enterprises	25	2	23		0.05	0.01	0.15	
民办	Non-government	5085	1316	3768	1	9.76	3.61	24.11	6.25
城区	**Urban Area**	**11924**	**7792**	**4129**	**3**	**100.00**	**100.00**	**100.00**	**100.00**
教育部门	Run by Ed. Dept.	9400	7153	2245	2	78.83	91.80	54.37	66.67
其他部门	Run by Non-ed. Dept.	129	60	68	1	1.08	0.77	1.65	33.33
地方企业办	Run by Local Enterprises	10	1	9		0.08	0.01	0.22	
民办	Non-government	2385	578	1807		20.00	7.42	43.76	
镇区	**Counties & Towns Area**	**24023**	**18355**	**5663**	**5**	**100.00**	**100.00**	**100.00**	**100.00**
教育部门	Run by Ed. Dept.	21780	17733	4043	4	90.66	96.61	71.39	80.00
其他部门	Run by Non-ed. Dept.	327	82	245		1.36	0.45	4.33	
地方企业办	Run by Local Enterprises	6		6		0.02		0.11	
民办	Non-government	1910	540	1369	1	7.95	2.94	24.17	20.00
乡村	**Rural Area**	**16171**	**10324**	**5839**	**8**	**100.00**	**100.00**	**100.00**	**100.00**
教育部门	Run by Ed. Dept.	15312	10112	5192	8	94.69	97.95	88.92	100.00
其他部门	Run by Non-ed. Dept.	60	13	47		0.37	0.13	0.80	
地方企业办	Run by Local Enterprises	9	1	8		0.06	0.01	0.14	
民办	Non-government	790	198	592		4.89	1.92	10.14	
总计中:	**of the Total:**								
独立设置少数	Inde. Sec. Schools for	1609	1057	549	3	3.09	2.90	3.51	18.75
民族学校	Minoritie	3.09	2.90	3.51	18.75				

4-26 初中学生和构成情况(2016年)
Number and Composition of Students in Junion Secondary Schools(2016)

单位：人，% (person,%)

项　目	Item	绝对数 Value				构成 Percentage			
		毕业生数 Graduates	招生数 Entrants	在校生数 Enrolment	# 女 Female	毕业生数 Graduates	招生数 Entrants	在校生数 Enrolment	# 女 Female
总　计	**Total**	**14238679**	**14871663**	**43293684**	**20085705**	**100.00**	**100.00**	**100.00**	**100.00**
教育部门	Run by Ed. Dept.	12554109	12911444	37739665	17768515	88.17	86.82	87.17	88.46
其他部门	Run by Non-ed. Dept.	75709	69315	215875	100033	0.53	0.47	0.50	0.50
地方企业办	Run by Local Enterprises	3121	3538	9976	4371	0.02	0.02	0.02	0.02
民办	Non-government	1605740	1887366	5328168	2212786	11.28	12.69	12.31	11.02
城区	**Urban Area**	**4829977**	**5134548**	**14894194**	**6856831**	**100.00**	**100.00**	**100.00**	**100.00**
教育部门	Run by Ed. Dept.	3971147	4141097	12074932	5650349	82.22	80.65	81.07	82.40
其他部门	Run by Non-ed. Dept.	27423	23380	74966	33235	0.57	0.46	0.50	0.48
地方企业办	Run by Local Enterprises	1766	1832	5263	2308	0.04	0.04	0.04	0.03
民办	Non-government	829641	968239	2739033	1170939	17.18	18.86	18.39	17.08
镇区	**Counties & Towns Area**	**7161283**	**7465976**	**21729103**	**10113374**	**100.00**	**100.00**	**100.00**	**100.00**
教育部门	Run by Ed. Dept.	6461141	6652487	19420895	9168428	90.22	89.10	89.38	90.66
其他部门	Run by Non-ed. Dept.	42501	40386	125332	59500	0.59	0.54	0.58	0.59
地方企业办	Run by Local Enterprises	1083	1392	3628	1653	0.02	0.02	0.02	0.02
民办	Non-government	656558	771711	2179248	883793	9.17	10.34	10.03	8.74
乡村	**Rural Area**	**2247419**	**2271139**	**6670387**	**3115500**	**100.00**	**100.00**	**100.00**	**100.00**
教育部门	Run by Ed. Dept.	2121821	2117860	6243838	2949738	94.41	93.25	93.61	94.68
其他部门	Run by Non-ed. Dept.	5785	5549	15577	7298	0.26	0.24	0.23	0.23
地方企业办	Run by Local Enterprises	272	314	1085	410	0.01	0.01	0.02	0.01
民办	Non-government	119541	147416	409887	158054	5.32	6.49	6.14	5.07

4-27 普通小学校数、教学点数及学生情况(2016年)
Number of Schools, External Teaching Sites and Students in Regular Primary Schools(2016)

项　目	Item	学校数(所) Schools (unit)	教学点数(个) External Teachingsites (unit)	毕业生数(人) Graduates (person)	招生数(人) Entrants (person)	#受过学前教育 Those Received the Pre-school Education	在校生数(人) Enrolment (person)	#女 Female
总　计	**Total**	**177633**	**98437**	**15074466**	**17524659**	**17237153**	**99130126**	**45964114**
教育部门	Run by Ed. Dept.	171316	97991	13815119	16182693	15908075	91181154	42622248
其他部门	Run by Non-ed. Dept.	312	97	63360	60844	59998	365062	172085
地方企业办	Run by Local Enterprises	30		3397	3545	3467	20619	9312
民办	Non-government	5975	349	1192590	1277577	1265613	7563291	3160469
城区	**Urban Area**	**26649**	**1531**	**4785385**	**5917751**	**5869129**	**32671812**	**14971881**
教育部门	Run by Ed. Dept.	24460	1523	4188656	5183432	5141752	28591165	13222370
其他部门	Run by Non-ed. Dept.	105	5	17591	16873	16759	104500	48863
地方企业办	Run by Local Enterprises	12		1643	2274	2260	12175	5536
民办	Non-government	2072	3	577495	715172	708358	3963972	1695112
镇区	**Counties & Towns Area**	**44581**	**10106**	**5966526**	**6434917**	**6368407**	**37540969**	**17288059**
教育部门	Run by Ed. Dept.	42355	10026	5483769	6025475	5963482	34842374	16187889
其他部门	Run by Non-ed. Dept.	152	28	39195	37341	36735	220636	104252
地方企业办	Run by Local Enterprises	3		1149	772	738	4790	2260
民办	Non-government	2071	52	442413	371329	367452	2473169	993658
乡村	**Rural Area**	**106403**	**86800**	**4322555**	**5171991**	**4999617**	**28917345**	**13704174**
教育部门	Run by Ed. Dept.	104501	86442	4142694	4973786	4802841	27747615	13211989
其他部门	Run by Non-ed. Dept.	55	64	6574	6630	6504	39926	18970
地方企业办	Run by Local Enterprises	15		605	499	469	3654	1516
民办	Non-government	1832	294	172682	191076	189803	1126150	471699
总计中:	**of the Total:**							
五年制	5-Year			532745	533348	532208	2618492	1230715
九年一贯制学校	9-year Sec Schools			1527985	1676992	1657612	9703690	4378713
十二年一贯制学校	12-year Sec Schools			155987	160544	159013	957892	397626
独立设置的少数民族学校	Inde. Schools for Minorities	7161		460666	547548	493319	3080760	1480992

4-28 进城务工子女在校情况（2016年）
Children of Migrant Workers (2016)

单位：人　　(person)

项　目	Item	进城务工人员随迁子女 Children of Migrant Workers	#外省迁入 From Other Provinces	#本省外县迁入 From Other Counties of the Same Province
普通小学	Regular Primary Schools			
毕业生数	Graduates	1300339	598536	701803
招生数	Entrants	1836194	820450	1015744
#受过学前教育	Trained in Preschool	1826155	817391	1008764
在校学生数	Enrolment	10367103	4705763	5661340
#女	Female	4520120	2033618	2486502
初中	Junior Secondary Schools			
毕业生数	Graduates	918719	332178	586541
招生数	Entrants	1264891	524193	740698
在校学生数	Enrolment	3580615	1427294	2153321
#女	Female	1548978	605943	943035

4-29 特殊教育学校数和学生情况(2016年)
Number of Schools and Students in Special Education(2016)

项 目	Item	学校数(所) Schools (unit)	毕业生数(人) Graduates (person)	招生数(人) Entrants (person)	在校生数(人) Enrolment (person)	#女 Female
总 计	**Total**	**2080**	**59164**	**91521**	**491740**	**176744**
#女	Female		20774	32941	176744	176744
少数民族学生	Minority Student		4926	9469	46569	18835
寄宿生	Resident Student		14067	24911	147653	55947
特殊教育学校中	In Special Education:					
寄宿生	Resident Student		7799	16155	110910	41813
职业技术班	Vocational Technology Class		790	744	3382	1070
视力残疾	Vision Disability	29	6331	6659	36082	13543
听力残疾	Hearing Disability	425	13156	14566	89990	37095
智力残疾	Intelligence Disability	464	26445	47917	260546	90214
其他残疾	Other Disability	1162	13232	22379	105122	35892
特殊教育学校	Special Education School		22541	39698	220918	82099
视力残疾	Vision Disability		1594	1552	8644	3154
听力残疾	Hearing Disability		9730	8804	61407	26792
智力残疾	Intelligence Disability		10791	27227	142767	49560
其他残疾	Other Disability		426	2115	8100	2593
城区	Area	998	24121	31926	180307	65104
镇区	Urban	946	23769	39519	203079	73877
乡村	Rural	136	11274	20076	108354	37763

4-30 幼儿园数、班数和构成情况(2016年)
Number of Kindergartens,Classes and Composition in Pre-primary Education (2016)

项目	Item	绝对数 Value			构成(%) Percentage(%)		
		幼儿园数(所) Number of Kindergartens (unit)	#少数民族 Minorities	班数(个) Classes (unit)	幼儿园数(所) Number of Kindergartens (unit)	#少数民族 Minorities	班数(个) Classes (unit)
总　计	**Total**	**239812**	**5455**	**1527353**	**100.00**	**100.00**	**100.00**
教育部门	Run by Ed.Dept.	66119	4723	532526	27.57	86.58	34.87
其他部门办	Run by Non-ed.Dept.	1824	32	21173	0.76	0.59	1.39
地方企业	Run by Local Enterprises	1328		10740	0.55		0.70
事业单位	Run by Public Institutions	3272	37	20449	1.36	0.68	1.34
部队	Run by Army	513		4247	0.21		0.28
集体办	Run by Communities	12553	48	65945	5.23	0.88	4.32
民办	Run by Non-government	154203	615	872273	64.30	11.27	57.11
城区	**Urban Area**	**74262**	**368**	**551252**	**100.00**	**100.00**	**100.00**
教育部门	Run by Ed.Dept.	9769	172	108972	13.15	46.74	19.77
其他部门办	Run by Non-ed.Dept.	1091	3	12370	1.47	0.82	2.24
地方企业	Run by Local Enterprises	1063		8819	1.43		1.60
事业单位	Run by Public Institutions	1026	15	8327	1.38	4.08	1.51
部队	Run by Army	480		4097	0.65		0.74
集体办	Run by Communities	3988	14	29228	5.37	3.80	5.30
民办	Run by Non-government	56845	164	379439	76.55	44.57	68.83
镇区	**Counties & Towns Area**	**81666**	**1056**	**548603**	**100.00**	**100.00**	**100.00**
教育部门	Run by Ed.Dept.	21492	753	195379	26.32	71.31	35.61
其他部门办	Run by Non-ed.Dept.	584	10	5839	0.72	0.95	1.06
地方企业	Run by Local Enterprises	227		1690	0.28		0.31
事业单位	Run by Public Institutions	915	14	5829	1.12	1.33	1.06
部队	Run by Army	14		73	0.02		0.01
集体办	Run by Communities	2676	9	17706	3.28	0.85	3.23
民办	Run by Non-government	55758	270	322087	68.28	25.57	58.71
乡村	**Rural Area**	**83884**	**4031**	**427498**	**100.00**	**100.00**	**100.00**
教育部门	Run by Ed.Dept.	34858	3798	228175	41.56	94.22	53.37
其他部门办	Run by Non-ed.Dept.	149	19	2964	0.18	0.47	0.69
地方企业	Run by Local Enterprises	38		231	0.05		0.05
事业单位	Run by Public Institutions	1331	8	6293	1.59	0.20	1.47
部队	Run by Army	19		77	0.02		0.02
集体办	Run by Communities	5889	25	19011	7.02	0.62	4.45
民办	Run by Non-government	41600	181	170747	49.59	4.49	39.94

4-31 小学学龄儿童净入学率和各级普通学校毕业生升学率
Net Enrolment Ratio of School-age Children in Primary Schools and Promotion Rate of Graduates of Regular School by Levels

单位：% (%)

年 份 Year	小学学龄儿童净入学率 Net Enrollment Ratio of School-age Children in Primary Schools	小学升学率 Promotion Rate from Primary Schools to Junior Secondary Schools	初中升学率 Promotion Rate from Junior Secondary Schools to Senior Secondary Schools	高中升学率 Promotion Rate from Senior Secondary Schools to Higher Education
1990	97.8	74.6	40.6	27.3
1991	97.9	77.7	42.6	28.7
1992	97.2	79.7	43.4	34.9
1993	97.7	81.8	44.1	43.3
1994	98.4	86.6	47.8	46.7
1995	98.5	90.8	48.3	49.9
1996	98.8	92.6	48.8	51.0
1997	98.9	93.7	57.5	48.6
1998	98.9	94.3	50.7	46.1
1999	99.1	94.4	50.0	63.8
2000	99.1	94.9	51.2	73.2
2001	99.1	95.5	52.9	78.8
2002	98.6	97.0	58.3	83.5
2003	98.7	97.9	59.6	83.4
2004	98.9	98.1	63.8	82.5
2005	99.2	98.4	69.7	76.3
2006	99.3	100.0	75.7	75.1
2007	99.5	99.9	80.5	70.3
2008	99.5	99.7	82.1	72.7
2009	99.4	99.1	85.6	77.6
2010	99.7	98.7	87.5	83.3
2011	99.8	98.3	88.9	86.5
2012	99.9	98.3	88.4	87.0
2013	99.7	98.3	91.2	87.6
2014	99.8	98.0	95.1	90.2
2015	99.9	98.2	94.1	92.5
2016	99.9	98.7	93.7	94.5

注：1.1991年以前的入学率是按7-11周岁统一计算的；从1991年起入学率是按各地不同入学年龄和学制分别计算的。
2.高中升学率为普通高校招生数与普通高中毕业生数之比。

a) Enrolment ratio of school-age children before 1991 was calculated on the basis of primary school pupils aged 7-11 enrolled.From 1991 onwards its calculation has taken account of the age of entry and the length of schooling prevailing.

b) Promotion rate of senior secondary school graduates is the ratio of total number of new entrants.

4-32 每十万人口各级学校平均在校生数
Number of Enrolment of Per 100 000 Inhabitants

单位：人 (person)

年 份 Year	高等教育 Higher Education	高中阶段 Senior Secondary Education	初中阶段 Junior Secondary Education	小学 Primary Education	学前教育 Pre-school Education
1990	326	1337	3426	10707	1725
1991	304	1355	3465	10502	1907
1992	313	1365	3518	10413	2072
1993	376	1448	3599	10656	2190
1994	433	1293	3681	10819	2219
1995	457	1610	3945	11010	2262
1996	470	1780	4180	11273	2208
1997	482	1905	4289	11435	2058
1998	519	1978	4408	11287	1944
1999	594	2032	4656	10855	1864
2000	723	2000	4969	10335	1782
2001	931	2021	5161	9937	1602
2002	1146	2283	5240	9525	1595
2003	1298	2523	5209	9100	1560
2004	1420	2824	5058	8725	1617
2005	1613	3070	4781	8358	1676
2006	1816	3321	4557	8192	1731
2007	1924	3409	4364	8037	1787
2008	2042	3463	4227	7819	1873
2009	2128	3495	4097	7584	2001
2010	2189	3504	3955	7448	2230
2011	2253	3495	3779	7403	2554
2012	2335	3411	3535	7196	2736
2013	2418	3227	3279	6913	2876
2014	2488	3100	3222	6946	2977
2015	2524	2965	3152	7086	3118
2016	2530	2887	3150	7211	3211

4-33 分地区每十万人口各级学校平均在校生数(2016年)
Number of Students Per 100 000 Population by Level(2016)

单位：人 (person)

地 区	Region	学前教育 Pre-education	小 学 Primary Education	初中阶段 Junior Secondary	高中阶段 Senior Secondary	高等教育 Higher Education
全 国	**National Total**	**3211**	**7211**	**3150**	**2887**	**2530**
北 京	Beijing	1921	4000	1236	1321	5028
天 津	Tianjin	1724	4080	1657	1851	4058
河 北	Hebei	3153	8358	3281	2657	2191
山 西	Shanxi	2705	6198	2982	3270	2439
内蒙古	Inner Mongolia	2419	5329	2439	2669	1937
辽 宁	Liaoning	2083	4538	2233	2297	2845
吉 林	Jilin	1683	4592	2195	2040	3048
黑龙江	Heilongjiang	1385	3776	2371	2193	2427
上 海	Shanghai	2304	3270	1711	1120	3327
江 苏	Jiangsu	3225	6547	2444	2318	2937
浙 江	Zhejiang	3463	6410	2714	2589	2355
安 徽	Anhui	3136	7005	3161	3145	2259
福 建	Fujian	4079	7780	3008	2787	2438
江 西	Jiangxi	3483	9259	3948	3125	2698
山 东	Shandong	2795	7021	3208	2837	2620
河 南	Henan	4311	10186	4386	3458	2352
湖 北	Hubei	2904	5915	2418	2239	2950
湖 南	Hunan	3316	7398	3318	2787	2251
广 东	Guangdong	3887	8344	3206	3344	2431
广 西	Guangxi	4371	9411	4144	3602	2279
海 南	Hainan	3815	8711	3554	3371	2258
重 庆	Chongqing	3091	6955	3202	3461	3059
四 川	Sichuan	3161	6698	2984	3025	2314
贵 州	Guizhou	4097	10011	5358	4583	2005
云 南	Yunnan	2773	7942	3950	2965	1889
西 藏	Tibet	2987	9349	3712	2316	1765
陕 西	Shaanxi	3774	6375	2771	3101	3540
甘 肃	Gansu	3431	7006	3370	3295	2189
青 海	Qinghai	3398	7787	3536	3637	1319
宁 夏	Ningxia	3087	8726	4112	3489	2225
新 疆	Xinjiang	3896	9150	3792	3565	1780

注：1.高等教育包括普通高等学校和成人高等学校。
2.高中阶段合计数据包括普通高中、成人高中、普通中专、职业高中、技工学校和成人中专。
3.初中阶段包括普通初中和职业初中。

a) Institutions of higher education include that of regular institutions of higher education and institutions of higher education for adults.

b) Total of senior schools include that of regular senior schools, adult senior schools, regular secondary technical schools, secondary vocational schools, technical worker school, adult technical secondary schools.

c) Junior secondary schools include regular junior schools and junior vocational schools.

4-34 分地区普通本专科学生情况（2016年）

Number of Regular Students Enrolled in Normal and Short-cycle Courses in Regular Higher Education by Region (2016)

单位：人 (person)

地 区	Region	招生数 Entrants	本 科 Normal Courses	专 科 Short-cycle Courses	在校学生数 Enrolment	本 科 Normal Courses	专 科 Short-cycle Courses
全 国	**National Total**	**7486110**	**4054007**	**3432103**	**26958433**	**16129535**	**10828898**
北 京	Beijing	151150	127715	23435	599188	511754	87434
天 津	Tianjin	139027	85066	53961	513842	337252	176590
河 北	Hebei	357918	182061	175857	1216096	708713	507383
山 西	Shanxi	203651	119819	83832	756287	474271	282016
内蒙古	Inner Mongolia	121850	62560	59290	436699	246455	190244
辽 宁	Liaoning	255721	166002	89719	998719	710581	288138
吉 林	Jilin	173218	118753	54465	642263	475665	166598
黑龙江	Heilongjiang	197846	126134	71712	735857	513947	221910
上 海	Shanghai	137458	93146	44312	514683	371266	143417
江 苏	Jiangsu	452701	268822	183879	1745847	1068951	676896
浙 江	Zhejiang	257892	145368	112524	996143	610706	385437
安 徽	Anhui	307395	160469	146926	1145007	638702	506305
福 建	Fujian	197740	117999	79741	756392	499185	257207
江 西	Jiangxi	295980	135137	160843	1038951	518949	520002
山 东	Shandong	555211	262746	292465	1995880	1009390	986490
河 南	Henan	550127	256193	293934	1874752	1034237	840515
湖 北	Hubei	390697	212750	177947	1401840	860578	541262
湖 南	Hunan	349431	173177	176254	1225016	688126	536890
广 东	Guangdong	539813	275080	264733	1892878	1076753	816125
广 西	Guangxi	248411	114813	133598	810282	422949	387333
海 南	Hainan	53176	28021	25155	184875	107657	77218
重 庆	Chongqing	204887	111571	93316	732475	445398	287077
四 川	Sichuan	414747	218165	196582	1446559	820977	625582
贵 州	Guizhou	186996	81540	105456	573932	301642	272290
云 南	Yunnan	179949	100628	79321	656594	401259	255335
西 藏	Tibet	10143	5993	4150	35034	23912	11122
陕 西	Shaanxi	283555	161016	122539	1076254	677259	398995
甘 肃	Gansu	125813	72261	53552	457204	291662	165542
青 海	Qinghai	19063	9235	9828	61860	36146	25714
宁 夏	Ningxia	32353	19486	12867	117149	76218	40931
新 疆	Xinjiang	92191	42281	49910	319875	168975	150900

4-34 续表 continued

单位：人 (person)

地区	Region	毕业生数 Graduates	本科 Normal Courses	专科 Short-cycle Courses	授予学位数 Degrees Conferred	预计毕业生数 Estimated Graduates for Next Year	本科 Normal Courses	专科 Short-cycle Courses
全国	**National Total**	**7041800**	**3743680**	**3298120**	**3659686**	**7595176**	**3991586**	**3603590**
北京	Beijing	155327	120007	35320	117728	162698	127542	35156
天津	Tianjin	137906	79590	58316	76383	145275	83379	61896
河北	Hebei	335218	163600	171618	161485	333949	173349	160600
山西	Shanxi	199259	101534	97725	99604	212584	114091	98493
内蒙古	Inner Mongolia	111516	55088	56428	53343	122672	59754	62918
辽宁	Liaoning	263530	165851	97679	164454	280452	183155	97297
吉林	Jilin	164912	113696	51216	110216	174472	118274	56198
黑龙江	Heilongjiang	199598	127314	72284	126058	201155	128515	72640
上海	Shanghai	132596	87670	44926	85486	146284	96508	49776
江苏	Jiangsu	481554	244215	237339	237518	510184	264573	245611
浙江	Zhejiang	273342	146241	127101	144075	287237	153876	133361
安徽	Anhui	308025	147112	160913	144898	328540	155487	173053
福建	Fujian	199465	112010	87455	110819	215419	127992	87427
江西	Jiangxi	256369	121461	134908	118749	299797	125230	174567
山东	Shandong	509142	236551	272591	232497	584293	252214	332079
河南	Henan	486850	242816	244034	238011	514968	259373	255595
湖北	Hubei	394158	216203	177955	211325	406081	219946	186135
湖南	Hunan	316504	162337	154167	156054	340196	168539	171657
广东	Guangdong	489397	233592	255805	231471	533925	257466	276459
广西	Guangxi	189441	82517	106924	80696	222713	95768	126945
海南	Hainan	48713	25305	23408	24316	51937	25521	26416
重庆	Chongqing	189918	109317	80601	104719	203825	109876	93949
四川	Sichuan	362127	182477	179650	179168	404090	194606	209484
贵州	Guizhou	116794	64230	52564	60107	152668	76587	76081
云南	Yunnan	152435	85795	66640	83399	179507	99316	80191
西藏	Tibet	9201	5203	3998	5027	9115	5569	3546
陕西	Shaanxi	321348	183804	137544	180486	311833	177571	134262
甘肃	Gansu	119911	70621	49290	68550	127991	72533	55458
青海	Qinghai	14097	8031	6066	7665	15294	8479	6815
宁夏	Ningxia	29436	16845	12591	16129	32508	18154	14354
新疆	Xinjiang	73711	32647	41064	29250	83514	38343	45171

4-35 分地区普通高中情况（2016年）
Statistics on Regular Senior Secondary Schools by Region (2016)

单位：人 (person)

地 区	Region	学校数（所） Schools (unit)	教职工数 Educational Personnel	#专任教师 Full-time Teachers	毕业生数 Graduates	招生数 Entrants	在校学生数 Enrolment
全 国	**National Total**	**13383**	**2591946**	**1733459**	**7923500**	**8029206**	**23666465**
北 京	Beijing	305	56863	21056	52841	53544	163130
天 津	Tianjin	182	29476	16401	56059	54143	163974
河 北	Hebei	598	131826	89131	368170	432658	1213315
山 西	Shanxi	503	99202	63339	284423	244539	753777
内蒙古	Inner Mongolia	289	53119	34823	160737	146962	448994
辽 宁	Liaoning	412	64370	50630	216098	212049	625066
吉 林	Jilin	241	42348	29262	138986	139534	404209
黑龙江	Heilongjiang	372	58939	42312	190714	186283	549844
上 海	Shanghai	256	31530	17669	51889	53066	157806
江 苏	Jiangsu	571	126315	95070	338683	318236	951525
浙 江	Zhejiang	574	90715	67976	259893	258898	765605
安 徽	Anhui	672	116799	77330	388305	358775	1106953
福 建	Fujian	533	98162	50424	196997	217129	634747
江 西	Jiangxi	469	84586	54829	302009	330240	942855
山 东	Shandong	580	162394	129631	579148	557806	1664949
河 南	Henan	792	155545	117866	633076	695330	1995960
湖 北	Hubei	532	87574	66528	305669	277056	845040
湖 南	Hunan	579	106519	72229	341973	393932	1109093
广 东	Guangdong	1031	252436	151612	703300	643293	1973727
广 西	Guangxi	450	75459	53370	268465	338497	918939
海 南	Hainan	109	25658	12790	58826	57268	169899
重 庆	Chongqing	260	68250	39887	219224	199687	606811
四 川	Sichuan	739	163713	96213	496623	476045	1447174
贵 州	Guizhou	437	80641	61030	307414	342626	993695
云 南	Yunnan	480	84546	53875	248914	288237	805829
西 藏	Tibet	31	5741	4985	19964	19514	56897
陕 西	Shaanxi	485	85375	57471	277569	257192	783114
甘 肃	Gansu	379	61079	45107	219083	193389	603490
青 海	Qinghai	106	13237	8923	38041	42622	120304
宁 夏	Ningxia	62	13367	10639	56075	47703	151995
新 疆	Xinjiang	354	66162	41051	144332	192953	537749

4-36 分地区中等职业学校情况（2016年）
Statistics on Secondary Vocational Schools by Region (2016)

单位：人 (person)

地区	Region	学校数（所）Schools (unit)	教职工数 Educational Personnel	#专任教师 Full-time Teachers	毕业生数 Graduates	#获得职业资格证书 With Professional Qualification Certificates	招生数 Entrants	在校学生数 Enrolment	预计毕业生数 Estimated Graduates for Next Year
全　国	**National Total**	**8367**	**821047**	**643143**	**4405572**	**3547673**	**4661428**	**12758604**	**4192367**
北　京	Beijing	92	10452	6681	29837	21150	23409	85780	25529
天　津	Tianjin	76	8753	6458	31055	26558	37366	101055	31064
河　北	Hebei	609	57652	44873	196609	152040	274261	658083	225845
山　西	Shanxi	447	32570	25475	129594	106991	111013	337947	119565
内蒙古	Inner Mongolia	247	18394	13773	69116	50712	71807	202672	68444
辽　宁	Liaoning	287	27925	20566	106649	69623	112032	318885	101351
吉　林	Jilin	277	19362	14540	48920	29499	46958	129856	39879
黑龙江	Heilongjiang	237	19617	14083	74927	56697	71021	215729	76893
上　海	Shanghai	96	12605	8229	38418	33207	35443	112013	38217
江　苏	Jiangsu	235	49706	41658	229665	211914	220939	652499	217876
浙　江	Zhejiang	262	38393	33491	169894	164726	188355	520695	159624
安　徽	Anhui	374	34397	28630	329317	294052	305752	781809	288058
福　建	Fujian	207	20586	16732	131698	122039	137049	380533	120411
江　西	Jiangxi	394	17340	13496	118010	86184	135843	361692	105946
山　东	Shandong	428	60613	48244	286687	237108	288180	809826	258771
河　南	Henan	651	64222	50282	339047	270741	374900	1015766	338099
湖　北	Hubei	289	27672	20657	111352	92976	132075	375637	116125
湖　南	Hunan	460	33290	25620	199567	168372	251324	660887	195218
广　东	Guangdong	468	57472	44776	389163	254377	351909	1065745	332268
广　西	Guangxi	276	27944	20733	224426	145645	256261	698572	222967
海　南	Hainan	79	6298	4448	36121	14979	44176	115088	33395
重　庆	Chongqing	132	18074	14808	99687	81735	111203	311632	95183
四　川	Sichuan	445	48896	38759	403808	373569	374774	914426	360223
贵　州	Guizhou	195	21760	17717	173046	140369	196615	550922	179030
云　南	Yunnan	374	26677	21453	147993	113780	183589	486248	149874
西　藏	Tibet	10	1403	1295	4162	833	7434	18157	5639
陕　西	Shaanxi	265	21218	15471	113590	91939	93314	277832	99430
甘　肃	Gansu	220	18608	15367	74645	63387	80547	210710	72483
青　海	Qinghai	39	3058	2457	19256	12289	26852	74057	20216
宁　夏	Ningxia	29	3475	2693	24379	17592	28088	78743	25008
新　疆	Xinjiang	167	12615	9678	54934	42590	88939	235108	69736

4-37 分地区初中情况（2016年）
Statistics on Regular Junior Secondary Schools by Region (2016)

单位：人 (person)

地 区	Region	学校数（所）Schools (unit)	专任教师 Full-time Teachers	城区 City	镇区 Township	乡村 Rural	在校学生数 Enrolment	城区 City	镇区 Township	乡村 Rural
全 国	**National Total**	**52118**	**3487789**	**1161214**	**1718815**	**607760**	**43293684**	**14894194**	**21729103**	**6670387**
北 京	Beijing	341	33469	26593	4158	2718	268273	220595	31488	16190
天 津	Tianjin	334	26632	17709	5958	2965	256383	166771	61291	28321
河 北	Hebei	2379	179189	50688	93704	34797	2435810	689249	1329598	416963
山 西	Shanxi	1850	110164	34743	55018	20403	1092739	384502	561240	146997
内蒙古	Inner Mongolia	693	57069	21725	31693	3651	612376	256997	325659	29720
辽 宁	Liaoning	1521	98960	51178	36248	11534	978298	512714	362583	103001
吉 林	Jilin	1172	64694	25518	25465	13711	604277	279456	227725	97096
黑龙江	Heilongjiang	1451	90447	37489	37487	15471	903883	408117	379586	116180
上 海	Shanghai	545	38088	31034	5877	1177	413298	344483	58342	10473
江 苏	Jiangsu	2121	176597	82668	84868	9061	1949456	958466	909135	81855
浙 江	Zhejiang	1717	121850	59194	52261	10395	1503118	741960	648367	112791
安 徽	Anhui	2800	151870	32815	81017	38038	1941986	456207	1078681	407098
福 建	Fujian	1245	98789	32755	46876	19158	1154758	465505	516352	172901
江 西	Jiangxi	2142	119533	28252	63236	28045	1802808	451097	993054	358657
山 东	Shandong	2924	267840	97852	142295	27693	3159129	1239000	1624534	295595
河 南	Henan	4557	286446	66931	152055	67460	4158272	993651	2320310	844311
湖 北	Hubei	2026	129157	49710	61032	18415	1414864	589002	646844	179018
湖 南	Hunan	3322	169279	37089	88665	43525	2250503	553955	1236898	459650
广 东	Guangdong	3479	275836	140102	107156	28578	3478440	1906110	1252652	319678
广 西	Guangxi	1812	123427	27666	76881	18880	1987540	427185	1267044	293311
海 南	Hainan	394	25882	9554	14470	1858	323736	144977	161687	17072
重 庆	Chongqing	860	75330	28075	40445	6810	966021	364236	519059	82726
四 川	Sichuan	3816	198463	48155	113055	37253	2448234	645801	1412391	390042
贵 州	Guizhou	2099	127097	22138	75446	29513	1891411	328571	1141765	421075
云 南	Yunnan	1672	126516	21472	65163	39881	1873150	321663	992245	559242
西 藏	Tibet	98	10061	1834	6592	1635	120283	19754	78112	22417
陕 西	Shaanxi	1691	101924	28954	61773	11197	1051036	377118	592415	81503
甘 肃	Gansu	1482	82364	16490	39035	26839	876171	209578	426419	240174
青 海	Qinghai	268	16171	4340	8381	3450	207937	59973	109443	38521
宁 夏	Ningxia	245	19740	7131	9108	3501	274696	110113	126486	38097
新 疆	Xinjiang	1062	84905	21360	33397	30148	894798	267388	337698	289712

4-38 分地区普通小学情况（2016年）
Statistics on Regular Primary Schools by Region (2016)

单位：人 (person)

地区	Region	学校数(所) Schools (unit)	专任教师 Full-time Teachers	城区 City	镇区 Township	乡村 Rural	在校学生数 Enrolment	城区 City	镇区 Township	乡村 Rural
全国	National Total	**177633**	**5789145**	**1734967**	**2078955**	**1975223**	**99130126**	**32671812**	**37540969**	**28917345**
北京	Beijing	984	61811	49576	6097	6138	868417	724099	79876	64442
天津	Tianjin	857	41547	28949	5460	7138	631195	429586	94975	106634
河北	Hebei	11944	351408	72600	127807	151001	6205473	1386416	2405076	2413981
山西	Shanxi	6043	171535	46620	64793	60122	2270899	818883	958050	493966
内蒙古	Inner Mongolia	1730	99358	30963	48102	20293	1338134	526166	638305	173663
辽宁	Liaoning	3954	140400	66049	41087	33264	1988681	1101052	536079	351550
吉林	Jilin	4281	109650	35246	35766	38638	1264211	518910	452580	292721
黑龙江	Heilongjiang	1979	119412	40690	45834	32888	1439381	621304	588558	229519
上海	Shanghai	753	53389	42428	8410	2551	789721	635870	117135	36716
江苏	Jiangsu	4036	289202	126141	125650	37411	5222018	2255083	2289999	676936
浙江	Zhejiang	3269	200020	94914	73633	31473	3550236	1721989	1330888	497359
安徽	Anhui	8284	240493	44410	94833	101250	4303637	891382	1860905	1551350
福建	Fujian	5188	165910	56935	62882	46093	2986658	1196131	1154673	635854
江西	Jiangxi	8329	219161	45114	89693	84354	4227605	968309	1938812	1320484
山东	Shandong	10027	408856	130256	152974	125626	6913144	2377538	2605477	1930129
河南	Henan	22822	506131	96786	179212	230133	9655895	2059571	3732635	3863689
湖北	Hubei	5383	202014	67632	74021	60361	3461337	1307462	1321295	832580
湖南	Hunan	8272	253718	58037	106885	88796	5018111	1220932	2318263	1478916
广东	Guangdong	10178	486578	254793	122746	109039	9052214	5125882	2275024	1651308
广西	Guangxi	10173	232548	46176	76713	109659	4513712	966485	1577595	1969632
海南	Hainan	1509	49060	13379	20252	15429	793553	300074	333732	159747
重庆	Chongqing	2979	123066	41105	51441	30520	2098191	768524	932074	397593
四川	Sichuan	5981	314406	66739	141229	106438	5495234	1293370	2609872	1591992
贵州	Guizhou	7818	197069	31349	73872	91848	3533745	637826	1450236	1445683
云南	Yunnan	11673	227046	32515	61684	132847	3766145	654426	1035042	2076677
西藏	Tibet	805	21084	2767	6590	11727	302892	43020	91659	168213
陕西	Shaanxi	5507	156241	43887	74647	37707	2417852	848481	1175814	393557
甘肃	Gansu	6924	141113	23660	43602	73851	1821629	425803	648584	747242
青海	Qinghai	889	26408	5999	10236	10173	457893	114301	186968	156624
宁夏	Ningxia	1536	34116	9749	10871	13496	582883	197717	194608	190558
新疆	Xinjiang	3526	146395	29503	41933	74959	2159430	535220	606180	1018030

4-39 分地区特殊教育情况（2016年）
Statistics on Special Education by Region (2016)

单位：人 (person)

地区	Region	学校数（所）Schools (unit)	专任教师 Full-time Teachers	毕业生数 Graduates	招生数 Entrants	在校学生数 Enrolment	#女 Female
全 国	**National Total**	**2080**	**53213**	**59164**	**91521**	**491740**	**176744**
北 京	Beijing	22	1036	1588	916	6927	2463
天 津	Tianjin	20	620	370	470	3489	1206
河 北	Hebei	160	3225	1308	2277	14589	5257
山 西	Shanxi	69	1516	1296	2050	10770	4260
内蒙古	Inner Mongolia	46	1313	1033	1581	9423	3534
辽 宁	Liaoning	75	2109	1035	1358	9296	3268
吉 林	Jilin	49	1552	684	1338	7484	2719
黑龙江	Heilongjiang	73	1926	1159	2058	10862	3850
上 海	Shanghai	29	1248	1557	994	7457	2634
江 苏	Jiangsu	101	3346	3282	3964	24662	8589
浙 江	Zhejiang	84	2379	2598	2567	16660	5900
安 徽	Anhui	71	1541	1395	3660	20921	7514
福 建	Fujian	71	1993	3666	4012	25521	8855
江 西	Jiangxi	88	1322	2717	6253	28006	10343
山 东	Shandong	146	4978	3233	4418	26324	9173
河 南	Henan	146	3604	1464	5076	23875	8445
湖 北	Hubei	84	1741	1246	2413	11831	4125
湖 南	Hunan	79	1731	3328	5446	25737	8763
广 东	Guangdong	127	4069	3786	6853	37756	11849
广 西	Guangxi	79	1482	1570	3257	15947	5377
海 南	Hainan	7	250	264	397	2142	730
重 庆	Chongqing	36	926	1769	2863	16079	5682
四 川	Sichuan	125	2503	8192	9579	47780	17957
贵 州	Guizhou	76	1637	2049	4443	20235	7485
云 南	Yunnan	61	1512	4486	5793	27690	10932
西 藏	Tibet	5	201	210	458	2672	1176
陕 西	Shaanxi	56	1161	1099	1905	10560	4100
甘 肃	Gansu	40	825	1046	2235	11373	4162
青 海	Qinghai	15	162	349	694	3747	1523
宁 夏	Ningxia	12	368	445	709	4388	1749
新 疆	Xinjiang	28	937	940	1484	7537	3124

4-40 分地区各级学校生师比(2016年)
Student-Teacher Ratio by Level of Regular Schools by Region(2016)

(教师人数=1) (Number of Teachers=1)

地 区	Region	普通小学 Primary School	初 中 Junior Secondary School	普通高中 Regular Senior Secondary School	中等职业学校 Secondary Vocational School	普通高校 Regular Institution of Higher Education
全 国	**National Total**	**17.12**	**12.41**	**13.65**	**19.84**	**17.07**
北 京	Beijing	14.05	8.02	7.75	12.84	14.97
天 津	Tianjin	15.19	9.63	10.00	15.65	17.69
河 北	Hebei	17.66	13.59	13.61	14.67	16.90
山 西	Shanxi	13.24	9.92	11.90	13.27	18.13
内蒙古	Inner Mongolia	13.47	10.73	12.89	14.72	17.37
辽 宁	Liaoning	14.16	9.89	12.35	15.51	16.82
吉 林	Jilin	11.53	9.34	13.81	8.93	17.05
黑龙江	Heilongjiang	12.05	9.99	12.99	15.32	15.20
上 海	Shanghai	14.79	10.85	8.93	13.61	16.11
江 苏	Jiangsu	18.06	11.04	10.01	15.66	15.34
浙 江	Zhejiang	17.75	12.34	11.26	15.55	15.26
安 徽	Anhui	17.90	12.79	14.31	27.31	18.44
福 建	Fujian	18.00	11.69	12.59	22.74	15.79
江 西	Jiangxi	19.29	15.08	17.20	26.80	17.29
山 东	Shandong	16.91	11.79	12.84	16.79	17.98
河 南	Henan	19.08	14.52	16.93	20.20	18.02
湖 北	Hubei	17.13	10.95	12.70	18.18	16.84
湖 南	Hunan	19.78	13.29	15.36	25.80	17.75
广 东	Guangdong	18.60	12.61	13.02	23.80	17.82
广 西	Guangxi	19.41	16.10	17.22	33.69	17.78
海 南	Hainan	16.18	12.51	13.28	25.87	18.62
重 庆	Chongqing	17.05	12.82	15.21	21.04	17.16
四 川	Sichuan	17.48	12.34	15.04	23.59	17.84
贵 州	Guizhou	17.93	14.88	16.28	31.10	18.02
云 南	Yunnan	16.59	14.81	14.96	22.67	18.80
西 藏	Tibet	14.37	11.96	11.41	14.02	15.35
陕 西	Shaanxi	15.48	10.31	13.63	17.96	17.35
甘 肃	Gansu	12.91	10.64	13.38	13.71	17.28
青 海	Qinghai	17.34	12.86	13.48	30.14	15.26
宁 夏	Ningxia	17.09	13.92	14.29	29.24	17.07
新 疆	Xinjiang	14.75	10.54	13.10	24.29	17.40

4-41 分地区就业训练中心综合情况(2016年)
Employment Training Centers by Region(2016)

单位：人 (person)

地　区 Region	培训人数 Trainees	#女 Female	按培训对象分组 Grouped by Personnel 失业人员 Unemployment Workers	农村劳动者 Rural Workers	在职职工 Workers	结业人数 Number of Graduates	按获取证书分组 Grouped by Certification Level 初级职业资格 Primary Certificates	中级职业资格 Medium Certificates	高级职业资格 Senior Certificates	就业人数 Employment
全　国 National Total	**4597133**	**2194040**	**1197005**	**1854025**	**625783**	**4084783**	**1661537**	**466914**	**125034**	**2911629**
北　京 Beijing	24787	8397	10782	10848	843	24084	13415	2112		12942
天　津 Tianjin	49916	20963	4852	30637	13058	48376	31981	7235	361	29677
河　北 Hebei	353783	146418	124874	192375	2778	280198	141683	25999	837	215430
山　西 Shanxi	161161	79879	18424	59932	30044	151611	14202	4948	3425	69632
内蒙古 Inner Mongolia	114540	52004	44407	30093	3421	109042	41599	2938	320	95796
辽　宁 Liaoning	93967	54371	27648	41279	12821	79190	37071	948	683	56413
吉　林 Jilin	26706	12432	9361	9326	2427	19594	7282	258	13	17495
黑龙江 Heilongjiang	146660	63545	68226	49747	3400	118202	32374	6989	212	82291
上　海 Shanghai										
江　苏 Jiangsu	690047	337371	194902	182011	164192	631276	204703	99025	39309	392438
浙　江 Zhejiang	169272	66295	16389	50950	69684	142551	31109	25507	35397	83696
安　徽 Anhui	55236	18030	10258	23838	10572	53545	33794	1204	312	33333
福　建 Fujian	48407	23009	7220	28173	5350	44837	18903	3010	3220	37502
江　西 Jiangxi	406663	169527	109239	161006	18558	398960	210488	22527	1006	322640
山　东 Shandong	341878	179942	116029	145925	20342	305435	195386	39906	14692	255461
河　南 Henan	332622	180325	69264	125720	24416	270276	100483	10826	6556	179968
湖　北 Hubei	339395	171863	98311	119981	26999	313687	130351	25716	3257	244444
湖　南 Hunan	326582	156759	76469	212755	32632	307935	141951	152857	2094	264675
广　东 Guangdong	324727	158402	34795	56612	152316	243547	56617	18732	11039	150711
广　西 Guangxi	26047	11321	9098	11455	55	23989	8705	339	90	9250
海　南 Hainan										
重　庆 Chongqing	29833	13237	8722	11950		29833	1969	240		13815
四　川 Sichuan	107593	52621	31678	48747	7125	101412	37423	6567	456	50811
贵　州 Guizhou	32189	15681	2819	24919	2515	30910	16770	40		23022
云　南 Yunnan										
陕　西 Shaanxi	173607	97411	30744	112865	6625	151401	65780	5570	1610	124986
甘　肃 Gansu	158720	73498	60828	70798	11761	148844	54790	3395		98800
青　海 Qinghai	19291	8750	4142	14018	300	18190	10914			14620
宁　夏 Ningxia	3884	1029	215	3189	40	2564	2531	26		3455
新　疆 Xinjiang	39620	20960	7309	24876	3509	35294	19263		145	28326

4-42 分地区民办职业培训机构综合情况(2016年)
Vocational Training Agencies by Region (2016)

单位：人 (person)

地 区	Region	机构数(个) Number of Employment Trainning Centers (unit)	在职教职工总人数 Total Teachers and Staff	#教师 Teachers	兼职教师人数 Part-time Teachers	经费来源(万元) Resouses of Funds (10 000 yuan)	#财政补助费 Financial Allowance	#职业培训补贴 Occupational Training Allowance	培训人数 Trainees	#女 Female
全 国	**National Total**	**19463**	**323146**	**196290**	**115479**	**956961**	**95253**	**416532**	**12120199**	**5482473**
北 京	Beijing	374	5897	3211	2712	25509	2174	5154	303658	119637
天 津	Tianjin	407	6341	4173	3814	31984	602	23841	215445	88332
河 北	Hebei	888	11801	8278	4163	23047	146	6752	561115	258333
山 西	Shanxi	465	5931	3577	1925	10381	1603	7391	329385	153533
内蒙古	Inner Mongolia	405	5316	3632	2615	93054	965	82683	123917	67061
辽 宁	Liaoning	745	8335	5271	3520	10270	989	2350	178947	70493
吉 林	Jilin	476	5053	3160	2200	5574	290	760	302873	127470
黑龙江	Heilongjiang	718	8859	5344	2573	9417	325	842	129528	64503
上 海	Shanghai	428	42956	16374	3351	88666	5025	40605	649366	346112
江 苏	Jiangsu	1179	16503	10449	7611	20451	717	9884	815985	380928
浙 江	Zhejiang	912	9145	4294	5161	21324	2574	10802	484535	225251
安 徽	Anhui	778	8996	5869	3405	12023	693	6742	224135	99925
福 建	Fujian	416	4510	2688	2539	44924	981	16156	233196	110691
江 西	Jiangxi	552	8461	5490	3075	7703	1555	421	306402	125432
山 东	Shandong	1451	17638	11597	6480	33487	2010	14831	666446	337615
河 南	Henan	956	13758	8783	5278	87670	3620	54843	601571	281546
湖 北	Hubei	632	11561	7409	3132	32454	3225	4933	307832	147938
湖 南	Hunan	532	5782	3977	2199	11548	305	8974	321845	94587
广 东	Guangdong	1310	16505	9134	6487	61952	1129	18371	933638	476344
广 西	Guangxi	347	8314	5907	3124	9649	1	5140	164095	86193
海 南	Hainan	160	448	334	1208	5040		2987	53623	21864
重 庆	Chongqing	597	8631	4405	2748	57501	1615	7141	1158763	450759
四 川	Sichuan	1358	18738	12119	6950	58314	2771	23718	723893	337540
贵 州	Guizhou	276	4419	2999	1518	22042	156	8375	151262	70321
云 南	Yunnan	782	31614	23337	9183	41334	17017	13989	713102	282270
西 藏	Tibet	76	1167	834	330	15497	3472	12025	60124	31268
陕 西	Shaanxi	685	13439	9430	4427	73032	19103	8415	377931	214438
甘 肃	Gansu	533	4732	3442	4875	6993	339	5028	279973	122873
青 海	Qinghai	204	3464	1329	1093	6889		6889	64943	18116
宁 夏	Ningxia	309	6401	4405	3199	26535	21847	4153	303178	109232
新 疆	Xinjiang	512	8431	5039	4584	2697	5	2338	379493	161868

4-42 续表 continued

单位：人 (person)

地 区 Region	按培训对象分组 Grouped by trainee				结业人数 Number of Graduates	按获取证书分组 Grouped by Certification Level				就业人数 Employment
	劳动预备制学员 Pupils of Labour Preparatory System	失业人员 Unemployment Workers	农村劳动者 Rural Workers	在职职工 Workers		初级职业资格 Primary Certificates	中级职业资格 Medium Certificates	高级职业资格 Senior Certificates	技师和高级技师资格 Technicians and Senior Technicians Certificates	
全 国 National Total	**470988**	**1278164**	**4420234**	**3797172**	**10531813**	**3423444**	**1466203**	**611828**	**82823**	**7452046**
北 京 Beijing	2839	27123	61169	156657	254152	84120	34319	17294	2394	112078
天 津 Tianjin		19601	108506	58418	204673	118721	47165	27340	1213	92235
河 北 Hebei	16871	64943	219230	233508	531367	129860	81786	11248	5037	528648
山 西 Shanxi	24549	45606	177481	37972	305538	57362	22646	8279		170358
内蒙古 Inner Mongolia	7964	30289	39161	22897	108295	51915	10727	4159	1828	80575
辽 宁 Liaoning	7854	26991	44148	43064	146476	59527	30615	4880	1950	91314
吉 林 Jilin	11418	36956	130476	54617	262866	40437	12592	3910	673	92272
黑龙江 Heilongjiang	16597	42866	43997	19153	115548	62206	8376	1461	891	79624
上 海 Shanghai		16466	17293	526996	448460	189625	66586	50673	6147	566927
江 苏 Jiangsu	41617	122757	148704	347230	685846	194209	197189	70117	9979	551023
浙 江 Zhejiang	38963	41965	104151	250384	376893	129909	78540	77856	5883	214386
安 徽 Anhui	4425	29298	99065	40581	202644	117388	44164	12619	131	136213
福 建 Fujian	17261	20969	44571	85902	183029	30798	18214	18213	2568	127433
江 西 Jiangxi	19806	56545	84242	89904	262080	137051	62391	10010	974	192113
山 东 Shandong	29359	121173	247325	143132	605224	295078	73357	35345	5757	419243
河 南 Henan	42585	43498	307926	113049	555542	133714	51611	23503	4730	314835
湖 北 Hubei	27699	40768	100513	62790	275352	87946	44975	28842	6752	191273
湖 南 Hunan	30154	45871	145872	65842	284977	121451	25877	3855	500	235887
广 东 Guangdong	12701	60683	259524	412573	736667	186648	69576	25238	3295	511212
广 西 Guangxi	1123	18157	111286	8746	149917	73153	11670	1439	360	93514
海 南 Hainan	2002	3164	31449	210	39700	9771	11624	3906	156	20618
重 庆 Chongqing	38724	71677	416273	387251	1092691	89106	107393	31542	7914	918581
四 川 Sichuan	38969	87150	262566	178451	605781	160729	136183	34937	7098	378372
贵 州 Guizhou	1813	12217	81749	21209	129655	52029	8881	813	204	64078
云 南 Yunnan	712	52070	323433	144802	658247	251829	145614	84724	5370	420866
西 藏 Tibet	5467	3308	48621	2416	53704	10825	1449	449	1	39136
陕 西 Shaanxi	12600	22308	123631	118855	326828	115378	25514	13736		144740
甘 肃 Gansu	7935	53883	176571	12033	237557	142709	14301	1253	247	166825
青 海 Qinghai		7195	51384	44	63188	37913				49491
宁 夏 Ningxia	6312	12301	211903	67534	287966	68361	16107	3675	771	231355
新 疆 Xinjiang	2669	40366	198014	90952	340950	183676	6761	512		216821

4-43 分地区职业技能鉴定综合情况(2016年)
Statistics of Occupational Skill Testing by Region (2016)

单位：人 (person)

地 区	Region	职业技能鉴定机构数(个) Numbe of Testing Agencies (unit)	鉴定所数 Testing Agencies	鉴定站数 Testing Stations	工考委和中央企业试点单位数 The Units of Workers Assessing Committees & the Central Enterprises Pilot	考评人员人数 Number of the Assessors	本年鉴定考核人数 Number of the Candidates	初级 Primary	中级 Medium	高级 Senior
全 国	**National Total**	**8224**	**3460**	**4438**	**326**	**282782**	**17554798**	**6410623**	**6540058**	**3855614**
行业合计	Subtotal of Industrial Administrations	2473	10	2463		88341	2307553	746356	771495	615401
地方合计	Subtotal of Local Governments	5733	3450	1975	308	182393	15028489	5597358	5683938	3184348
中央企业试点	The Central Enterprises Pilot	18			18	12048	218756	66909	84625	55865
北 京	Beijing	74	63	1	10	678	191714	70296	42314	54869
天 津	Tianjin	130	95	24	11	3331	189173	92555	63321	23666
河 北	Hebei	36	36			6042	454554	173182	134161	104336
山 西	Shanxi	166	136	30		8306	400893	102350	144240	141967
内 蒙 古	Inner Mongolia	139		138	1	8619	226411	82817	72416	48903
辽 宁	Liaoning	150	141	9		928	254099	85218	91685	50970
吉 林	Jilin	15	15			513	104475	42967	41106	15348
黑 龙 江	Heilongjiang	49	36	13		959	214345	86309	54196	59846
上 海	Shanghai	503	303	200		5369	426927	173103	134306	101034
江 苏	Jiangsu	542	287		255	3236	1691573	366111	893819	399846
浙 江	Zhejiang	79	45	34		1577	849009	284230	264226	260839
安 徽	Anhui	413		413		7655	623569	255853	211714	137617
福 建	Fujian	149	145	4		4665	549536	100573	293524	133941
江 西	Jiangxi	391	302	89		4722	300698	62885	184758	43582
山 东	Shandong	245	2	243		2120	1694221	767742	466086	385063
河 南	Henan	368	265	86	17	14449	536980	230618	138241	152143
湖 北	Hubei	106	106			221	560208	128246	281353	120675
湖 南	Hunan	135	135			102	515056	210964	194747	83263
广 东	Guangdong	26	26			55142	1312832	409516	498787	343778
广 西	Guangxi	119	104	1	14	3408	397547	209402	139617	42764
海 南	Hainan	93	87	6		92	35221	13206	18921	3049
重 庆	Chongqing	53	53			1091	401222	128784	220975	38979
四 川	Sichuan	703	308	395		12503	767369	213064	375981	163797
贵 州	Guizhou	152	152			3714	206137	86046	88302	30766
云 南	Yunnan	290	204	86		12976	567885	262656	174240	121701
西 藏	Tibet	20	6	14		24	23626	12577	7797	2011
陕 西	Shaanxi	233	118	115		10463	437038	158875	206497	68108
甘 肃	Gansu	87	87			426	532742	385475	136718	9875
青 海	Qinghai	58	29	29		629	59016	45642	6571	5463
宁 夏	Ningxia	60	59	1		2485	102285	75933	21049	4311
新 疆	Xinjiang	98	74	24		4788	314596	252604	40465	16439
新疆兵团	Xinjiang Production and Construction Crops	51	31	20		1160	87532	27559	41805	15399

4-43 续表 continued

单位：人 (person)

地 区	Region	技 师 Technicians	高级技师 Senior Technicians	本年获取证书人数 Number of the Candidates Got the Certificates	初 级 Primary	中 级 Medium	高 级 Senior	技 师 Technicians	高级技师 Senior Technicians
全 国	**National Total**	**577112**	**171391**	**14461529**	**5549708**	**5481352**	**2963711**	**350596**	**116162**
行业合计	Subtotal of Industrial Administrations	615401	127726	46575	5549708	528629	585940	487299	78846
地方合计	Subtotal of Local Governments	3184348	440709	122136	5549708	4981949	4846266	2440744	266587
中央企业试点	The Central Enterprises Pilot	55865	8677	2680	5549708	39130	49146	35668	5163
北 京	Beijing	17670	6565	127555	51964	32451	33921	5899	3320
天 津	Tianjin	5316	4315	178636	87861	60336	22102	4369	3968
河 北	Hebei	25109	17766	398900	161284	119618	86326	18835	12837
山 西	Shanxi	11135	1201	352044	88806	128755	126700	6910	873
内蒙古	Inner Mongolia	18422	3853	188602	75663	64483	33172	12346	2938
辽 宁	Liaoning	22130	4096	206772	70615	74623	43221	15749	2564
吉 林	Jilin	4169	885	75315	28842	32833	10739	2272	629
黑龙江	Heilongjiang	12590	1404	200935	81646	52306	54732	11059	1192
上 海	Shanghai	14641	3843	268492	127428	82221	52537	4451	1855
江 苏	Jiangsu	29236	2561	1463980	324725	795784	322020	19514	1937
浙 江	Zhejiang	35645	4069	687681	246219	223242	197186	19402	1632
安 徽	Anhui	17610	775	509735	217434	176136	108547	7423	195
福 建	Fujian	18846	2652	419179	89293	233668	88010	7244	964
江 西	Jiangxi	8523	950	278749	62624	176602	34898	4187	438
山 东	Shandong	54510	20820	1530135	736259	420113	316839	40119	16805
河 南	Henan	12935	3043	459757	216426	122617	111123	7414	2177
湖 北	Hubei	16404	13530	527230	124408	275227	105440	13192	8963
湖 南	Hunan	20209	5873	421679	193037	153535	57958	13219	3930
广 东	Guangdong	48139	12612	867702	306350	327083	209847	18518	5904
广 西	Guangxi	5022	742	336605	185733	119069	27440	3807	556
海 南	Hainan	44	1	28327	11332	14631	2336	27	1
重 庆	Chongqing	8054	4430	345793	114106	194424	28099	5595	3569
四 川	Sichuan	12270	2257	691588	192602	339223	148942	9251	1570
贵 州	Guizhou	707	316	184435	79492	76765	27225	651	302
云 南	Yunnan	7923	1365	487537	251829	145614	84724	4607	763
西 藏	Tibet	1241		15141	8334	5605	872	330	
陕 西	Shaanxi	2945	613	371006	127686	179070	61700	2080	470
甘 肃	Gansu	506	168	494944	358432	126812	9172	386	142
青 海	Qinghai	1289	51	44825	36154	4731	2966	950	24
宁 夏	Ningxia	887	105	88192	68361	16017	3163	577	74
新 疆	Xinjiang	4021	1067	283669	230868	33462	14663	3800	876
新疆兵团	Xinjiang Production and Construction Crops	2561	208	82063	26136	39210	14124	2404	189

4-44 教育经费情况
Basic Statistics on Educational Funds

单位：万元 (10 000 yuan)

年份 Year / 地区 Region	合计 Total	国家财政性教育经费 Government Appropriation for Education	#公共财政教育经费 Public Expenditure on Education	民办学校中举办者投入 Funds from Runners of Private Schools	社会捐赠经费 Donations and Fund-raising for Running Schools	事业收入 Income from Teaching Research and Other Auxiliary Activity	#学杂费 Tuition and Miscel-laneous Fees	其他教育经费 Other Educational Funds
1992	8670491	7287506	5649364		696285		439319	
1995	18779501	14115233	10929473	203672	1628414		2012423	
2000	38490806	25626056	21917652	858537	1139557	9382717	5948304	1483939
2001	46376626	30570100	27056548	1280895	1128852	11575137	7456014	1821643
2002	54800278	34914048	32549425	1725549	1272791	14609169	9227792	2278722
2003	62082653	38506237	36190977	2590148	1045927	17218399	11214985	2721943
2004	72425989	44658575	42444209	3478529	934204	20114268	13465517	3240414
2005	84188391	51610759	49460379	4522185	931613	23399991	15530545	3723842
2006	98153087	63483648	61353481	5490583	899078	24073042	15523301	4206736
2007	121480663	82802142	80943369	809337	930584	31772357	21309082	5166242
2008	145007374	104496296	102129675	698479	1026663	33670711	23492983	5115225
2009	165027065	122310935	119749753	749829	1254991	35275939	25155983	5435371
2010	195618471	146700670	141639029	1054254	1078839	41060664	30155593	5724045
2011	238692936	185867009	178217380	1119320	1118675	44246927	33169742	6341005
2012	286553052	231475698	203141685	1281753	956919	46198404	35048301	6640278
2013	303647182	244882177	214056715	1474089	855445	49262087	37376869	7173384
2014	328064609	264205820	225760099	1313476	796700	54271581	40530393	7477031
2015	361291927	292214511	258618740	1876620	869960	58097239	43173611	8233597
中 央 Central Government	34730160	24801092	13797682		320814	7695050	2702198	1913204
地 方 Local Governments	326561767	267413419	244821058	1876620	549146	50402189	40471412	6320393
北 京 Beijing	11171250	9810774	8474343	10685	9623	1177133	925848	163034
天 津 Tianjin	5605736	4775063	4642279	2613	3194	720132	586885	104735
河 北 Hebei	12861641	10732988	10010728	29824	6080	1941007	1581934	151742
山 西 Shanxi	8442363	7233564	5988861	24571	3639	1110169	901481	70421
内蒙古 Inner Mongolia	7072130	6324669	5185959	17170	4248	593250	467870	132793
辽 宁 Liaoning	8781171	7101812	6094512	20844	1018	1591480	1268665	66018
吉 林 Jilin	5975239	5022614	4704630	19338	2613	854352	731733	76321
黑龙江 Heilongjiang	7040039	6078141	5730408	19563	400	867588	769818	74347
上 海 Shanghai	10131153	8264220	7395224	5741	12403	1369331	1086521	479458
江 苏 Jiangsu	22463773	18190920	17435694	45116	64808	3556749	2761435	606180
浙 江 Zhejiang	17568215	12922271	12208712	180411	37607	3349178	2691791	1078748
安 徽 Anhui	11578495	9572661	8567260	71192	11457	1789174	1430594	134011
福 建 Fujian	10028329	8100240	7472487	88059	32803	1605187	1299294	202040
江 西 Jiangxi	9732898	8146382	7834180	28726	14324	1486283	1201411	57183
山 东 Shandong	20632259	17346983	16868933	67579	13597	2963672	2486128	240429
河 南 Henan	17411099	13678565	11506182	209034	9806	3260710	2699051	252983
湖 北 Hubei	11435059	9035539	8602015	100658	11208	2132046	1661853	155609
湖 南 Hunan	12223238	9540802	9138888	89554	19525	2345275	1772843	228081
广 东 Guangdong	30474906	22611396	20428378	328514	131742	6959578	5789877	443676
广 西 Guangxi	10111559	8467679	7893432	28810	11744	1459681	1153126	143645
海 南 Hainan	2809962	2337554	2064512	20501	3470	395760	317744	52678
重 庆 Chongqing	7971003	6400963	5199277	67058	13124	1345940	1028657	143918
四 川 Sichuan	16409562	13362232	12438740	198313	58796	2622959	1994341	167262
贵 州 Guizhou	9277347	8039152	7660500	90105	9102	923536	704880	215451
云 南 Yunnan	10455388	9039569	7580189	62448	17710	1093271	879567	242391
西 藏 Tibet	1919434	1892997	1789312	200	806	19124	15125	6307
陕 西 Shaanxi	9674438	7754202	7467927	20156	5539	1711768	1373721	182774
甘 肃 Gansu	6134547	5518606	4998529	6066	5766	532544	431619	71565
青 海 Qinghai	2073501	1906170	1631968	4812	1581	106949	65473	53989
宁 夏 Ningxia	1963258	1696500	1391773	16023	5518	189754	154193	55463
新 疆 Xinjiang	7132774	6508191	6415226	2937	25895	328608	237934	267143

注：1．“民办学校中举办者投入”数据1992-2006年为社会团体和公民个人办学总经费。

2．“公共财政教育经费”数据1992-2012年包括教育事业费、基建经费、教育费附加、科研经费和其他经费，2012年起包括教育事业费、基建经费和教育费附加。

a) "Funds from runners of private schools" from 1992 to 2006 equals to funds from social organizations and citizens for running schools.

b) From 1992 to 2012, the Public Expenditure on Education referred to budgetary educational funds, which included the appropriated funds for education, for science research, capital construction, other funds, and education surcharges. Since 2012, appropriated it includes the funds for education, capital construction, and education surcharges.

4-45 各类学校教育经费情况（2016年）
Educational Funds in Various Schools (2016)

单位：万元 (10 000 yuan)

学校类别	Type of Schools	合计 Total	国家财政性教育经费 Government Appropriation for Education	#公共财政教育经费 Public expenditure on education	民办学校中举办者投入 Funds from runners of Private Schools	捐赠收入 Donation income	事业收入 Income from Teaching Research and Other Auxiliary Activity	#学费 Tuition Fees	其他教育经费 Other Educational Funds
全国总计	**National Total**	**388883850**	**313962519**	**277006325**	**2032733**	**810447**	**62768292**	**47709339**	**9309860**
按学校类别分组	**Grouped by Type of Schools**								
高等学校	Institutions of Higher Education	101246451	62878522	52697035	472742	472074	32238276	21766357	5184838
普通高等学校	Regular Institutions of Higher Education	99733862	61988340	51943102	472742	471892	31680946	21388310	5119942
成人高等学校	Institutions of Higher Education for Adults	1512589	890182	753933		181	557329	378047	64896
中等职业学校	Vocational Secondary Schools	22228987	19487329	17746148	79349	17951	1953247	1119008	691112
中等专业学校	Specialized Secondary Schools	10384222	9070818	8229290	39845	8534	932058	523032	332967
职业高中	Vocational Senior Secondary Schools	8013673	7306245	6703765	28618	3609	469300	278223	205901
技工学校	Technical Schools	2864732	2296263	2103885	5730	1255	432685	262248	128798
成人中专学校	Specialized Secondary Schools for Adults	966360	814003	709208	5155	4553	119204	55504	23446
中学	Secondary Schools	105526841	93475356	85465315	547999	156526	9945850	8003696	1401109
普通中学	Regular Secondary Schools	105457848	93416416	85408810	547999	156488	9938849	8002855	1398096
普通高中	Regular Senior Secondary Schools	39323128	32091070	29167684	183138	89814	6285092	4895204	674014
普通初中	Regular Junior Secondary Schools	66134720	61325346	56241126	364861	66674	3653757	3107651	724083
#农村	Rural Areas	39276243	37491313	34522707	186884	31618	1246179	1009305	320248
成人中学	Secondary Schools for Adults	68993	58940	56505		39	7001	841	3012
小学	Primary Schools	108548494	103175847	93621423	423690	89879	3855257	3391133	1003821
普通小学	Regular Primary Schools	108546879	103174232	93619926	423690	89879	3855257	3391133	1003821
#农村	Rural Areas	69161973	67206772	60816564	182649	38144	1248721	1047046	485687
成人小学	Primary Schools for Adults	1616	1616	1497					
特殊教育	Special Education Schools	1357388	1326839	1208800	298	2918	9098	4622	18234
幼儿园	Kindergartens	28035346	13260718	12422044	508654	32145	13845205	13402114	388623
教育行政单位	Education Administrative Unit	4011661	3792117	3326170		5001	21818		192725
教育事业单位	Education Institution	8341756	7308605	6348703		33113	677290		322748
其它	Others	9586926	9257186	4170687		840	222251	22409	106650

4-46 分地区公共财政教育支出增长情况(2016年)
Growth of Public Finance on Education Expenditure (2016)

地 区	Region	公共财政教育支出 (亿元) Public Finance on Education Expenditure (100 million yuan)	公共财政教育支出占公共财政支出比例 (%) Proportion of Education Expenditure on Public Finance (%)	公共财政教育支出本年比上年增长 (%) This Year's Growth of Public Finance on Education Expenditure over the Previous Year (%)	财政经常性收入本年比上年增长 (%) This Year's Growth of Finance Regular Income over the Previous Year (%)	公共财政教育支出与财政经常性收入增长幅度比较 (百分点) Growth Range Comparison of Public Finance on Education Expenditure and Finance Regular Income (percentage point)
北 京	Beijing	882.29	13.77	4.11	12.70	-8.59
天 津	Tianjin	425.80	11.51	-8.28	1.17	-9.45
河 北	Hebei	1115.58	18.44	11.44	6.90	4.54
山 西	Shanxi	607.59	17.72	1.45	0.98	0.47
内蒙古	Inner Mongolia	543.29	12.04	4.76	8.42	-3.66
辽 宁	Liaoning	632.84	13.83	3.84	5.92	-2.08
吉 林	Jilin	495.92	13.83	5.41	-1.21	6.62
黑龙江	Heilongjiang	595.97	14.10	4.00	-6.39	10.39
上 海	Shanghai	801.98	11.59	8.45	16.06	-7.61
江 苏	Jiangsu	1841.94	18.45	5.64	3.57	2.07
浙 江	Zhejiang	1313.65	18.84	7.60	6.32	1.28
安 徽	Anhui	910.87	16.49	6.32	5.24	1.08
福 建	Fujian	789.36	18.46	5.64	5.33	0.31
江 西	Jiangxi	840.16	18.20	7.24	5.00	2.24
山 东	Shandong	1823.18	20.82	8.08	5.50	2.58
河 南	Henan	1245.01	16.70	8.20	5.63	2.57
湖 北	Hubei	979.79	15.25	13.90	7.44	6.46
湖 南	Hunan	1027.39	16.21	12.42	10.50	1.92
广 东	Guangdong	2243.90	16.69	9.84	9.69	0.15
广 西	Guangxi	850.78	19.15	7.78	8.02	-0.24
海 南	Hainan	213.92	15.54	3.62	1.02	2.60
重 庆	Chongqing	565.26	14.13	8.72	1.41	7.31
四 川	Sichuan	1277.45	15.95	2.70	2.54	0.16
贵 州	Guizhou	840.25	19.71	9.69	8.35	1.34
云 南	Yunnan	864.12	17.22	14.00	3.87	10.13
西 藏	Tibet	175.83	11.07	-1.73	9.44	-11.17
陕 西	Shaanxi	776.29	17.69	3.95	-8.78	12.73
甘 肃	Gansu	548.78	17.42	9.79	8.11	1.68
青 海	Qinghai	168.79	11.07	3.43	2.98	0.45
宁 夏	Ningxia	149.71	11.93	7.57	6.21	1.36
新 疆	Xinjiang	664.59	16.06	3.59	11.89	-8.30

注：公共财政教育支出包括教育事业费、基建经费和教育费附加。

Note:Public finance on education expenditure includes education operating expenses, construction expenditure and education surcharge.

4-47 分地区各级教育生均公共财政预算教育事业费增长情况
Growth of Per Student Public Financial Budget on Educational Operting Expenses by School Level and Region

单位：元，% (yuan,%)

地区	Region	普通小学 Regular Primary Schools			普通初中 Regular Junior Secondary Schools			普通高中 Regular Senior Secondary Schools		
		2015	2016	增长率 Growth Rate	2015	2016	增长率 Growth Rate	2015	2016	增长率 Growth Rate
全国	**National Total**	**8838.44**	**9557.89**	**8.14**	**12105.08**	**13415.99**	**10.83**	**10820.96**	**12315.21**	**13.81**
北京	Beijing	23757.49	25793.55	8.57	40443.73	45516.37	12.54	42192.74	50802.57	20.41
天津	Tianjin	18128.16	18284.41	0.86	28208.67	29961.87	6.22	32848.08	31425.02	-4.33
河北	Hebei	6752.72	7300.16	8.11	9557.77	10532.56	10.20	9992.14	10858.95	8.67
山西	Shanxi	9269.24	9450.60	1.96	11403.16	12266.96	7.58	9122.71	10653.32	16.78
内蒙古	Inner Mongolia	11972.33	13109.32	9.50	14362.59	16301.67	13.50	13192.30	14333.65	8.65
辽宁	Liaoning	9138.21	9735.78	6.54	12706.60	13710.03	7.90	10347.31	11402.50	10.20
吉林	Jilin	12136.74	13087.73	7.84	15539.57	16878.96	8.62	10472.36	11760.99	12.31
黑龙江	Heilongjiang	12939.48	14066.49	8.71	14435.89	15514.68	7.47	10861.60	11494.50	5.83
上海	Shanghai	20688.35	22125.13	6.94	27636.22	30284.67	9.58	35632.31	37768.99	6.00
江苏	Jiangsu	11988.81	12503.03	4.29	19048.59	21194.74	11.27	18039.48	21134.25	17.16
浙江	Zhejiang	11599.79	12908.55	11.28	16616.16	18798.27	13.13	18280.68	21742.03	18.93
安徽	Anhui	7766.51	8573.56	10.39	11114.71	12435.26	11.88	7789.21	8924.35	14.57
福建	Fujian	9102.81	9636.46	5.86	13199.18	14692.28	11.31	11645.63	12947.13	11.18
江西	Jiangxi	7462.02	7989.54	7.07	9665.37	10513.42	8.77	9783.59	10820.34	10.60
山东	Shandong	8135.32	8790.76	8.06	13408.97	14630.28	9.11	11182.55	12546.04	12.19
河南	Henan	4575.27	5036.31	10.08	7262.97	7811.96	7.56	5870.64	6397.76	8.98
湖北	Hubei	8790.99	10076.72	14.63	14435.84	17271.97	19.65	11535.98	14174.22	22.87
湖南	Hunan	7154.49	7861.30	9.88	10472.97	11878.72	13.42	7694.07	9739.52	26.58
广东	Guangdong	8757.95	9997.31	14.15	11456.70	13725.98	19.81	10863.23	13478.72	24.08
广西	Guangxi	7061.36	7690.45	8.91	8745.99	9507.61	8.71	8177.45	9326.70	14.05
海南	Hainan	10460.87	11353.02	8.53	13205.91	14585.94	10.45	13715.56	15629.73	13.96
重庆	Chongqing	8431.67	9180.10	8.88	10834.51	11917.36	9.99	9413.67	10931.98	16.13
四川	Sichuan	8984.53	9003.19	0.21	11477.01	12063.03	5.11	9054.49	9587.72	5.89
贵州	Guizhou	8645.83	9659.17	11.72	8704.94	10131.84	16.39	8184.95	9637.74	17.75
云南	Yunnan	7532.21	8931.35	18.58	9335.79	10822.06	15.92	8231.96	10370.21	25.97
西藏	Tibet	25750.22	24237.46	-5.87	23845.23	24605.62	3.19	26541.85	27454.25	3.44
陕西	Shaanxi	10896.37	11172.06	2.53	13619.44	14155.05	3.93	10703.71	11740.03	9.68
甘肃	Gansu	9118.26	10321.93	13.20	10187.13	11721.46	15.06	8220.29	9839.95	19.70
青海	Qinghai	10472.79	11948.81	14.09	13295.04	14915.34	12.19	12795.38	14062.50	9.90
宁夏	Ningxia	8034.85	8719.91	8.53	11047.18	11929.40	7.99	9845.02	10899.08	10.71
新疆	Xinjiang	12929.81	12133.41	-6.16	16999.84	17410.13	2.41	14630.08	14772.19	0.97

4-47 续表 continued

单位：元，% (yuan,%)

地 区	Region	中等职业学校 Secondary Vocational Schools			普通高等学校 Regular HEIs		
		2015	2016	增长率 Growth Rate	2015	2016	增长率 Growth Rate
全 国	**National Total**	**10961.07**	**12227.70**	**11.56**	**18143.57**	**18747.65**	**3.33**
北 京	Beijing	34433.36	38661.50	12.28	61343.96	55687.68	-9.22
天 津	Tianjin	26480.96	26651.70	0.64	20415.31	19581.45	-4.08
河 北	Hebei	12007.54	13524.02	12.63	13828.69	16151.52	16.80
山 西	Shanxi	11350.02	13682.26	20.55	11795.65	13910.03	17.93
内蒙古	Inner Mongolia	16168.17	16389.99	1.37	18337.39	18298.34	-0.21
辽 宁	Liaoning	11124.75	12005.48	7.92	13202.29	12768.27	-3.29
吉 林	Jilin	18410.40	22112.22	20.11	18523.81	17517.39	-5.43
黑龙江	Heilongjiang	13435.48	15734.44	17.11	14960.91	14942.16	-0.13
上 海	Shanghai	25295.30	28302.29	11.89	30081.89	30292.80	0.70
江 苏	Jiangsu	12550.97	13668.13	8.90	17764.50	19057.20	7.28
浙 江	Zhejiang	16237.53	18789.57	15.72	16515.92	18289.20	10.74
安 徽	Anhui	8366.68	10115.03	20.90	12253.01	12786.08	4.35
福 建	Fujian	11828.37	14416.41	21.88	15173.96	16151.67	6.44
江 西	Jiangxi	7015.86	8527.77	21.55	13608.29	14303.69	5.11
山 东	Shandong	12408.62	13761.07	10.90	12340.97	12892.11	4.47
河 南	Henan	6690.25	7375.56	10.24	12572.33	12601.16	0.23
湖 北	Hubei	13223.86	15398.42	16.44	14859.21	16816.17	13.17
湖 南	Hunan	8316.18	9722.77	16.91	11137.42	12281.82	10.28
广 东	Guangdong	9977.89	11598.22	16.24	17823.43	20398.26	14.45
广 西	Guangxi	8746.71	9754.12	11.52	15489.02	14374.16	-7.20
海 南	Hainan	12424.99	13056.93	5.09	16967.72	16815.30	-0.90
重 庆	Chongqing	9157.31	10441.61	14.02	14109.99	15093.72	6.97
四 川	Sichuan	8933.53	9344.50	4.60	13056.98	12236.78	-6.28
贵 州	Guizhou	6995.93	6425.03	-8.16	15414.17	15586.11	1.12
云 南	Yunnan	9645.03	11220.00	16.33	14711.33	14931.80	1.50
西 藏	Tibet	32957.17	30228.19	-8.28	34219.19	33384.17	-2.44
陕 西	Shaanxi	8540.04	9264.29	8.48	14283.11	14413.14	0.91
甘 肃	Gansu	11364.91	12083.35	6.32	15537.85	18053.38	16.19
青 海	Qinghai	10526.81	12867.51	22.24	19651.26	24694.50	25.66
宁 夏	Ningxia	9951.04	10561.81	6.14	27782.20	27272.72	-1.83
新 疆	Xinjiang	12440.81	13332.91	7.17	19382.01	18188.38	-6.16

4-48 分地区各级教育生均公共财政预算公用经费增长情况
Growth of Per Student Public Financial Budget on Communal Expenditure by School Level and Region

单位：元，%　　(yuan,%)

地 区	Region	普通小学 Regular Primary Schools			普通初中 Regular Junior Secondary Schools			普通高中 Regular Senior Secondary Schools		
		2015	2016	增长率 Growth Rate	2015	2016	增长率 Growth Rate	2015	2016	增长率 Growth Rate
全 国	**National Total**	2434.26	2610.80	7.25	3361.11	3562.05	5.98	2923.09	3198.05	9.41
北 京	Beijing	9753.38	10308.69	5.69	15945.08	16707.86	4.78	14807.38	18425.09	24.43
天 津	Tianjin	4361.41	4244.66	-2.68	6356.92	5790.51	-8.91	10677.92	7977.08	-25.29
河 北	Hebei	1770.62	1861.95	5.16	2533.69	2695.48	6.39	2613.66	2427.95	-7.11
山 西	Shanxi	2021.33	2159.49	6.84	2535.94	2821.68	11.27	1998.26	2527.16	26.47
内蒙古	Inner Mongolia	2885.38	3352.30	16.18	4011.43	4545.55	13.31	4388.45	4328.76	-1.36
辽 宁	Liaoning	1966.86	2057.11	4.59	2809.37	2688.60	-4.30	2273.29	2276.37	0.14
吉 林	Jilin	2882.10	3080.98	6.90	3770.65	4030.77	6.90	2811.92	3372.95	19.95
黑龙江	Heilongjiang	2736.59	2949.65	7.79	3527.43	3678.59	4.29	2795.99	2631.22	-5.89
上 海	Shanghai	6983.97	6985.13	0.02	8642.69	9041.92	4.62	10183.46	11061.46	8.62
江 苏	Jiangsu	3081.26	2844.23	-7.69	4246.20	4076.18	-4.00	4009.02	4107.54	2.46
浙 江	Zhejiang	2229.03	2741.46	22.99	3225.23	3850.89	19.40	4104.39	4771.53	16.25
安 徽	Anhui	2520.97	2871.49	13.90	3611.80	4073.36	12.78	2161.44	2440.40	12.91
福 建	Fujian	2500.47	2705.08	8.18	3234.93	3677.11	13.67	2178.03	2533.03	16.30
江 西	Jiangxi	2672.51	2949.11	10.35	3930.96	4065.25	3.42	4270.90	4436.09	3.87
山 东	Shandong	2053.95	2192.00	6.72	3526.70	3602.23	2.14	2631.76	2711.17	3.02
河 南	Henan	1954.99	1980.88	1.32	3168.36	3082.13	-2.72	2260.98	2304.39	1.92
湖 北	Hubei	2825.25	2842.89	0.62	3898.82	4083.41	4.73	3718.44	4063.41	9.28
湖 南	Hunan	2383.31	2377.86	-0.23	3069.44	3215.97	4.77	1631.64	2253.82	38.13
广 东	Guangdong	2251.09	2489.27	10.58	2947.44	3278.49	11.23	2601.07	3092.79	18.90
广 西	Guangxi	1748.87	2049.22	17.17	2545.93	2863.90	12.49	2087.96	2735.46	31.01
海 南	Hainan	3485.96	4171.77	19.67	4923.72	5939.41	20.63	6050.75	7376.20	21.91
重 庆	Chongqing	2940.79	3416.73	16.18	3340.42	3905.74	16.92	3144.15	3810.87	21.21
四 川	Sichuan	1983.24	2337.49	17.86	2514.71	2905.91	15.56	1858.36	1959.95	5.47
贵 州	Guizhou	1785.02	2024.45	13.41	2233.70	2498.66	11.86	2100.37	2337.53	11.29
云 南	Yunnan	1948.57	2187.85	12.28	2695.30	2840.87	5.40	2213.39	2885.07	30.35
西 藏	Tibet	8728.22	7600.47	-12.92	5751.01	5980.63	3.99	7208.29	8297.53	15.11
陕 西	Shaanxi	3563.14	3554.27	-0.25	4195.93	4093.82	-2.43	4075.77	4048.29	-0.67
甘 肃	Gansu	2116.95	2588.47	22.27	2499.15	2828.00	13.16	1710.62	2111.20	23.42
青 海	Qinghai	3260.35	3028.22	-7.12	4343.68	3906.87	-10.06	4229.10	3815.66	-9.78
宁 夏	Ningxia	3158.89	3140.41	-0.59	4534.91	4359.20	-3.87	2661.57	2614.39	-1.77
新 疆	Xinjiang	2389.88	2528.65	5.81	4166.55	4252.55	2.06	3001.12	3463.06	15.39

4-48 续表 continued

单位：元，% (yuan,%)

地区	Region	中等职业学校 Secondary Vocational Schools 2015	2016	增长率 Growth Rate	普通高等学校 Regular HEIs 2015	2016	增长率 Growth Rate
全国	**National Total**	**4346.94**	**4778.79**	**9.93**	**8280.08**	**8067.26**	**-2.57**
北京	Beijing	14945.67	15587.33	4.29	32147.32	29346.33	-8.71
天津	Tianjin	7882.16	7212.38	-8.50	10847.94	9690.57	-10.67
河北	Hebei	3935.03	3943.54	0.22	7162.19	8067.89	12.65
山西	Shanxi	3999.92	5215.56	30.39	5182.68	5508.98	6.30
内蒙古	Inner Mongolia	6572.88	6241.84	-5.04	6850.57	6378.36	-6.89
辽宁	Liaoning	4400.24	4595.09	4.43	6141.50	5656.75	-7.89
吉林	Jilin	4977.12	6866.47	37.96	9193.72	7737.82	-15.84
黑龙江	Heilongjiang	3987.45	5652.56	41.76	5894.20	5391.04	-8.54
上海	Shanghai	8962.48	8969.86	0.08	18267.01	16117.34	-11.77
江苏	Jiangsu	4641.73	4320.58	-6.92	8324.41	7895.42	-5.15
浙江	Zhejiang	5529.60	6416.07	16.03	7155.18	8045.70	12.45
安徽	Anhui	4205.58	5393.03	28.24	7002.26	7160.62	2.26
福建	Fujian	3827.98	5435.98	42.01	6916.40	7267.94	5.08
江西	Jiangxi	3007.03	3715.17	23.55	5880.29	4901.92	-16.64
山东	Shandong	4671.07	5069.97	8.54	3613.99	3258.02	-9.85
河南	Henan	3464.68	3610.42	4.21	6675.10	6778.87	1.55
湖北	Hubei	6071.14	7393.21	21.78	6632.48	7128.30	7.48
湖南	Hunan	3255.69	4269.57	31.14	4377.14	4235.62	-3.23
广东	Guangdong	4098.95	4329.79	5.63	7694.91	8665.85	12.62
广西	Guangxi	3983.46	4505.42	13.10	8498.90	8395.30	-1.22
海南	Hainan	6962.99	7319.31	5.12	9444.94	9838.93	4.17
重庆	Chongqing	4258.19	5172.21	21.46	8382.12	8470.93	1.06
四川	Sichuan	3442.97	3589.35	4.25	5274.63	4695.80	-10.97
贵州	Guizhou	3518.25	2725.41	-22.54	7233.90	5200.02	-28.12
云南	Yunnan	4278.28	4787.58	11.90	7050.94	5961.89	-15.45
西藏	Tibet	15386.90	12895.19	-16.19	11477.46	13629.37	18.75
陕西	Shaanxi	2923.67	3322.77	13.65	7005.89	6738.53	-3.82
甘肃	Gansu	3635.83	3971.43	9.23	10064.50	11220.89	11.49
青海	Qinghai	5239.89	7415.64	41.52	10611.35	12723.16	19.90
宁夏	Ningxia	5172.80	5128.39	-0.86	16596.21	14778.14	-10.95
新疆	Xinjiang	3866.46	5008.46	29.54	7062.59	6534.96	-7.47

4-49 按国别和地区排序的外国留学生情况(2016年)
Number of Foreign Students Ordered by County and Region (2016)

单位：人 (person)

序号 No.	国家	Country	留学生人数 Number of Foreign Students	序号 No.	地区	Region	留学生人数 Number of Foreign Students
1	韩国	Korea	70540	1	北京	Beijing	77234
2	美国	United States	23838	2	上海	Shanghai	59887
3	泰国	Thailand	23044	3	江苏	Jiangsu	32228
4	巴基斯坦	Pakistan	18626	4	浙江	Zhejiang	30108
5	印度	India	18717	5	天津	Tianjin	26564
6	俄罗斯	Russia	17971	6	辽宁	Liaoning	25273
7	印度尼西亚	Indonesia	14714	7	广东	Guangdong	24605
8	哈萨克斯坦	Kazakhstan	13996	8	山东	Shandong	19829
9	日本	Japan	13595	9	湖北	Hubei	19263
10	越南	Vietnam	10639	10	云南	Yunnan	14925
11	法国	France	10414	11	黑龙江	Hlongjiang	14310
12	老挝	Lao	9907	12	广西	Guangxi	12189
13	蒙古	Mongolia	8508	13	福建	Fujian	12180
14	德国	Germany	8145	14	四川	Sichuan	10796
15	马来西亚	Malaysia	6880				

注：数据来自教育部《2016年全国来华留学生数据统计》。
Data source is Ministry of Education "Statistics of Foreign Students in China in 2016".

4-50 按类别和经费来源分的外国留学生情况(2016年)
Statistics of Foreign Students by Type and Fund Source (2016)

单位：人 (person)

项 目	Item	外国留学生人数 Numer of Foreign Students
按学生类别分	**by Student Type**	
接受学历教育的外国留学生	Foreign Students Accept Degree Education	209966
#硕士和博士研究生	Master and Doctor	
硕士研究生	Master	45816
博士研究生	Doctor	18051
非学历留学生	Foreign Students Accept Non-Degree Education	232807
按经费来源分	**by Fund Source**	
中国政府奖学金生	Student with Scholarship from China Government	49022
自费生	Commoner	393751

注：数据来自教育部《2016年全国来华留学生数据统计》。
Data source is Ministry of Education "Statistics of Foreign Students in China in 2016".

4-51 外国留学生来源情况(2016年)
Origin of Foreign Students (2016)

单位：人，% (person,%)

洲别	Continent	总人数 Total	占总数百分比 Percent of Total	比上年增减人数 Change over Previous Year
合计	**Total**	**442773**	**100.0**	**45138**
亚洲	Asia	264976	59.8	24822
欧洲	Europe	71319	16.1	4573
非洲	Africa	61594	13.9	11892
美洲	America	38077	8.6	3143
大洋洲	Oceania	6807	1.5	798

注：数据来自教育部《2016年全国来华留学生数据统计》。
Data source is Ministry of Education "Statistics of Foreign Students in China in 2015".

五、就　业
Employment

5-1 全国就业主要指标和增长情况
Main Indicators of National Labour Statistics

项　目	Item	2015	2016	2016年比2015年增长% Change in 2016 over 2015 %
劳动力(万人)	**Labor Force(10 000 persons)**	**80091**	**80694**	**0.75**
就业人员合计(万人)	**Total Number of Employed Persons(10 000 persons)**	**77451**	**77603**	**0.20**
第一产业	Primary Industry	21919	21496	-1.97
第二产业	Secondary Industry	22693	22350	-1.53
第三产业	Tertiary Industry	32839	33757	2.72
就业人员构成(合计=100)	**Composition of Employed Persons(total=100)**			
第一产业	Primary Industry	28.3	27.7	-2.17
第二产业	Secondary Industry	29.3	28.8	-1.74
第三产业	Tertiary Industry	42.4	43.5	2.53
按城乡分就业人员(万人)	**Number of Employed Persons by Urban and Rural Areas(10 000 persons)**			
城镇就业人员	Urban Employed Persons	40410	41428	2.46
#国有单位	State-owned Units	6208	6170	-0.62
城镇集体单位	Urban Collective-owned Units	481	453	-6.18
股份合作单位	Cooperative Units	92	86	-6.98
联营单位	Joint Ownership Units	20	18	-11.11
有限责任公司	Limited Liability Corporations	6389	6381	-0.13
股份有限公司	Share-holding Corporations Ltd.	1798	1824	1.43
私营企业	Private Enterprises	11180	12083	7.47
港澳台商投资单位	Units with Funds from Hong Kong, Macao & Taiwan	1344	1305	-2.99
外商投资单位	Foreign Funded Units	1446	1361	-6.25
个体	Self-employed Individuals	7800	8627	9.59
乡村就业人员	Rural Employed Persons	37041	36175	-2.39
#私营企业	Private Enterprises	5215	5914	11.82
个体	Self-employed Individuals	3882	4235	8.34
城镇登记失业人数(万人)	**Number of Registered Unemployed Persons in Urban Areas(10 000 persons)**	**966**	**982**	**1.63**
城镇登记失业率(%)	**Registered Unemployment Rate in Urban Areas(%)**	**4.05**	**4.02**	**-0.75**

5-2 三次产业就业人员和构成（年底数）

Number of Employed Persons and Composition at Year-end by Three Strata of Industry

年份 Year	经济活动人口（万人）Economically Active Population (10 000 persons)	就业人员（万人）Total Employed Persons (10 000 persons)	第一产业 Primary Industry	第二产业 Secondary Industry	第三产业 Tertiary Industry	构成（合计=100）Percentage (total=100) 第一产业 Primary Industry	第二产业 Secondary Industry	第三产业 Tertiary Industry
1952	21106	20729	17317	1531	1881	83.5	7.4	9.1
1957	23971	23771	19309	2142	2320	81.2	9.0	9.8
1962		25910	21276	2059	2575	82.1	8.0	9.9
1965		28670	23396	2408	2866	81.6	8.4	10.0
1970		34432	27811	3518	3103	80.8	10.2	9.0
1975		38168	29456	5152	3560	77.2	13.5	9.3
1978	40682	40152	28318	6945	4890	70.5	17.3	12.2
1979	41592	41024	28634	7214	5177	69.8	17.6	12.6
1980	42903	42361	29122	7707	5532	68.7	18.2	13.1
1981	44165	43725	29777	8003	5945	68.1	18.3	13.6
1982	45674	45295	30859	8346	6090	68.1	18.4	13.5
1983	46707	46436	31151	8679	6606	67.1	18.7	14.2
1984	48433	48197	30868	9590	7739	64.0	19.9	16.1
1985	50112	49873	31130	10384	8359	62.4	20.8	16.8
1986	51546	51282	31254	11216	8811	60.9	21.9	17.2
1987	53060	52783	31663	11726	9395	60.0	22.2	17.8
1988	54630	54334	32249	12152	9933	59.3	22.4	18.3
1989	55707	55329	33225	11976	10129	60.1	21.6	18.3
1990	65323	64749	38914	13856	11979	60.1	21.4	18.5
1991	66091	65491	39098	14015	12378	59.7	21.4	18.9
1992	66782	66152	38699	14355	13098	58.5	21.7	19.8
1993	67468	66808	37680	14965	14163	56.4	22.4	21.2
1994	68135	67455	36628	15312	15515	54.3	22.7	23.0
1995	68855	68065	35530	15655	16880	52.2	23.0	24.8
1996	69765	68950	34820	16203	17927	50.5	23.5	26.0
1997	70800	69820	34840	16547	18432	49.9	23.7	26.4
1998	72087	70637	35177	16600	18860	49.8	23.5	26.7
1999	72791	71394	35768	16421	19205	50.1	23.0	26.9
2000	73992	72085	36043	16219	19823	50.0	22.5	27.5
2001	73884	72797	36399	16234	20165	50.0	22.3	27.7
2002	74492	73280	36640	15682	20958	50.0	21.4	28.6
2003	74911	73736	36204	15927	21605	49.1	21.6	29.3
2004	75290	74264	34830	16709	22725	46.9	22.5	30.6
2005	76120	74647	33442	17766	23439	44.8	23.8	31.4
2006	76315	74978	31941	18894	24143	42.6	25.2	32.2
2007	76531	75321	30731	20186	24404	40.8	26.8	32.4
2008	77046	75564	29923	20553	25087	39.6	27.2	33.2
2009	77510	75828	28890	21080	25857	38.1	27.8	34.1
2010	78388	76105	27931	21842	26332	36.7	28.7	34.6
2011	78579	76420	26594	22544	27282	34.8	29.5	35.7
2012	78894	76704	25773	23241	27690	33.6	30.3	36.1
2013	79300	76977	24171	23170	29636	31.4	30.1	38.5
2014	79690	77253	22790	23099	31364	29.5	29.9	40.6
2015	80091	77451	21919	22693	32839	28.3	29.3	42.4
2016	80694	77603	21496	22350	33757	27.7	28.8	43.5

注：全国就业人员1990年及以后的数据根据劳动力调查、人口普查推算，2001年及以后数据根据第六次人口普查数据重新修订(下表同)。

a) From 1990 to 2000, the total number of employed persons were estimated according to Labour Force Survey and Population Census, since 2001, were revised according to the 6th National Population Census. The same applies to the following tables.

5-3 城乡就业人员数(年底数)
Number of Employment in Urban and Rural Areas at Year-end

单位：万人、%　　(10 000 persons, %)

年 份 Year	就业人员 Employment 合 计 Total	就业人员 Employment 占人口比重 Percentage of TotalPopulation	城 镇 就业人员 Urban Employment	乡 村 就业人员 Rural Employment
1952	20729	36.1	2486	18243
1953	21364	36.3	2754	18610
1954	21832	36.2	2744	19088
1955	22328	36.3	2802	19526
1956	23018	36.6	2993	20025
1957	23771	36.8	3205	20566
1958	26600	40.3	5300	21300
1959	26173	38.9	5389	20784
1960	25880	39.1	6119	19761
1961	25590	38.9	5336	20254
1962	25910	38.5	4537	21373
1963	26640	38.5	4603	22037
1964	27736	39.3	4828	22908
1965	28670	39.5	5136	23534
1966	29805	40.0	5354	24451
1967	30814	40.3	5446	25368
1968	31915	40.6	5630	26285
1969	33225	41.2	5825	27400
1970	34432	41.5	6312	28120
1971	35620	41.8	6868	28752
1972	35854	41.1	7200	28654
1973	36652	41.1	7388	29264
1974	37369	41.1	7687	29682
1975	38168	41.3	8222	29946
1976	38834	41.4	8692	30142
1977	39377	41.5	9127	30250
1978	40152	41.7	9514	30638
1979	41024	42.1	9999	31025
1980	42361	42.9	10525	31836
1981	43725	43.7	11053	32672
1982	45295	44.6	11428	33867
1983	46436	45.1	11746	34690
1984	48197	46.2	12229	35968
1985	49873	47.1	12808	37065

5-3 续表 continued

单位：万人、%　　(10 000 persons, %)

年 份 Year	就业人员 Employment		城 镇 就业人员 Urban Employment	乡 村 就业人员 Rural Employment
	合 计 Total	占人口比重 Percentage of TotalPopulation		
1986	51282	47.7	13292	37990
1987	52783	48.3	13783	39000
1988	54334	48.9	14267	40067
1989	55329	49.1	14390	40939
1990	64749	56.6	17041	47708
1991	65491	56.5	17465	48026
1992	66152	56.5	17861	48291
1993	66808	56.4	18262	48546
1994	67455	56.3	18653	48802
1995	68065	56.2	19040	49025
1996	68950	56.3	19922	49028
1997	69820	56.5	20781	49039
1998	70637	56.6	21616	49021
1999	71394	56.8	22412	48982
2000	72085	56.9	23151	48934
2001	72797	57.0	24123	48674
2002	73280	57.0	25159	48121
2003	73736	57.1	26230	47506
2004	74264	57.1	27293	46971
2005	74647	57.1	28389	46258
2006	74978	57.0	29630	45348
2007	75321	57.0	30953	44368
2008	75564	56.9	32103	43461
2009	75828	56.8	33322	42506
2010	76105	56.8	34687	41418
2011	76420	56.7	35914	40506
2012	76704	56.6	37102	39602
2013	76977	56.6	38240	38737
2014	77253	56.5	39310	37943
2015	77451	56.3	40410	37041
2016	77603	56.1	41428	36175

5-4　分行业分登记注册类型城镇单位就业人员数和构成（2016年底）
Number of Employed Persons and Composition in Urban Units at Year-end by Status of Registration and Sector in Detail (2016)

单位：万人，%　　(10 000 persons, %)

项　目	Item	合　计 Total	国有单位 State-owned Units	城镇集体单位 Urban Collective-owned Units	其他单位 Units of Other Types of Ownership
全国总计	**National Total**	**17888.1**	**6169.8**	**453.3**	**11264.9**
农、林、牧、渔业	Agriculture, Forestry, Animal Husbandry and Fishery	263.2	242.3	1.9	19.0
采矿业	Mining	490.9	44.6	9.4	436.9
制造业	Manufacturing	4893.8	158.8	66.5	4668.5
电力、热力、燃气及水生产和供应业	Production and Supply of Electricity, Heat, Gas and Water	387.6	176.3	3.5	207.8
建筑业	Construction	2724.7	184.6	149.1	2391.1
批发和零售业	Wholesale and Retail Trades	875.0	82.0	28.0	765.1
交通运输、仓储和邮政业	Transport, Storage and Post	849.5	366.0	13.7	469.8
住宿和餐饮业	Hotels and Catering Services	269.7	35.2	4.9	229.6
信息传输、软件和信息技术服务业	Information Transmission, Software and Information Technology	364.1	33.5	0.6	330.0
金融业	Financial Intermediation	665.2	148.7	44.9	471.5
房地产业	Real Estate	431.7	32.1	8.0	391.6
租赁和商务服务业	Leasing and Business Services	488.4	118.1	29.1	341.2
科学研究和技术服务业	Scientific Research and Technical Services	419.6	215.1	4.6	199.9
水利、环境和公共设施管理业	Management of Water Conservancy, Environment	269.6	203.9	10.6	55.0
居民服务、修理和其他服务业	Services to Households, Repair and Other Services	75.4	21.4	4.2	49.8
教育	Education	1729.2	1593.9	19.0	116.4
卫生和社会工作	Health and Social Service	867.0	752.5	51.2	63.3
文化、体育和娱乐业	Culture, Sports and Entertainment	150.8	102.6	1.8	46.3
公共管理、社会保障和社会组织	Public Management, Social Security and Social Organization	1672.6	1658.1	2.3	12.2
构成(全国总计=100)	**Percentage (Total=100)**				
全国总计	**National Total**	**100.0**	**100.0**	**100.0**	**100.0**
农、林、牧、渔业	Agriculture, Forestry, Animal Husbandry and Fishery	1.5	3.9	0.4	0.2
采矿业	Mining	2.7	0.7	2.1	3.9
制造业	Manufacturing	27.4	2.6	14.7	41.4
电力、热力、燃气及水生产和供应业	Production and Supply of Electricity, Heat, Gas and Water	2.2	2.9	0.8	1.8
建筑业	Construction	15.2	3.0	32.9	21.2
批发和零售业	Wholesale and Retail Trades	4.9	1.3	6.2	6.8
交通运输、仓储和邮政业	Transport, Storage and Post	4.7	5.9	3.0	4.2
住宿和餐饮业	Hotels and Catering Services	1.5	0.6	1.1	2.0
信息传输、软件和信息技术服务业	Information Transmission, Software and Information Technology	2.0	0.5	0.1	2.9
金融业	Financial Intermediation	3.7	2.4	9.9	4.2
房地产业	Real Estate	2.4	0.5	1.8	3.5
租赁和商务服务业	Leasing and Business Services	2.7	1.9	6.4	3.0
科学研究和技术服务业	Scientific Research and Technical Services	2.3	3.5	1.0	1.8
水利、环境和公共设施管理业	Management of Water Conservancy, Environment	1.5	3.3	2.3	0.5
居民服务、修理和其他服务业	Services to Households, Repair and Other Services	0.4	0.3	0.9	0.4
教育	Education	9.7	25.8	4.2	1.0
卫生和社会工作	Health and Social Service	4.8	12.2	11.3	0.6
文化、体育和娱乐业	Culture, Sports and Entertainment	0.8	1.7	0.4	0.4
公共管理、社会保障和社会组织	Public Management, Social Security and Social Organization	9.4	26.9	0.5	0.1

注：本表城镇单位数据不含私营单位(以下相关表同)。
Data of employed persons in urban units do not include those of private enterprises. The same applies to the table following.

5-5 按行业分城镇单位就业人员数构成(年底数)
Composition of Employed Persons in Urban Units at Year-end by Sector

单位：万人，% (10 000 persons,%)

年份 Year 地区 Region		构成 Composition					
		合计 Total	#水利、环境和公共设施管理业 Management of Water Conservancy, Environment and Public Facilities	#居民服务、修理和其他服务业 Services to Households, Repair and Other Services	#教育 Education	#卫生和社会工作 Health and Social Service	#文化、体育和娱乐业 Culture, Sports and Entertainment	#公共管理、社会保障和社会组织 Public Management, Social Security and Social Organization
	2005	100.0	1.6	0.5	13.0	4.5	1.1	10.9
	2006	100.0	1.6	0.5	12.8	4.5	1.0	10.8
	2007	100.0	1.6	0.5	12.6	4.5	1.0	10.7
	2008	100.0	1.6	0.5	12.6	4.6	1.0	10.9
	2009	100.0	1.6	0.5	12.3	4.7	1.0	11.1
	2010	100.0	1.7	0.5	12.1	4.8	1.0	10.9
	2011	100.0	1.6	0.4	11.2	4.7	0.9	10.2
	2012	100.0	1.6	0.4	10.9	4.7	0.9	10.1
	2013	100.0	1.4	0.4	9.3	4.3	0.8	8.7
	2014	100.0	1.5	0.4	9.5	4.4	0.8	8.8
	2015	100.0	1.5	0.4	9.6	4.7	0.8	9.1
	2016	100.0	1.5	0.4	9.7	4.8	0.8	9.4
北京	Beijing	100.0	1.3	1.1	6.1	3.6	2.4	5.9
天津	Tianjin	100.0	1.5	3.3	6.3	3.5	0.7	6.1
河北	Hebei	100.0	1.9	0.4	13.8	5.9	0.9	13.7
山西	Shanxi	100.0	2.3	0.1	11.9	4.8	1.1	13.5
内蒙古	Inner Mongolia	100.0	2.8	0.3	12.0	5.4	1.2	15.5
辽宁	Liaoning	100.0	2.6	0.4	9.6	5.6	0.9	9.6
吉林	Jilin	100.0	2.7	0.8	11.2	5.8	1.1	11.3
黑龙江	Heilongjiang	100.0	2.6	0.9	10.1	5.4	0.9	10.5
上海	Shanghai	100.0	1.4	1.0	4.7	3.0	1.0	3.3
江苏	Jiangsu	100.0	1.0	0.2	6.3	3.3	0.5	4.8
浙江	Zhejiang	100.0	1.0	0.2	6.7	4.2	0.6	6.6
安徽	Anhui	100.0	1.5	0.2	12.5	5.9	0.7	9.6
福建	Fujian	100.0	0.8	0.4	7.8	3.4	0.6	6.1
江西	Jiangxi	100.0	1.5	0.2	11.0	5.3	0.9	11.0
山东	Shandong	100.0	1.4	0.3	9.6	5.1	0.6	9.3
河南	Henan	100.0	1.1	0.3	10.9	5.1	0.7	9.9
湖北	Hubei	100.0	1.6	0.2	10.1	6.0	0.9	9.1
湖南	Hunan	100.0	1.4	0.3	11.9	6.9	1.0	14.5
广东	Guangdong	100.0	0.9	0.4	6.4	3.2	0.6	5.6
广西	Guangxi	100.0	2.1	0.2	15.4	7.9	0.8	12.6
海南	Hainan	100.0	3.1	0.4	12.9	6.2	1.2	14.1
重庆	Chongqing	100.0	1.6	0.4	10.1	4.8	0.7	7.7
四川	Sichuan	100.0	1.6	0.3	12.0	6.2	0.8	11.8
贵州	Guizhou	100.0	1.7	0.4	17.5	6.6	0.7	17.2
云南	Yunnan	100.0	1.8	0.4	14.3	6.3	0.9	13.0
西藏	Tibet	100.0	0.5	0.7	15.7	6.2	2.3	44.4
陕西	Shaanxi	100.0	1.9	0.3	11.4	5.2	1.0	11.7
甘肃	Gansu	100.0	2.3	0.1	14.8	5.6	1.0	16.7
青海	Qinghai	100.0	1.7	0.1	12.3	6.5	1.3	16.7
宁夏	Ningxia	100.0	3.3	0.1	12.5	6.5	1.4	15.2
新疆	Xinjiang	100.0	1.8	0.2	12.2	5.8	0.9	18.1

5-6 分地区就业人员受教育程度构成
Educational Attainment Composition of Employment by Region

单位：% (%)

地 区 Region	合 计 Total	男 Male	女 Female	未上过学 Illiterate	小 学 Primary School	初 中 Junior School	普通高中 Senior School	中 等 职业教育 Medium vocational education	高 等 职业教育 High Vocational Education	大学专科 College	大学本科 University	研究生 Graduate
全 国 National Total	**100.0**	**56.9**	**43.1**	**2.6**	**17.5**	**43.3**	**12.3**	**4.9**	**1.3**	**9.6**	**7.7**	**0.8**
北 京 Beijing	100.0	60.0	40.0	0.2	2.4	22.0	12.1	7.5	1.7	19.7	27.6	6.8
天 津 Tianjin	100.0	58.3	41.7	0.5	8.5	33.7	11.3	9.9	1.8	14.5	17.6	2.2
河 北 Hebei	100.0	58.3	41.7	1.1	12.9	50.4	12.8	5.3	1.1	9.5	6.2	0.5
山 西 Shanxi	100.0	61.5	38.5	1.3	11.6	46.2	13.2	5.5	0.9	11.4	9.2	0.7
内蒙古 Inner Mongolia	100.0	59.6	40.4	2.1	16.0	45.7	11.8	3.6	0.7	11.5	8.0	0.5
辽 宁 Liaoning	100.0	57.4	42.6	0.5	12.6	49.7	9.6	5.4	1.5	10.4	9.5	0.8
吉 林 Jilin	100.0	55.5	44.5	0.9	17.7	46.6	14.0	3.9	1.1	7.7	7.5	0.5
黑龙江 Heilongjiang	100.0	58.7	41.3	0.7	15.2	50.1	12.1	3.1	1.1	8.8	8.2	0.7
上 海 Shanghai	100.0	58.3	41.7	0.6	4.7	29.4	12.4	6.4	1.8	16.5	23.4	4.7
江 苏 Jiangsu	100.0	55.5	44.5	2.1	13.1	38.4	13.5	6.0	2.2	13.3	10.3	1.0
浙 江 Zhejiang	100.0	57.2	42.8	2.1	16.0	38.2	13.4	3.7	1.4	12.4	11.8	1.0
安 徽 Anhui	100.0	56.9	43.1	7.1	20.3	45.8	8.7	3.4	0.9	7.7	5.6	0.5
福 建 Fujian	100.0	59.3	40.7	2.7	21.6	38.8	11.3	5.7	1.1	9.4	8.7	0.6
江 西 Jiangxi	100.0	56.9	43.1	2.3	20.5	46.3	13.7	4.1	1.2	7.1	4.5	0.3
山 东 Shandong	100.0	56.9	43.1	2.5	14.3	48.1	12.2	6.4	1.3	8.4	6.2	0.6
河 南 Henan	100.0	55.1	44.9	2.5	15.3	50.1	13.9	3.7	1.3	8.1	4.7	0.4
湖 北 Hubei	100.0	55.3	44.7	2.9	17.8	42.3	13.4	5.7	1.5	9.0	6.5	1.0
湖 南 Hunan	100.0	58.6	41.4	1.6	16.9	44.2	16.3	4.1	1.3	8.6	6.4	0.6
广 东 Guangdong	100.0	57.7	42.3	0.7	11.1	42.9	17.7	6.8	2.2	11.0	7.1	0.5
广 西 Guangxi	100.0	55.5	44.5	1.5	19.8	49.9	9.5	5.0	1.2	7.8	4.9	0.5
海 南 Hainan	100.0	56.0	44.0	2.2	13.0	51.4	12.4	5.6	1.0	8.0	6.2	0.2
重 庆 Chongqing	100.0	55.6	44.4	2.4	27.4	33.5	11.8	4.1	1.4	10.9	7.8	0.8
四 川 Sichuan	100.0	54.7	45.3	3.9	29.4	39.1	9.6	3.7	1.1	7.8	5.1	0.4
贵 州 Guizhou	100.0	53.9	46.1	9.7	32.5	37.8	6.2	3.0	0.5	5.2	4.8	0.2
云 南 Yunnan	100.0	54.4	45.6	5.5	34.0	41.3	5.7	3.4	0.7	4.7	4.3	0.4
西 藏 Tibet	100.0	59.5	40.5	23.1	46.5	12.8	3.2	2.0	0.3	6.3	5.6	0.2
陕 西 Shaanxi	100.0	58.5	41.5	2.5	13.4	45.1	14.7	3.9	1.5	10.6	7.6	0.7
甘 肃 Gansu	100.0	56.0	44.0	5.3	26.7	38.1	11.4	3.5	0.9	7.3	6.4	0.4
青 海 Qinghai	100.0	56.7	43.3	6.9	26.0	35.0	9.1	3.0	0.8	10.5	8.4	0.2
宁 夏 Ningxia	100.0	57.7	42.3	6.4	17.0	40.4	10.3	3.9	0.8	11.0	9.7	0.6
新 疆 Xinjiang	100.0	56.7	43.3	2.1	17.5	41.5	10.0	5.0	1.0	11.8	10.4	0.9

注：劳动力调查自2015年开始使用新的受教育程度分类。
资料来源：2016年劳动力调查资料(下同)。
Note: The new classification of education attaiment has been used since 2015 in the Labour Force Survey (same as below).
Data Resource: 2016 Labour Force Survey (the same as below).

5-7 按受教育程度和性别分的全国就业人员职业构成
Occupation Composition of Employment by Educational Attainment and Sex

单位：% (%)

受教育程度	Educational Attainment	合计 Total	单位负责人 Unit Heads	专业技术人员 Professional and Technical Personnel	办事人员和有关人员 Clerk and Related Workers	商业、服务业人员 Business Service Personnel	农林牧渔水利业生产人员 Agriculture and Water Conservancy Labors	生产运输设备操作人员及有关人员 Production, Transport Equipment Operators and Related Workers	其他 Others
总 计	**Total**	**100.0**	**2.0**	**11.4**	**9.9**	**25.2**	**27.5**	**23.5**	**0.5**
未上过学	Illiterate	100.0	0.3	2.2	1.3	10.7	76.6	8.7	0.2
小 学	Primary School	100.0	0.6	2.5	2.2	14.5	61.6	18.4	0.3
初 中	Junior School	100.0	1.3	4.7	4.7	27.4	30.0	31.2	0.6
高 中	Senior School	100.0	3.0	9.7	12.2	37.0	11.4	26.0	0.7
中等职业教育	Medium vocational education	100.0	2.5	18.1	14.7	34.6	4.4	25.4	0.4
高等职业教育	High Vocational Education	100.0	4.1	19.6	16.9	34.8	2.9	21.3	0.5
大学专科	College	100.0	4.0	28.9	25.7	26.2	1.5	13.3	0.4
大学本科	University	100.0	4.4	42.7	30.1	15.3	0.5	6.6	0.3
研究生	Graduate	100.0	4.9	60.7	23.8	6.7	0.6	3.2	0.2
男	**Male**	**100.0**	**2.6**	**10.2**	**10.9**	**22.0**	**23.5**	**30.3**	**0.5**
未上过学	Illiterate	100.0	0.5	3.1	2.9	9.6	68.9	14.7	0.3
小 学	Primary School	100.0	0.8	3.0	3.4	12.5	55.6	24.3	0.3
初 中	Junior School	100.0	1.6	5.0	5.7	22.7	26.5	38.0	0.6
高 中	Senior School	100.0	3.5	8.7	13.0	30.6	11.5	32.0	0.7
中等职业教育	Medium vocational education	100.0	3.0	14.2	14.7	29.1	4.6	34.0	0.4
高等职业教育	High Vocational Education	100.0	5.2	16.2	16.2	30.5	3.1	28.2	0.5
大学专科	College	100.0	5.4	23.1	26.4	24.5	1.6	18.7	0.3
大学本科	University	100.0	5.9	37.0	31.7	15.4	0.6	9.0	0.3
研究生	Graduate	100.0	6.7	57.9	24.4	6.8	0.5	3.4	0.3
女	**Female**	**100.0**	**1.2**	**12.9**	**8.6**	**29.4**	**32.7**	**14.7**	**0.5**
未上过学	Illiterate	100.0	0.2	1.9	0.7	11.1	79.8	6.2	0.2
小 学	Primary School	100.0	0.3	1.9	1.1	16.3	67.4	12.6	0.3
初 中	Junior School	100.0	0.8	4.2	3.4	34.5	35.2	21.2	0.6
高 中	Senior School	100.0	1.9	11.5	10.8	48.5	11.2	15.2	0.7
中等职业教育	Medium vocational education	100.0	1.6	23.6	14.6	42.3	4.1	13.3	0.4
高等职业教育	High Vocational Education	100.0	2.4	24.3	18.0	40.7	2.5	11.6	0.5
大学专科	College	100.0	2.4	35.9	24.9	28.4	1.2	6.7	0.5
大学本科	University	100.0	2.6	49.4	28.3	15.3	0.5	3.7	0.3
研究生	Graduate	100.0	2.6	64.2	23.0	6.6	0.6	2.9	0.1

5-8　按失业原因和性别分的城镇失业人员受教育程度构成
Educational Attainment Composition of Educational Urban Unemployment by Unemployed Reason and Sex

单位：%　　　　(%)

受教育程度	Educational Attainment	合计 Total	正在上学 Studying	毕业后未工作 Job-off after Graduated	因单位原因失去工作 Lose Job for Working Unit Reasons	因个人原因失去工作 Lose Job for Individual Reasons	承包土地被征用 Land Expro-priated	离退休 Retired	料理家务 Take Care of House-work	其他 Others
总　计	**Total**	**100.0**	**100.0**	**100.0**	**100.0**	**100.0**	**100.0**	**100.0**	**100.0**	**100.0**
未上过学	Illiterate	0.7			0.3	0.5	1.7	0.4	1.5	1.1
小　学	Primary School	6.4	0.6	0.6	5.0	5.7	21.6	8.6	10.5	9.8
初　中	Junior School	37.2	1.7	13.8	40.8	39.1	57.1	41.8	48.0	44.5
高　中	Senior School	18.7	10.8	12.1	23.6	19.0	11.2	32.2	18.7	18.5
中等职业教育	Medium vocational education	9.2	8.5	10.0	11.0	10.1	3.0	5.4	7.5	7.9
高等职业教育	High Vocational Education	2.0	4.3	2.5	2.0	2.2	0.6	1.2	1.3	1.7
大学专科	College	15.5	25.9	30.4	12.4	15.7	4.1	7.7	9.0	11.5
大学本科	University	9.8	43.6	28.7	4.8	7.4	0.8	2.7	3.3	4.7
研究生	Graduate	0.6	4.6	2.0	0.3	0.4		0.2	0.1	0.2
男	**Male**	**100.0**	**100.0**	**100.0**	**100.0**	**100.0**	**100.0**	**100.0**	**100.0**	**100.0**
未上过学	Illiterate	0.4			0.3	0.4	0.5	0.2	1.3	1.0
小　学	Primary School	6.3	0.3	0.4	5.9	6.5	20.2	11.4	15.6	10.1
初　中	Junior School	36.7	2.9	14.8	41.7	41.0	62.1	44.4	45.5	46.1
高　中	Senior School	19.5	12.1	14.1	24.2	19.3	10.2	28.2	23.4	19.9
中等职业教育	Medium vocational education	9.4	8.8	10.8	10.5	10.5	3.7	4.3	3.1	6.9
高等职业教育	High Vocational Education	1.9	4.5	2.6	1.8	1.8	0.9	0.3	0.4	1.4
大学专科	College	15.2	26.4	29.9	11.1	13.5	1.1	7.9	5.9	9.9
大学本科	University	10.0	39.5	25.8	4.2	6.7	1.2	3.1	4.6	4.6
研究生	Graduate	0.6	5.4	1.5	0.3	0.2		0.2	0.2	0.1
女	**Female**	**100.0**	**100.0**	**100.0**	**100.0**	**100.0**	**100.0**	**100.0**	**100.0**	**100.0**
未上过学	Illiterate	0.9			0.2	0.6	3.8	0.6	1.5	1.3
小　学	Primary School	6.5	0.9	0.9	3.6	4.8	23.9	6.6	10.2	9.1
初　中	Junior School	37.7	0.2	12.5	39.3	37.1	48.4	39.9	48.2	41.7
高　中	Senior School	17.9	9.4	9.5	22.5	18.6	13.0	35.0	18.3	15.9
中等职业教育	Medium vocational education	9.0	8.1	8.9	11.7	9.7	1.7	6.1	7.9	9.8
高等职业教育	High Vocational Education	2.0	4.0	2.3	2.2	2.5		1.7	1.4	2.3
大学专科	College	15.7	25.3	31.0	14.4	18.1	9.2	7.5	9.2	14.5
大学本科	University	9.6	48.5	32.3	5.8	8.1		2.4	3.2	5.0
研究生	High Vocational Education	0.7	3.6	2.5	0.2	0.5		0.2	0.1	0.5

5-9 按行业和性别分的城镇就业人员调查周平均工作时间
Weekly Working Hours in Urban Area by Sector and Sex

单位：小时/周 (hours/per week)

项　目	Item	2016年11月 Nov.2016	男 Male	女 Female	男女比 (女=1)
总　计	**Total**	**46.1**	**46.8**	**45.2**	**1.04**
农、林、牧、渔业	Farming,Forestry,Animal Husbandry and Fishery	39.4	41.3	37.4	1.10
采矿业	Mining	45.5	46.3	42.5	1.09
制造业	Manufacturing	47.7	47.8	47.5	1.01
电力、热力、燃气及水生产和供应业	Production and Supply of Electricity,Heat,Gas and Water	43.1	43.6	41.8	1.04
建筑业	Construction	48.1	48.5	45.4	1.07
批发和零售业	Wholesale and Retail Trades	48.9	49.6	48.3	1.03
交通运输、仓储和邮政业	Transport,Storage and Post	47.7	48.3	44.5	1.08
住宿和餐饮业	Hotels and Catering Services	50.5	51.2	49.9	1.03
信息传输、软件和信息技术服务业	Information Transmission, Software and Information Technology	43.4	43.8	42.8	1.02
金融业	Financial Intermediation	42.7	42.9	42.4	1.01
房地产业	Real Estate	45.7	46.6	44.2	1.06
租赁和商务服务业	Leasing and Business Services	44.9	45.8	43.6	1.05
科学研究和技术服务业	Scientific Research and Technical Service	42.8	43.1	42.3	1.02
水利、环境和公共设施管理业	Management of Water Conservancy,Environment and Public Establishment	45.3	45.6	44.9	1.01
居民服务、修理和其他服务业	Services to Household,Repair and Other Services	47.6	48.6	46.6	1.04
教育	Education	41.8	42.1	41.6	1.01
卫生和社会工作	Health and Social Service	44.1	45.0	43.7	1.03
文化体育和娱乐业	Culture, Sports and Entertainment	45.4	45.6	45.2	1.01
公共管理、社会保障和社会组织	Public Management,Social Security and Social Organization	41.8	42.1	41.1	1.02
国际组织	International Organizations	44.8	46.5	40.0	1.16

5-10 按年龄和性别分的城镇就业人员工作时间构成
Composition of Urban Employment Working Hours by Age and Sex

单位：%　　(%)

年龄 Age	合计 Total	1-8小时 1-8 Hours	9-19小时 9-19 Hours	20-39小时 20-39 Hours	40小时 40 Hours	41-48小时 41-48 Hours	48小时以上 48 Hours+
总计 Total	**100.0**	**1.1**	**1.1**	**5.4**	**42.4**	**18.4**	**31.5**
16-19	100.0	1.0	1.2	5.0	28.1	23.0	41.7
20-24	100.0	1.0	0.7	3.8	40.0	22.4	32.1
25-29	100.0	0.9	0.8	3.5	44.3	19.9	30.6
30-34	100.0	0.9	0.7	3.5	45.7	18.4	30.8
35-39	100.0	1.0	0.7	4.1	44.8	18.1	31.4
40-44	100.0	1.1	0.9	4.7	42.5	17.8	33.0
45-49	100.0	1.0	1.0	5.4	42.5	17.7	32.4
50-54	100.0	1.2	1.4	7.3	42.4	16.4	31.4
55-59	100.0	1.5	1.9	10.1	40.3	16.6	29.6
60-64	100.0	2.4	4.3	18.2	27.3	16.3	31.5
65+	100.0	4.0	8.0	27.0	22.4	14.2	24.4
男 Male	**100.0**	**1.0**	**0.9**	**4.7**	**41.4**	**18.1**	**33.9**
16-19	100.0	0.9	1.1	5.5	25.6	22.8	44.0
20-24	100.0	0.9	0.7	3.7	37.1	22.2	35.5
25-29	100.0	0.8	0.8	3.0	41.8	19.8	33.8
30-34	100.0	0.9	0.6	2.9	43.3	18.1	34.1
35-39	100.0	0.9	0.6	3.4	43.0	17.7	34.3
40-44	100.0	1.0	0.8	4.1	41.5	17.6	35.0
45-49	100.0	0.9	0.8	4.4	42.2	17.5	34.3
50-54	100.0	1.0	1.0	5.6	44.1	16.2	32.1
55-59	100.0	1.2	1.4	7.2	44.3	16.5	29.5
60-64	100.0	1.9	3.1	14.6	28.4	17.1	35.0
65+	100.0	3.3	6.9	24.7	22.5	15.1	27.6
女 Female	**100.0**	**1.2**	**1.4**	**6.5**	**43.9**	**18.7**	**28.3**
16-19	100.0	1.2	1.2	4.2	31.8	23.3	38.3
20-24	100.0	1.1	0.8	4.0	43.6	22.7	27.8
25-29	100.0	1.0	0.9	4.1	47.4	20.0	26.6
30-34	100.0	0.9	0.7	4.2	48.6	18.8	26.8
35-39	100.0	1.1	0.8	4.9	47.1	18.5	27.6
40-44	100.0	1.2	1.1	5.6	43.8	18.0	30.4
45-49	100.0	1.1	1.3	6.8	42.9	17.9	29.9
50-54	100.0	1.5	2.2	10.6	39.2	16.6	29.9
55-59	100.0	2.2	3.5	18.1	29.0	17.2	30.0
60-64	100.0	3.4	6.3	24.5	25.4	14.9	25.5
65+	100.0	5.3	9.9	31.0	22.1	12.8	18.9

5-11 城镇登记失业人数和失业率
Urban Registred Unemplyoment and Unemployment Rate

单位：万人，%　　(10 000 persons, %)

年 份 Year	登记失业人数 Urban Registered Unemployment	比上年增长 Increase over Preceeding year	登记失业率 Registered Unemployment Rate
1978	530		5.3
1979	568	7.1	5.4
1980	542	-4.6	4.9
1981	440	-18.8	3.8
1982	379	-13.7	3.2
1983	271	-28.5	2.3
1984	236	-13.2	1.9
1985	239	1.2	1.8
1986	264	10.9	2.0
1987	277	4.6	2.0
1988	296	7.1	2.0
1989	378	27.6	2.6
1990	383	1.4	2.5
1991	352	-8.1	2.3
1992	364	3.3	2.3
1993	420	15.4	2.6
1994	476	13.4	2.8
1995	520	9.1	2.9
1996	553	6.3	3.0
1997	577	4.3	3.1
1998	571	-1.0	3.1
1999	575	0.7	3.1
2000	595	3.5	3.1
2001	681	14.4	3.6
2002	770	13.1	4.0
2003	800	3.9	4.3
2004	827	3.4	4.2
2005	839	1.5	4.2
2006	847	1.0	4.1
2007	830	-2.0	4.0
2008	886	6.7	4.2
2009	921	4.0	4.3
2010	908	-1.4	4.1
2011	922	1.5	4.1
2012	917	-0.5	4.1
2013	926	1.0	4.1
2014	952	2.8	4.1
2015	966	1.5	4.1
2016	982	1.7	4.0

5-12 分地区城镇登记失业人数和增长变化情况
Urban Registred Umemployment and Increase Rate by Region

单位：万人，%　　(10 000 persons, %)

地　区	Region	登记失业人数 Unemployment						比上年增长 Increase over Preceeding year				
		2011	2012	2013	2014	2015	2016	2012	2013	2014	2015	2016
北　京	Beijing	8.1	8.1	7.5	7.4	7.8	8.0	0.2	-7.5	-1.4	5.6	1.9
天　津	Tianjin	20.1	20.4	21.7	22.5	25.1	25.8	1.4	6.3	3.9	11.3	2.8
河　北	Hebei	36.0	36.8	37.2	38.3	39.4	39.7	2.3	1.1	2.9	2.9	0.8
山　西	Shanxi	21.1	21.0	21.1	24.5	25.6	26.1	-0.7	0.5	16.3	4.1	2.0
内蒙古	Inner Mongolia	21.8	23.1	23.8	24.8	25.9	26.7	5.9	2.9	4.0	4.4	3.3
辽　宁	Liaoning	39.4	38.1	39.6	41.0	46.2	47.3	-3.4	3.9	3.6	12.7	2.6
吉　林	Jilin	22.2	22.3	22.6	23.2	23.9	25.7	0.4	1.4	2.5	3.0	7.7
黑龙江	Heilongjiang	35.0	41.3	41.4	39.9	41.0	39.6	17.8	0.3	-3.7	2.8	-3.4
上　海	Shanghai	27.0	26.7	25.3	25.6	24.8	24.3	-1.2	-5.2	1.3	-3.2	-2.2
江　苏	Jiangsu	41.4	40.5	37.6	36.6	36.0	35.2	-2.4	-7.1	-2.8	-1.5	-2.2
浙　江	Zhejiang	31.7	33.4	33.4	33.1	33.7	33.9	5.5	0.0	-0.8	1.7	0.5
安　徽	Anhui	33.1	31.3	32.4	31.5	30.9	30.4	-5.5	3.4	-2.8	-1.7	-1.5
福　建	Fujian	14.6	14.5	14.7	14.3	15.4	16.3	-0.6	1.1	-2.4	7.4	5.6
江　西	Jiangxi	24.6	25.7	27.4	29.4	29.9	31.3	4.3	6.7	7.3	1.8	4.6
山　东	Shandong	45.1	43.4	42.2	43.1	43.7	45.8	-3.8	-2.9	2.2	1.4	4.9
河　南	Henan	38.4	38.3	40.2	40.0	42.5	43.6	-0.3	5.1	-0.6	6.1	2.6
湖　北	Hubei	55.1	42.3	40.2	37.9	33.4	32.9	-23.3	-4.9	-5.7	-11.8	-1.5
湖　南	Hunan	43.1	44.1	45.6	47.3	45.1	44.9	2.3	3.4	3.6	-4.6	-0.4
广　东	Guangdong	38.8	39.6	38.0	36.8	37.0	38.0	2.0	-4.1	-3.0	0.4	2.8
广　西	Guangxi	18.8	18.9	18.0	18.7	18.1	18.1	0.7	-4.7	3.4	-2.9	0.0
海　南	Hainan	2.9	3.6	3.9	4.3	4.8	5.1	27.3	8.6	7.8	11.9	6.3
重　庆	Chongqing	13.0	12.4	12.1	13.4	14.3	15.7	-4.1	-2.9	11.2	6.2	10.0
四　川	Sichuan	36.9	40.7	42.9	54.4	54.6	56.3	10.1	5.4	26.8	0.5	3.0
贵　州	Guizhou	12.5	12.6	13.7	14.1	14.5	14.8	0.4	8.7	3.1	2.9	2.0
云　南	Yunnan	16.0	17.4	18.1	19.2	19.5	20.1	9.0	3.7	6.1	1.5	3.2
西　藏	Tibet	1.0	1.6	1.6	1.7	1.8	1.8	57.7	-0.7	3.5	4.9	4.3
陕　西	Shaanxi	20.9	19.5	21.1	22.3	22.3	22.7	-6.8	8.1	6.1		1.8
甘　肃	Gansu	10.8	9.8	9.3	9.7	9.5	9.8	-9.1	-5.1	4.5	-2.3	3.1
青　海	Qinghai	4.4	4.1	4.2	4.2	4.4	4.6	-6.0	3.3	-0.3	5.4	3.2
宁　夏	Ningxia	5.2	4.6	4.7	5.0	4.9	5.1	-11.8	1.9	6.5	-1.1	3.2
新　疆	Xinjiang	11.1	11.8	11.9	11.2	10.3	9.7	6.6	0.4	-5.8	-8.3	-6.0

5-13 分地区城镇登记失业人数情况(2016年)
Basic Conditions of Urban Newly-registered Unemployment by Region (2016)

单位：万人 (10 000 persons)

地区 Region	上年末结转登记失业人员 Unemployment at Last Year-end	本年新登记的失业人员 Unemployment Newly Regis-tered This Year	#女性 Female	#就业转失业人数 Unemploy-employed	本年失业人员就业人数 From the Unemployed This Year	#女性 Female	本年末登记失业人数 Unemployment at the Year-end	#女性 Female	#长期失业者 Long-term Unemployment
北京 Beijing	7.8	16.9	6.9	12.8	15.9	6.5	8.0	3.2	5.7
天津 Tianjin	25.1	9.7	4.2	7.0	9.0	4.3	25.8	13.1	9.0
河北 Hebei	39.4	41.0	15.9	10.4	40.7	18.2	39.7	18.8	4.8
山西 Shanxi	25.6	19.0	6.5	2.4	18.5	6.6	26.1	12.9	2.0
内蒙古 Inner Mongolia	25.9	24.6	11.5	7.0	23.5	10.8	26.7	11.5	3.2
辽宁 Liaoning	46.2	93.5	41.3	62.9	81.3	37.2	47.3	22.6	25.4
吉林 Jilin	23.9	35.2	16.4	12.4	33.4	16.2	25.7	11.1	3.5
黑龙江 Heilongjiang	45.0	61.9	27.1	38.7	61.0	25.1	39.6	15.3	1.9
上海 Shanghai	24.8	39.0	15.4	22.8	37.1	17.5	24.3	8.2	10.7
江苏 Jiangsu	36.0	113.0	53.3	77.2	112.5	53.8	35.2	15.4	7.2
浙江 Zhejiang	29.8	42.5	20.7	22.4	39.5	19.6	33.9	14.6	6.7
安徽 Anhui	30.9	26.4	13.2	8.6	26.3	12.0	30.4	14.4	1.7
福建 Fujian	15.4	28.3	13.4	10.6	23.8	11.4	16.3	7.5	3.3
江西 Jiangxi	29.9	28.8	13.4	5.6	27.4	12.5	31.3	11.9	1.4
山东 Shandong	43.7	69.4	32.4	35.1	65.4	29.4	45.8	20.4	11.8
河南 Henan	42.5	46.7	19.8	11.4	44.2	17.7	43.6	21.3	8.8
湖北 Hubei	33.4	52.6	24.6	14.2	47.3	22.5	32.9	15.2	3.9
湖南 Hunan	45.1	37.9	16.3	10.6	38.0	17.2	44.9	15.8	2.8
广东 Guangdong	37.0	61.0	31.5	22.5	56.2	28.8	38.0	17.7	5.6
广西 Guangxi	18.1	12.2	6.1	4.4	11.2	5.4	18.1	8.9	2.5
海南 Hainan	4.8	2.9	1.2	1.0	2.6	1.0	5.1	2.5	0.4
重庆 Chongqing	14.2	32.5	18.3	11.0	29.3	16.7	15.7	8.1	0.9
四川 Sichuan	54.6	47.9	23.6	25.1	43.8	21.7	56.3	28.1	21.2
贵州 Guizhou	14.5	13.4	5.6	3.2	13.1	5.4	14.8	6.6	2.0
云南 Yunnan	19.5	36.9	15.4	9.4	35.1	14.7	20.1	8.5	2.9
西藏 Tibet	1.5	1.5	0.6	0.2	1.1	0.4	1.8	0.9	0.1
陕西 Shaanxi	22.3	20.8	9.8	2.4	20.3	9.8	22.7	7.2	1.7
甘肃 Gansu	9.5	30.8	13.1	5.4	30.4	13.5	9.8	4.1	0.9
青海 Qinghai	4.4	6.7	2.9	1.6	6.5	3.1	4.6	1.7	0.6
宁夏 Ningxia	4.9	10.7	5.4	6.2	10.6	5.5	5.1	2.1	0.1
新疆 Xinjiang	10.4	39.4	20.7	8.9	39.8	20.6	9.7	4.5	0.2
新疆兵团 Xingjiang Production and Construction Crops	3.3	9.5	5.5	4.3	10.1	6.0	3.2	1.7	0.1

5-14　各地区研究与试验发展(R&D)人员全时当量(2016年)
Full-time Equivalent of R&D Personnel by Region (2016)

单位：人年　　(man-year)

地　区	Region	R&D人员全时当量 Total	#研究人员 Researchers	基础研究 Basic Research	应用研究 Applied Research	试验发展 Experimental Development
全　国	**National Total**	**3878057**	**1692176**	**274748**	**438877**	**3164434**
东部地区	Eastern Region	2545150	1039327	148207	245042	2151904
中部地区	Middle Region	652827	282378	40313	72146	540368
西部地区	Western Region	489047	259573	54696	87693	346657
东北地区	Northeast Region	191034	110897	31533	33996	125505
北　京	Beijing	253337	150574	46337	63694	143306
天　津	Tianjin	119384	51379	5524	14303	99557
河　北	Hebei	111384	50343	6208	15828	89349
山　西	Shanxi	44147	21786	4096	7867	32184
内蒙古	Inner Mongolia	39480	17972	2219	4847	32415
辽　宁	Liaoning	87839	49206	10589	15101	62149
吉　林	Jilin	48252	28459	10459	10415	27378
黑龙江	Heilongjiang	54942	33232	10485	8479	35978
上　海	Shanghai	183932	92863	20680	23560	139692
江　苏	Jiangsu	543438	201377	16818	28640	497980
浙　江	Zhejiang	376553	120287	8897	15544	352112
安　徽	Anhui	135829	56723	10393	14223	111214
福　建	Fujian	132155	49496	5629	12561	113965
江　西	Jiangxi	50620	22343	3264	5938	41418
山　东	Shandong	301480	130136	16260	27592	257629
河　南	Henan	166279	63658	4593	10422	151264
湖　北	Hubei	136608	62790	9476	16889	110243
湖　南	Hunan	119345	55079	8491	16808	94046
广　东	Guangdong	515649	189223	20424	42189	453037
广　西	Guangxi	39903	20915	6920	9908	23075
海　南	Hainan	7840	3648	1431	1132	5278
重　庆	Chongqing	68055	30935	4581	9071	54403
四　川	Sichuan	124614	70834	10862	22312	91441
贵　州	Guizhou	24124	11873	3606	2937	17581
云　南	Yunnan	41116	20932	6789	8441	25885
西　藏	Tibet	1126	721	333	434	359
陕　西	Shaanxi	94755	53481	9114	17762	67879
甘　肃	Gansu	25759	15062	4420	5146	16192
青　海	Qinghai	4166	2323	814	897	2454
宁　夏	Ningxia	9004	4404	1511	1353	6140
新　疆	Xinjiang	16945	10124	3527	4585	8834

5-15 公共就业服务工作情况(2016年)
Situations of Public Employment Services (2016)

单位：人 (person)

项目	Item	本期单位登记招聘人数 Total Registered Job Vacancies This Year	本期登记求职人数 Total Registered Job-seekers This Year	#女性 Female	#城镇登记失业人员 Urban Registered Unemp-loyed persons	#应届高校毕业生 College Graduates	#农村劳动者 Rural Labours
总计	**Total**	**53014723**	**40425739**	**17159037**	**10076086**	**4326686**	**14705742**
市(地、州)及以上公共就业人才服务机构	Public Employment (Talent) Services Institution of City (Prefecture) and Above	19129106	12812896	5311638	2936981	2161299	3274310
区(县)公共就业人才服务机构	Public Employment (Talent) Services Institution of District (County)	26667870	20437482	8578672	4852770	1707299	8225818
街道公共就业人才服务机构	Public Employment (Talent) Services Institution of Street	2709359	2064919	1021358	914373	155198	621923
乡镇公共就业人才服务机构	Public Employment (Talent) Services Institution of Town	2864123	3251782	1414203	614018	181726	1843130
社区公共就业人才服务窗口	Public Employment (Talent) Services Window of Community	1211219	1351387	622647	631871	81468	404530
行政村公共就业人才服务窗口	Public Employment (Talent) Services Window of Administrative Village	433046	507273	210519	126073	39696	336031

5-15　续表 1　continued

单位：人　(person)

项　目	Item	本期接受职业指导人数 Person-times of Vocational Guidance This Year	#女性 Female	本期接受创业服务人数 Person-times of Vocational Guidance	#女性 Female
总　计	**Total**	**16845696**	**7063066**	**4098124**	**1376686**
市(地、州)及以上公共就业人才服务机构	Public Employment (Talent) Services Institution of City (Prefecture) and Above	4437514	1981112	1128327	377684
区(县)公共就业人才服务机构	Public Employment (Talent) Services Institution of District (County)	8476077	3650344	2068863	794695
街道公共就业人才服务机构	Public Employment (Talent) Services Institution of Street	1122553	402492	273027	75460
乡镇公共就业人才服务机构	Public Employment (Talent) Services Institution of Town	1223057	515540	341191	69613
社区公共就业人才服务窗口	Public Employment (Talent) Services Window of Community	894117	389962	165127	38617
行政村公共就业人才服务窗口	Public Employment (Talent) Services Window of Administrative Village	692378	123616	121589	20617

5-15　续表 2　continued

单位：人　(person)

项　目	Item	本期介绍成功人数 Placed Job-seekers	#女性 Female	#城镇登记失业人员 Urban Registered Unemployed persons	#应届高校毕业生 College Graduates	#农村劳动者 Rural Labours
总　计	**Total**	**16749835**	**7260677**	**4914916**	**1900062**	**6788653**
市(地、州)及以上公共就业人才服务机构	Public Employment (Talent) Services Institution of City (Prefecture) and Above	4514353	1981822	1404593	830359	1346242
区(县)公共就业人才服务机构	Public Employment (Talent) Services Institution of District (County)	8665907	3703335	2460687	854695	3800915
街道公共就业人才服务机构	Public Employment (Talent) Services Institution of Street	1005737	489288	472224	86921	304938
乡镇公共就业人才服务机构	Public Employment (Talent) Services Institution of Town	1324792	576064	200637	69517	913777
社区公共就业人才服务窗口	Public Employment (Talent) Services Window of Community	724336	342454	329019	41981	154819
行政村公共就业人才服务窗口	Public Employment (Talent) Services Window of Administrative Village	514710	167714	47756	16589	267962

5-16 各地区公共就业服务工作情况(2016年)
Situations of Public Employment Services by Region (2016)

单位：人 (person)

地区	Region	本期单位登记招聘人数 Total Registered Job Vacancies This Year	本期登记求职人数 Total Registered Job-seekers This Year	#女性 Female	#城镇登记失业人员 Urban Registered Unemployed persons	#应届高校毕业生 College Graduates	#农村劳动者 Rural Labours	本期接受职业指导人数 Person-times of Vocational Guidance This Year	#女性 Female
总　计	**National Total**	**53014723**	**40425739**	**17159037**	**10076086**	**4326686**	**14705742**	**16845696**	**7063066**
北　京	Beijing	1055887	310761	150684	23245	56964	16073	270133	15037
天　津	Tianjin	1146903	1015086	456633	196002	65207	143109	716683	268914
河　北	Hebei	1179492	1050780	427902	233406	303990	338724	500351	200866
山　西	Shanxi	1057826	1071249	531911	242262	205496	274082	315353	126539
内蒙古	Inner Mongolia	537706	464200	197555	159476	36348	92765	198063	101417
辽　宁	Liaoning	2695754	2597403	986545	969651	340126	397496	750960	288631
吉　林	Jilin	693296	575951	253241	211175	35881	187794	267493	132275
黑龙江	Heilongjiang	957491	1237739	505236	658717	98447	236539	461827	207035
上　海	Shanghai	1408742	466660					46981	
江　苏	Jiangsu	5728710	5394638	2472978	1240602	622220	2107901	2150882	990053
浙　江	Zhejiang	4083328	2435200	1006515	350870	207764	1227383	1305325	465738
安　徽	Anhui	2172012	1715073	748738	494730	212089	508011	744451	330720
福　建	Fujian	4393599	3490183	1519914	536976	119678	2831954	334607	161895
江　西	Jiangxi	2016367	779765	376825	213726	45724	354527	370045	187473
山　东	Shandong	2575069	1993516	926207	683679	335365	707306	858141	405664
河　南	Henan	2012803	1595913	660712	577800	154099	533462	1063985	434958
湖　北	Hubei	1731730	1421865	632556	112083	96104	603675	972496	380981
湖　南	Hunan	802040	1645240	785106	661248	202581	423598	1322021	423654
广　东	Guangdong	6606302	3117370	1288237	482929	213135	1047751	810308	374984
广　西	Guangxi	2363547	1377530	553982	141635	195167	265488	236040	93127
海　南	Hainan	588098	215399	77778	17005	17333	42007	35322	17901
重　庆	Chongqing	984269	714873	328717	457402	73773	148554	445216	213037
四　川	Sichuan	1336782	1231524	538128	400804	74179	451174	840985	391343
贵　州	Guizhou	1782453	1025687	219228	82862	141385	191816	267189	122896
云　南	Yunnan	744451	612234	255579	219081	77933	240383	298065	134777
西　藏	Tibet	52070	35058	17690	10262	2374	18824	36378	17759
陕　西	Shaanxi	997857	1219120	535839	232270	241757	498736	415457	198298
甘　肃	Gansu	391563	405668	194260	188333	61986	78222	168837	83791
青　海	Qinghai	160829	397557	119606	43247	9837	326356	136642	37584
宁　夏	Ningxia	202055	267054	102322	12733	25119	218985	114669	48118
新　疆	Xinjiang	449034	392052	200943	186063	46111	132414	326561	174046
兵　团	Xinjiang Production and Construction Corps	106658	153391	87470	35812	8514	60633	64230	33555

5-16　续表　continued

单位：人　(person)

地　区	Region	本期接受创业服务人数 Person-times of Vocational Guidance	#女性 Female	本期介绍成功人数 Placed Job-seekers	#女性 Female	#城镇登记失业人员 Urban Registered Unemployed persons	#应届高校毕业生 College Graduates	#农村劳动者 Rural Labours
总　计	**National Total**	**4098124**	**1376686**	**16749835**	**7260677**	**4914916**	**1900062**	**6788653**
北　京	Beijing	42155	16700	49381	22783	12477	9440	7181
天　津	Tianjin	74753	34917	497588	240376	219225	68039	134208
河　北	Hebei	140517	30170	462916	188036	109626	111457	212487
山　西	Shanxi	99027	38287	482250	171982	110014	67734	143711
内蒙古	Inner Mongolia	46470	21085	227354	95261	104007	28269	59478
辽　宁	Liaoning	59792	37794	1159564	524724	569146	148382	233595
吉　林	Jilin	36005	18890	278049	119684	133598	11939	82966
黑龙江	Heilongjiang	79571	42744	620249	264336	345609	62655	116755
上　海	Shanghai	113603		223437				
江　苏	Jiangsu	503249	204294	1768189	798049	491067	286330	753241
浙　江	Zhejiang	301358	112485	977166	404571	180467	82130	481022
安　徽	Anhui	89486	40109	779916	341279	247215	89408	296079
福　建	Fujian	8864	4085	1093220	490202	163775	64894	883080
江　西	Jiangxi	103513	46850	424090	210618	109108	35680	202131
山　东	Shandong	311999	109588	940572	430588	327680	154934	343348
河　南	Henan	186186	82207	790319	330210	308963	63373	255861
湖　北	Hubei	189861	87014	881426	403609	59710	83061	362597
湖　南	Hunan	667142	27482	766346	336072	272216	63772	187124
广　东	Guangdong	190366	43352	1018032	461877	186856	90945	455989
广　西	Guangxi	61363	23051	435872	158061	73059	54269	167370
海　南	Hainan	23080	9292	34202	17529	5418	8810	17160
重　庆	Chongqing	77307	37190	217618	99345	107895	10065	67174
四　川	Sichuan	266915	118123	499908	227278	247586	48586	191982
贵　州	Guizhou	74647	36541	247341	114586	37845	43963	135061
云　南	Yunnan	79490	39077	329989	144092	126771	67148	138457
西　藏	Tibet	1438	570	20871	10232	6576	1064	10744
陕　西	Shaanxi	122741	47805	440712	187866	77378	73994	224385
甘　肃	Gansu	38902	19368	164388	75538	67409	29099	51025
青　海	Qinghai	17996	8760	348143	101153	25357	3843	312653
宁　夏	Ningxia	13682	5436	149806	60241	7337	2280	126876
新　疆	Xinjiang	73896	31245	292226	143104	141776	28594	85843
兵　团	Xinjiang Production and Construction Corps	2750	2175	128695	87395	39750	5905	49070

六、收入消费
Earning and Consumption

6-1 城镇单位就业人员工资总额和指数
Total Wage Bill of Employed Persons in Urban Units and Related Indices

年 份 Year	合 计 Total	国有单位 State-owned Units	城镇集体单位 Urban Collective-owned Units	其他单位 Units of Other Types of Ownership
工资总额(亿元) Total Wage Bill (100 million yuan)				
1995	8055.8	6172.6	1210.6	672.6
2000	10954.7	7744.9	950.7	2259.1
2005	20627.1	12291.7	906.4	7429.0
2006	24262.3	13920.6	983.8	9357.9
2007	29471.5	16689.1	1108.1	11674.3
2008	35289.5	19487.9	1203.2	14598.4
2009	40288.2	21862.7	1273.3	17152.1
2010	47269.9	24886.4	1433.7	20949.7
2011	59954.7	28954.8	1737.4	29262.4
2012	70914.2	32950.0	1990.4	35973.8
2013	93064.3	33359.6	2195.8	57508.9
2014	102817.2	36106.6	2302.7	64408.0
2015	112007.8	40387.9	2239.4	69380.5
2016	120074.8	44462.9	2268.6	73343.3
指数(上年=100) Indices (preceding year=100)				
1995	119.0	117.4	115.6	142.2
2000	107.9	106.2	95.5	120.8
2005	117.1	111.4	103.4	130.3
2006	117.6	113.3	108.5	126.0
2007	121.5	119.9	112.6	124.8
2008	119.7	116.8	108.6	125.0
2009	114.2	112.2	105.8	117.5
2010	117.3	113.8	112.6	122.1
2011	126.8	116.3	121.2	139.7
2012	118.3	113.8	114.6	122.9
2013	131.2	101.2	110.3	159.9
2014	110.5	108.2	104.9	112.0
2015	108.9	111.9	97.3	107.7
2016	107.2	110.1	101.3	105.7

6-2 按登记注册类型和行业分城镇单位就业人员工资总额(2016年)
Average Wage of Employed Persons in Urban Units by Status of Registration and Sector in Detail (2016)

单位：亿元，%　　(100 million yuan,%)

项　目	Item	绝对数 Value			
		合　计 Total	国有单位 State-owned Units	城镇集体单位 Urban Collective-owned Units	其他单位 Units of Other Types of Ownership
全 国 总 计	**National Total**	**120074.8**	**44462.9**	**2268.6**	**73343.3**
农、林、牧、渔业	Agriculture, Forestry, Animal Husbandry and Fishery	882.1	797.4	8.2	76.5
采矿业	Mining	3038.1	285.8	39.8	2712.5
制造业	Manufacturing	29088.9	1148.4	298.9	27641.6
电力、热力、燃气及水生产和供应业	Production and Supply of Electricity, Heat, Gas and Water	3235.7	1479.2	20.2	1736.4
建筑业	Construction	13969.2	946.3	601.6	12421.2
批发和零售业	Wholesale and Retail Trades	5681.2	608.7	93.7	4978.8
交通运输、仓储和邮政业	Transport, Storage and Post	6238.7	2769.9	56.3	3412.5
住宿和餐饮业	Hotels and Catering Services	1167.9	166.3	20.6	981.0
信息传输、软件和信息技术服务业	Information Transmission, Software and Information Technology	4431.8	258.7	3.2	4169.8
金融业	Financial Intermediation	7557.3	1499.0	401.4	5656.9
房地产业	Real Estate	2802.1	199.7	37.7	2564.7
租赁和商务服务业	Leasing and Business Services	3704.3	686.4	131.6	2886.2
科学研究和技术服务业	Scientific Research and Technical Services	4037.3	1915.3	30.7	2091.2
水利、环境和公共设施管理业	Management of Water Conservancy, Environment	1278.2	955.9	38.8	283.5
居民服务、修理和其他服务业	Services to Households, Repair and Other Services	357.8	117.3	17.9	222.6
教育	Education	12787.1	11992.4	120.6	674.1
卫生和社会工作	Health and Social Service	6825.6	6109.5	322.9	393.2
文化、体育和娱乐业	Culture, Sports and Entertainment	1204.4	814.6	10.4	379.5
公共管理、社会保障和社会组织	Public Management, Social Security and Social Organization	11787.2	11712.0	14.1	61.1

6-2 续表 continued

单位：亿元，%　　　　(100 million yuan,%)

项　目	Item	构成 Percentage 合计 Total	国有单位 State-owned Units	城镇集体单位 Urban Collective-owned Units	其他单位 Units of Other Types of Ownership
全国总计	**National Total**	**100.0**	**100.0**	**100.0**	**100.0**
农、林、牧、渔业	Agriculture, Forestry, Animal Husbandry and Fishery	0.7	1.8	0.4	0.1
采矿业	Mining	2.5	0.6	1.8	3.7
制造业	Manufacturing	24.2	2.6	13.2	37.7
电力、热力、燃气及水生产和供应业	Production and Supply of Electricity, Heat, Gas and Water	2.7	3.3	0.9	2.4
建筑业	Construction	11.6	2.1	26.5	16.9
批发和零售业	Wholesale and Retail Trades	4.7	1.4	4.1	6.8
交通运输、仓储和邮政业	Transport, Storage and Post	5.2	6.2	2.5	4.7
住宿和餐饮业	Hotels and Catering Services	1.0	0.4	0.9	1.3
信息传输、软件和信息技术服务业	Information Transmission, Software and Information Technology	3.7	0.6	0.1	5.7
金融业	Financial Intermediation	6.3	3.4	17.7	7.7
房地产业	Real Estate	2.3	0.4	1.7	3.5
租赁和商务服务业	Leasing and Business Services	3.1	1.5	5.8	3.9
科学研究和技术服务业	Scientific Research and Technical Services	3.4	4.3	1.4	2.9
水利、环境和公共设施管理业	Management of Water Conservancy, Environment	1.1	2.1	1.7	0.4
居民服务、修理和其他服务业	Services to Households, Repair and Other Services	0.3	0.3	0.8	0.3
教育	Education	10.6	27.0	5.3	0.9
卫生和社会工作	Health and Social Service	5.7	13.7	14.2	0.5
文化、体育和娱乐业	Culture, Sports and Entertainment	1.0	1.8	0.5	0.5
公共管理、社会保障和社会组织	Public Management, Social Security and Social Organization	9.8	26.3	0.6	0.1

6-3 分地区城镇单位就业人员工资总额和指数(2016年)
Total Wage Bill of Employed Persons in Urban Units and Related Indices by Region (2016)

地区	Region	工资总额（亿元） Total Wage Bill(100 million yuan)				指数(上年=100) Indices(preceding year=100)			
		合计 Total	国有单位 State-owned Units	城镇集体单位 Urban Collective-owned Units	其他单位 Units of Other Types of Ownership	合计 Total	国有单位 State-owned Units	城镇集体单位 Urban Collective-owned Units	其他单位 Units of Other Types of Ownership
全国	**National Total**	**120074.8**	**44462.9**	**2268.6**	**73343.3**	**107.2**	**110.1**	**101.3**	**105.7**
北京	Beijing	9463.3	2350.7	84.2	7028.3	109.5	111.6	98.3	108.9
天津	Tianjin	2484.3	741.2	27.7	1715.3	104.7	109.8	84.5	103.0
河北	Hebei	3518.8	1674.2	62.6	1782.0	107.0	110.4	103.7	104.1
山西	Shanxi	2303.3	1138.0	75.1	1090.2	100.8	105.2	100.9	96.5
内蒙古	Inner Mongolia	1828.2	1106.6	35.6	686.0	105.0	107.4	105.4	101.4
辽宁	Liaoning	3173.3	1502.9	92.1	1578.3	95.9	100.1	89.1	92.5
吉林	Jilin	1824.8	1010.3	27.4	787.1	106.2	109.3	105.3	102.5
黑龙江	Heilongjiang	2251.4	1394.8	52.8	803.8	104.0	105.2	92.6	103.0
上海	Shanghai	7601.4	1152.4	87.9	6361.1	107.6	105.1	103.0	108.1
江苏	Jiangsu	10583.2	2570.5	203.7	7809.0	103.8	110.3	106.1	101.8
浙江	Zhejiang	7673.1	2371.4	83.9	5217.8	107.9	112.0	98.1	106.3
安徽	Anhui	3012.8	1255.0	72.1	1685.7	106.7	110.5	103.5	104.1
福建	Fujian	4085.9	1207.3	59.2	2819.3	108.5	111.3	102.2	107.6
江西	Jiangxi	2611.2	1195.4	61.6	1354.2	107.7	109.7	95.4	106.5
山东	Shandong	7531.7	2940.3	242.3	4349.0	106.8	109.8	102.9	105.0
河南	Henan	5539.8	2059.7	153.4	3326.7	110.3	113.4	96.3	109.1
湖北	Hubei	4210.7	1801.7	55.5	2353.5	110.0	111.8	101.3	108.9
湖南	Hunan	3262.7	1550.6	78.0	1634.2	108.4	114.3	107.0	103.3
广东	Guangdong	14156.8	3314.7	234.6	10607.5	109.6	111.4	103.0	109.2
广西	Guangxi	2282.0	1276.6	54.7	950.6	107.9	111.1	104.1	104.1
海南	Hainan	616.2	294.6	8.5	313.1	107.2	108.6	100.2	106.1
重庆	Chongqing	2665.1	941.6	42.5	1681.0	106.9	109.5	112.7	105.4
四川	Sichuan	4946.3	2458.2	134.0	2354.1	106.5	108.7	106.8	104.3
贵州	Guizhou	2022.6	1230.1	33.0	759.5	112.1	114.0	99.5	109.7
云南	Yunnan	2491.7	1387.0	62.1	1042.7	115.9	123.7	99.3	108.0
西藏	Tibet	320.9	286.5	1.5	32.9	99.3	100.1	126.4	92.1
陕西	Shaanxi	3051.3	1460.8	78.8	1511.7	107.0	107.5	108.0	106.5
甘肃	Gansu	1495.7	983.6	35.7	476.4	108.0	111.0	91.5	103.5
青海	Qinghai	419.6	255.2	6.4	158.0	109.3	113.4	121.9	102.8
宁夏	Ningxia	468.3	246.5	3.9	217.9	104.5	109.9	91.7	99.2
新疆	Xinjiang	2178.5	1304.5	17.5	856.5	104.2	107.8	96.5	99.2

6-4 城镇单位就业人员平均工资和指数
Average Wage of Employed Persons in Urban Units and Related Indices

年份 Year	合 计 Total	#在岗职工 Staff and Workers	国有单位 State-owned Units	城镇集体单位 Urban Collective-owned Units	其他单位 Units of Other Types of Ownership
平均工资(元) Average Wage (yuan)					
1995	5348	5500	5553	3934	7728
2000	9333	9371	9441	6241	11238
2005	18200	18364	18978	11176	18362
2006	20856	21001	21706	12866	21004
2007	24721	24932	26100	15444	24271
2008	28898	29229	30287	18103	28552
2009	32244	32736	34130	20607	31350
2010	36539	37147	38359	24010	35801
2011	41799	42452	43483	28791	41323
2012	46769	47593	48357	33784	46360
2013	51483	52388	52657	38905	51453
2014	56360	57361	57296	42742	56485
2015	62029	63241	65296	46607	60906
2016	67569	68993	72538	50527	65531
平均货币工资指数(上年=100) Indices of Average Wage (preceding year=100)					
1995	118.9	121.2	117.3	121.1	119.9
2000	112.2	112.3	111.8	108.4	110.8
2005	114.3	114.6	115.4	114.9	111.2
2006	114.6	114.4	114.4	115.1	114.4
2007	118.5	118.7	120.2	120.0	115.6
2008	116.9	117.2	116.0	117.2	117.6
2009	111.6	112.0	112.7	113.8	109.8
2010	113.3	113.5	112.4	116.5	114.2
2011	114.4	114.3	113.4	119.9	115.4
2012	111.9	112.1	111.2	117.3	112.2
2013	110.1	110.1	108.9	115.2	111.0
2014	109.5	109.5	108.8	109.9	109.8
2015	110.1	110.3	114.0	109.0	107.8
2016	108.9	109.1	111.1	108.4	107.6
平均实际工资指数(上年=100) Indices of Average Real Wage (preceding year=100)					
1995	101.8	103.8	100.4	103.7	102.6
2000	111.3	111.4	110.9	107.5	109.9
2005	112.5	112.8	113.6	113.1	109.4
2006	112.9	112.7	112.7	113.4	112.7
2007	113.4	113.6	115.0	114.8	110.6
2008	110.7	111.0	109.8	111.0	111.4
2009	112.6	113.0	113.7	114.8	110.8
2010	109.8	110.0	108.9	112.9	110.7
2011	108.6	108.5	107.7	113.9	109.6
2012	109.0	109.2	108.3	114.3	109.2
2013	107.3	107.3	106.1	112.2	108.2
2014	107.2	107.2	106.6	107.6	107.5
2015	108.5	108.6	112.3	107.4	106.2
2016	106.7	106.9	108.8	106.2	105.4

注：1995-2008年的城镇单位就业人员平均工资即为原来的城镇单位就业人员平均劳动报酬(以下相关表同)。

a) Average wage of employed persons in urban units from 1995 to 2008 referred to average earning of employed persons in urban units. The same applies to the related tables following.

6-5 按登记注册类型和行业分城镇单位就业人员平均工资(2016年)
Average Wage of Employed Persons in Urban Units by Status of Registration and Sector in Detail (2016)

单位：元 (yuan)

项 目	Item	合 计 Total	国有单位 State-owned Units	城镇集体单 位 Urban Collective-owned Units	其他单位 Units of Other Types of Ownership
全 国 总 计	**National Total**	**67569**	**72538**	**50527**	**65531**
农、林、牧、渔业	Agriculture, Forestry, Animal Husbandry and Fishery	33612	33069	41121	39606
采矿业	Mining	60544	61638	42768	60802
制造业	Manufacturing	59470	71130	44753	59278
电力、热力、燃气及水生产和供应业	Production and Supply of Electricity, Heat, Gas and Water	83863	83931	57804	84245
建筑业	Construction	52082	52551	41141	52725
批发和零售业	Wholesale and Retail Trades	65061	74088	33629	65237
交通运输、仓储和邮政业	Transport, Storage and Post	73650	75878	40771	72883
住宿和餐饮业	Hotels and Catering Services	43382	46953	41873	42862
信息传输、软件和信息技术服务业	Information Transmission, Software and Information Technology	122478	77402	53981	127198
金融业	Financial Intermediation	117418	102117	89811	125115
房地产业	Real Estate	65497	62560	47305	66112
租赁和商务服务业	Leasing and Business Services	76782	58828	45810	85638
科学研究和技术服务业	Scientific Research and Technical Services	96638	89093	66959	105510
水利、环境和公共设施管理业	Management of Water Conservancy, Environment	47750	47154	36706	52119
居民服务、修理和其他服务业	Services to Households, Repair and Other Services	47577	54178	43106	45060
教育	Education	74498	75710	64833	59216
卫生和社会工作	Health and Social Service	80026	82522	63920	63362
文化、体育和娱乐业	Culture, Sports and Entertainment	79875	79538	56222	81552
公共管理、社会保障和社会组织	Public Management, Social Security and Social Organization	70959	71122	60861	50677

6-6 分地区城镇单位就业人员平均工资和指数(2016年)
Average Wage of Employed Persons in Urban Units and Related Indices(2016)

地 区	Region	平均工资(元) Average Wage (yuan)				
		合 计 Total	#在岗职工 Staff and Workers	国有单位 State-owned Units	城镇集体单位 Urban Collective-owned Units	其他单位 Units of Other Types of Ownership
全 国	**National Total**	**67569**	**68993**	**72538**	**50527**	**65531**
北 京	Beijing	119928	122749	125419	59150	119650
天 津	Tianjin	86305	87806	107720	48344	80417
河 北	Hebei	55334	56987	58761	43767	52925
山 西	Shanxi	53705	54975	57170	44540	51192
内蒙古	Inner Mongolia	61067	61994	66033	61533	54440
辽 宁	Liaoning	56015	57148	57247	37530	56481
吉 林	Jilin	56098	57486	62007	44026	50413
黑龙江	Heilongjiang	52435	55299	52847	41618	52621
上 海	Shanghai	119935	120503	113370	67380	122542
江 苏	Jiangsu	71574	72684	89222	63175	67418
浙 江	Zhejiang	73326	74644	109064	57061	64078
安 徽	Anhui	59102	61289	66210	50976	55076
福 建	Fujian	61973	63138	76996	56550	57301
江 西	Jiangxi	56136	57470	64875	50326	50408
山 东	Shandong	62539	63562	76903	53790	55978
河 南	Henan	49505	50028	56609	45608	46104
湖 北	Hubei	59831	61113	66398	42845	56107
湖 南	Hunan	58241	60160	64384	41624	54356
广 东	Guangdong	72326	72848	86159	49357	69552
广 西	Guangxi	57878	60239	63751	43064	52430
海 南	Hainan	61663	62565	67847	49896	57130
重 庆	Chongqing	65545	67386	79565	49748	60097
四 川	Sichuan	63926	65781	72980	52180	57243
贵 州	Guizhou	66279	69678	72237	69802	58355
云 南	Yunnan	60450	63562	74562	61947	48237
西 藏	Tibet	103232	110330	109839	48179	70192
陕 西	Shaanxi	59637	61626	60749	48246	59317
甘 肃	Gansu	57575	59549	63930	38772	49255
青 海	Qinghai	66589	67451	73971	54780	57779
宁 夏	Ningxia	65570	67830	69627	52678	61768
新 疆	Xinjiang	63739	64630	63308	65498	64371

6-6 续表 1 continued

地 区	Region	平均货币工资指数(上年=100) Indices of Average Wage(preceding year=100)				
		合 计 Total	#在岗职工 Staff and Workers	国有单位 State-owned Units	城镇集体单 位 Urban Collective-owned Units	其他单位 Units of Other Types of Ownership
全 国	**National Total**	**108.9**	**109.1**	**111.1**	**108.4**	**107.6**
北 京	Beijing	107.7	108.6	109.0	119.0	106.8
天 津	Tianjin	107.8	107.8	115.0	102.0	104.9
河 北	Hebei	108.7	108.7	111.5	107.7	106.1
山 西	Shanxi	103.7	103.8	106.6	104.4	100.6
内蒙古	Inner Mongolia	106.9	107.1	107.7	107.6	105.1
辽 宁	Liaoning	107.0	106.9	106.7	108.2	107.0
吉 林	Jilin	108.8	108.6	110.7	107.5	106.3
黑龙江	Heilongjiang	107.3	107.9	107.2	106.5	107.3
上 海	Shanghai	109.9	110.3	107.4	106.8	110.3
江 苏	Jiangsu	108.1	108.2	112.0	109.8	106.7
浙 江	Zhejiang	110.0	110.2	112.9	103.1	108.6
安 徽	Anhui	107.2	107.6	109.6	107.9	105.3
福 建	Fujian	107.5	107.5	109.3	107.7	106.7
江 西	Jiangxi	110.2	110.2	115.2	109.0	106.5
山 东	Shandong	109.2	109.2	111.4	107.2	107.7
河 南	Henan	109.0	108.9	113.3	109.9	106.6
湖 北	Hubei	110.1	110.6	113.2	107.7	107.8
湖 南	Hunan	111.2	111.6	115.5	103.8	107.8
广 东	Guangdong	109.9	109.9	112.1	109.6	109.2
广 西	Guangxi	109.2	109.6	111.4	106.3	106.5
海 南	Hainan	107.1	107.1	107.4	107.0	106.6
重 庆	Chongqing	108.3	108.5	109.6	115.5	107.2
四 川	Sichuan	108.5	108.7	109.7	106.7	107.2
贵 州	Guizhou	111.0	111.3	111.9	109.0	109.5
云 南	Yunnan	115.0	115.5	121.9	113.8	106.9
西 藏	Tibet	105.5	99.4	104.7	133.9	106.2
陕 西	Shaanxi	108.4	108.3	108.8	105.7	108.2
甘 肃	Gansu	108.8	109.4	110.4	103.5	105.1
青 海	Qinghai	109.0	109.0	111.4	119.0	104.6
宁 夏	Ningxia	108.6	108.6	109.3	106.7	107.3
新 疆	Xinjiang	106.0	106.1	107.6	103.7	103.9

6-6 续表 2 continued

地 区 Region	平均实际工资指数(上年=100) Indices of Average Real Wage(preceding year=100) 合 计 Total	#在岗职工 Staff and Workers	国有单位 State-owned Units	城镇集体单位 Urban Collective-owned Units	其他单位 Units of Other Types of Ownership
全 国 National Total	**106.7**	**106.9**	**108.8**	**106.2**	**105.4**
北 京 Beijing	105.5	106.3	106.7	116.5	104.6
天 津 Tianjin	105.5	105.5	112.7	99.9	102.8
河 北 Hebei	106.4	106.5	109.2	105.5	103.9
山 西 Shanxi	101.5	101.7	104.4	102.3	98.6
内蒙古 Inner Mongolia	104.7	104.9	105.5	105.4	103.0
辽 宁 Liaoning	104.8	104.7	104.5	106.0	104.8
吉 林 Jilin	106.6	106.4	108.4	105.3	104.1
黑龙江 Heilongjiang	105.1	105.7	105.0	104.3	105.0
上 海 Shanghai	107.6	108.0	105.2	104.6	108.1
江 苏 Jiangsu	105.9	105.9	109.7	107.5	104.5
浙 江 Zhejiang	107.7	108.0	110.5	101.0	106.4
安 徽 Anhui	105.0	105.4	107.3	105.6	103.1
福 建 Fujian	105.3	105.3	107.1	105.5	104.5
江 西 Jiangxi	108.0	108.0	112.9	106.7	104.3
山 东 Shandong	107.0	107.0	109.1	105.0	105.5
河 南 Henan	106.8	106.7	110.9	107.6	104.4
湖 北 Hubei	107.8	108.4	110.9	105.5	105.6
湖 南 Hunan	109.0	109.3	113.1	101.6	105.6
广 东 Guangdong	107.7	107.6	109.8	107.4	107.0
广 西 Guangxi	107.0	107.3	109.1	104.1	104.3
海 南 Hainan	104.9	104.9	105.2	104.8	104.4
重 庆 Chongqing	106.0	106.3	107.4	113.1	105.0
四 川 Sichuan	106.3	106.5	107.4	104.5	105.0
贵 州 Guizhou	108.7	109.0	109.6	106.7	107.3
云 南 Yunnan	112.6	113.1	119.4	111.5	104.7
西 藏 Tibet	103.3	97.4	102.6	131.1	104.0
陕 西 Shaanxi	106.2	106.1	106.6	103.5	106.0
甘 肃 Gansu	106.5	107.1	108.2	101.4	102.9
青 海 Qinghai	106.8	106.8	109.1	116.6	102.4
宁 夏 Ningxia	106.4	106.3	107.1	104.5	105.1
新 疆 Xinjiang	103.8	103.9	105.4	101.6	101.8

6-7 城乡居民恩格尔系数
Engel's Coefficient of Urban and Rural Households

年 份 Year	城镇居民恩格尔系数（%） Engel's Coefficient of Urban Households (%)	农村居民恩格尔系数（%） Engel's Coefficient of Rural Households (%)	年 份 Year	城镇居民恩格尔系数（%） Engel's Coefficient of Urban Households (%)	农村居民恩格尔系数（%） Engel's Coefficient of Rural Households (%)
1978	57.5	67.7	2001	38.2	47.7
1980	56.9	61.8	2002	37.7	46.2
1985	53.3	57.8	2003	37.1	45.6
1990	54.2	58.8	2004	37.7	47.2
			2005	36.7	45.5
1991	53.8	57.6			
1992	53.0	57.6	2006	35.8	43.0
1993	50.3	58.1	2007	36.3	43.1
1994	50.0	58.9	2008	37.9	43.7
1995	50.1	58.6	2009	36.5	41.0
			2010	35.7	41.1
1996	48.8	56.3			
1997	46.6	55.1	2011	36.3	40.4
1998	44.7	53.4	2012	36.2	39.3
1999	42.1	52.6	2013	35.0	37.7
2000	39.4	49.1			

6-8 全国居民人均收支和构成情况
Per Capita Income and Consumption Expenditure and Composition Nationwide

单位：元，% (yuan,%)

项目	Item	绝对数 Value				构成 Percentage			
		2013	2014	2015	2016	2013	2014	2015	2016
全国居民人均收入	**Per Capita Income Nationwide**								
可支配收入	**Disposable Income**	**18310.8**	**20167.1**	**21966.2**	**23821.0**	**100.00**	**100.00**	**100.00**	**100.00**
工资性收入	Income of Wages and Salaries	10410.8	11420.6	12459.0	13455.2	56.86	56.63	56.72	56.48
经营净收入	Net Business Income	3434.7	3732.0	3955.6	4217.7	18.76	18.51	18.01	17.71
财产净收入	Net Income from Property	1423.3	1587.8	1739.6	1889.0	7.77	7.87	7.92	7.93
转移净收入	Net Income from Transfer	3042.1	3426.8	3811.9	4259.1	16.61	16.99	17.35	17.88
现金可支配收入	**Cash Disposable Income**	**17114.6**	**18747.4**	**20424.3**	**22204.5**	**100.00**	**100.00**	**100.00**	**100.00**
工资性收入	Income of Wages and Salaries	10348.6	11352.7	12386.2	13379.0	60.47	60.56	60.64	60.25
经营净收入	Net Business Income	3354.2	3571.5	3782.7	4111.4	19.60	19.05	18.52	18.52
财产净收入	Net Income from Property	526.6	621.8	689.5	739.8	3.08	3.32	3.38	3.33
转移净收入	Net Income from Transfer	2885.2	3201.3	3565.9	3974.3	16.86	17.08	17.46	17.90
全国居民人均支出	**Per Capita Expenditure Nationwide**								
消费支出	**Consumption Expenditure**	**13220.4**	**14491.4**	**15712.4**	**17110.7**	**100.00**	**100.00**	**100.00**	**100.00**
食品烟酒	Food,Tobacco and Liquor	4126.7	4493.9	4814.0	5151.0	31.21	31.01	30.64	30.10
衣着	Clothing	1027.1	1099.3	1164.1	1202.7	7.77	7.59	7.41	7.03
居住	Residence	2998.5	3200.5	3419.2	3746.4	22.68	22.09	21.76	21.90
生活用品及服务	Household Facilities, Articles and Services	806.5	889.7	951.4	1043.7	6.10	6.14	6.05	6.10
交通通信	Transport and Communications	1627.1	1869.3	2086.9	2337.8	12.31	12.90	13.28	13.66
教育文化娱乐	Education, Cultural and Recreation	1397.7	1535.9	1723.1	1915.3	10.57	10.60	10.97	11.19
医疗保健	Health Care and Medical Services	912.1	1044.8	1164.5	1307.5	6.90	7.21	7.41	7.64
其他用品及服务	Miscellaneous Goods and Services	324.7	358.0	389.2	406.3	2.46	2.47	2.48	2.37
现金消费支出	**Cash Consumption Expenditure**	**10917.4**	**11975.7**	**12988.7**	**14142.0**	**100.00**	**100.00**	**100.00**	**100.00**
食品烟酒	Food, Tobacco and Liquor	3822.8	4185.6	4505.0	4846.7	35.02	34.95	34.68	34.27
衣着	Clothing	1025.7	1098.6	1163.5	1202.2	9.39	9.17	8.96	8.50
居住	Residence	1155.1	1215.7	1251.9	1359.8	10.58	10.15	9.64	9.62
生活用品及服务	Household Facilities, Articles and Services	801.8	882.6	943.8	1036.1	7.34	7.37	7.27	7.33
交通通信	Transport and Communications	1624.8	1866.2	2083.7	2332.9	14.88	15.58	16.04	16.50
教育文化娱乐	Education, Cultural and Recreation	1396.5	1534.9	1722.0	1914.3	12.79	12.82	13.26	13.54
医疗保健	Health Care and Medical Services	772.1	838.3	933.3	1048.5	7.07	7.00	7.19	7.41
其他用品及服务	Miscellaneous Goods and Services	318.7	353.8	385.6	401.5	2.92	2.95	2.97	2.84

注：自2013年起，数据来源于国家统计局开展的城乡一体化住户收支与生活状况调查(以下相关表同)。
Since 2013, The data are complied on the basis of the intergrated household income and expenditure survey of the NBS, including both urban and rural households. The same applies to the relevant tables following.

6-9 城镇居民人均收支和构成情况
Per Capita Income and Consumption Expenditure and Composition of Urban Households

单位：元，% (yuan,%)

项 目	Item	绝对数 Value				构成 Percentage			
		2013	2014	2015	2016	2013	2014	2015	2016
城镇居民人均收入	**Per Capita Income Nationwide**								
可支配收入	**Disposable Income**	**26467.0**	**28843.9**	**31194.8**	**33616.2**	**100.00**	**100.00**	**100.00**	**100.00**
工资性收入	Income of Wages and Salaries	16617.4	17936.8	19337.1	20665.0	62.79	62.19	61.99	61.47
经营净收入	Net Business Income	2975.3	3279.0	3476.1	3770.1	11.24	11.37	11.14	11.22
财产净收入	Net Income from Property	2551.5	2812.1	3041.9	3271.3	9.64	9.75	9.75	9.73
转移净收入	Net Income from Transfer	4322.8	4815.9	5339.7	5909.8	16.33	16.70	17.12	17.58
现金可支配收入	**Cash Disposable Income**	**24799.0**	**26860.2**	**29042.0**	**31270.0**	**100.00**	**100.00**	**100.00**	**100.00**
工资性收入	Income of Wages and Salaries	16509.9	17821.3	19214.8	20541.7	66.58	66.35	66.16	65.69
经营净收入	Net Business Income	3332.3	3528.0	3714.0	4032.3	13.44	13.13	12.79	12.90
财产净收入	Net Income from Property	831.8	977.8	1072.8	1139.6	3.35	3.64	3.69	3.64
转移净收入	Net Income from Transfer	4125.0	4533.1	5040.4	5556.4	16.63	16.88	17.36	17.77
城镇居民人均支出	**Per Capita Expenditure Nationwide**								
消费支出	**Consumption Expenditure**	**18487.5**	**19968.1**	**21392.4**	**23078.9**	**100.00**	**100.00**	**100.00**	**100.00**
食品烟酒	Food,Tobacco and Liquor	5570.7	6000.0	6359.7	6762.4	30.13	30.05	29.73	29.30
衣着	Clothing	1553.7	1627.2	1701.1	1739.0	8.40	8.15	7.95	7.54
居住	Residence	4301.4	4489.6	4726.0	5113.7	23.27	22.48	22.09	22.16
生活用品及服务	Household Facilities, Articles and Services	1129.2	1233.2	1306.5	1426.8	6.11	6.18	6.11	6.18
交通通信	Transport and Communications	2317.8	2637.3	2895.4	3173.9	12.54	13.21	13.53	13.75
教育文化娱乐	Education, Cultural and Recreation	1988.3	2142.3	2382.8	2637.6	10.75	10.73	11.14	11.43
医疗保健	Health Care and Medical Services	1136.1	1305.6	1443.4	1630.8	6.15	6.54	6.75	7.07
其他用品及服务	Miscellaneous Goods and Services	490.4	532.9	577.5	594.7	2.65	2.67	2.70	2.58
现金消费支出	**Cash Consumption Expenditure**	**15453.0**	**16690.6**	**17887.0**	**19284.1**	**100.00**	**100.00**	**100.00**	**100.00**
食品烟酒	Food, Tobacco and Liquor	5461.2	5874.9	6224.8	6627.7	35.34	35.20	34.80	34.37
衣着	Clothing	1551.5	1626.6	1700.5	1738.4	10.04	9.75	9.51	9.01
居住	Residence	1579.9	1625.6	1665.9	1810.4	10.22	9.74	9.31	9.39
生活用品及服务	Household Facilities, Articles and Services	1124.0	1225.6	1298.7	1417.8	7.27	7.34	7.26	7.35
交通通信	Transport and Communications	2313.6	2631.5	2889.8	3166.5	14.97	15.77	16.16	16.42
教育文化娱乐	Education, Cultural and Recreation	1986.3	2140.7	2381.0	2636.3	12.85	12.83	13.31	13.67
医疗保健	Health Care and Medical Services	954.8	1038.5	1153.7	1298.7	6.18	6.22	6.45	6.73
其他用品及服务	Miscellaneous Goods and Services	481.7	527.1	572.6	588.3	3.12	3.16	3.20	3.05

6-10 农村居民人均收支和构成情况
Per Capita Income and Consumption Expenditure and Composition of Rural Households

单位：元，%　　　　(yuan,%)

项　目	Item	绝对数 Value				构成 Percentage			
		2013	2014	2015	2016	2013	2014	2015	2016
农村居民人均收入	**Per Capita Income of Rural Households**								
可支配收入	**Disposable Income**	**9429.6**	**10488.9**	**11421.7**	**12363.4**	**100.00**	**100.00**	**100.00**	**100.00**
工资性收入	Income of Wages and Salaries	3652.5	4152.2	4600.3	5021.8	38.73	39.59	40.28	40.62
经营净收入	Net Business Income	3934.9	4237.4	4503.6	4741.3	41.73	40.40	39.43	38.35
财产净收入	Net Income from Property	194.7	222.1	251.5	272.1	2.06	2.12	2.20	2.20
转移净收入	Net Income from Transfer	1647.5	1877.2	2066.3	2328.2	17.47	17.90	18.09	18.83
现金可支配收入	**Cash Disposable Income**	**8747.1**	**9698.2**	**10577.8**	**11600.6**	**92.76**	**92.46**		**92.61**
工资性收入	Income of Wages and Salaries	3639.7	4137.5	4583.9	5000.8	41.61	42.66	43.33	43.11
经营净收入	Net Business Income	3378.0	3620.1	3861.3	4203.9	38.62	37.33	36.50	36.24
财产净收入	Net Income from Property	194.2	224.7	251.5	272.1	2.22	2.32	2.38	2.35
转移净收入	Net Income from Transfer	1535.2	1715.9	1881.2	2123.8	17.55	17.69	17.78	18.31
农村居民人均支出	**Per Capita Expenditure of Rural Households**								
消费支出	**Consumption Expenditure**	**7485.1**	**8382.6**	**9222.6**	**10129.8**	**100.00**	**100.00**	**100.00**	**100.00**
食品烟酒	Food,Tobacco and Liquor	2554.4	2814.0	3048.0	3266.1	34.13	33.57	33.05	32.24
衣着	Clothing	453.8	510.4	550.5	575.4	6.06	6.09	5.97	5.68
居住	Residence	1579.8	1762.7	1926.2	2147.1	21.11	21.03	20.89	21.20
生活用品及服务	Household Facilities, Articles and Services	455.1	506.5	545.6	595.7	6.08	6.04	5.92	5.88
交通通信	Transport and Communications	874.9	1012.6	1163.1	1359.9	11.69	12.08	12.61	13.43
教育文化娱乐	Education, Cultural and Recreation	754.6	859.5	969.3	1070.3	10.08	10.25	10.51	10.57
医疗保健	Health Care and Medical Services	668.2	753.9	846.0	929.2	8.93	8.99	9.17	9.17
其他用品及服务	Miscellaneous Goods and Services	144.2	163.0	174.0	186.0	1.93	1.94	1.89	1.84
现金消费支出	**Cash Consumption Expenditure**	**5978.7**	**6716.7**	**7392.1**	**8127.3**	**100.00**	**100.00**	**100.00**	**100.00**
食品烟酒	Food, Tobacco and Liquor	2038.8	2301.3	2540.0	2763.4	34.10	34.26	34.36	34.00
衣着	Clothing	453.1	509.7	549.9	575.0	7.58	7.59	7.44	7.07
居住	Residence	692.4	758.5	779.0	832.8	11.58	11.29	10.54	10.25
生活用品及服务	Household Facilities, Articles and Services	451.0	500.1	538.3	589.7	7.54	7.44	7.28	7.26
交通通信	Transport and Communications	874.7	1012.5	1162.6	1357.8	14.63	15.07	15.73	16.71
教育文化娱乐	Education, Cultural and Recreation	754.4	859.2	969.0	1069.9	12.62	12.79	13.11	13.16
医疗保健	Health Care and Medical Services	573.2	614.9	681.4	755.8	9.59	9.16	9.22	9.30
其他用品及服务	Miscellaneous Goods and Services	141.2	160.5	172.0	183.0	2.36	2.39	2.33	2.25

6-11 城乡居民按收入五等份分组的人均可支配收入情况
Per Capita Disposable Income of Urban and Rural Households by Income Quintile

单位：元 (yuan)

组别	Item	全国 National Total			城镇 Urban Area			农村 Rural Area		
		2014	2015	2016	2014	2015	2016	2014	2015	2016
低收入户(20%)	Low Income Households	4747.3	5221.2	5528.7	11219.3	12230.9	13004.1	2768.1	3085.6	3006.5
中等偏下户(20%)	Lower Middle Income Households	10887.4	11894.0	12898.9	19650.5	21446.2	23054.9	6604.4	7220.9	7827.7
中等收入户(20%)	Middle Income Households	17631.0	19320.1	20924.4	26650.6	29105.2	31521.8	9503.9	10310.6	11159.1
中等偏上户(20%)	Upper Middle Income Households	26937.4	29437.6	31990.4	35631.2	38572.4	41805.6	13449.2	14537.3	15727.4
高收入户 (20%)	High Income Households	50968.0	54543.5	59259.5	61615.0	65082.2	70347.8	23947.4	26013.9	28448.0

6-12 东、中、西部及东北地区城乡居民人均可支配收入情况
Per Capita Disposable Income of Urban and Rrual Households in Eastern, Central, Western and Northeastern Regions

单位：元 (yuan)

组别	Item	全国 National Total			城镇 Urban Area			农村 Rural Area		
		2014	2015	2016	2014	2015	2016	2014	2015	2016
东部地区	Eastern Region	25954.0	28223.3	30654.7	33905.4	36691.3	39651.0	13144.6	14297.4	15498.3
中部地区	Central Region	16867.7	18442.1	20006.2	24733.3	26809.6	28879.3	10011.1	10919.0	11794.3
西部地区	Western Region	15376.1	16868.1	18406.8	24390.6	26473.1	28609.7	8295.0	9093.4	9918.4
东北地区	Northeastern Region	19604.4	21008.4	22351.5	25578.9	27399.6	29045.1	10802.1	11490.1	12274.6

6-13 分地区城乡居民人均可支配收入情况
Per Capita Disposable Income in Urban and Rural Households by Region

单位: 元 (yuan)

地 区	Region	全国 National Total			城镇 Urban Area			农村 Rural Area		
		2014	2015	2016	2014	2015	2016	2014	2015	2016
全 国	**National Average**	**20167.1**	**21966.2**	**23821.0**	**28843.9**	**31194.8**	**33616.2**	**10488.9**	**11421.7**	**12363.4**
北 京	Beijing	44488.6	48458.0	52530.4	48531.8	52859.2	57275.3	18867.3	20568.7	22309.5
天 津	Tianjin	28832.3	31291.4	34074.5	31506.0	34101.3	37109.6	17014.2	18481.6	20075.6
河 北	Hebei	16647.4	18118.1	19725.4	24141.3	26152.2	28249.4	10186.1	11050.5	11919.4
山 西	Shanxi	16538.3	17853.7	19048.9	24069.4	25827.7	27352.3	8809.4	9453.9	10082.5
内蒙古	Inner Mongolia	20559.3	22310.1	24126.6	28349.6	30594.1	32974.9	9976.3	10775.9	11609.0
辽 宁	Liaoning	22820.2	24575.6	26039.7	29081.7	31125.7	32876.1	11191.5	12056.9	12880.7
吉 林	Jilin	17520.4	18683.7	19967.0	23217.8	24900.9	26530.4	10780.1	11326.2	12122.9
黑龙江	Heilongjiang	17404.4	18592.7	19838.5	22609.0	24202.6	25736.4	10453.2	11095.2	11831.9
上 海	Shanghai	45965.8	49867.2	54305.3	48841.4	52961.9	57691.7	21191.6	23205.2	25520.4
江 苏	Jiangsu	27172.8	29538.9	32070.1	34346.3	37173.5	40151.6	14958.4	16256.7	17605.6
浙 江	Zhejiang	32657.6	35537.1	38529.0	40392.7	43714.5	47237.2	19373.3	21125.0	22866.1
安 徽	Anhui	16795.5	18362.6	19998.1	24838.5	26935.8	29156.0	9916.4	10820.7	11720.5
福 建	Fujian	23330.9	25404.4	27607.9	30722.4	33275.3	36014.3	12650.2	13792.7	14999.2
江 西	Jiangxi	16734.2	18437.1	20109.6	24309.2	26500.1	28673.3	10116.6	11139.1	12137.7
山 东	Shandong	20864.2	22703.2	24685.3	29221.9	31545.3	34012.1	11882.3	12930.4	13954.1
河 南	Henan	15695.2	17124.8	18443.1	23672.1	25575.6	27232.9	9966.1	10852.9	11696.7
湖 北	Hubei	18283.2	20025.6	21786.6	24852.3	27051.5	29385.8	10849.1	11843.9	12725.0
湖 南	Hunan	17621.7	19317.5	21114.8	26570.2	28838.1	31283.9	10060.2	10992.5	11930.4
广 东	Guangdong	25685.0	27858.9	30295.8	32148.1	34757.2	37684.3	12245.6	13360.4	14512.2
广 西	Guangxi	15557.1	16873.4	18305.1	24669.0	26415.9	28324.4	8683.2	9466.6	10359.5
海 南	Hainan	17476.5	18979.0	20653.4	24486.5	26356.4	28453.5	9912.6	10857.6	11842.9
重 庆	Chongqing	18351.9	20110.1	22034.1	25147.2	27238.8	29610.0	9489.8	10504.7	11548.8
四 川	Sichuan	15749.0	17221.0	18808.3	24234.4	26205.3	28335.3	9347.7	10247.4	11203.1
贵 州	Guizhou	12371.1	13696.6	15121.1	22548.2	24579.6	26742.6	6671.2	7386.9	8090.3
云 南	Yunnan	13772.2	15222.6	16719.9	24299.0	26373.2	28610.6	7456.1	8242.1	9019.8
西 藏	Tibet	10730.2	12254.3	13639.2	22015.8	25456.6	27802.4	7359.2	8243.7	9093.8
陕 西	Shaanxi	15836.7	17395.0	18873.7	24365.8	26420.2	28440.1	7932.2	8688.9	9396.4
甘 肃	Gansu	12184.7	13466.6	14670.3	21803.9	23767.1	25693.5	6276.6	6936.2	7456.9
青 海	Qinghai	14374.0	15812.7	17301.8	22306.6	24542.3	26757.4	7282.7	7933.4	8664.4
宁 夏	Ningxia	15906.8	17329.1	18832.3	23284.6	25186.0	27153.0	8410.0	9118.7	9851.6
新 疆	Xinjiang	15096.6	16859.1	18354.7	23214.0	26274.7	28463.4	8723.8	9425.1	10183.2

6-14 分地区全国居民人均可支配收入来源和构成情况（2016年）
Per Capita Disposable Income and Composition of Nationwide Households by Sources and Region(2016)

单位：元 (yuan)

地 区	Region	可支配收入 Disposable Income	工资性收入 Income from Wages and Salaries	经营净收入 Net Business Income	财产净收入 Net Income from Properties	转移净收入 Net Income from Transfers
全 国	**National Average**	**23821.0**	**13455.2**	**4217.7**	**1889.0**	**4259.1**
北 京	Beijing	52530.4	33114.2	1396.4	8229.6	9790.2
天 津	Tianjin	34074.5	21218.6	3136.7	3217.4	6501.9
河 北	Hebei	19725.4	11888.9	3020.3	1335.4	3480.8
山 西	Shanxi	19048.9	11304.9	2693.1	1111.8	3939.0
内蒙古	Inner Mongolia	24126.6	12939.5	5776.4	1202.7	4208.0
辽 宁	Liaoning	26039.7	13787.5	4526.8	1294.1	6431.3
吉 林	Jilin	19967.0	9699.3	4814.9	861.3	4591.4
黑龙江	Heilongjiang	19838.5	9673.3	4263.6	994.6	4907.0
上 海	Shanghai	54305.3	32718.6	1398.9	7684.2	12503.7
江 苏	Jiangsu	32070.1	18664.4	4723.7	2880.4	5801.6
浙 江	Zhejiang	38529.0	22206.7	6588.6	4337.5	5396.2
安 徽	Anhui	19998.1	10931.6	4512.7	1085.5	3468.3
福 建	Fujian	27607.9	16041.9	5280.2	2621.9	3663.9
江 西	Jiangxi	20109.6	11309.4	3579.8	1368.6	3851.8
山 东	Shandong	24685.3	14259.3	5470.4	1632.8	3322.7
河 南	Henan	18443.1	9265.5	4257.3	1142.3	3777.9
湖 北	Hubei	21786.6	10818.7	4781.4	1322.9	4863.7
湖 南	Hunan	21114.8	10796.9	4233.8	1503.5	4580.7
广 东	Guangdong	30295.8	21361.9	4101.8	3096.5	1735.6
广 西	Guangxi	18305.1	8882.9	4779.4	1069.1	3573.7
海 南	Hainan	20653.4	12258.1	4042.1	1216.5	3136.7
重 庆	Chongqing	22034.1	11557.7	3684.3	1413.7	5378.4
四 川	Sichuan	18808.3	9278.2	3993.2	1198.5	4338.3
贵 州	Guizhou	15121.1	7787.3	3555.4	773.3	3005.1
云 南	Yunnan	16719.9	7659.6	4433.2	1673.0	2954.2
西 藏	Tibet	13639.2	7111.0	4141.1	527.0	1860.1
陕 西	Shaanxi	18873.7	10366.1	2538.3	1103.3	4866.0
甘 肃	Gansu	14670.3	7910.3	2746.9	1009.5	3003.6
青 海	Qinghai	17301.8	10234.6	2629.2	862.7	3575.3
宁 夏	Ningxia	18832.3	11238.9	3359.7	792.0	3441.7
新 疆	Xinjiang	18354.7	9968.2	4434.4	695.0	3257.0

6-14 续表 continued

单位：% (%)

地 区	Region	可支配收入来源构成 Percentage of Disposable Income	工资性收入 Income from Wages and Salaries	经营净收入 Net Business Income	财产净收入 Net Income from Properties	转移净收入 Net Income from Transfers
全 国	**National Average**	**100.00**	**56.48**	**17.71**	**7.93**	**17.88**
北 京	Beijing	100.00	63.04	2.66	15.67	18.64
天 津	Tianjin	100.00	62.27	9.21	9.44	19.08
河 北	Hebei	100.00	60.27	15.31	6.77	17.65
山 西	Shanxi	100.00	59.35	14.14	5.84	20.68
内蒙古	Inner Mongolia	100.00	53.63	23.94	4.98	17.44
辽 宁	Liaoning	100.00	52.95	17.38	4.97	24.70
吉 林	Jilin	100.00	48.58	24.11	4.31	23.00
黑龙江	Heilongjiang	100.00	48.76	21.49	5.01	24.73
上 海	Shanghai	100.00	60.25	2.58	14.15	23.02
江 苏	Jiangsu	100.00	58.20	14.73	8.98	18.09
浙 江	Zhejiang	100.00	57.64	17.10	11.26	14.01
安 徽	Anhui	100.00	54.66	22.57	5.43	17.34
福 建	Fujian	100.00	58.11	19.13	9.50	13.27
江 西	Jiangxi	100.00	56.24	17.80	6.81	19.15
山 东	Shandong	100.00	57.76	22.16	6.61	13.46
河 南	Henan	100.00	50.24	23.08	6.19	20.48
湖 北	Hubei	100.00	49.66	21.95	6.07	22.32
湖 南	Hunan	100.00	51.13	20.05	7.12	21.69
广 东	Guangdong	100.00	70.51	13.54	10.22	5.73
广 西	Guangxi	100.00	48.53	26.11	5.84	19.52
海 南	Hainan	100.00	59.35	19.57	5.89	15.19
重 庆	Chongqing	100.00	52.45	16.72	6.42	24.41
四 川	Sichuan	100.00	49.33	21.23	6.37	23.07
贵 州	Guizhou	100.00	51.50	23.51	5.11	19.87
云 南	Yunnan	100.00	45.81	26.51	10.01	17.67
西 藏	Tibet	100.00	52.14	30.36	3.86	13.64
陕 西	Shaanxi	100.00	54.92	13.45	5.85	25.78
甘 肃	Gansu	100.00	53.92	18.72	6.88	20.47
青 海	Qinghai	100.00	59.15	15.20	4.99	20.66
宁 夏	Ningxia	100.00	59.68	17.84	4.21	18.28
新 疆	Xinjiang	100.00	54.31	24.16	3.79	17.75

6-15 分地区城镇居民人均可支配收入来源和构成情况（2016年）
Per Capita Disposable Income and Composition of Urban Households by Sources and Region(2016)

单位：元 (yuan)

地 区	Region	可支配收入 Disposable Income	工资性收入 Income from Wages and Salaries	经营净收入 Net Business Income	财产净收入 Net Income from Properties	转移净收入 Net Income from Transfers
全 国	**National Average**	**33616**	**20665**	**3770**	**3271**	**5910**
北 京	Beijing	57275	35701	1292	9310	10972
天 津	Tianjin	37110	23207	2666	3721	7516
河 北	Hebei	28249	18032	1983	2513	5722
山 西	Shanxi	27352	16954	2659	2003	5735
内蒙古	Inner Mongolia	32975	20355	5466	1733	5421
辽 宁	Liaoning	32876	18316	3951	1833	8777
吉 林	Jilin	26530	15838	2519	1388	6786
黑龙江	Heilongjiang	25736	15009	2671	1305	6752
上 海	Shanghai	57692	34339	1400	8487	13466
江 苏	Jiangsu	40152	24214	4411	4151	7375
浙 江	Zhejiang	47237	26656	7126	6381	7074
安 徽	Anhui	29156	18278	4420	2080	4378
福 建	Fujian	36014	22213	4919	4199	4682
江 西	Jiangxi	28673	18136	2385	2619	5533
山 东	Shandong	34012	21812	4778	2740	4681
河 南	Henan	27233	15829	3755	2412	5238
湖 北	Hubei	29386	16518	4150	2299	6419
湖 南	Hunan	31284	17275	4339	3010	6660
广 东	Guangdong	37684	27965	4204	4375	1140
广 西	Guangxi	28324	16493	4805	2229	4798
海 南	Hainan	28453	18892	2915	2170	4477
重 庆	Chongqing	29610	17043	3348	2221	6998
四 川	Sichuan	28335	16219	3327	2363	6426
贵 州	Guizhou	26743	15351	4282	1941	5168
云 南	Yunnan	28611	15544	3490	4021	5555
西 藏	Tibet	27802	22398	723	1706	2975
陕 西	Shaanxi	28440	16877	2014	2057	7493
甘 肃	Gansu	25693	16751	1961	2356	4626
青 海	Qinghai	26757	18741	2008	1451	4558
宁 夏	Ningxia	27153	18033	2824	1255	5040
新 疆	Xinjiang	28463	19173	2941	1279	5070

6-15 续表 continued

单位：% (%)

地 区	Region	可支配收入来源构成 Percentage of Disposable Income	工资性收入 Income from Wages and Salaries	经营净收入 Net Business Income	财产净收入 Net Income from Properties	转移净收入 Net Income from Transfers
全 国	**National Average**	**100.00**	**61.47**	**11.22**	**9.73**	**17.58**
北 京	Beijing	100.00	62.33	2.26	16.25	19.16
天 津	Tianjin	100.00	62.54	7.18	10.03	20.25
河 北	Hebei	100.00	63.83	7.02	8.89	20.25
山 西	Shanxi	100.00	61.99	9.72	7.32	20.97
内蒙古	Inner Mongolia	100.00	61.73	16.58	5.26	16.44
辽 宁	Liaoning	100.00	55.71	12.02	5.57	26.70
吉 林	Jilin	100.00	59.70	9.49	5.23	25.58
黑龙江	Heilongjiang	100.00	58.32	10.38	5.07	26.23
上 海	Shanghai	100.00	59.52	2.43	14.71	23.34
江 苏	Jiangsu	100.00	60.31	10.99	10.34	18.37
浙 江	Zhejiang	100.00	56.43	15.09	13.51	14.98
安 徽	Anhui	100.00	62.69	15.16	7.13	15.01
福 建	Fujian	100.00	61.68	13.66	11.66	13.00
江 西	Jiangxi	100.00	63.25	8.32	9.13	19.30
山 东	Shandong	100.00	64.13	14.05	8.06	13.76
河 南	Henan	100.00	58.12	13.79	8.86	19.23
湖 北	Hubei	100.00	56.21	14.12	7.82	21.84
湖 南	Hunan	100.00	55.22	13.87	9.62	21.29
广 东	Guangdong	100.00	74.21	11.16	11.61	3.03
广 西	Guangxi	100.00	58.23	16.96	7.87	16.94
海 南	Hainan	100.00	66.40	10.24	7.63	15.73
重 庆	Chongqing	100.00	57.56	11.31	7.50	23.63
四 川	Sichuan	100.00	57.24	11.74	8.34	22.68
贵 州	Guizhou	100.00	57.40	16.01	7.26	19.33
云 南	Yunnan	100.00	54.33	12.20	14.06	19.42
西 藏	Tibet	100.00	80.56	2.60	6.14	10.70
陕 西	Shaanxi	100.00	59.34	7.08	7.23	26.35
甘 肃	Gansu	100.00	65.20	7.63	9.17	18.00
青 海	Qinghai	100.00	70.04	7.50	5.42	17.03
宁 夏	Ningxia	100.00	66.41	10.40	4.62	18.56
新 疆	Xinjiang	100.00	67.36	10.33	4.49	17.81

6-16 分地区农村居民人均可支配收入来源和构成情况（2016年）
Per Capita Disposable Income and Composition of Rural Households by Sources and Region(2016)

单位：元 (yuan)

地 区	Region	可支配收入 Disposable Income	工资性收入 Income from Wages and Salaries	经营净收入 Net Business Income	财产净收入 Net Income from Properties	转移净收入 Net Income from Transfers
全 国	**National Average**	**12363.4**	**5021.8**	**4741.3**	**272.1**	**2328.2**
北 京	Beijing	22309.5	16637.5	2061.9	1350.1	2260.0
天 津	Tianjin	20075.6	12048.1	5309.4	893.7	1824.4
河 北	Hebei	11919.4	6263.2	3970.0	257.5	1428.6
山 西	Shanxi	10082.5	5204.4	2729.9	149.0	1999.1
内蒙古	Inner Mongolia	11609.0	2448.9	6215.7	452.6	2491.7
辽 宁	Liaoning	12880.7	5071.2	5635.5	257.6	1916.4
吉 林	Jilin	12122.9	2363.1	7558.9	231.8	1969.1
黑龙江	Heilongjiang	11831.9	2430.5	6425.9	572.7	2402.6
上 海	Shanghai	25520.4	18947.9	1387.9	859.6	4325.0
江 苏	Jiangsu	17605.6	8731.7	5283.1	606.0	2984.8
浙 江	Zhejiang	22866.1	14204.3	5621.9	661.8	2378.1
安 徽	Anhui	11720.5	4291.4	4596.1	186.7	2646.2
福 建	Fujian	14999.2	6785.2	5821.5	255.7	2136.9
江 西	Jiangxi	12137.7	4954.7	4692.3	204.4	2286.4
山 东	Shandong	13954.1	5569.1	6266.6	358.7	1759.7
河 南	Henan	11696.7	4228.0	4643.2	168.0	2657.6
湖 北	Hubei	12725.0	4023.0	5534.0	158.6	3009.3
湖 南	Hunan	11930.4	4946.2	4138.6	143.1	2702.5
广 东	Guangdong	14512.2	7255.3	3883.6	365.8	3007.5
广 西	Guangxi	10359.5	2848.1	4759.2	149.2	2603.0
海 南	Hainan	11842.9	4764.9	5315.7	139.1	1623.1
重 庆	Chongqing	11548.8	3965.6	4150.1	295.8	3137.3
四 川	Sichuan	11203.1	3737.6	4525.2	268.5	2671.8
贵 州	Guizhou	8090.3	3211.0	3115.8	67.1	1696.3
云 南	Yunnan	9019.8	2553.9	5043.7	152.2	1270.1
西 藏	Tibet	9093.8	2204.9	5237.9	148.7	1502.3
陕 西	Shaanxi	9396.4	3916.0	3057.9	159.0	2263.6
甘 肃	Gansu	7456.9	2125.0	3261.4	128.4	1942.0
青 海	Qinghai	8664.4	2464.3	3197.0	325.2	2677.8
宁 夏	Ningxia	9851.6	3906.1	3937.5	291.8	1716.3
新 疆	Xinjiang	10183.2	2527.1	5642.0	222.8	1791.3

6-16 续表 continued

单位：% (%)

地 区	Region	可支配收入来源构成 Percentage of Disposable Income	工资性收入 Income from Wages and Salaries	经营净收入 Net Business Income	财产净收入 Net Income from Properties	转移净收入 Net Income from Transfers
全 国	**National Average**	**100.00**	**40.62**	**38.35**	**2.20**	**18.83**
北 京	Beijing	100.00	74.58	9.24	6.05	10.13
天 津	Tianjin	100.00	60.01	26.45	4.45	9.09
河 北	Hebei	100.00	52.55	33.31	2.16	11.99
山 西	Shanxi	100.00	51.62	27.08	1.48	19.83
内蒙古	Inner Mongolia	100.00	21.10	53.54	3.90	21.46
辽 宁	Liaoning	100.00	39.37	43.75	2.00	14.88
吉 林	Jilin	100.00	19.49	62.35	1.91	16.24
黑龙江	Heilongjiang	100.00	20.54	54.31	4.84	20.31
上 海	Shanghai	100.00	74.25	5.44	3.37	16.95
江 苏	Jiangsu	100.00	49.60	30.01	3.44	16.95
浙 江	Zhejiang	100.00	62.12	24.59	2.89	10.40
安 徽	Anhui	100.00	36.61	39.21	1.59	22.58
福 建	Fujian	100.00	45.24	38.81	1.70	14.25
江 西	Jiangxi	100.00	40.82	38.66	1.68	18.84
山 东	Shandong	100.00	39.91	44.91	2.57	12.61
河 南	Henan	100.00	36.15	39.70	1.44	22.72
湖 北	Hubei	100.00	31.62	43.49	1.25	23.65
湖 南	Hunan	100.00	41.46	34.69	1.20	22.65
广 东	Guangdong	100.00	49.99	26.76	2.52	20.72
广 西	Guangxi	100.00	27.49	45.94	1.44	25.13
海 南	Hainan	100.00	40.23	44.89	1.17	13.71
重 庆	Chongqing	100.00	34.34	35.93	2.56	27.17
四 川	Sichuan	100.00	33.36	40.39	2.40	23.85
贵 州	Guizhou	100.00	39.69	38.51	0.83	20.97
云 南	Yunnan	100.00	28.31	55.92	1.69	14.08
西 藏	Tibet	100.00	24.25	57.60	1.63	16.52
陕 西	Shaanxi	100.00	41.68	32.54	1.69	24.09
甘 肃	Gansu	100.00	28.50	43.74	1.72	26.04
青 海	Qinghai	100.00	28.44	36.90	3.75	30.91
宁 夏	Ningxia	100.00	39.65	39.97	2.96	17.42
新 疆	Xinjiang	100.00	24.82	55.40	2.19	17.59

6-17 分地区全国居民人均消费支出和构成情况（2016年）
Per Capita Consumption Expenditure and Composition of Nationwide Households by Region (2016)

单位：元,% (yuan,%)

地区	Region	消费支出 Consumption Expenditure	食品烟酒 Food, Tobacco and Liquor	衣着 Clothing	居住 Residence	生活用品及服务 Household Facilities Articles and Services	交通通信 Transport and Communi-cations
全国	**National Average**	**17110.7**	**5151.0**	**1202.7**	**3746.4**	**1043.7**	**2337.8**
北京	Beijing	35415.7	7608.5	2433.0	11187.7	2327.2	4701.7
天津	Tianjin	26129.3	8020.6	1931.2	5654.8	1561.7	3752.2
河北	Hebei	14247.5	3819.1	1111.1	3295.0	957.6	2062.2
山西	Shanxi	12682.9	3098.1	1104.0	2751.3	679.6	1709.0
内蒙古	Inner Mongolia	18072.3	5169.0	1827.1	3173.6	1126.9	2525.5
辽宁	Liaoning	19852.8	5457.8	1745.3	3700.7	1182.4	2837.3
吉林	Jilin	14772.6	3949.0	1266.5	2794.3	773.9	2073.0
黑龙江	Heilongjiang	14445.8	3997.0	1313.7	2616.9	750.7	2040.9
上海	Shanghai	37458.3	9564.0	1734.0	12263.9	1755.2	4228.5
江苏	Jiangsu	22129.9	6265.7	1453.3	5107.2	1363.1	3372.2
浙江	Zhejiang	25526.6	7414.2	1564.1	6133.5	1224.0	4377.3
安徽	Anhui	14711.5	4880.2	990.8	3047.3	868.8	1975.2
福建	Fujian	20167.5	6907.0	1093.1	5199.8	1111.2	2504.2
江西	Jiangxi	13258.6	4400.8	944.7	3089.1	765.0	1576.9
山东	Shandong	15926.4	4489.5	1326.1	3214.7	1124.5	2324.8
河南	Henan	12712.3	3585.2	1141.7	2630.0	953.8	1550.8
湖北	Hubei	15888.7	4926.4	1106.5	3369.9	938.1	1931.0
湖南	Hunan	15750.5	4812.0	1057.9	3104.6	993.1	1915.5
广东	Guangdong	23448.4	8015.1	1209.9	5247.0	1402.0	3296.5
广西	Guangxi	12295.2	4232.3	532.5	2735.5	711.0	1541.6
海南	Hainan	14275.4	5745.5	596.5	2647.1	704.3	1762.2
重庆	Chongqing	16384.8	5611.6	1373.7	2903.1	1145.8	1941.6
四川	Sichuan	14838.5	5321.2	1140.8	2734.4	967.2	1850.3
贵州	Guizhou	11931.6	3708.9	810.6	2518.2	751.3	1610.6
云南	Yunnan	11768.8	3742.4	653.5	2346.6	682.1	1723.5
西藏	Tibet	9318.7	4530.4	926.8	1522.8	500.8	990.0
陕西	Shaanxi	13943.0	3857.2	1024.1	2850.2	953.4	1664.1
甘肃	Gansu	12254.2	3701.2	994.5	2294.9	803.0	1573.0
青海	Qinghai	14774.7	4271.8	1269.5	2595.5	873.8	2287.0
宁夏	Ningxia	14965.4	3701.3	1219.9	2741.7	924.6	2748.6
新疆	Xinjiang	14066.5	4213.4	1271.6	2492.9	911.6	2052.4

6-17 续表 1 continued

单位：元,% (yuan,%)

地区	Region	教育文化娱乐 Education, Culture and Recreation	医疗保健 Health Care and Medical Services	其他用品及服务 Miscellaneous Goods and Services	消费支出构成 Percentage of Consumption Expenditure	食品烟酒 Food, Tobacco and Liquor	衣着 Clothing
全　国	**National Average**	**1915.3**	**1307.5**	**406.3**	**100.00**	**30.10**	**7.03**
北　京	Beijing	3686.6	2455.7	1015.2	100.00	21.48	6.87
天　津	Tianjin	2404.0	2022.9	782.0	100.00	30.70	7.39
河　北	Hebei	1449.2	1225.4	327.8	100.00	26.81	7.80
山　西	Shanxi	1810.7	1227.5	302.6	100.00	24.43	8.70
内蒙古	Inner Mongolia	2165.8	1569.9	514.4	100.00	28.60	10.11
辽　宁	Liaoning	2422.1	1912.1	595.0	100.00	27.49	8.79
吉　林	Jilin	1850.1	1681.7	384.1	100.00	26.73	8.57
黑龙江	Heilongjiang	1688.3	1694.7	343.8	100.00	27.67	9.09
上　海	Shanghai	4174.6	2720.7	1017.6	100.00	25.53	4.63
江　苏	Jiangsu	2514.5	1453.7	600.2	100.00	28.31	6.57
浙　江	Zhejiang	2794.3	1506.5	512.6	100.00	29.05	6.13
安　徽	Anhui	1558.8	1092.1	298.4	100.00	33.17	6.74
福　建	Fujian	1905.4	1053.9	392.8	100.00	34.25	5.42
江　西	Jiangxi	1424.4	764.5	293.2	100.00	33.19	7.13
山　东	Shandong	1754.6	1339.0	353.1	100.00	28.19	8.33
河　南	Henan	1439.5	1113.4	298.0	100.00	28.20	8.98
湖　北	Hubei	1739.5	1528.2	349.1	100.00	31.01	6.96
湖　南	Hunan	2392.7	1165.0	309.8	100.00	30.55	6.72
广　东	Guangdong	2451.2	1144.9	681.9	100.00	34.18	5.16
广　西	Guangxi	1444.0	907.4	190.8	100.00	34.42	4.33
海　南	Hainan	1544.9	1021.0	254.0	100.00	40.25	4.18
重　庆	Chongqing	1745.9	1344.5	318.7	100.00	34.25	8.38
四　川	Sichuan	1284.8	1172.6	367.1	100.00	35.86	7.69
贵　州	Guizhou	1602.5	724.7	204.8	100.00	31.08	6.79
云　南	Yunnan	1429.8	976.4	214.4.	100.00	31.80	5.55
西　藏	Tibet	370.1	257.7	220.1	100.00	48.62	9.95
陕　西	Shaanxi	1785.2	1528.2	280.7	100.00	27.66	7.35
甘　肃	Gansu	1502.1	1122.7	262.9	100.00	30.20	8.12
青　海	Qinghai	1568.2	1503.9	404.8	100.00	28.91	8.59
宁　夏	Ningxia	1772.1	1473.2	384.1	100.00	24.73	8.15
新　疆	Xinjiang	1471.2	1333.2	320.1	100.00	29.95	9.04

6-17 续表 2 continued

单位：元,% (yuan,%)

地 区	Region	居 住 Residence	生活用品及服务 Household Facilities Articles and Services	交通通信 Transport and Communi-cations	教育文化娱乐 Education, Culture and Recreation	医疗保健 Health Care and Medical Services	其他用品及服务 Miscellaneous Goods and Services
全 国	**National Average**	**21.90**	**6.10**	**13.66**	**11.19**	**7.64**	**2.37**
北 京	Beijing	31.59	6.57	13.28	10.41	6.93	2.87
天 津	Tianjin	21.64	5.98	14.36	9.20	7.74	2.99
河 北	Hebei	23.13	6.72	14.47	10.17	8.60	2.30
山 西	Shanxi	21.69	5.36	13.47	14.28	9.68	2.39
内蒙古	Inner Mongolia	17.56	6.24	13.97	11.98	8.69	2.85
辽 宁	Liaoning	18.64	5.96	14.29	12.20	9.63	3.00
吉 林	Jilin	18.92	5.24	14.03	12.52	11.38	2.60
黑龙江	Heilongjiang	18.11	5.20	14.13	11.69	11.73	2.38
上 海	Shanghai	32.74	4.69	11.29	11.14	7.26	2.72
江 苏	Jiangsu	23.08	6.16	15.24	11.36	6.57	2.71
浙 江	Zhejiang	24.03	4.80	17.15	10.95	5.90	2.01
安 徽	Anhui	20.71	5.91	13.43	10.60	7.42	2.03
福 建	Fujian	25.78	5.51	12.42	9.45	5.23	1.95
江 西	Jiangxi	23.30	5.77	11.89	10.74	5.77	2.21
山 东	Shandong	20.18	7.06	14.60	11.02	8.41	2.22
河 南	Henan	20.69	7.50	12.20	11.32	8.76	2.34
湖 北	Hubei	21.21	5.90	12.15	10.95	9.62	2.20
湖 南	Hunan	19.71	6.31	12.16	15.19	7.40	1.97
广 东	Guangdong	22.38	5.98	14.06	10.45	4.88	2.91
广 西	Guangxi	22.25	5.78	12.54	11.74	7.38	1.55
海 南	Hainan	18.54	4.93	12.34	10.82	7.15	1.78
重 庆	Chongqing	17.72	6.99	11.85	10.66	8.21	1.94
四 川	Sichuan	18.43	6.52	12.47	8.66	7.90	2.47
贵 州	Guizhou	21.11	6.30	13.50	13.43	6.07	1.72
云 南	Yunnan	19.94	5.80	14.64	12.15	8.30	1.82
西 藏	Tibet	16.34	5.37	10.62	3.97	2.77	2.36
陕 西	Shaanxi	20.44	6.84	11.94	12.80	10.96	2.01
甘 肃	Gansu	18.73	6.55	12.84	12.26	9.16	2.15
青 海	Qinghai	17.57	5.91	15.48	10.61	10.18	2.74
宁 夏	Ningxia	18.32	6.18	18.37	11.84	9.84	2.57
新 疆	Xinjiang	17.72	6.48	14.59	10.46	9.48	2.28

6-18 分地区城镇居民人均消费支出和构成情况（2016年）
Per Capita Consumption Expenditure and Composition of Urban Households by Region (2016)

单位：元，%　　(yuan,%)

地　区	Region	消费支出 Consumption Expenditure	食品烟酒 Food, Tobacco and Liquor	衣　着 Clothing	居　住 Residence	生活用品及服务 Household Facilities Articles and Services	交通通信 Transport and Communi-cations
全　国	**National Average**	**23078.9**	**6762.4**	**1739.0**	**5113.7**	**1426.8**	**3173.9**
北　京	Beijing	38255.5	8070.4	2643.0	12128.0	2511.0	5077.9
天　津	Tianjin	28344.6	8679.6	2114.0	6187.3	1663.8	3991.9
河　北	Hebei	19105.9	4991.6	1614.4	4483.2	1351.1	2664.1
山　西	Shanxi	16992.8	3862.8	1603.0	3633.8	951.6	2401.0
内蒙古	Inner Mongolia	22744.5	6445.8	2543.3	4006.1	1565.1	3045.2
辽　宁	Liaoning	24995.9	6901.6	2321.3	4632.8	1558.2	3447.0
吉　林	Jilin	19166.4	4975.7	1819.0	3612.0	1107.1	2691.0
黑龙江	Heilongjiang	18145.2	5019.3	1804.4	3352.4	1018.9	2462.9
上　海	Shanghai	39856.8	10014.8	1834.8	13216.0	1868.2	4447.5
江　苏	Jiangsu	26432.9	7389.2	1809.5	6140.6	1616.2	3952.4
浙　江	Zhejiang	30067.7	8467.3	1903.9	7385.4	1420.7	5100.9
安　徽	Anhui	19606.2	6381.7	1491.0	3931.2	1118.4	2748.4
福　建	Fujian	25005.5	8299.6	1443.5	6530.5	1393.4	3205.7
江　西	Jiangxi	17695.6	5667.5	1472.2	3915.9	1028.6	2310.6
山　东	Shandong	21495.3	5929.4	1977.7	4473.1	1576.5	3002.5
河　南	Henan	18087.8	5067.7	1746.6	3753.4	1430.2	1993.8
湖　北	Hubei	20040.0	6294.3	1557.4	4176.7	1163.8	2391.9
湖　南	Hunan	21420.0	6407.7	1666.4	3918.7	1384.1	2837.1
广　东	Guangdong	28613.3	9421.6	1583.4	6410.4	1721.9	4198.1
广　西	Guangxi	17268.5	5937.2	886.3	3784.3	1032.8	2259.8
海　南	Hainan	19015.5	7419.7	859.6	3527.7	954.0	2582.3
重　庆	Chongqing	21030.9	6883.9	1939.2	3801.1	1466.0	2573.9
四　川	Sichuan	20659.8	7118.4	1767.5	3756.5	1311.1	2697.6
贵　州	Guizhou	19201.7	6010.3	1525.4	3793.1	1270.2	2684.4
云　南	Yunnan	18622.4	5528.2	1195.5	3814.4	1135.1	2791.2
西　藏	Tibet	19440.5	8727.8	1812.5	3614.5	983.0	2198.4
陕　西	Shaanxi	19368.9	5422.0	1542.2	3681.5	1367.7	2455.7
甘　肃	Gansu	19539.2	5777.3	1776.9	3752.6	1329.1	2517.9
青　海	Qinghai	20853.2	5975.7	1963.5	3809.4	1322.1	3064.3
宁　夏	Ningxia	20364.2	4889.2	1726.7	3770.5	1245.1	3896.5
新　疆	Xinjiang	21228.5	6179.4	1966.1	3543.9	1543.8	3074.1

6-18 续表 1 continued

单位：元，% (yuan,%)

地 区	Region	教育文化娱乐 Education, Culture and Recreation	医疗保健 Health Care and Medical Services	其他用品及服务 Miscellaneous Goods and Services	消费支出构成 Percentage of Consumption Expenditure	食品烟酒 Food, Tobacco and Liquor	衣着 Clothing
全 国	**National Average**	**2637.6**	**1630.8**	**594.7**	**100.00**	**29.30**	**7.54**
北 京	Beijing	4054.7	2629.8	1140.6	100.00	21.10	6.91
天 津	Tianjin	2643.6	2172.2	892.2	100.00	30.62	7.46
河 北	Hebei	1991.3	1549.9	460.4	100.00	26.13	8.45
山 西	Shanxi	2439.0	1651.6	450.1	100.00	22.73	9.43
内蒙古	Inner Mongolia	2598.9	1840.2	699.9	100.00	28.34	11.18
辽 宁	Liaoning	3018.5	2313.6	802.8	100.00	27.61	9.29
吉 林	Jilin	2367.5	2059.2	534.9	100.00	25.96	9.49
黑龙江	Heilongjiang	2011.5	2007.5	468.3	100.00	27.66	9.94
上 海	Shanghai	4533.5	2839.9	1102.1	100.00	25.13	4.60
江 苏	Jiangsu	3163.9	1624.5	736.6	100.00	27.95	6.85
浙 江	Zhejiang	3452.3	1691.9	645.3	100.00	28.16	6.33
安 徽	Anhui	2233.3	1269.3	432.9	100.00	32.55	7.60
福 建	Fujian	2461.5	1178.5	492.8	100.00	33.19	5.77
江 西	Jiangxi	1963.9	887.4	449.6	100.00	32.03	8.32
山 东	Shandong	2399.3	1610.0	526.9	100.00	27.58	9.20
河 南	Henan	2078.8	1524.5	492.8	100.00	28.02	9.66
湖 北	Hubei	2228.4	1792.0	435.6	100.00	31.41	7.77
湖 南	Hunan	3406.1	1362.6	437.4	100.00	29.91	7.78
广 东	Guangdong	3103.4	1304.5	870.1	100.00	32.93	5.53
广 西	Guangxi	2003.0	1065.9	299.3	100.00	34.38	5.13
海 南	Hainan	1931.3	1399.8	341.0	100.00	39.02	4.52
重 庆	Chongqing	2232.4	1700.0	434.4	100.00	32.73	9.22
四 川	Sichuan	2008.4	1423.4	577.1	100.00	34.46	8.56
贵 州	Guizhou	2493.5	1050.1	374.6	100.00	31.30	7.94
云 南	Yunnan	2217.0	1526.7	414.3	100.00	29.69	6.42
西 藏	Tibet	922.5	585.3	596.5	100.00	44.89	9.32
陕 西	Shaanxi	2474.0	2016.7	409.0	100.00	27.99	7.96
甘 肃	Gansu	2322.1	1583.4	479.9	100.00	29.57	9.09
青 海	Qinghai	2352.9	1750.4	614.9	100.00	28.66	9.42
宁 夏	Ningxia	2415.7	1874.0	546.6	100.00	24.01	8.48
新 疆	Xinjiang	2404.9	1934.8	581.5	100.00	29.11	9.26

6-18 续表 2 continued

单位：元，%　　(yuan,%)

地 区	Region	居 住 Residence	生活用品及服务 Household Facilities Articles and Services	交通通信 Transport and Communi-cations	教育文化娱乐 Education, Culture and Recreation	医疗保健 Health Care and Medical Services	其他用品及服务 Miscellaneous Goods and Services
全 国	**National Average**	**22.16**	**6.18**	**13.75**	**11.43**	**7.07**	**2.58**
北 京	Beijing	31.70	6.56	13.27	10.60	6.87	2.98
天 津	Tianjin	21.83	5.87	14.08	9.33	7.66	3.15
河 北	Hebei	23.47	7.07	13.94	10.42	8.11	2.41
山 西	Shanxi	21.38	5.60	14.13	14.35	9.72	2.65
内蒙古	Inner Mongolia	17.61	6.88	13.39	11.43	8.09	3.08
辽 宁	Liaoning	18.53	6.23	13.79	12.08	9.26	3.21
吉 林	Jilin	18.85	5.78	14.04	12.35	10.74	2.79
黑龙江	Heilongjiang	18.48	5.62	13.57	11.09	11.06	2.58
上 海	Shanghai	33.16	4.69	11.16	11.37	7.13	2.77
江 苏	Jiangsu	23.23	6.11	14.95	11.97	6.15	2.79
浙 江	Zhejiang	24.56	4.72	16.96	11.48	5.63	2.15
安 徽	Anhui	20.05	5.70	14.02	11.39	6.47	2.21
福 建	Fujian	26.12	5.57	12.82	9.84	4.71	1.97
江 西	Jiangxi	22.13	5.81	13.06	11.10	5.02	2.54
山 东	Shandong	20.81	7.33	13.97	11.16	7.49	2.45
河 南	Henan	20.75	7.91	11.02	11.49	8.43	2.72
湖 北	Hubei	20.84	5.81	11.94	11.12	8.94	2.17
湖 南	Hunan	18.29	6.46	13.25	15.90	6.36	2.04
广 东	Guangdong	22.40	6.02	14.67	10.85	4.56	3.04
广 西	Guangxi	21.91	5.98	13.09	11.60	6.17	1.73
海 南	Hainan	18.55	5.02	13.58	10.16	7.36	1.79
重 庆	Chongqing	18.07	6.97	12.24	10.61	8.08	2.07
四 川	Sichuan	18.18	6.35	13.06	9.72	6.89	2.79
贵 州	Guizhou	19.75	6.61	13.98	12.99	5.47	1.95
云 南	Yunnan	20.48	6.10	14.99	11.91	8.20	2.22
西 藏	Tibet	18.59	5.06	11.31	4.75	3.01	3.07
陕 西	Shaanxi	19.01	7.06	12.68	12.77	10.41	2.11
甘 肃	Gansu	19.21	6.80	12.89	11.88	8.10	2.46
青 海	Qinghai	18.27	6.34	14.69	11.28	8.39	2.95
宁 夏	Ningxia	18.52	6.11	19.13	11.86	9.20	2.68
新 疆	Xinjiang	16.69	7.27	14.48	11.33	9.11	2.74

6-19 分地区农村居民人均消费支出和构成情况（2016年）
Per Capita Consumption Expenditure and Composition of Rural Households by Region (2016)

单位：元,% (yuan, %)

地 区	Region	消费支出 Consumption Expenditure	食品烟酒 Food, Tobacco and Liquor	衣 着 Clothing	居 住 Residence	生活用品及服务 Household Facilities Articles and Services	交通通信 Transport and Communi-cations
全 国	**National Average**	**10129.8**	**3266.1**	**575.4**	**2147.1**	**595.7**	**1359.9**
北 京	Beijing	17329.0	4667.1	1095.0	5198.8	1156.5	2305.9
天 津	Tianjin	15912.1	4980.9	1088.4	3198.3	1091.0	2646.6
河 北	Hebei	9798.3	2745.4	650.2	2206.9	597.2	1511.1
山 西	Shanxi	8028.8	2272.4	565.3	1798.3	385.9	961.8
内蒙古	Inner Mongolia	11462.6	3362.9	814.0	1995.9	506.8	1790.3
辽 宁	Liaoning	9953.1	2678.6	636.7	1906.5	459.2	1663.9
吉 林	Jilin	9521.4	2721.9	606.2	1817.1	375.6	1334.5
黑龙江	Heilongjiang	9423.8	2609.1	647.5	1618.4	386.7	1468.1
上 海	Shanghai	17070.8	5731.9	877.1	4170.7	794.9	2366.6
江 苏	Jiangsu	14428.2	4254.7	815.7	3257.7	910.2	2333.6
浙 江	Zhejiang	17358.9	5520.2	952.8	3881.8	870.3	3076.0
安 徽	Anhui	10287.3	3523.0	538.8	2248.3	643.2	1276.3
福 建	Fujian	12910.8	4818.3	567.5	3203.9	687.9	1452.1
江 西	Jiangxi	9128.3	3221.7	453.7	2319.5	519.7	893.9
山 东	Shandong	9518.9	2832.8	576.4	1766.8	604.4	1545.1
河 南	Henan	8586.6	2447.3	677.4	1767.8	588.1	1210.9
湖 北	Hubei	10938.3	3295.3	568.7	2407.9	669.0	1381.4
湖 南	Hunan	10629.9	3370.7	508.3	2369.4	639.9	1083.1
广 东	Guangdong	12414.8	5010.5	412.0	2761.9	718.6	1370.5
广 西	Guangxi	8351.2	2880.4	252.0	1903.8	455.8	972.0
海 南	Hainan	8921.2	3854.3	299.4	1652.3	422.2	835.7
重 庆	Chongqing	9954.4	3850.7	591.1	1660.2	702.5	1066.6
四 川	Sichuan	10191.6	3886.6	640.6	1918.5	692.7	1174.0
贵 州	Guizhou	7533.3	2316.5	378.2	1746.9	437.4	961.0
云 南	Yunnan	7330.5	2586.0	302.6	1396.1	388.7	1032.2
西 藏	Tibet	6070.3	3183.3	642.6	851.5	346.0	602.1
陕 西	Shaanxi	8567.7	2307.0	510.9	2026.5	542.9	879.8
甘 肃	Gansu	7487.0	2342.6	482.5	1341.1	458.7	954.6
青 海	Qinghai	9222.2	2715.4	635.6	1486.6	464.4	1577.0
宁 夏	Ningxia	9138.4	2419.1	672.9	1631.4	578.6	1509.6
新 疆	Xinjiang	8277.0	2624.2	710.3	1643.4	400.6	1226.5

6-19 续表 1 continued

单位：元,% (yuan, %)

地 区	Region	教育文化娱乐 Education, Culture and Recreation	医疗保健 Health Care and Medical Services	其他用品及服务 Miscellaneous Goods and Services	消费支出构成 Percentage of Consumption Expenditure	食品烟酒 Food, Tobacco and Liquor	衣着 Clothing
全 国	**National Average**	**1070.3**	**929.2**	**186.0**	**100.0**	**32.2**	**5.7**
北 京	Beijing	1341.7	1347.0	217.0	100.0	26.9	6.3
天 津	Tianjin	1298.9	1334.5	273.5	100.0	31.3	6.8
河 北	Hebei	952.8	928.2	206.5	100.0	28.0	6.6
山 西	Shanxi	1132.3	769.6	143.2	100.0	28.3	7.0
内蒙古	Inner Mongolia	1553.0	1187.7	252.1	100.0	29.3	7.1
辽 宁	Liaoning	1274.2	1139.2	194.9	100.0	26.9	6.4
吉 林	Jilin	1231.7	1230.5	203.9	100.0	28.6	6.4
黑龙江	Heilongjiang	1249.4	1269.9	174.7	100.0	27.7	6.9
上 海	Shanghai	1123.1	1707.1	299.5	100.0	33.6	5.1
江 苏	Jiangsu	1352.2	1148.0	356.0	100.0	29.5	5.7
浙 江	Zhejiang	1610.8	1173.2	273.9	100.0	31.8	5.5
安 徽	Anhui	949.1	931.9	176.8	100.0	34.2	5.2
福 建	Fujian	1071.3	866.9	242.8	100.0	37.3	4.4
江 西	Jiangxi	922.2	650.0	147.5	100.0	35.3	5.0
山 东	Shandong	1012.9	1027.3	153.3	100.0	29.8	6.1
河 南	Henan	948.8	797.8	148.5	100.0	28.5	7.9
湖 北	Hubei	1156.6	1213.5	245.9	100.0	30.1	5.2
湖 南	Hunan	1477.3	986.5	194.6	100.0	31.7	4.8
广 东	Guangdong	1057.8	803.9	279.8	100.0	40.4	3.3
广 西	Guangxi	1000.8	781.8	104.7	100.0	34.5	3.0
海 南	Hainan	1108.5	593.0	155.7	100.0	43.2	3.4
重 庆	Chongqing	1072.5	852.3	158.5	100.0	38.7	5.9
四 川	Sichuan	707.2	972.5	199.5	100.0	38.1	6.3
贵 州	Guizhou	1063.4	527.8	102.1	100.0	30.8	5.0
云 南	Yunnan	920.0	620.1	85.0	100.0	35.3	4.1
西 藏	Tibet	192.9	152.6	99.4	100.0	52.4	10.6
陕 西	Shaanxi	1102.9	1044.1	153.5	100.0	26.9	6.0
甘 肃	Gansu	965.5	821.3	120.9	100.0	31.3	6.4
青 海	Qinghai	851.4	1278.8	212.9	100.0	29.4	6.9
宁 夏	Ningxia	1077.5	1040.6	208.7	100.0	26.5	7.4
新 疆	Xinjiang	716.4	846.8	108.8	100.0	31.7	8.6

6-19 续表 2 continued

单位：元,% (yuan, %)

地 区	Region	居 住 Residence	生活用品及服务 Household Facilities Articles and Services	交通通信 Transport and Communi-cations	教育文化娱乐 Education, Culture and Recreation	医疗保健 Health Care and Medical Services	其他用品及服务 Miscellaneous Goods and Services
全 国	**National Average**	**21.2**	**5.9**	**13.4**	**10.6**	**9.2**	**1.8**
北 京	Beijing	30.0	6.7	13.3	7.7	7.8	1.3
天 津	Tianjin	20.1	6.9	16.6	8.2	8.4	1.7
河 北	Hebei	22.5	6.1	15.4	9.7	9.5	2.1
山 西	Shanxi	22.4	4.8	12.0	14.1	9.6	1.8
内蒙古	Inner Mongolia	17.4	4.4	15.6	13.5	10.4	2.2
辽 宁	Liaoning	19.2	4.6	16.7	12.8	11.4	2.0
吉 林	Jilin	19.1	3.9	14.0	12.9	12.9	2.1
黑龙江	Heilongjiang	17.2	4.1	15.6	13.3	13.5	1.9
上 海	Shanghai	24.4	4.7	13.9	6.6	10.0	1.8
江 苏	Jiangsu	22.6	6.3	16.2	9.4	8.0	2.5
浙 江	Zhejiang	22.4	5.0	17.7	9.3	6.8	1.6
安 徽	Anhui	21.9	6.3	12.4	9.2	9.1	1.7
福 建	Fujian	24.8	5.3	11.2	8.3	6.7	1.9
江 西	Jiangxi	25.4	5.7	9.8	10.1	7.1	1.6
山 东	Shandong	18.6	6.3	16.2	10.6	10.8	1.6
河 南	Henan	20.6	6.8	14.1	11.0	9.3	1.7
湖 北	Hubei	22.0	6.1	12.6	10.6	11.1	2.2
湖 南	Hunan	22.3	6.0	10.2	13.9	9.3	1.8
广 东	Guangdong	22.2	5.8	11.0	8.5	6.5	2.3
广 西	Guangxi	22.8	5.5	11.6	12.0	9.4	1.3
海 南	Hainan	18.5	4.7	9.4	12.4	6.6	1.7
重 庆	Chongqing	16.7	7.1	10.7	10.8	8.6	1.6
四 川	Sichuan	18.8	6.8	11.5	6.9	9.5	2.0
贵 州	Guizhou	23.2	5.8	12.8	14.1	7.0	1.4
云 南	Yunnan	19.0	5.3	14.1	12.5	8.5	1.2
西 藏	Tibet	14.0	5.7	9.9	3.2	2.5	1.6
陕 西	Shaanxi	23.7	6.3	10.3	12.9	12.2	1.8
甘 肃	Gansu	17.9	6.1	12.8	12.9	11.0	1.6
青 海	Qinghai	16.1	5.0	17.1	9.2	13.9	2.3
宁 夏	Ningxia	17.9	6.3	16.5	11.8	11.4	2.3
新 疆	Xinjiang	19.9	4.8	14.8	8.7	10.2	1.3

6-20 居民消费水平
Household Consumption Expenditure

年份 Year	绝对数(元) Level (yuan) 全体居民 All Households	城镇居民 Urban Household	农村居民 Rural Household	城乡消费水平对比(农村居民=1) Urban/Rural Consumption Ratio (Rural Household=1)	指数(上年=100) Index (Preceding Year=100) 全体居民 All Households	城镇居民 Urban Household	农村居民 Rural Household	指数(1978=100) Index (1978=100) 全体居民 All Households	城镇居民 Urban Household	农村居民 Rural Household
1978	184	405	138	2.9	104.1	103.3	104.3	100.0	100.0	100.0
1980	238	490	178	2.7	109.1	107.3	108.6	116.8	110.4	115.7
1985	440	750	346	2.2	112.7	107.4	114.4	181.3	137.4	192.5
1990	831	1404	627	2.2	102.8	101.4	103.4	227.5	163.6	240.4
1995	2330	4769	1344	3.5	108.3	109.5	105.0	339.8	285.6	288.8
2000	3721	6999	1917	3.7	110.6	109.7	106.6	493.1	382.9	377.6
2001	3987	7324	2032	3.6	106.1	103.8	104.6	523.2	397.4	395.2
2002	4301	7745	2157	3.6	108.4	106.3	106.6	567.3	422.5	421.1
2003	4606	8104	2292	3.5	105.8	103.5	104.6	600.0	437.2	440.5
2004	5138	8880	2521	3.5	107.2	106.0	103.9	643.0	463.3	457.8
2005	5771	9832	2784	3.5	109.7	108.5	106.8	705.4	502.6	488.9
2006	6416	10739	3066	3.5	108.4	106.6	107.3	765.0	535.6	524.7
2007	7572	12480	3538	3.5	112.8	111.6	108.7	862.6	597.6	570.4
2008	8707	14061	4065	3.5	108.3	106.5	107.0	934.3	636.4	610.3
2009	9514	15127	4402	3.4	109.8	108.0	109.3	1026.1	687.1	666.9
2010	10919	17104	4941	3.5	109.6	107.9	107.4	1124.5	741.2	716.0
2011	13134	19912	6187	3.2	111.0	108.2	112.9	1248.6	802.1	808.6
2012	14699	21861	6964	3.1	109.1	107.2	108.9	1362.0	859.9	880.4
2013	16190	23609	7773	3.0	107.3	105.3	108.6	1462.0	905.4	955.8
2014	17778	25424	8711	2.9	107.7	105.6	109.9	1574.6	956.3	1050.4
2015	19397	27210	9679	2.8	107.5	105.4	109.5	1692.6	1008.1	1150.6
2016	21228	29219	10752	2.7	107.3	105.2	109.1	1816.1	1060.9	1254.9

注：1.城乡消费水平对比没有剔除城乡价格不可比的因素（以下相关表同）。
2.居民消费水平指按常住人口平均计算的居民消费支出(以下相关表同)。
3.本表绝对数按当年价格计算，指数按不变价格计算。

a) The effect of price differentials between urban and rural areas has not been removed in the calculation of the urban/rural consumption ratio. The same applies to the table following.
b) Household consumption level refers to per capita household consumption on the basis of usual residents. The same applies to the table following.
c) Level in this table are calculated at current prices, while indices are calculated at constant prices.

6-21 分地区居民消费水平(2016年)
Household Consumption Expenditure by Region (2016)

地 区	Region	绝对数(元) Level (yuan) 全体居民 All Households	城镇居民 Urban Household	农村居民 Rural Household	城乡消费水平对比(农村居民=1) Urban/Rural Consumption Ratio (Rural Household=1)	指数(上年=100) Index (Preceding Year=100) 全体居民 All Households	城镇居民 Urban Household	农村居民 Rural Household
北 京	Beijing	48883	52721	24285	2.2	106.2	106.1	107.4
天 津	Tianjin	36257	39181	22194	1.8	106.9	106.4	109.3
河 北	Hebei	14328	19276	8897	2.2	110.7	106.8	114.5
山 西	Shanxi	15065	19724	9226	2.1	103.7	102.5	103.7
内蒙古	Inner Mongolia	22293	28289	13013	2.2	105.5	104.2	107.2
辽 宁	Liaoning	23670	29254	12145	2.4	110.1	110.4	107.8
吉 林	Jilin	13786	18144	8390	2.2	103.4	102.6	104.8
黑龙江	Heilongjiang	17393	22318	10305	2.2	105.6	104.2	108.5
上 海	Shanghai	49617	53240	23660	2.3	106.7	107.6	101.4
江 苏	Jiangsu	35875	41957	23459	1.8	109.1	107.7	110.6
浙 江	Zhejiang	30743	35152	22028	1.6	105.4	103.7	108.8
安 徽	Anhui	15466	22030	8565	2.6	108.1	105.8	109.3
福 建	Fujian	23355	27859	15653	1.8	110.9	109.3	113.8
江 西	Jiangxi	16040	20335	11320	1.8	108.9	105.8	112.3
山 东	Shandong	25860	33016	15970	2.1	108.5	104.6	114.2
河 南	Henan	16043	23454	9291	2.5	109.0	105.9	110.6
湖 北	Hubei	19391	25703	10860	2.4	109.7	107.7	111.7
湖 南	Hunan	17490	24025	10461	2.3	108.0	106.5	106.7
广 东	Guangdong	28495	34667	14784	2.3	105.7	104.9	107.0
广 西	Guangxi	15013	22491	8225	2.7	106.3	103.7	109.1
海 南	Hainan	18431	24664	10512	2.3	106.6	103.1	112.3
重 庆	Chongqing	21032	28209	9433	3.0	110.0	107.9	111.5
四 川	Sichuan	16013	21246	11094	1.9	107.3	104.2	110.2
贵 州	Guizhou	14666	22301	8887	2.5	112.6	109.6	112.0
云 南	Yunnan	14534	22365	8336	2.7	106.8	104.3	106.7
西 藏	Tibet	9743	18775	5952	3.2	108.0	104.1	107.1
陕 西	Shaanxi	16657	23206	8768	2.6	107.3	104.9	109.4
甘 肃	Gansu	13086	21128	6781	3.1	108.8	107.3	106.4
青 海	Qinghai	16751	22761	10505	2.2	109.2	106.3	113.6
宁 夏	Ningxia	18570	25384	9980	2.5	107.2	104.9	109.6
新 疆	Xinjiang	15247	22272	8816	2.5	110.4	107.6	113.2

注：本表绝对数按当年价格计算，指数按不变价格计算。
Level in this table are calculated at current prices, while indices are calculated at constant prices.

6-22 分地区最终消费支出和构成(2016年)

Final Consumption Expenditure and Its Composition by Region (2016)

地区	Region	最终消费支出(亿元) Final Consumption Expenditures (100 million yuan)	居民消费支出 Household Consumption	城镇居民 Urban Household	农村居民 Rural Household	政府消费支出 Government Consumption	最终消费支出=100 Final Consumption Expenditures=100 居民消费支出 Household Consumption	政府消费支出 Government Consumption	居民消费支出=100 Household Consumption Expenditures=100 城镇居民 Urban Household	农村居民 Rural Household
北京	Beijing	15406.5	10621.7	9909.4	712.3	4784.8	68.9	31.1	93.3	6.7
天津	Tianjin	8012.0	5636.3	5042.4	593.9	2375.8	70.3	29.7	89.5	10.5
河北	Hebei	14536.1	10670.8	7512.0	3158.8	3865.4	73.4	26.6	70.4	29.6
山西	Shanxi	7451.5	5533.3	4029.5	1503.7	1918.2	74.3	25.7	72.8	27.2
内蒙古	Inner Mongolia	8030.9	5608.0	4323.0	1285.0	2422.9	69.8	30.2	77.1	22.9
辽宁	Liaoning	13149.5	10367.6	8631.2	1736.4	2781.9	78.8	21.2	83.3	16.7
吉林	Jilin	5567.1	3802.5	2768.6	1033.9	1764.5	68.3	31.7	72.8	27.2
黑龙江	Heilongjiang	9580.0	6619.1	5011.1	1608.0	2960.9	69.1	30.9	75.7	24.3
上海	Shanghai	16177.0	11994.8	11294.1	700.7	4182.3	74.1	25.9	94.2	5.8
江苏	Jiangsu	39499.9	28654.7	22494.0	6160.8	10845.2	72.5	27.5	78.5	21.5
浙江	Zhejiang	22751.7	17106.7	12988.5	4118.2	5645.0	75.2	24.8	75.9	24.1
安徽	Anhui	12112.8	9541.6	6965.5	2576.1	2571.2	78.8	21.2	73.0	27.0
福建	Fujian	11614.4	9006.8	6779.4	2227.4	2607.6	77.5	22.5	75.3	24.7
江西	Jiangxi	9362.7	7344.9	4875.5	2469.4	2017.9	78.4	21.6	66.4	33.6
山东	Shandong	32149.7	25593.4	18958.5	6634.9	6556.3	79.6	20.4	74.1	25.9
河南	Henan	20777.0	15250.8	10629.9	4621.0	5526.2	73.4	26.6	69.7	30.3
湖北	Hubei	15255.0	11379.2	8669.3	2709.9	3875.8	74.6	25.4	76.2	23.8
湖南	Hunan	16122.6	11897.7	8469.4	3428.3	4224.9	73.8	26.2	71.2	28.8
广东	Guangdong	40885.9	31127.6	26113.9	5013.6	9758.3	76.1	23.9	83.9	16.1
广西	Guangxi	9834.5	7231.8	5155.0	2076.8	2602.7	73.5	26.5	71.3	28.7
海南	Hainan	2489.6	1684.5	1261.3	423.2	805.0	67.7	32.3	74.9	25.1
重庆	Chongqing	8444.5	6378.1	5284.7	1093.4	2066.4	75.5	24.5	82.9	17.1
四川	Sichuan	17237.9	13183.4	8475.4	4708.0	4054.5	76.5	23.5	64.3	35.7
贵州	Guizhou	6746.0	5195.2	3403.5	1791.7	1550.8	77.0	23.0	65.5	34.5
云南	Yunnan	9592.7	6912.8	4699.7	2213.1	2680.0	72.1	27.9	68.0	32.0
西藏	Tibet	901.0	322.0	183.5	138.6	578.9	35.7	64.3	57.0	43.0
陕西	Shaanxi	8790.9	6334.7	4822.2	1512.5	2456.2	72.1	27.9	76.1	23.9
甘肃	Gansu	4751.4	3408.5	2418.3	990.2	1342.9	71.7	28.3	70.9	29.1
青海	Qinghai	1676.4	989.9	685.5	304.4	686.5	59.0	41.0	69.3	30.7
宁夏	Ningxia	1891.6	1246.8	950.4	296.4	644.8	65.9	34.1	76.2	23.8
新疆	Xinjiang	6155.3	3627.2	2532.4	1094.9	2528.1	58.9	41.1	69.8	30.2

注：本表按当年价格计算。
Data in value terms in this table are calculated at current prices.

6-23 分地区居民人民币储蓄存款情况(年底余额)
Savings Deposit of Households by Region at Year-end

单位：亿元 (100 million yuan)

地 区	Region	2008	2010	2011	2012	2013	2014
全 国	**National Total**	**217885.4**	**303302.5**	**343635.9**	**399551.0**	**447601.6**	**485261.3**
总 行	Head Office	952.6	2458.1	1336.8	1303.8	998.5	938.5
北 京	Beijing	11952.8	17003.1	19126.1	21644.9	23086.4	24158.4
天 津	Tianjin	3978.0	5558.2	6123.1	7055.4	7612.3	7916.9
河 北	Hebei	11434.7	15678.4	17824.3	20665.1	23357.2	25690.1
山 西	Shanxi	7048.6	9223.0	10455.5	11997.0	13339.4	14145.2
内蒙古	Inner Mongolia	3211.7	4618.1	5423.1	6597.2	7455.2	8013.7
辽 宁	Liaoning	10154.7	13690.3	15365.7	17785.9	19659.5	21183.8
吉 林	Jilin	3923.1	5147.3	5835.3	6875.1	7745.3	8556.7
黑龙江	Heilongjiang	5545.1	7254.7	8147.4	9269.2	10058.6	10856.9
上 海	Shanghai	11464.2	15650.2	17288.5	19506.7	20486.3	21269.3
江 苏	Jiangsu	16718.7	23334.5	25914.7	30057.2	33823.9	36580.6
浙 江	Zhejiang	14504.7	20612.2	23470.3	26406.8	28923.0	30666.4
安 徽	Anhui	5647.5	7788.5	9233.6	11178.6	12924.9	14599.4
福 建	Fujian	5853.5	8101.0	9068.6	10507.4	11847.3	12579.0
江 西	Jiangxi	4166.2	6113.2	7123.6	8471.9	9725.2	10790.7
山 东	Shandong	14382.2	19648.2	22173.3	26343.3	29796.1	33178.6
河 南	Henan	9515.8	12884.0	14648.4	17469.0	20232.1	22417.2
湖 北	Hubei	6745.4	9798.0	11291.6	13419.7	15507.0	17247.6
湖 南	Hunan	6549.5	9022.6	10584.8	12578.3	14539.7	16413.6
广 东	Guangdong	27500.7	36318.7	40405.1	45533.8	49891.3	52410.6
广 西	Guangxi	3852.0	5702.4	6654.0	7900.8	9118.9	10023.0
海 南	Hainan	1058.5	1667.1	1875.1	2172.7	2465.4	2672.3
重 庆	Chongqing	3989.0	5839.7	6990.2	8361.6	9622.3	10774.1
四 川	Sichuan	9646.7	13650.8	16147.3	19438.3	22597.3	25312.5
贵 州	Guizhou	2237.1	3245.0	3934.5	4806.1	5919.1	6620.6
云 南	Yunnan	3783.8	5720.0	6656.0	7744.7	8969.8	9699.9
西 藏	Tibet	184.9	267.1	318.8	403.9	496.0	559.3
陕 西	Shaanxi	5494.5	7957.8	9172.1	10770.0	12249.4	13428.9
甘 肃	Gansu	2461.9	3598.2	4231.4	5050.1	5878.5	6674.7
青 海	Qinghai	580.5	868.2	1043.5	1275.3	1504.2	1640.7
宁 夏	Ningxia	794.1	1170.3	1351.3	1679.4	1887.2	2054.6
新 疆	Xinjiang	2553.0	3713.5	4421.9	5281.8	5884.5	6187.7

6-24 农村贫困状况
Poverty Conditions in Rural Areas

年份 Year	1978年标准 1978 Standard		2008年标准 2008 Standard		2010年标准 2010 Standard	
	贫困人口(万人) Poverty Population (10 000 persons)	贫困发生率(%) Poverty Headcount Rate (%)	贫困人口(万人) Poverty Population (10 000 persons)	贫困发生率(%) Poverty Headcount Rate (%)	贫困人口(万人) Poverty Population (10 000 persons)	贫困发生率(%) Poverty Headcount Rate (%)
1978	25000.0	30.7			77039	97.5
1980	22000.0	26.8			76542	96.2
1981	15200.0	18.5				
1982	14500.0	17.5				
1983	13500.0	16.2				
1984	12800.0	15.1				
1985	12500.0	14.8			66101	78.3
1986	13100.0	15.5				
1987	12200.0	14.3				
1988	9600.0	11.1				
1989	10200.0	11.6				
1990	8500.0	9.4			65849	73.5
1991	9400.0	10.4				
1992	8000.0	8.8				
1994	7000.0	7.7				
1995	6540.0	7.1			55463	60.5
1997	4962.0	5.4				
1998	4210.0	4.6				
1999	3412.0	3.7				
2000	3209.0	3.5	9422	10.2	46224	49.8
2001	2927.0	3.2	9029	9.8		
2002	2820.0	3.0	8645	9.2		
2003	2900.0	3.1	8517	9.1		
2004	2610.0	2.8	7587	8.1		
2005	2365.0	2.5	6432	6.8	28662	30.2
2006	2148.0	2.3	5698	6.0		
2007	1479.0	1.6	4320	4.6		
2008			4007	4.2		
2009			3597	3.8		
2010			2688	2.8	16567	17.2
2011					12238	12.7
2012					9899	10.2
2013					8249	8.5
2014					7017	7.2
2015					5575	5.7
2016					4335	4.5

注：1. 1978年标准：1978—1999年称为农村贫困标准，2000—2007年称为农村绝对贫困标准。
2. 2008年标准：2000—2007年称为农村低收入标准，2008—2010年称为农村贫困标准。
3. 2010年标准：是新确定的农村扶贫标准。

a) 1978 Standard: It was referred to as the rural poverty standard from 1978 to 1999, and as the rural absolute poverty standard from 2000 to 2007.
b) 2008 Standard: It was referred to as the rural low income standard from 2000 to 2007, and as the rural poverty standard from 2008 to 2010.
c) 2010 Standard: It was defined as the rural poverty alleviation standard.

七、社会保障
Social Security

7-1 社会保险基金收支及累计结余和增长情况
Revenue, Expenses and Balance of Social Insurance Fund and Increase Rate

单位：亿元 (100 million yuan)

年 份 Year	绝对数 Value					
	合 计 Total	基本养老保险 Basic Pension Insurance	失业保险 Unemployment Insurance	城镇基本医疗保险 Basic Medical Care Insurance	工伤保险 Work Injury Insurance	生育保险 Maternity Insurance
基金收入 Revenue						
1990	186.8	178.8	7.2			
1995	1006.0	950.1	35.3	9.7	8.1	2.9
2000	2644.9	2278.5	160.4	170.0	24.8	11.2
2001	3101.9	2489.0	187.3	383.6	28.3	13.7
2002	4048.7	3171.5	213.4	607.8	32.0	21.8
2003	4882.9	3680.0	249.5	890.0	37.6	25.8
2004	5780.3	4258.4	290.8	1140.5	58.3	32.1
2005	6975.2	5093.3	340.3	1405.3	92.5	43.8
2006	8643.2	6309.8	402.4	1747.1	121.8	62.1
2007	10812.3	7834.2	471.7	2257.2	165.6	83.6
2008	13696.1	9740.2	585.1	3040.4	216.7	113.7
2009	16115.6	11490.8	580.4	3671.9	240.1	132.4
2010	19276.1	13872.9	649.8	4308.9	284.9	159.6
2011	25153.3	18004.8	923.1	5539.2	466.4	219.8
2012	30738.8	21830.2	1138.9	6938.7	526.7	304.2
2013	35252.9	24732.6	1288.9	8248.3	614.8	368.4
2014	39827.7	27619.9	1379.8	9687.2	694.8	446.1
2015	46012.1	32195.5	1367.8	11192.9	754.2	501.7
2016	53562.7	37990.8	1228.9	13084.3	736.9	521.9
基金支出 Expenses						
1990	151.9	149.3	2.5			
1995	877.1	847.6	18.9	7.3	1.8	1.6
2000	2385.6	2115.5	123.4	124.5	13.8	8.3
2001	2748.0	2321.3	156.6	244.1	16.5	9.6
2002	3471.5	2842.9	182.6	409.4	19.9	12.8
2003	4016.4	3122.1	199.8	653.9	27.1	13.5
2004	4627.4	3502.1	211.3	862.2	33.3	18.8
2005	5400.8	4040.3	206.9	1078.7	47.5	27.4
2006	6477.4	4896.7	198.0	1276.7	68.5	37.5
2007	7887.8	5964.9	217.7	1561.8	87.9	55.6
2008	9925.1	7389.6	253.5	2083.6	126.9	71.5
2009	12302.6	8894.4	366.8	2797.4	155.7	88.3
2010	15018.9	10755.3	423.3	3538.1	192.4	109.9
2011	18652.9	13363.2	432.8	4431.4	286.4	139.2
2012	23331.3	16711.5	450.6	5543.6	406.3	219.3
2013	27916.3	19818.7	531.6	6801.0	482.1	282.8
2014	33002.7	23325.8	614.7	8133.6	560.5	368.1
2015	38988.1	27929.4	736.4	9312.1	598.7	411.5
2016	46888.4	34004.3	976.1	10767.1	610.3	530.6
累计结余 Balance at Year-end						
1990	117.3	97.9	19.5			
1995	516.8	429.8	68.4	3.1	12.7	2.7
2000	1327.5	947.1	195.9	109.8	57.9	16.8
2001	1622.8	1054.1	226.2	253.0	68.9	20.6
2002	2423.4	1608.0	253.8	450.7	81.1	29.7
2003	3313.8	2206.5	303.5	670.6	91.2	42.0
2004	4493.4	2975.0	385.8	957.9	118.6	55.9
2005	6073.7	4041.0	519.0	1278.1	163.5	72.1
2006	8255.9	5488.9	724.8	1752.4	192.9	96.9
2007	11236.6	7391.4	979.1	2476.9	262.6	126.6
2008	15225.6	9931.0	1310.1	3431.7	384.6	168.2
2009	19006.5	12526.1	1523.6	4275.9	468.8	212.1
2010	23407.5	15787.8	1749.8	5047.1	561.4	261.4
2011	30233.1	20727.8	2240.2	6180.0	742.6	342.5
2012	38106.6	26243.5	2929.0	7644.5	861.9	427.6
2013	45588.1	31274.8	3685.9	9116.5	996.2	514.7
2014	52462.3	35644.5	4451.5	10644.8	1128.8	592.7
2015	59532.5	39937.1	5083.0	12542.8	1285.3	684.4
2016	66349.7	43965.2	5333.3	14964.3	1410.9	675.9

注：1.2007年及以后城镇基本医疗保险基金中包括城镇职工基本医疗保险和城镇居民基本医疗保险。
2.2010年及以后基本养老保险基金中包括城镇职工基本养老保险和城乡居民基本养老保险。
3.工伤保险累计结余中含储备金。

a) Data of basic medical care insurance include both urban workers and urban residence from 2007.

b) Data of the basic pension insurance for 2010 and following years include the basic pension insurances for urban workers and for urban and rural residents.

c) The grand total of work injury insurance at year-end include reserve fund.

7-1 续表 continued

单位: % (%)

年 份 Year	比上年增长 Increase Rate 合 计 Total	基本养老保险 Basic Pension Insurance	失业保险 Unemployment Insurance	城镇基本医疗保险 Basic Medical Care Insurance	工伤保险 Work Injury Insurance	生育保险 Maternity Insurance
基金收入 Revenue						
1990	21.64	21.85	17.12			
1995	35.57	34.30	38.73	206.29	77.53	99.36
2000	19.58	15.95	28.11	89.17	18.68	3.78
2001	17.28	9.24	16.75	125.65	14.15	23.07
2002	30.52	27.42	13.92	58.44	13.25	58.89
2003	20.61	16.03	16.92	46.43	17.38	18.28
2004	18.38	15.72	16.55	28.15	55.05	24.42
2005	20.67	19.61	17.02	23.22	58.66	36.45
2006	23.91	23.88	18.25	24.32	31.70	41.85
2007	25.10	24.16	17.22	29.20	35.94	34.56
2008	26.67	24.33	24.05	34.70	30.86	36.00
2009	17.67	17.97	-0.81	20.77	10.81	16.45
2010	19.61	20.73	11.96	17.35	18.67	20.52
2011	30.49	29.78	42.06	28.55	63.69	37.75
2012	22.21	21.25	23.38	25.27	12.92	38.39
2013	14.69	13.30	13.17	18.87	16.72	21.09
2014	12.98	11.67	7.05	17.45	13.01	21.09
2015	15.53	16.57	-0.87	15.54	8.55	12.49
2016	16.41	18.00	-10.15	16.90	-2.30	4.02
基金支出 Expenses						
1990	25.67	25.67	25.45			
1995	29.00	28.21	32.85	150.18	92.36	95.30
2000	13.16	9.90	34.69	80.30	-10.50	17.09
2001	15.19	9.73	26.85	96.00	19.54	14.88
2002	26.33	22.47	16.63	67.70	20.61	33.28
2003	15.70	9.82	9.42	59.74	36.24	5.65
2004	15.21	12.17	5.76	31.86	22.88	39.26
2005	16.71	15.37	-2.08	25.11	42.64	45.74
2006	19.93	21.20	-4.30	18.36	44.19	36.81
2007	21.77	21.82	9.94	22.33	28.34	48.32
2008	25.83	23.88	16.43	33.41	44.37	28.60
2009	23.95	20.36	44.71	34.26	22.68	23.43
2010	22.08	20.92	15.40	26.48	23.59	24.48
2011	24.20	24.25	2.25	25.25	48.84	26.68
2012	25.08	25.06	4.11	25.10	41.87	57.59
2013	19.65	18.59	17.99	22.68	18.66	28.93
2014	18.22	17.70	15.63	19.59	16.26	30.16
2015	18.14	19.74	19.79	14.49	6.82	11.80
2016	20.26	21.75	32.55	15.62	1.93	28.96
累计结余 Balance at Year-end						
1990	43.75	43.96	42.71			
1995	41.32	41.04	31.58	335.45	87.32	91.74
2000	31.46	29.12	22.57	90.83	28.79	20.59
2001	22.24	11.29	15.45	130.36	19.08	22.69
2002	49.34	52.55	12.22	78.14	17.69	44.50
2003	36.74	37.22	19.56	48.79	12.48	41.26
2004	35.60	34.83	27.12	42.84	30.04	33.10
2005	35.17	35.83	34.53	33.43	37.86	28.98
2006	35.93	35.83	39.66	37.11	17.98	34.38
2007	36.10	34.66	35.08	41.34	36.14	30.67
2008	35.50	34.36	33.81	38.55	46.46	32.86
2009	24.83	26.13	16.29	24.60	21.89	26.10
2010	23.16	26.04	14.85	18.04	19.77	23.25
2011	29.16	31.29	28.03	22.45	32.26	31.03
2012	26.04	26.61	30.75	23.70	16.08	24.84
2013	19.63	19.17	25.84	19.25	15.58	20.38
2014	15.08	13.97	20.77	16.76	13.31	15.15
2015	13.48	12.04	14.19	17.83	13.86	15.46
2016	11.45	10.09	4.92	19.31	9.77	-1.23

7-2 社会保险基本情况
Basic Statistics of Social Insurance

单位：万人 (10 000 persons)

年 份 Year	年末参加基本养老保险人数 Basic Pension Insurance Participants at Year-end	城镇职工基本养老保险 Urban Employees Basic Pension Insurance			城乡居民基本养老保险 Basic Pension Insurance for Urban and Rural Residents
		合 计 Total	职 工 Number of Employees	离退休人员 Number of Retirees	
1989	5710.3	5710.3	4816.9	893.4	
1990	6166.0	6166.0	5200.7	965.3	
1991	6740.3	6740.3	5653.7	1086.6	
1992	9456.2	9456.2	7774.7	1681.5	
1993	9847.6	9847.6	8008.2	1839.4	
1994	10573.5	10573.5	8494.1	2079.4	
1995	10979.0	10979.0	8737.8	2241.2	
1996	11116.7	11116.7	8758.4	2358.3	
1997	11203.9	11203.9	8670.9	2533.0	
1998	11203.1	11203.1	8475.8	2727.3	
1999	12485.4	12485.4	9501.8	2983.6	
2000	13617.4	13617.4	10447.5	3169.9	
2001	14182.5	14182.5	10801.9	3380.6	
2002	14736.6	14736.6	11128.8	3607.8	
2003	15506.7	15506.7	11646.5	3860.2	
2004	16352.9	16352.9	12250.3	4102.6	
2005	17487.9	17487.9	13120.4	4367.5	
2006	18766.3	18766.3	14130.9	4635.4	
2007	20136.9	20136.9	15183.2	4953.7	
2008	21891.1	21891.1	16587.5	5303.6	
2009	23549.9	23549.9	17743.0	5806.9	
2010	35984.1	25707.3	19402.3	6305.0	10276.8
2011	61573.3	28391.3	21565.0	6826.2	33182.0
2012	78796.3	30426.8	22981.1	7445.7	48369.5
2013	81968.4	32218.4	24177.3	8041.0	49750.1
2014	84231.9	34124.4	25531.0	8593.4	50107.5
2015	85833.4	35361.2	26219.2	9141.9	50472.2
2016	88776.8	37929.7	27826.3	10103.4	50847.1

7-2 续表 Contiuned

年份 Year	失业保险 Unemployment Insurance: 年末参保人数（万人）Contributors at Year-end (10 000 persons)	全年发放失业保险金人数（万人）Beneficiaries of Unemployment Insurance Fund (10 000 persons)	全年发放失业保险金（亿元）Unemployed Relief (100 million yuan)	城镇基本医疗保险 Urban Basic Medical Care Insurance: 年末参保人数（万人）Contributors at Year-end (10 000 persons)	年末参保城镇职工 Staff and Workers	年末参保城镇居民 Residents	工伤保险 Work Injury Insurance: 年末参保人数（万人）Contributors at Year-end (10 000 persons)	年末享受工伤待遇的人数（万人）Beneficiaries at Year-end (10 000 persons)	年末参加生育保险人数（万人）Maternity Insurance Contributors at Year-end (10 000 persons)
1994	7967.8	196.5	5.1	400.3	400.3		1822.1	5.8	915.9
1995	8237.7	261.3	8.2	745.9	745.9		2614.8	7.1	1500.2
1996	8333.1	330.8	13.9	855.7	855.7		3102.6	10.1	2015.6
1997	7961.4	319.0	18.7	1762.0	1762.0		3507.8	12.5	2485.9
1998	7927.9	158.1	20.4	1877.6	1877.6		3781.3	15.3	2776.7
1999	9852.0	271.4	31.9	2065.3	2065.3		3912.3	15.1	2929.8
2000	10408.4	329.7	56.2	3786.9	3786.9		4350.3	18.8	3001.6
2001	10354.6	468.5	83.3	7285.9	7285.9		4345.3	18.7	3455.1
2002	10181.6	657.0	116.8	9401.2	9401.2		4405.6	26.5	3488.2
2003	10372.9	741.6	133.4	10901.7	10901.7		4574.8	32.9	3655.4
2004	10583.9	753.5	137.5	12403.6	12403.6		6845.2	51.9	4383.8
2005	10647.7	677.8	132.4	13782.9	13782.9		8478.0	65.1	5408.5
2006	11186.6	598.1	125.8	15731.8	15731.8		10268.5	77.8	6458.9
2007	11644.6	538.5	129.4	22311.1	18020.0	4291.1	12173.3	96.0	7775.3
2008	12399.8	516.7	139.5	31821.6	19995.6	11826.0	13787.2	117.8	9254.1
2009	12715.5	483.9	145.8	40147.0	21937.4	18209.6	14895.5	129.6	10875.7
2010	13375.6	431.6	140.4	43262.9	23734.7	19528.3	16160.7	147.5	12335.9
2011	14317.1	394.4	159.9	47343.2	25227.1	22116.1	17695.9	163.0	13892.0
2012	15224.7	390.1	181.3	53641.3	26485.6	27155.7	19010.1	190.5	15428.7
2013	16416.8	416.7	203.2	57072.6	27443.1	29629.4	19917.2	195.2	16392.0
2014	17042.6	422.0	233.3	59746.9	28296.0	31450.9	20639.2	198.2	17038.7
2015	17326.0	456.8	269.8	66581.6	28893.1	37688.5	21432.5	201.9	17771.0
2016	18088.8	483.9	309.4	74391.6	29531.5	44860.0	21889.3	196.0	18451.0

7-3 分地区城乡居民基本养老保险情况(2016年)

Statistics on Basic Pension Insurance for Urban and Rural Residents by Region (2016)

地 区	Region	参保人数(万人) Contributors at Year-end (10 000 persons)	#实际领取待遇人数 Actually Persons Received Pension	城镇居民 Urban Residents	农村居民 Rural Residents	基金收支情况(亿元) Revenue and Expenses (100 million yuan) 基金收入 Revenue	基金支出 Expenses	累计结余 Balance at Year-end
全 国	**National Total**	**50847.1**	**15270.3**	**2313.3**	**48533.8**	**2933.3**	**2150.5**	**5385.2**
北 京	Beijing	215.7	85.4	172.9	42.9	41.7	30.2	139.0
天 津	Tianjin	134.5	77.5	17.4	117.0	72.5	30.7	202.0
河 北	Hebei	3446.0	969.4	82.7	3363.3	141.6	103.6	249.2
山 西	Shanxi	1549.6	387.8	88.5	1461.1	66.9	43.2	146.3
内蒙古	Inner Mongolia	736.1	211.7	49.6	686.6	45.6	37.7	75.3
辽 宁	Liaoning	1039.6	385.2	49.2	990.5	59.0	53.5	62.8
吉 林	Jilin	667.2	244.7	37.8	629.4	29.7	26.4	43.4
黑龙江	Heilongjiang	837.6	270.3	22.6	815.0	24.4	26.2	52.5
上 海	Shanghai	79.5	49.3	10.0	69.5	57.5	54.2	77.3
江 苏	Jiangsu	2335.3	1045.8	164.2	2171.1	288.1	224.8	504.4
浙 江	Zhejiang	1233.1	536.4	86.9	1146.2	149.9	143.4	150.9
安 徽	Anhui	3431.9	912.8	152.3	3279.6	140.6	93.2	268.0
福 建	Fujian	1489.1	426.9	81.0	1408.1	79.0	57.9	123.9
江 西	Jiangxi	1844.1	457.2	58.1	1786.0	73.8	46.2	137.3
山 东	Shandong	4538.6	1430.9	9.0	4529.6	324.4	204.8	683.6
河 南	Henan	4893.7	1343.8	259.9	4633.8	200.1	144.6	350.7
湖 北	Hubei	2219.7	674.3		2219.7	112.5	76.2	202.0
湖 南	Hunan	3320.5	915.5	85.9	3234.5	134.9	97.2	221.8
广 东	Guangdong	2543.2	816.7	246.8	2296.4	184.8	157.1	385.2
广 西	Guangxi	1770.9	555.3		1770.9	85.1	63.4	110.5
海 南	Hainan	284.0	70.9	31.1	252.9	29.0	13.0	51.0
重 庆	Chongqing	1115.8	369.3	117.6	998.2	57.0	50.0	101.1
四 川	Sichuan	3052.4	1114.4	62.3	2990.1	190.4	141.6	351.8
贵 州	Guizhou	1702.2	442.3	41.8	1660.5	58.6	43.0	91.4
云 南	Yunnan	2257.5	500.3	179.5	2078.0	83.6	49.2	191.6
西 藏	Tibet	158.5	23.2	10.9	147.6	7.7	4.7	14.5
陕 西	Shaanxi	1720.5	460.1	71.3	1649.2	87.7	65.1	171.1
甘 肃	Gansu	1253.7	304.5	50.1	1203.6	54.8	36.6	114.2
青 海	Qinghai	235.2	44.7	9.4	225.8	13.7	8.5	26.8
宁 夏	Ningxia	186.2	38.4	14.0	172.2	11.3	7.2	23.4
新 疆	Xinjiang	554.9	105.6	50.6	504.3	27.3	17.2	62.4

注：2012年8月起，新型农村社会养老保险和城镇居民社会养老保险制度全覆盖工作全面启动，合并为城乡居民社会养老保险。
Since August, 2012, system of new rural old-age insurance and urban basic pension insurance have started completely, and called basic pension insurance for urban and rural residents as total.

7-4 分地区城镇职工基本养老保险情况(2016年)
Statistics on Urban Employee Basic Pension Insurance by Region (2016)

地区	Region	年末参加城镇职工基本养老保险人数(万人) Urban Employee Basic Pension Insurance Contributors at Year-end (10 000 persons)	职工 Number of Staff and Workers	离退休人员 Number of Retirees	基金收支情况(亿元) Revenue and Expenses(100 million yuan) 基金收入 Revenue	基金支出 Expenses	累计结余 Balance at Year-end
全国	**National Total**	**37929.7**	**27826.3**	**10103.4**	**35057.5**	**31853.8**	**38580.0**
北京	Beijing	1546.6	1271.2	275.4	2249.0	1479.4	3566.2
天津	Tianjin	639.0	430.4	208.6	751.4	750.1	397.7
河北	Hebei	1403.1	1011.8	391.3	1221.3	1269.4	707.6
山西	Shanxi	760.2	543.6	216.6	788.0	746.9	1305.6
内蒙古	Inner Mongolia	655.0	418.6	236.5	612.5	627.8	458.9
辽宁	Liaoning	1800.3	1120.5	679.7	1676.1	1930.3	916.6
吉林	Jilin	706.8	420.1	286.7	636.0	676.3	342.8
黑龙江	Heilongjiang	1144.1	655.6	488.5	1005.7	1332.7	-196.1
上海	Shanghai	1527.1	1050.9	476.3	2579.7	2158.2	1872.5
江苏	Jiangsu	2861.5	2137.3	724.2	2324.5	2085.6	3402.7
浙江	Zhejiang	2506.9	1843.0	663.9	2358.4	2157.4	3293.5
安徽	Anhui	892.2	634.3	257.9	815.9	673.1	1185.2
福建	Fujian	979.8	805.7	174.0	689.7	586.0	701.1
江西	Jiangxi	957.3	672.7	284.6	695.9	668.2	526.7
山东	Shandong	2576.4	1969.0	607.4	2242.5	2090.3	2385.7
河南	Henan	1848.4	1398.1	450.3	1145.2	1092.2	1050.5
湖北	Hubei	1355.0	897.1	458.0	1196.9	1225.1	822.3
湖南	Hunan	1186.7	823.8	362.9	1086.7	1019.0	1007.0
广东	Guangdong	5392.4	4867.9	524.6	2818.7	1678.7	7652.6
广西	Guangxi	751.9	511.2	240.7	852.8	849.0	460.4
海南	Hainan	224.9	158.5	66.5	198.0	177.8	134.3
重庆	Chongqing	952.2	605.9	346.3	819.9	740.5	834.8
四川	Sichuan	2157.6	1379.8	777.8	2739.9	2679.9	2226.3
贵州	Guizhou	423.6	323.9	99.6	331.3	283.9	527.8
云南	Yunnan	581.8	413.8	168.0	664.3	501.1	813.7
西藏	Tibet	21.1	15.1	6.0	79.5	51.8	77.5
陕西	Shaanxi	790.8	577.3	213.6	691.1	678.3	474.5
甘肃	Gansu	315.0	200.9	114.1	341.8	331.7	376.0
青海	Qinghai	132.3	90.9	41.4	174.5	187.8	63.0
宁夏	Ningxia	189.3	131.5	57.8	205.8	181.9	196.1
新疆	Xinjiang	625.0	428.5	196.5	1052.4	934.4	979.5
不分地区	Not Classified by Region	25.1	17.4	7.7	11.9	9.2	17.0

注：不分地区合计中，包括中国人民银行、中国农业发展银行数。
Data in the category of "Not Classified by Region" include data from the People's Bank of China and Agricultural Development Bank of China.

7-5 分地区城镇基本医疗保险参保情况(2016年)
Persons Covered of Urban Basic Medical Care Insurance by Region (2016)

单位：万人 (10 000 persons)

地 区	Region	年末参保人数合计 Persons Covered at Year-end	城镇职工 Urban Workers	在岗职工 Staff and Workers	退休人员 Retirees	城镇居民 Urban Non-employment
全 国	**National Total**	**74391.6**	**29531.5**	**21720.0**	**7811.6**	**44860.0**
北 京	Beijing	1708.8	1517.6	1239.9	277.8	191.2
天 津	Tianjin	1066.8	535.7	340.3	195.4	531.1
河 北	Hebei	6672.1	973.7	667.5	306.2	5698.4
山 西	Shanxi	1121.2	660.2	474.8	185.4	461.0
内蒙古	Inner Mongolia	1019.8	488.8	342.7	146.1	531.0
辽 宁	Liaoning	2376.0	1635.6	1022.7	612.9	740.4
吉 林	Jilin	1380.9	576.0	371.1	204.8	804.9
黑龙江	Heilongjiang	1599.9	879.5	525.5	354.0	720.3
上 海	Shanghai	1806.7	1468.6	991.6	477.0	338.0
江 苏	Jiangsu	3984.4	2490.5	1849.4	641.2	1493.9
浙 江	Zhejiang	4993.3	2017.5	1634.3	383.2	2975.8
安 徽	Anhui	1621.5	782.0	550.9	231.1	839.6
福 建	Fujian	1297.9	792.1	641.9	150.2	505.8
江 西	Jiangxi	1807.0	591.6	388.8	202.8	1215.4
山 东	Shandong	9188.8	1960.0	1494.4	465.6	7228.8
河 南	Henan	2360.7	1227.3	882.7	344.6	1133.4
湖 北	Hubei	1981.8	961.0	660.5	300.5	1020.8
湖 南	Hunan	2646.1	829.6	557.1	272.5	1816.6
广 东	Guangdong	10150.2	3814.1	3353.5	460.6	6336.1
广 西	Guangxi	1096.4	530.7	375.7	155.0	565.7
海 南	Hainan	387.2	201.0	143.9	57.1	186.2
重 庆	Chongqing	3259.3	604.8	425.3	179.5	2654.5
四 川	Sichuan	5056.8	1440.6	1001.3	439.4	3616.2
贵 州	Guizhou	973.6	389.8	281.5	108.3	583.8
云 南	Yunnan	1163.6	479.1	334.7	144.5	684.5
西 藏	Tibet	65.4	36.8	28.3	8.6	28.5
陕 西	Shaanxi	1248.0	599.6	411.1	188.5	648.4
甘 肃	Gansu	643.3	314.4	208.5	106.0	328.9
青 海	Qinghai	196.7	97.9	66.0	31.8	98.8
宁 夏	Ningxia	594.0	117.5	84.5	33.0	476.6
新 疆	Xinjiang	953.2	517.7	369.7	148.0	405.5

7-6 分地区城镇基本医疗保险基金收支情况（2016年）

Revenue and Expenses of Urban Basic Medical Care Insurance by Region (2016)

单位：亿元 (100 million yuan)

地 区	Region	基金收入 Revenue			基金支出 Expenses			累计结余 Balance at the Year-end		
		合计 Total	职工 Workers	居民 Non-employment	合计 Total	职工 Workers	居民 Non-employment	合计 Total	职工 Workers	居民 Non-employment
全 国	**National Total**	**13084.3**	**10273.7**	**2810.5**	**10767.1**	**8286.7**	**2480.4**	**14964.3**	**12971.7**	**1992.6**
北 京	Beijing	937.9	912.1	25.8	793.6	776.6	17.0	463.8	429.5	34.3
天 津	Tianjin	310.8	263.5	47.4	255.2	225.8	29.4	199.2	149.3	49.9
河 北	Hebei	678.1	351.6	326.6	587.6	272.4	315.2	645.8	512.7	133.1
山 西	Shanxi	211.2	187.0	24.2	190.4	170.1	20.3	289.0	260.4	28.5
内蒙古	Inner Mongolia	205.5	179.9	25.6	170.0	148.0	22.0	231.1	201.2	29.9
辽 宁	Liaoning	440.5	405.0	35.5	410.8	383.4	27.4	425.6	379.8	45.8
吉 林	Jilin	194.1	163.7	30.4	150.8	123.1	27.7	261.7	219.7	41.9
黑龙江	Heilongjiang	312.9	258.2	54.6	287.1	237.7	49.4	354.6	294.8	59.8
上 海	Shanghai	903.5	849.7	53.8	609.5	554.0	55.5	1410.8	1403.0	7.8
江 苏	Jiangsu	990.5	868.0	122.4	843.6	733.9	109.7	1187.2	1111.8	75.4
浙 江	Zhejiang	1031.8	755.0	276.8	832.6	565.3	267.3	1319.9	1249.3	70.6
安 徽	Anhui	265.8	218.4	47.3	214.4	177.3	37.1	326.5	267.3	59.2
福 建	Fujian	330.6	258.8	71.8	273.5	206.6	66.9	498.0	464.1	33.8
江 西	Jiangxi	210.2	149.2	61.0	161.9	120.4	41.5	276.1	184.0	92.1
山 东	Shandong	1081.3	658.5	422.8	956.5	569.1	387.3	877.6	671.4	206.2
河 南	Henan	353.7	296.1	57.6	285.0	239.6	45.4	472.8	397.9	75.0
湖 北	Hubei	355.1	299.1	56.0	301.9	259.6	42.3	351.0	262.2	88.8
湖 南	Hunan	368.0	275.8	92.3	296.3	213.8	82.5	390.0	317.5	72.5
广 东	Guangdong	1375.8	975.8	400.0	1060.0	717.4	342.6	2145.3	1801.3	344.0
广 西	Guangxi	202.4	174.0	28.5	153.9	137.6	16.2	287.1	231.5	55.6
海 南	Hainan	67.9	57.4	10.5	51.9	42.9	9.0	91.0	77.8	13.2
重 庆	Chongqing	367.9	222.0	145.9	338.4	203.1	135.4	291.1	206.3	84.8
四 川	Sichuan	707.3	493.1	214.3	567.2	386.6	180.6	824.2	689.8	134.4
贵 州	Guizhou	157.8	131.3	26.5	129.7	111.0	18.7	145.4	108.2	37.1
云 南	Yunnan	243.6	204.3	39.3	201.1	167.6	33.4	263.1	240.9	22.1
西 藏	Tibet	28.0	26.7	1.3	18.7	15.9	2.8	43.7	46.8	-3.1
陕 西	Shaanxi	226.3	190.7	35.6	190.6	159.9	30.8	300.0	262.1	37.9
甘 肃	Gansu	119.1	103.3	15.8	100.6	88.0	12.6	115.3	97.4	17.9
青 海	Qinghai	57.3	50.9	6.3	49.5	42.4	7.1	69.9	70.1	-0.2
宁 夏	Ningxia	83.4	53.6	29.7	76.2	48.1	28.2	74.1	56.1	18.0
新 疆	Xinjiang	266.0	241.1	24.9	208.7	189.4	19.3	333.7	307.5	26.2

7-7 分地区失业保险情况(2016年)
Statistics of Unemployment Insurance by Region (2016)

地 区	Region	年末参加失业保险人数(万人) Unemployment Insurance Contributors at Year-end (10 000 persons)	年末领取失业保险金人数(万人) Beneficiaries of Unemployment Insurance Fund (10 000 persons)	基金收支情况(亿元) Revenue and Expenses (100 million yuan)		
				基金收入 Revenue	基金支出 Expenses	累计结余 Balance at Year-end
全 国	**National Total**	**18088.8**	**230.4**	**1228.9**	**976.1**	**5333.3**
北 京	Beijing	1115.0	3.7	80.7	61.7	221.5
天 津	Tianjin	302.5	7.4	28.8	27.8	104.2
河 北	Hebei	515.9	7.9	38.4	49.6	157.9
山 西	Shanxi	415.2	3.0	27.5	11.9	165.6
内蒙古	Inner Mongolia	241.1	3.0	24.1	13.8	118.8
辽 宁	Liaoning	665.4	10.7	46.8	35.0	270.3
吉 林	Jilin	262.0	2.7	22.5	11.7	116.4
黑龙江	Heilongjiang	313.2	3.9	24.7	18.3	165.2
上 海	Shanghai	947.3	10.5	104.5	93.4	181.2
江 苏	Jiangsu	1538.1	34.0	112.4	109.8	440.0
浙 江	Zhejiang	1317.0	9.0	89.8	68.7	401.0
安 徽	Anhui	448.5	8.8	36.0	26.7	115.6
福 建	Fujian	575.5	5.2	29.2	16.8	163.9
江 西	Jiangxi	282.6	1.6	10.7	3.7	71.4
山 东	Shandong	1222.9	22.0	92.4	70.0	297.8
河 南	Henan	788.1	7.6	38.6	22.6	175.0
湖 北	Hubei	541.9	6.9	31.0	23.9	173.3
湖 南	Hunan	537.5	7.0	27.6	16.8	126.1
广 东	Guangdong	3020.1	15.4	102.0	95.3	641.2
广 西	Guangxi	283.7	5.9	22.4	19.2	129.6
海 南	Hainan	170.2	2.2	6.5	4.5	34.5
重 庆	Chongqing	447.1	4.2	20.0	15.8	112.2
四 川	Sichuan	702.0	29.8	95.3	75.6	341.6
贵 州	Guizhou	218.1	2.4	17.0	13.9	77.7
云 南	Yunnan	251.2	5.6	22.2	13.1	127.7
西 藏	Tibet	15.2	0.003	2.7	0.1	16.4
陕 西	Shaanxi	352.2	2.8	23.2	11.8	154.4
甘 肃	Gansu	164.3	1.1	14.6	8.2	78.5
青 海	Qinghai	40.8	0.4	3.6	3.3	27.5
宁 夏	Ningxia	95.6	1.3	6.8	3.6	34.8
新 疆	Xinjiang	233.6	4.5	22.3	25.2	76.8

7-8 分地区工伤保险情况(2016年)
Statistics of Work Injury Insurance by Region (2016)

地 区	Region	年末参加工伤保险人数(万人) Work Injury Insurance Contributors at Year-end (10 000 persons)	享受工伤保险待遇人数(万人) Beneficiaries at Year-end (10 000 persons)	基金收支情况(亿元) Revenue and Expenses (100 million yuan)		
				基金收入 Revenue	基金支出 Expenses	累计结余 Balance at Year-end
全 国	**National Total**	**21889.3**	**196.0**	**736.9**	**610.3**	**1410.9**
北 京	Beijing	1060.2	4.6	30.5	29.3	43.4
天 津	Tianjin	388.1	3.4	9.9	11.3	15.0
河 北	Hebei	840.0	9.8	40.6	36.0	28.5
山 西	Shanxi	576.0	11.4	30.8	28.4	58.3
内蒙古	Inner Mongolia	303.2	2.7	12.9	10.2	39.0
辽 宁	Liaoning	886.6	13.8	33.0	30.7	34.4
吉 林	Jilin	440.7	4.9	18.2	11.9	33.4
黑龙江	Heilongjiang	522.2	6.5	23.2	23.4	32.3
上 海	Shanghai	943.5	6.5	32.8	29.8	60.2
江 苏	Jiangsu	1633.9	15.1	78.1	55.2	110.5
浙 江	Zhejiang	1880.7	18.7	52.8	45.1	86.4
安 徽	Anhui	544.6	8.7	20.7	16.4	41.8
福 建	Fujian	733.8	4.2	17.6	13.5	58.1
江 西	Jiangxi	502.1	4.5	16.3	12.2	37.1
山 东	Shandong	1510.9	11.1	50.2	39.4	83.9
河 南	Henan	877.0	4.8	26.6	19.6	56.9
湖 北	Hubei	651.1	7.9	16.8	12.5	36.0
湖 南	Hunan	773.3	11.1	36.5	27.7	58.6
广 东	Guangdong	3246.2	14.5	58.9	47.7	252.6
广 西	Guangxi	374.1	1.8	10.2	5.2	34.4
海 南	Hainan	137.4	0.3	3.8	1.4	12.9
重 庆	Chongqing	454.9	7.0	17.9	19.2	2.8
四 川	Sichuan	799.1	7.6	29.3	23.8	60.9
贵 州	Guizhou	305.0	2.5	12.5	11.9	20.0
云 南	Yunnan	372.8	3.7	12.7	11.8	23.9
西 藏	Tibet	26.9	0.1	1.3	0.5	3.8
陕 西	Shaanxi	441.6	3.0	13.3	11.9	31.1
甘 肃	Gansu	188.4	2.5	8.2	6.8	13.5
青 海	Qinghai	59.8	0.5	3.3	2.6	7.1
宁 夏	Ningxia	83.5	0.5	4.1	3.9	9.6
新 疆	Xinjiang	331.9	2.4	13.6	10.9	24.5

注：工伤保险累计结余中含储备金。
Balance of work injury insurance includes reserves.

7-9 分地区生育保险情况（2016年）

Statistics of Maternity Insurance by Region (2016)

地 区	Region	年末参加生育保险人数（万人）Maternity Insurance Contributors at Year-end (10 000 persons)	享受生育保险待遇人数（万人次）Beneficiaries at Year-end (10 000 person-times)	基金收支情况(亿元) Revenue and Expenses (100 million yuan)		
				基金收入 Revenue	基金支出 Expenses	累计结余 Balance at Year-end
全 国	**National Total**	**18451.0**	**913.7**	**521.9**	**530.6**	**675.9**
北 京	Beijing	981.0	51.9	56.7	52.7	36.8
天 津	Tianjin	285.0	28.1	9.1	11.4	17.7
河 北	Hebei	710.3	33.8	12.8	14.2	22.0
山 西	Shanxi	458.5	8.9	7.6	5.6	21.6
内蒙古	Inner Mongolia	305.3	8.5	8.4	5.4	17.1
辽 宁	Liaoning	790.1	31.7	20.3	20.0	14.6
吉 林	Jilin	367.8	17.1	7.4	5.8	13.9
黑龙江	Heilongjiang	358.0	9.4	6.3	6.9	15.0
上 海	Shanghai	956.1	28.2	65.1	50.6	31.6
江 苏	Jiangsu	1510.3	170.3	38.9	60.1	45.6
浙 江	Zhejiang	1294.4	62.1	37.8	36.7	41.4
安 徽	Anhui	517.6	21.8	12.0	12.9	14.0
福 建	Fujian	625.8	20.9	13.1	15.4	23.1
江 西	Jiangxi	258.9	7.8	4.7	4.4	10.5
山 东	Shandong	1139.1	73.4	35.8	45.9	33.8
河 南	Henan	646.8	24.5	14.8	14.6	30.5
湖 北	Hubei	511.9	30.2	11.6	10.6	24.8
湖 南	Hunan	542.9	27.4	12.6	9.5	26.9
广 东	Guangdong	3161.9	117.8	73.3	60.8	117.8
广 西	Guangxi	319.6	13.0	8.6	8.1	18.0
海 南	Hainan	136.5	6.0	2.6	2.4	5.4
重 庆	Chongqing	365.7	24.3	8.3	13.6	2.1
四 川	Sichuan	713.1	31.8	16.2	22.7	19.0
贵 州	Guizhou	286.3	10.8	5.5	4.9	9.1
云 南	Yunnan	295.9	16.2	8.6	12.3	9.3
西 藏	Tibet	24.9	0.9	1.7	1.0	2.0
陕 西	Shaanxi	283.4	9.1	4.4	4.6	15.0
甘 肃	Gansu	162.7	6.8	4.0	3.6	8.7
青 海	Qinghai	49.7	3.7	1.6	2.0	4.0
宁 夏	Ningxia	76.5	4.4	2.4	2.8	2.4
新 疆	Xinjiang	315.0	13.0	9.7	9.0	22.3

7-10 医疗救助情况(2016年)
Statistics on Medical Aid (2016)

地 区	Region	资助参加医疗保险人数(万人) Aid for Medical Insurance (10 000 persons)	直接医疗救助人数(万人次) Direct Medical Aid (10 000 persons)	资助参加医疗保险支出(万元) Expenses of Medical Insurance (10 000 yuan)	直接医疗救助支出(万元) Expenses for Direct Medical Aid (10 000 yuan)
全 国	**National Total**	**5560.4**	**2696.1**	**633541.2**	**2327458.2**
北 京	Beijing	6.7	9.5	6846.6	16550.4
天 津	Tianjin	23.7	22.7	9444.9	28416.2
河 北	Hebei	198.5	33.4	26832.4	60815.1
山 西	Shanxi	151.0	23.7	16060.4	56292.6
内蒙古	Inner Mongolia	156.0	32.1	12869.4	66999.5
辽 宁	Liaoning	94.8	63.7	16886.3	40744.0
吉 林	Jilin	63.1	48.6	10179.4	51296.4
黑龙江	Heilongjiang	239.4	65.1	31380.0	102207.5
上 海	Shanghai	9.8	18.3	5038.0	33334.0
江 苏	Jiangsu	136.4	349.8	27670.6	107519.7
浙 江	Zhejiang	16.1	280.0	7842.0	100833.9
安 徽	Anhui	346.1	87.5	49681.8	103017.4
福 建	Fujian	63.5	154.4	12229.4	50497.0
江 西	Jiangxi	209.2	181.7	25553.6	132620.5
山 东	Shandong	220.0	82.8	33457.4	96885.2
河 南	Henan	353.9	65.7	30252.3	83777.8
湖 北	Hubei	242.7	98.2	27904.6	127925.1
湖 南	Hunan	350.1	122.5	33232.7	109444.6
广 东	Guangdong	234.7	119.2	41746.3	162531.8
广 西	Guangxi	172.8	59.5	16451.4	66796.8
海 南	Hainan	23.2	11.5	4845.3	15280.8
重 庆	Chongqing	155.6	361.5	19110.3	82688.9
四 川	Sichuan	536.6	156.2	56798.3	160024.9
贵 州	Guizhou	281.4	37.6	12797.3	76501.6
云 南	Yunnan	548.2	73.6	38777.9	66609.2
西 藏	Tibet	4.9	5.7	1868.2	19399.9
陕 西	Shaanxi	74.0	38.3	9156.4	111147.0
甘 肃	Gansu	410.5	29.1	18350.3	72944.3
青 海	Qinghai	72.5	16.4	9058.2	28282.0
宁 夏	Ningxia	32.9	11.5	3623.8	26740.7
新 疆	Xinjiang	132.3	36.4	17595.7	69333.4

注：自2016年起，将资助参加合作医疗人数合并到资助参加医疗保险人数指标中。
a) Since 2016, aid for cooperative medical care is incorporated in aid for medical insurance.

7-11 城市居民最低生活保障情况
Subsistence Allowance for Urban Residents

单位：万人 (10 000 persons)

年 份 Year	城市居民最低生活保障人数 Number of Persons Receiving Subsistence Allowance in Urban Areas	#残疾人 Disabled Persons	# "三无"人员 "Three-without" Persons	#老年人 Aged Persons	在职人员 On-job Persons	灵活就业 Flexibly Employed Persons	登记失业 Unemployed Persons with Registration	未登记失业 Unemployed Persons without Registration	在校生 Students	其 他 Others
2007	2272.1	161.0	125.8	298.4	93.9	343.8	627.2	364.3	321.6	223.0
2008	2334.8	169.1	106.9	316.7	82.2	381.7	564.3	402.2	358.1	229.6
2009	2345.6	181.0	94.1	333.5	79.0	432.2	510.2	410.9	369.1	210.7
2010	2310.5	180.7	89.3	338.6	68.2	432.4	492.8	420.0	357.3	201.2
2011	2276.8	184.1	80.3	346.9	61.5	429.7	472.5	426.7	348.5	191.0
2012	2143.5	174.5	64.9	339.3	49.6	459.3	400.4	422.1	318.3	154.5
2013	2064.0	169.2	58.0	330.3	45.1	462.1	365.5	416.8	303.2	141.3
2014	1877.0	161.1	50.0	315.8	37.5	425.8	312.5	398.7	266.0	120.7
2015	1701.1	165.7	43.8	293.5	31.1	377.3	264.1	394.0	235.9	105.1
2016	1480.2	156.5		258.0	22.7	304.4	252.9	370.9	271.4	

7-12 农村居民最低生活保障情况
Subsistence Allowance for Rural Residents

单位：万人 (10 000 persons)

年 份 Year	农村救助总人数 Total Number of Rural Residents Receiving Relief	农村居民最低生活保障人数 Number of Rural Residents Receiving Subsistence Allowance	农村特困人员集中供养人数 Rural Destitute Households with Centralized Livelihood	农村特困人员分散供养人数 Rural Destitute Households with Decentralized Livelihood	传统救济人数 Number of Persons Receiving Traditional Relief	农村临时救济人数 Number of Rural Residents Receiving Temporary Relief
2007	4818.6	3566.3	138.0	393.3	75.0	646.0
2008	5757.3	4305.5	155.6	393.0	72.2	831.0
2009	5922.0	4760.0	171.8	381.6	62.2	546.4
2010	6443.5	5214.0	177.4	378.9	59.5	613.7
2011	6522.2	5305.7	184.5	366.5	68.7	596.8
2012	5969.7	5344.5	185.3	360.3	79.6	
2013	5998.3	5388.0	183.5	353.8	73.0	
2014	5810.8	5207.2	174.3	354.8	74.5	
2015	5889.4	4903.6	162.3	354.4	63.8	405.3
2016	5083.3	4586.5	139.7	357.2		

7-13 分地区城市居民最低生活保障情况(2016年)
Subsistence Allowance for Urban Residents(2016)

单位：万人，万户 (10000persons.10000 households)

地 区	Region	城市居民最低生活保障人数 Number of Persons Receiving Subsistence Allowance in Urban Areas	#女 Female	#老年人 Aged Persons	城市居民最低生活保障户数 Number of households Receiving Subsistence Allowance in Urban Areas
全 国	**National Total**	**1480.24**	**643.56**	**257.95**	**855.30**
北 京	Beijing	8.19	3.58	1.31	4.88
天 津	Tianjin	12.17	6.12	1.83	7.45
河 北	Hebei	47.58	21.43	7.73	27.39
山 西	Shanxi	53.09	23.21	6.26	28.01
内蒙古	Inner Mongolia	49.14	24.21	6.86	30.45
辽 宁	Liaoning	62.01	25.80	8.11	37.29
吉 林	Jilin	67.83	32.66	6.08	45.41
黑龙江	Heilongjiang	111.12	49.98	11.23	67.40
上 海	Shanghai	16.82	6.24	0.53	11.84
江 苏	Jiangsu	24.84	11.15	6.86	14.17
浙 江	Zhejiang	10.89	4.00	2.52	7.57
安 徽	Anhui	54.41	23.32	16.79	34.45
福 建	Fujian	8.59	3.55	2.09	5.40
江 西	Jiangxi	89.57	35.14	18.26	43.19
山 东	Shandong	30.86	13.09	5.30	17.28
河 南	Henan	82.12	32.33	18.96	51.30
湖 北	Hubei	55.29	26.15	10.44	34.03
湖 南	Hunan	111.82	46.09	26.93	66.25
广 东	Guangdong	25.46	9.48	6.31	13.25
广 西	Guangxi	22.61	9.03	5.27	12.17
海 南	Hainan	7.54	3.32	0.92	3.62
重 庆	Chongqing	34.78	15.81	4.16	21.47
四 川	Sichuan	134.50	50.72	30.18	81.94
贵 州	Guizhou	35.82	14.88	6.01	20.27
云 南	Yunnan	89.68	43.52	20.91	59.18
西 藏	Tibet	3.59	1.54	0.83	2.06
陕 西	Shaanxi	42.09	20.59	3.58	21.03
甘 肃	Gansu	69.99	28.91	6.44	29.43
青 海	Qinghai	16.32	8.51	2.25	8.10
宁 夏	Ningxia	14.57	6.32	1.49	7.71
新 疆	Xinjiang	86.96	42.91	11.50	41.29

7-14 分地区农村居民最低生活保障情况(2016年)
Subsistence Allowance for Rural Residents(2016)

单位：万人，万户 (10000persons.10000 households)

地区 Region	农村居民最低生活保障人数 Number of Rural Residents Receiving Subsistence Allowance	#女 Female	#老年人 Aged Persons	农村特困人员集中供养人数 Rural Destitute Households with Centralized Livelihood	农村特困人员分散供养人数 Rural Destitute Households with Decentralized Livelihood	农村居民最低生活保障家庭数 Number of households Receiving Subsistence Allowance in Rural Areas
全国 National Total	**4586.46**	**1774.16**	**1858.85**	**139.7**	**357.2**	**2635.27**
北京 Beijing	4.68	1.89	1.98	0.2	0.3	2.89
天津 Tianjin	10.16	4.16	2.98	0.1	1.1	4.92
河北 Hebei	189.46	69.76	111.36	3.8	19.6	137.51
山西 Shanxi	118.53	45.68	69.42	2.0	13.1	91.36
内蒙古 Inner Mongolia	112.76	55.71	69.82	1.1	7.6	87.29
辽宁 Liaoning	77.88	28.51	36.62	2.7	10.8	53.36
吉林 Jilin	78.68	38.35	46.31	2.1	9.0	60.78
黑龙江 Heilongjiang	120.94	56.82	63.69	2.9	9.3	80.00
上海 Shanghai	3.38	1.72	1.24	0.1	0.1	2.73
江苏 Jiangsu	109.89	43.57	43.68	7.1	12.7	59.21
浙江 Zhejiang	71.37	27.32	26.95	3.1	0.1	46.61
安徽 Anhui	149.82	61.20	65.55	12.2	28.8	87.12
福建 Fujian	46.15	18.65	13.94	0.8	6.7	24.24
江西 Jiangxi	180.06	61.22	54.84	12.5	9.6	87.53
山东 Shandong	217.66	81.51	127.38	12.3	8.7	160.84
河南 Henan	328.02	109.80	178.07	10.8	37.1	262.96
湖北 Hubei	138.25	62.50	51.87	5.1	19.7	80.78
湖南 Hunan	290.24	102.17	130.64	8.4	34.1	177.89
广东 Guangdong	145.14	45.82	44.95	2.3	20.9	60.67
广西 Guangxi	290.57	110.82	89.18	2.3	24.7	101.90
海南 Hainan	18.29	8.22	3.93	0.2	2.6	7.83
重庆 Chongqing	58.98	26.67	10.61	5.9	11.0	31.34
四川 Sichuan	356.68	108.74	164.63	25.6	23.0	224.39
贵州 Guizhou	304.81	109.33	105.43	4.7	5.7	145.04
云南 Yunnan	422.94	189.76	146.09	2.8	14.5	251.43
西藏 Tibet	25.72	10.72	9.79	1.0	0.5	8.71
陕西 Shaanxi	130.37	56.71	43.55	4.4	8.1	58.55
甘肃 Gansu	324.71	123.75	71.27	0.9	10.8	108.23
青海 Qinghai	51.58	22.85	8.26	0.5	1.9	15.38
宁夏 Ningxia	42.22	14.60	14.23	0.3	0.9	32.41
新疆 Xinjiang	166.53	75.62	50.60	1.2	4.2	81.36

7-15 分地区城市居民最低生活保障平均标准
Average Standard of Subsistence Allowance in Urban Areas by Region

单位：元/人、月 (yuan per capita per month)

地 区	Region	2012	2013	2014	2015	2016	2016年比2015增减% Change in 2016 over 2015 %
全 国	**National Average**	**330.1**	**373.3**	**410.5**	**451.1**	**494.6**	**9.6**
北 京	Beijing	520.0	580.0	650.0	710.0	800.0	12.7
天 津	Tianjin	520.0	600.0	640.0	705.0	780.0	10.6
河 北	Hebei	335.0	378.5	431.9	441.4	501.2	13.5
山 西	Shanxi	308.5	351.1	383.7	413.2	441.1	6.8
内蒙古	Inner Mongolia	407.7	460.3	481.4	508.0	540.2	6.3
辽 宁	Liaoning	366.6	411.5	452.8	493.5	522.8	5.9
吉 林	Jilin	291.1	322.5	371.1	401.6	446.9	11.3
黑龙江	Heilongjiang	323.7	387.7	446.8	506.4	535.9	5.8
上 海	Shanghai	570.0	640.0	710.0	790.0	880.0	11.4
江 苏	Jiangsu	434.3	485.1	536.1	581.7	610.8	5.0
浙 江	Zhejiang	462.7	515.5	573.3	640.5	673.7	5.2
安 徽	Anhui	339.4	380.5	421.5	455.0	497.1	9.2
福 建	Fujian	324.1	363.3	404.4	478.1	514.8	7.7
江 西	Jiangxi	345.9	395.7	418.3	452.0	480.8	6.4
山 东	Shandong	364.1	417.7	451.9	470.1	494.9	5.3
河 南	Henan	271.8	309.2	328.8	374.1	425.1	13.6
湖 北	Hubei	334.5	375.1	411.0	447.1	487.9	9.1
湖 南	Hunan	304.5	356.1	352.8	359.8	431.3	19.9
广 东	Guangdong	314.0	380.4	454.5	513.8	576.2	12.1
广 西	Guangxi	270.5	334.7	340.1	404.4	457.6	13.2
海 南	Hainan	316.2	353.3	379.6	466.8	467.0	0.0
重 庆	Chongqing	326.0	346.8	369.0	419.1	459.6	9.7
四 川	Sichuan	276.7	306.4	336.2	367.0	419.5	14.3
贵 州	Guizhou	308.0	347.6	395.0	453.4	507.3	11.9
云 南	Yunnan	284.4	323.9	359.6	395.9	442.2	11.7
西 藏	Tibet	399.7	432.4	533.9	591.3	693.5	17.3
陕 西	Shaanxi	363.1	374.7	388.5	460.7	479.5	4.1
甘 肃	Gansu	251.3	279.0	328.3	378.1	410.9	8.7
青 海	Qinghai	310.8	330.8	351.0	370.4	400.8	8.2
宁 夏	Ningxia	252.5	287.6	304.8	361.8	416.4	15.1
新 疆	Xinjiang	261.0	300.4	329.2	349.2	383.9	9.9

7-16 分地区城市居民最低生活保障支出水平
Expenditure on Urban Subsistence Security by Region

单位: 元/人、月 (yuan per capita per month)

地 区	Region	2012	2013	2014	2015	2016	2016年比2015增减% Change in 2016 over 2015 %
全 国	**National Average**	**239.1**	**264.2**	**285.6**	**316.6**	**333.4**	**5.3**
北 京	Beijing	463.0	510.9	572.7	710.3	730.8	2.9
天 津	Tianjin	435.0	433.4	490.0	593.4	695.9	17.3
河 北	Hebei	217.0	231.9	247.9	255.7	282.2	10.4
山 西	Shanxi	221.9	240.7	278.1	291.7	314.6	7.9
内蒙古	Inner Mongolia	329.3	367.5	392.4	409.1	427.5	4.5
辽 宁	Liaoning	296.3	312.7	365.8	337.5	373.7	10.7
吉 林	Jilin	254.4	321.7	323.7	328.3	348.0	6.0
黑龙江	Heilongjiang	261.7	290.3	307.7	338.4	350.4	3.5
上 海	Shanghai	404.4	500.9	560.6	650.9	728.5	11.9
江 苏	Jiangsu	251.7	296.5	334.6	355.7	393.9	10.7
浙 江	Zhejiang	378.9	400.4	426.5	463.5	537.4	15.9
安 徽	Anhui	257.3	271.5	308.4	333.6	368.7	10.5
福 建	Fujian	199.6	240.4	267.3	310.0	343.5	10.8
江 西	Jiangxi	202.0	226.5	271.6	296.2	326.2	10.1
山 东	Shandong	250.2	286.4	301.2	308.6	335.5	8.7
河 南	Henan	189.3	207.2	212.5	231.9	249.8	7.7
湖 北	Hubei	218.7	246.6	269.5	265.2	305.9	15.4
湖 南	Hunan	236.8	244.4	253.2	260.7	272.8	4.6
广 东	Guangdong	196.6	253.6	362.7	404.2	464.3	14.9
广 西	Guangxi	212.3	228.3	257.3	274.4	304.4	10.9
海 南	Hainan	233.3	237.1	251.9	261.7	331.0	26.5
重 庆	Chongqing	234.7	257.9	277.7	305.2	362.3	18.7
四 川	Sichuan	192.0	206.9	220.5	238.3	275.3	15.5
贵 州	Guizhou	222.2	245.9	270.9	302.9	344.3	13.7
云 南	Yunnan	205.1	224.2	260.3	300.6	316.0	5.1
西 藏	Tibet	357.1	384.4	380.2	410.5	425.8	3.7
陕 西	Shaanxi	261.0	308.3	306.0	299.1	339.8	13.6
甘 肃	Gansu	223.8	268.9	259.6	288.2	328.4	14.0
青 海	Qinghai	248.5	267.9	269.1	286.3	322.3	12.6
宁 夏	Ningxia	203.5	202.5	226.2	277.3	329.8	18.9
新 疆	Xinjiang	244.1	266.7	280.9	285.9	289.5	1.2

7-17　分地区农村居民最低生活保障平均标准
Average Standard of Subsistence Allowance in Rural Areas by Region

单位：元/人、年　　(yuan per capita per year)

地　区	Region	2012	2013	2014	2015	2016	2016年比2015增减% Change in 2016 over 2015 %
全　国	**National Average**	**2067.8**	**2433.9**	**2776.6**	**3177.6**	**3744.0**	**17.8**
北　京	Beijing	5119.4	6258.5	7587.7	8520.0	9600.0	12.7
天　津	Tianjin	4442.0	5304.0	6153.6	7194.0	9060.0	25.9
河　北	Hebei	1847.0	2269.1	2543.5	2670.7	3359.0	25.8
山　西	Shanxi	1756.0	2157.6	2454.8	2757.8	3246.6	17.7
内蒙古	Inner Mongolia	2906.3	3415.0	3633.8	3891.2	4212.0	8.2
辽　宁	Liaoning	2484.8	2839.0	3195.7	3548.5	3914.9	10.3
吉　林	Jilin	1730.2	2034.1	2466.1	2721.2	3444.9	26.6
黑龙江	Heilongjiang	1887.9	2236.9	2764.2	3573.9	3787.1	6.0
上　海	Shanghai	5160.0	6000.0	7560.0	9480.0	10440.0	10.1
江　苏	Jiangsu	4240.7	4752.3	5345.5	6029.8	6480.9	7.5
浙　江	Zhejiang	3973.4	4721.0	5686.0	6683.9	7292.4	9.1
安　徽	Anhui	2144.6	2463.4	2828.3	3121.1	3840.4	23.0
福　建	Fujian	2099.1	2375.0	2732.2	3405.9	3841.4	12.8
江　西	Jiangxi	2072.5	2417.0	2638.6	2965.7	3314.9	11.8
山　东	Shandong	2189.5	2473.1	2936.7	3340.0	3777.8	13.1
河　南	Henan	1414.0	1696.8	1824.1	2232.3	3084.4	38.2
湖　北	Hubei	1587.9	2024.9	2567.8	3235.2	3828.8	18.3
湖　南	Hunan	1731.3	2068.1	2326.8	2446.4	3082.0	26.0
广　东	Guangdong	2645.6	3233.3	3837.9	4489.9	5342.7	19.0
广　西	Guangxi	1375.2	1993.1	2029.0	2556.1	2985.3	16.8
海　南	Hainan	2840.0	3022.9	3355.0	4168.4	4163.5	-0.1
重　庆	Chongqing	2202.6	2417.4	2667.2	2841.0	3694.9	30.1
四　川	Sichuan	1575.8	1832.2	2139.7	2409.1	3154.6	30.9
贵　州	Guizhou	1626.9	1833.0	2116.1	2620.0	3201.8	22.2
云　南	Yunnan	1676.2	1953.5	2141.9	2341.9	2710.7	15.7
西　藏	Tibet	1600.0	1980.8	2230.9	2337.5	2621.5	12.2
陕　西	Shaanxi	2007.7	2143.4	2262.8	2654.2	3203.3	20.7
甘　肃	Gansu	1597.3	1939.1	2275.6	2617.7	2932.9	12.0
青　海	Qinghai	1990.3	2089.0	2213.1	2494.2	2970.0	19.1
宁　夏	Ningxia	1377.2	2037.8	2281.8	2606.1	3388.9	30.0
新　疆	Xinjiang	1543.7	1804.1	2029.4	2287.4	2994.2	30.9

7-18 分地区农村居民最低生活保障平均支出水平
Expenditure on Rural Subsistence Security by Region

单位：元/人、年 (yuan per capita per year)

地 区	Region	2012	2013	2014	2015	2016	2016年比2015增减% Change in 2016 over 2015 %
全 国	**National Average**	**1247.9**	**1393.5**	**1552.3**	**1766.5**	**2049.5**	**16.0**
北 京	Beijing	3821.4	4239.3	5126.5	6862.7	7975.7	16.2
天 津	Tianjin	2410.1	2811.0	3350.2	4301.4	5682.2	32.1
河 北	Hebei	1187.5	1315.3	1451.9	1524.2	1867.1	22.5
山 西	Shanxi	1278.0	1474.2	1755.4	1959.8	2295.2	17.1
内蒙古	Inner Mongolia	1976.2	2231.3	2387.8	2506.1	2769.7	10.5
辽 宁	Liaoning	1540.7	1601.7	1936.7	1930.2	2205.8	14.3
吉 林	Jilin	1408.8	1443.5	1406.8	1510.3	1687.2	11.7
黑龙江	Heilongjiang	1261.9	1550.9	1693.8	1989.7	2098.3	5.5
上 海	Shanghai	2154.1	3465.0	4142.0	6342.6	7131.4	12.4
江 苏	Jiangsu	1940.8	2187.6	2496.7	2804.6	3152.9	12.4
浙 江	Zhejiang	2742.4	3070.8	3398.6	4007.5	4427.8	10.5
安 徽	Anhui	1274.5	1365.4	1667.8	1887.1	2421.6	28.3
福 建	Fujian	1330.6	1523.6	1725.1	2017.3	2245.6	11.3
江 西	Jiangxi	1348.7	1470.5	1820.8	2050.9	2363.2	15.2
山 东	Shandong	1475.4	1639.6	1794.7	1975.4	2305.8	16.7
河 南	Henan	1120.7	1255.9	1271.4	1390.3	1571.9	13.1
湖 北	Hubei	1032.6	1166.7	1290.4	1476.2	2060.5	39.6
湖 南	Hunan	1173.2	1287.3	1392.1	1387.9	1544.5	11.3
广 东	Guangdong	1420.3	1588.5	2107.1	2324.0	2661.6	14.5
广 西	Guangxi	1012.2	1060.5	1250.0	1376.3	1670.4	21.4
海 南	Hainan	1597.1	1668.4	1667.2	2006.2	2588.2	29.0
重 庆	Chongqing	1366.6	1643.7	1834.0	2009.5	2391.4	19.0
四 川	Sichuan	966.0	1104.6	1232.0	1405.4	1903.0	35.4
贵 州	Guizhou	982.2	1059.1	1238.5	1521.0	2008.0	32.0
云 南	Yunnan	1194.8	1299.1	1464.7	1697.2	1832.8	8.0
西 藏	Tibet	1148.2	1125.1	1008.2	1100.8	1238.6	12.5
陕 西	Shaanxi	1487.9	1800.0	1772.6	1823.3	2091.1	14.7
甘 肃	Gansu	1055.2	1264.7	1371.1	1564.1	1702.6	8.9
青 海	Qinghai	1572.6	1759.7	1862.9	1968.1	1811.5	-8.0
宁 夏	Ningxia	1333.4	1529.2	1567.1	1974.1	2585.6	31.0
新 疆	Xinjiang	1306.6	1510.2	1543.8	1793.3	2001.7	11.6

7-19 分地区养老机构数(2016年)
Statistics on Institution for Aged by Region(2016)

单位：个 (unit)

地　区	Region	合　计 Total	按城乡分 by Area 城市 Urban	 农村 Rural	按登记批准机关分 by Approval Authori 工商部门 Business Administration Department	 编制部门 Authorized Strength Department	 民政部门 Civil Administration Department	 未登记 Not registered
全　国	**National Total**	**28592**	**13194**	**15398**	**324**	**15735**	**12058**	**475**
北　京	Beijing	607	340	267	14	349	244	
天　津	Tianjin	274	237	37	2	39	233	
河　北	Hebei	1054	619	435	2	451	585	16
山　西	Shanxi	578	285	293	1	284	291	2
内蒙古	Inner Mongolia	714	406	308	2	359	343	10
辽　宁	Liaoning	1447	1048	399	3	312	1106	26
吉　林	Jilin	1301	706	595	6	666	619	10
黑龙江	Heilongjiang	840	701	139		173	667	
上　海	Shanghai	649	452	197	4	28	615	2
江　苏	Jiangsu	2343	1072	1271	22	1163	1155	3
浙　江	Zhejiang	1340	534	806	23	659	654	4
安　徽	Anhui	1164	458	706	9	163	990	2
福　建	Fujian	346	258	88	3	217	119	7
江　西	Jiangxi	1497	449	1048		1374	83	40
山　东	Shandong	1959	1006	953	13	525	1418	3
河　南	Henan	1148	554	594	1	610	528	9
湖　北	Hubei	1684	556	1128	28	1354	274	28
湖　南	Hunan	1787	456	1331	2	1577	169	39
广　东	Guangdong	1491	550	941	56	1215	201	19
广　西	Guangxi	480	357	123	2	260	177	41
海　南	Hainan	55	36	19	3	21	18	13
重　庆	Chongqing	632	332	300	22	338	269	3
四　川	Sichuan	2573	648	1925	85	2032	398	58
贵　州	Guizhou	870	247	623	1	678	138	53
云　南	Yunnan	412	188	224	16	203	192	1
西　藏	Tibet	7	2	5		7		
陕　西	Shaanxi	569	246	323		333	182	54
甘　肃	Gansu	249	111	138	3	107	122	17
青　海	Qinghai	36	18	18		23	12	1
宁　夏	Ningxia	92	35	57	1	52	35	4
新　疆	Xinjiang	394	287	107		163	221	10

7-20 分地区分床位养老机构数(2016年)
Statistics on Institutions for Aged by Beds and by Region(2016)

单位：个，%　　(unit,%)

地 区	Region	合 计 Total	0-99张床位 0-99 Beds	100-299张床位 100-299 Beds	300-499张床位 300-499 Beds	500张及以上床位 500 Beds and over	比重 proportion	0-99张床位 0-99 Beds	100-299张床位 100-299 Beds	300-499张床位 300-499 Beds	500张及以上床位 500 Beds and over
全 国	**National Total**	**28592**	**15065**	**11119**	**1573**	**835**	**100.0**	**52.7**	**38.9**	**5.5**	**2.9**
北 京	Beijing	607	201	273	76	57	100.0	33.1	45.0	12.5	9.4
天 津	Tianjin	274	101	136	14	23	100.0	36.9	49.6	5.1	8.4
河 北	Hebei	1054	513	393	93	55	100.0	48.7	37.3	8.8	5.2
山 西	Shanxi	578	388	168	17	5	100.0	67.1	29.1	2.9	0.9
内蒙古	Inner Mongolia	714	402	258	36	18	100.0	56.3	36.1	5.0	2.5
辽 宁	Liaoning	1447	885	439	82	41	100.0	61.2	30.3	5.7	2.8
吉 林	Jilin	1301	902	353	35	11	100.0	69.3	27.1	2.7	0.8
黑龙江	Heilongjiang	840	503	242	60	35	100.0	59.9	28.8	7.1	4.2
上 海	Shanghai	649	202	345	72	30	100.0	31.1	53.2	11.1	4.6
江 苏	Jiangsu	2343	863	1154	223	103	100.0	36.8	49.3	9.5	4.4
浙 江	Zhejiang	1340	532	609	122	77	100.0	39.7	45.4	9.1	5.7
安 徽	Anhui	1164	508	571	64	21	100.0	43.6	49.1	5.5	1.8
福 建	Fujian	346	202	99	32	13	100.0	58.4	28.6	9.2	3.8
江 西	Jiangxi	1497	904	546	35	12	100.0	60.4	36.5	2.3	0.8
山 东	Shandong	1959	730	996	167	66	100.0	37.3	50.8	8.5	3.4
河 南	Henan	1148	694	409	28	17	100.0	60.5	35.6	2.4	1.5
湖 北	Hubei	1684	667	924	49	44	100.0	39.6	54.9	2.9	2.6
湖 南	Hunan	1787	1405	337	27	18	100.0	78.6	18.9	1.5	1.0
广 东	Guangdong	1491	1022	339	75	55	100.0	68.5	22.7	5.0	3.7
广 西	Guangxi	480	345	110	16	9	100.0	71.9	22.9	3.3	1.9
海 南	Hainan	55	40	8	1	6	100.0	72.7	14.5	1.8	10.9
重 庆	Chongqing	632	284	306	24	18	100.0	44.9	48.4	3.8	2.8
四 川	Sichuan	2573	1277	1152	95	49	100.0	49.6	44.8	3.7	1.9
贵 州	Guizhou	870	577	276	14	3	100.0	66.3	31.7	1.6	0.3
云 南	Yunnan	412	220	163	18	11	100.0	53.4	39.6	4.4	2.7
西 藏	Tibet	7	3	4							
陕 西	Shaanxi	569	254	224	71	20	100.0	44.6	39.4	12.5	3.5
甘 肃	Gansu	249	165	70	8	6	100.0	66.3	28.1	3.2	2.4
青 海	Qinghai	36	22	11		3	100.0	61.1	30.6		8.3
宁 夏	Ningxia	92	42	38	8	4	100.0	45.7	41.3	8.7	4.3
新 疆	Xinjiang	394	212	166	11	5	100.0	53.8	42.1	2.8	1.3

7-21 分地区每千老年人口床位情况
Statistics on Beds per 1000 Senior Citizens by Region

单位：张 (bed)

地 区	Region	2012	2013	2014	2015	2016
全 国	**National Total**	**21.48**	**24.39**	**27.20**	**30.31**	**31.62**
北 京	Beijing	39.9	39.25	45.69	28.95	38.22
天 津	Tianjin	19.51	24.55	20.88	23.73	23.06
河 北	Hebei	18.82	36.77	38.87	40.94	34.98
山 西	Shanxi	12.22	13.02	16.48	16.31	22.21
内蒙古	Inner Mongolia	19.89	22.47	49.00	56.66	58.32
辽 宁	Liaoning	27.33	28.41	24.31	21.14	22.90
吉 林	Jilin	20.23	19.16	17.82	14.35	25.60
黑龙江	Heilongjiang	18.67	18.66	21.80	27.04	27.33
上 海	Shanghai	32.72	32.08	33.49	27.20	28.89
江 苏	Jiangsu	36.73	41.39	38.61	41.02	40.33
浙 江	Zhejiang	33.14	36.54	52.90	51.74	56.29
安 徽	Anhui	30.74	31.70	34.95	36.06	35.17
福 建	Fujian	11.28	16.64	25.66	24.88	23.24
江 西	Jiangxi	24.31	24.83	28.43	30.94	30.15
山 东	Shandong	28.43	32.59	31.03	37.14	38.50
河 南	Henan	20.61	21.51	25.18	24.19	23.48
湖 北	Hubei	28.64	27.16	27.25	30.12	33.02
湖 南	Hunan	17.27	17.42	16.76	19.21	21.75
广 东	Guangdong	9.73	11.16	15.34	19.87	28.22
广 西	Guangxi	7.88	17.64	21.92	25.78	25.59
海 南	Hainan	11.17	11.08	16.60	17.65	18.02
重 庆	Chongqing	28.35	31.96	25.01	33.18	29.34
四 川	Sichuan	29.48	30.09	24.51	30.65	31.43
贵 州	Guizhou	9.96	14.20	22.42	35.30	36.80
云 南	Yunnan	9.35	9.22	11.18	19.90	21.62
西 藏	Tibet	16.32	17.25	27.66	61.95	14.24
陕 西	Shaanxi	14.96	17.34	17.79	23.60	25.47
甘 肃	Gansu	12.94	19.03	24.75	33.75	34.40
青 海	Qinghai	10.17	16.18	26.64	31.64	38.37
宁 夏	Ningxia	8.73	10.22	15.10	30.41	40.72
新 疆	Xinjiang	13.24	13.56	21.01	24.78	26.62

7-22 孤儿和家庭收养情况(2016年)
Orphans and Children Adopted by Families (2016)

单位：人 (person)

地 区 Region	孤儿数 Number of Orphans	集中供养 Institutionalized	社会散居 Dispersed	家庭收养儿童数 Number of Children-adoption in Families	被中国公民收养 Children Adopted by Chinese Citizens	被外国人收养 Children Adopted by Foreigners
全 国 National Total	**460450**	**87502**	**372948**	**18736**	**15965**	**2771**
北 京 Beijing	2071	1660	411	140	96	44
天 津 Tianjin	805	552	253	62	20	42
河 北 Hebei	16479	2163	14316	255	219	36
山 西 Shanxi	12850	2688	10162	244	102	142
内蒙古 Inner Mongolia	5185	1182	4003	197	102	95
辽 宁 Liaoning	7233	3165	4068	183	160	23
吉 林 Jilin	5106	1491	3615	23	7	16
黑龙江 Heilongjiang	7286	1369	5917	69	45	24
上 海 Shanghai	1824	1726	98	306	246	60
江 苏 Jiangsu	16510	3269	13241	1721	1561	160
浙 江 Zhejiang	4235	2196	2039	2483	2403	80
安 徽 Anhui	27250	3216	24034	737	654	83
福 建 Fujian	5504	1871	3633	1076	1008	68
江 西 Jiangxi	21358	5342	16016	284	167	117
山 东 Shandong	17360	2862	14498	1982	1841	141
河 南 Henan	34032	4855	29177	717	259	458
湖 北 Hubei	19284	3067	16217	695	614	81
湖 南 Hunan	37274	4950	32324	706	630	76
广 东 Guangdong	35807	8860	26947	1436	1080	356
广 西 Guangxi	21888	2385	19503	1757	1594	163
海 南 Hainan	1548	336	1212	86	86	
重 庆 Chongqing	5404	1374	4030	247	208	39
四 川 Sichuan	28878	3991	24887	1001	949	52
贵 州 Guizhou	20232	2801	17431	253	168	85
云 南 Yunnan	24176	1820	22356	1255	1171	84
西 藏 Tibet	5967	5967				
陕 西 Shaanxi	11569	2569	9000	387	207	180
甘 肃 Gansu	18828	2593	16235	86	48	38
青 海 Qinghai	15771	1778	13993	49	45	4
宁 夏 Ningxia	6646	439	6207	37	26	11
新 疆 Xinjiang	22090	4965	17125	249	236	13

7-23 分地区儿童收养机构情况(2016年)
Statistics on Institution of Children Adopted by Region (2016)

地 区 Region	机构数 (个) Number of Institution (unit)	年末床位数 (张) Number of Beds at Year-end (bed)	年末在院儿童人数 (人) Number of Children in Institution at Year-end (person)
全 国 National Total	**705**	**100097**	**54627**
北 京 Beijing	12	1910	1228
天 津 Tianjin	2	668	231
河 北 Hebei	5	534	199
山 西 Shanxi	13	1188	683
内蒙古 Inner Mongolia	8	1633	858
辽 宁 Liaoning	12	4254	3176
吉 林 Jilin	10	3127	1655
黑龙江 Heilongjiang	16	3708	1524
上 海 Shanghai	4	2091	1868
江 苏 Jiangsu	32	4290	2116
浙 江 Zhejiang	13	2575	1383
安 徽 Anhui	36	6017	3248
福 建 Fujian	11	1504	756
江 西 Jiangxi	16	1682	843
山 东 Shandong	17	5406	2533
河 南 Henan	22	4042	2897
湖 北 Hubei	72	4886	2021
湖 南 Hunan	53	4485	2416
广 东 Guangdong	46	5656	2784
广 西 Guangxi	43	3184	1453
海 南 Hainan	1	40	40
重 庆 Chongqing	6	2499	1011
四 川 Sichuan	99	8135	2953
贵 州 Guizhou	29	3861	1602
云 南 Yunnan	28	3330	1544
西 藏 Tibet	5	3123	2902
陕 西 Shaanxi	13	2945	1963
甘 肃 Gansu	18	3581	2205
青 海 Qinghai	8	1828	1269
宁 夏 Ningxia	10	840	440
新 疆 Xinjiang	45	7075	4826

注：儿童收养机构包括儿童福利院和SOS儿童村。

7-24 优抚安置情况
Statistics on Preferential Treatment and Resettlement

年份 Year 地区 Region		国家重点优抚对象（万人）State Entitled Groups (10 000 persons)	定期抚恤人数 Number of People Receiving Regular Pension	定期补助人数 Number of People Receiving Regular Subsidy	伤残人员 Injured and Disabled Persons	接收军队离退休人员（人）Number of Retired Veterans Resettled (person)
	2007	622.4	48.9	487.1	86.5	28058
	2008	633.2	47.9	498.2	87.2	21378
	2009	630.7	45.9	497.7	87.2	18904
	2010	625.0	44.8	493.5	86.7	13451
	2011	852.5	42.2	724.4	85.9	14530
	2012	944.4	41.2	818.4	84.9	18570
	2013	950.5	36.6	832.6	81.2	38706
	2014	917.3	31.1	809.6	76.6	27699
	2015	897.0	26.5	796.8	73.7	19429
	2016	874.8	22.0	781.3	71.5	11053
北 京	Beijing	4.5	0.2	3.2	1.2	1795
天 津	Tianjin	4.6	0.1	3.8	0.7	379
河 北	Hebei	58.2	1.0	52.9	4.2	1037
山 西	Shanxi	17.9	0.6	15.2	2.1	86
内蒙古	Inner Mongolia	5.0	0.2	3.7	1.2	84
辽 宁	Liaoning	21.4	0.5	18.2	2.6	723
吉 林	Jilin	12.1	0.4	9.9	1.8	192
黑龙江	Heilongjiang	11.6	0.4	9.9	1.4	346
上 海	Shanghai	3.9	0.5	2.7	0.7	737
江 苏	Jiangsu	47.0	1.3	41.0	4.7	525
浙 江	Zhejiang	30.7	0.4	28.0	2.3	127
安 徽	Anhui	45.8	0.8	41.8	3.2	340
福 建	Fujian	18.6	0.7	16.7	1.2	181
江 西	Jiangxi	29.4	1.8	25.7	2.0	204
山 东	Shandong	84.1	1.9	73.0	9.1	458
河 南	Henan	73.7	1.2	66.6	5.9	287
湖 北	Hubei	44.2	2.1	39.0	3.1	289
湖 南	Hunan	79.4	1.9	72.7	4.8	118
广 东	Guangdong	42.2	0.6	39.1	2.5	376
广 西	Guangxi	28.9	0.4	27.5	1.0	56
海 南	Hainan	2.6	0.2	2.2	0.2	64
重 庆	Chongqing	25.3	0.4	22.9	2.0	160
四 川	Sichuan	84.6	2.0	76.8	5.8	353
贵 州	Guizhou	22.8	0.3	21.1	1.4	57
云 南	Yunnan	32.2	0.6	29.8	1.8	201
西 藏	Tibet	0.3	0.1	0.1	0.1	1173
陕 西	Shaanxi	24.8	0.8	21.9	2.1	394
甘 肃	Gansu	12.7	0.2	11.4	1.0	98
青 海	Qinghai	1.4	0.0	1.1	0.3	51
宁 夏	Ningxia	1.2	0.0	1.0	0.2	36
新 疆	Xinjiang	3.4	0.2	2.4	0.8	126

7-25 定期补助优抚对象情况
Regular Beneficiaries of Subsidies with Preferential Treatment

单位：人 (person)

年 份 Year	定期补助总人数 Regular Beneficiaries of Subsidies	在乡红军老战士 Red Army Soldiers in the Countryside	西路军 West Road Army of the Red Army	红军失散人员 Scattered Red Army Soldiers	在乡复员军人 Demobilized Soldiers in the Countryside	带病回乡退伍军人 Veterans in the Countryside	60岁以上农村籍退伍军人 Rural Veterans over 60
1978	9251	9251					
1979	7872	7872					
1980	6922	6922					
1981	6567	6567					
1982	1002181	6383			859055	136743	
1983	1104586	6142			952993	145451	
1984	1243633	6159			1081350	156124	
1985	1461180	6329			1185502	183129	
1986	1999872	6315			1673990	210445	
1987	2230873	7466			1833402	241290	
1988	2360462	7415			1950641	247009	
1989	2715258	6628			2272639	283075	
1990	2866579	7514			2373873	305045	
1991	2939074	7015			2419453	346021	
1992	2975175	6599			2402869	373989	
1993	2947209	5531	2997	105200	2424984	408497	
1994	2963965	5058	2430	104566	2424435	427476	
1995	2987751	4659	2318	101507	2423191	456076	
1996	3018047	4480	2303	108534	2421517	481213	
1997	3037367	4195	2214	115706	2396017	519235	
1998	3033826	3996	2157	112092	2367266	548315	
1999	3056727	3687	2106	105303	2363466	582165	
2000	3057257	3326	1997	100309	2320739	630886	
2001	3170877	3325	1889	93131	2246954	782802	
2002	3251971	3136	1691	90021	2274657	882090	
2003	3300232	2893	1610	86264	2262264	919349	
2004	3277914	2701	1454	83366	2214467	950428	
2005	3265797	2681	1370	75588	2145421	977424	
2006	3274059	2417	1220	68070	2064713	1072684	
2007	4870800	2049	966	63205	1988977	1134414	
2008	4981893	1622	440	47136	1920235	1193622	
2009	4976839	1351	322	41272	1809019	1219752	
2010	4935399	1226	273	37131	1703396	1265664	
2011	7243706	911	190	29208	1587006	1321786	2373772
2012	8183693	757	164	25961	1474790	1324325	3210986
2013	8326336	647	117	18976	1260945	1306479	3566766
2014	8095950	341	87	11269	993204	1242020	3748039
2015	7968445	177		3708	792440	1183750	3924604
2016	7813467	55		2060	636698	1127704	4055748

7-26 烈士褒扬和优待情况
Commendation and Preferential Treatment of Martyrs

年 份 Year	本年批准 烈士人数 (人) Number of Martyrs Approved During the Year (person)	零散烈士 纪念建筑物 (个) Scattered Martyr Memorial Buildings (unit)	优待优抚 对象户数 (户) Number of Households with Preferential Treatment (household)	优待总金额 (万元) Total Pension of Preferential Treatment (10 000 yuan)
1978		5347		
1979		3779		20393
1980		2825		31459
1981		2915		47255
1982	8601	3592	4730756	58750
1983	11024	3826	4387292	59588
1984	8478	3953	4102419	62263
1985	5887	3716	3567165	71655
1986	11758	3871	3355694	75243
1987	10644	4121	3223550	80915
1988	9035	4236	3225253	87160
1989	3960	4466	3086285	92169
1990	3067	6065	2941486	99535
1991	1556	6474	2967881	106354
1992	1338	6957	2967002	116573
1993	1467	6956	3009163	131555
1994	1215	7279	3027420	155627
1995	1277	7067	3051322	194379
1996	1187	7020	3040439	251798
1997	888	7048	3334000	321741
1998	749	7322	3250395	356413
1999	616	7252	3818210	402998
2000	468	7427	3855797	469054
2001	460	7802	3973085	385859
2002	403	8051	4130817	374819
2003	461	7781	3962425	391581
2004	316	7425	3632630	418499
2005	314	7483	3393218	379631
2006	265	7414	3220933	421010
2007	168	7186	3277318	454090
2008	297	7569	3301682	666011
2009	213	7622	3280522	751065
2010	173	9729	3308766	671536
2011	233	12378	3330859	968175
2012	172	13151	3471611	1121135
2013	200	13601	3402629	1351368
2014	267	11365	3354536	1510252
2015	341	11838	3170333	1929548
2016	150	11815	3043916	1713322

7-27 人口受灾和救灾情况
Population Affected by Disasters and Disaster Relief

年份 Year	受灾人口(万人次) Population Affected by Disasters (10 000 person-times)	因灾死亡人口(人) Number of Persons Died in Disasters (person)	紧急转移人口(万人) Population Evacuated in Emergency (10 000 persons)	直接经济损失(亿元) Direct economic losses (100 million yuan)	倒塌房屋(万间) Collapsed Houses (10 000 rooms)	农作物受灾面积(万公顷) Crops Areas Affected by Disaster (10 000 hectares)
1978		4965			73.1	4844.0
1979		6962			152.1	3937.0
1980		6821			137.3	5003.0
1981	26710.0	7422			261.5	3979.0
1982	22900.7	7935			320.3	3313.0
1983	22439.0	10952		260.9	345.4	3471.0
1984	20894.0	6927			274.7	3189.0
1985	26446.0	4394	290.5	410.4	224.9	4437.0
1986	29928.0	5410	345.8		209.7	4714.0
1987	23512.0	5495	348.0	326.3	180.0	4207.0
1988	36169.0	7306	582.9		258.0	5087.0
1989	34569.0	5952	365.3	525.0	194.1	4699.0
1990	29348.0	7338	579.2	616.0	247.4	3847.0
1991	41941.0	7315	1308.5	1215.1	581.5	5547.0
1992	37174.0	5741	303.6	853.9	196.6	5133.0
1993	37541.0	6125	307.7	933.2	271.6	4867.0
1994	43799.0	8549	1054.0	1876.0	512.1	5504.0
1995	24215.0	5561	1064.0	1863.0	439.3	4587.0
1996	32305.0	7273	1216.0	2882.0	809.0	5975.0
1997	47886.0	3212	511.3	1975.0	288.0	5343.0
1998	35216.0	5511	2082.4	3007.4	821.4	2229.0
1999	35319.0	2966	664.8	1962.4	174.5	4998.0
2000	45652.3	3014	467.1	2045.3	147.3	5469.0
2001	37255.9	2583	211.1	1942.0	92.2	5215.0
2002	37841.8	2840	471.8	1717.4	175.7	4711.9
2003	49745.9	2259	707.3	1884.2	343.0	5438.6
2004	33920.6	2250	563.2	1602.3	155.0	3710.6
2005	40653.7	2475	1570.3	2042.1	226.4	3881.8
2006	43453.3	3186	1384.5	2528.1	193.3	4109.1
2007	39777.9	2325	1499.1	2363.0	146.7	4899.0
2008	47795.0	88928	2682.2	11752.4	1097.8	3999.0
2009	47933.5	1528	709.9	2523.7	83.8	4721.4
2010	42610.2	7844	1858.4	5339.9	273.3	3742.6
2011	43290.0	1126	939.4	3096.4	93.5	3247.1
2012	29421.7	1530	1109.6	4185.5	90.6	2496.2
2013	38818.7	2284	1215.0	5808.4	87.5	3135.0
2014	24353.7	1818	601.7	3373.8	45.0	2489.1
2015	18620.3	819	644.4	2704.1	24.8	2177.0
2016	18911.7	1432	910.1	5032.9	52.1	2622.1

7-28 社会捐赠情况
Statistics on Social Donations

年 份 Year 地 区 Region	社会捐赠款物合计（亿元）Total Social Donations (100 million yuan)	社 会 捐赠款 Donated Money	民政部门 Civil Affairs Department	各类社会组织 Other Social Donations	社会捐赠其他物资折款 Total Value from Other Social Donations in Kinds
1997	14.0	4.2			9.9
1998	113.2	50.2	50.2		63.0
1999	17.8	6.9	5.0	2.0	10.8
2000	16.3	9.3	5.4	3.9	7.0
2001	20.0	11.7	7.6	4.1	8.3
2002	20.8	19.0	11.1	7.9	1.8
2003	43.4	41.0	29.2	11.9	2.4
2004	35.1	34.0	17.1	16.9	1.2
2005	61.9	60.3	31.3	29.0	1.6
2006	89.5	83.1	43.0	40.1	6.4
2007	148.4	132.8	50.9	81.9	15.6
2008	764.0	744.5	479.3	265.2	19.6
2009	485.9	483.7	66.5	417.2	2.2
2010	601.7	596.8	179.8	417.0	4.9
2011	494.9	490.1	96.6	393.5	4.8
2012	578.8	572.5	101.7	470.8	6.3
2013	575.1	566.4	107.6	458.8	8.7
2014	380.7	368.8	81.7	287.1	11.9
2015	659.8	654.5	44.3	610.3	5.2
2016	834.3	827.0	40.3	786.7	7.4
部本级 Ministry Level	396.4	396.4		396.4	
北 京 Beijing	44.3	42.8	9.1	33.7	1.5
天 津 Tianjin	6.2	6.2	0.1	6.1	
河 北 Hebei	4.9	4.8	2.2	2.6	0.1
山 西 Shanxi	1.4	1.4	0.2	1.2	
内蒙古 Inner Mongolia	1.4	0.5		0.4	0.9
辽 宁 Liaoning	5.5	5.5		5.5	
吉 林 Jilin	0.7	0.7	0.1	0.7	
黑龙江 Heilongjiang	0.3	0.3	0.1	0.3	
上 海 Shanghai	31.3	31.2	0.5	30.7	
江 苏 Jiangsu	112.6	112.0	17.4	94.6	0.6
浙 江 Zhejiang	22.6	22.6	0.1	22.5	
安 徽 Anhui	4.3	4.3	0.2	4.1	
福 建 Fujian	2.6	2.6	0.5	2.1	
江 西 Jiangxi	7.3	3.8	2.1	1.7	3.5
山 东 Shandong	30.9	30.9	0.6	30.2	
河 南 Henan	2.0	2.0	0.7	1.3	
湖 北 Hubei	7.6	7.4	0.9	6.5	0.3
湖 南 Hunan	57.6	57.6		57.6	
广 东 Guangdong	44.6	44.5	1.4	43.1	0.1
广 西 Guangxi	0.5	0.5		0.5	
海 南 Hainan	0.1	0.1	0.1		
重 庆 Chongqing	8.9	8.7	1.3	7.4	0.2
四 川 Sichuan	11.6	11.6	1.6	10.0	
贵 州 Guizhou	15.5	15.4	0.6	14.8	0.1
云 南 Yunnan	2.7	2.7	0.1	2.5	0.1
西 藏 Tibet	0.3	0.3		0.3	
陕 西 Shaanxi	2.3	2.3	0.1	2.2	
甘 肃 Gansu	0.5	0.5		0.5	
青 海 Qinghai	5.5	5.5	0.1	5.4	
宁 夏 Ningxia	1.5	1.5		1.5	
新 疆 Xinjiang	0.4	0.4	0.2	0.2	

注：社会捐赠其他物资折款指民政部门接收的捐赠衣被和物资。

Total value from other social donations in kinds refers to those clothes, quilts and goods received by department of civil affairs.

7-29 分地区残疾人参加社会保险情况(2016年)
PWDs Covered by Social Insurance(2016)

单位：万人 (10 000 persons)

地区	Region	残疾居民参加城乡社会养老保险 Disable Residents Covered by Pension Insurance	享受养老金 Covered by Insurance Pension	60周岁以下参保残疾居民 PWDs under Age 60				
					重度残疾人 Persons with Severe Disability	#全部或部分代缴 Paid by Subsidy Totally or Partially	其他残疾人 other PWDs	#全部或部分代缴 Paid by Subsidy Totally or Partially
全　国	**National Total**	**2370.6**	**936.1**	**1434.4**	**482.1**	**445.7**	**952.3**	**269.4**
北　京	Beijing	9.3	0.8	8.5	4.6	4.6	3.8	3.2
天　津	Tianjin	7.3	4.8	2.5	2.0	2.0	0.5	0.5
河　北	Hebei	136.0	39.9	96.0	22.6	21.1	73.4	24.2
山　西	Shanxi	100.8	49.3	51.5	15.6	14.8	35.9	6.2
内蒙古	Inner Mongolia	34.9	14.9	20.0	8.2	7.0	11.8	4.1
辽　宁	Liaoning	36.6	15.9	20.6	7.6	6.5	13.0	5.8
吉　林	Jilin	29.4	9.3	20.1	8.2	7.6	11.9	6.1
黑龙江	Heilongjiang	28.6	13.5	15.1	3.9	3.6	11.2	2.6
上　海	Shanghai	6.6	2.1	4.5	3.8	3.6	0.7	0.7
江　苏	Jiangsu	125.8	61.7	64.1	20.9	18.1	43.3	17.0
浙　江	Zhejiang	56.6	23.2	33.3	12.4	12.2	20.9	12.5
安　徽	Anhui	105.3	36.2	69.1	28.1	24.6	41.0	5.3
福　建	Fujian	74.2	41.7	32.5	14.4	13.4	18.2	16.1
江　西	Jiangxi	83.1	31.3	51.8	16.7	16.1	35.1	10.9
山　东	Shandong	141.8	56.2	85.6	32.9	29.6	52.7	11.3
河　南	Henan	308.7	129.9	178.8	60.1	54.2	118.8	2.5
湖　北	Hubei	113.2	44.1	69.1	22.0	20.4	47.1	18.9
湖　南	Hunan	168.2	63.4	104.8	31.7	31.1	73.1	7.5
广　东	Guangdong	83.2	30.6	52.6	25.1	23.0	27.5	11.0
广　西	Guangxi	104.8	54.5	50.4	15.2	14.0	35.1	9.6
海　南	Hainan	18.4	6.7	11.7	5.2	5.2	6.5	1.5
重　庆	Chongqing	48.4	19.5	28.9	11.7	11.6	17.2	7.0
四　川	Sichuan	204.4	61.4	142.9	37.9	35.1	105.1	25.8
贵　州	Guizhou	56.6	27.8	28.8	8.6	7.9	20.2	2.5
云　南	Yunnan	78.5	24.0	54.5	15.4	15.1	39.1	19.9
西　藏	Tibet	2.5	1.6	0.9	0.2	0.2	0.7	0.5
陕　西	Shaanxi	45.4	15.9	29.5	7.9	7.3	21.6	11.7
甘　肃	Gansu	96.8	31.2	65.5	22.8	20.6	42.7	7.6
青　海	Qinghai	11.7	4.3	7.4	3.9	3.9	3.5	3.1
宁　夏	Ningxia	19.8	9.2	10.6	5.2	5.1	5.4	3.9
新　疆	Xinjiang	33.9	11.2	22.7	7.1	6.4	15.6	10.0

7-30 分地区残疾人托养服务情况(2016年)
PWDs Fostering service by Region (2016)

单位：人 (person)

地区	Region	合计 PWDs in the Institutions	寄宿制 PWDs Fostered in the Form of Bording	#智力残疾人 Persons with Intellectual Disability	#精神残疾人 Persons with Psychiatric Disability	#重度肢体残疾人 Persons with Severe Physical Disabilities	日间照料 PWDs Fostered in the Form of Day Care	#智力残疾人 Persons with Intellectual Disability
全国	**National Total**	**1041810**	**66286**	**16368**	**18979**	**14660**	**60447**	**27623**
北京	Beijing	123151	913	437	63	219		
天津	Tianjin	36277	456	212	32	163	849	548
河北	Hebei	20372	3298	847	915	693	2000	505
山西	Shanxi	2071	702	228	215	111		
内蒙古	Inner Mongolia	12884	2342	347	180	512	238	209
辽宁	Liaoning	28581	5341	1358	1843	886	1637	1336
吉林	Jilin	5865	1241	126	878	190	111	26
黑龙江	Heilongjiang	8542	2667	632	841	635	36	26
上海	Shanghai	32176	5723	2395	2024	1107	10968	7026
江苏	Jiangsu	62083	3301	1275	154	947	4322	1799
浙江	Zhejiang	254046	9265	2035	2919	2944	7495	3922
安徽	Anhui	14594	1084	248	257	388	292	154
福建	Fujian	25910	1903	303	320	318	886	529
江西	Jiangxi	8260	1217	349	20	127	666	390
山东	Shandong	61466	6808	1812	1453	1705	1393	871
河南	Henan	15555	1525	257	728	246	203	42
湖北	Hubei	22647	1657	556	494	333	6164	2539
湖南	Hunan	23829	1129	290	320	234	1957	712
广东	Guangdong	36297	1503	283	738	196	13652	4436
广西	Guangxi	35697	319	25	285	3	788	488
海南	Hainan	18310	594	44	372	2		
重庆	Chongqing	30901	985	100	278	116	1116	277
四川	Sichuan	40793	2147	249	1448	220	1805	787
贵州	Guizhou	8140	778	59	460	15	39	36
云南	Yunnan	26119	746	134	316	41	100	42
西藏	Tibet	650						
陕西	Shaanxi	21965	4910	1063	554	1334	265	71
甘肃	Gansu	15871	892	144	77	315	158	22
青海	Qinghai	3003	200	33	11	59	136	34
宁夏	Ningxia	6352	631	184	200	101	1309	173
新疆	Xinjiang	39403	2009	343	584	500	1862	623

7-30 续表 continued

单位：人 (person)

地区	Region	#精神残疾人 Persons with Psychiatric Disability	#重度肢体残疾人 Persons with Severe Physical Disabilities	综合服务 PWDs in Combined Fostering Services Facilities	#智力残疾人 Persons with Intellectual Disability	#精神残疾人 Persons with Psychiatric Disability	#重度肢体残疾人 Persons with Severe Physical Disabilities	享受居家托养服务残疾人 PWDs Receiving Fostering Service at home
全国	**National Total**	**18255**	**7648**	**77301**	**23612**	**16311**	**17789**	**837776**
北京	Beijing			695	243	299	90	121543
天津	Tianjin	165	108	45	18	9		34927
河北	Hebei	517	440	4792	831	815	1781	10282
山西	Shanxi			590	98	96	141	779
内蒙古	Inner Mongolia	3	12	1170	181	140	319	9134
辽宁	Liaoning	137	118	1676	544	449	372	19927
吉林	Jilin	46	34	422	185	27	124	4091
黑龙江	Heilongjiang		10	2076	835	644	435	3763
上海	Shanghai	3680	16	609	260	174		14876
江苏	Jiangsu	843	762	17040	6723	2471	4473	37420
浙江	Zhejiang	2660	553	9811	3379	2680	2007	227475
安徽	Anhui	61	31	2512	572	383	609	10706
福建	Fujian	110	39	2092	572	474	89	21029
江西	Jiangxi	129	96	320	139	121	36	6057
山东	Shandong	314	103	7673	2071	1158	2274	45592
河南	Henan	115	46	2789	448	913	684	11038
湖北	Hubei	2675	601	2808	877	706	444	12018
湖南	Hunan	779	389	1745	517	512	351	18998
广东	Guangdong	3918	2788	5207	1821	881	622	15935
广西	Guangxi	171	98	178	55	7	115	34412
海南	Hainan			19				17697
重庆	Chongqing	490	223	1022	331	251	232	27778
四川	Sichuan	251	201	2158	594	650	381	34683
贵州	Guizhou	1	2	664	26	407	38	6659
云南	Yunnan	11	23	319	56	105	66	24954
西藏	Tibet							650
陕西	Shaanxi	58	35	3576	844	635	937	13214
甘肃	Gansu	57	39	1981	496	640	213	12840
青海	Qinghai	11	58	633	110	28	224	2034
宁夏	Ningxia	650	331	459	139	43	115	3953
新疆	Xinjiang	403	492	2220	647	593	617	33312

7-31 保险公司业务经济技术指标
Economic and Technical Indicators of Insurance Companies Funded with Chinese and Foreign Capital

单位：亿元　　(100 million yuan)

项　目	Item	2015 保　费 Premium	2015 赔款及给付 Claim and Payment	2016 保　费 Premium	2016 赔款及给付 Claim and Payment
合　计	**Total**	**24282.5**	**8674.1**	**30904.2**	**10515.7**
财产保险公司	**Property Insurance Companies**	**8423.3**	**4448.3**	**9265.7**	**5045.6**
企业财产保险	Enterprise Property Insurance	386.2	216.4	381.2	266.2
家庭财产保险	Family Property Insurance	41.7	16.8	52.2	23.6
机动车辆保险	Motor Vehicle Insurance	6199.0	3335.6	6834.2	3648.1
工程保险	Engineering Insurance	82.9	36.6	93.2	45.4
责任保险	Liability Insurance	301.8	129.3	362.4	166.2
信用保险	Export Credit Insurance	192.5	45.1	200.9	91.5
保证保险	Guarantee Insurance	208.1	63.7	184.1	65.1
船舶保险	Ship Insurance	55.1	33.4	51.2	36.7
货物运输保险	Freight Transport Insurance	88.2	46.2	85.5	55.3
特殊风险保险	Special Risks Insurance	42.3	19.1	40.3	17.5
农业保险	Agriculture Insurance	374.9	237.1	417.7	299.2
健康险	Health Insurance	228.3	188.0	293.7	234.6
意外伤害保险	Accident Injury Insurance	200.0	66.2	247.9	81.5
其他险	Other Insurance	22.2	15.0	21.2	14.7
人寿保险公司	**Life Insurance Companies**	**15859.3**	**4225.8**	**21638.3**	**5469.5**
寿险	Life Insurance	13241.5	3565.2	17395.9	4602.0
健康险	Health Insurance	2182.1	575.0	502.9	765.0
人身意外伤害险	Personal Accident Insurance	435.6	85.6	3739.5	102.5

注：本表人寿保险公司中包括中华控股寿险业务。
a) Life insurance companies include life insurance of China United Insurance Holding Company.

7-32 分地区原保险保费收入和赔付支出情况（2016年）
Premium of Primary Insurance and Payment by Region (2016)

单位：亿元 (100 million yuan)

地 区	Region	原保险保费收入 Premium of Primary Insurance			赔付支出 Payment		
		小计 Sub-total	财产险业务 Property Insurance	人身险业务 Life Insurance	小计 Sub-total	财产险业务 Property Insurance	人身险业务 Life Insurance
全 国	**National Total**	**30904.15**	**8724.17**	**22179.99**	**10515.68**	**4729.48**	**5786.20**
北 京	Beijing	1834.25	369.25	1465.00	596.66	229.31	367.36
天 津	Tianjin	527.99	127.56	400.43	177.70	94.40	83.30
山 西	Shanxi	698.20	174.15	524.05	239.04	92.48	146.56
河 北	Hebei	1491.49	442.13	1049.35	548.24	215.52	332.72
内蒙古	Inner Mongolia	487.04	162.73	324.31	137.80	78.91	58.89
辽 宁	Liaoning	837.76	221.76	616.00	288.50	124.99	163.51
#大 连	Dalian	277.28	73.07	204.21	98.77	42.26	56.51
吉 林	Jilin	557.12	133.23	423.89	161.22	72.87	88.35
黑龙江	Heilongjiang	685.53	148.91	536.62	237.75	95.02	142.73
上 海	Shanghai	1528.79	371.59	1157.19	528.28	222.05	306.23
江 苏	Jiangsu	2679.68	733.44	1946.24	915.07	437.64	477.42
浙 江	Zhejiang	1527.65	569.35	958.30	517.92	335.25	182.67
#宁 波	Ningbo	257.53	127.22	130.32	115.35	78.96	36.38
安 徽	Anhui	873.70	312.79	560.91	357.47	175.06	182.42
福 建	Fujian	754.91	211.13	543.79	242.85	116.96	125.88
#厦 门	Xiamen	162.60	63.17	99.42	74.72	51.11	23.61
江 西	Jiangxi	608.72	183.65	425.08	207.10	94.99	112.11
山 东	Shandong	1963.32	520.32	1443.00	673.21	271.13	402.08
#青 岛	Qingdao	334.78	105.97	228.82	113.67	54.29	59.38
河 南	Henan	1551.82	372.95	1178.87	548.00	184.31	363.69
湖 北	Hubei	1047.79	263.22	784.57	372.29	141.74	230.55
湖 南	Hunan	884.98	273.05	611.93	339.81	143.24	196.58
广 东	Guangdong	2982.11	707.69	2274.42	816.94	349.41	467.53
#深 圳	Shenzhen	834.22	237.26	596.96	218.52	119.59	98.93
广 西	Guangxi	469.17	165.71	303.46	158.95	75.98	82.97
海 南	Hainan	133.21	47.60	85.61	49.24	26.53	22.71
重 庆	Chongqing	600.33	165.23	435.10	250.16	90.36	159.79
四 川	Sichuan	1703.52	457.21	1246.31	554.36	216.89	337.47
贵 州	Guizhou	320.69	153.15	167.55	131.52	79.47	52.06
云 南	Yunnan	529.23	224.43	304.80	206.19	110.76	95.43
西 藏	Tibet	22.25	13.90	8.35	9.84	6.97	2.87
陕 西	Shaanxi	713.97	191.38	522.58	238.45	93.43	145.02
甘 肃	Gansu	307.66	100.61	207.04	109.38	51.43	57.95
青 海	Qinghai	68.75	29.64	39.11	27.38	14.89	12.49
宁 夏	Ningxia	133.89	46.09	87.80	42.84	24.82	18.02
新 疆	Xinjiang	439.29	153.16	286.13	154.97	83.62	71.35
集团、总公司本级	Head Offices	72.92	70.47	2.45	55.52	32.82	22.70

注：1.本表数据为各公司上报中国保险统计信息系统年报数据，未经审计。
2.全国本级是指集团、总公司直接开展的业务，不计入任何地区。

a) Data in this table are of annual data that reported to China Insurance Statistical Information System by insurance companies.
b) Data of business run by head offices do not count to any region.

八、居住环境
Living Condition

8-1 城市公用事业基本情况
Basic Statistics on City Public Utilities

项 目	Item	1990	1995	2000	2010	2015	2016
城市建设	**City Areas and Floor Space of Buildings**						
城市个数(个)	Number of Cities(unit)			663	657	656	693
城区面积(平方公里)	Urban Area(sq.km)	1165970	1171698	878015	178692	191776	198179
建成区面积(平方公里)	Area of Built Districts(sq.km)	12856	19264	22439	40058	52102	54331
城市建设用地面积(平方公里)	Area of Land Used for Urban Construction(sq.km)	11608	22064	22114	39758	51584	52761
城市人口密度(人/平方公里)	Population Density of City Districts(persons/sq.km)	279	322	442	2209	2399	2408
城市供水、燃气及集中供热	**Water Supply, Gas Supply and Heating**						
全年供水总量(亿立方米)	Annual Volume of Tap Water Supply(100 million cu.m)						
#生活用水	Water Consumption for Residential Use	382.3	481.6	469.0	507.9	560.5	580.7
人均生活用水(吨)	Per Capita Water Consumption for Residential Use(ton)	100.1	158.1	200.0	238.8	287.3	303.1
用水普及率(%)	Coverage Rate of Urban Population with Access to Tap	67.9	71.3	95.5	62.6	63.7	64.6
人工煤气供气量(亿立方米)	Gaswork Gas Supply(100 million cu.m)	174.7	126.7	152.4	279.9	47.1	44.1
#家庭用量	Consumption of Gaswork Gas for Residential Use	27.4	45.7	63.1	26.9	10.8	10.9
天然气供气量(亿立方米)	Natural Gas Supply(100 million cu.m)	64.2	67.3	82.1	487.6	1040.8	1171.7
#家庭用量	Consumption of Natural Gas for Residential Use	11.6	16.4	24.8	117.2	208.0	286.4
液化石油气供气量(万吨)	Liquefied Petroleum Gas(10 000 tons)	219.0	488.7	1053.7	1268.0	1039.2	1078.8
#家庭用量	Consumption of Liquefied Gas for Residential Use	142.8	370.2	532.3	633.9	587.1	573.9
供气管道长度(万公里)	Length of Gas Pipelines(10 000 km)	2.4	4.4	8.9	30.9	52.8	57.8
燃气普及率(%)	Coverage Rate of Urban Population with Access to Gas(%)	19.1	34.3	45.4	92.0	95.3	95.8
集中供热面积(亿平方米)	Area of Centralized Heating(100 million sq.m)	2.1	6.5	11.1	43.6	67.2	73.9
城市市政设施	**Municipal Infra-structure**						
年末实有道路长度(万公里)	Length of Paved Roads at Year-end(10 000 km)	9.5	13.0	16.0	29.4	36.5	38.2
每万人拥有道路长度(公里)	Length of Paved Roads Per 10 000 Persons(km)	3.1	3.8	4.1	7.5	7.9	8.0
年末实有道路面积(亿平方米)	Area of Paved Roads at Year-end(100 million sq.m)	10.2	16.5	23.8	52.1	71.8	75.4
人均拥有道路面积(平方米)	Per Capita Area of Paved Roads(sq.m)	3.1	4.4	6.1	13.2	15.6	15.8
城市排水管道长度(万公里)	Length of City Sewage Pipes(10 000 km)	5.8	11.0	14.2	37.0	54.0	57.7
城市公共交通	**Public Traffic**						
年末公共交通车辆运营数(万辆)	Number of Public Vehicles under Operation at Year-end (Buses and Trolley Buses, etc.)(10 000 units)	6.2	13.7	22.6	38.3	50.3	53.9
每万人拥有公交车辆(标台)	Number of Public Transportation Vehicles Per 10 000 Persons(unit)	2.2	3.6	5.3	11.2	13.3	13.8
出租汽车数(万辆)	Taxis(10 000 units)	11.1	50.4	82.5	98.6	109.2	110.3
城市绿化和园林	**City Greening**						
城市绿地面积(万公顷)	Area of Green Land(10 000 hectares)	47.5	67.8	86.5	213.4	267.0	278.6
建成区绿化覆盖率(%)	Green Covered Area as % of Completed Area(%)			28.2	38.6	40.1	40.3
人均公园绿地面积(平方米)	Per Capita Area of Parks and Green Land(sq.m)	1.8	2.5	3.7	11.2	13.3	13.7
公园个数(个)	Number of Parks and Zoos(unit)	1970	3619	4455	9955	13834	15370
公园面积(万公顷)	Area of Parks(10 000 hectares)	3.9	7.3	8.2	25.8	38.4	41.7
城市环境卫生	**Environmental Sanitation**						
生活垃圾清运量(万吨)	Volume of Garbage Disposal(10 000 tons)	6767	10671	11819	15805	19142	20362
粪便清运量(万吨)	Volume of Disposal of Excrement and Urine (10 000 tons)	2385	3066	2829	1951	1437	1299
每万人拥有公厕(座)	Number of Public Toilets per 10 000 Persons(unit)	3.0	3.0	2.7	3.0	2.7	2.7

注：1. 本表各项指标按全社会范围计算。
2. 2006年以前"城区面积"为"城市面积"。
3. 计算人均和普及率指标所使用的人口数2006年以前为城市人口，2006年起为城区人口与城区暂住人口之和，以公安部门的户籍统计和暂住人口统计为准。

a) Data have covered the public utilities of all city units.
b) Before 2006, Urban Area is the area of the city proper.
c) Per capita data and coverage rate are calculated on the basis of urban population before 2006. Since 2006, those indicators are calculated on the basis of the sum of districts area population and temporarily residing population, which are provided by the Ministry of Public Security.

8-2 分地区城市公共交通情况(2016年)
Basic Statistics on Public Transportation in Cities by Region (2016)

地 区	Region	年末公共交通车辆运营数(辆) Number of Public Vehicles under Operation at Year-end (unit)	公共汽、电车 Bus and Trolley Bus	轨道交通 Subways, Light Rail, Streetcar	运营线路总长度(公里) Length under Operation (km)	公共汽、电车 Bus and Trolley Bus
全 国	**National Total**	**538842**	**515051**	**23791**	**729418**	**725690**
北 京	Beijing	27892	22688	5204	20392	19818
天 津	Tianjin	13655	12699	956	17932	17757
河 北	Hebei	21479	21479		26077	26077
山 西	Shanxi	8895	8895		13813	13813
内蒙古	Inner Mongolia	8000	8000		16495	16495
辽 宁	Liaoning	22950	22046	904	26222	26001
吉 林	Jilin	11670	11272	398	13267	13203
黑龙江	Heilongjiang	16939	16861	78	20256	20239
上 海	Shanghai	20718	16693	4025	24787	24169
江 苏	Jiangsu	41131	39147	1984	62726	62333
浙 江	Zhejiang	32551	31651	900	70040	69884
安 徽	Anhui	14605	14473	132	14785	14760
福 建	Fujian	16238	16094	144	23563	23554
江 西	Jiangxi	8136	7974	162	14311	14282
山 东	Shandong	47419	47268	151	82149	82116
河 南	Henan	22955	22697	258	20840	20794
湖 北	Hubei	20915	19809	1106	18826	18646
湖 南	Hunan	19363	19018	345	17779	17710
广 东	Guangdong	63670	59584	4086	102707	102075
广 西	Guangxi	9093	8949	144	13143	13111
海 南	Hainan	3080	3080		5866	5866
重 庆	Chongqing	12810	11832	978	14565	14352
四 川	Sichuan	23583	22617	966	24910	24804
贵 州	Guizhou	6565	6565		8656	8656
云 南	Yunnan	11166	10926	240	20821	20775
西 藏	Tibet	580	580		1035	1035
陕 西	Shaanxi	12696	12066	630	10542	10453
甘 肃	Gansu	5233	5233		6429	6429
青 海	Qinghai	2248	2248		3039	3039
宁 夏	Ningxia	3357	3357		5019	5019
新 疆	Xinjiang	9250	9250		8429	8429

8-2 续表 continued

地区	Region	轨道交通 Subways, Light Rail, Streetcar	公共交通客运总量（万人次） Passengers Transported by Public Vehicles (10 000 person-times)	公共汽、电车 Bus and Trolley Bus	轨道交通 Subways, Light Rail, Streetcar	出租汽车（辆） Number of Taxi (unit)
全　国	**National Total**	**3728**	**8441316**	**6826235**	**1615081**	**1102563**
北　京	Beijing	574	734953	369019	365934	68484
天　津	Tianjin	175	180790	149935	30855	31940
河　北	Hebei		186048	186048		53034
山　西	Shanxi		126350	126350		30690
内蒙古	Inner Mongolia		114588	114588		45499
辽　宁	Liaoning	221	424262	379069	45193	80743
吉　林	Jilin	64	171369	163291	8078	56413
黑龙江	Heilongjiang	17	253420	246570	6850	64158
上　海	Shanghai	618	579218	239112	340106	47271
江　苏	Jiangsu	393	551021	443998	107023	53376
浙　江	Zhejiang	156	383041	346196	36845	37781
安　徽	Anhui	25	186678	186608	70	39199
福　建	Fujian	9	220573	220394	179	21727
江　西	Jiangxi	29	115528	107570	7958	13712
山　东	Shandong	33	391136	390015	1121	61314
河　南	Henan	46	253910	241534	12376	46598
湖　北	Hubei	180	390223	318564	71659	36415
湖　南	Hunan	69	275146	259113	16033	26173
广　东	Guangdong	632	1078618	689654	388964	68504
广　西	Guangxi	32	118481	117839	642	17337
海　南	Hainan		43803	43803		6683
重　庆	Chongqing	213	319626	250283	69343	21100
四　川	Sichuan	106	406466	350249	56217	33394
贵　州	Guizhou		155528	155528		19021
云　南	Yunnan	46	156646	147825	8821	19130
西　藏	Tibet		8688	8688		1882
陕　西	Shaanxi	89	269406	228590	40816	24458
甘　肃	Gansu		114549	114549		23395
青　海	Qinghai		37768	37768		8344
宁　夏	Ningxia		41898	41898		12504
新　疆	Xinjiang		151588	151588		32284

8-3 分地区城市市容环境卫生情况(2016年)
Basic Statistics on Urban Sanitation in Cities by Region (2016)

地 区	Region	清扫保洁面积(万平方米) Area under Cleaning Program (10 000 sq.m)	生活垃圾清运量(万吨) Volume of Garbage Disposal (10 000 tons)	粪便清运量(万吨) Volume of Excrement and Urine Disposal (10 000 tons)	市容环卫专用车辆设备总数(台) Number of Special Vehicles for Environmental Sanitation (unit)	公共厕所(座) Number of Public Lavatories (unit)	#三类以上 Third Grade and Above
全 国	**National Total**	**794923**	**20362.0**	**1299.2**	**193942**	**129818**	**97640**
北 京	Beijing	14678	872.6	204.0	11033	5398	5352
天 津	Tianjin	13124	269.0	28.4	4449	1358	567
河 北	Hebei	29921	725.2	92.6	6928	5546	2978
山 西	Shanxi	16659	469.4	35.3	5462	3550	1784
内蒙古	Inner Mongolia	21383	345.3	60.0	4038	4163	1935
辽 宁	Liaoning	38296	933.1	85.9	7005	5393	2004
吉 林	Jilin	18880	534.1	62.5	6852	3586	1357
黑龙江	Heilongjiang	24843	541.9	120.7	7571	6133	2532
上 海	Shanghai	18253	629.4	159.7	7036	6220	2641
江 苏	Jiangsu	62827	1562.3	65.9	13482	12136	10637
浙 江	Zhejiang	43224	1433.5	75.4	7232	8145	7045
安 徽	Anhui	30833	540.0	13.0	5395	3417	3040
福 建	Fujian	16336	657.0	4.0	3029	2629	2602
江 西	Jiangxi	17380	399.5	7.8	2580	2077	1735
山 东	Shandong	72533	1466.3	22.2	14358	6860	5997
河 南	Henan	32248	915.4	36.9	8448	7932	7427
湖 北	Hubei	28609	880.1	16.4	12786	5451	4378
湖 南	Hunan	25742	681.6	2.8	4812	3573	2288
广 东	Guangdong	101629	2391.0	89.3	19314	10634	10063
广 西	Guangxi	19713	411.2	7.7	7430	1503	1175
海 南	Hainan	7711	188.7	0.6	4957	715	629
重 庆	Chongqing	17850	494.1	45.7	3116	3530	2876
四 川	Sichuan	36723	886.7	15.9	6351	4974	3741
贵 州	Guizhou	9773	294.0	0.9	3385	1361	1108
云 南	Yunnan	18986	432.1	15.1	3211	3240	2911
西 藏	Tibet	5811	46.1	0.1	332	317	160
陕 西	Shaanxi	15388	532.8	7.3	3318	4427	4330
甘 肃	Gansu	9556	257.2	16.2	2153	1664	1359
青 海	Qinghai	2944	82.0	1.4	520	698	441
宁 夏	Ningxia	8048	112.2	5.7	1532	747	693
新 疆	Xinjiang	15022	378.7	0.2	5827	2441	1855

8-4 分地区城市绿地和园林情况(2016年)
Basic Statistics on Parks and Green Areas in Cities by Region (2016)

地 区	Region	绿地面积(公顷) Area of Green Land (hectare)	#公园绿地 Park Green Areas	公园个数(个) Number of Parks (unit)	公园面积(公顷) Area of Parks (hectare)	建成区绿化覆盖率(%) Green Covered Area as % of Completed Area
全 国	**National Total**	**2786080**	**653555**	**15370**	**416881**	**40.3**
北 京	Beijing	82113	30069	297	30069	48.4
天 津	Tianjin	33398	9959	115	2211	37.2
河 北	Hebei	85426	25160	615	19022	40.8
山 西	Shanxi	42986	13411	295	10395	40.5
内蒙古	Inner Mongolia	65552	17541	265	13821	39.9
辽 宁	Liaoning	116601	25500	439	14595	36.4
吉 林	Jilin	46595	15244	232	6957	35.0
黑龙江	Heilongjiang	77048	17083	359	9816	35.4
上 海	Shanghai	128847	18957	217	2655	38.6
江 苏	Jiangsu	281855	46476	1074	29076	42.9
浙 江	Zhejiang	154314	30675	1197	18213	41.0
安 徽	Anhui	98555	21265	392	12670	41.7
福 建	Fujian	67248	16017	590	12426	43.3
江 西	Jiangxi	56768	15475	408	9467	43.6
山 东	Shandong	225794	60336	920	36771	42.3
河 南	Henan	95410	25429	344	11877	39.3
湖 北	Hubei	82242	22681	374	12890	37.6
湖 南	Hunan	61453	16292	313	11975	40.6
广 东	Guangdong	452666	97514	3986	74092	42.4
广 西	Guangxi	84484	12799	239	8928	37.6
海 南	Hainan	15265	3518	84	2103	40.3
重 庆	Chongqing	59758	24505	397	12620	40.8
四 川	Sichuan	100557	28479	561	15762	39.9
贵 州	Guizhou	40808	10150	133	7963	36.8
云 南	Yunnan	43101	10611	751	8179	37.8
西 藏	Tibet	6224	926	81	978	32.6
陕 西	Shaanxi	58679	12178	229	6116	40.1
甘 肃	Gansu	26339	8976	131	5752	31.5
青 海	Qinghai	6151	2011	44	1365	31.1
宁 夏	Ningxia	25088	5209	77	2485	40.4
新 疆	Xinjiang	64755	9110	211	5633	38.5

注：公园绿地面积包括综合公园、社区公园、专类公园、带状公园和街旁绿地。
Area of park green areas includes comprehensive park, community park, topic park, belt-shaped park and green area nearby street.

8-5 分地区城市设施水平情况(2016年)
Level of Public Facilities in Cities by Region (2016)

地 区	Region	城市用水普及率(%) Coverage Rate of Urban Population with Access to Tap Water (%)	城市燃气普及率(%) Coverage Rate of Urban Population with Access to Gas (%)	每万人拥有公共交通车辆(标台) Number of Public Transportation Vehicles Per 10 000 Population (unit)	人均城市道路面积(平方米) Per Capita Area of Paved Roads (sq.m)	人均公园绿地面积(平方米) Per Capita Public Green Areas (sq.m)	每万人拥有公共厕所(座) Number of Public Lavatories Per 10 000 Population (unit)
全 国	**National Average**	**98.42**	**95.75**	**13.84**	**15.80**	**13.70**	**2.72**
北 京	Beijing	100.00	100.00	24.31	7.62	16.01	2.87
天 津	Tianjin	100.00	100.00	18.09	15.39	10.59	1.44
河 北	Hebei	99.52	98.88	13.68	18.91	14.31	3.15
山 西	Shanxi	99.29	97.92	9.42	14.77	11.86	3.14
内蒙古	Inner Mongolia	98.98	94.90	10.26	23.45	19.77	4.69
辽 宁	Liaoning	98.96	96.07	12.91	13.01	11.33	2.40
吉 林	Jilin	93.40	93.00	10.26	14.98	13.37	3.14
黑龙江	Heilongjiang	97.25	86.66	13.58	13.71	11.91	4.28
上 海	Shanghai	100.00	100.00	12.70	4.37	7.83	2.57
江 苏	Jiangsu	99.86	99.54	16.57	25.37	14.79	3.86
浙 江	Zhejiang	99.97	99.95	16.27	17.73	13.17	3.50
安 徽	Anhui	99.20	98.05	11.95	21.82	14.02	2.25
福 建	Fujian	99.52	97.21	15.26	14.41	13.08	2.15
江 西	Jiangxi	97.69	95.31	8.86	17.33	14.16	1.90
山 东	Shandong	99.78	99.51	15.88	24.65	17.91	2.04
河 南	Henan	93.42	88.93	10.88	12.97	10.43	3.25
湖 北	Hubei	99.12	96.30	12.76	16.14	10.99	2.64
湖 南	Hunan	96.81	93.28	15.13	14.59	10.57	2.32
广 东	Guangdong	98.06	97.43	14.20	13.05	17.87	1.95
广 西	Guangxi	97.70	95.85	9.77	17.06	11.77	1.38
海 南	Hainan	97.41	97.34	11.35	17.75	12.02	2.44
重 庆	Chongqing	97.13	96.11	10.70	12.23	16.86	2.43
四 川	Sichuan	93.07	91.78	12.90	13.73	12.47	2.18
贵 州	Guizhou	96.03	85.66	11.36	12.11	14.98	2.01
云 南	Yunnan	96.66	78.78	13.17	15.76	11.33	3.46
西 藏	Tibet	67.57	52.99	6.20	16.82	7.84	2.69
陕 西	Shaanxi	95.61	94.66	16.01	15.42	12.30	4.47
甘 肃	Gansu	97.93	88.15	9.16	15.42	13.94	2.58
青 海	Qinghai	99.21	87.55	14.49	11.04	10.78	3.74
宁 夏	Ningxia	94.75	90.69	13.47	23.11	18.30	2.62
新 疆	Xinjiang	98.86	97.89	15.24	18.35	12.22	3.28

注：人均和普及率指标按城区人口与暂住人口之和计算，以公安部门的户籍统计和暂住人口统计为准。
Per capita data and coverage rate are calculated on the basis of the sum of districts area population and temporarily residing population, which are provided by the Ministry of Public Security.

8-6 分地区乡公用设施水平情况(2016年)
Level of Municipal Public Facilities of Built-up Area of Townships by Region(2016)

地 区	Region	人口密度(人/平方公里) Population Density (person/sq.km)	人均日生活用水量(升) Daily Water Consumption Per Capita (liter)	供水普及率(%) Water Coverage Rate (%)	燃气普及率(%) Gas Coverage Rate (%)	人均道路面积(平方米) Road Surface Area Per Capita (sq.m)	排水管道暗渠密度(公里/平方公里) Density of Drains (km/sq.km)	人均公园绿地面积(平方米) Public Recreational Green Space Per Capita (sq.m)	绿化覆盖率(%) Green Coverage Rate (%)	绿地率(%) Green Space Rate (%)
全 国	**National Total**	**4450**	**85.33**	**71.90**	**22.00**	**13.56**	**4.52**	**1.11**	**13.74**	**5.91**
北 京	Beijing	2612	114.07	86.95	15.27	18.29	5.53	1.91	32.10	13.25
天 津	Tianjin	3175	100.58	95.30	39.19	10.67	3.73	0.01	28.15	0.32
河 北	Hebei	3963	71.40	73.39	23.36	11.72	3.02	0.44	10.40	3.76
山 西	Shanxi	4414	66.96	81.53	12.42	13.20	3.80	1.26	19.56	7.93
内蒙古	Inner Mongolia	2513	61.98	60.80	12.88	20.95	2.31	0.46	9.32	5.11
辽 宁	Liaoning	3759	87.20	47.07	16.01	16.39	3.67	0.28	14.09	2.40
吉 林	Jilin	3102	78.82	50.15	10.82	14.60	1.55	0.34	5.74	2.70
黑龙江	Heilongjiang	3126	66.02	76.79	9.95	22.09	1.48	0.58	5.84	2.62
上 海	Shanghai	3949	144.79	98.40	98.40	15.11	15.25	9.43	30.25	22.58
江 苏	Jiangsu	5262	105.25	97.66	89.17	18.19	10.97	5.47	27.06	18.12
浙 江	Zhejiang	5127	117.12	81.67	47.28	15.11	10.20	1.31	12.10	6.85
安 徽	Anhui	4458	97.69	66.82	42.52	12.90	6.13	3.01	20.14	11.30
福 建	Fujian	6429	111.44	89.39	65.23	14.76	8.15	7.10	27.26	15.71
江 西	Jiangxi	4931	91.87	65.52	30.71	12.50	7.16	0.86	11.01	5.94
山 东	Shandong	3773	77.70	88.39	51.33	25.40	8.41	1.79	20.19	9.12
河 南	Henan	5713	81.21	69.73	5.43	12.91	5.14	0.93	21.81	4.58
湖 北	Hubei	4254	100.32	82.42	35.04	12.04	5.64	1.13	11.75	5.85
湖 南	Hunan	4381	104.70	57.67	21.12	10.48	3.53	1.36	18.69	9.09
广 东	Guangdong	4219	135.90	83.06	57.72	15.91	9.18	1.68	19.77	5.16
广 西	Guangxi	7057	92.96	84.23	56.52	11.60	7.02	0.27	10.23	5.77
海 南	Hainan	2367	86.27	91.21	74.77	17.44	2.02	0.53	21.33	12.30
重 庆	Chongqing	5799	82.52	81.38	29.70	10.34	9.41	0.22	11.03	5.69
四 川	Sichuan	4364	81.53	64.23	24.70	10.18	4.09	0.10	6.84	1.81
贵 州	Guizhou	4679	81.10	78.09	6.16	11.37	3.93	0.35	10.03	4.42
云 南	Yunnan	5135	93.93	85.88	9.49	11.89	6.08	0.29	5.88	3.12
西 藏	Tibet									
陕 西	Shaanxi	5339	61.20	65.17	4.21	11.50	5.65	0.03	5.32	3.47
甘 肃	Gansu	3573	60.46	52.86	4.58	14.11	3.23	0.57	9.00	3.61
青 海	Qinghai	5057	62.57	45.80	0.24	12.29	2.72		6.66	2.76
宁 夏	Ningxia	4083	69.71	75.99	19.83	15.07	5.04	0.29	10.65	4.85
新 疆	Xinjiang	3022	78.75	79.82	5.26	24.54	1.08	1.30	16.86	11.83

8-7 分地区农村改厕情况
Sanitation Lavatory Improvement In Rural by Region

单位：万户，% (10 000 households,%)

地 区	Region	农村总户数 Total Rural Households	累计使用卫生厕所户数 Accumulative Households Sanitary Toilets	累计使用卫生公厕户数 Accumulative Households Using Sanitary Public Lavatories	卫生厕所普及率 Access Rate to Sanitary Toilets	无害化卫生厕所普及率 Access Rate to Harmless Sanitary Toilets
	2005	24843.1	13740.1	1034.1	55.3	
	2009	25402.5	16055.7	2970.7	63.2	40.5
	2010	25415.4	17138.3	2827.7	67.4	45.0
	2011	26044.3	18018.5	2972.8	69.2	47.3
	2012	25977.2	18627.5	2896.6	71.7	49.7
	2013	26185.9	19400.6	3165.1	74.1	52.4
	2014	26219.1	19939.3	3990.9	76.1	55.2
	2015	26372.8	20684.3	3879.5	78.4	57.5
	2016	26731.1	21460.1	3502.6	80.3	60.5
北 京	Beijing	103.9	103.6	13.3	99.8	99.8
天 津	Tianjin	123.1	116.2	13.3	94.4	94.4
河 北	Hebei	1545.6	1130.8	108.2	73.2	52.3
山 西	Shanxi	712.3	418.6	74.3	58.8	37.2
内蒙古	Inner Mongolia	446.4	318.6	95.8	71.4	30.1
辽 宁	Liaoning	681.1	523.9	48.3	76.9	42.6
吉 林	Jilin	428.2	345.1	7.1	80.6	18.7
黑龙江	Heilongjiang	561.7	451.5	69.2	80.4	17.1
上 海	Shanghai	112.2	111.2	79.7	99.1	98.3
江 苏	Jiangsu	1547.6	1507.1	77.6	97.4	91.1
浙 江	Zhejiang	1184.1	1164.5	166.7	98.3	96.3
安 徽	Anhui	1478.2	1018.9	216.4	68.9	40.6
福 建	Fujian	753.8	707.8	56.9	93.9	92.1
江 西	Jiangxi	816.9	727.5	73.2	89.1	69.3
山 东	Shandong	2075.2	1910.5	125.1	92.1	67.9
河 南	Henan	2141.2	1703.6	404.9	79.6	60.8
湖 北	Hubei	1110.3	921.7	105.8	83.0	60.9
湖 南	Hunan	1542.8	1227.3	65.9	79.5	42.3
广 东	Guangdong	1503.4	1409.4	162.3	93.7	90.3
广 西	Guangxi	1104.5	945.5	73.2	85.6	78.9
海 南	Hainan	142.0	113.2	11.7	79.8	78.3
重 庆	Chongqing	726.9	493.3		67.9	67.9
四 川	Sichuan	2089.1	1689.8	959.9	80.9	63.3
贵 州	Guizhou	883.2	512.0	75.1	58.0	39.1
云 南	Yunnan	1098.9	712.2	160.1	64.8	38.8
西 藏	Tibet	57.0	23.0		40.4	
陕 西	Shaanxi	707.6	407.9	88.8	57.6	46.6
甘 肃	Gansu	499.7	378.7	96.2	75.8	36.4
青 海	Qinghai	96.1	66.5	8.6	69.2	19.7
宁 夏	Ningxia	106.8	73.1	22.0	68.5	54.5
新 疆	Xinjiang	351.5	227.2	43.0	64.6	48.4

8-8 分地区农村水电建设和发电量、农村用电量情况
Rural Hydropower Construction and Amount of Electric Power Generation, Electricity Consumption

年份 Year 地区 Region	本年完成投资额（万元）Amount of Investment Completed This Year (10 000 yuan)	年末发电设备容量（千瓦）Capability of Electricity Generation Equipment at Year-end (kw)	在建电站规模（千瓦）Scale of Electric Power Plant under Construction (kw)	发电量（万千瓦时）Amount of Electric Power Generation (10 000 kwh)	农村用电量（亿千瓦时）Electricity Consumed in Rural Areas (100 million kwh)
1978					253.1
1980					320.8
1985					508.9
1990	348848	13978100		4181100	844.5
1995	1321689	18721073	10760000	6316247	1655.7
2000	2220993	27487791	7459500	8755014	2421.3
2005	4343826	43090145	17727677	13571702	4375.7
2006	4604296	47196651	20653424	14835889	4895.8
2007	5117926	53855597	20944545	16346041	5509.9
2008	4568884	51274371	21239258	16275902	5713.2
2009	4563240	55121211	12890100	15672471	6104.4
2010	4398453	59240191	13700560	20444256	6632.3
2011	4243988	62123430	10309266	17566867	7139.6
2012	3671548	65686071	9947388	21729246	7508.5
2013	3457047	71186268	9477045	22327712	8549.5
2014	3171306	73221047	9666971	22814929	8884.4
2015	3082737	75829591	8038846	23512814	9026.9
2016	2493935	77910629	7436391	26821937	9238.3
北京 Beijing		42920		2417	54.7
天津 Tianjin		5800		1556	92.2
河北 Hebei	9833	395833	27710	48227	600.8
山西 Shanxi	8149	196341	63445	40244	97.5
内蒙古 Inner Mongolia	500	95245		19731	71.1
辽宁 Liaoning	16401	443529	129705	88783	489.8
吉林 Jilin	47445	586365	212265	188684	51.1
黑龙江 Heilongjiang	14484	358280	86220	87369	77.5
上海 Shanghai					983.2
江苏 Jiangsu		39671		6110	1869.3
浙江 Zhejiang	43255	3978018	135510	1222584	926.1
安徽 Anhui	18238	1114395	7780	296465	161.6
福建 Fujian	45744	7406086	30000	3512294	384.4
江西 Jiangxi	16937	3359287	92490	1204507	104.6
山东 Shandong	314	89689		633	488.8
河南 Henan	1571	492742	3360	89763	317.2
湖北 Hubei	153307	3684555	359310	1009238	152.9
湖南 Hunan	155875	6284934	247240	2160128	126.7
广东 Guangdong	64773	7548805	61130	2901420	1334.8
广西 Guangxi	317328	4532701	234500	1434723	95.4
海南 Hainan	327	437045	34800	113975	13.9
重庆 Chongqing	108127	2547104	332630	727992	78.7
四川 Sichuan	557444	11622098	1828061	4132790	183.1
贵州 Guizhou	165939	3370956	541465	1046676	85.3
云南 Yunnan	331383	11757930	1819450	4078090	95.3
西藏 Tibet	59284	365069	56640	85050	1.2
陕西 Shaanxi	93141	1449174	384760	342794	118.7
甘肃 Gansu	63285	2604506	464870	886317	54.2
青海 Qinghai	58094	1083425	140260	416327	5.9
宁夏 Ningxia		6240		620	14.2
新疆 Xinjiang	142754	1890986	142790	648041	108.2
水利部直属 Directly under The Ministry of Water Resources		120900		28389	

注：本表由水利部农村水电及电气化发展局提供。农村水电是以小水电为主体，直接为农村经济社会发展服务的水电站及其供电网络。
Data in this table are from the Rural Hydropower and Electrification Development Bureau of Ministry of Water Resources. Rural hydropower is the small hydropower as mainbody,hydropower and electricity networks directly providing services for rural economic and social development.

8-9 分地区村庄公共设施情况(2016年)
Public Facilities of Villages by Region(2016)

地 区	Region	集中供水的行政村 Administrative Villages With Access to Piped Water 个数(个) Number (unit)	比例(%) Percent (%)	村内自建集中供水设施的行政村 The Administrative Villages with Self-built Central Water Supply Facilities 个数(个) Number (unit)	比例(%) Percent (%)	年生活用水量(万立方米) Annual Domestic Water Consumption (10 000 cu.m)	供水管道长度(公里) Length of Water Supply Pipelines (km)	#本年新增 Added This Year
全 国	**National Total**	**361572**	**68.72**	**80972**	**15.39**	**1391781.87**	**1339862.71**	**84915.36**
北 京	Beijing	3023	82.06	869	23.59	15848.17	14571.44	87.50
天 津	Tianjin	2592	88.10	710	24.13	8180.55	9359.61	75.35
河 北	Hebei	33968	81.28	8951	21.42	81096.26	63136.81	3833.69
山 西	Shanxi	20637	75.02	3682	13.38	33570.95	46258.54	1233.65
内蒙古	Inner Mongolia	7114	65.95	1992	18.47	14607.42	33309.05	6947.82
辽 宁	Liaoning	6863	63.59	2232	20.68	30031.07	33875.55	1589.35
吉 林	Jilin	5428	60.13	1623	17.98	14546.02	25332.47	692.21
黑龙江	Heilongjiang	6762	74.19	2055	22.55	25230.99	42790.10	345.20
上 海	Shanghai	1562	100.00	3	0.19	18388.39	9730.03	126.15
江 苏	Jiangsu	13757	96.90	1351	9.52	108679.92	114724.23	4022.93
浙 江	Zhejiang	18247	82.73	4392	19.91	66468.82	58843.73	2384.49
安 徽	Anhui	8314	58.80	1106	7.82	60522.76	46567.09	3368.90
福 建	Fujian	10991	85.00	3885	30.05	52743.97	33415.73	1688.34
江 西	Jiangxi	8873	52.72	1865	11.08	36221.74	31067.78	2505.63
山 东	Shandong	61431	95.80	13355	20.83	135708.26	150805.89	5421.33
河 南	Henan	25205	55.19	4139	9.06	83856.98	60524.66	4884.52
湖 北	Hubei	14643	60.19	2237	9.20	50234.45	47137.41	4057.98
湖 南	Hunan	11397	44.67	2597	10.18	55118.62	45092.68	4142.98
广 东	Guangdong	12007	67.13	3496	19.55	112917.12	57631.79	2570.13
广 西	Guangxi	7533	52.48	1351	9.41	66197.05	38199.30	1852.70
海 南	Hainan	2844	81.16	839	23.94	13526.04	9236.51	442.57
重 庆	Chongqing	5551	65.44	1080	12.73	29187.99	22741.80	1801.61
四 川	Sichuan	16033	35.33	3521	7.76	55473.99	60501.65	7338.95
贵 州	Guizhou	9326	64.10	2696	18.53	45044.20	39566.62	3226.94
云 南	Yunnan	10205	75.00	3011	22.13	77210.31	77390.52	10087.38
陕 西	Shaanxi	13601	77.36	5218	29.68	40864.86	38768.00	2261.06
甘 肃	Gansu	10190	61.05	1358	8.14	23471.14	41699.06	4702.31
青 海	Qinghai	2808	68.01	13	0.31	7364.80	12592.97	444.28
宁 夏	Ningxia	1996	80.88	143	5.79	6986.93	14532.42	856.76
新 疆	Xinjiang	7051	81.15	503	5.79	20311.95	52229.90	1684.69
新疆兵团	Xinjiang Production and Construction Corps	1620	87.76	699	37.87	2170.15	8229.37	237.96

8-9 续表 1 continued 1

地 区	Region	用水人口（万人） Population with Access to Water (10 000 persons)	供水普及率 (%) Water Coverage Rate (%)	人均日生活用水量 Per Capita Daily Water Consumption (liter)	用气人口（万人） Population with Access to Gas (10 000 persons)	燃气普及率 (%) Gas Coverage Rate (%)	集中供热面积（万平方米） Area of Centrally Heated District (10 000 sq.m)
全 国	**National Total**	**51568.21**	**65.23**	**73.94**	**17800.78**	**22.52**	**17373.09**
北 京	Beijing	469.22	86.54	92.54	176.24	32.50	1051.03
天 津	Tianjin	250.01	93.85	89.65	117.67	44.17	434.65
河 北	Hebei	3721.68	84.78	59.70	788.23	17.96	987.36
山 西	Shanxi	1609.56	80.81	57.14	128.93	6.47	1114.28
内蒙古	Inner Mongolia	799.36	57.78	50.07	61.14	4.42	540.50
辽 宁	Liaoning	1061.46	58.29	77.51	269.20	14.78	1417.88
吉 林	Jilin	629.19	46.26	63.34	48.47	3.56	316.11
黑龙江	Heilongjiang	1048.37	60.74	65.94	44.46	2.58	263.85
上 海	Shanghai	544.21	94.50	92.57	381.03	66.16	
江 苏	Jiangsu	3622.83	95.61	82.19	2886.99	76.19	2.80
浙 江	Zhejiang	1992.40	81.40	91.40	1137.92	46.49	
安 徽	Anhui	2316.64	51.96	71.58	1076.37	24.14	
福 建	Fujian	1669.55	82.83	86.55	1034.30	51.32	
江 西	Jiangxi	1214.27	39.68	81.73	471.22	15.40	
山 东	Shandong	4844.51	93.52	76.75	2374.07	45.83	9433.31
河 南	Henan	3769.49	56.77	60.95	206.42	3.11	367.44
湖 北	Hubei	1862.85	55.26	73.88	744.31	22.08	
湖 南	Hunan	1835.79	44.22	82.26	497.63	11.99	
广 东	Guangdong	3467.34	70.32	89.22	2301.38	46.67	
广 西	Guangxi	2275.02	55.82	79.72	1324.94	32.51	
海 南	Hainan	471.28	86.14	78.63	370.62	67.74	
重 庆	Chongqing	1024.62	50.85	78.05	231.87	11.51	
四 川	Sichuan	2335.40	39.29	65.08	604.17	10.16	
贵 州	Guizhou	1699.74	60.84	72.60	68.80	2.46	
云 南	Yunnan	2583.08	73.92	81.89	126.07	3.61	
陕 西	Shaanxi	1599.50	73.89	70.00	189.01	8.73	64.12
甘 肃	Gansu	1281.80	66.10	50.17	68.71	3.54	291.48
青 海	Qinghai	321.68	86.12	62.73	6.86	1.84	1.43
宁 夏	Ningxia	308.02	72.37	62.15	22.17	5.21	247.18
新 疆	Xinjiang	879.64	79.70	63.26	24.58	2.23	306.80
新疆兵团	Xinjiang Production and Construction Corps	59.70	82.64	99.59	17.00	23.53	532.87

8-9 续表 2 continued 2

地 区	Region	村庄内道路长度（公里）The Length of Roads within Villages (km)	本年新增 Added This Year	本年更新改造 Renewal and Upgrading during The Reported Year	硬化道路 Hardened Roads	村庄内道路面积（万平方米）The Area of Roads within Villages (10 000 sq.m)	本年新增 Added This Year
全 国	**National Total**	**2463326.88**	**120215.62**	**72788.14**	**822355.88**	**1622396.35**	**84463.86**
北 京	Beijing	20097.99	78.10	207.13	6532.46	17757.45	65.97
天 津	Tianjin	11175.07	229.24	312.80	2214.60	8357.46	306.05
河 北	Hebei	96412.83	3229.66	2650.39	44030.24	45978.43	1571.30
山 西	Shanxi	52727.28	562.31	596.75	19675.57	31045.62	480.24
内蒙古	Inner Mongolia	63041.39	18579.89	2252.56	32527.34	41486.89	9697.71
辽 宁	Liaoning	60014.82	2819.78	3606.77	28108.84	34135.24	1742.17
吉 林	Jilin	69882.68	1548.42	1370.29	23611.93	45688.34	1370.85
黑龙江	Heilongjiang	81463.34	575.76	1754.57	24546.96	44908.62	321.98
上 海	Shanghai	11836.50	60.53	217.14	7419.54	9591.00	35.11
江 苏	Jiangsu	134904.42	4350.22	4042.03	66248.81	80975.08	3165.05
浙 江	Zhejiang	70534.36	1868.82	1693.52	22163.08	60942.95	1825.88
安 徽	Anhui	122277.62	5717.81	4279.87	26578.78	80490.75	4149.65
福 建	Fujian	51712.24	1681.01	1354.74	21017.14	32860.64	1346.12
江 西	Jiangxi	72417.95	2883.77	1804.68	19273.81	45076.52	2007.68
山 东	Shandong	246606.17	12539.14	11107.95	121337.90	158455.99	9964.52
河 南	Henan	126681.80	5207.68	2468.74	29936.19	107201.94	3662.42
湖 北	Hubei	141376.93	4823.25	4048.17	34842.32	89766.82	3772.13
湖 南	Hunan	132081.58	5436.41	3801.75	32704.74	92666.97	5070.40
广 东	Guangdong	123245.27	3143.45	2462.31	51863.26	88084.76	3542.19
广 西	Guangxi	101747.32	3287.35	1771.01	27895.08	50718.60	1719.40
海 南	Hainan	23818.65	657.39	223.94	2977.89	15392.43	386.43
重 庆	Chongqing	11529.58	1031.62	926.68	5338.30	6003.29	537.18
四 川	Sichuan	201939.27	10849.47	5049.37	43674.96	169885.85	8904.49
贵 州	Guizhou	70805.65	4222.56	3020.71	11793.45	60937.16	4935.78
云 南	Yunnan	104816.80	6431.26	5102.57	19461.75	59770.33	4128.01
陕 西	Shaanxi	84666.52	2837.53	2595.61	52517.66	41552.12	1389.97
甘 肃	Gansu	67393.49	10220.22	2162.63	15285.93	35311.95	4985.36
青 海	Qinghai	23476.62	2091.38	102.49	9706.10	12976.42	1037.84
宁 夏	Ningxia	23676.73	1298.37	362.28	5606.92	13628.88	884.84
新 疆	Xinjiang	52044.55	1689.57	1258.75	11468.52	35247.33	1254.54
新疆兵团	Xinjiang Production and Construction Corps	8921.46	263.65	179.94	1995.81	5500.52	202.60

8-9 续表 3 continued 3

地 区	Region	本年更新改造 Renewal and Upgrading during The Reported Year	硬化道路 Hardened Roads	排水管道沟渠长度(公里) The Length of Drainage Pipelines and Canals (km)	#本年新增 Added This Year	对生活污水进行处理的行政村比例 Administrative Villages with Domestic Wastewater Treated Rate (%)	对生活垃圾进行处理的行政村比例 Villages with Domestic Garbge Treated Rate (%)
全 国	**National Total**	**44148.66**	**514433.75**	**612387.95**	**41034.95**	**20**	**65**
北 京	Beijing	254.86	7199.22	8112.35	77.42	42	90
天 津	Tianjin	187.61	2127.55	3225.55	119.99	19	91
河 北	Hebei	1288.28	20713.58	21541.07	4078.36	9	52
山 西	Shanxi	359.04	11033.35	11982.48	692.09	9	48
内蒙古	Inner Mongolia	1155.11	19953.58	4151.30	2387.81	5	33
辽 宁	Liaoning	1795.80	15464.77	16666.15	875.07	9	58
吉 林	Jilin	1022.30	15143.97	10918.38	367.64	5	29
黑龙江	Heilongjiang	765.58	12051.46	6878.83	570.67	4	22
上 海	Shanghai	107.36	5314.81	6027.23	46.88	64	96
江 苏	Jiangsu	1974.46	37627.37	37438.24	2081.04	44	96
浙 江	Zhejiang	1149.52	16058.00	31498.01	2006.07	84	93
安 徽	Anhui	2698.68	17245.83	25326.20	1670.48	19	69
福 建	Fujian	931.24	13385.57	16000.79	797.55	40	82
江 西	Jiangxi	1116.30	11817.81	29258.99	1631.75	17	68
山 东	Shandong	7022.59	76716.96	102650.73	5651.84	18	97
河 南	Henan	1839.66	22096.39	25247.58	1364.09	18	45
湖 北	Hubei	2554.82	20537.10	36887.03	1960.95	22	71
湖 南	Hunan	2761.11	26649.06	28975.10	1567.08	12	49
广 东	Guangdong	1513.63	35966.22	32124.47	1154.30	29	83
广 西	Guangxi	953.97	14737.27	16262.93	750.88	14	77
海 南	Hainan	156.89	2302.71	2463.59	138.85	17	90
重 庆	Chongqing	473.59	2827.07	10613.79	703.61	20	47
四 川	Sichuan	2864.54	28293.26	43412.81	2478.71	18	83
贵 州	Guizhou	2821.79	13041.81	15266.11	1202.63	12	33
云 南	Yunnan	2832.82	14803.03	23685.11	1974.37	12	38
陕 西	Shaanxi	1329.80	24548.37	20751.10	1330.73	15	50
甘 肃	Gansu	996.00	7344.80	9008.73	2540.80	7	33
青 海	Qinghai	46.36	5266.99	4225.85	205.63	6	35
宁 夏	Ningxia	341.48	3775.31	9195.50	297.50	15	50
新 疆	Xinjiang	717.18	8973.11	1531.15	252.60	12	43
新疆兵团	Xinjiang Production and Construction Corps	116.29	1417.42	1060.80	57.56	13	53

8-10 互联网主要指标发展情况(年底数)
Main Indicators on Internet Development at Year-end

年份 Year / 地区 Region		互联网上网人数(万人) Number of Internet Users (10 000 persons)	域名数(万个) Number of Domain Names (10 000 units)	网站数(万个) Number of Websites (10 000 sites)	网页数(万个) Number of Webpages (10 000 pages)	IPv4地址数(万个) IPv4 Addresses (10 000 units)
	2000	2250		26.5		
	2005	11100	259.2	69.4		7439.1
	2006	13700	410.9	84.3	447257.8	9801.6
	2007	21000	1193.1	150.4	847108.5	13527.5
	2008	29800	1682.6	287.8	1608637.0	18127.3
	2009	38400	1681.8	323.2	3360173.2	23244.6
	2010	45730	865.6	190.8	6000806.0	27763.7
	2011	51310	774.8	229.6	8658229.8	33044.0
	2012	56400	1341.2	268.1	12274681.7	33053.0
	2013	61758	1843.6	320.2	15004076.3	24668.5
	2014	64875	2059.6	334.9	18991864.9	33198.8
	2015	68826	3101.4	422.9	21229622.4	24698.3
	2016	73125	4227.6	482.4	23599758.4	28229.8
北京	Beijing	1690	645.7	60.9	8400646.5	38.7
天津	Tianjin	999	35.4	5.1	367090.4	57.9
河北	Hebei	3956	74.9	12.7	872714.7	227.0
山西	Shanxi	2035	23.9	5.3	427968.4	182.4
内蒙古	Inner Mongolia	1311	10.8	1.6	14108.6	73.8
辽宁	Liaoning	2741	59.3	11.8	171139.0	208.2
吉林	Jilin	1402	20.5	2.7	140826.9	74.6
黑龙江	Heilongjiang	1835	23.7	4.0	208860.4	125.4
上海	Shanghai	1791	263.2	10.0	1661722.8	829.1
江苏	Jiangsu	4513	173.2	25.4	1341772.7	1137.2
浙江	Zhejiang	3632	336.2	33.6	2827740.8	1409.1
安徽	Anhui	2721	74.5	6.8	220360.1	472.0
福建	Fujian	2678	509.6	28.6	703105.4	518.5
江西	Jiangxi	2035	38.5	3.7	227629.1	488.3
山东	Shandong	5207	172.1	27.3	446928.7	410.5
河南	Henan	4110	117.7	20.0	1090153.9	191.0
湖北	Hubei	3009	102.0	10.1	229188.8	550.6
湖南	Hunan	3013	137.2	7.3	214524.1	740.7
广东	Guangdong	8024	556.6	72.8	2960763.6	2139.9
广西	Guangxi	2213	52.2	4.3	89894.5	262.2
海南	Hainan	470	14.7	1.8	162293.3	65.6
重庆	Chongqing	1556	52.8	5.1	122479.5	406.0
四川	Sichuan	3575	138.1	19.6	287497.3	673.5
贵州	Guizhou	1524	18.8	1.5	18057.6	154.1
云南	Yunnan	1892	27.5	2.2	156351.0	272.9
西藏	Tibet	149	1.0	0.1	491.5	36.1
陕西	Shaanxi	1989	43.1	5.9	186033.7	312.0
甘肃	Gansu	1101	11.1	1.1	20360.7	144.3
青海	Qinghai	320	4.6	0.4	2473.3	45.2
宁夏	Ningxia	339	4.3	0.6	11988.4	57.9
新疆	Xinjiang	1296	13.4	1.0	14592.4	182.0
不分地区	Not Classified by Region					

8-10 续表 continued

年 份 地 区	Year Region	互联网宽带接入端口(万个) Broad Band Subscribers Port of Internet (10 000 ports)	互联网拨号用户(万户) Dial-up Subscribers of Internet (10 000 subscribers)	互联网宽带接入用户(万户) Broadband Subscribers of Internet (10 000 subscribers)	城市宽带接入用户 Urban Broadband Subscribers	农村宽带接入用户 Rural Broadband Subscribers
	2000		900.5			
	2005	4874.7	3559.5	3735.0		
	2006	6486.4	2644.6	5085.3		
	2007	8539.3	1941.0	6641.4		
	2008	10890.4	1227.8	8287.9		
	2009	13835.7	754.4	10397.8		
	2010	18781.1	590.1	12629.1	9963.5	2475.7
	2011	23239.4	550.7	15000.1	11691.4	3308.8
	2012	32108.4	569.8	17518.3	13442.4	4075.9
	2013	35945.3	485.1	18890.9	14153.6	4737.3
	2014	40546.1	441.6	20048.3	15174.6	4873.7
	2015	57709.4	331.6	25946.6	19547.2	6398.4
	2016	71276.9	306.3	29720.7	22266.6	7454.0
北 京	Beijing	1784.0	46.2	475.8	398.0	77.7
天 津	Tianjin	724.3		283.9	276.1	7.8
河 北	Hebei	3841.1	0.0	1612.0	1040.0	572.1
山 西	Shanxi	1582.9	3.4	747.2	626.5	120.7
内蒙古	Inner Mongolia	1200.7		417.2	319.9	97.3
辽 宁	Liaoning	3239.5	16.8	971.7	751.1	220.6
吉 林	Jilin	1560.7	4.8	440.0	385.1	54.9
黑龙江	Heilongjiang	1964.9	7.9	575.1	485.5	89.6
上 海	Shanghai	1595.7	0.0	635.7	635.7	
江 苏	Jiangsu	5676.8	3.9	2685.2	1682.3	1002.9
浙 江	Zhejiang	4720.6	29.8	2159.7	1664.5	495.2
安 徽	Anhui	2527.3	19.4	1075.0	774.4	300.7
福 建	Fujian	2482.3	0.1	1144.6	788.0	356.6
江 西	Jiangxi	2055.6	0.8	822.5	578.5	244.0
山 东	Shandong	4680.0	39.8	2366.5	1637.3	729.3
河 南	Henan	4345.8		1767.2	1274.5	492.8
湖 北	Hubei	2594.7	13.1	1131.9	950.6	181.3
湖 南	Hunan	2395.3	0.1	1066.9	820.7	246.1
广 东	Guangdong	6515.6	69.3	2779.4	2213.1	566.3
广 西	Guangxi	2094.9	7.5	790.0	600.8	189.2
海 南	Hainan	522.9		186.5	126.3	60.2
重 庆	Chongqing	1643.6	0.0	704.7	567.6	137.1
四 川	Sichuan	3709.6	7.7	1851.2	1271.4	579.9
贵 州	Guizhou	1113.9		459.5	361.5	97.9
云 南	Yunnan	1674.4	5.7	655.3	560.3	95.0
西 藏	Tibet	107.2		40.2	35.8	4.3
陕 西	Shaanxi	2083.1	11.4	803.0	615.0	188.0
甘 肃	Gansu	946.0	10.2	392.9	287.4	105.4
青 海	Qinghai	262.2	0.9	99.7	87.9	11.8
宁 夏	Ningxia	307.1	1.4	111.9	102.0	9.9
新 疆	Xinjiang	1323.9	6.1	468.4	349.0	119.4
不分地区	Not Classified by Region				471.0	88.7

8-11 森林火灾情况(2016年)
Forest Fires (2016)

地区 Region	森林火灾次数(次) Forest Fires (time)	一般火灾 Ordinary Fires	较大火灾 Major Fires	重大火灾 Severe Fires	特别重大火灾 Especially Severe Fires	火场总面积(公顷) Total Area of Fires (hectare)	受害森林面积(公顷) Destructed Forest Area (hectare)	伤亡人数(人) Casualties (person)	其他损失折款(万元) Economic Loss (10 000 yuan)
全国 National Total	**2034**	**1340**	**693**	**1**		**18161**	**6224**	**36**	**4135.7**
北京 Beijing	4	1	3			61	52		
天津 Tianjin	1		1			13	6		
河北 Hebei	42	30	12			573	134		10.1
山西 Shanxi	10	5	5			272	39	2	62.8
内蒙古 Inner Mongolia	78	16	61	1		1622	1478		1964.8
辽宁 Liaoning	97	44	53			1706	696	1	12.0
吉林 Jilin	66	49	17			123	57		44.9
黑龙江 Heilongjiang	29	27	2			640	43		
上海 Shanghai									
江苏 Jiangsu	15	15				17	1		0.2
浙江 Zhejiang	83	23	60			532	261	2	
安徽 Anhui	42	27	15			172	76		9.9
福建 Fujian	29	8	21			367	221	4	15.5
江西 Jiangxi	43	16	27			674	190	4	233.9
山东 Shandong	13	8	5			96	56	3	6.0
河南 Henan	191	179	12			382	69		16.2
湖北 Hubei	213	192	21			876	117		15.2
湖南 Hunan	65	30	35			524	316	1	96.3
广东 Guangdong	64	21	43			947	287	2	107.7
广西 Guangxi	401	245	156			4788	1090	4	726.2
海南 Hainan	57	20	37			201	117	1	17.8
重庆 Chongqing	14	11	3			47	9	1	6.8
四川 Sichuan	263	230	33			1208	217	3	313.8
贵州 Guizhou	37	28	9			176	37		8.9
云南 Yunnan	73	27	46			1171	394	7	10.9
西藏 Tibet									
陕西 Shaanxi	52	40	12			306	87	1	44.3
甘肃 Gansu	9	7	2			264	101		395.4
青海 Qinghai	11	11				100	52		9.4
宁夏 Ningxia	20	19	1			296	12		5.5
新疆 Xinjiang	12	11	1			9	7		1.3

8-12 突发环境事件情况(2016年)
Environmental Emergencies (2016)

地 区 Region	突发环境事件次数(次) Number of Environmental Emergencies (time)	特别重大环境事件 Extraordinarily Serious Environmental Emergencies	重 大环境事件 Serious Environmental Emergencies	较 大环境事件 Comparatively Serious Environmental Emergencies	一 般环境事件 Ordinary Environmental Emergencies
全 国 National Total	**304**		**3**	**5**	**296**
北 京 Beijing	13				13
天 津 Tianjin					
河 北 Hebei	1				1
山 西 Shanxi	13			1	12
内蒙古 Inner Mongolia					
辽 宁 Liaoning	10				10
吉 林 Jilin	3				3
黑龙江 Heilongjiang	3				3
上 海 Shanghai	3				3
江 苏 Jiangsu	13				13
浙 江 Zhejiang	16				16
安 徽 Anhui	3				3
福 建 Fujian	11				11
江 西 Jiangxi	7		2		5
山 东 Shandong	7				7
河 南 Henan	4				4
湖 北 Hubei	37			1	36
湖 南 Hunan	8				8
广 东 Guangdong	24				24
广 西 Guangxi	8				8
海 南 Hainan	4				4
重 庆 Chongqing	11				11
四 川 Sichuan	20			2	18
贵 州 Guizhou	12				12
云 南 Yunnan	1				1
西 藏 Tibet					
陕 西 Shaanxi	45		1		44
甘 肃 Gansu	9				9
青 海 Qinghai	3				3
宁 夏 Ningxia	4				4
新 疆 Xinjiang	11			1	10

注：本表数据为初步数。
a) Data in this table are preliminary data.

九、文化休闲
Culture and Leisure

9-1 主要文化机构情况
Number of Institutions in Cultural Industry

单位：个 (unit)

年 份 Year	公共图书馆 Public Libraries	文化馆(站) Cultural Centers	省级、地市级文化馆 Art Centers at Provincial & Prefecture Level	县市级文化馆 Cultural Centers at County & City Level	乡镇(街道)文化站 Township (sub-district) Cultural Centers	博物馆 Museums	艺术表演团体 Art Performance Troupes	艺术表演场馆 Art Performance Places
1978	1218	6893	92	2748	4053	349	3150	1095
1980	1732	8739	218	2912	5609	365	3533	1444
1985	2344	8576	335	2960	5281	711	3317	1377
1986	2406	8913	337	2993	5583	777	3195	2058
1987	2440	8974	348	2973	5653	827	3094	2148
1988	2485	9045	358	2975	5712	903	2985	2081
1989	2512	9037	366	2955	5716	967	2850	2050
1990	2527	9216	366	2955	5895	1013	2805	1955
1991	2535	10507	371	2894	7242	1075	2772	2068
1992	2558	9564	372	2900	6292	1106	2753	2037
1993	2572	10155	370	2886	6899	1130	2707	2024
1994	2589	11276	374	2887	8015	1161	2698	1998
1995	2615	13487	373	2886	10228	1194	2682	1958
1996	2620	45253	392	2892	41969	1219	2664	1934
1997	2628	45449	385	2901	42163	1282	2663	1947
1998	2662	45834	386	2901	42547	1339	2652	1929
1999	2669	45837	389	2905	42543	1363	2632	1911
2000	2675	45321	390	2907	42024	1392	2619	1900
2001	2696	43379	399	2842	40138	1461	2605	1854
2002	2697	42516	389	2854	39273	1511	2587	1829
2003	2709	41816	382	2846	38588	1515	2601	1900
2004	2720	41402	380	2841	38181	1548	2759	1928
2005	2762	41588	375	2851	38362	1581	2805	1866
2006	2778	40088	395	2819	36874	1617	2866	1839
2007	2799	40601	411	2806	37384	1722	4512	1732
2008	2820	41156	389	2829	37938	1893	5114	1662
2009	2850	41959	361	2862	38736	2252	6139	1499
2010	2884	43382	374	2890	40118	2435	6864	1461
2011	2952	43675	379	2906	40390	2650	7055	1429
2012	3076	43876	382	2919	40575	3069	7321	1279
2013	3112	44260	385	2930	40945	3473	8180	1344
2014	3117	44423	385	2928	41110	3658	8769	1338
2015	3139	44291	386	2929	40976	3852	10787	2143
2016	3153	44497	389	2933	41175	4109	12301	2285

注：1.2007年以前艺术表演团体为文化系统内数据，2007年起含非文化部门单位。
2.2015年以前艺术表演场馆为公有制艺术表演场馆，2015年起含民营艺术表演场馆。
3.1996年以前文化站数据未包括其他部门所属乡镇文化站。1996-1998年包括其他部门所属文化站，1999年以后，其他部门所属文化站划归文化部门管理。

a) The Art performance troupes referred to those under the official cultural system before 2007 and expanded the coverage to those both under and outside the official cultural system starting from 2007.

b) Art performance places refer to those of state-owned before 2015, and also include those of non-state owned since 2015.

c) Culture stations did not include township culture stations of other department before 1996, and included culture stations of other department from 1996 to 1998. Since 1999, culture stations of other department was put under Culture Department's administration.

9-2 分地区艺术表演团体、艺术表演场馆演出情况(2016年)
Statistics on Performance of Art Performance Troupes and Art Performance Places by Region (2016)

地区 Region	艺术表演团体 Art Performance Troupes						艺术表演场馆 Art Performance Places				
	机构数(个) Number of Institutions (unit)	演出场次(万场次) Number of Performances (10 000 shows)	#国内演出 Domestic Performances	#农村 Rural Performances	国内演出观众人次(万人次) Number of Domestic Audience (10 000 person-times)	#农村 Rural Audience	机构数(个) Number of Institutions (unit)	演(映)出场次(万场次) Number of Performances (10 000 shows)	#艺术演出 Art Performances	观众人次(万人次) Number of Audience (10 000 person-times)	#艺术演出 Art Performances
全国 National Total	**12301**	**230.60**	**229.03**	**151.60**	**118138**	**62052**	**2285**	**119.41**	**19.09**	**12884**	**3098**
中央 Central Level	16	0.32	0.29	151.60	305	52	7	0.12	0.12	59	41
北京 Beijing	485	2.69	2.62	0.90	877	256	69	6.75	1.65	1173	189
天津 Tianjin	84	0.79	0.78	0.14	398	132	51	2.58	0.56	265	110
河北 Hebei	712	9.19	9.01	5.86	5419	3359	112	6.17	0.93	224	53
山西 Shanxi	546	9.25	9.21	6.92	4642	3432	127	8.17	0.71	382	144
内蒙古 Inner Mongolia	186	2.45	2.44	1.59	1241	755	31	2.38	0.38	144	64
辽宁 Liaoning	246	1.82	1.74	0.78	565	268	123	3.12	1.50	538	92
吉林 Jilin	54	0.59	0.55	0.32	358	190	50	3.02	1.09	260	86
黑龙江 Heilongjiang	57	0.64	0.59	0.16	332	103	48	0.35	0.26	108	47
上海 Shanghai	205	2.48	2.29	0.57	1034	211	47	2.25	0.78	819	255
江苏 Jiangsu	444	8.81	8.72	3.91	4051	1665	223	41.24	2.55	1974	364
浙江 Zhejiang	1245	28.87	28.84	20.82	18040	14399	326	9.82	2.81	2237	290
安徽 Anhui	1879	45.87	45.83	38.73	32968	8258	88	2.56	0.57	550	87
福建 Fujian	429	8.60	8.56	7.13	2286	1834	58	4.95	0.19	315	50
江西 Jiangxi	304	4.75	4.70	3.37	1625	1158	57	0.59	0.28	125	62
山东 Shandong	567	8.43	8.33	5.03	4093	2884	100	1.22	0.40	393	183
河南 Henan	1006	46.27	46.25	26.02	11994	8933	150	0.87	0.33	304	111
湖北 Hubei	308	3.85	3.78	2.33	3052	1884	58	5.42	0.24	329	142
湖南 Hunan	452	5.55	5.48	3.33	2443	1278	86	2.19	0.59	572	131
广东 Guangdong	357	3.88	3.84	2.75	2427	1895	75	2.76	0.67	563	248
广西 Guangxi	100	1.20	1.15	0.46	848	266	34	2.31	0.22	123	9
海南 Hainan	74	0.89	0.89	0.52	811	324	16	0.44	0.10	385	18
重庆 Chongqing	770	9.00	8.99	7.14	3081	1327	22	0.12	0.10	73	17
四川 Sichuan	621	8.42	8.39	3.36	2304	981	88	0.90	0.83	228	63
贵州 Guizhou	113	1.07	1.05	0.68	817	398	12	0.60	0.01	5	
云南 Yunnan	221	4.45	4.40	1.49	3883	923	30	1.07	0.30	218	20
西藏 Tibet	87	0.58	0.55	0.45	391	283	14	0.02	0.01	7	5
陕西 Shaanxi	281	3.88	3.84	2.77	3241	2139	92	0.86	0.50	252	148
甘肃 Gansu	227	3.14	3.12	2.28	2775	1391	48	2.58	0.25	104	37
青海 Qinghai	60	0.68	0.66	0.33	284	97	20	0.28	0.09	69	10
宁夏 Ningxia	34	0.53	0.53	0.20	360	157	6	0.09	0.04	12	
新疆 Xinjiang	131	1.69	1.64	1.20	1190	820	17	3.65	0.06	71	19

9-3 分地区公共图书馆基本情况(2016年)
Statistics on Public Libraries by Region (2016)

地区 Region	公共图书馆(个) Number of Public Library (unit)	总藏量(万册件) Total Collections (10 000 copies)	人均拥有公共图书馆藏量(册) Collections of Public Libraries Owned Per Person (copy)	有效借书证数(万个) Accumulative Number of Library Cards Distributed (10 000 units)	总流通人次(万人次) Total Number of Circulation (10 000 person-times)	#书刊文献外借人次 Borrowing from Libraries	书刊文献外借册次(万册次) Number of Books and Periodicals Lent to Readers (10 000 copies-times)	阅览室座席数(个) Seats of Reading Room (unit)
全 国 National Total	**3153**	**90163**	**0.65**	**5592.81**	**66037**	**24892**	**54725**	**985968**
中 央 Central Level	1	3635		319.31	398	38	56	5303
北 京 Beijing	24	2594	1.19	105.28	1402	511	1026	17316
天 津 Tianjin	31	1806	1.16	80.66	851	311	876	14805
河 北 Hebei	172	2340	0.31	104.73	1622	585	1054	38424
山 西 Shanxi	127	1727	0.47	109.22	981	361	650	31719
内蒙古 Inner Mongolia	117	1704	0.68	43.04	743	296	705	28315
辽 宁 Liaoning	130	3929	0.90	137.73	2313	718	1795	37772
吉 林 Jilin	66	1862	0.68	102.93	806	357	737	20836
黑龙江 Heilongjiang	108	1926	0.51	69.61	986	310	647	23447
上 海 Shanghai	24	7676	3.17	204.50	4170	1982	8624	22217
江 苏 Jiangsu	114	7602	0.95	1100.11	6489	2888	5088	54037
浙 江 Zhejiang	102	6969	1.25	844.74	9788	2706	6520	64909
安 徽 Anhui	123	2162	0.35	119.59	1994	938	1682	35580
福 建 Fujian	90	3051	0.79	205.05	2604	1220	2659	32602
江 西 Jiangxi	113	2178	0.47	105.08	1375	739	1302	34806
山 东 Shandong	154	5065	0.51	359.24	3644	1713	2810	61482
河 南 Henan	158	2646	0.28	117.58	2539	1228	1862	49112
湖 北 Hubei	112	3318	0.56	166.69	2082	1028	1882	43357
湖 南 Hunan	137	2833	0.42	145.91	1955	833	1701	35727
广 东 Guangdong	142	7900	0.72	620.24	8335	1954	5219	93915
广 西 Guangxi	114	2720	0.56	76.45	2067	527	1142	29414
海 南 Hainan	23	458	0.50	16.65	377	78	247	5570
重 庆 Chongqing	43	1442	0.47	72.90	1309	471	1026	24575
四 川 Sichuan	203	3518	0.43	133.56	2358	995	1751	49983
贵 州 Guizhou	98	1258	0.35	44.19	604	314	493	21266
云 南 Yunnan	151	2091	0.44	50.40	1381	534	973	27489
西 藏 Tibet	81	177	0.53	3.08	25	5	8	3011
陕 西 Shaanxi	110	1626	0.43	39.44	1156	411	707	21703
甘 肃 Gansu	103	1394	0.53	35.98	724	353	619	20158
青 海 Qinghai	49	451	0.76	14.00	111	68	81	4171
宁 夏 Ningxia	26	687	1.02	18.36	319	160	295	8707
新 疆 Xinjiang	107	1418	0.59	26.59	529	260	486	24240

9-3 续表 continued

地区	Region	每万人拥有公共图书馆建筑面积（平方米）Floor Space of Buildings of Public Libraries Owned per 10 000 Population (sq.m)	组织各类讲座次数（次）Number of Lectures (time)	参加讲座人次（万人次）Attending Lectures (10 000 person-times)	举办展览（个）Exhibitions Held (unit)	参观展览人次（万人次）Visiting Exhibitions (10 000 person-times)	举办培训班（个）Training Classes Held (unit)	参加培训人次（万人次）Attending Training (10 000 person-times)	计算机（台）Computers (set)	#电子阅览室终端数 Terminals in Electronic Media Reading Rooms
全国	**National Total**	**103.0**	**69308**	**1057.30**	**26588**	**5782.66**	**44137**	**298.19**	**211574**	**134888**
中央	Central Level		542	7.20	18	38.12	2006	24.13	3603	700
北京	Beijing	126.4	1634	15.27	356	162.59	972	5.56	4394	1967
天津	Tianjin	168.8	1433	17.03	480	114.60	585	2.97	3639	2010
河北	Hebei	63.2	2460	32.48	797	256.08	899	6.05	7696	5087
山西	Shanxi	129.9	1982	32.91	468	81.37	658	5.52	6503	4653
内蒙古	Inner Mongolia	154.3	1433	19.59	388	44.05	460	3.23	6474	4468
辽宁	Liaoning	128.3	2534	27.22	791	237.51	2031	10.38	9282	5154
吉林	Jilin	101.6	858	13.26	273	99.37	472	2.66	4779	2744
黑龙江	Heilongjiang	78.0	1191	14.71	638	98.07	856	4.47	5946	3837
上海	Shanghai	173.2	2905	31.41	388	93.59	1173	6.97	6170	2758
江苏	Jiangsu	145.2	3393	64.54	1237	384.34	2086	10.37	10586	6009
浙江	Zhejiang	189.0	4403	67.78	2199	556.32	4752	16.79	11590	7063
安徽	Anhui	71.7	2137	34.35	757	113.92	775	6.47	7549	5514
福建	Fujian	102.6	3384	41.56	836	173.81	1368	11.87	6725	4390
江西	Jiangxi	80.5	1586	34.33	1172	219.77	691	6.13	6959	4780
山东	Shandong	106.6	5441	81.58	1357	212.54	2202	16.09	11622	7664
河南	Henan	64.1	3342	47.67	1209	123.44	1751	16.58	9444	6327
湖北	Hubei	118.9	2429	44.17	856	178.03	1589	11.01	7315	4935
湖南	Hunan	63.1	3103	54.78	618	282.93	1970	19.73	6969	4736
广东	Guangdong	117.2	8443	104.77	5329	1108.77	6505	28.01	16163	9723
广西	Guangxi	80.8	1748	33.48	792	184.22	1945	11.37	6439	4344
海南	Hainan	90.6	259	3.79	104	18.49	269	11.66	1496	949
重庆	Chongqing	101.6	1535	27.19	806	221.91	2038	8.91	4455	3306
四川	Sichuan	72.3	3525	84.02	1111	300.73	1476	13.13	10733	7438
贵州	Guizhou	64.6	1383	16.95	416	45.83	601	4.57	5112	3406
云南	Yunnan	77.1	1896	37.56	944	163.85	1350	13.86	7542	5336
西藏	Tibet	163.1	74	0.67	76	3.88	39	0.24	1416	1047
陕西	Shaanxi	71.7	1694	22.68	899	115.18	1278	8.56	5836	4129
甘肃	Gansu	102.6	1118	22.02	387	50.68	376	2.93	5175	3320
青海	Qinghai	107.8	175	1.69	57	7.40	142	1.05	2190	1417
宁夏	Ningxia	183.0	311	4.28	70	5.50	149	1.08	2251	1553
新疆	Xinjiang	105.2	957	16.36	759	85.81	673	5.84	5521	4124

9-4 分地区文化馆(站)基本情况(2016年)
Statistics on Cultural Centers by Region (2016)

单位：个 (unit)

地 区	Region	文化馆(站) Number of Art Centers	文化馆 Number of Art Centers	文化站 Number of Cultural Centers	#乡镇综合文化站 Township Cultrual Centers
全 国	**National Total**	**44497**	**3322**	**41175**	**34240**
北 京	Beijing	352	21	331	182
天 津	Tianjin	254	19	235	132
河 北	Hebei	2416	180	2236	1988
山 西	Shanxi	1540	131	1409	1196
内蒙古	Inner Mongolia	1226	120	1106	894
辽 宁	Liaoning	1556	125	1431	952
吉 林	Jilin	979	78	901	626
黑龙江	Heilongjiang	1665	148	1517	900
上 海	Shanghai	237	24	213	108
江 苏	Jiangsu	1395	113	1282	909
浙 江	Zhejiang	1466	102	1364	958
安 徽	Anhui	1559	121	1438	1290
福 建	Fujian	1222	97	1125	962
江 西	Jiangxi	1869	118	1751	1620
山 东	Shandong	1973	157	1816	1231
河 南	Henan	2546	206	2340	1898
湖 北	Hubei	1402	123	1279	1030
湖 南	Hunan	2679	143	2536	2235
广 东	Guangdong	1748	146	1602	1175
广 西	Guangxi	1292	124	1168	1127
海 南	Hainan	243	23	220	199
重 庆	Chongqing	1062	41	1021	819
四 川	Sichuan	4781	207	4574	4306
贵 州	Guizhou	1666	99	1567	1411
云 南	Yunnan	1583	149	1434	1302
西 藏	Tibet	774	82	692	684
陕 西	Shaanxi	1581	122	1459	1298
甘 肃	Gansu	1458	103	1355	1229
青 海	Qinghai	414	55	359	359
宁 夏	Ningxia	270	26	244	200
新 疆	Xinjiang	1289	119	1170	1020

9-5 分地区博物馆基本情况(2016年)
Statistics on Museums by Region (2016)

地 区	Region	机构 (个) Number of Institutions (unit)	从业人员 (人) Number of Employed Persons (person)	#专业技术人员 Professional Technical Staff	文物藏品 (件/套) Number of Collections (piece/set)	基本陈列展览 (个) Displays Exhibition (unit)	参观人次 (万人次) Spectators (10 000 person-times)	门票销售总额 (万元) Ticket Sales for Entrance Ticket (10 000 yuan)
全 国	**National Total**	**4109**	**93431**	**34177**	**33293561**	**23109**	**85061**	**390030.8**
中 央	Central Level	3	2588	1456	3299804	109	2375	105444.2
北 京	Beijing	41	1196	414	1235102	249	649	1241.4
天 津	Tianjin	22	760	479	635938	180	1013	1389.1
河 北	Hebei	111	3764	1272	427332	664	2724	10042.2
山 西	Shanxi	105	3303	916	984459	337	1460	20417.4
内蒙古	Inner Mongolia	87	1625	854	645516	446	1124	229.4
辽 宁	Liaoning	65	2159	1042	534003	426	1389	12075.8
吉 林	Jilin	77	1218	635	437300	352	943	4335.1
黑龙江	Heilongjiang	176	2867	1169	991479	889	2201	5037.8
上 海	Shanghai	99	3096	1583	2253481	1094	2218	23974.8
江 苏	Jiangsu	317	6524	2254	1767257	1986	8512	17760.1
浙 江	Zhejiang	275	4960	1719	1315047	1968	5957	2755.6
安 徽	Anhui	171	2641	1012	743837	867	2798	610.3
福 建	Fujian	98	2259	841	496026	909	2545	
江 西	Jiangxi	138	3007	1114	402972	517	3391	37.8
山 东	Shandong	393	7152	2902	3301398	2474	5836	16737.6
河 南	Henan	270	6209	1744	935827	1133	4964	7001.6
湖 北	Hubei	183	3556	1842	1570685	988	2671	1302.0
湖 南	Hunan	115	3035	901	576151	424	4784	107.5
广 东	Guangdong	177	3615	1717	953330	1733	4727	20250.3
广 西	Guangxi	125	2013	847	265803	517	1773	166.6
海 南	Hainan	18	285	101	73945	112	104	
重 庆	Chongqing	82	2232	785	508431	437	2528	11119.3
四 川	Sichuan	239	6452	1689	4199935	1161	5976	38658.6
贵 州	Guizhou	73	1465	436	105956	254	1654	30.0
云 南	Yunnan	90	1139	725	1227996	507	1912	76.0
西 藏	Tibet	7	226	62	67961	29	55	
陕 西	Shaanxi	274	8947	2134	2409927	1183	5338	88132.6
甘 肃	Gansu	152	3371	928	522853	702	2317	1074.1
青 海	Qinghai	23	281	172	163393	65	247	
宁 夏	Ningxia	13	324	133	47855	97	188	
新 疆	Xinjiang	90	1162	299	192562	300	686	23.6

9-6 全国文化事业费基本情况
Basic Statistics on Operating Expenses of Culture

单位：亿元，%　　　　(100 million yuan,%)

年 份 Year	文化事业费 Operating Expenses of Culture	国家财政总支出 Total Government Financial Expenditures	文化事业费总支出占国家财政比重 Proportion of Operating Expenses of Culture in Government Financial Expenditures
1978	4.44	1122.09	0.40
1979	5.84	1281.79	0.46
1980	5.61	1228.83	0.46
"六五"时期 6th Five-Year Period	**36.03**	**7483.18**	**0.48**
1985	9.32	2004.25	0.47
"七五"时期 7th Five-Year Period	**62.45**	**12865.67**	**0.49**
1986	10.74	2204.91	0.49
1987	10.77	2262.18	0.48
1988	12.18	2491.21	0.49
1989	13.57	2823.78	0.48
1990	15.19	3083.59	0.49
"八五"时期 8th Five-Year Period	**121.33**	**24387.47**	**0.50**
1991	17.28	3386.62	0.51
1992	19.46	3742.20	0.52
1993	22.37	4642.30	0.48
1994	28.83	5792.62	0.50
1995	33.39	6823.72	0.49
"九五"时期 9th Five-Year Period	**254.51**	**57043.46**	**0.45**
1996	38.77	7937.55	0.49
1997	46.19	9233.56	0.50
1998	50.78	10798.18	0.47
1999	55.61	13187.67	0.42
2000	63.16	15886.50	0.40
"十五"时期 10th Five-Year Period	**496.13**	**128022.85**	**0.39**
2001	70.99	18902.58	0.38
2002	83.66	22053.15	0.38
2003	94.03	24649.95	0.38
2004	113.63	28486.89	0.40
2005	133.82	33930.28	0.39
"十一五"时期 11th Five-Year Period	**1220.40**	**318672.05**	**0.38**
2006	158.03	40422.73	0.39
2007	198.96	49781.35	0.40
2008	248.04	62592.66	0.40
2009	292.31	76299.93	0.38
2010	323.06	89575.38	0.36
"十二五"时期 12th Five-Year Period	**2669.62**	**703076.19**	**0.38**
2011	392.62	109247.79	0.36
2012	480.10	125952.97	0.38
2013	530.49	140212.10	0.38
2014	583.44	151661.54	0.38
2015	682.97	175877.77	0.39
"十三五"时期 13th Five-Year Period			
2016	770.69	187755.21	0.41

注：1.国家财政总支出系国家财政决算数。
2.文化事业费：1953～1980年系国家财政决算数("一五"至"四五"时期含文物、出版经费，"五五"时期不含文物、出版经费)；1981年以后系文化事业统计年报数(不含文物、出版及科学研究费；不含基本建设的财政拨款和行政运行经费,以下各表同)。

a) Government financial expenditures is final accounting.

b) Operating expenses of culture: 1953-1980,is national financial final accounting (1st Five-Year Period to 4th Five-Year Period, includes expenditure of antique and publish, 5th Five-Year Period,exclusives expenditure of antique and publish), after 1981,is data from culture operating statistics annual report (exclusives expenditure of antique,publish and research,fiscal appropriation of capital construction and expenditure of administrative operation), same with the table related.

9-7 分地区文化事业费及占财政支出比重
Operating Expenses of Culture and Proportion in Government Financial Expenditures by Region

地区	Region	文化事业费(万元) Operating Expenses of Culture (10 000 yuan)					
		1995	2000	2005	2010	2015	2016
全 国	**National Total**	**333853**	**631591**	**1338193**	**3230646**	**6829708**	**7706876**
中 央	Central Level	20973	55498	113028	152788	369620	341006
北 京	Beijing	8427	24008	64587	161693	275832	352798
天 津	Tianjin	5098	9796	31592	56348	153744	158048
河 北	Hebei	11393	18984	39626	70307	185348	184922
山 西	Shanxi	9215	12347	29832	78000	182007	197818
内蒙古	Inner Mongolia	8624	14515	30543	112982	228905	259572
辽 宁	Liaoning	17525	26790	47578	113430	165405	194196
吉 林	Jilin	10613	15711	26566	90327	156425	159929
黑龙江	Heilongjiang	10722	16598	33742	74631	152601	175482
上 海	Shanghai	15431	42608	79201	186266	365523	422148
江 苏	Jiangsu	18234	38527	77658	163123	403417	470804
浙 江	Zhejiang	14764	35334	110397	242002	488225	544516
安 徽	Anhui	8836	15849	30541	76813	146252	175603
福 建	Fujian	11023	22174	42949	101855	187522	215770
江 西	Jiangxi	7404	10696	23398	73401	127094	128944
山 东	Shandong	16315	30944	61687	138876	299770	320980
河 南	Henan	12447	20948	37708	95143	206034	222776
湖 北	Hubei	11268	19367	43585	114389	235648	290408
湖 南	Hunan	10525	16564	34771	86133	193798	241901
广 东	Guangdong	27486	58321	128095	269940	539257	656969
广 西	Guangxi	8617	14608	28089	80097	172230	199327
海 南	Hainan	2965	3468	6007	27356	57512	70204
重 庆	Chongqing		9151	17505	77350	169727	204828
四 川	Sichuan	16905	20500	44523	143902	395788	403685
贵 州	Guizhou	4785	9131	18731	53676	119936	151128
云 南	Yunnan	14563	23945	42036	86881	191211	218728
西 藏	Tibet	2124	4264	8003	21050	57816	72824
陕 西	Shaanxi	8583	13976	23462	89457	205168	216685
甘 肃	Gansu	6935	9130	20882	55563	113802	143170
青 海	Qinghai	2574	3696	7349	41114	65393	78467
宁 夏	Ningxia	2108	3625	9646	24483	58611	67681
新 疆	Xinjiang	7371	10518	24877	71273	160088	165558

注：各地财政支出不含中央转移支付部分。
Government Financial Expenditures excluding around the central transfer payments.

9-7 续表 continued

地 区 Region	文化事业费占财政支出比重(%) Proportion of Operating Expenses of Culture in Government Financial Expenditures(%)											
	1995		2000		2005		2010		2015		2016	
	比重 Proportion	位次 Rank	比重 Proportion	位次 Rank	比重 Proportion	位次 Rank	比重 Proportion	位次 Rank	比重 Proportion	位次 Rank	比重 Proportion	位次 Rank
全 国 National Total	**0.49**		**0.40**		**0.39**		**0.36**		**0.39**		**0.41**	
中 央 Central Level												
北 京 Beijing	0.55	28	0.54	14	0.61	4	0.60	2	0.48	8	0.55	5
天 津 Tianjin	0.55	28	0.53	15	0.71	3	0.41	14	0.48	9	0.43	20
河 北 Hebei	0.60	23	0.46	28	0.40	24	0.25	31	0.33	27	0.31	28
山 西 Shanxi	0.82	7	0.55	11	0.44	14	0.40	15	0.53	4	0.58	3
内蒙古 Inner Mongolia	0.84	5	0.59	8	0.44	15	0.50	7	0.54	3	0.58	4
辽 宁 Liaoning	0.64	15	0.52	17	0.39	25	0.35	22	0.37	24	0.42	21
吉 林 Jilin	0.88	3	0.90	1	0.42	18	0.51	6	0.49	7	0.45	18
黑龙江 Heilongjiang	0.61	18	0.45	30	0.42	19	0.33	25	0.38	21	0.42	22
上 海 Shanghai	0.59	25	0.68	5	0.48	9	0.56	4	0.59	2	0.61	2
江 苏 Jiangsu	0.72	10	0.61	6	0.46	12	0.33	26	0.42	15	0.47	14
浙 江 Zhejiang	0.82	7	0.82	2	0.87	1	0.75	1	0.73	1	0.78	1
安 徽 Anhui	0.65	14	0.49	23	0.42	20	0.30	29	0.28	31	0.32	27
福 建 Fujian	0.64	15	0.69	4	0.72	2	0.60	3	0.47	10	0.50	10
江 西 Jiangxi	0.67	13	0.48	26	0.41	22	0.38	18	0.29	30	0.28	30
山 东 Shandong	0.59	25	0.51	18	0.42	21	0.34	23	0.36	25	0.37	25
河 南 Henan	0.60	23	0.47	27	0.33	31	0.28	30	0.3	28	0.30	29
湖 北 Hubei	0.69	12	0.53	15	0.55	6	0.46	10	0.38	22	0.45	16
湖 南 Hunan	0.61	18	0.49	23	0.39	26	0.32	28	0.34	26	0.38	24
广 东 Guangdong	0.52	30	0.55	11	0.55	7	0.50	8	0.42	16	0.49	13
广 西 Guangxi	0.61	18	0.57	10	0.45	13	0.40	16	0.42	17	0.45	17
海 南 Hainan	0.70	11	0.51	18	0.39	27	0.47	9	0.46	12	0.51	9
重 庆 Chongqing			0.49	23	0.35	29	0.45	11	0.45	13	0.51	8
四 川 Sichuan	0.61	18	0.45	30	0.41	23	0.34	24	0.53	5	0.50	11
贵 州 Guizhou	0.56	27	0.46	28	0.35	30	0.33	27	0.3	29	0.35	26
云 南 Yunnan	0.62	17	0.58	9	0.54	8	0.38	19	0.41	20	0.44	19
西 藏 Tibet	0.61	18	0.71	3	0.43	16	0.38	20	0.42	18	0.46	15
陕 西 Shaanxi	0.84	5	0.51	18	0.36	28	0.40	17	0.47	11	0.49	12
甘 肃 Gansu	0.85	4	0.50	22	0.48	10	0.38	21	0.38	23	0.28	31
青 海 Qinghai	0.89	2	0.55	11	0.43	17	0.55	5	0.43	14	0.51	7
宁 夏 Ningxia	0.92	1	0.60	7	0.60	5	0.44	12	0.51	6	0.54	6
新 疆 Xinjiang	0.76	9	0.51	18	0.47	11	0.42	13	0.42	19	0.40	23

9-8 图书、期刊和报纸出版情况
Number of Books, Magazines and Newspapers Published

年 份 Year	图 书 Books Published			期 刊 Magazines Published		报 纸 Newspapers Published	
	种 数 (种) Number of Publication (kind)	#新出版 New Publication	总印数 (亿册、亿张) Printed Copies (100 million copies)	种 数 (种) Number of Publication (kind)	总印数 (亿册) Total Printed Copies (100 million copies)	种 数 (种) Number of Publication (kind)	总印数 (亿份) Total Printed Copies (100 million copies)
绝对数 Value							
1995	101381	59159	63.2	7583	23.4	2089	263.3
1996	112813	63647	71.6	7916	23.1	2163	274.3
1997	120106	66585	73.1	7918	24.4	2149	287.6
1998	130613	74719	72.4	7999	25.4	2053	300.4
1999	141831	83095	73.2	8187	28.5	2038	318.4
2000	143376	84235	62.7	8725	29.4	2007	329.3
2001	154526	91416	63.1	8889	28.9	2111	351.1
2002	170962	100693	68.7	9029	29.5	2137	367.8
2003	190391	110812	66.7	9074	29.5	2119	383.1
2004	208294	121597	64.1	9490	28.3	1922	402.4
2005	222473	128578	64.7	9468	27.6	1931	412.6
2006	233971	160757	64.1	9468	28.5	1938	424.5
2007	248283	136226	62.9	9468	30.4	1938	438.0
2008	274123	148978	70.6	9549	31.0	1943	442.9
2009	301719	168296	70.4	9851	31.5	1937	439.1
2010	328387	189295	71.7	9884	32.2	1939	452.1
2011	369523	207506	77.1	9849	32.9	1928	467.4
2012	414005	241986	79.2	9867	33.5	1918	482.3
2013	444427	255981	83.1	9877	32.7	1915	482.4
2014	448431	255890	81.8	9966	30.9	1912	463.9
2015	475768	260426	86.6	10014	28.8	1906	430.1
2016	499884	262415	90.4	10084	27.0	1894	390.1
比上年增长(%) Increase Rate (%) (Preceding Year=100)							
1996	11.3	7.6	13.2	4.4	-1.2	3.5	4.2
1997	6.5	4.6	2.1		5.5	-0.6	4.9
1998	8.7	12.2	-0.9	1.0	4.1	-4.5	4.4
1999	8.6	11.2	1.1	2.4	12.2	-0.7	6.0
2000	1.1	1.4	-14.2	6.6	3.4	-1.5	3.4
2001	7.8	8.5	0.6	1.9	-1.8	5.2	6.6
2002	10.6	10.1	8.9	1.6	2.1	1.2	4.8
2003	11.4	10.0	-2.9	0.5		-0.8	4.2
2004	9.4	9.7	-3.9	4.6	-4.1	-9.3	5.0
2005	6.8	5.7	0.9	-0.2	-2.5	0.5	2.5
2006	5.2	25.0	-0.9		3.3	0.4	2.9
2007	6.1	-15.3	-1.8		6.7		3.2
2008	10.4	9.4	12.2	0.9	2.1	0.3	1.1
2009	10.1	13.0	-0.3	3.2	1.5	-0.3	-0.9
2010	8.8	12.5	1.9	0.3	2.0	0.1	3.0
2011	12.5	9.6	7.5	-0.4	2.2	-0.6	3.4
2012	12.0	16.6	2.9	0.2	2.0	-0.5	3.2
2013	7.3	5.8	4.9	0.1	-2.3	-0.2	
2014	0.9		-1.5	0.9	-5.4	-0.2	-3.8
2015	6.1	1.8	5.8	0.5	-7.0	-0.3	-7.3
2016	5.1	0.8	4.3	0.7	-6.3	-0.6	-9.3

9-9　图书出版和构成情况(2016年)
Statistics on Books Published and Composition by Categories (2016)

类　别	Category	绝对数 Value 种数(种) Number of Publications (item)	绝对数 Value 印数(万册) Printed Copies (10 000 copies)	构成% Percentage% 种数 Number of Publications	构成% Percentage% 印数 Printed Copies
图书总计	**Total**	**499884**	**903682**	**100.0**	**100.0**
使用“中国标准书号”部分合计	**Publications with "China International Standard Book Number"**	**499439**	**901818**	**99.9**	**99.8**
马列主义、毛泽东思想	Marxism-Leninism, Mao Zedong Thought	743	1555	0.1	0.2
哲学	Philosophy	9796	6575	2.0	0.7
社会科学总论	General Social Sciences	5729	2650	1.1	0.3
政治、法律	Politics and Law	19015	29297	3.8	3.2
军事	Military Affairs	1548	858	0.3	0.1
经济	Economics	34225	15907	6.8	1.8
文化、科学、教育、体育	Culture, Science, Education and Sports	202536	682823	40.5	75.6
语言、文字	Languages	22021	21444	4.4	2.4
文学	Literature	54502	64420	10.9	7.1
艺术	Arts	27497	19240	5.5	2.1
历史、地理	History and Geography	18680	13082	3.7	1.4
自然科学总论	General Natural Sciences	797	518	0.2	0.1
数理科学、化学	Mathematics and Chemistry	8847	4116	1.8	0.5
天文学、地球科学	Astronomy and Geology	2756	1223	0.6	0.1
生物科学	Biology	3410	2043	0.7	0.2
医学、卫生	Medicine and Health Care	21530	11042	4.3	1.2
农业科学	Agricultural Science	5141	1777	1.0	0.2
工业技术	Industrial Technology	48093	16503	9.6	1.8
交通运输	Transportation	5648	2696	1.1	0.3
航空、航天	Aeronautics and Aerospace	539	154	0.1	
环境科学	Environmental Science	2247	846	0.4	0.1
综合性图书	General Books	4139	3049	0.8	0.3
不使用“中国标准书号”部分合计	**Publications without "China International Standard Book Number"**	**445**	**1864**	**0.1**	**0.2**
图片	Pictures	445	413	0.1	
国标(GB)、部标(BB)等标准类文件印品	Standards Publications such as National Standards, Ministry Standards		1019		0.1
活页文选、活页歌篇、小件印品等	Loose-leaf Collectanea, Loose-leaf Song and Prints of Small Volume		432		

9-10 课本出版和构成情况(2016年)
Publication of Textbooks and Composition (2016)

项　目	Item	种数(种) Number of Items (number)	#新出版 New Publication	总印数(万册) Printed Copies (10 000)	总印张(千印张) Printed Sheets (1 000)	定价总金额(万元) Total Priced Value (10 000 yuan)
绝对数	**Value**					
总　计	**Total**	**89001**	**27337**	**327691**	**26250786**	**3550367**
大专及以上课本	Textbooks for Colleges and Universities	63258	21846	31208	5487193	1113687
中专、技校课本	Textbooks for Secondary Technical Schools	6580	1836	6698	852523	159364
中学课本	Textbooks for Secondary Schools	6442	806	153076	11921868	1243245
小学课本	Textbooks for Primary Schools	5712	958	131365	7240824	857361
业余教育课本	Textbooks for Spare-time Education	3043	1283	2576	409669	100070
扫盲课本	Textbooks for Eliminating Illiteracy	3			17	3
教学用书	Teaching Materials	3963	608	2768	338692	76637
构成(%)	**Percentage(%)**					
总计	**Total**	**100.0**	**100.0**	**100.0**	**100.0**	**100.0**
大专及以上课本	Textbooks for Colleges and Universities	71.1	79.9	9.5	20.9	31.4
中专、技校课本	Textbooks for Secondary Technical Schools	7.4	6.7	2.0	3.2	4.5
中学课本	Textbooks for Secondary Schools	7.2	2.9	46.7	45.4	35.0
小学课本	Textbooks for Primary Schools	6.4	3.5	40.1	27.6	24.1
业余教育课本	Textbooks for Spare-time Education	3.4	4.7	0.8	1.6	2.8
扫盲课本	Textbooks for Eliminating Illiteracy					
教学用书	Teaching Materials	4.5	2.2	0.8	1.3	2.2

9-11 图书、期刊、报纸进出口和构成情况(2016年)
Statistics and Composition on Imports and Exports of Books, Magazines and Newspapers (2016)

指　标	Item	出　口 Exports		进　口 Imports	
		数量(万册、份) Number (10 000 copies)	金额(万美元) Value (10 000 USD)	数量(万册、份) Number (10 000 copies)	金额(万美元) Value (10 000 USD)
绝对数	**Value**				
总计	**Total**	**1765.52**	**5886.67**	**3108.18**	**30051.73**
图书	Books Published	1450.28	5407.37	1551.63	14421.60
哲学、社会科学	Philosophy, Social Science	146.00	1826.43	61.70	1828.11
文化、教育	Culture and Education	158.03	763.35	296.78	3035.78
文学、艺术	Literature and Art	189.19	960.36	170.95	1745.86
自然、科学技术	Natural Science and S&T	49.36	296.58	56.30	2336.71
少儿读物	For Children	729.87	653.26	510.40	1671.76
综合性图书	General Books	177.83	907.39	455.50	3803.38
期刊	Magazines Published	265.69	443.78	338.37	14137.21
报纸	Newspapers Published	49.55	35.52	1218.18	1492.92
构成(%)	**Percentage(%)**				
总计	**Total**	**100.00**	**100.00**	**100.00**	**100.00**
图书	Books Published	82.14	91.86	49.92	47.99
哲学、社会科学	Philosophy, Social Science	8.27	31.03	1.99	6.08
文化、教育	Culture and Education	8.95	12.97	9.55	10.10
文学、艺术	Literature and Art	10.72	16.31	5.50	5.81
自然、科学技术	Natural Science and S&T	2.80	5.04	1.81	7.78
少儿读物	For Children	41.34	11.10	16.42	5.56
综合性图书	General Books	10.07	15.41	14.65	12.66
期刊	Magazines Published	15.05	7.54	10.89	47.04
报纸	Newspapers Published	2.81	0.60	39.19	4.97

9-12 分地区各类出版物情况(2016年)
Number of Publications Published by Region (2016)

地 区	Region	图 书 Books Published					期 刊 Magazines Published		
		种 数 (种) Number of Publication (kind)	#新出版 New Publication	#少数民族 Minority	#盲文 Braille	总印数 (万册、万张) Printed Copies (10 000 copies)	种 数 (种) Number of Publication (kind)	#少数民族 Minority	总印数 (万册) Total Printed Copies (10 000 copies)
全 国	**National Total**	**499884**	**262415**	**9436**	**763**	**903682**	**10084**	**225**	**269668.8**
中 央	Central Level	199701	106901	570	763	241215	3047	19	87500.7
北 京	Beijing	13712	7310			28144	174		3370.7
天 津	Tianjin	6789	4507			6425	254		3099.9
河 北	Hebei	9263	3254			26865	227		4605.2
山 西	Shanxi	3513	2264			9860	202		2420.6
内蒙古	Inner Mongolia	3249	1791	2025		6172	147	42	1713.7
辽 宁	Liaoning	10385	4993	267		14758	321		8766.9
吉 林	Jilin	26919	16516	708		23922	240	13	7731.4
黑龙江	Heilongjiang	7336	5541	111		7694	314	2	4340.3
上 海	Shanghai	27481	13907			41806	637		11204.5
江 苏	Jiangsu	27569	13647			62656	470		11954.1
浙 江	Zhejiang	14165	6853			39900	226		7689.7
安 徽	Anhui	9441	5212			24892	186		5017.4
福 建	Fujian	3954	2620			9710	176		4214.6
江 西	Jiangxi	7491	4345			21423	165		7291.5
山 东	Shandong	15925	5618			53037	270		10240.7
河 南	Henan	8588	4598			24608	248		8165.7
湖 北	Hubei	15105	7911			27044	429		18544.1
湖 南	Hunan	12618	5137			51704	256		13965.8
广 东	Guangdong	10841	6367			31196	388		12270.5
广 西	Guangxi	7406	3067	35		29197	184	1	4236.4
海 南	Hainan	3797	1483			5717	44		717.8
重 庆	Chongqing	5685	2195			12751	138		4853.7
四 川	Sichuan	10878	6332	549		24296	359	4	5045.1
贵 州	Guizhou	1013	742	19		8823	90		1713.2
云 南	Yunnan	8563	4436	183		15244	127	3	3387.2
西 藏	Tibet	588	260	451		1497	37	16	233.2
陕 西	Shaanxi	10284	5271			19304	287		3066.6
甘 肃	Gansu	3484	2149	103		7541	134	3	9561.6
青 海	Qinghai	613	306	286		1030	54	12	317.6
宁 夏	Ningxia	3098	1645			4552	37		668.6
新 疆	Xinjiang	10430	5237	4129		20699	216	110	1760.0

9-12 续表 continued

地 区	Region	报 纸 Newspapers Published		音像制品 Audio-Video Published		电子出版物 Electronic Published	
		种 数 (种) Number of Publi-cation (kind)	总印数 (万份) Total Printed Copies (10000 copies)	种 数 (种) Number of Publi-cation (kind)	出版数量 (万盒、万张) Total Printed Copies (10000 cassettes, 10000 discs)	种 数 (种) Number of Publi-cation (kind)	数量 (万张) Number of Electronic Publications (10000 discs)
全 国	**National Total**	**1894**	**3900666**	**14384**	**27584.6**	**9836**	**29064.7**
中 央	Central Level	217	787648	5776	16725.2	5569	20893.3
北 京	Beijing	35	72308	233	61.7	51	46.8
天 津	Tianjin	24	49324	72	49.9	51	15.7
河 北	Hebei	64	128177	148	596.3	129	138.5
山 西	Shanxi	60	201619	204	337.9	49	18.2
内蒙古	Inner Mongolia	58	30227	64	11.9	22	8.0
辽 宁	Liaoning	68	103862	320	138.1	202	292.7
吉 林	Jilin	51	78857	235	231.1	93	31.7
黑龙江	Heilongjiang	68	62387	8	0.3		
上 海	Shanghai	70	100393	3289	4921.5	808	1545.7
江 苏	Jiangsu	81	232495	281	1199.4	498	3066.2
浙 江	Zhejiang	67	261247	236	339.1	308	711.7
安 徽	Anhui	51	79488	90	41.9	15	3.1
福 建	Fujian	42	90608	75	17.1	52	22.5
江 西	Jiangxi	41	107365	248	113.8	69	37.6
山 东	Shandong	87	262037	340	119.7	543	242.0
河 南	Henan	77	192109	53	22.4	149	203.7
湖 北	Hubei	73	122128	143	39.3	262	52.0
湖 南	Hunan	48	98425	385	575.5	117	203.7
广 东	Guangdong	99	298845	1051	1469.6	304	1178.5
广 西	Guangxi	53	64275	158	69.7	25	1.2
海 南	Hainan	14	21536	31	4.9	6	5.6
重 庆	Chongqing	27	44041	94	30.5	145	96.4
四 川	Sichuan	85	152764	87	56.3	218	85.3
贵 州	Guizhou	30	30224	1	0.5		
云 南	Yunnan	42	40062	226	118.7	45	115.2
西 藏	Tibet	25	7972	103	81.0	13	5.3
陕 西	Shaanxi	43	57328	201	56.0	92	44.0
甘 肃	Gansu	50	50207	38	8.3	1	0.1
青 海	Qinghai	26	9566	22	33.4		
宁 夏	Ningxia	14	10439	18	3.3		
新 疆	Xinjiang	104	52703	154	110.3		

9-13 分地区少年儿童读物和课本出版情况（2016年）
Number of Books Published for Children and Textbooks by Region (2016)

地 区	Region	种数(种) Number of Publications (kind)				总印数（万册） Printed Copies (10 000 copies)		总印张(万印张) Printed Sheets (100 million sheets)	
		儿童读物 Books for Children	#新出版 New Published	课 本 Textbooks	#新出版 New Published	儿童读物 Books for Children	课 本 Textbooks	儿童读物 Books for Children	课 本 Textbooks
全 国	**National Total**	**43639**	**25422**	**89001**	**27337**	**77789**	**327691**	**452809**	**2625079**
中 央	Central Level	9238	5719	51684	14448	14198	92549	81479	943094
北 京	Beijing	2947	1259	885	380	7310	2059	58541	20509
天 津	Tianjin	958	518	591	236	1688	1422	7957	11798
河 北	Hebei	851	364	367	53	988	11741	5312	79160
山 西	Shanxi	198	98	127	76	125	4604	900	32611
内蒙古	Inner Mongolia	266	170	831	91	79	4140	360	29944
辽 宁	Liaoning	1103	598	3176	1054	1750	6294	13059	46598
吉 林	Jilin	4427	3013	1225	865	4279	4158	20346	29549
黑龙江	Heilongjiang	1347	1283	776	374	273	3569	1597	24593
上 海	Shanghai	1278	505	6304	2122	7566	13890	23816	119527
江 苏	Jiangsu	2121	1562	3264	1169	3455	20061	17855	135591
浙 江	Zhejiang	3020	1340	1597	439	7638	12314	55942	81269
安 徽	Anhui	1111	631	950	319	3931	8544	23768	60875
福 建	Fujian	447	350	447	164	503	4485	3293	31899
江 西	Jiangxi	2347	1272	289	57	5560	6944	29604	54737
山 东	Shandong	2475	1217	1496	362	4871	18411	28343	116849
河 南	Henan	918	539	978	384	1177	13099	3781	94955
湖 北	Hubei	1059	624	2500	898	1125	8321	10488	64383
湖 南	Hunan	922	415	858	290	1391	14125	8204	88543
广 东	Guangdong	988	656	1577	439	1798	16053	8767	115485
广 西	Guangxi	1315	531	389	50	2909	9561	19355	63533
海 南	Hainan	80	76	74	15	50	1414	471	8550
重 庆	Chongqing	65	52	1994	602	57	6520	190	43294
四 川	Sichuan	1675	1177	2018	897	2298	9547	14137	75191
贵 州	Guizhou	101	44	92	11	147	5966	1174	44018
云 南	Yunnan	658	356	175	34	767	6900	5550	48391
西 藏	Tibet	18	10	148	2	6	1097	20	7663
陕 西	Shaanxi	716	349	2205	1176	1342	7978	4699	61699
甘 肃	Gansu	210	155	45	22	171	2944	1296	23200
青 海	Qinghai	6	6	148		2	837	4	6641
宁 夏	Ningxia	221	215	10	3	140	810	1193	6103
新 疆	Xinjiang	553	318	1781	305	195	7334	1310	54827

9-14 档案馆基本情况
Basic Statistics on National Comprehensive Archives

年 份 Year	馆藏档案 (万卷、万件) Number of Archives (10 000 volumes, 10 000 pieces)	照片档案 (万张) Photos (10 000 sheets)	开放档案 (万卷、万件) Archives Open to Public (10 000 volume, 10 000 pieces)	利用档案 (万卷、万件次) Utilized Archives (10 000 volume-times, 10 000 piece-times)	档案馆建筑面积 (万平方米) Floor Space of Archive Institutions (10 000 sq.m)
1991	9637.4	371.0	2094.3	937.0	348.1
1992	10003.5	402.4	2018.7	773.8	255.7
1993	10726.8	435.5	2140.7	891.9	275.9
1994	10783.0	449.6	2454.6	674.4	268.3
1995	11318.3	485.5	2790.3	529.3	282.5
1996	11341.4	494.6	2939.2	485.4	297.5
1997	12222.9	553.0	3304.6	501.0	347.6
1998	12276.5	579.7	3556.5	446.5	310.7
1999	12866.8	584.5	3808.2	508.5	328.4
2000	13314.0	631.7	4072.0	494.4	336.2
2001	13756.6	642.8	4129.7	575.4	342.0
2002	14790.7	720.5	4301.1	548.9	351.0
2003	15945.9	797.4	4618.4	602.6	361.4
2004	17601.5	827.9	4868.3	813.9	376.8
2005	18688.7	908.8	5132.3	868.0	393.1
2006	21656.5	1277.2	5746.3	1166.4	406.1
2007	23675.3	1393.3	5875.5	1244.9	421.9
2008	25051.0	1505.3	6072.2	1257.4	465.4
2009	28089.2	1646.3	6687.4	1308.0	473.3
2010	32198.6	1809.2	7428.6	1417.3	504.4
2011	35445.5	1965.8	7828.4	1564.5	551.1
2012	40547.7	1827.4	8254.6	1521.1	627.1
2013	42454.5	1927.6	8900.5	1477.8	709.3
2014	53470.3	2041.8	9179.7	1688.8	736.0
2015	58641.7	2102.4	9266.3	1978.3	785.5
2016	65062.5	2228.2	9707.9	2033.7	859.8

9-15 各类档案馆和人员情况
Statistics on Archive Institutions and Personnel

单位：个、人 (unit, person)

年 份 Year	国家综合档案馆 National Comprehensive Archives		国家专门档案馆 National Special Archives		部门档案馆 Department Archives		企业档案馆数 Enterprise Archive Institutions	事业单位档案馆数 Culture Archive Institutions	科技事业单位档案馆数 Science and Technology Archive Institutions
	馆数 Number of Institutions	专职人员 Full-time Personnel	馆数 Number of Institutions	专职人员 Full-time Personnel	馆数 Number of Institutions	专职人员 Full-time Personnel			
1991	2957	21657	211	2038	128	2171	229	19	28
1992	2962	22226	206	2082	122	2258	231	19	28
1993	2980	23624	200	2245	122	1448	221	20	31
1994	2983	23568	205	2294	136	2160	209	20	36
1995	3024	24777	216	2484	144	2168	213	27	38
1996	3011	24542	226	2658	134	2072	232	23	44
1997	3021	24904	223	2578	162	2521	228	26	46
1998	3034	24197	232	3200	149	2411	245	27	46
1999	3046	23530	225	3436	142	2123	304	40	59
2000	3070	23701	234	3319	141	1865	307	53	80
2001	3100	23652	243	3448	142	2086	286	47	84
2002	3110	22825	253	3435	148	2109	299	75	93
2003	3121	23086	260	3514	141	1770	300	75	85
2004	3127	23401	258	3591	149	1932	300	79	99
2005	3142	23413	238	3452	145	2020	301	105	63
2006	3154	22689	239	3537	137	1699	216	110	95
2007	3161	21399	245	3737	146	1985	215	126	94
2008	3170	21414	240	3663	154	1886	241	141	87
2009	3191	20949	241	3626	149	1814	233	167	96
2010	3194	19750	252	3833	167	1747	223	160	111
2011	3196	19985	255	3843	170	2121	183	179	124
2012	3237	18009	238	3577	183	2161	204	260	
2013	3325	18106	240	3579	218	2182	189	274	
2014	3319	17863	247	3538	209	2129	169	252	
2015	3322	18386	234	3457	237	2263	176	224	
2016	3336	17511	236	3521	213	2021	180	272	

注：2012年新修订的《全国档案事业统计年报制度》不再细分事业单位的属性，统称"省部属事业单位档案馆"。省部属事业单位包括文化事业档案馆数，科技事业单位档案馆数。

The newly revised Annual Report of National Archive Statistics in 2012 does not further subcategorize public institutions by their attributes, but generally called public archive institutions affiliated to ministries or provincial governments. Public institutions affiliated to ministries or provincial governments include cultural archive institutions, and science and technology archive institutions.

9-16 全国成年国民阅读情况
Statistics on Reading of Adult

年 份 year	图书阅读率 (%) Reading Rate of Book (%)	数字化阅读方式接触率(%) Contact Rate of Digital Reading (%)	人均纸质图书阅读量(本) Per Capital Reading Paper Books (book)
2010	52.3	32.8	4.25
2011	53.9	38.6	4.35
2012	54.9	40.3	4.39
2013	57.8	50.1	4.77
2014	58.0	58.1	4.56
2015	58.4	64.0	4.58
2016	58.8	68.2	4.65

注：本表数据来自中国新闻出版研究院“全国国民阅读调查”结果。
Data resource is Chinese Academy of Press and Publication “National Reading Survey”.

9-17 广播电视事业发展情况
Basic Statistics on Radio and Television Industry

指 标	Item	2010	2015	2016
广播	Radio			
广播节目综合人口覆盖率(%)	Radio Coverage Rate of the Population(%)	96.80	98.17	98.37
#农村	Rural	95.64	97.53	97.79
公共广播节目套数(套)	Number of Public Radio Programs(set)	2549	2782	2741
公共广播节目播出时间(万小时)	Length of Public Radio Programs Broadcasted(10 000 hour	1266.0	1421.8	1456.5
广播节目制作时间(万小时)	Length of Radio Programs Produced(10 000 hours)	681.4	771.8	782.0
电视	Television			
电视节目综合人口覆盖率(%)	TV Coverage Rate of the Population(%)	97.60	98.77	98.88
#农村	Rural	96.78	98.32	98.49
有线广播电视用户数(万户)	Users of Cable Radio and TV(10 000 households)	18872	23567	22830
#农村	Rural	7293	8250	8093
#数字电视	Users of Digital TV	8870	19776	20157
有线广播电视用户数占家庭总户数比重(%)	Popularization Rate of Cable Radio and TV(%)	46.40	54.63	52.75
#农村有线广播电视用户数占农村家庭总户数比重	Rural Popularization Rate of Cable Radio and TV	29.35	33.49	33.17
公共电视节目套数(套)	Number of Public TV Programs(set)	3272	3442	3360
公共电视节目播出时间(万小时)	Length of Public TV Programs Broadcasted(10 000 hours)	1635.50	1779.60	1792.44
电视剧播出数(万部)	Number of TV Plays Broadcasted(10 000 sets)	24.92	23.31	22.72
#进口电视剧播出数	Imported TV Plays	0.88	0.29	0.24
电视剧播出数(万集)	Number of TV Plays Broadcasted(10 000 parts)	635.86	686.36	688.64
#进口电视剧播出数	Imported TV Plays	19.51	8.15	7.25
动画电视播出时间(万小时)	Number of Cartoons Broadcasted(10 000 hours)		30.91	32.89
#进口动画电视播出时间	Imported Cartoons		0.97	0.89
电视节目制作时间(万小时)	Length of TV Programs Produced(10 000 hours)	274.30	352.02	350.72
电影	Movies			
国有电影制片厂(个)	State-owned Movie Studios(unit)	38	38	38
#电影故事片厂	Feature Film Studios	31	31	31
电影院线(条)	Movie Circuit(line)	37	46	48
银幕(块)	Movie Screen(unit)	6256	31627	41179
全国电影票房收入(亿元)	Domestic Movie Box Office Revenue	157.20	440.69	492.83
#国产电影票房收入	Chinese Movies		271.36	287.47
进口电影票房收入	Imported Movies		169.33	205.36
广播电视技术及其他	TV Technology and Others			
广播电视总收入(亿元)	Revenue of Radio and TV(100 million yuan)	2301.87	4634.56	5039.77
广播电视从业人员数(万人)	Staff and Workers of Radio and TV(10 000 persons)	75.09	90.07	91.93
中、短波转播发射台(座)	Transmission and Relaying Stations of Medium and Short Wave Broadcast(unit)	822	860	862
调频、电视转播发射台(万座)	Relaying Stations of Frequency Modulation Broadcasting(10 000 units)		1.49	1.45
微波实有站(座)	Microwave Stations(unit)	2376	2121	1988

9-18 广播电视节目制作时间
Length of Radio and Television Programs Produced

单位：小时 (hour)

项 目	Item	1995	2005	2010	2014	2015	2016
广播节目制作	Production of Radio Programs	2332164	6139227	6814226	7647267	7718163	7820296
新闻	News Programs	353368	1066880	1216632	1443464	1436129	1457302
专题	Special Subject Programs	1054140	1822621	1955180	2120517	2072348	2096407
综艺	General Entertainment Programs	924656	1937290	1942828	2020456	2078791	2103561
广播剧	Radio Play Programs		75456	80181	185405	183124	172558
广告	Advertising Programs		671071	775931	808148	752705	761747
其他	Others		565909	843474	1069277	1195065	1228720
电视节目制作	Production of TV Programs	383513	2553861	2742949	3277394	3520190	3507217
新闻	News Programs	80800	637956	719680	918296	978801	989934
专题	Special Subject Programs	193391	525528	640857	848276	930283	899782
综艺	General Entertainment Programs	109322	382350	407849	468355	511398	484081
影视剧	TV Play Programs		193771	93536	116750	120604	119102
广告	Advertising Programs		524892	526839	510275	481973	483620
其他	Others		289364	354188	415441	497131	530698

9-19 广播电视节目播出时间
Length of Radio and Television Programs

单位：小时，% (hour,%)

年 份 Year	总 计 Total	新闻资讯类节目 News	专题服务类节目 Special Subject	综艺益智类节目 General Entertainment	广播(影视)剧类节目 Radio Play	广告类节 目 Advertising	其他类节 目 Others
绝对数 Value							
广播 Radio							
2013	13795461	2820086	3108653	3732369	770085	1259269	2104998
2014	14058328	2837111	3167377	3748730	784852	1312388	2207871
2015	14218253	2841836	3111009	3861989	823465	1224789	2355164
2016	14565058	2934010	3258408	3882453	831977	1218478	2439732
电视 Television							
2013	17057212	2352285	2108918	1419911	7366010	1951125	1858964
2014	17476126	2443782	2196434	1436727	7426969	2032610	1939603
2015	17796010	2520624	2254774	1446914	7621202	1953734	1998761
2016	17924388	2601767	2286042	1445203	7651965	1923282	2016128
构成 Composition							
广播 Radio							
2013	100.0	20.4	22.5	27.1	5.6	9.1	15.3
2014	100.0	20.2	22.5	26.7	5.6	9.3	15.7
2015	100.0	20.0	21.9	27.2	5.8	8.6	16.6
2016	100.0	20.1	22.4	26.7	5.7	8.4	16.8
电视 Television							
2013	100.0	13.8	12.4	8.3	43.2	11.4	10.9
2014	100.0	14.0	12.6	8.2	42.5	11.6	11.1
2015	100.0	14.2	12.7	8.1	42.8	11.0	11.2
2016	100.0	14.5	12.8	8.1	42.7	10.7	11.2

9-20 分地区广播电视节目播出情况（2016年）
Radio and TV Programs Broadcasted by Region (2016)

地 区	Region	公共广播节目套数（套）Number of Public Radio Programs (set)	公共电视节目套数（套）Number of TV Programs (set)	电视剧播出数（部）Number of TV Plays Broadcasted (set)	#进口 Import	动画电视播出时间（小时）Number of Cartoons Broadcasted (hour)	#进口 Import
全 国	**National Total**	**2741**	**3360**	**227183**	**2427**	**328864**	**8945**
总局直属	directly under the State Administration	23	31	1096	90	6939	907
北 京	Beijing	26	26	447		7320	13
天 津	Tianjin	22	24	2612		3589	1
河 北	Hebei	134	178	13289	14	5510	401
山 西	Shanxi	111	117	6192	40	9236	2
内蒙古	Inner Mongolia	126	119	10144	20	7405	73
辽 宁	Liaoning	110	118	8760	179	5782	209
吉 林	Jilin	73	76	6264	42	672	8
黑龙江	Heilongjiang	111	121	3872	6	4821	605
上 海	Shanghai	22	25	953	4	15321	1779
江 苏	Jiangsu	123	122	8860	69	13763	273
浙 江	Zhejiang	113	115	8796	21	19391	272
安 徽	Anhui	104	107	8061	77	6470	160
福 建	Fujian	91	103	3025	9	10629	
江 西	Jiangxi	108	117	8933	267	16847	268
山 东	Shandong	161	224	13383	106	15634	781
河 南	Henan	154	167	14322	8	8736	
湖 北	Hubei	88	112	12393	58	9735	32
湖 南	Hunan	106	137	11065	100	26407	175
广 东	Guangdong	132	142	5257	36	32525	60
广 西	Guangxi	74	116	6096	87	11361	
海 南	Hainan	25	16	679	25	3514	
重 庆	Chongqing	34	46	3739		7743	
四 川	Sichuan	141	211	17671	234	17393	351
贵 州	Guizhou	46	103	2658	65	2827	
云 南	Yunnan	54	173	10885	3	11024	373
西 藏	Tibet	11	14	602		1266	
陕 西	Shaanxi	109	123	8686		6053	
甘 肃	Gansu	96	111	7257	10	9894	120
青 海	Qinghai	15	17	1102		2100	
宁 夏	Ningxia	25	28	2120		5268	450
新 疆	Xinjiang	173	221	17964	857	23688	1631

9-21 分地区广播电视节目综合人口覆盖情况(2016年)

Population Coverage of Radio and TV Programs, and Radio by Region (2016)

地 区	Region	广播节目综合人口覆盖率(%) Population Coverage Rate of Radio Programs (%)	#农村 Rural	电视节目综合人口覆盖率(%) Population Coverage Rate of TV Programs (%)	#农村 Rural
全 国	**National Total**	**98.37**	**97.79**	**98.88**	**98.49**
北 京	Beijing	100.00	100.00	100.00	100.00
天 津	Tianjin	100.00	100.00	100.00	100.00
河 北	Hebei	99.35	99.12	99.28	99.04
山 西	Shanxi	98.61	97.90	99.41	99.09
内蒙古	Inner Mongolia	99.09	98.34	99.19	98.54
辽 宁	Liaoning	99.05	98.32	99.13	98.42
吉 林	Jilin	98.68	98.12	98.77	98.24
黑龙江	Heilongjiang	99.21	99.16	99.00	99.21
上 海	Shanghai	100.00	100.00	100.00	100.00
江 苏	Jiangsu	100.00	100.00	100.00	100.00
浙 江	Zhejiang	99.65	99.60	99.72	99.68
安 徽	Anhui	98.89	98.57	99.03	98.76
福 建	Fujian	98.96	98.74	99.12	98.94
江 西	Jiangxi	98.04	97.58	98.83	98.53
山 东	Shandong	98.98	98.65	98.62	98.27
河 南	Henan	98.43	98.11	98.64	98.40
湖 北	Hubei	99.33	99.12	99.15	98.89
湖 南	Hunan	94.68	91.84	98.26	97.48
广 东	Guangdong	99.90	99.97	99.90	99.95
广 西	Guangxi	96.90	96.31	98.40	98.02
海 南	Hainan	96.82	95.89	95.78	94.55
重 庆	Chongqing	98.86	98.50	99.19	98.93
四 川	Sichuan	97.19	96.38	98.29	97.86
贵 州	Guizhou	93.02	92.42	96.13	95.73
云 南	Yunnan	97.37	96.70	98.24	97.76
西 藏	Tibet	95.21	94.22	96.32	95.45
陕 西	Shaanxi	98.27	97.77	98.87	98.48
甘 肃	Gansu	98.12	97.75	98.55	98.24
青 海	Qinghai	98.22	97.38	98.21	97.50
宁 夏	Ningxia	96.72	94.70	99.34	98.97
新 疆	Xinjiang	96.82	96.59	97.25	96.91

9-22 分地区有线广播电视传输干线网络及用户情况(2016年)
Transmission Trunk and Users of Cable Radios and TVs by Region (2016)

地 区	Region	有线广播电视传输干线网络总长(万公里) Total Length of Transmission Trunk for Cable Radios and TVs (10 000 km)	有线广播电视用户数(万户) Users of Cable Radios and TVs (10 000 households)	#农村有线广播电视 Users of Rural Cable Radios and TVs	#数字电视 Users of Digital TV	#付费电视 Pay TV	有线广播电视用户数占家庭总户数的比重(%) Popularization Rate of Cable TV Programs (%)	#农 村 Rural Areas
全 国	**National Total**	**477.61**	**22829.53**	**8093.26**	**20157.24**	**5817.15**	**52.75**	**33.17**
北 京	Beijing	23.80	580.42	85.02	529.15	76.40	109.66	81.83
天 津	Tianjin	0.68	358.45	33.33	335.05	76.95	96.73	27.07
河 北	Hebei	20.43	857.22	272.40	755.59	110.73	36.23	17.41
山 西	Shanxi	10.79	455.96	133.29	358.83	20.57	35.14	25.70
内蒙古	Inner Mongolia	3.56	339.15	37.58	301.36	22.78	40.59	10.48
辽 宁	Liaoning	13.54	842.14	221.62	747.53	48.23	55.69	32.85
吉 林	Jilin	9.85	526.41	189.66	493.20	209.46	52.13	41.81
黑龙江	Heilongjiang	6.44	651.39	152.86	642.63	193.09	48.42	24.57
上 海	Shanghai	4.71	522.97	39.53	492.42	171.63	97.43	48.96
江 苏	Jiangsu	40.28	2068.64	957.85	1754.10	514.13	84.80	63.82
浙 江	Zhejiang	29.59	1526.08	973.70	1507.17	438.75	92.92	76.14
安 徽	Anhui	6.21	878.09	410.83	585.21	61.69	41.19	27.94
福 建	Fujian	14.69	738.89	428.72	715.37	305.52	69.25	57.50
江 西	Jiangxi	15.85	662.66	490.82	585.94	163.13	52.31	73.29
山 东	Shandong	39.14	1848.07	770.71	1762.66	702.00	61.49	41.58
河 南	Henan	21.73	1056.49	400.41	777.24	58.55	32.61	19.59
湖 北	Hubei	27.74	1060.75	506.88	1003.25	379.75	51.45	47.25
湖 南	Hunan	13.81	1267.29	412.83	1090.30	277.61	61.59	40.89
广 东	Guangdong	26.70	2017.08	184.63	1755.87	113.67	89.44	25.19
广 西	Guangxi	16.68	690.42	314.18	510.47	222.10	43.82	28.98
海 南	Hainan	1.31	115.15	32.38	106.17	10.05	43.71	22.92
重 庆	Chongqing	17.56	415.33	85.73	357.25	185.38	33.11	12.02
四 川	Sichuan	58.57	1132.53	394.61	1004.52	642.10	35.48	19.64
贵 州	Guizhou	21.27	457.00	135.85	452.75	136.01	35.01	14.65
云 南	Yunnan	12.51	405.36	121.38	393.18	264.81	27.23	13.32
西 藏	Tibet	0.45	24.71	2.67	18.39	1.61	32.64	4.68
陕 西	Shaanxi	3.88	720.36	210.40	598.29	177.47	56.81	32.84
甘 肃	Gansu	8.12	206.14	37.47	171.37	103.39	24.70	7.59
青 海	Qinghai	0.66	54.73	1.45	54.10	29.35	30.67	1.48
宁 夏	Ningxia	1.31	104.71		104.71	31.06	49.75	
新 疆	Xinjiang	5.80	244.90	54.47	193.17	69.18	29.99	15.51

9-23 电影创作生产情况
Basic Statistics on Film Production

年 份 Year	电影故事片厂（个） Number of Feature Film Studios (unit)	生产故事影片（部） Feature Films (film)	生产动画影片（部） Cartoons (reel)	生产科教影片（部） Popular Science Films (reel)	生产纪录影片（部） Documentary Films (reel)	生产特种影片（部） Special Films (reel)
1978	12	46	26	289	202	
1979	17	65	25	349	317	
1980	17	82	32	337	242	
1981	19	105	33	277	276	
1982	19	112	33	284	259	
1983	19	127	37	343	299	
1984	20	144	37	387	337	
1985	20	127	45	357	419	
1986	20	134	46	383	417	
1987	22	146	45	353	347	
1988	22	158	38	344	350	
1989	22	136	53	334	259	
1990	22	134	51	326	296	
1991	22	130	46	351	283	
1992	22	170	56	354	307	
1993	22	154	47	252	300	
1994	22	148	32	182	22	
1995	30	146	37	40	111	
1996	30	110	58	33	39	
1997	31	88	28	34	95	
1998	31	82	9	30	54	
1999	31	99	3	20	14	
2000	31	91	1	49	10	
2001	27	88	1	56	9	
2002	31	100	2	60	7	
2003	31	140	2	53	6	
2004	31	212	4	30	10	
2005	32	260	7	33	2	
2006	32	330	13	36	13	
2007	32	402	6	34	9	
2008	33	406	16	39	16	2
2009	31	456	27	52	19	4
2010	31	526	16	54	16	9
2011	31	558	24	76	26	5
2012	31	745	33	74	15	26
2013	31	638	29	121	18	18
2014	31	618	40	52	25	23
2015	31	686	51	96	38	17
2016	31	772	49	67	32	24

注：1.本表电影故事片厂指国有电影故事片厂。
2.2005年及以前动画片数为美术片数。
a) The number of feature film studios in this table only includes those approved by the State Council.
b) The real of cartoons refer to the arts films before 2005.

9-24 全国电影市场情况
Statistics on Movie

项　目	Item	2010	2011	2012	2013	2014	2015	2016
电影院线(条)	Movie Circuit(line)	37	39	45	45	47	48	48
影院(家)	Cinema(unit)	2000	2800	2984	3849	4866	6395	9552
银幕(块)	Movie Screen(unit)	6256	9200	13118	18195	23592	31627	41179
放映场次(千场)	Number of Screen(1000 shows)	8452	13120	18987	25970	36432	50470	74781
院线观众人次（万人次）	Audience Person Times (10 000 person times)	28097	35475	46577	61688	83630	126220	137430
票房(亿元)	Movie Box Office Income (10 000 million yuan)	101.72	131.15	170.73	217.69	296.39	440.69	492.83

数据来源：国家新闻出版广播电影电视总局电影局。
Source: Film Bureau ,State Administration pf PRESS,publication ,Redio ,Film and Television.

9-25 全国农村电影市场情况
Statistics on Movie in Rural

项　目	Item	2010	2011	2012	2013	2014	2015	2016
影片订购场次（万场）	Movie Session Ordered(10 000 rounds)				907.13	927.03	977	996
#公益版权影片订购场次(万场)	Public-interest Copyright Movie Session Ordered(10 000 rounds)	687.14	722.35	709.25	568.23	541.83	496.98	401.96
公益版权影片订购节目(部)	Puolic-intesest Copyright Movie Session Ordered(10 000 film)	685	871	1047	1219	1419	1545	1477
农村院线(条)	Movie Line in Rural(line)	240	246	248	249	252	252	245
卫星接收站(个)	Satellite Receiving Station(unit)	149	201	204	206	208	212	210

9-26 运动员获世界冠军情况
World Championships Won by Chinese Athletes

年 份 Year	项 数 (项) Number of Events (Item)	人 数 (人) Number of Persons (person)	个 数 (个) Number of Champions (time)
1978	4	4	4
1979	12	20	12
1980	3	3	3
1981	25	53	25
1982	12	31	13
1983	37	50	39
1984	33	46	37
1985	42	70	46
1986	26	56	26
1987	64	72	69
1988	54	59	54
1989	80	83	82
1990	54	61	54
1991	88	86	93
1992	86	68	89
1993	101	106	103
1994	79	86	79
1995	98	187	102
1996	72	58	75
1997	87	96	92
1998	75	89	83
1999	91	129	92
2000	92	109	110
2001	79	138	90
2002	99	123	110
2003	17	94	84
2004	27	175	101
2005	22	159	106
2006	24	169	141
2007	22	217	123
2008	24	151	120
2009	30	223	142
2010	22	180	108
2011	24	198	138
2012	24	140	107
2013	22	164	124
2014	22	206	98
2015	25	214	127
2016	23	154	107

9-27 体育系统机构人员情况(2016年)
Number of Institutions and Engaged Persons of Physical Education System (2016)

单位：个、人 (unit, person)

指 标	Item	合 计 Total		国家级 National Level	
		机构 Institutions	人员 Persons	机构 Institutions	人员 Persons
绝对数	**Value**				
总计	**Total**	**7067**	**147657**	**43**	**4614**
体育行政机关	Administrative Agencies of Physical Culture and Sports	3027	25973	1	224
运动项目管理部门	Sports Events Management	295	34451	22	1239
本科院校	Colleges	7	5336	1	1026
职业、运动技术学院	Sports Technical Institutes	19	5800		
体育运动学校	Physical Education and Sports Schools	227	15002		
竞技体校	Competitive Sports School	8	392		
少儿体育运动学校(业余体校)	Spare-time Sports School	1428	20444		
单项运动学校	Physical Education and Sports Schools	21	423		
体育中学	Secondary Schools of Physical Education	37	1740		
训练基地	Training Bases	72	2516	5	622
体育场馆	Stadium and Gymnasium	694	14195	1	297
体育科研机构	Science and Technology Institute	60	1335	1	109
其他事业单位	Other Institutions	1104	17108	11	674
其他	Others	68	2942	1	423
构成(%)	**Composition(%)**				
总计	**Total**	**100.0**	**100.0**	**100.0**	**100.0**
体育行政机关	Administrative Agencies of Physical Culture and Sports	42.8	17.6	2.3	4.9
运动项目管理部门	Sports Events Management	4.2	23.3	51.2	26.9
本科院校	Colleges	0.1	3.6	2.3	22.2
职业、运动技术学院	Sports Technical Institutes	0.3	3.9		
体育运动学校	Physical Education and Sports Schools	3.2	10.2		
竞技体校	Competitive Sports School	0.1	0.3		
少儿体育运动学校(业余体校)	Spare-time Sports School	20.2	13.8		
单项运动学校	Physical Education and Sports Schools	0.3	0.3		
体育中学	Secondary Schools of Physical Education	0.5	1.2		
训练基地	Training Bases	1.0	1.7	11.6	13.5
体育场馆	Stadium and Gymnasium	9.8	9.6	2.3	6.4
体育科研机构	Science and Technology Institute	0.8	0.9	2.3	2.4
其他事业单位	Other Institutions	15.6	11.6	25.6	14.6
其他	Others	1.0	2.0	2.3	9.2

9-27 续表 continued

单位：个、人 (unit, person)

指 标	Item	省级 Provincial Level		地级 Prefectural Level		县级 County Level	
		机构 Institutions	人员 Persons	机构 Institutions	人员 Persons	机构 Institutions	人员 Persons
绝对数	**Value**						
总计	**Total**	**715**	**56252**	**1868**	**46535**	**4441**	**40256**
体育行政机关	Administrative Agencies of Physical Culture and Sports	49	1721	427	6814	2550	17214
运动项目管理部门	Sports Events Management	228	30069	43	3087	2	56
本科院校	Colleges	6	4310				
职业、运动技术学院	Sports Technical Institutes	15	5323	3	473	1	4
体育运动学校	Physical Education and Sports Schools	31	2858	168	11260	28	884
竞技体校	Competitive Sports School	1	129	5	169	2	94
少儿体育运动学校（业余体校）	Spare-time Sports School	15	364	309	8262	1104	11818
单项运动学校	Physical Education and Sports Schools	3	94	14	285	4	44
体育中学	Secondary Schools of Physical Education			21	1069	16	671
训练基地	Training Bases	25	1310	38	499	4	85
体育场馆	Stadium and Gymnasium	61	2853	382	8060	250	2985
体育科研机构	Science and Technology Institute	28	955	30	265	1	6
其他事业单位	Other Institutions	231	5358	395	4818	467	6258
其他	Others	22	908	33	1474	12	137
构成(%)	**Composition(%)**						
总计	**Total**	**100.0**	**100.0**	**100.0**	**100.0**	**100.0**	**100.0**
体育行政机关	Administrative Agencies of Physical Culture and Sports	6.9	3.1	22.9	14.6	57.4	42.8
运动项目管理部门	Sports Events Management	31.9	53.5	2.3	6.6	0.0	0.1
本科院校	Colleges	0.8	7.7				
职业、运动技术学院	Sports Technical Institutes	2.1	9.5	0.2	1.0	0.0	0.0
体育运动学校	Physical Education and Sports Schools	4.3	5.1	9.0	24.2	0.6	2.2
竞技体校	Competitive Sports School	0.1	0.2	0.3	0.4	0.0	0.2
少儿体育运动学校（业余体校）	Spare-time Sports School	2.1	0.6	16.5	17.8	24.9	29.4
单项运动学校	Physical Education and Sports Schools	0.4	0.2	0.7	0.6	0.1	0.1
体育中学	Secondary Schools of Physical Education			1.1	2.3	0.4	1.7
训练基地	Training Bases	3.5	2.3	2.0	1.1	0.1	0.2
体育场馆	Stadium and Gymnasium	8.5	5.1	20.4	17.3	5.6	7.4
体育科研机构	Science and Technology Institute	3.9	1.7	1.6	0.6	0.0	0.0
其他事业单位	Other Institutions	32.3	9.5	21.1	10.4	10.5	15.5
其他	Others	3.1	1.6	1.8	3.2	0.3	0.3

9-28 体育场地和面积情况(截至2013年12月31日)
Statistics on Sports Ground and Area (by 2013.12.31)

类　型	Type	场地数量(万个) Number of Sports Ground (10 000 unit)	场地数量构成(%) Proportion (%)	场地面积(亿平方米) Area of Sports Ground (100 million sq.m)	场地面积构成(%) Proportion (%)
合　计	**Total**	**169.5**	**100.0**	**19.9**	**100.0**
按系统分	by System				
体育系统	Sports System	2.4	1.4	1.0	4.8
教育系统	Education System	66.1	39.0	10.6	53.0
#高等院校	Higher Education	5.0	2.9	0.8	4.2
中小学	Secondary and Primary Education	58.5	34.5	9.3	46.6
其他	Others	2.6	1.5	0.5	2.3
军队系统	Army System	5.2	3.1	0.4	2.2
其他系统	Other Systems	95.8	56.5	8.0	40.0
按单位类型分	by Unit Type				
行政机关	Administrative Agency	8.4	5.1	0.9	4.4
事业单位	Institutional Organization	68.7	41.8	11.5	58.8
企业单位	Business Units	13.8	8.4	4.1	21.1
#内资企业	Domestic Funded Enterprises	12.9	7.9	3.4	17.4
港、澳、台商投资企业	Enterprises with Funds from Hongkong, Macao and Taiwan	0.5	0.3	0.4	2.0
外商投资企业	Enterprises with Foreign Investment	0.4	0.2	0.3	1.7
其他单位	Other Units	73.4	44.7	3.1	15.7
按场地类型分	by Ground Type				
82种主要体育场地类型	82 Kinds Main Sports Ground Tpye	154.0	93.8	17.9	91.9
其他类体育场地	Other Sports Ground Types	10.2	6.2	1.6	8.1

注：1.本表数据来自第六次全国体育场地普查。
　　2.“按单位类型分”和“按场地类型分”的体育场地分布数据不包括军队系统所属的各类体育场地。
a) Data resource is 6th National Sports Ground General Survey.
b) "by Unit Type" and "by Ground Type" data excludes sports grounds belonging to army system.

9-29 体育场地城乡分布情况(截至2013年12月31日)
Statistics on Sports Ground by Area (by 2013.12.31)

场地类型	Ground Type	城镇 Urban		乡村 Rural	
		数量（万个）Number (10 000 unit)	场地面积（亿平方米）Area of Sports Ground (100 million sq.m)	数量（万个）Number (10 000 unit)	场地面积（亿平方米）Area of Sports Ground (100 million sq.m)
合 计	**Total**	**96.27**	**13.37**	**67.97**	**6.12**
室内体育场地	Sports Ground Indoor	12.87	0.54	2.73	0.05
室外体育场地	Sports Ground Outdoor	83.40	12.83	65.24	6.07

注：本表数据来自第六次全国体育场地普查。体育场地分布数据不包括军队系统所属的各类体育场地。
Data resource is 6th National Sports Ground General Survey. Data in this table excludes sports grounds belonging to army system.

9-30 分年龄城乡居民参加体育锻炼情况
Statistics on Urban and Rural Residents Participating in Physical Exercises by Age

单位：% (%)

年 龄 Age	2007		2014	
	参加过锻炼比例 Ever Participating in Physical Exercises	经常参加锻炼比例 Often Participating in Physical Exercises	参加过锻炼比例 Ever Participating in Physical Exercises	经常参加锻炼比例 Often Participating in Physical Exercises
20-29	38.2	6.2	48.2	13.7
30-39	33.1	6.1	41.7	12.4
40-49	31.5	8.0	41.1	14.9
50-59	29.9	10.8	40.0	18.0
60-69	28.4	11.7	36.2	18.2
≥70	22.2	8.5	26.0	10.8

注：本表数据来自全民健身活动状况调查结果。
Data resource is national fitness activities survey.

9-31 分年龄接受体育锻炼指导的人数比重(2014年)
Proportion of People Accepting Guidance of Physical Exercises by Age(2014)

单位：% unit:%

项 目	Item	合计 Total	年龄 Age 20-29	30-39	40-49	50-59	60-69	≥70
合 计	**Total**	**100.0**	**100.0**	**100.0**	**100.0**	**100.0**	**100.0**	**100.0**
专业教练指导	Guided by Professional Coach	5.7	11.4	6.4	4.2	2.9	2.9	1.9
社会体育指导员	Guided by Social Physical Instructor	5.3	5.3	4.5	5.6	5.7	5.7	4.9
其他受过相关专业训练的指导	Guided by Other Related Professional Exercises	4.7	6.4	4.8	4.3	3.6	4.5	2.9
同事、朋友相互指导	Guided by Friends or Colleagues	32.3	37.4	34.4	31.6	30.8	26.5	21.4
看资料(书刊、视频)指导	Guided by Book or Video	5.0	5.3	5.4	4.7	4.8	4.5	3.9
没有指导	No Guided	47.1	34.2	44.5	49.6	52.2	55.9	65.0

注：本表数据来自全民健身活动状况调查结果。
Data resource is national fitness activities survey.

9-32 国内游客旅游情况
Statistics on Domestic Visitors

指 标	Indicator	2011	2012	2013	2014	2015	2016
绝对数	**Value**						
国内居民出境人数(万人次)	Number of Chinese Outbound Visitors (10 000 person-times)	7025.00	8318.17	9818.52	11659.32	12786.00	13513.00
#因私出境人数	For Private Purpose	6411.79	7705.51	9197.08	11002.91	12172.00	12850.00
国内游客(亿人次)	Number of Domestic Visitors(100 million person-times)	26.41	29.57	32.62	36.11	40.00	44.40
国际旅游(外汇)收入(亿美元)	Foreign Exchange Earnings from International Tourism (100 million USD)	484.64	500.28	516.64	569.13	1136.50	1200.00
国内旅游收入(亿元)	Earnings from Domestic Tourism(100 million yuan)	19305.39	22706.22	26276.12	30311.86	34195.05	39390.00
比上年增长(%)	**Increase Rate (preceding year=100)**						
国内居民出境人数	Number of Chinese Outbound Visitors	22.42	18.41	18.04	9.26	9.66	5.69
#因私出境人数	For Private Purpose	24.48	20.18	19.36	19.63	10.63	5.57
国内游客	Number of Domestic Visitors	25.58	11.97	10.31	10.70	10.77	11.00
国际旅游(外汇)收入	Foreign Exchange Earnings from International Tourism	5.78	3.23	3.27	10.16	99.69	5.59
国内旅游收入	Earnings from Domestic Tourism	53.46	17.62	15.72	15.36	12.81	15.19

9-33 城乡居民国内旅游情况
Statistics on Tourism of Urban and Rural Residents

年 份 Year	国内游客（百万人次）Domestic Tourists (million person-times)	城镇居民 Urban Residents	农村居民 Rural Residents	旅游总花费（亿元）Tourism Expenditure(100 million yuan)	城镇居民 Urban Residents	农村居民 Rural Residents	人均花费（元）Per Capita Expenditure (yuan)	城镇居民 Urban Residents	农村居民 Rural Residents
1994	524	205	319	1023.5	848.2	175.3	195.3	414.7	54.9
1995	629	246	383	1375.7	1140.1	235.6	218.7	464.0	61.5
1996	640	256	383	1638.4	1368.4	270.0	256.2	534.1	70.5
1997	644	259	385	2112.7	1551.8	560.9	328.1	599.8	145.7
1998	695	250	445	2391.2	1515.1	876.1	345.0	607.0	197.0
1999	719	284	435	2831.9	1748.2	1083.7	394.0	614.8	249.5
2000	744	329	415	3175.5	2235.3	940.3	426.6	678.6	226.6
2001	784	375	409	3522.4	2651.7	870.7	449.5	708.3	212.7
2002	878	385	493	3878.4	2848.1	1030.3	441.8	739.7	209.1
2003	870	351	519	3442.3	2404.1	1038.2	395.7	684.9	200.0
2004	1102	459	643	4710.7	3359.0	1351.7	427.5	731.8	210.2
2005	1212	496	716	5285.9	3656.1	1629.7	436.1	737.1	227.6
2006	1394	576	818	6229.7	4414.7	1815.0	446.9	766.4	221.9
2007	1610	612	998	7770.6	5550.4	2220.2	482.6	906.9	222.5
2008	1712	703	1009	8749.3	5971.7	2777.6	511.0	849.4	275.3
2009	1902	903	999	10183.7	7233.8	2949.9	535.4	801.1	295.3
2010	2103	1065	1038	12579.8	9403.8	3176.0	598.2	883.0	306.0
2011	2641	1687	954	19305.4	14808.6	4496.8	731.0	877.8	471.4
2012	2957	1933	1024	22706.2	17678.0	5028.2	767.9	914.5	491.0
2013	3262	2186	1076	26276.1	20692.6	5583.5	805.5	946.6	518.9
2014	3611	2483	1128	30311.9	24219.8	6092.1	839.7	975.4	540.2
2015	4000	2802	1188	34195.1	27610.9	6584.2	857.0	985.5	554.2
2016	4440	3195	1240	39390.0	32241.3	7147.8	888.2	1009.1	576.4

9-34 按城乡和性别划分的休闲娱乐活动平均时间
Average Time of Leisure and Entertainment Activities by Area and Gender

单位：分钟 (minute)

休闲娱乐活动	Leisure and Entertainment Activities	合计 Total			城市 Urban			农村 Rural		
		合计 Total	男 Male	女 Female	合计 Total	男 Male	女 Female	合计 Total	男 Male	女 Female
合　计	**Total**	**233**	**252**	**215**	**276**	**303**	**251**	**185**	**196**	**174**
使用媒体	Media	152	165	140	176	195	159	125	131	118
阅读书报杂志	Reading Books, Newspapers or Magazines	11	14	9	18	22	15	4	5	3
看电视及影视光盘	Watching TV or Compact Disk	126	131	121	133	139	127	117	121	113
听广播及音频节目	Listening to the Radio or Audio Program	1	1	1	1	1	1	1	1	
上互联网	Surf the Internet	14	19	9	23	32	15	3	4	2
健身锻炼	Fitness Exercises	23	24	22	36	37	34	9	10	7
走路跑步	Working or Running	18	19	17	27	28	26	7	8	6
武术气功	Martial Arts or Qigong				1	1	1			
跳舞和健身	Dancing or Bodybuilding	3	2	3	4	3	5	1	1	1
球类运动	Ball Game	2	2	1	2	4	1	1	1	
业余爱好、游戏	Hobbies and Games	22	26	18	24	29	20	19	22	15
棋牌游戏	Chess and Card Game	19	23	16	21	25	17	18	20	15
计算机游戏	Computer Game	1	2	1	1	2	1	1	1	
群体游戏	Group Game	1	1	1	1	1	1			
外出参观、看电影与演出	Touring, Seeing Movie and Performance	2	3	2	4	4	3	1	1	1
看电影	Seeing Movie				1		1			
外出参观	Touring	2	2	2	3	3	3			
社会交往	Social Communication	23	22	24	22	21	22	25	24	26
交流与交谈	Talking and Communication	22	21	23	20	19	20	24	22	25
其他社会交往活动	Others	1	2	1	2	2	2	1	1	1
相关交通活动	Related Transportation Activities	8	9	7	12	12	11	4	4	3
工作日	**Weekday**	**214**	**228**	**201**	**249**	**268**	**231**	**175**	**184**	**166**
使用媒体	Media	143	154	133	164	179	150	120	126	114
阅读书报杂志	Reading Books, Newspapers or Magazines	11	13	9	18	21	14	3	5	2
看电视及影视光盘	Watching TV or Compact Disk	119	123	115	124	128	120	113	117	110
听广播及音频节目	Listening to the Radio or Audio Program	1	1	1	1	1	1		1	
上互联网	Surf the Internet	12	16	8	21	28	14	3	4	1
健身锻炼	Fitness Exercises	22	23	21	34	35	33	8	10	7
走路跑步	Working or Running	17	18	16	26	27	25	7	8	6
武术气功	Martial Arts or Qigong				1	1	1			

注：1.数据来源于国家统计局2008年时间利用调查。
　　2.平均时间指用于某类活动的时间总和除以全部调查对象人数。
a)Data resource is from NBS 2008 Time Use Survey.
b)Average time refers to total time of certain activity divide by number of respondents.

9-34 续表 continued

单位：分钟 (minute)

休闲娱乐活动	Leisure and Entertainment Activities	合计 Total			城市 Urban			农村 Rural		
		合计 Total	男 Male	女 Female	合计 Total	男 Male	女 Female	合计 Total	男 Male	女 Female
跳舞和健身	Dancing or Bodybuilding	3	2	3	4	3	5	1	1	1
球类运动	Ball Game	1	2	1	2	3	1	1	1	
业余爱好、游戏	Hobbies and Games	18	21	15	20	23	16	16	18	14
棋牌游戏	Chess and Card Game	16	18	14	17	19	14	15	17	13
计算机游戏	Computer Game	1	1		1	2	1	1	1	
群体游戏	Group Game	1	1	1	1	1	1			
外出参观、看电影与演出	Touring, Seeing Movie and Performance	1	1	1	2	2	2	1	1	1
看电影	Seeing Movie									
外出参观	Touring	1	1	1	1	1	1			
社会交往	Social Communication	21	20	22	19	18	20	23	22	25
交流与交谈	Talking and Communication	20	19	21	18	17	19	22	21	24
其他社会交往活动	Others	1	1	1	1	1	1	1	1	1
相关交通活动	Related Transportation Activities	6	6	6	8	9	8	3	4	3
休息日	**Weekend**	**281**	**312**	**252**	**344**	**389**	**301**	**211**	**228**	**195**
使用媒体	Media	174	192	156	208	237	181	136	144	128
阅读书报杂志	Reading Books, Newspapers or Magazines	13	16	10	20	24	16	5	6	3
看电视及影视光盘	Watching TV or Compact Disk	142	150	134	156	168	145	127	131	122
听广播及音频节目	Listening to the Radio or Audio Program	1	1	1	1	2	1	1	1	
上互联网	Surf the Internet	17	24	11	29	42	18	4	6	2
健身锻炼	Fitness Exercises	26	28	23	40	43	37	10	12	8
走路跑步	Working or Running	20	21	18	30	32	29	8	10	6
武术气功	Martial Arts or Qigong				1	1	1			
跳舞和健身	Dancing or Bodybuilding	2	2	3	4	3	5	1	1	1
球类运动	Ball Game	2	4	1	4	6	2	1	2	
业余爱好、游戏	Hobbies and Games	31	39	24	36	45	28	25	32	19
棋牌游戏	Chess and Card Game	28	35	22	32	40	25	24	29	18
计算机游戏	Computer Game	1	2	1	2	3	1	1	2	
群体游戏	Group Game	1	1	1	2	2	1			
外出参观、看电影与演出	Touring, Seeing Movie and Performance	5	5	5	8	8	8	2	2	2
看电影	Seeing Movie	1	1	1	1	1	1			
外出参观	Touring	4	4	4	6	6	6	1	1	1
社会交往	Social Communication	28	28	29	28	28	27	29	28	30
交流与交谈	Talking and Communication	26	25	27	25	25	24	28	26	29
其他社会交往活动	Others	2	3	2	3	3	2	1	2	1
相关交通活动	Related Transportation Activities	13	14	12	20	22	18	5	6	5

9-35 按城乡和性别划分的休闲娱乐活动参与率
Participation Rate of Leisure and Entertainment Activities by Area and Gender

单位：% (%)

休闲娱乐活动	Leisure and Entertainment Activities	合计 Total			城市 Urban			农村 Rural		
		合计 Total	男 Male	女 Female	合计 Total	男 Male	女 Female	合计 Total	男 Male	女 Female
合计	**Total**	**94**	**95**	**94**	**96**	**97**	**95**	**93**	**94**	**91**
使用媒体	Media	90	91	89	92	93	92	87	88	86
阅读书报杂志	Reading Books, Newspapers or Magazines	18	21	15	29	33	25	6	8	4
看电视及影视光盘	Watching TV or Compact Disk	86	87	86	87	87	86	86	86	85
听广播及音频节目	Listening to the Radio or Audio Program	2	2	1	2	3	2	1	1	1
上互联网	Surf the Internet	11	13	9	19	23	15	2	3	1
健身锻炼	Fitness Exercises	27	28	25	39	40	39	12	15	10
走路跑步	Working or Running	22	23	21	33	33	32	10	13	8
武术气功	Martial Arts or Qigong	1	1	1	1	1	1			
跳舞和健身	Dancing or Bodybuilding	4	4	5	7	6	8	1	1	2
球类运动	Ball Game	2	3	1	3	4	2	1	2	
业余爱好、游戏	Hobbies and Games	13	16	11	15	18	12	11	14	9
棋牌游戏	Chess and Card Game	12	14	9	13	16	10	11	13	9
计算机游戏	Computer Game	1	1	1	1	1	1	1	1	
群体游戏	Group Game	1		1	1	1	1			
外出参观、看电影与演出	Touring, Seeing Movie and Performance	2	2	2	3	3	3	1	1	1
看电影	Seeing Movie				1	1	1			
外出参观	Touring	1	1	1	2	2	2			
社会交往	Social Communication	29	28	29	30	29	31	28	28	28
交流与交谈	Talking and Communication	28	27	29	29	28	30	27	27	27
其他社会交往活动	Others	1	1	1	1	2	1	1	1	1
相关交通活动	Related Transportation Activities	16	16	15	22	23	21	8	9	7
工作日	**Weekday**	**94**	**95**	**93**	**96**	**96**	**95**	**92**	**94**	**91**
使用媒体	Media	89	90	89	92	93	91	87	88	86
阅读书报杂志	Reading Books, Newspapers or Magazines	18	21	15	29	33	25	6	8	4
看电视及影视光盘	Watching TV or Compact Disk	85	86	85	85	86	85	85	86	85
听广播及音频节目	Listening to the Radio or Audio Program	1	2	1	2	3	2	1	1	1
上互联网	Surf the Internet	11	13	8	18	22	15	2	3	1
健身锻炼	Fitness Exercises	26	27	25	39	39	39	12	14	10
走路跑步	Working or Running	22	23	21	32	33	31	10	12	8
武术气功	Martial Arts or Qigong	1	1	1	1	1	1			

注：1.数据来源于国家统计局2008年时间利用调查。
2.参与率指参与某类活动的人数占全部调查对象的比重。

a) Data resource is from NBS 2008 Time Use Survey.

b) Particapation rate refers to proportion of people particapating certain activity in the whole respondents.

9-35 续表 continued

单位：% (%)

休闲娱乐活动	Leisure and Entertainment Activities	合计 Total			城市 Urban			农村 Rural		
		合计 Total	男 Male	女 Female	合计 Total	男 Male	女 Female	合计 Total	男 Male	女 Female
跳舞和健身	Dancing or Bodybuilding	5	4	5	8	6	9	2	2	2
球类运动	Ball Game	2	3	1	3	4	2	1	1	
业余爱好、游戏	Hobbies and Games	12	14	10	14	17	11	10	12	8
棋牌游戏	Chess and Card Game	11	13	9	12	14	9	9	11	8
计算机游戏	Computer Game	1	1	1	1	1	1	1	1	
群体游戏	Group Game				1	1	1			
外出参观、看电影与演出	Touring, Seeing Movie and Performance	1	1	1	2	2	2	1	1	1
看电影	Seeing Movie									
外出参观	Touring	1	1	1	1	1	1			
社会交往	Social Communication	28	27	28	28	27	29	27	27	27
交流与交谈	Talking and Communication	27	26	28	27	26	29	27	27	27
其他社会交往活动	Others	1	1	1	1	1	1	1	1	1
相关交通活动	Related Transportation Activities	13	14	13	18	19	18	7	8	6
休息日	**Weekend**	**95**	**96**	**95**	**98**	**98**	**97**	**93**	**94**	**92**
使用媒体	Media	91	92	90	94	95	93	88	88	87
阅读书报杂志	Reading Books, Newspapers or Magazines	18	21	15	28	32	24	7	9	4
看电视及影视光盘	Watching TV or Compact Disk	88	89	88	89	90	89	87	87	86
听广播及音频节目	Listening to the Radio or Audio Program	2	2	2	3	3	2	1	1	1
上互联网	Surf the Internet	12	15	9	20	26	15	3	3	2
健身锻炼	Fitness Exercises	27	29	26	41	42	39	13	15	10
走路跑步	Working or Running	23	24	22	34	34	33	11	13	9
武术气功	Martial Arts or Qigong	1	1	1	1	1	1			
跳舞和健身	Dancing or Bodybuilding	4	3	4	6	5	7	1	1	1
球类运动	Ball Game	3	4	1	4	5	2	1	2	1
业余爱好、游戏	Hobbies and Games	17	20	13	19	23	15	14	17	11
棋牌游戏	Chess and Card Game	15	18	12	17	20	13	13	16	10
计算机游戏	Computer Game	1	1	1	1	2	1	1	1	
群体游戏	Group Game	1	1	1	1	1	1			
外出参观、看电影与演出	Touring, Seeing Movie and Performance	4	4	4	6	6	6	1	1	1
看电影	Seeing Movie	1	1	1	1	1	1	1		1
外出参观	Touring	3	3	3	5	5	5			1
社会交往	Social Communication	32	32	32	33	33	34	30	30	30
交流与交谈	Talking and Communication	31	30	31	32	31	32	30	29	30
其他社会交往活动	Others	2	2	2	2	3	2	1	1	1
相关交通活动	Related Transportation Activities	22	24	20	32	35	30	10	12	9

十、资源环境

Resources and Environment

10-1 全国自然生态情况
Natural Ecology

年 份 Year	自然保护区数(个) Number of Nature Reserves (unit)	自然保护区面积(万公顷) Area of Nature Reserves (10 000 hectares)	保护区面积占辖区面积比重(%) Percentage of Nature Reserves in the Region (%)	累计除涝面积(万公顷) Area with Flood Prevention Measures (10 000 hectares)	累计水土流失治理面积(万公顷) Area of Soil Erosion under Control (10 000 hectares)
2000	1227	9821	9.9		8096.1
2001	1551	12989	12.9		8153.9
2002	1757	13295	13.2		8541.0
2003	1999	14398	14.4	2113.9	8971.4
2004	2194	14823	14.8	2119.8	9200.5
2005	2349	14995	15.0	2134.0	9465.5
2006	2395	15154	15.2	2137.6	9749.1
2007	2531	15188	15.2	2141.9	9987.1
2008	2538	14894	14.9	2142.5	10158.7
2009	2541	14775	14.7	2158.4	10454.5
2010	2588	14944	14.9	2169.2	10680.0
2011	2640	14971	14.9	2172.2	10966.4
2012	2669	14979	14.9	2185.7	10295.3
2013	2697	14631	14.8	2194.3	10689.2
2014	2729	14699	14.8	2236.9	11160.9
2015	2740	14703	14.8	2271.3	11557.8
2016	2750	14733	14.9	2306.7	12041.2

10-2 水资源情况
Water Resources

年 份 Year	水资源总量(亿立方米) Total Amount of Water Resources (100 million cu.m)	地表水资源量 Surface Water Resources	地下水资源量 Groundwater Resources	地表水与地下水资源重复量 Duplicated Measurement Between Surface Water and Groundwater	人均水资源量(立方米/人) Per Capita Water Resources (cu.m/person)
2000	27700.8	26561.9	8501.9	7363.0	2193.9
2005	28053.1	26982.4	8091.1	7020.4	2151.8
2006	25330.1	24358.1	7642.9	6670.8	1932.1
2007	25255.2	24242.5	7617.2	6604.5	1916.3
2008	27434.3	26377.0	8122.0	7064.7	2071.1
2009	24180.2	23125.2	7267.0	6212.1	1816.2
2010	30906.4	29797.6	8417.0	7308.2	2310.4
2011	23256.7	22213.6	7214.5	6171.4	1730.2
2012	29526.9	28371.4	8416.1	7260.6	2186.1
2013	27957.9	26839.5	8081.1	6962.7	2059.7
2014	27266.9	26263.9	7745.0	6742.0	1998.6
2015	27962.6	26900.8	7797.0	6735.2	2039.2
2016	32466.4	31273.9	8854.8	7662.3	2354.9

10-3 供水用水情况
Water Supply and Water Use

年　份 Year	供水总量（亿立方米）Water Supply (100 million cu.m)	地表水 Surface Water	地下水 Ground-water	其　他 Others	用水总量（亿立方米）Water Use (100 million cu.m)	农　业 Agricul-ture	工　业 Industry	生　活 Consump-tion	生　态 Ecological Protection	人均用水量（立方米/人）Per Capita Water Use (cu.m/person)
2000	5530.7	4440.4	1069.2	21.1	5497.6	3783.5	1139.1	574.9		435.4
2005	5633.0	4572.2	1038.8	22.0	5633.0	3580.0	1285.2	675.1	92.7	432.1
2006	5795.0	4706.8	1065.5	22.7	5795.0	3664.4	1343.8	693.8	93.0	442.0
2007	5818.7	4723.9	1069.1	25.7	5818.7	3599.5	1403.0	710.4	105.7	441.5
2008	5910.0	4796.4	1084.8	28.7	5910.0	3663.5	1397.1	729.3	120.2	446.2
2009	5965.2	4839.5	1094.5	31.2	5965.2	3723.1	1390.9	748.2	103.0	448.0
2010	6022.0	4881.6	1107.3	33.1	6022.0	3689.1	1447.3	765.8	119.8	450.2
2011	6107.2	4953.3	1109.1	44.8	6107.2	3743.6	1461.8	789.9	111.9	454.4
2012	6141.8	4963.0	1134.2	44.6	6141.8	3880.3	1423.9	728.8	108.8	454.7
2013	6183.4	5007.3	1126.2	49.9	6183.4	3921.5	1406.4	750.1	105.4	455.5
2014	6094.9	4920.5	1116.9	57.5	6094.9	3869.0	1356.1	766.6	103.2	446.7
2015	6103.2	4971.5	1069.2	62.5	6103.2	3851.5	1334.8	794.2	122.7	445.1
2016	6040.2	4912.4	1057.0	70.8	6040.2	3768.0	1308.0	821.6	142.6	438.1

注：1.生态用水仅包括部分河湖、湿地人工补水和城市环境用水。
2.2012年起，生活用水量中的牲畜用水量调整至农业用水量中。

a) Water use by ecological protection only includes artificial supplement of river & lake, wetland and city entironment.
b) Since 2012, water use for animal husbandry in water use for consumption is moved to rural water use.

10-4 全国自然灾害情况
Natural Disasters

年　份 Year	地质灾害 Geological Disasters: 灾害起数（处）Number of Geological Disasters (unit)	人员伤亡（人）Casualties (person)	直接经济损失（万元）Direct Economic Loss (10 000 yuan)	地震灾害 Earthquake Disasters: 灾害次数（次）Number of Earthquake Disasters (time)	人员伤亡（人）Casualties (person)	直接经济损失（万元）Direct Economic Loss (10 000 yuan)
2000	19653	27697	494201	10	2855	142244
2001	5793	1675	348699	12		
2002	40246	2759	509740	5	362	13100
2003	15489	1333	504325	21	7465	466040
2004	13555	1407	408828	11	696	94959
2005	17751	1223	357678	13	882	262811
2006	102804	1227	431590	10	229	79962
2007	25364	1123	247528	3	422	201922
2008	26580	1598	326936	17	446293	85949594
2009	10580	845	190109	8	407	273782
2010	30670	3445	638509	12	13795	2361077
2011	15804	410	413151	18	540	6020873
2012	14675	636	625253	12	1279	828757
2013	15374	929	1043568	14	15965	9953631
2014	10937	637	567027	20	3666	3326078
2015	8355	422	250528	14	1192	1791918
2016	10997	593	354290	16	104	668693

10-4 续表 continued

年 份 Year	海洋灾害 Marine Disasters			森林火灾 Geological Disasters		
	发生次数（次）Number of Marine Disasters (time)	死亡、失踪人数（人）Deaths and Missing People (person)	直接经济损失（亿元）Direct Economic Loss (100 million yuan)	灾害次数（次）Number of Forest Fires (time)	人员伤亡（人）Casualties (person)	其他损失折款（万元）Economic Loss (10 000 yuan)
2000		79	120.8	5934	178	3069
2001		401	100.1	4933	58	7409
2002	126	124	65.9	7527	98	3610
2003	172	128	80.5	10463	142	37000
2004	155	140	54.2	13466	252	20213
2005	176	371	332.4	11542	152	15029
2006	180	492	218.5	8170	102	5375
2007	163	161	88.4	9260	94	12416
2008	128	152	206.1	14144	174	12594
2009	132	95	100.2	8859	110	14511
2010		137	132.8	7723	108	11611
2011	114	76	62.1	5550	91	20173
2012	138	68	155.0	3966	21	10802
2013	115	121	163.5	3929	55	6062
2014	100	24	136.1	3703	112	42513
2015	79	30	72.7	2936	26	6371
2016	123	60	46.51	2034	36	4136

10-5 各地区自然保护基本情况(2016年)
Basic Situation of Natural Protection by Region (2016)

地　区　Region	自然保护区数(个) Number of Nature Reserves (unit)	自然保护区面积(万公顷) Area of Nature Reserves (10000 hectares)	保护区面积占辖区面积比重(%) Percentage of Nature Reserves in the Region (%)
全　国　National Total	**2750**	**14733.2**	**14.9**
北　京　Beijing	20	13.6	8.3
天　津　Tianjin	8	9.1	7.7
河　北　Hebei	45	71.0	3.7
山　西　Shanxi	46	110.3	7.0
内蒙古　Inner Mongolia	182	1270.3	10.7
辽　宁　Liaoning	105	267.3	13.4
吉　林　Jilin	51	252.6	13.5
黑龙江　Heilongjiang	250	793.8	16.8
上　海　Shanghai	4	13.7	5.3
江　苏　Jiangsu	31	53.6	3.8
浙　江　Zhejiang	37	21.2	1.7
安　徽　Anhui	106	51.3	3.7
福　建　Fujian	92	44.5	3.2
江　西　Jiangxi	200	122.6	7.3
山　东　Shandong	88	111.9	4.9
河　南　Henan	33	77.7	4.7
湖　北　Hubei	80	105.9	5.7
湖　南　Hunan	128	131.5	6.2
广　东　Guangdong	384	185.0	7.1
广　西　Guangxi	78	135.0	5.5
海　南　Hainan	49	270.7	6.9
重　庆　Chongqing	57	82.7	10.0
四　川　Sichuan	169	829.9	17.1
贵　州　Guizhou	124	89.5	5.1
云　南　Yunnan	160	288.3	7.3
西　藏　Tibet	47	4136.7	33.7
陕　西　Shaanxi	60	113.1	5.5
甘　肃　Gansu	60	891.5	20.9
青　海　Qinghai	11	2177.3	30.1
宁　夏　Ningxia	14	53.3	8.0
新　疆　Xinjiang	31	1958.5	11.8

资料来源：环境保护部。
Source: Ministry of Environmental Protection.

10-6 分地区森林资源情况
Forest Resources by Region

地 区	Region	林业用地面积(万公顷) Area of Afforested Land (10 000 hectares)	森林面积(万公顷) Forest Aera (10 000 hectares)	#人工林 Artifical Forest	森林覆盖率(%) Forest Coverage Rate (%)	活立木总蓄积量(万立方米) Total Standing Forest Stock (10 000 cu.m)	森林蓄积量(万立方米) Stock Volume of Forest (10 000 cu.m)
全 国	**National Total**	**31259**	**20769**	**6933**	**22**	**1643281**	**1513730**
北 京	Beijing	101	59	37	36	1828	1425
天 津	Tianjin	16	11	11	10	454	374
河 北	Hebei	718	439	221	23	13082	10775
山 西	Shanxi	766	282	132	18	11039	9739
内蒙古	Inner Mongolia	4399	2488	332	21	148416	134530
辽 宁	Liaoning	700	557	307	38	25972	25046
吉 林	Jilin	856	764	161	40	96535	92257
黑龙江	Heilongjiang	2207	1962	247	43	177721	164487
上 海	Shanghai	8	7	7	11	380	186
江 苏	Jiangsu	179	162	157	16	8461	6470
浙 江	Zhejiang	661	601	259	59	24225	21680
安 徽	Anhui	443	380	225	28	21710	18075
福 建	Fujian	927	801	378	66	66675	60796
江 西	Jiangxi	1070	1002	339	60	47032	40841
山 东	Shandong	331	255	245	17	12361	8920
河 南	Henan	505	359	227	22	22881	17095
湖 北	Hubei	850	714	195	38	31325	28653
湖 南	Hunan	1253	1012	475	48	37312	33099
广 东	Guangdong	1076	906	558	51	37775	35683
广 西	Guangxi	1527	1343	635	57	55817	50937
海 南	Hainan	214	188	136	55	9774	8904
重 庆	Chongqing	406	316	93	38	17437	14652
四 川	Sichuan	2328	1704	449	35	177576	168000
贵 州	Guizhou	861	653	237	37	34384	30076
云 南	Yunnan	2501	1914	414	50	187514	169309
西 藏	Tibet	1784	1472	5	12	228812	226207
陕 西	Shaanxi	1228	853	237	41	42416	39593
甘 肃	Gansu	1043	507	103	11	24055	21454
青 海	Qinghai	808	406	7	6	4884	4331
宁 夏	Ningxia	180	62	14	12	873	660
新 疆	Xinjiang	1100	698	94	4	38680	33654

注：1.本表为第八次全国森林资源清查(2009-2013)资料。
2.全国总计数包括台湾省和香港、澳门特别行政区数据。

a) Data in the table are the figures of the Eighth National Forestry Survey (2009-2013).
b) Data of national total include forest resources in Taiwan Province and Hong Kong SAR and Macao SAR.

10-7 分地区水资源情况(2016年)
Water Resources by Region(2016)

地 区	Region	水资源总量(亿立方米) Total Amount of Water Resources (100 million cu.m)	地表水资源量 Surface Water Resources	地下水资源量 Groundwater Resources	地表水与地下水资源重复量 Duplicated Measurement Between Surface Water and Groundwater	人均水资源量(立方米/人) Per Capita Water Resources (cu.m/person)
全 国	**National Total**	**32466.4**	**31273.9**	**8854.8**	**7662.3**	**2354.9**
北 京	Beijing	35.1	14.0	24.2	3.1	161.6
天 津	Tianjin	18.9	14.1	6.1	1.3	121.6
河 北	Hebei	208.3	105.9	133.7	31.3	279.7
山 西	Shanxi	134.1	88.9	104.9	59.7	365.1
内蒙古	Inner Mongolia	426.5	268.5	248.2	90.2	1695.5
辽 宁	Liaoning	331.6	286.2	120.9	75.5	757.1
吉 林	Jilin	488.8	420.7	154.7	86.6	1782.0
黑龙江	Heilongjiang	843.7	720.0	285.9	162.2	2217.1
上 海	Shanghai	61.0	52.7	11.3	3.0	252.3
江 苏	Jiangsu	741.7	605.8	164.0	28.1	928.6
浙 江	Zhejiang	1323.3	1306.8	255.5	239.0	2378.1
安 徽	Anhui	1245.2	1179.2	219.3	153.3	2018.2
福 建	Fujian	2109.0	2107.1	450.7	448.8	5468.7
江 西	Jiangxi	2221.1	2203.2	501.9	484.0	4850.6
山 东	Shandong	220.3	121.2	164.8	65.7	222.6
河 南	Henan	337.3	220.1	190.2	73.0	354.8
湖 北	Hubei	1498.0	1468.2	313.6	283.8	2552.6
湖 南	Hunan	2196.6	2189.5	475.4	468.3	3229.1
广 东	Guangdong	2458.6	2448.5	570.0	559.9	2250.6
广 西	Guangxi	2178.6	2176.8	529.2	527.4	4522.7
海 南	Hainan	489.9	486.3	118.3	114.7	5360.0
重 庆	Chongqing	604.9	604.9	112.3	112.3	1994.7
四 川	Sichuan	2340.9	2339.7	593.3	592.1	2843.3
贵 州	Guizhou	1066.1	1066.1	251.3	251.3	3009.5
云 南	Yunnan	2088.9	2088.9	699.7	699.7	4391.7
西 藏	Tibet	4642.2	4642.2	1028.0	1028.0	141746.6
陕 西	Shaanxi	271.5	249.2	107.4	85.1	713.9
甘 肃	Gansu	168.4	160.9	108.7	101.2	646.4
青 海	Qinghai	612.7	591.5	282.5	261.3	10376.0
宁 夏	Ningxia	9.6	7.5	18.6	16.5	143.0
新 疆	Xinjiang	1093.4	1039.3	610.4	556.3	4596.0

10-8 分地区供水用水情况(2016年)
Water Supply and Water Use by Region (2016)

地区 Region	供水总量(亿立方米) Water Supply (100 million cu.m)	地表水 Surface Water	地下水 Ground-water	其他 Others	用水总量(亿立方米) Water Use (100 million cu.m)	农业 Agricul-ture	工业 Industry	生活 Consump-tion	生态 Ecological Protection	人均用水量(立方米/人) Per Capita Water Use (cu.m/person)
全国 National Total	**6040.2**	**4912.4**	**1057.0**	**70.8**	**6040.2**	**3768.0**	**1308.0**	**821.6**	**142.6**	**438.1**
北京 Beijing	38.8	11.3	17.5	10.0	38.8	6.0	3.8	17.8	11.1	178.6
天津 Tianjin	27.2	19.1	4.7	3.4	27.2	12.0	5.5	5.6	4.1	175.0
河北 Hebei	182.6	51.5	125.0	6.0	182.6	128.0	21.9	25.9	6.7	245.2
山西 Shanxi	75.5	39.5	31.7	4.4	75.5	46.7	12.9	12.6	3.3	205.6
内蒙古 Inner Mongolia	190.3	98.3	88.8	3.2	190.3	139.2	17.4	10.6	23.1	756.5
辽宁 Liaoning	135.4	74.2	57.0	4.2	135.4	84.9	19.6	25.3	5.6	309.1
吉林 Jilin	132.5	87.2	44.9	0.4	132.5	91.1	20.9	14.3	6.3	483.0
黑龙江 Heilongjiang	352.6	184.8	166.8	1.0	352.6	313.8	20.6	15.6	2.5	926.6
上海 Shanghai	104.8	104.8	0.0	0.0	104.8	14.5	64.4	25.1	0.8	433.5
江苏 Jiangsu	577.4	561.0	8.9	7.5	577.4	270.8	248.5	56.1	2.0	722.9
浙江 Zhejiang	181.1	178.5	1.6	1.1	181.1	81.0	48.4	46.3	5.5	325.5
安徽 Anhui	290.7	256.1	32.0	2.5	290.7	158.6	93.1	33.4	5.6	471.2
福建 Fujian	189.1	182.8	5.6	0.7	189.1	84.2	68.6	33.1	3.1	490.3
江西 Jiangxi	245.4	235.1	8.2	2.1	245.4	154.2	60.5	28.5	2.2	535.9
山东 Shandong	214.0	123.3	82.3	8.4	214.0	141.5	30.6	34.2	7.6	216.2
河南 Henan	227.6	105.0	119.8	2.8	227.6	125.6	50.3	38.7	13.0	239.4
湖北 Hubei	282.0	273.1	8.8		282.0	137.0	91.4	52.4	1.1	480.5
湖南 Hunan	330.4	315.1	15.2	0.05	330.4	195.1	89.0	43.5	2.8	485.7
广东 Guangdong	435.0	418.8	14.3	1.8	435.0	220.5	109.2	99.9	5.4	398.2
广西 Guangxi	290.6	278.0	11.5	1.1	290.6	198.3	49.8	39.7	2.7	603.3
海南 Hainan	45.0	41.9	2.9	0.2	45.0	33.1	3.1	8.3	0.5	492.3
重庆 Chongqing	77.5	76.0	1.4	0.2	77.5	25.5	30.7	20.2	1.1	255.6
四川 Sichuan	267.3	253.9	12.0	1.4	267.3	155.9	55.8	49.8	5.8	324.7
贵州 Guizhou	100.3	96.5	3.1	0.8	100.3	56.4	25.7	17.4	0.9	283.1
云南 Yunnan	150.2	145.3	3.7	1.2	150.2	105.2	21.1	21.1	2.8	315.8
西藏 Tibet	31.1	28.6	2.5	0.0	31.1	26.9	1.5	2.5	0.3	949.6
陕西 Shaanxi	90.8	55.5	33.3	2.0	90.8	57.6	13.7	16.4	3.1	238.8
甘肃 Gansu	118.4	90.5	24.8	3.0	118.4	94.7	11.1	8.3	4.1	454.5
青海 Qinghai	26.4	21.5	4.8	0.1	26.4	19.9	2.6	2.8	1.1	447.1
宁夏 Ningxia	64.9	59.4	5.3	0.2	64.9	56.3	4.4	2.2	2.0	966.5
新疆 Xinjiang	565.4	445.9	118.6	0.9	565.4	533.3	11.7	13.9	6.5	2376.6

10-9 分地区草原建设利用情况(2016年)
Construction & Utilization of Grassland by Region (2016)

单位：千公顷，% (1 000 hectares, %)

地 区	Region	草原总面积 Area of Grassland	累计种草保留面积 Accumulated Grassland Reserved	当年新增种草面积 Newly Increased Grassland of the Year	比重(全国=100) 草原总面积 Area of Grassland	累计种草保留面积 Accumulated Grassland Reserved	当年新增草种面积 Newly Increased Grassland of the Year
全 国	**National Total**	**392832.7**	**20562.0**	**6526.7**	**100.00**	**100.00**	**100.00**
北 京	Beijing	394.7			0.10		
天 津	Tianjin	146.7	6.9	4.4	0.04	0.03	0.07
河 北	Hebei	4712.0	621.4	93.8	1.20	3.02	1.44
山 西	Shanxi	4552.0	445.0	238.3	1.16	2.16	3.65
内蒙古	Inner Mongolia	78804.7	3858.0	1828.5	20.06	18.76	28.02
辽 宁	Liaoning	3388.7	589.5	133.5	0.86	2.87	2.05
吉 林	Jilin	5842.0	579.9	194.0	1.49	2.82	2.97
黑龙江	Heilongjiang	7532.0	305.5	121.8	1.92	1.49	1.87
上 海	Shanghai	73.3			0.02		
江 苏	Jiangsu	412.7	21.1	13.9	0.11	0.10	0.21
浙 江	Zhejiang	3170.0			0.81		
安 徽	Anhui	1663.3	99.2	67.1	0.42	0.48	1.03
福 建	Fujian	2048.0			0.52		
江 西	Jiangxi	4442.7	216.1	139.4	1.13	1.05	2.14
山 东	Shandong	1638.0	125.2	76.9	0.42	0.61	1.18
河 南	Henan	4434.0	85.8	60.9	1.13	0.42	0.93
湖 北	Hubei	6352.0	205.7	93.6	1.62	1.00	1.43
湖 南	Hunan	6372.7	254.2	46.4	1.62	1.24	0.71
广 东	Guangdong	3266.0	39.6	27.8	0.83	0.19	0.43
广 西	Guangxi	8698.7	94.2	24.4	2.21	0.46	0.37
海 南	Hainan	950.0	18.1	0.1	0.24	0.09	0.00
重 庆	Chongqing	2158.7	79.8	38.4	0.55	0.39	0.59
四 川	Sichuan	20380.7	2324.4	584.5	5.19	11.30	8.96
贵 州	Guizhou	4287.3	621.7	152.0	1.09	3.02	2.33
云 南	Yunnan	15308.7	1368.6	307.3	3.90	6.66	4.71
西 藏	Tibet	82052.0	329.9	46.1	20.89	1.60	0.71
陕 西	Shaanxi	5206.0	905.5	128.9	1.33	4.40	1.97
甘 肃	Gansu	17904.0	3099.9	736.4	4.56	15.08	11.28
青 海	Qinghai	36370.0	1481.0	450.1	9.26	7.20	6.90
宁 夏	Ningxia	3014.0	819.1	176.3	0.77	3.98	2.70
新 疆	Xinjiang	57258.7	1966.7	741.9	14.58	9.56	11.37

注：数据来自农业部。
Data source is Ministry of Agriculture.

10-10 分地区地质公园建设情况(2016年)
Construction of Geoparks by Region (2016)

地　区 Region	地质公园(个) Geopark (unit)	#国家级 National Level	地质公园面积(公顷) Area of Geopark (hectare)	#国家级 National Level	地质公园类别(个) Categories of Geoparks (unit)：地质构造、剖面和形迹 Geological Structure, Section or Traces	古生物化石 Fossil	地质地貌景观 Geological-geomor Phological Landscape	本年建设投资(万元) Investment in Current Year (10 000 yuan)
全　国 National Total	**523**	**199**	**10554263**	**6131749**	**72**	**41**	**410**	**466743**
北　京 Beijing	6	5	202842	200042	1	1	4	20099
天　津 Tianjin	1	1	26460	26460	1			
河　北 Hebei	18	10	151385	91571	5	1	12	61297
山　西 Shanxi	16	8	202704	122094	3	1	12	6716
内蒙古 Inner Mongolia	21	8	486378	366845		5	16	500
辽　宁 Liaoning	12	4	353275	291241	3	2	7	3139
吉　林 Jilin	9	4	333110	172263		2	7	529
黑龙江 Heilongjiang	31	7	1476258	531682	2	1	28	2000
上　海 Shanghai	1	1	14500	14500			1	
江　苏 Jiangsu	11	3	16346	4238	2	1	8	8217
浙　江 Zhejiang	13	4	89882	43363	2	1	10	21699
安　徽 Anhui	18	10	199999	159968	2	1	15	6174
福　建 Fujian	18	10	241897	151335	2		16	16330
江　西 Jiangxi	10	4	302087	203613			10	12209
山　东 Shandong	63	8	293018	210509	3	4	56	14063
河　南 Henan	29	14	617813	516012	13	1	15	24688
湖　北 Hubei	27	7	597679	177281	5	1	21	15631
湖　南 Hunan	31	10	315915	136749	1		30	3482
广　东 Guangdong	17	8	357229	324589		1	16	9333
广　西 Guangxi	20	8	229122	93310	1		19	9605
海　南 Hainan	5	1	28605	10800			5	711
重　庆 Chongqing	9	5	160170	84984		1	8	28290
四　川 Sichuan	30	14	653241	345617	9	3	18	5567
贵　州 Guizhou	18	9	219046	150702	4	5	9	72585
云　南 Yunnan	12	10	310963	274872	2	3	7	12953
西　藏 Tibet	4	2	473044	463280	2		2	
陕　西 Shaanxi	16	7	253577	32280	3		13	16142
甘　肃 Gansu	32	7	914041	323810	3	4	25	66881
青　海 Qinghai	8	6	571908	355541			8	
宁　夏 Ningxia	4	1	38201	12960	2	1	1	960
新　疆 Xinjiang	13	5	423569	239238	1	1	11	26942

注：数据来自国土资源部。
Data source is Ministry of Land and Resources.

10-11 各地区林业系统野生动植物保护及自然保护区工程建设情况(2016年)
Wildlife Conservation and Nature Reserve Program of Forestry Establishments by Region(2016)

地 区	Region	自然保护区个数(个) Nature Reserves (unit)	#国家级 National Reserves	自然保护区面积(万公顷) Nature Reserves Area (10 000 hectares)	#国家级 National Reserves	国际重要湿地 International Important Wetland		林业投资完成额(万元) Investment Completed (10 000 yuan)	#国家投资 State Investment
						个数(个) Number (unit)	面积(万公顷) Area (10 000 hectares)		
全 国	**National Total**	**2301**	**359**	**12553.0**	**8145.2**	**49**	**411.2**	**155469**	**145921**
北 京	Beijing	16	2	13.0	2.8			979	979
天 津	Tianjin	5	1	5.3	0.1			1986	1986
河 北	Hebei	32	9	60.4	21.2			1885	1885
山 西	Shanxi	45	7	109.3	11.7			4380	4374
内蒙古	Inner Mongolia	150	24	950.1	319.3	2	74.8	6646	6646
辽 宁	Liaoning	75	13	120.5	21.2	2	14.0	3767	3767
吉 林	Jilin	43	15	252.6	102.4	2	24.9	2802	2802
黑龙江	Heilongjiang	123	31	440.1	199.6	7	71.5	13283	13283
上 海	Shanghai	1	1	2.4	2.4	2	3.6	4030	4030
江 苏	Jiangsu	23	1	29.3	0.3	2	53.1	3545	
浙 江	Zhejiang	22	7	11.3	7.9	1	0.0	2439	1658
安 徽	Anhui	98	6	41.5	10.3	1	3.3	2735	2712
福 建	Fujian	89	15	52.9	21.6	1	0.2	4318	4318
江 西	Jiangxi	186	15	103.6	24.4	1	2.2	5844	4594
山 东	Shandong	65	4	80.9	17.5	1	9.6	400	400
河 南	Henan	25	11	50.9	34.7			1005	1005
湖 北	Hubei	58	14	91.6	43.1	3	6.4	8787	8710
湖 南	Hunan	191	22	137.4	62.1	3	39.3	14628	13248
广 东	Guangdong	290	8	130.3	16.3	4	6.8	8188	7912
广 西	Guangxi	63	19	128.3	33.5	2	0.7	10773	9163
海 南	Hainan	32	7	23.8	13.7	1	0.5	5483	5362
重 庆	Chongqing	53	6	76.7	24.6			2209	2209
四 川	Sichuan	123	23	735.3	261.4	1	16.7	14735	14735
贵 州	Guizhou	104	8	91.2	24.5			2483	2483
云 南	Yunnan	130	17	261.9	139.0	4	1.4	10029	9635
西 藏	Tibet	61	9	4100.6	3710.4	2	11.7	7166	7131
陕 西	Shaanxi	52	19	110.4	58.4			3157	3147
甘 肃	Gansu	48	15	763.1	593.8	2	28.9	1227	1207
青 海	Qinghai	10	7	2164.7	2073.4	3	18.4		
宁 夏	Ningxia	10	6	49.9	42.9			1600	1600
新 疆	Xinjiang	46	11	1144.3	165.0			4670	4650
大兴安岭	Daxinganling	32	6	219.3	85.8	1	23.0	290	290

10-12 主要城市气候情况(2016年)
Climate of Major Cities (2016)

城　市	City	年平均气温(摄氏度) Annual Average Temperature (℃)	年极端最高气温(摄氏度) Annual Maximum Temperature (℃)	年极端最低气温(摄氏度) Annual Minimum Temperature (℃)	年平均相对湿度(%) Annual Average Humidity (%)	全年日照时数(小时) Annual Average Sunshine Hours (hour)	全年降水量(毫米) Annual Average Precipitation (millimeter)
北　京	Beijing	13.8	37.8	-15.2	52	2502.1	669.1
天　津	Tianjin	13.8	36.5	-16.4	58	2327.4	608.6
石家庄	Shijiazhuang	14.6	38.1	-14.5	58	1917.1	712.6
太　原	Taiyuan	11.2	35.2	-20.9	59	2730.4	528.4
呼和浩特	Hohhot	7.1	32.6	-27.1	49	2838.4	531.3
沈　阳	Shenyang	8.8	35.2	-24.8	63	2422.1	968.0
长　春	Changchun	6.6	32.9	-28.2	63	2711.2	890.8
哈尔滨	Harbin	5.0	34.3	-31.4	69	2180.8	537.8
上　海	Shanghai	17.6	39.2	-7.8	75	1668.6	1596.1
南　京	Nanjing	16.8	38.5	-9.8	73	1856.1	1807.7
杭　州	Hangzhou	18.2	40.3	-8.2	75	1522.4	1797.3
合　肥	Hefei	17.0	39.1	-9.8	76	1653.6	1502.0
福　州	Fuzhou	21.0	38.7	-1.9	77	1287.2	2263.4
南　昌	Nanchang	19.0	38.6	-5.3	75	1799.3	1869.0
济　南	Jinan	15.4	36.9	-17.0	57	2213.7	1008.2
郑　州	Zhengzhou	16.4	38.3	-9.3	63	1915.8	833.0
武　汉	Wuhan	17.3	38.4	-9.4	80	1614.6	1827.1
长　沙	Changsha	17.5	38.6	-6.6	83	1502.5	1704.8
广　州	Guangzhou	21.9	38.0	1.2	82	1451.8	2939.7
南　宁	Nanning	22.3	38.9	1.5	80	1582.9	1546.4
海　口	Haikou	24.6	37.4	5.6	82	2084.3	1913.7
重　庆	Chongqing	19.5	42.3	0.1	76	1228.4	1348.0
成　都	Chengdu	16.8	36.7	-6.5	82	1088.5	983.9
贵　阳	Guiyang	15.3	33.7	-4.8	80	1160.2	1045.8
昆　明	Kunming	15.8	30.5	-4.5	73	2128.4	1150.2
拉　萨	Lhasa	9.5	26.2	-10.1	37	3020.1	551.6
西　安	Xi'an	15.8	38.6	-11.5	59	2140.3	456.0
兰　州	Lanzhou	8.2	35.2	-24.5	56	2734.5	310.0
西　宁	Xining	6.6	33.1	-23.2	57	2690.4	444.1
银　川	Yinchuan	10.7	36.1	-20.5	50	2845.7	264.9
乌鲁木齐	Urumqi	8.4	37.0	-20.7	60	2719.8	387.1

注：数据来自中国气象局。
Data source is China Meteorological Administration.

10-13 分地区城市污水排放和处理情况(2016年)
Urban Waste Water Discharged and Treated by Region (2016)

地 区	Region	城市污水排放量(万立方米) Waste Water Discharged (10 000 cu.m)	污水处理厂(座) Waste Water Treatment Plants (unit)	#二、三级处理 Secondary & Tertiary Treatment	污水处理厂污水处理能力(万立方米/日) Treatment Capacity (10 000 cu.m/day)	#二、三级处理 Secondary & Tertiary Treatment	污水处理厂污水处理量(万立方米) Volume of Waste Water Treated (10 000 cu.m)
全 国	**National Total**	**4803049**	**2039**	**1757**	**14909.5**	**12811.2**	**4313115**
北 京	Beijing	169540	58	58	611.6	611.6	149153
天 津	Tianjin	99693	48	48	288.9	288.9	91053
河 北	Hebei	171190	83	54	585.9	428.9	161680
山 西	Shanxi	74553	40	25	255.9	164.8	66998
内蒙古	Inner Mongolia	63261	44	35	245.5	185.4	59769
辽 宁	Liaoning	256798	91	65	787.1	656.4	233600
吉 林	Jilin	86821	42	18	316.2	208.8	79664
黑龙江	Heilongjiang	121854	66	43	365.0	271.4	91503
上 海	Shanghai	236248	49	46	806.9	306.9	221501
江 苏	Jiangsu	427570	195	171	1226.8	1088.7	347250
浙 江	Zhejiang	277096	88	88	885.1	885.1	251689
安 徽	Anhui	159297	66	60	448.9	416.4	146603
福 建	Fujian	122965	50	49	367.6	362.6	110790
江 西	Jiangxi	88768	40	39	256.4	255.4	78988
山 东	Shandong	320102	173	173	1058.6	1058.6	307665
河 南	Henan	185413	81	66	670.7	550.2	176702
湖 北	Hubei	209620	82	67	627.2	542.5	193663
湖 南	Hunan	175059	65	65	521.6	521.6	157268
广 东	Guangdong	689202	256	245	2030.3	1897.8	646113
广 西	Guangxi	136471	47	40	325.6	305.1	96323
海 南	Hainan	32641	21	21	90.9	90.9	25136
重 庆	Chongqing	104129	50	46	285.4	271.9	99369
四 川	Sichuan	199603	102	81	564.0	381.0	171008
贵 州	Guizhou	54056	31	23	183.9	132.1	51133
云 南	Yunnan	88280	38	31	242.2	209.7	80455
西 藏	Tibet	9047	5	5	25.9	25.9	7819
陕 西	Shaanxi	92129	39	24	348.0	268.5	84168
甘 肃	Gansu	34688	24	18	131.7	114.9	32544
青 海	Qinghai	18484	11	7	41.9	36.1	11482
宁 夏	Ningxia	28009	13	11	78.5	63.5	22598
新 疆	Xinjiang	70462	41	35	235.3	209.6	59428

10-13 续表 continued

地 区	Region	其他污水处理设施 Other Waste Water Treatment Equipments 处理能力（万立方米/日） Treatment Capacity (10 000 cu.m/day)	处理量（万吨） Volume of Treatment (10 000 tons)	污水处理总能力（万立方米/日） Total Treatment Capacity (10 000 cu.m/day)	污水处理总量（万吨） Total Volume of Waste Water Treated (10 000 tons)	污水再生利用量（万吨） Total Volume of Waste Water Recycled & Reused (10 000 tons)	城市污水处理率（%） Waste Water Treatment Rate (%)	#污水处理厂集中处理率 Waste Water Treatment Concentration Rate
全 国	**National Total**	**1869.7**	**174829**	**16779.2**	**4487944**	**452698**	**93.4**	**89.8**
北 京	Beijing	19.3	4411	630.9	153564	100398	90.6	88.0
天 津	Tianjin	2.6	745	291.5	91798	2608	92.1	91.3
河 北	Hebei	21.1	1584	607.0	163264	39682	95.4	94.4
山 西	Shanxi	2.0	178	257.9	67176	16087	90.1	89.9
内蒙古	Inner Mongolia			245.5	59769	11387	94.5	94.5
辽 宁	Liaoning	44.3	6781	831.4	240381	19444	93.6	91.0
吉 林	Jilin	2.5	3	318.7	79667	100	91.8	91.8
黑龙江	Heilongjiang	393.2	19898	758.2	111401	5660	91.4	75.1
上 海	Shanghai		1250	806.9	222751		94.3	93.8
江 苏	Jiangsu	516.1	57178	1742.9	404428	72807	94.6	81.2
浙 江	Zhejiang	116.7	8487	1001.8	260176	10029	93.9	90.8
安 徽	Anhui	58.8	8490	507.7	155093	3946	97.4	92.0
福 建	Fujian	15.2	1436	382.8	112226	124	91.3	90.1
江 西	Jiangxi	3.5	624	259.9	79612	796	89.7	89.0
山 东	Shandong	11.3	291	1069.9	307956	85803	96.2	96.1
河 南	Henan	9.0	1124	679.7	177826	13814	95.9	95.3
湖 北	Hubei	60.5	5568	687.7	199231	15227	95.0	92.4
湖 南	Hunan	91.5	7887	613.1	165155	3642	94.3	89.8
广 东	Guangdong	8.8	1660	2039.1	647773	11637	94.0	93.8
广 西	Guangxi	392.4	29384	718.0	125707	3	92.1	70.6
海 南	Hainan			90.9	25136	1734	77.0	77.0
重 庆	Chongqing	4.3	1376	289.7	100745	973	96.8	95.4
四 川	Sichuan	45.5	7954	609.5	178962	11286	89.7	85.7
贵 州	Guizhou			183.9	51133	870	94.6	94.6
云 南	Yunnan	8.7	1024	250.9	81479	1342	92.3	91.1
西 藏	Tibet			25.9	7819		86.4	86.4
陕 西	Shaanxi			348.0	84168	8499	91.4	91.4
甘 肃	Gansu			131.7	32544	2756	93.8	93.8
青 海	Qinghai	9.9	2897	51.8	14379	778	77.8	62.1
宁 夏	Ningxia	12.5	3644	91.0	26242	2230	93.7	80.7
新 疆	Xinjiang	20.0	955	255.3	60383	9036	85.7	84.3

10-14 分地区城市生活垃圾无害化处理情况(2016年)

Statistics on Harmless Treatment in Urban by Region (2016)

地 区	Region	生活垃圾清运量（万吨）Consumption Wasts Collected and Transported (10 000 tons)	无害化处理厂（座）Number of Harmless Treatment Plants/Grounds (unit)	卫生填埋 Sanitary Landfill	焚烧 Incineration	其他 Others	无害化处理能力（吨/日）Harmless Treatment Capacity (ton/day)	卫生填埋 Sanitary Landfill
全 国	**National Total**	**20362**	**940**	**657**	**249**	**34**	**621351**	**350103**
北 京	Beijing	873	27	14	7	6	24341	9141
天 津	Tianjin	269	9	4	5		10800	5100
河 北	Hebei	725	51	39	10	2	23140	12480
山 西	Shanxi	469	23	18	5		13456	9644
内蒙古	Inner Mongolia	345	28	26	2		11969	9619
辽 宁	Liaoning	933	33	27	2	4	25603	22513
吉 林	Jilin	534	28	21	4	3	15095	9395
黑龙江	Heilongjiang	542	34	27	4	3	16306	11763
上 海	Shanghai	629	14	5	7	2	23530	11230
江 苏	Jiangsu	1562	61	31	30		55403	22310
浙 江	Zhejiang	1434	61	25	35	1	48250	13558
安 徽	Anhui	540	28	17	11		18087	9037
福 建	Fujian	657	26	11	14	1	19431	5865
江 西	Jiangxi	399	17	16	1		10505	9865
山 东	Shandong	1466	66	38	24	4	42484	20074
河 南	Henan	915	45	40	5		24757	19907
湖 北	Hubei	880	44	29	12	3	25136	11340
湖 南	Hunan	682	33	29	4		23013	18833
广 东	Guangdong	2391	76	48	24	4	71217	39972
广 西	Guangxi	411	25	20	5		12651	8851
海 南	Hainan	189	10	6	4		6133	2233
重 庆	Chongqing	494	24	21	3		11753	7353
四 川	Sichuan	887	44	30	14		24500	12400
贵 州	Guizhou	294	18	14	4		9290	6890
云 南	Yunnan	432	29	21	8		11079	4179
西 藏	Tibet	46	6	6			1151	1151
陕 西	Shaanxi	533	22	20	1	1	18075	16425
甘 肃	Gansu	257	20	18	2		7840	4919
青 海	Qinghai	82	8	8			2253	2253
宁 夏	Ningxia	112	9	8	1		4460	2960
新 疆	Xinjiang	379	21	20	1		9643	8843

10-14 续表 continued

地 区	Region	焚烧 Incineration	其他 Others	无害化处理量(万吨) Amount of Harmless Treated (10 000 tons)	卫生填埋 Sanitary Landfill	焚烧 Incineration	其他 Others	生活垃圾无害化处理率(%) Proportion of Harmless Treated Garbage (%)
全 国	**National Total**	**255850**	**15398**	**19673.8**	**11866.4**	**7378.4**	**428.9**	**96.6**
北 京	Beijing	10400	4800	871.2	472.8	272.5	126.0	99.8
天 津	Tianjin	5700		253.3	113.4	140.0		94.2
河 北	Hebei	10100	560	709.2	408.4	288.6	12.2	97.8
山 西	Shanxi	3812		444.1	320.3	123.8		94.6
内蒙古	Inner Mongolia	2350		341.4	302.2	39.2		98.9
辽 宁	Liaoning	1780	1310	870.2	756.0	66.4	47.8	93.3
吉 林	Jilin	4700	1000	460.9	298.5	130.6	31.9	86.3
黑龙江	Heilongjiang	3000	1543	436.9	307.3	85.0	44.6	80.6
上 海	Shanghai	11300	1000	629.4	329.6	272.9	26.9	100.0
江 苏	Jiangsu	33093		1561.2	451.9	1109.3		99.9
浙 江	Zhejiang	34492	200	1433.2	598.5	834.8		100.0
安 徽	Anhui	9050		539.6	258.1	281.5		99.9
福 建	Fujian	13066	500	646.7	206.0	421.4	19.3	98.4
江 西	Jiangxi	640		379.4	348.7	30.7		95.0
山 东	Shandong	20550	1860	1466.3	705.3	707.5	53.4	100.0
河 南	Henan	4850		903.9	746.6	157.4		98.8
湖 北	Hubei	12521	1275	843.1	444.9	374.6	23.6	95.8
湖 南	Hunan	4180		680.8	565.7	115.1		99.9
广 东	Guangdong	30045	1200	2300.6	1476.8	785.9	37.9	96.2
广 西	Guangxi	3800		406.9	329.3	77.6		99.0
海 南	Hainan	3900		188.6	58.5	130.1		99.9
重 庆	Chongqing	4400		494.1	299.4	194.6		100.0
四 川	Sichuan	12100		874.2	512.3	361.9		98.6
贵 州	Guizhou	2400		278.3	237.8	40.4		94.7
云 南	Yunnan	6900		401.7	155.8	245.9		93.0
西 藏	Tibet			42.0	42.0			91.2
陕 西	Shaanxi	1500	150	525.0	506.5	13.0	5.5	98.5
甘 肃	Gansu	2921		187.1	154.7	32.4		72.8
青 海	Qinghai			78.9	78.9			96.3
宁 夏	Ningxia	1500		110.2	76.0	34.3		98.3
新 疆	Xinjiang	800		315.4	304.4	11.0		83.3

10-15 分地区自然灾害损失情况(2016年)
Loss Caused by Natural Disasters by Region (2016)

单位：千公顷 (1 000 hectares)

地区 Region	农作物受灾面积合计 Total Areas Affected of Farm Crops		旱灾 Drought		洪涝、山体滑坡、泥石流和台风 Flood, Waterlogging, Landslides and Debrisflow, Typhoon	
	受灾 Area Affected	绝收 Total Crop Failure	受灾 Area Affected	绝收 Total Crop Failure	受灾 Area Affected	绝收 Total Crop Failure
全 国 National Total	**26220.7**	**2902.2**	**9872.7**	**1018.3**	**10554.9**	**1442.4**
北 京 Beijing	34.7	6.6			16.1	1.5
天 津 Tianjin	24.0	0.1			23.6	0.1
河 北 Hebei	1447.2	118.3	216.7	0.7	953.5	103.3
山 西 Shanxi	503.7	32.3	77.0	4.4	256.5	16.6
内蒙古 Inner Mongolia	3629.9	547.5	2770.5	489.4	256.2	14.7
辽 宁 Liaoning	581.9	18.7	401.0	5.3	141.5	10.2
吉 林 Jilin	748.2	90.4	524.3	52.3	143.8	21.7
黑龙江 Heilongjiang	4223.7	264.1	2955.0	172.3	957.3	57.2
上 海 Shanghai	3.1	0.6			3.1	0.6
江 苏 Jiangsu	301.1	7.3	134.3		92.6	4.9
浙 江 Zhejiang	456.0	19.5			189.4	15.1
安 徽 Anhui	1341.2	409.3	179.5	17.6	1107.2	390.8
福 建 Fujian	386.7	51.3			229.3	25.7
江 西 Jiangxi	786.1	72.5	35.3	6.5	424.8	55.5
山 东 Shandong	552.2	34.7	211.6	15.3	105.6	6.1
河 南 Henan	519.3	63.1	173.3	18.9	206.8	38.4
湖 北 Hubei	2741.2	368.8	341.9	39.0	1870.2	319.2
湖 南 Hunan	1375.5	96.0	11.6	0.4	1145.3	85.3
广 东 Guangdong	630.7	38.9			479.9	24.6
广 西 Guangxi	301.0	11.6	34.6	1.2	121.0	8.5
海 南 Hainan	509.3	30.9	15.5	1.3	459.4	26.6
重 庆 Chongqing	190.4	24.2	47.2	5.5	127.7	17.3
四 川 Sichuan	410.6	60.9	113.0	15.0	138.7	23.9
贵 州 Guizhou	330.7	51.7	6.6	0.8	201.1	32.2
云 南 Yunnan	868.5	107.0	47.7	1.9	244.9	44.9
西 藏 Tibet	14.5	6.7	0.8		12.9	6.4
陕 西 Shaanxi	632.9	70.1	240.1	22.5	98.3	16.5
甘 肃 Gansu	1343.3	131.9	998.2	99.9	104.3	19.0
青 海 Qinghai	134.7	9.8	38.3		13.5	1.5
宁 夏 Ningxia	390.4	62.3	279.2	46.9	11.7	3.7
新 疆 Xinjiang	808.0	95.1	19.5	1.2	418.7	50.4

注：人口受灾数据来自民政部。
Data on population affected and deaths is from Ministry of Civil Affairs.

10-15 续表 continued

单位：千公顷 (1 000 hectares)

地 区 Region	风雹灾害 Wind and Hail		低温冷冻和雪灾(千公顷) Low-temperature, Freezing and Snow Disaster (1 000 hectares)		人口受灾 Population		直接经济损失(亿元) Direct Economic Loss (100 million yuan)
	受灾 Area Affected	绝收 Total Crop Failure	受灾 Area Affected	绝收 Total Crop Failure	受灾人口(万人次) Population Affected (10 000 person-times)	死亡人口(含失踪)(人) Deaths (including missing) (person)	
全 国 National Total	**2908.0**	**268.8**	**2885.0**	**172.7**	**18911.7**	**1706**	**5032.9**
北 京 Beijing	18.6	5.1			24.8		16.7
天 津 Tianjin	0.4				14.5		3.6
河 北 Hebei	261.6	13.1	15.4	1.2	1428.2	282	618.9
山 西 Shanxi	104.5	11.2	65.7	0.1	648.8	30	109.0
内蒙古 Inner Mongolia	418.7	23.1	184.5	20.3	596.2	18	179.8
辽 宁 Liaoning	39.4	3.2			156.5	3	45.9
吉 林 Jilin	61.3	8.1	18.8	8.3	259.9		98.7
黑龙江 Heilongjiang	210.9	20.0	100.5	14.6	589.1	4	160.4
上 海 Shanghai					0.5	1	0.2
江 苏 Jiangsu	70.1	2.1	4.1	0.3	237.7	101	120.9
浙 江 Zhejiang	0.4		266.2	4.4	436.9	76	167.3
安 徽 Anhui	35.2	0.1	19.3	0.8	1487.8	36	564.0
福 建 Fujian	1.5	0.2	155.9	25.4	562.3	206	473.5
江 西 Jiangxi	35.2	3.8	290.8	6.7	805.1	45	106.0
山 东 Shandong	208.5	12.1	26.5	1.2	544.2	6	72.6
河 南 Henan	139.1	5.8	0.1		712.2	54	124.6
湖 北 Hubei	36.9	5.5	492.2	5.1	2331.0	133	837.7
湖 南 Hunan	45.3	5.4	173.3	4.9	1660.1	52	265.5
广 东 Guangdong	2.3	0.3	148.5	14.0	618.5	52	146.9
广 西 Guangxi	51.2	1.7	94.1	0.2	301.6	64	28.5
海 南 Hainan	0.5	0.1	33.9	2.9	457.3	22	79.3
重 庆 Chongqing	1.8	0.2	13.7	1.2	371.8	61	47.9
四 川 Sichuan	71.7	12.9	87.2	9.1	741.7	82	77.5
贵 州 Guizhou	111.1	18.5	11.9	0.2	661.7	115	173.3
云 南 Yunnan	158.1	25.5	417.8	34.7	1168.7	131	141.0
西 藏 Tibet	0.5	0.2	0.3	0.1	45.6	24	33.0
陕 西 Shaanxi	286.8	30.0	7.7	1.1	543.9	25	78.4
甘 肃 Gansu	76.7	6.2	164.1	6.8	997.8	8	91.3
青 海 Qinghai	66.5	8.3	16.4		124.4	15	32.1
宁 夏 Ningxia	33.3	3.3	66.2	8.4	186.1	3	17.4
新 疆 Xinjiang	359.9	42.8	9.9	0.7	196.8	57	121.2

10-16 全国环境污染治理投资和构成情况
Investment and Percentage in the Treatment of Environmental Pollution

单位：亿元，% (100 million yuan, %)

年份 Year	环境污染治理投资总额 Total Investment in Treatment of Environmental Pollution	城镇环境基础设施建设投资 Investment in Urban Environment Infrastructure Facilities	#燃气 Gas Supply	#集中供热 Central Heating	#排水 Sewerage Projects
绝对数 Value					
2001	1166.7	655.8	81.7	90.3	244.9
2002	1456.5	878.4	98.9	134.6	308.0
2003	1750.1	1194.8	147.4	164.3	419.8
2004	2057.5	1288.9	163.4	197.7	404.8
2005	2565.2	1466.9	164.3	250.0	431.5
2006	2779.5	1528.4	179.2	252.5	403.6
2007	3668.8	1749.0	187.0	272.4	517.1
2008	4937.0	2247.7	199.2	328.2	637.2
2009	5258.4	3245.1	219.2	441.5	1035.5
2010	7612.2	5182.2	357.9	557.5	1172.7
2011	7114.0	4557.2	444.1	593.3	971.6
2012	8253.5	5062.7	551.8	798.1	934.1
2013	9516.5	5223.0	607.9	819.5	1055.0
2014	9575.5	5463.9	574.0	763.0	1196.1
2015	8806.3	4946.8	463.1	687.8	1248.5
2016	**9219.8**	5412.0	532.0	662.5	1485.5
构成 Percentage					
2001	100.0	56.2	7.0	7.7	21.0
2002	100.0	60.3	6.8	9.2	21.1
2003	100.0	68.3	8.4	9.4	24.0
2004	100.0	62.6	7.9	9.6	19.7
2005	100.0	57.2	6.4	9.7	16.8
2006	100.0	55.0	6.4	9.1	14.5
2007	100.0	47.7	5.1	7.4	14.1
2008	100.0	45.5	4.0	6.6	12.9
2009	100.0	61.7	4.2	8.4	19.7
2010	100.0	68.1	4.7	7.3	15.4
2011	100.0	64.1	6.2	8.3	13.7
2012	100.0	61.3	6.7	9.7	11.3
2013	100.0	54.9	6.4	8.6	11.1
2014	100.0	57.1	6.0	8.0	12.5
2015	100.0	56.2	5.3	7.8	14.2
2016	100.0	58.7	5.8	7.2	16.1

10-16 续表 continued

单位：亿元，% (100 million yuan, %)

年 份 Year	#园林绿化 Gardening & Greening	#市容环境卫生 Sanitation	工业污染治理投资 Investment in the Treatment of Industrial Pollution	当年完成环保验收项目环保投资 Environmental Protection Investment in the Environmental Protection Acceptance Projects in the Year	环境污染治理投资占GDP比重 Investment in Anti-pollution Projects as Percentage of GDP
绝对数 Value					
2001	181.4	57.5		336.4	1.06
2002	261.5	75.4		389.7	1.21
2003	352.4	110.9		333.5	1.29
2004	400.5	122.5		460.5	1.29
2005	456.3	164.8		640.1	1.39
2006	475.2	217.9		767.2	1.28
2007	601.6	171.0		1367.4	1.38
2008	823.9	259.2		2146.7	1.57
2009	1137.6	411.2		1570.7	1.54
2010	2670.6	423.5		2033.0	1.86
2011	1991.9	556.2	444.4	2112.4	1.47
2012	2380.0	398.6	500.5	2690.4	1.53
2013	2234.9	505.7	849.7	3425.8	1.52
2014	2338.5	592.2	997.7	3113.9	1.49
2015	2075.4	472.0	773.7	3085.8	1.28
2016	2170.9	561.1	819.0	2988.8	**1.24**
构成 Percentage					
2001	15.5	4.9		28.8	
2002	18.0	5.2		26.8	
2003	20.1	6.3		19.1	
2004	19.5	6.0		22.4	
2005	17.8	6.4		25.0	
2006	17.1	7.8		27.6	
2007	16.4	4.7		37.3	
2008	16.7	5.3		43.5	
2009	21.6	7.8		29.9	
2010	35.1	5.6		26.7	
2011	28.0	7.8	6.2	29.7	
2012	28.8	4.8	6.1	32.6	
2013	23.5	5.3	8.9	36.0	
2014	24.4	6.2	10.4	32.5	
2015	23.6	5.4	8.8	35.0	
2016	23.5	6.1	8.9	32.4	

10-17 分地区环境污染治理投资和构成情况(2016年)
Investment and Percentage in the Treatment of Environmental Pollution by Region (2016)

单位：亿元，%　　(100 million yuan, %)

地区	Region	环境污染治理投资总额 Total Investment in Treatment of Environmental	城镇环境基础设施建设投资 Investment in Urban Environment Infrastructure	工业污染源治理投资 Investment in Treatment of Industrial Pollution	当年完成环保验收项目环保投资 Environmental Protection Investment in the Environmental Protection Acceptance Projects in the Year	环境污染治理投资构成 Percentage of Investment in Treatment of Environmental Pollution
全　国	**National Total**	**9219.8**	**5412.0**	**819.0**	**2988.8**	**100.0**
北　京	Beijing	674.2	650.5	9.9	13.8	100.0
天　津	Tianjin	53.5	38.4	10.4	4.7	100.0
河　北	Hebei	399.6	264.2	24.8	110.6	100.0
山　西	Shanxi	525.7	157.1	30.1	338.6	100.0
内蒙古	Inner Mongolia	456.0	298.9	40.6	116.5	100.0
辽　宁	Liaoning	176.2	107.9	19.4	48.9	100.0
吉　林	Jilin	84.1	58.2	9.8	16.1	100.0
黑龙江	Heilongjiang	173.6	108.4	17.4	47.8	100.0
上　海	Shanghai	205.3	58.2	51.9	95.2	100.0
江　苏	Jiangsu	765.6	453.2	74.8	237.6	100.0
浙　江	Zhejiang	650.6	300.1	60.2	290.3	100.0
安　徽	Anhui	498.2	335.1	41.5	121.6	100.0
福　建	Fujian	189.6	102.6	22.6	64.4	100.0
江　西	Jiangxi	313.3	178.2	10.4	124.7	100.0
山　东	Shandong	780.8	402.4	126.4	251.9	100.0
河　南	Henan	359.8	213.1	65.2	81.5	100.0
湖　北	Hubei	464.7	322.7	36.9	105.0	100.0
湖　南	Hunan	200.4	133.9	12.7	53.8	100.0
广　东	Guangdong	367.5	99.8	26.5	241.2	100.0
广　西	Guangxi	204.2	160.2	13.0	31.0	100.0
海　南	Hainan	30.3	25.0	1.6	3.7	100.0
重　庆	Chongqing	144.2	94.5	3.7	46.0	100.0
四　川	Sichuan	290.4	210.8	11.6	67.9	100.0
贵　州	Guizhou	118.4	94.0	5.7	18.7	100.0
云　南	Yunnan	145.8	70.3	12.7	62.8	100.0
西　藏	Tibet	14.1	13.8	0.1	0.1	100.0
陕　西	Shaanxi	317.4	190.3	19.5	107.6	100.0
甘　肃	Gansu	117.6	69.6	11.0	36.9	100.0
青　海	Qinghai	56.3	18.3	9.6	28.4	100.0
宁　夏	Ningxia	101.2	27.2	24.2	49.7	100.0
新　疆	Xinjiang	312.8	154.7	14.6	143.4	100.0

注：1.数据来自环境保护部、住房和城乡建设部。
　　2.城镇环境基础设施建设投资统计范围包括设市城市和县城。

a) Data source is Ministry of Environmental Protection, Ministry of Housing and Urban-Rural Development.

b) Scope of Investment in Urban Environment Infrastructure Facilities included cities officially designated and county seats.

10-17 续表 continued

单位：亿元，% (100 million yuan, %)

地 区	Region	城镇环境基础设施建设投资 Investment in Urban Environment Infrastructure Facilities	工业污染源治理投资 Investment in Treatment of Industrial Pollution Sources	当年完成环保验收项目环保投资 Environmental Protection Investment in the Environmental Protection Acceptance Projects in the Year	环境污染治理投资占GDP比重(%) Investment in Anti-pollution Projects as Percentage of GDP (%)
全 国	**National Total**	**58.7**	**8.9**	**32.4**	**1.24**
北 京	Beijing	96.5	1.5	2.1	2.63
天 津	Tianjin	71.9	19.4	8.7	0.30
河 北	Hebei	66.1	6.2	27.7	1.25
山 西	Shanxi	29.9	5.7	64.4	4.03
内蒙古	Inner Mongolia	65.6	8.9	25.5	2.52
辽 宁	Liaoning	61.2	11.0	27.8	0.79
吉 林	Jilin	69.1	11.7	19.2	0.57
黑龙江	Heilongjiang	62.4	10.0	27.5	1.13
上 海	Shanghai	28.3	25.3	46.4	0.73
江 苏	Jiangsu	59.2	9.8	31.0	0.99
浙 江	Zhejiang	46.1	9.3	44.6	1.38
安 徽	Anhui	67.3	8.3	24.4	2.04
福 建	Fujian	54.1	11.9	34.0	0.66
江 西	Jiangxi	56.9	3.3	39.8	1.69
山 东	Shandong	51.5	16.2	32.3	1.15
河 南	Henan	59.2	18.1	22.6	0.89
湖 北	Hubei	69.5	7.9	22.6	1.42
湖 南	Hunan	66.8	6.3	26.8	0.64
广 东	Guangdong	27.2	7.2	65.6	0.45
广 西	Guangxi	78.4	6.4	15.2	1.11
海 南	Hainan	82.5	5.3	12.1	0.75
重 庆	Chongqing	65.5	2.6	31.9	0.81
四 川	Sichuan	72.6	4.0	23.4	0.88
贵 州	Guizhou	79.4	4.8	15.8	1.01
云 南	Yunnan	48.2	8.7	43.0	0.99
西 藏	Tibet	98.3	0.8	0.9	1.22
陕 西	Shaanxi	60.0	6.1	33.9	1.64
甘 肃	Gansu	59.2	9.3	31.4	1.63
青 海	Qinghai	32.5	17.1	50.4	2.19
宁 夏	Ningxia	26.9	23.9	49.2	3.19
新 疆	Xinjiang	49.5	4.7	45.9	3.24

10-18 主要城市空气质量指标(2016年)
Ambient Air Quality in Major Cities (2016)

城　市 City	二氧化硫年平均浓度(微克/立方米) Annual Average Concentration of SO_2 (μg/m³)	二氧化氮年平均浓度(微克/立方米) Annual Average Concentration of NO_2 (μg/m³)	可吸入颗粒物(PM_{10})年平均浓度(微克/立方米) Annual Average Concentration of PM_{10} (μg/m³)	一氧化碳日均值第95百分位浓度(毫克/立方米) 95th Percentile Daily Average Concentration of CO (μg/m³)	臭氧(O_3)最大8小时第90百分位浓度(微克/立方米) 90th Percentile Daily Maximum 8 Hours Average Concentration of O_3(μg/m³)	细颗粒物(PM2.5)年平均浓度(微克/立方米) Annual Average Concentration of $PM_{2.5}$ (μg/m³)	空气质量达到及好于二级的天数(天) Days of Air Quality Equal to or Above Grade Ⅱ (day)
北　京 Beijing	10	48	92	3.2	199	73	198
天　津 Tianjin	21	48	103	2.7	157	69	226
石家庄 Shijiazhuang	41	58	164	3.9	164	99	172
唐　山 Tangshan	46	58	127	4.1	178	74	200
秦皇岛 Qinhuangdao	28	48	87	2.9	149	46	280
邯　郸 Handan	42	55	151	3.9	160	82	189
保　定 Baoding	39	58	147	4.4	174	93	155
太　原 Taiyuan	68	46	125	3.3	140	66	232
大　同 Datong	48	29	78	2.7	134	37	320
阳　泉 Yangquan	62	48	131	2.7	168	63	202
长　治 Changzhi	61	40	114	3.7	155	69	219
临　汾 Linfen	83	34	120	5.0	136	74	244
呼和浩特 Hohhot	28	42	95	2.8	148	41	283
包　头 Baotou	31	39	105	2.7	146	47	269
赤　峰 Chifeng	32	19	77	2.0	127	37	310
沈　阳 Shenyang	47	40	94	1.7	162	54	249
大　连 Dalian	26	30	67	1.5	155	39	299
鞍　山 Anshan	39	34	93	2.2	138	56	290
抚　顺 Fushun	27	33	78	2.1	162	44	284
本　溪 Benxi	36	33	74	2.1	137	45	316
锦　州 Jinzhou	52	37	81	2.0	180	55	246
长　春 Changchun	28	40	78	1.6	141	46	291
吉　林 Jilin	23	30	69	1.5	151	42	290
哈尔滨 Harbin	29	44	74	1.8	103	52	282
齐齐哈尔 Qiqihar	23	23	61	1.5	98	36	333
牡丹江 Mudanjiang	18	26	68	1.5	104	37	329
上　海 Shanghai	15	43	59	1.3	164	45	276
南　京 Nanjing	18	44	85	1.8	184	48	242
无　锡 Wuxi	18	47	83	1.8	186	53	245
徐　州 Xuzhou	35	42	118	2.2	153	60	238
常　州 Changzhou	22	42	90	1.6	175	53	246
苏　州 Suzhou	17	51	72	1.5	167	46	252
南　通 Nantong	25	36	70	1.3	174	46	263
连云港 Lianyungang	25	30	87	1.6	158	46	280
扬　州 Yangzhou	23	32	87	1.6	163	51	262
镇　江 Zhenjiang	24	38	80	1.4	162	50	268
杭　州 Hangzhou	12	45	79	1.3	171	49	260
宁　波 Ningbo	13	39	62	1.2	149	38	310

资料来源：环境保护部。
Source:Ministry of Environmental Protection.

10-18 续表 1 continued

城　市 City	二氧化硫年平均浓度(微克/立方米) Annual Average Concentration of SO_2 ($\mu g/m^3$)	二氧化氮年平均浓度(微克/立方米) Annual Average Concentration of NO_2 ($\mu g/m^3$)	可吸入颗粒物(PM_{10})年平均浓度(微克/立方米) Annual Average Concentration of PM_{10} ($\mu g/m^3$)	一氧化碳日均值第95百分位浓度(毫克/立方米) 95th Percentile Daily Average Concentration of CO ($\mu g/m^3$)	臭氧(O_3)最大8小时第90百分位浓度(微克/立方米) 90th Percentile Daily Maximum 8 Hours Average Concentration of O_3($\mu g/m^3$)	细颗粒物(PM2.5)年平均浓度(微克/立方米) Annual Average Concentration of $PM_{2.5}$ ($\mu g/m^3$)	空气质量达到及好于二级的天数(天) Days of Air Quality Equal to or Above Grade Ⅱ (day)
温　州 Wenzhou	13	41	69	1.3	140	38	334
湖　州 Huzhou	17	37	68	1.3	196	46	243
绍　兴 Shaoxing	15	38	69	1.4	146	46	292
合　肥 Hefei	15	46	83	1.6	150	57	253
芜　湖 Wuhu	21	45	75	1.8	116	53	294
马鞍山 Maanshan	20	34	75	2.0	158	49	272
福　州 Fuzhou	6	30	51	1.1	116	27	361
厦　门 Xiamen	11	31	47	0.9	102	28	360
泉　州 Quanzhou	11	27	48	1.0	109	28	360
南　昌 Nanchang	17	33	78	1.6	138	43	318
九　江 Jiujiang	21	28	73	1.3	142	50	287
济　南 Jinan	37	48	146	2.3	178	76	168
青　岛 Qingdao	21	36	89	1.4	146	46	293
淄　博 Zibo	59	53	133	2.9	182	77	168
枣　庄 Zaozhuang	36	29	137	1.6	170	77	188
烟　台 Yantai	22	35	76	1.5	137	40	317
潍　坊 Weifang	37	35	124	1.8	180	64	202
济　宁 Jinin	42	42	114	2.0	169	70	209
泰　安 Taian	36	39	113	2.4	200	65	169
日　照 Rizhao	21	38	101	1.9	158	59	236
郑　州 Zhengzhou	29	56	143	2.8	177	78	159
开　封 Kaifeng	28	40	122	2.7	152	72	227
洛　阳 Luoyang	38	48	129	3.5	189	79	160
平顶山 Pingdingshan	30	43	125	2.1	165	75	192
安　阳 Anyang	52	51	155	4.7	154	86	178
焦　作 Jiaozuo	40	48	141	3.9	166	85	175
三门峡 Sanmenxia	33	39	127	3.0	162	66	199
武　汉 Wuhan	11	46	92	1.7	160	57	237
宜　昌 Yichang	14	35	97	1.7	126	62	247
荆　州 Jingzhou	23	34	100	1.8	156	60	237
长　沙 Changsha	16	38	73	1.4	150	53	266
株　洲 Zhuzhou	25	35	83	1.4	142	51	284
湘　潭 Xiangtan	25	37	85	1.4	142	51	286
岳　阳 Yueyang	21	25	72	1.4	158	49	284
常　德 Changde	19	23	80	1.8	136	56	267
张家界 Zhangjiajie	7	21	72	2.2	124	48	307
广　州 Guangzhou	12	46	56	1.3	155	36	310
韶　关 Shaoguan	16	26	51	1.6	134	33	341

10-18 续表 2 continued

城 市 City	二氧化硫年平均浓度(微克/立方米) Annual Average Concentration of SO_2 ($\mu g/m^3$)	二氧化氮年平均浓度(微克/立方米) Annual Average Concentration of NO_2 ($\mu g/m^3$)	可吸入颗粒物(PM_{10})年平均浓度(微克/立方米) Annual Average Concentration of PM_{10} ($\mu g/m^3$)	一氧化碳日均值第95百分位浓度(毫克/立方米) 95th Percentile Daily Average Concentration of CO ($\mu g/m^3$)	臭氧(O_3)最大8小时第90百分位浓度(微克/立方米) 90th Percentile Daily Maximum 8 Hours Average Concentration of O_3($\mu g/m^3$)	细颗粒物(PM2.5)年平均浓度(微克/立方米) Annual Average Concentration of $PM_{2.5}$ ($\mu g/m^3$)	空气质量达到及好于二级的天数(天) Days of Air Quality Equal to or Above Grade Ⅱ (day)
深 圳 Shenzhen	8	33	42	1.1	134	27	354
珠 海 Zhuhai	9	32	42	1.1	144	26	346
汕 头 Shantou	14	21	48	1.2	132	30	357
湛 江 Zhanjiang	10	14	39	1.2	138	26	356
南 宁 Nanning	12	32	62	1.3	114	36	348
柳 州 Liuzhou	21	24	66	1.6	123	44	316
桂 林 Guilin	17	27	64	1.7	135	47	306
北 海 Beihai	9	13	44	1.3	136	28	350
海 口 Haikou	6	16	39	0.9	107	21	361
重 庆 Chongqing	13	46	77	1.4	141	54	289
成 都 Chengdu	14	54	105	1.8	168	63	214
自 贡 Zigong	15	33	99	1.5	116	73	223
攀枝花 Panzhihua	38	34	65	2.2	112	32	366
泸 州 Luzhou	18	29	87	0.9	154	64	233
德 阳 Deyang	12	26	88	1.4	159	53	248
绵 阳 Mianyang	11	36	78	1.6	136	49	279
南 充 Nanchong	12	31	82	1.3	111	57	276
宜 宾 Yibin	19	30	78	1.4	133	56	266
贵 阳 Guiyang	13	29	64	1.1	130	37	350
遵 义 Zunyi	11	32	69	1.2	112	44	339
昆 明 Kunming	17	28	55	1.5	122	28	362
曲 靖 Qujing	22	20	55	1.3	132	31	356
玉 溪 Yuxi	17	19	42	2.5	100	25	365
拉 萨 Lhasa	8	24	80	1.0	151	28	313
西 安 Xi'an	20	53	137	3.1	162	71	192
铜 川 Tongchuan	22	35	104	2.2	170	59	210
宝 鸡 Baoji	13	39	111	2.2	158	59	239
咸 阳 Xianyang	20	49	149	2.6	174	82	170
渭 南 Weinan	22	47	139	2.7	173	76	173
延 安 Yan'an	28	48	92	3.0	148	44	290
兰 州 Lanzhou	19	57	132	2.9	144	54	243
金 昌 Jinchang	37	17	104	1.9	128	32	304
西 宁 Xining	31	42	113	3.2	128	49	271
银 川 Yinchuan	57	37	111	2.6	147	56	252
石嘴山 Shizuishan	68	29	114	2.4	158	47	236
乌鲁木齐 Urumqi	14	53	115	3.8	112	74	246
克拉玛依 Karamay	7	18	55	1.9	128	30	330

十一、公共安全
Public Safety

11-1 公安机关立案的刑事案件和构成情况
Criminal Cases Registered in Public Security Organs and Its Composition

案件类别	Category of Cases	立案(起) Number of Cases Registered (case)		构成(%) Composition(%)	
		2015	2016	2015	2016
合计	**Total**	**7174037**	**6427533**	**100.00**	**100.00**
杀人	Homicide	9200	8634	0.13	0.13
伤害	Injury	132242	123818	1.84	1.93
抢劫	Robbery	86747	61428	1.21	0.96
强奸	Rape	29948	27767	0.42	0.43
拐卖妇女儿童	Abducting Women or Children	9150	7121	0.13	0.11
盗窃	Larceny	4875561	4304321	67.96	66.97
诈骗	Fraud	1049841	979956	14.63	15.25
走私	Smuggling	2199	2407	0.03	0.04
伪造、变造货币,出售、购买、运输、持有、使用假币	Forging Currency, Selling, Buying, Transporting, Holding and Using Counterfeit Currency	992	1163	0.01	0.02
其他	Others	978157	910918	13.63	14.16

11-2 公安机关受理和查处治安案件数(2016年)
Cases of Offence Against Public Order Handled by Public Security Organs (2016)

案件类别	Category of Cases	受理(起) Number of Cases Accepted to be Treated (case)	查处(起) Number of Cases Investigated and Treated (case)	每万人口受理案件数(起/万人) Number of Cases Accepted per 10 000 Population (case/10 000 persons)
合　计	**Total**	**11517195**	**10652132**	**83.4**
扰乱单位秩序	Disturbing Business Orders	78316	75893	0.6
扰乱公共场所秩序	Disturbing the Orders in Public Places	481862	479700	3.5
寻衅滋事	Causing Quarrels and Making Troubles	77451	72435	0.6
阻碍执行职务	Obstructing Government Workers in Performing Their Duties	34405	33331	0.2
非法携带枪支、弹药、管制工具	Violation of Firearms Control Regulations	97941	95952	0.7
违反危险物质管理规定	Violation of Explosives Control Regulations	33283	32647	0.2
殴打他人	Battering Other Persons	2803995	2654306	20.3
故意伤害	Willfully Injuring Others	220193	204852	1.6
盗窃	Stealing Property	2285424	1872106	16.5
敲诈勒索	Extortion and Blackmail	11707	9799	0.1
抢夺	Robbery and Snatch	23508	15343	0.2
盗窃、损毁公共设施	Stealing and Damaging Public Facilities	11856	9847	0.1
伪造、变造、倒卖有价票证、凭证	Forge/alter/scalp Valuable Coupons or Certificates	4124	3977	
违反旅馆业管理	Violating the Hotel Management Regulations	106225	105243	0.8
违反房屋出租管理	Violating the Rent Control Regulations	158860	158326	1.2
诈骗	Swindling, Seizing and Extorting Property	470129	368080	3.4
卖淫、嫖娼	Prostitution or Soliciting Prostitutes	82877	80971	0.6
赌博	Gambling	306094	301208	2.2
毒品违法活动	Illegal Drug Related Action	773313	762285	5.6
其他	Others	3455632	3315831	25.0

11-3 交通事故情况(2016年)
Basic Statistics on Traffic Accidents (2016)

类别	Type	发生数(起) Number of Traffic Accidents (case)	死亡人数(人) Number of Deaths (person)	受伤人数(人) Number of Injuries (person)	直接财产损失(万元) Direct Property Losses (10 000 yuan)
总计	**Total**	**212846**	**63093**	**226430**	**120759.9**
机动车	Vehicles	192585	58803	205355	114586.4
#汽车	Motor Vehicles	145820	45990	149433	102970.6
摩托车	Motorcycles	43196	11235	52528	9927.2
拖拉机	Tractors	2247	967	2203	877.6
非机动车	Non-motor-driven Vehicles	17747	2968	19678	4248.2
#自行车	Bicycles	1460	341	1337	494.5
行人乘车人	Pedestrians and Passengers	2443	1304	1322	1875.9
其他	Others	71	18	75	49.4

11-4 分地区交通事故情况(2016年)
Basic Statistics on Traffic Accidents by Region (2016)

地 区	Region	发生数 (起) Number of Traffic Accidents (case)	死亡人数 (人) Number of Deaths (person)	受伤人数 (人) Number of Injuries (person)	直接财产损失 (万元) Direct Property Losses (10 000 yuan)
全 国	**National Total**	**212846**	**63093**	**226430**	**120759.9**
北 京	Beijing	3163	1359	2784	2819.4
天 津	Tianjin	5912	821	6398	4488.8
河 北	Hebei	4919	2500	4433	5008.3
山 西	Shanxi	5088	2131	5278	3975.6
内蒙古	Inner Mongolia	3172	972	3297	1402.6
辽 宁	Liaoning	4878	1954	4491	1849.6
吉 林	Jilin	5564	1843	6068	5326.4
黑龙江	Heilongjiang	3614	1140	3906	4217.0
上 海	Shanghai	795	760	235	370.8
江 苏	Jiangsu	13299	4601	12009	6390.0
浙 江	Zhejiang	14791	4187	14369	5983.0
安 徽	Anhui	12933	2651	14852	6323.0
福 建	Fujian	8867	1888	9665	2410.0
江 西	Jiangxi	4932	2102	5207	5425.6
山 东	Shandong	13163	3614	12573	6276.9
河 南	Henan	5825	1950	5383	4376.1
湖 北	Hubei	16908	4511	16775	8832.1
湖 南	Hunan	7359	1572	9094	6383.0
广 东	Guangdong	24773	5501	26825	7380.5
广 西	Guangxi	3842	2246	3592	1854.0
海 南	Hainan	2045	636	2748	1515.0
重 庆	Chongqing	4724	953	6233	2147.9
四 川	Sichuan	7527	2352	8395	5760.5
贵 州	Guizhou	12579	2274	18108	9475.1
云 南	Yunnan	5375	3002	5519	2905.9
西 藏	Tibet	308	146	349	290.5
陕 西	Shaanxi	5914	1575	5777	3810.7
甘 肃	Gansu	2899	1357	3177	1065.4
青 海	Qinghai	1023	529	1124	750.7
宁 夏	Ningxia	1606	372	1778	754.9
新 疆	Xinjiang	5049	1594	5988	1190.5

11-5 火灾事故情况
Basic Statistics on Fire Accident

项　目	Item	2015	2016
接报火灾报警(万起)	Fire Call(10000case)	33.8	31.2
#较大火灾(起)	Comparatively Serious(case)		64
重大火灾(起)	Serious	63	
农村	Bural	18.2	9.72
住宅火灾	Residence	11.1	
死亡(人)	Deaths(person)	1742	1582
#重大火灾	Serious	234	
农村	Bural	971	
住宅火灾	Residence	1213	1269
受伤(人)	Injuries(person)	1112	1065
#重大火灾	Serious	113	
住宅火灾	Residence	492	713
直接财产损失(亿元)	Direct Economic Loses(100 million yuan)	39.5	37.2
#重大火灾	Serious	2.5	
农村	Bural	23.3	
住宅	Residence		7.5
出动救援人员(万人次)	Rescue Worker Dispcitched (10 000 person-times)	1197.7	1223.5
出动救援车辆(万辆次)	Rescue Vehicle Vispatched(10 000 vehicles)	204.1	207.4

11-6 人民检察院直接立案侦查案件和构成情况(2016年)
Cases and Composition under Direct Investigation by People's Procuratorate (2016)

案件分类	Category of Cases	受案(件) Cases Accepted (case)	立案件数(件) Number of Cases Registered (case)	立案人数(人) Person of Cases Registered (person)	#要案 Key Case	结案件数(件) Number of Cases Settled (case)	结案人数(人) Person of Cases Settled (person)
绝对数	**Value**						
合计	**Total**	**65039**	**35397**	**47650**	**3349**	**32574**	**43738**
贪污	Corruption	18222	8374	13729	418	7848	12685
贿赂	Bribery	26832	15967	17847	2178	14509	16157
挪用公款	Misappropriation of Public Funds	3589	2793	3494	84	2557	3192
集体私分	Collective Illegal Possession of Public Funds	363	197	475	70	181	410
巨额财产来源不明	Unstated Source of Large Amount of Properties	260	6	6	2	7	7
滥用职权	Abuse of Power	6496	3210	4656	364	2857	4212
玩忽职守	Dereliction of Duty	5621	3337	4782	149	3101	4437
徇私舞弊	Fraudulent Practice	1718	602	805	33	593	782
其他	Others	1938	911	1856	51	921	1856
构成(%)	**Percentage(%)**						
合计	**Total**	**100.00**	**100.00**	**100.00**	**100.00**	**100.00**	**100.00**
贪污	Corruption	28.02	23.66	28.81	12.48	24.09	29.00
贿赂	Bribery	41.26	45.11	37.45	65.03	44.54	36.94
挪用公款	Misappropriation of Public Funds	5.52	7.89	7.33	2.51	7.85	7.30
集体私分	Collective Illegal Possession of Public Funds	0.56	0.56	1.00	2.09	0.56	0.94
巨额财产来源不明	Unstated Source of Large Amount of Properties	0.40	0.02	0.01	0.06	0.02	0.02
滥用职权	Abuse of Power	9.99	9.07	9.77	10.87	8.77	9.63
玩忽职守	Dereliction of Duty	8.64	9.43	10.04	4.45	9.52	10.14
徇私舞弊	Fraudulent Practice	2.64	1.70	1.69	0.99	1.82	1.79
其他	Others	2.98	2.57	3.90	1.52	2.83	4.24

注：结案中含上年旧存（以下各表同）。
Data of cases settled include cases turned over from previous year. The same applies to the tables following.

11-7 人民检察院审查逮捕、审查起诉和构成情况(2016年)
Arrests and Prosecution Approved by People's Procuratorate (2016)

案件分类	Category of Cases	批捕、决定逮捕合计 Total of Arrests		决定起诉合计 Total of Public Prosecutions	
		件 (case)	人 (person)	件 (case)	人 (person)
绝对数	**Value**				
合计	**Total**	**631211**	**842372**	**1069547**	**1440535**
危害公共安全案	Offences Against Public Security	49793	56990	269422	280559
破坏社会主义市场经济秩序案	Offences Against Socialist Economic Order	36226	54160	57734	96707
侵犯公民人身、民主权利案	Offences Against Citizens' Personal and Democratic Rights	104366	130127	156618	205537
侵犯财产案	Offences Against Properties	247267	326972	316074	429627
妨害社会管理秩序案	Offences Against Social Management of Order	180578	259927	241710	389554
危害国防利益案	Offences Against National Defense	169	200	225	289
军人违反职责案	Offences on Dereliction of Duty by Servicemen	2	2		
贪污贿赂案	Offences on Corruption and Bribery	11039	11904	22202	29640
渎职侵权案	Offences on Abuse and Dereliction of Duty	1314	1514	5163	7709
其他	Others	457	576	399	913
构成(%)	**Percentage(%)**				
合计	**Total**	**100.00**	**100.00**	**100.00**	**100.00**
危害公共安全案	Offences Against Public Security	7.89	6.77	25.19	19.48
破坏社会主义市场经济秩序案	Offences Against Socialist Economic Order	5.74	6.43	5.40	6.71
侵犯公民人身、民主权利案	Offences Against Citizens' Personal and Democratic Rights	16.53	15.45	14.64	14.27
侵犯财产案	Offences Against Properties	39.17	38.82	29.55	29.82
妨害社会管理秩序案	Offences Against Social Management of Order	28.61	30.86	22.60	27.04
危害国防利益案	Offences Against National Defense	0.03	0.02	0.02	0.02
军人违反职责案	Offences on Dereliction of Duty by Servicemen	0.0003	0.0002		
贪污贿赂案	Offences on Corruption and Bribery	1.75	1.41	2.08	2.06
渎职侵权案	Offences on Abuse and Dereliction of Duty	0.21	0.18	0.48	0.54
其他	Others	0.07	0.07	0.04	0.06

11-8 人民检察院办理刑事抗诉案件情况(2016年)
Criminal Appeals Handled by People's Procuratorate (2016)

案件类别	Category of Cases	提出抗诉 Presenting Procuratoral Appeal (件) (case)	审判结果 合计 Total Result of Judgement (件) (case)	改判 Revising Judgment (件) (case)	改判 Revising Judgment (人) (person)	维持原判 Affirming Original Judgment (件) (case)	发回重审 Remanding for Retrial (件) (case)
合　计	**Total**	**7185**	**5341**	**2623**	**3799**	**1268**	**1450**
二审小计	Sub-total of Second Instance	6158	4650	2304	3431	1198	1148
贪污贿赂案件	Embazzlement and Bribery Cases	848	668	347	504	122	199
渎职侵权案件	Dereliction of Duty and Infingement of Citizens' Right Cases	201	174	62	100	50	62
刑事案件	Criminal Cases	5109	3808	1895	2827	1026	887
再审小计	Sub-total of Retrial	1027	691	319	368	70	302
贪污贿赂案件	Embazzlement and Bribery Cases	75	46	25	31	10	11
渎职侵权案件	Dereliction of Duty and Infingement of Citizens' Right Cases	30	20	9	10	5	6
刑事案件	Criminal Cases	922	625	285	327	55	285

11-9 人民检察院办理民事、行政抗诉案件情况(2016年)
Civil and Administrative Appeals Handled by People's Procuratorate (2016)

单位：件　　(case)

案件类别	Category of Cases	合　计 Total	民事案件 Civil Cases	行政案件 Administrative Cases
提请抗诉	Submitting Procuratoral Appeal	5239	4933	306
抗　诉	Procuratoral Appeal	3282	3136	146
提出再审检察建议	Giving Retrial Procuratorate Suggestion	2851	2803	48
抗诉案件再审	Retrial of Procuratoral Appeal	1714	1656	58
改　判	Revising Judgment	765	739	26
发回重审	Remanding for Retrial	309	305	4
调　解	Mediation	146	142	4
维持原判	Affirming Original Judgment	369	346	23
其　他	Others	125	124	1

11-10 人民检察院受理举报、控告和申诉案件情况(2016年)
Cases of Reporting, Accusation and Petition Handled by People's Procuratorate (2016)

单位：件 (case)

案件类别	Category of Cases	受理 Cases Accepted	处理 Cases Handled	#检察机关办理 Handled by General Office of People's Procuratorate	#转其他机关 Transfering to Other Organs
合　计	**Total**	**497204**	**488905**	**242248**	**105125**
首次举报	First Report of an Offence	188320	185555	106839	23089
首次控告	First Accusation	126894	124068	35161	36886
首次申诉	First Petition	181990	179282	100248	45150

11-11 人民检察院处理申诉案件情况(2016年)
Appeals Handled by People's Procuratorate (2016)

单位：件 (case)

案件分类	Category of Cases	受案 Cases Accepted	立案复查 Cases Registered for Reinvestigation	结案 Cases Settled	#改变原决定 Original Decision Changed
合　计	**Total**	**13343**	**5744**	**4722**	**101**
不服检察机关处理决定	Appeals against Decision of Procuratorate's Offices	3360	2332	1827	101
不服不批捕	Appeals against Rejection of Arrest	227	125	112	4
不服不起诉	Appeals against Rejection of Prosecuting	2875	2105	1633	83
不服撤案	Appeals against Withdrawal of the Case	36	14	11	1
不服原免予起诉	Appeals against Original Exemption of Lawsuit	9	5	4	1
其他	Others	213	83	67	12
不服法院刑事判决裁定	Appeals against Judgment of Criminal Case	9983	3412	2895	
刑罚执行中被害人申诉	Appeals of the Victim at the Punishment	2199	901	771	
刑罚执行中被告人申诉	Appeals of the Defendant at the Punishment	2802	908	783	
刑罚执行完毕后被害人申诉	Appeals of the Victim after the Punishment	963	360	321	
刑罚执行完毕后被告人申诉	Appeals of the Defendant after the Punishment	3517	1058	875	
其他	Other	502	185	145	

11-12 人民检察院纠正违法情况
Law-breaking Cases Rectified by People's Procuratorate

项　目	Item	2015	2016
书面提出纠正件次合计（件次）	**Total of Written Rectification (Case-times)**	**72534**	**77885**
立案监督小计	Sub-total of Supervision of Cases Filing	28010	30093
监督立案	Supervision of Cases Filing	17546	18668
监督撤案	Supervision of Cases Withdrawed	10464	11425
侦查监督小计	Sub-total of Supervision of Investigation	37292	39621
刑事审判监督	Supervision of Criminal Trial	7232	8171
刑罚执行监督人次小计（人次）	**Sub-total of Supervision of Punishment Execution (person-times)**	**55063**	**58770**
监管活动	Administration of Prison and Custody	31607	30261
超期羁押	Excessive Custody	439	583
减刑、假释、保外就医	Commutation of Sentence, Parole and Released on Parole for Medical Treatment	23017	27926
已纠正件次合计（件次）	**Total of Rectified (Case-times)**	**63311**	**67030**
立案监督小计	Sub-total of Supervision of Cases Filing	24893	25311
监督立案	Supervision of Cases Filing	14509	14650
监督撤案	Supervision of Cases Withdrawed	10384	10661
侦查监督小计	Sub-total of Supervision of Investigation	31874	34230
刑事审判监督	Supervision of Criminal Trial	6544	7489
刑罚执行监督人次小计（人次）	**Sub-total of Supervision of Punishment Execution (person-times)**	**54487**	**57995**
监管活动	Administration of Prison and Custody	31275	29872
超期羁押	Excessive Custody	423	589
减刑、假释、保外就医	Commutation of Sentence, Parole and Released on Parole for Medical Treatment	22789	27534

11-13 人民检察院检察官基本情况
Statistics on People's Procuratorate Procurators

单位：人，%　　　　(person, %)

项　目	Item	2015		2016	
		合计 Total	#女 Female	合计 Total	#女 Female
绝对数	**Value**				
全部检察官人数	**Total of Procurator**	**162533**	**49805**	**160681**	**51082**
检察长人数	Chief Procurator	3526	277	3358	289
副检察长人数	Deputy Chief Procurator	11696	1551	11497	1554
检察员人数	Procurator	117275	34961	117647	36527
助理检察员	Assistant Procurator	30036	13016	28179	12712
构成	**Percentage**				
全部检察官人数	**Total of Procurator**	**100.00**	**100.00**	**100.00**	**100.00**
检察长人数	Chief Procurator	2.17	0.56	2.09	0.57
副检察长人数	Deputy Chief Procurator	7.20	3.11	7.16	3.04
检察员人数	Procurator	72.15	70.20	73.22	71.51
助理检察员	Assistant Procurator	18.48	26.13	17.54	24.89

11-14 人民法院审理一审案件情况
First Trial Cases by Courts

单位：件 (case)

年份 Year	收案 Cases Accepted	刑事 Criminal	民商事 Civil	#知识产权 Intellectual Property Rights	#海事海商 Maritime Affairs	行政 Administrative
1978	447755	146968	300787			
1980	763535	197856	565679			
1985	1319741	246655	846391		238	916
1986	1611282	299720	989409		301	632
1987	1875229	289614	1213219		346	5940
1988	2290624	313306	1455130		569	8573
1989	2913515	392564	1815385		725	9934
1990	2916774	459656	1851897		753	13006
1991	2901685	427840	1880635		951	25667
1992	3051157	422991	1948786		1654	27125
1993	3414845	403267	2089257		1830	27911
1994	3955475	482927	2383764		1959	35083
1995	4545676	495741	2718533		2847	52596
1996	5312580	618826	3093995		3945	79966
1997	5288379	436894	3277572		4534	90557
1998	5410798	482164	3375069		5166	98350
1999	5692434	540008	3519244		5736	97569
2000	5356294	560432	3412259		6976	85760
2001	5344934	628996	3459025		6891	100921
2002	5132199	631348	4420123			80728
2003	5130760	632605	4410236			87919
2004	5072881	647541	4332727			92613
2005	5161170	684897	4380095			96178
2006	5183794	702445	4385732			95617
2007	5550062	724112	4724440			101510
2008	6288831	767842	5412591			108398
2009	6688963	768507	5800144			120312
2010	6999350	779595	6090622			129133
2011	7596116	845714	6614049			136353
2012	8442657	996611	7316463			129583
2013	8876733	971567	7781972	88583	11224	123194
2014	9489787	1040457	8307450	95522	12174	141880
2015	11444950	1126748	10097804	109386	17546	220398
2016	12088800	1101191	10762124	134248	16336	225485

注：1.一审案件指人民法院按照诉讼级别管辖按第一审程序审理的案件。
2.2002年起，经济纠纷和海事海商并入民事案件中。

a) First trial cases refer to cases accepted by people's courts according to the first trial proceedings.
b) Data of civil cases include cases of economic disputes and maritime affairs since 2002.

11-15 人民法院审理刑事一审案件收结案和构成情况(2016年)
First Trial Criminal Cases Composition Accepted and Settled by Courts (2016)

单位：件，% (case,%)

项　目	Item	收　案 Cases Accepted	结　案 Cases Settled
绝对数	**Value**		
合　计	**Total**	**1101191**	**1115873**
危害公共安全罪	Offences Against Public Security	271877	272974
破坏社会主义市场经济秩序罪	Offences Against Socialist Economic Order	58946	58320
侵犯公民人身权利民主权利罪	Offences Against Citizens' Personal and Democratic Rights	167304	169191
侵犯财产罪	Offences Against Properties	319007	321810
妨害社会管理秩序罪	Offences Against Social Management of Order	254357	255607
危害国防利益罪	Offences Against National Defense	293	281
贪污贿赂罪	Offences on Corruption and Bribery	24011	32063
渎职罪	Offences on Dereliction of Duty	5131	5342
其他	Others	265	285
合计中含自诉案件	Private Prosecution Among the Total	17360	17171
构成	**Percentage**		
合　计	**Total**	**100.00**	**100.00**
危害公共安全罪	Offences Against Public Security	24.69	24.46
破坏社会主义市场经济秩序罪	Offences Against Socialist Economic Order	5.35	5.23
侵犯公民人身权利民主权利罪	Offences Against Citizens' Personal and Democratic Rights	15.19	15.16
侵犯财产罪	Offences Against Properties	28.97	28.84
妨害社会管理秩序罪	Offences Against Social Management of Order	23.10	22.91
危害国防利益罪	Offences Against National Defense	0.03	0.03
贪污贿赂罪	Offences on Corruption and Bribery	2.18	2.87
渎职罪	Offences on Dereliction of Duty	0.47	0.48
其他	Others	0.02	0.03

注：结案中含上年旧存(以下各表同)。
Data of cases settled include cases turned over from previous year. The same applies to the tables following.

11-16 人民法院审理刑事案件罪犯情况
Criminal Offenders Heard by Courts

单位：人，% (person,%)

年　份 Year	刑事罪犯总数 Number of Offenders	#青少年罪犯 Young Offenders	不满18岁 Less Than 18 Years	18岁至25岁 Between 18 and 25 Years	青少年罪犯占刑事罪犯比重 Proportion of Young Offenders in the Total
1997	526312	199212	30446	168766	37.9
1998	528301	208076	33612	174464	39.4
1999	602380	221153	40014	181139	36.7
2000	639814	220981	41709	179272	34.5
2001	746328	253465	49883	203582	34.0
2002	701858	217909	50030	167879	31.0
2003	742261	231715	58870	172845	31.2
2004	764441	248834	70086	178748	32.6
2005	842545	285801	82692	203109	33.9
2006	889042	303631	83697	219934	34.2
2007	931745	316298	87506	228792	33.9
2008	1007304	322061	88891	233170	32.0
2009	996666	302023	77604	224419	30.3
2010	1006420	287978	68193	219785	28.6
2011	1050747	282429	67280	215149	26.9
2012	1173406	282990	63782	219208	24.1
2013	1157784	265439	55817	209622	22.9
2014	1183784	249576	50415	199161	21.1
2015	1231656	236341	43839	192502	19.2
2016	1219569	204657	35743	168914	16.8

11-17 人民法院审理婚姻家庭、继承一审案件收结案情况(2016年)

First Trial Civil Cases of Marriage, Family Affairs and Inheritance Accepted and Settled by Courts (2016)

单位：件 (case)

项目	Item	收案 Cases Accepted	结案 Cases Settled	调解 Mediation	判决 Judgment	驳回 Reject	撤诉 With-drawal	其他 Other
合计	**Total**	**1735516**	**1752052**	**674866**	**623132**	**15424**	**420332**	**18298**
婚姻家庭	Marriage and Family Affairs	1633376	1650444	611516	600889	13962	406621	17456
离婚	Divorce	1381673	1396834	506812	516408	11046	348752	13816
赡养纠纷	Support Disputes	25144	25426	7137	9626	272	7896	495
抚养、扶养关系纠纷	Upbringing Disputes	58944	59356	32715	14434	503	11225	479
抚育费纠纷	Upbringing Fee Disputes	34514	34803	12223	13365	458	8289	468
其他	Others	133101	134025	52629	47056	1683	30459	2198
继承	Inheritance	102140	101608	63350	22243	1462	13711	842
法定继承	Legal Inheritance	56450	56118	40249	8615	550	6388	316
遗嘱继承	Testament Inheritance	5915	6005	2432	2423	97	1001	52
其他	Others	39775	39485	20669	11205	815	6322	474

11-18 人民法院审理合同纠纷一审案件收结案和构成情况(2016年)

First Trial Cases and Composition of Contract Disputes Accepted and Settled by Courts (2016)

单位：件，% (case,%)

项目	Item	收案 Cases Accepted	结案 Cases Settled	调解 Mediation	判决 Judgment	驳回 Reject	撤诉 With-drawal	其他 Other
绝对数	**Value**							
合计	**Total**	**6717811**	**6686934**	**1524761**	**3144012**	**264268**	**1637565**	**116328**
借款合同	Loan Contracts	2652918	2639302	604722	1448956	68782	478509	38333
买卖合同	Trade Contracts	1055430	1044953	288943	455972	24375	259004	16659
电信合同	Telecom Contracts	31697	31639	3644	1645	252	25865	233
租赁合同	Lease Contracts	249324	248373	54444	118212	6314	65958	3445
劳动争议	Work Disputes	467396	474770	136027	228971	19188	76886	13698
房地产合同	Real Estate Contracts	252620	254795	63423	130715	5912	50391	4354
供用动力合同	Power Supply Contracts	58888	59862	12899	7510	1130	38121	202
建设工程合同	Construction Contracts	174875	169889	38425	82660	5611	38609	4584
农村承包合同	Rural Contracts	21351	21907	5541	8972	925	5670	799
承揽合同	Contracts for Work	95983	96431	26222	41540	1733	25017	1919
其他	Others	1657329	1645013	290471	618859	130046	573535	32102
构成	**Percentage**							
合计	**Total**	**100.00**	**100.00**	**100.00**	**100.00**	**100.00**	**100.00**	**100.00**
借款合同	Loan Contracts	39.49	39.47	39.66	46.09	26.03	29.22	32.95
买卖合同	Trade Contracts	15.71	15.63	18.95	14.50	9.22	15.82	14.32
电信合同	Telecom Contracts	0.47	0.47	0.24	0.05	0.10	1.58	0.20
租赁合同	Lease Contracts	3.71	3.71	3.57	3.76	2.39	4.03	2.96
劳动争议	Work Disputes	6.96	7.10	8.92	7.28	7.26	4.70	11.78
房地产合同	Real Estate Contracts	3.76	3.81	4.16	4.16	2.24	3.08	3.74
供用动力合同	Power Supply Contracts	0.88	0.90	0.85	0.24	0.43	2.33	0.17
建设工程合同	Construction Contracts	2.60	2.54	2.52	2.63	2.12	2.36	3.94
农村承包合同	Rural Contracts	0.32	0.33	0.36	0.29	0.35	0.35	0.69
承揽合同	Contracts for Work	1.43	1.44	1.72	1.32	0.66	1.53	1.65
其他	Others	24.67	24.60	19.05	19.68	49.21	35.02	27.60

11-19 人民法院审理权属、侵权纠纷一审案件收结案情况(2016年)
First Trial Cases of Disputes of Right, Infringement of Right and Other Civil Affairs Accepted and Settled by Courts (2016)

单位：件 (case)

项目	Item	收案 Cases Accepted	结案 Cases Settled	调解 Mediation	判决 Judgment	驳回 Reject	撤诉 With-drawal	其他 Other
合计	**Total**	**2308797**	**2324903**	**587848**	**942862**	**62371**	**413649**	**318173**
所有权及其相关权利	Ownership and Related Rights	352864	353455	71938	151908	22879	99843	6887
特别程序	Special Proceedings	386736	387749	3977	61294	18348	18858	285272
人身权纠纷	Personal Rights	1151970	1159543	438740	549860	9101	151063	10779
#人身损害赔偿	Compensate for Personal Harm	1112696	1120488	429543	532083	8381	140317	10164
特殊侵权纠纷	Disputes of Special Infringement of Right	147735	158576	39170	75078	3465	37559	3304
不当得利	Unjustified Enrichment	47670	48033	7931	21397	2737	14232	1736
票据、证券、股票纠纷	Disputes of Bill, Securities and Stocks	40917	40143	5294	19901	1580	10588	2780
其他	Other	180905	177404	20798	63424	4261	81506	7415

11-20 人民法院审理行政一审案件收结案和构成情况(2016年)
First Trial Administrative Cases and Percentage Accepted and Settled by Courts (2016)

单位：件，% (case,%)

项目	Item	收案 Cases Accepted	结案 Cases Settled	维持 Affirmation of Original Judgement	撤销 Cancel	驳回 Reject	撤诉 With-drawal	单独赔偿 Separate Compen-sation	其他 Other
绝对数	**Value**								
合计	**Total**	**225485**	**225020**	**7099**	**15505**	**50387**	**44303**	**1093**	**106633**
土地等资源	Land	27989	27551	723	2607	7582	5199	123	11317
公安	Public Security	23785	24179	994	922	3331	6184	85	12663
城建	City Construction	35890	35845	607	2089	10509	6682	276	15682
交通运输	Traffic and Transport	3233	3226	60	152	440	1110	16	1448
工商	Industry and Commerce	4463	4437	209	476	861	1421	2	1468
环保	Environment Protection	1218	1255	25	38	345	245		602
计划生育	Family Planning	1500	1504	57	38	139	412		858
税务	Tax	683	647	6	27	119	216	1	278
卫生	Health	794	792	16	39	162	149	2	424
乡政府	Townships Government	6343	6006	99	366	1383	1060	61	3037
劳动和社会保障	Labour and Social Security	15360	15443	683	1395	1549	3702	13	8101
其他	Other	104227	104135	3620	7356	23967	17923	514	50755
构成	**Percentage**								
合计	**Total**	**100.00**	**100.00**	**100.00**	**100.00**	**100.00**	**100.00**	**100.00**	**100.00**
土地等资源	Land	12.41	12.24	10.18	16.81	15.05	11.74	11.25	10.61
公安	Public Security	10.55	10.75	14.00	5.95	6.61	13.96	7.78	11.88
城建	City Construction	15.92	15.93	8.55	13.47	20.86	15.08	25.25	14.71
交通运输	Traffic and Transport	1.43	1.43	0.85	0.98	0.87	2.51	1.46	1.36
工商	Industry and Commerce	1.98	1.97	2.94	3.07	1.71	3.21	0.18	1.38
环保	Environment Protection	0.54	0.56	0.35	0.25	0.68	0.55		0.56
计划生育	Family Planning	0.67	0.67	0.80	0.25	0.28	0.93		0.80
税务	Tax	0.30	0.29	0.08	0.17	0.24	0.49	0.09	0.26
卫生	Health	0.35	0.35	0.23	0.25	0.32	0.34	0.18	0.40
乡政府	Townships Government	2.81	2.67	1.39	2.36	2.74	2.39	5.58	2.85
劳动和社会保障	Labour and Social Security	6.81	6.86	9.62	9.00	3.07	8.36	1.19	7.60
其他	Other	46.22	46.28	50.99	47.44	47.57	40.46	47.03	47.60

11-21 律师、公证和调解工作基本情况
Basic Statistics on Lawyers, Notarization and Mediation

项　目	Item	2011	2012	2013	2014	2015	2016
律师工作	**Lawyers**						
律师事务所(个)	Number of Law Offices(unit)	18235	19361	20609	22166	24425	26150
律师人数(人)	Number of Lawyers(person)	214968	232384	248623	271452	297175	325540
#专职律师	Full-time Lawyers	192546	208356	225000	244000	267536	293586
兼职律师	Part-time Lawyers	9740	10108	10550	10545	11199	11567
担任法律顾问(家)	Number of Units with Legal Advisors(unit)	392456	447993	456847	507289	548260	579360
民事诉讼代理(件)	Agent of Civil Cases(case)	1693635	1779118	1887156	2100102	2476112	2744896
刑事诉讼辩护及代理(件)	Agent and Defender of Criminal Cases(case)	569330	576050	592486	667391	717283	704447
行政诉讼代理(件)	Agent of Administrative Action(case)	52136	43312	57659	64545	86455	98989
非诉讼法律事务(件)	Agent of Non-Litigious Legal Affairs(case)	625229	585358	817703	673080	784264	844414
解答法律询问(万人次)	Agent of Legal Advisory Services (10 000 person-times)	513.6	436.9	452.3	464.3	508.2	530.2
公证工作	**Notarization**						
公证处(个)	Number of Notary Offices(unit)	3006	3007	2987	3006	3001	3002
公证员(人)	Notaries(person)	12163	12333	12725	12960	13147	13175
办理公证文书(万件)	Number of Notarized Documents (10 000 cases)	1076.6	1120.8	1258.9	1221.6	1246.8	1399.7
人民调解工作	**Number of People's Mediation**						
人民调解委员会(万个)	Number of People's Mediation Committees (10 000 units)	81.1	81.7	82.0	80.3	79.8	78.4
调解人员(万人)	Number of Mediators(10 000 persons)	433.6	428.1	422.9	394.1	391.1	385.2
调解民间纠纷(万件)	Number of Civil Disputes Mediated (10 000 cases)	893.5	926.6	943.9	933.0	933.1	901.9

11-22 律师人员构成情况
Basic Statistics on Composition of Lawyers

单位：人　　(person)

项　目	Item	2010	2011	2012	2013	2014	2015	2016	2016年比2015年增减(%) Change in 2016 over 2015(%)
律师人数	**Number of Lawyers**	**195170**	**214968**	**232384**	**248623**	**271452**	**297175**	**325540**	**9.54**
#女	Female	47210	52262	61717	69383	79471	91416	105557	15.47
#中共党员	Communist Party Members	53991	62881	64576	67969	73774	87712	99232	13.13
#博士	With Doctor's Degree	2340	3242	3399	4054	4411	4369	4413	1.01
硕士、双学士	With Master's Degree and Dual Bachlors' Degree	27081	31885	35612	38094	43944	48420	54014	11.55
法律专业本科	Undergraduates Majoring in Law	124835	141230	150046	163864	180434	196520	216136	9.98

11-23 分地区律师和公证员情况(2016年)
Basic Statistics on Lawyers and Notaries by Region (2016)

单位：人 (person)

地 区	Region	律师人数 Number of Lawyers	#女 Female	#专职律师 Full-time Lawyers	公证员 Notaries	#女 Female
全 国	**National Total**	**325540**	**105557**	**293586**	**13175**	**6085**
北 京	Beijing	26953	11158	25595	369	202
天 津	Tianjin	6003	2698	5629	156	69
河 北	Hebei	13240	4459	11650	735	359
山 西	Shanxi	8113	3319	7031	442	214
内蒙古	Inner Mongolia	6177	2156	5471	401	180
辽 宁	Liaoning	10765	4116	9515	487	253
吉 林	Jilin	4432	1629	3627	368	163
黑龙江	Heilongjiang	5091	1740	4733	421	223
上 海	Shanghai	21614	7573	19801	449	213
江 苏	Jiangsu	19140	5644	18268	643	314
浙 江	Zhejiang	17293	5794	14946	467	214
安 徽	Anhui	8574	1784	7688	389	118
福 建	Fujian	9986	3055	8055	433	175
江 西	Jiangxi	4935	1055	4340	339	132
山 东	Shandong	22043	7177	20601	1017	461
河 南	Henan	17106	4588	15487	684	263
湖 北	Hubei	11582	3287	10314	449	177
湖 南	Hunan	12888	3737	11795	412	199
广 东	Guangdong	32380	10636	30096	806	390
广 西	Guangxi	7183	1828	6097	295	117
海 南	Hainan	1955	518	1617	85	27
重 庆	Chongqing	8571	2162	7053	205	102
四 川	Sichuan	16683	5308	15314	860	444
贵 州	Guizhou	4824	1025	4072	242	103
云 南	Yunnan	8962	2994	8030	578	267
西 藏	Tibet	281	70	218	16	8
陕 西	Shaanxi	7774	2653	7008	471	205
甘 肃	Gansu	3154	739	2688	264	104
青 海	Qinghai	873	224	708	116	52
宁 夏	Ningxia	2049	798	1753	133	85
新 疆	Xinjiang	4569	1508	4058	390	228
新疆兵团	Xinjiang Production	347	125	328	53	24

11-24 国内公证业务分类情况
Domestic Notarial Services by Type

分 类	Item	办证件数(件) Number of Notarial Documents Issued (case)		比重 (%) Percentage (%)	
		2015	2016	2015	2016
合 计	**Total**	**8721231**	**10257467**	**100.00**	**100.00**
合同(协议)	Contracts (Agreements)	1952028	1924759	22.38	18.76
继承	Inheritance	908205	1041073	10.41	10.15
单方法律行为	Unilateral Legal Acts	2911793	3829322	33.39	37.33
现场监督	Field Supervision	208930	235015	2.40	2.29
保全证据	Evidence Preservation	230466	289575	2.64	2.82
公司章程	Corporation Constitutions	2067	1375	0.02	0.01
组织资格	Organization Qualification	3999	2156	0.05	0.02
财产权	Property Rights	5138	4411	0.06	0.04
身份	Identity	15807	18686	0.18	0.18
收养关系	Adoptive Relationship	2697	2018	0.03	0.02
婚姻状况	Marital Status	14096	14067	0.16	0.14
亲属关系	Kinship Confirmation	90921	80167	1.04	0.78
有无违法犯罪记录	Illegal and Criminal Record Check	29243	28736	0.34	0.28
其他有法律意义事实	Other Facts of Legal Significance	77081	70612	0.88	0.69
证书(执照)	Certificate (Licence)	32758	49150	0.38	0.48
签名(印章)	Signature (Seal)	682204	881701	7.82	8.60
文本相符	Conformity of Documentation	333734	517252	3.83	5.04
赋予执行效力	Executor Force	732175	845993	8.40	8.25
执行证书	Certificate of Execution	38223	42909	0.44	0.42
抵押登记	Mortgage Registration	39003	33106	0.45	0.32
提存	Drawing	3547	3092	0.04	0.03
保管	Storage	10070	11230	0.12	0.11
其他	Others	397046	331062	4.55	3.23

11-25 国内合同(协议)类公证业务分类情况
Domestic Notarization of Contracts (Agreements) by Type

分 类	Item	办证件数(件) Number of Notarial Documents Issued (case)		比重 (%) Percentage (%)	
		2015	2016	2015	2016
合 计	**Total**	**1952028**	**1908301**	**100.00**	**100.00**
买卖合同	Trade Contracts	246293	289586	12.62	15.18
赠与合同	Gift Contracts	126733	91815	6.49	4.81
借款合同	Contracts for Loan of Money	734047	673222	37.60	35.28
租赁合同	Leasing Contracts	19256	22023	0.99	1.15
承揽合同	Contracts of Hired Work	1567	1367	0.08	0.07
建设工程合同	Contracts for Construction Projects	7939	8645	0.41	0.45
委托合同	Agency Appointment Contracts	53819	74462	2.76	3.90
担保合同	Guarantee Contracts	92228	118691	4.72	6.22
土地使用合同	Land Use Contracts	11357	11270	0.58	0.59
知识产权合同	Intellectual Property Contracts	884	565	0.05	0.03
承包合同	Contract Agreements	17351	13040	0.89	0.68
企业经营合同	Enterprise Operating Contracts	1343	4200	0.07	0.22
劳动(劳务)合同	Labor (Labor Service) Contracts	7740	6965	0.40	0.36
其他合同	Other Contracts	198051	188664	10.15	9.89
合伙协议	Partnership Agreements	6928	8305	0.35	0.44
财产分割协议	Property Division Agreements	29181	26543	1.49	1.39
财产约定协议	Property Agreement	47124	48345	2.41	2.53
抚养协议	Child Support Agreements	7797	6866	0.40	0.36
出国留学协议	Studying Abroad Agreement	27608	26008	1.41	1.36
拆迁安置协议	Removal and Resettlement Agreements	40019	74223	2.05	3.89
赔偿协议	Compensation Agreements	5790	7264	0.30	0.38
还款协议	Payment Contracts	62342	38123	3.19	2.00
其他	Others	206631	168109	10.59	8.81

11-26　涉外公证文书分类情况
Foreign-Related Notarial Documents by Type

分　类	Item	办证件数(件) Number of Notarial Documents Issued (case)		比重（%） Percentage (%)	
		2015	2016	2015	2016
合　计	**Total**	**3560765**	**3553571**	**100.00**	**100.00**
合同(协议)	Contracts (Agreements)	6419	4079	0.18	0.11
继承	Inheritance	1988	1149	0.06	0.03
委托	Power of Attorney	63372	68711	1.78	1.93
声明	Declaration	65224	66389	1.83	1.87
遗嘱	Testaments	1192	93	0.03	0.00
其他单方法律行为	Other Unilateral Legal Acts	12986	8774	0.36	0.25
公司章程	Corporation Constitutions	5668	5198	0.16	0.15
组织资格	Organization Qualification	2798	2128	0.08	0.06
收养关系	Adoptive Relationship	3523	2955	0.10	0.08
婚姻关系	Marital Relationship	147432	134310	4.14	3.78
亲属关系	Kinship Confirmation	375269	405040	10.54	11.40
出生	Births	505172	454310	14.19	12.78
死亡	Deaths	10225	10708	0.29	0.30
生存、居住	Survival and Residence	11205	10661	0.31	0.30
学历(学位)	Education Background (Academic Degree)	203923	184137	5.73	5.18
经历	Resume	13268	12313	0.37	0.35
职务(职称)	Professional Titles	9145	9708	0.26	0.27
身份	Identity	14127	14120	0.40	0.40
有无违法犯罪记录	Illegal and Criminal Record Check	406792	416247	11.42	11.71
其他有法律意义事实	Other Facts of Legal Significance	46378	59778	1.30	1.68
证书(执照)	Certificate (Licence)	405328	486003	11.38	13.68
签名(印签)	Signature (Seal)	164925	180427	4.63	5.08
文本相符	Conformity of Documentation	686453	660828	19.28	18.60
其他	Others	397953	355505	11.18	10.00

11-27　调解民间纠纷分类情况
Number of Civil Disputes Mediated by Type

项　目	Item	调解纠纷（万件） Civil Disputes (case)		各类纠纷所占比重（%） Percentage(%)	
		2015	2016	2015	2016
合　计	**Total**	**933.1**	**901.9**	**100.0**	**100.0**
#婚姻家庭	Family Disputes	183.4	175.1	19.7	19.4
房屋、宅基地	Housing and Housing Sites	65.3	62.4	7.0	6.9
邻　里	Neighbor Disputes	237.5	229.1	25.5	25.4
损害赔偿	Compensation for Damages	73.1	75.0	7.8	8.3

11-28 劳动人事争议仲裁情况
Disposal of Labor Disputes

项　目	Item	2012	2013	2014	2015	2016
上期未结案数(件)	**Number of Cases Left Over from Last Period(case)**	**36151**	**34478**	**31796**	**39580**	**37939**
案件受理情况	**Cases Accepted**					
当期案件受理数(件)	Number of Cases(case)	641202	665760	715163	813859	828714
#集体劳动争议案件数	Number of Collective Labour Disputes	7252	6783	8041	10466	9743
劳动者申诉案件数	Number of Cases Appealed by Laborers	620849	641932	690418	784229	801482
按争议原因分(件)	By Cause of the Disputes(case)					
劳动报酬	Labour Remuneration	225981	223351	258716	321179	345745
社会保险	Social Insurances	159649	165665	160961	158002	145705
解除、终止劳动合同	Relieve or End the Labour Contract	129108	147977	155870	182396	188635
劳动者当事人数(人)	Number of Laborers Involved(person)	882487	888430	997807	1159687	1112375
#集体劳动争议	Collective Labour Disputes	231894	218521	267165	341588	289842
案件处理情况	**Cases Settled**					
结案数(件)	Number of Cases Settled(case)	643292	669062	711044	812461	827889
按处理方式分	By Manners of Settlement					
仲裁调解	By Mediation	302552	311806	321598	362814	389737
仲裁裁决	By Arbitrition Lawsuit	268530	283341	313175	368409	366428
其他方式	Others	72210	73915	76271	81238	71724
按处理结果分	By Result of Settlement					
用人单位胜诉	Lawsuit Won by Units	79187	82519	82541	90785	92405
劳动者胜诉	Lawsuit Won by Laborers	213453	217551	250284	287544	286020
双方部分胜诉及其他	Lawsuit Partly Won by Both Parties and Others	350652	368992	378219	434132	449464
案外调解案件数	**Cases Mediated**	**212937**	**215595**	**227447**	**258114**	**239298**

注：2011年起，解除、终止劳动合同的类型进行合并统计。
Since 2011, items of Relieve or End the Labour Contract have been merged during statistics.

11-29 全国生产安全事故情况
Statistics on Production Safety Accident Nation Wide

单位：起，人 (case, person)

项目	Item	总计 Total				较大事故 Larger Accident			
		2015		2016		2015		2016	
		发生数 Case	死亡人数 Death	发生数 Case	死亡人数 Death	发生数 Case	死亡人数 Death	发生数 Case	死亡人数 Death
合　计	**Total**	**281576**	**66182**	**63205**	**43062**	**1016**	**3820**	**749**	**2854**
工矿商贸合计	Total of Mining and Trading	4854	5982	3148	3219	201	793	67	249
煤　矿	Coal Mine	352	598	249	526	35	157	22	95
金属非金属矿山	Metal Mine and Non-Metallic Mine	435	573	461	525	20	89	7	30
建筑施工	Building Construction	1567	1891	3523	3806	73	267	75	275
化工和危险化学品	Chemical Industry and Dangerous Chemical	97	157	220	230	14	51	11	36
#危险化学品	Dangerous Chemical	23	45			5	17		
烟花爆竹	Fireworks and Crackers	39	79	34	60	5	18	4	19
工商贸其他	Others of Mining and Trading	2364	2684	1056	1083	54	211	26	97
#冶金机械等8行业	Metallurgical Machinery and Mther 7 Industries	1054	1170	1838	1846	22	85	26	97
生产经营性火灾	Fire Disaster of Production and Operation	85810	249			17	48		
道路交通	Road Transport	187781	58022	51055	31496	758	2813	503	1905
水上交通	Water Transportation	213	222	196	203	18	69	16	63
铁路交通	Rail Transport	1376	1037	1290	932	3	3	2	6
民航飞行	Civil Aviation	9	12	10	19	2	7	3	13
农业机械	Agricultural Machinery	1306	208	1004	133				
渔业船舶	Fishery Vessel	220	243	269	244	15	80	10	58
其他	Others	7	207	1663	1605	2	7	29	107

注：2016年起，安全监管总局对生产安全事故统计制度进行改革，由于排除了非生产经营领域的事故，事故统计口径发生变化，两年数据不可比。

Since 2016, State Administration of Work Safety reforms production safety accident statistics system,excludes accidents in non-production areas,and changes the accident statistic caliber, so the date of the two years are incomparable.

11-29 续表 continued

单位：起，人 (case, person)

项目	Item	重特大事故 Serious and Major Accidents				#特别重大事故 Extraordinarily Serious Accident			
		2015		2016		2015		2016	
		发生数 Case	死亡人数 Death	发生数 Case	死亡人数 Death	发生数 Case	死亡人数 Death	发生数 Case	死亡人数 Death
合　计	**Total**	**34**	**479**	**28**	**397**	**4**	**289**	**4**	**173**
工矿商贸合计	Total of Mining and Trading	14	202	2	28	1	77		
煤　矿	Coal Mine	5	85	9	129			2	65
金属非金属矿山	Metal Mine and Non-Metallic Mine	2	31	1	12				
建筑施工	Building Construction	2	27	1	13			1	73
化工和危险化学品	Chemical Industry and Dangerous Chemical	2	13						
#危险化学品	Dangerous Chemical	2	13						
烟花爆竹	Fireworks and Crackers	1	22	1	10				
工商贸其他	Others of Mining and Trading	2	24	1	18	1	77		
#冶金机械等8行业	Metallurgical Machinery and Mther 7 Industries	1	10						
生产经营性火灾	Fire Disaster of Production and Operation	1				1	39		
道路交通	Road Transport	11	154	7	100	1	35	1	35
水上交通	Water Transportation	1	22	3	44				
铁路交通	Rail Transport								
民航飞行	Civil Aviation								
农业机械	Agricultural Machinery								
渔业船舶	Fishery Vessel	3	39	4	49				
其他	Others	4	62	1	22	1	138		

11-30 全国消协组织受理投诉情况
Statistics on Complaints Accepted by Consumer Society Nationwide

单位：件，%　　(case, %)

项目	Item	2015 投诉件数 Complaint Case	2015 比重 Percentage	2016 投诉件数 Complaint Case	2016 比重 Percentage	比重变化 Change % in 2016 over 2015
合计	**Total**	**642570**	**100.00**	**653505**	**100.00**	
质量	Quality	285250	44.39	270990	41.47	-2.92
售后服务	After-sales Service	135672	21.11	148529	22.73	1.62
合同	Contract	71013	11.05	79903	12.23	1.18
价格	Price	104731	16.30	39599	6.06	-10.24
安全	Safety	20423	3.18	34419	5.27	2.09
虚假宣传	False Propaganda	9856	1.53	31370	4.80	3.27
假冒	Case of Counterfeit	5170	0.80	20671	3.16	2.36
计量	Case of Weighing	5242	0.82	18524	2.83	2.01
人格尊严	Personal Dignity	3651	0.57	7552	1.16	0.59
其他	Others	1562	0.24	1948	0.30	0.06

注：资料来自《全国消协组织受理投诉情况分析报告》。
Data source is Analysis Report of Statistics on Complaints Accepted by Consumer Society

11-31 按商品大类分受理投诉情况
Statistics on Complaints by Merchandise Type

单位：件，%　　(case, %)

项目	Item	2015 投诉件数 Complaint Case	2015 比重 Percentage	2016 投诉件数 Complaint Case	2016 比重 Percentage	比重变化 Change % in 2016 over 2015
家用电子电器类	Household Electrical Appliance	110552	17.2	122785	18.8	1.6
服装鞋帽类	Clothing Shoes and Hats	47047	7.3	57009	8.7	1.4
日用商品类	Commodity	41711	6.5	54239	8.3	1.8
交通工具类	Vehicle	41512	6.5	47040	7.2	0.7
食品类	Food	22858	3.6	28091	4.3	0.7
房屋建材类	Building Materials	21664	3.4	26979	4.1	0.8
首饰及文体用品类	Jewelry and Stationery and Sporting Goods	9391	1.5	12910	2.0	0.5
烟、酒和饮料类	Tobacco and Beverages	7164	1.1	11817	1.8	0.7
农用生产资料类	Agricultural Production Material	4461	0.7	8647	1.3	0.6
医药及医疗用品类	Medicine and Medical Supplies	2731	0.4	7879	1.2	0.8

注：资料来自《全国消协组织受理投诉情况分析报告》。
Data source is Analysis Report of Statistics on Complaints Accepted by Consumer Society

11-32 受理食品药品投诉和查处案件情况
Statistics on Complaint and Investigation Case of Food and Medicine

单位：件　　(case)

项目	Item	2014	2015	2016	2016比2015增减(%) Change in 2016 over 2015(%)
受理药品投诉	Complaint of Medicine	61850	39023	49354	26.5
受理医疗器械投诉	Complaint of Medical Equipment	15741	9536	11693	22.6
受理食品投诉	Complaint of Food		409830	577915	41.0
受理保健食品投诉	Complaint of Health Food	27357	22608	26966	19.3
查处药品案件	Investigate and Treat Medicine Case	103318	89226	96825	8.5
查处医疗器械案件	Investigate and Treat Medical Equipment Case	17878	10760	13865	28.9

注：资料来自国家食品药品监督管理总局《食品药品监管统计年报》。
Data source is Food and Drug Administration "Yearly Statistics on Food and Drug Supervision".

十二、社会参与
Social Participation

12-1 历届全国人民代表大会代表人数
Number of Deputies to All the Previous National People's Congresses

单位：人 (person)

届别	Congress	年份 Year	代表总数 Total Number of Deputies	#女代表 Female Deputies	#少数民族代表 Ethnic Minority Deputies	占代表总数比重(%) As Percentage to Total Deputies (%) 女代表 Female Deputies	少数民族代表 Ethnic Minority Deputies
一 届	First Congress	1954	1226	147	177	12.0	14.4
二 届	Second Congress	1959	1226	150	180	12.2	14.7
三 届	Third Congress	1964	3040	542	373	17.8	12.3
四 届	Fourth Congress	1975	2885	653	270	22.6	9.4
五 届	Fifth Congress	1978	3497	740	381	21.2	10.9
六 届	Sixth Congress	1983	2978	632	404	21.2	13.6
七 届	Seventh Congress	1988	2970	634	445	21.3	15.0
八 届	Eighth Congress	1993	2978	626	439	21.0	14.7
九 届	Ninth Congress	1998	2979	650	428	21.8	14.4
十 届	Tenth Congress	2003	2984	604	415	20.2	13.9
十一届	Eleventh Congress	2008	2987	637	411	21.3	13.8
十二届	Twelfth Congress	2013	2987	699	409	23.4	13.7

12-2 历届全国政治协商会议委员人数
Number of Deputies to All the Previous Chinese People's Political Consultative Conferences

单位：人 (person)

届别	Congress	年份 Year	委员总数 Total Number of Deputies	#中国共产党委员 Deputies from the Communist Party of China	#少数民族委员 Ethnic Minority Deputies	占委员总数比重(%) As Percentage to Total Deputies (%) 中国共产党委员 Deputies from the Communist Party of China	少数民族委员 Ethnic Minority Deputies
六 届	Sixth Congress	1983	2042	811	179	39.7	8.8
七 届	Seventh Congress	1988	2038	832	221	40.8	10.8
八 届	Eighth Congress	1993	2093	831	241	39.7	11.5
九 届	Ninth Congress	1998	2195	875	258	39.9	11.8
十 届	Tenth Congress	2003	2238	895	262	40.0	11.7
十一届	Eleventh Congress	2008	2237	892	250	39.9	11.2
十二届	Twelfth Congress	2013	2237	893	258	39.9	11.5

12-3 分地区居委会选举情况(2016年)
Statistics on Election of Neighborhood Committee by Region(2016)

地区	Region	社区居委会(个) Neighborhood Committee (unit)	当年完成选举的社区居委会(个) Neighborhood Committee Completing the Election in the Current Year (unit)	当年完成选举的社区选民登记数(人) Electorates Registered of Neighborhood Committee Completing the Election (person)	本届登记选民数 Electorates Registered in the Current Session	参加投票人数 Persons Joining in Voting
全国	**National Total**	**103292**	**20263**	**50762592**	**30212168**	**23555010**
北京	Beijing	3054	361	558350	19818	14433
天津	Tianjin	1690	256	348051	62334	56101
河北	Hebei	4194	78	25814	5894	4885
山西	Shanxi	2353	205	98541	55406	35872
内蒙古	Inner Mongolia	2334	322	435034	344658	136380
辽宁	Liaoning	4212	623	1901276	345091	313031
吉林	Jilin	1875	583	766475	114907	40443
黑龙江	Heilongjiang	3770	1848	5425676	4025820	2622951
上海	Shanghai	4253	528	1666879	5954	5466
江苏	Jiangsu	7079	4605	12529145	9098391	6920535
浙江	Zhejiang	4419	382	958859	402959	366048
安徽	Anhui	3392	470	1819749	224003	196053
福建	Fujian	2332				
江西	Jiangxi	3438	215	336777	209000	204238
山东	Shandong	6731				
河南	Henan	4743				
湖北	Hubei	4390				
湖南	Hunan	5238				
广东	Guangdong	6702				
广西	Guangxi	1931				
海南	Hainan	509	439	1100725	692420	600119
重庆	Chongqing	3059	3015	8489131	7581124	6063792
四川	Sichuan	7123	1788	3415034	1146004	1017245
贵州	Guizhou	3769	1478	3601903	2725614	2347696
云南	Yunnan	2328	1036	3966576	1772147	1437864
西藏	Tibet	208	61	37721	37721	34134
陕西	Shaanxi	2607	1026	1032736	915326	838250
甘肃	Gansu	1359	567	1450581	235047	223028
青海	Qinghai	476	57	51152		
宁夏	Ningxia	514	55	303936	98582	24110
新疆	Xinjiang	3210	265	442471	93948	52336

12-4 分地区村委会选举情况(2016年)
Statistics on Election of Village Committee by Region (2016)

地 区 Region	村民委员会(个) Village Committee (unit)	当年完成选举的村委会(个) Village Committee Completing the Election in the Current Year (unit)	当年完成选举的村委会选民登记数(人) Electorates Registered of VillageCommittee Completing the Election (person)		
				本届登记选民数 Electorates Registered in the Current Session	参加投票人数 Persons Joining in Voting
全 国 National Total	**559186**	**77011**	**120575159**	**73754381**	**64400407**
北 京 Beijing	3941	3272	2749967	2650133	2164685
天 津 Tianjin	3681	2029	2120394	603115	541531
河 北 Hebei	48860	721	1469924	209736	173651
山 西 Shanxi	28106	3858	2782352	1269899	1069454
内蒙古 Inner Mongolia	11078	106	260470	285	251
辽 宁 Liaoning	11555	4963	8332957	6061071	5056573
吉 林 Jilin	9327	2634	2831603	928702	817278
黑龙江 Heilongjiang	9050	1291	4954907	473471	490393
上 海 Shanghai	1590	39	341306	38528	35882
江 苏 Jiangsu	14477	9310	24183472	20761909	17626893
浙 江 Zhejiang	27568	2981	3993612	873225	865058
安 徽 Anhui	14586	1383	4109530	1420468	1406296
福 建 Fujian	14407				
江 西 Jiangxi	17046	598	1394292	922995	917588
山 东 Shandong	74217				
河 南 Henan	46831				
湖 北 Hubei	25064				
湖 南 Hunan	23955				
广 东 Guangdong	19734				
广 西 Guangxi	14276				
海 南 Hainan	2552	1719	2791514	2319912	2234770
重 庆 Chongqing	8064	8060	13221840	11517292	9766716
四 川 Sichuan	45945	15346	17265990	5308197	4655792
贵 州 Guizhou	14619	6465	11570415	9045447	8047353
云 南 Yunnan	11971	4923	9933616	5579823	5009265
西 藏 Tibet	5259	2394	693293	679785	626664
陕 西 Shaanxi	20277	101	162756	153842	139373
甘 肃 Gansu	16027	3890	4686148	2739238	2572695
青 海 Qinghai	4146	197	251263		
宁 夏 Ningxia	2275	307	129661	127870	113861
新 疆 Xinjiang	8702	424	343877	69438	68385

12-5 社区服务机构、社会工作师情况
Statistics on Community Service Facilities and Social Workers

年 份 Year / 地 区 Region		社区服务机构和设施（个）Number of Community Service Agencies and Facilities (unit)	社区服务中心(站)覆盖率(%) Coverage Rate of Community Service Centers (%)	社会工作师累计合格人数（人）Accumulated Qualified Social Workers (person)	助理社会工作师累计合格人数（人）Accumulated Qualified Junior Social Workers (person)
	2000	187888	22.4		
	2005	203275	28.7		
	2006	160007	22.7		
	2007	172002	24.7		
	2008	162976	23.7	4192	20648
	2009	174976	25.6	8419	27259
	2010	152941	22.4	11083	32687
	2011	160352	23.6	13421	40755
	2012	200162	15.3	19525	64601
	2013	251939	18.8	31183	91901
	2014	251368	21.1	38501	120111
	2015	360956	22.5	51722	154461
	2016	386186	24.4	69391	218794
北 京	Beijing	11913	95.0	6188	18894
天 津	Tianjin	2952	40.8	1431	5135
河 北	Hebei	37598	4.9	1674	2892
山 西	Shanxi	5294	8.2	1164	1979
内蒙古	Inner Mongolia	4159	13.9	656	1356
辽 宁	Liaoning	7259	29.7	2665	8158
吉 林	Jilin	1735	15.2	1281	4601
黑龙江	Heilongjiang	3185	15.5	1198	3297
上 海	Shanghai	6129	52.3	3789	10780
江 苏	Jiangsu	40137	85.5	8419	29171
浙 江	Zhejiang	30454	47.3	6886	15570
安 徽	Anhui	8086	24.6	1892	5625
福 建	Fujian	5818	19.2	2602	6507
江 西	Jiangxi	3564	7.2	758	2393
山 东	Shandong	25872	13.8	4502	8441
河 南	Henan	4812	3.1	1685	4049
湖 北	Hubei	14152	17.1	1450	6504
湖 南	Hunan	13402	14.8	1540	4632
广 东	Guangdong	66677	83.1	11330	47894
广 西	Guangxi	13476	10.4	746	2799
海 南	Hainan	2584	76.9	91	319
重 庆	Chongqing	7853	24.2	1456	4227
四 川	Sichuan	20802	20.2	2058	8354
贵 州	Guizhou	23285	100.0	203	944
云 南	Yunnan	3071	10.8	648	2118
西 藏	Tibet	74		6	19
陕 西	Shaanxi	6975	13.0	1730	8284
甘 肃	Gansu	9413	15.6	338	1146
青 海	Qinghai	1580	10.3	71	289
宁 夏	Ningxia	1215	29.8	216	704
新 疆	Xinjiang	2660	17.9	718	1713

注：2015年起社区服务机构和设施指标包括社区养老机构、社区互助型养老设施数。

a) Since 2015, community service agencies and facilities include community endowment agencies and community mutual-aid endowment facilities.

12-6 社会组织情况
Number of NGOs

单位：个 (unit)

年 份 Year	社会组织合计 Total Number of NGOs	社会团体 Social Organizations	民办非企业 Non-enterprise Units Run by NGO	基金会 Foundations
1988	4446	4446		
1989	4544	4544		
1990	10855	10855		
1991	82814	82814		
1992	154502	154502		
1993	167506	167506		
1994	174060	174060		
1995	180583	180583		
1996	184821	184821		
1997	181318	181318		
1998	165600	165600		
1999	142665	136764	5901	
2000	153322	130668	22654	
2001	210939	128805	82134	
2002	244509	133297	111212	
2003	266612	141167	124491	954
2004	289432	153359	135181	892
2005	319762	171150	147637	975
2006	354393	191946	161303	1144
2007	386916	211661	173915	1340
2008	413660	229681	182382	1597
2009	431069	238747	190479	1843
2010	445631	245256	198175	2202
2011	461971	254969	204388	2614
2012	499268	271131	225108	3029
2013	547245	289026	254670	3549
2014	606048	309736	292195	4117
2015	662425	328500	329141	4784
2016	702405	335932	360914	5559

注：2001年以前的基金会含在社会团体内。
Data of social organizations included foundations before 2001.

12-7 分地区社会组织和年末职工人数(2016年)
Statistics on Social Organizations and Workers at Year-end(2016)

地 区	Region	单位数(个) Numberof Institutions (unit)	社会团体 Social Organi-zation	#省级 Provincial Level	#地级 Prefecture-level	#县级 County Level
全 国	**National Total**	**702405**	**335932**	**30493**	**82554**	**220900**
中央级	Central-level	2359	1985			
北 京	Beijing	10754	4267	1904		2363
天 津	Tianjin	5062	2153	972		1181
河 北	Hebei	20916	10181	1036	3044	6101
山 西	Shanxi	13004	6520	743	2039	3738
内蒙古	Inner Mongolia	13664	7362	765	2696	3901
辽 宁	Liaoning	21039	7851	835	3433	3583
吉 林	Jilin	10669	5448	763	1924	2761
黑龙江	Heilongjiang	14401	5959	1072	2401	2486
上 海	Shanghai	14181	4007	1284		2723
江 苏	Jiangsu	84094	34952	1076	6199	27677
浙 江	Zhejiang	47536	22266	1179	5052	16035
安 徽	Anhui	25708	12504	1053	3881	7570
福 建	Fujian	26154	16380	1237	3625	11518
江 西	Jiangxi	15813	8180	864	2457	4859
山 东	Shandong	45963	17380	930	6091	10359
河 南	Henan	29328	9587	1005	3423	5159
湖 北	Hubei	28498	12272	966	3477	7829
湖 南	Hunan	30361	13973	952	4141	8880
广 东	Guangdong	59455	27077	1894	9726	15457
广 西	Guangxi	23928	12999	918	2720	9361
海 南	Hainan	6293	2693	1038	519	1136
重 庆	Chongqing	16199	7472	1046		6426
四 川	Sichuan	39448	19355	1339	4351	13665
贵 州	Guizhou	11848	6785	801	1524	4460
云 南	Yunnan	22552	14973	964	2951	11058
西 藏	Tibet	627	571	247	113	211
陕 西	Shaanxi	20758	11200	952	2042	8206
甘 肃	Gansu	22763	17827	579	1691	15557
青 海	Qinghai	3658	2156	555	507	1094
宁 夏	Ningxia	5751	3792	718	747	2327
新 疆	Xinjiang	9641	5805	806	1780	3219

12-7 续表 Continued

地区	Region	基金会 Fund Organization	#公募 Public Placement	#非公募 Non-public Placement	民办非企业单位 Non-enterprise Units Run by NGO	法人 League Person	合伙 Partnership	个体 Individual
全国	**National Total**	**5559**	**1730**	**3791**	**360914**	**291207**	**8679**	**61028**
中央级	Central-level	245	93	114	109	107	1	1
北京	Beijing	515	94	421	5972	5888	12	72
天津	Tianjin	69	21	48	2840	2778	7	55
河北	Hebei	85	16	69	10650	6909	387	3354
山西	Shanxi	73	29	44	6411	5903	98	410
内蒙古	Inner Mongolia	122	95	27	6180	4750	209	1221
辽宁	Liaoning	92	45	47	13096	10920	148	2028
吉林	Jilin	81	24	57	5140	3051	22	2067
黑龙江	Heilongjiang	96	43	53	8346	5012	175	3159
上海	Shanghai	335	57	278	9839	8726	12	1101
江苏	Jiangsu	608	220	388	48534	42978	770	4786
浙江	Zhejiang	511	158	353	24759	20983	478	3298
安徽	Anhui	112	22	90	13092	10020	463	2609
福建	Fujian	256	40	216	9518	8040	340	1138
江西	Jiangxi	64	24	40	7569	5017	231	2321
山东	Shandong	135	46	89	28448	22541	1043	4864
河南	Henan	125	42	83	19616	14292	1127	4197
湖北	Hubei	132	24	108	16094	13619	417	2058
湖南	Hunan	249	128	121	16139	11340	498	4301
广东	Guangdong	804	183	621	31574	28841	145	2588
广西	Guangxi	71	26	45	10858	7649	212	2997
海南	Hainan	80	21	59	3520	3002	285	233
重庆	Chongqing	76	27	49	8651	7829	76	746
四川	Sichuan	153	63	90	19940	16409	493	3038
贵州	Guizhou	51	30	21	5012	2705	300	2007
云南	Yunnan	98	43	55	7481	5390	240	1851
西藏	Tibet	14	9	5	42	30	2	10
陕西	Shaanxi	101	30	71	9457	6561	201	2695
甘肃	Gansu	68	15	53	4868	3533	157	1178
青海	Qinghai	29	16	13	1473	1383	10	80
宁夏	Ningxia	67	25	42	1892	1462	41	389
新疆	Xinjiang	42	21	21	3794	3539	79	176

12-8 自治组织情况
Statistic on Autonomy Organizations

年 份 Year	社区居委会 (个) Number of Neighbourhood Committees (unit)	社区居委会成员 (万人) Membership of Neighbourhood Committees (10 000 persons)	村民委员会 (万个) Number of Villagers' Committees (10 000 units)	村民委员会成员 (万人) Membership of Villagers' Committees (10 000 persons)
1979	46810			
1980				
1981	57169			
1982				
1983	65519		31.2	
1984	75609		92.7	
1985	80943	34.9	94.9	379.6
1986	86824	36.2	86.6	365.9
1987	86799	37.0	84.5	359.9
1988	95684	36.1	88.3	366.6
1989	93691	36.6	93.4	379.4
1990	98814	43.1	100.1	409.4
1991	100347	44.1	101.9	424.4
1992	104136	46.5	100.4	430.9
1993	107173	47.9	101.3	456.0
1994	110112	48.0	100.7	458.5
1995	111860	48.0	93.2	400.5
1996	113690	49.3	92.8	397.5
1997	117915	49.8	90.6	378.8
1998	119042	50.8	83.3	358.6
1999	114815	50.1	80.1	351.3
2000	108424	48.4	73.2	315.0
2001	91893	46.4	70.0	316.4
2002	86087	39.6	68.1	294.2
2003	77431	39.7	66.3	319.1
2004	77884	42.5	64.4	292.1
2005	79947	45.4	62.9	265.7
2006	80717	44.3	62.4	243.0
2007	82006	41.6	61.3	241.1
2008	83413	42.2	60.4	233.9
2009	84689	43.1	59.9	234.0
2010	87057	43.9	59.5	233.4
2011	89480	45.4	59.0	231.9
2012	91153	46.9	58.8	232.3
2013	94620	48.4	58.9	232.3
2014	96693	49.7	58.5	230.5
2015	99679	51.2	58.1	229.7
2016	103292	54.0	55.9	225.3

12-9 分地区自治组织和年末成员情况(2016年)
Statistics on Autonomy Organizations and Members by Region(2016)

地 区 Region	单位数(个) Number of Institutions (unit)	村民委员会 Village Committee	社区居委会 Neighborhood Committee	年末成员数(万人) Member at Year-end (10 000 persons)	#女 Female	村民委员会 Village Committee	社区居委会 Neighborhood Committee
全 国 National Total	**662478**	**559186**	**103292**	**279.3**	**77.0**	**225.3**	**54.0**
北 京 Beijing	6995	3941	3054	3.5	1.8	1.4	2.1
天 津 Tianjin	5371	3681	1690	2.3	1.1	1.2	1.1
河 北 Hebei	53054	48860	4194	19.8	3.6	17.7	2.1
山 西 Shanxi	30459	28106	2353	11.4	2.7	10.3	1.1
内蒙古 Inner Mongolia	13412	11078	2334	5.3	1.8	4.1	1.2
辽 宁 Liaoning	15767	11555	4212	7.2	3.0	4.6	2.6
吉 林 Jilin	11202	9327	1875	3.6	1.3	2.9	0.7
黑龙江 Heilongjiang	12820	9050	3770	5.8	2.0	4.0	1.8
上 海 Shanghai	5843	1590	4253	2.8	1.7	0.6	2.2
江 苏 Jiangsu	21556	14477	7079	11.1	3.5	7.2	3.9
浙 江 Zhejiang	31987	27568	4419	12.6	3.6	10.5	2.1
安 徽 Anhui	17978	14586	3392	7.8	2.3	6.1	1.8
福 建 Fujian	16739	14407	2332	7.1	1.8	5.8	1.2
江 西 Jiangxi	20484	17046	3438	7.9	2.0	6.5	1.4
山 东 Shandong	80948	74217	6731	32.8	9.6	29.5	3.3
河 南 Henan	51574	46831	4743	21.5	4.5	19.1	2.4
湖 北 Hubei	29454	25064	4390	12.0	3.7	9.8	2.2
湖 南 Hunan	29193	23955	5238	10.9	3.2	8.5	2.3
广 东 Guangdong	26436	19734	6702	13.1	3.7	9.2	3.9
广 西 Guangxi	16207	14276	1931	8.1	2.0	6.9	1.2
海 南 Hainan	3061	2552	509	1.7	0.4	1.4	0.3
重 庆 Chongqing	11123	8064	3059	5.8	2.2	3.9	1.9
四 川 Sichuan	53068	45945	7123	21.2	5.3	18.0	3.2
贵 州 Guizhou	18388	14619	3769	8.8	2.0	6.7	2.0
云 南 Yunnan	14299	11971	2328	7.3	1.6	5.9	1.4
西 藏 Tibet	5467	5259	208	2.4	0.5	2.3	0.1
陕 西 Shaanxi	22884	20277	2607	9.0	2.1	7.7	1.3
甘 肃 Gansu	17386	16027	1359	6.8	1.3	6.2	0.7
青 海 Qinghai	4622	4146	476	1.9	0.4	1.7	0.2
宁 夏 Ningxia	2789	2275	514	1.3	0.5	1.0	0.3
新 疆 Xinjiang	11912	8702	3210	6.4	1.9	4.5	1.9

12-10 工会组织情况
Basic Statistics on Trade Unions

年 份 Year	工会基层组织数（万个） Number of Grassroot Trade Unions (10 000 units)	全国已建工会组织的基层单位的职工与会员人数（万人） Membership and Staff and Workers in Grassroot Trade Unions (10 000 persons)				工会专职工作人员人数（万人） Number of Full-time Personnel of Trade Unions (10 000 persons)
		职工人数 Staff and Workers	#女 Female	会员人数 Membership	#女 Female	
1979	32.9	6897.2	2171.7	5147.3		17.9
1980	37.6	7448.2	2518.6	6116.5		24.3
1985	46.5	9643.0	3596.7	8525.8	3149.2	38.1
1990	60.6	11156.9	4291.0	10135.6	3897.7	55.6
1991	61.4	11351.4	4394.8	10389.1	3991.6	58.0
1992	61.7	11223.9	4377.1	10322.5	3974.0	58.0
1993	62.7	11103.8	4359.9	10176.1	3949.6	55.4
1994	58.3	11269.6	4483.2	10202.5	4018.1	56.0
1995	59.3	11321.4	4515.3	10399.6	4116.5	46.8
1996	58.6	11181.4	4500.0	10211.9	4093.1	60.5
1997	51.0	10111.5	4004.8	9131.0	3579.4	57.7
1998	50.4	9716.5	3882.0	8913.4	3546.7	48.4
1999	50.9	9683.0	3797.9	8689.9	3406.2	49.7
2000	85.9	11472.1	4534.5	10361.5	3917.3	48.2
2001	153.8	12997.0	5087.9	12152.3	4696.6	
2002	171.3	14461.5	5157.6	13397.8	4665.2	47.2
2003	90.6	13301.6	5079.3	12340.5	4601.2	46.5
2004	102.0	14436.7	5502.6	13694.9	5135.3	45.6
2005	117.4	15985.3	6016.3	15029.4	5574.8	47.7
2006	132.4	18143.6	6719.3	16994.2	6177.8	54.3
2007	150.8	20452.4	7494.5	19329.0	7042.2	60.2
2008	172.5	22487.5	8168.8	21217.1	7773.8	70.5
2009	184.5	24535.3	8652.6	22634.4	8248.4	74.6
2010	197.6	25345.4	9288.1	23996.5	8871.5	86.4
2011	232.0	27304.7	10211.2	25885.1	9763.6	99.8
2012	266.3	29371.5	11014.5	28021.3	10611.0	107.9
2013	276.7	29946.2	11227.6	28786.9	10886.0	115.6
2014	278.1	29930.9	11299.4	28811.8	10977.7	115.5
2015	280.6	30707.6	11589.2	29546.0	11287.7	111.4
2016	282.5	31428.6	11806.7	30288.1	11520.0	113.0

注：因指标调整，2003以前年的工会基层组织数包含部分覆盖单位数。
Because of the adjustment of indicator, the number of grassroot trade unions in 2003 contained part of cover units.

12-11 分地区已建工会企业单位董(监)事中职工董(监)事比例
Employee Directors(Supervisors) as Percentage of Directors(Supervisors) in Enterprises with Trade Union by Region

单位：% (%)

地 区	Region	2014		2015		2016	
		职工董事占董事比例 Employee Directors as Percentage of Directors	职工监事占监事比例 Employee Supervisors as Percentage of Supervisors	职工董事占董事比例 Employee Directors as Percentage of Directors	职工监事占监事比例 Employee Supervisors as Percentage of Supervisors	职工董事占董事比例 Employee Directors as Percentage of Directors	职工监事占监事比例 Employee Supervisors as Percentage of Supervisors
全 国	**National Total**	**24.1**	**34.3**	**24.0**	**32.0**	**24.0**	**32.4**
北 京	Beijing	15.9	32.4	17.0	33.5	18.6	35.3
天 津	Tianjin	35.0	42.7	16.6	26.0	27.3	31.7
河 北	Hebei	24.9	31.3	31.7	38.2	32.9	39.2
山 西	Shanxi	17.9	36.1	26.1	33.5	26.4	33.8
内蒙古	Inner Mongolia	9.8	8.4	9.0	11.3	20.0	21.8
辽 宁	Liaoning	25.0	32.1	29.6	39.2	28.3	46.7
吉 林	Jilin	23.3	30.7	20.9	32.5	15.1	21.1
黑龙江	Heilongjiang	20.0	34.8	33.4	33.6	31.3	32.5
上 海	Shanghai	8.7	25.6	9.5	26.2	10.2	25.5
江 苏	Jiangsu	17.4	26.4	18.5	26.7	18.8	25.7
浙 江	Zhejiang	27.3	37.0	20.7	32.1	20.6	32.6
安 徽	Anhui	25.3	40.8	20.6	25.4	13.2	21.9
福 建	Fujian	18.4	27.5	20.4	30.5	18.3	30.7
江 西	Jiangxi	18.3	22.1	18.3	20.3	15.6	17.9
山 东	Shandong	26.4	36.4	25.2	33.8	25.2	32.9
河 南	Henan	49.0	58.0	41.7	48.2	41.2	46.0
湖 北	Hubei	25.9	37.8	31.1	42.5	29.5	43.7
湖 南	Hunan	17.1	21.6	26.9	40.0	22.3	32.2
广 东	Guangdong	12.4	40.7	15.2	30.2	16.2	28.8
广 西	Guangxi	19.2	22.8	8.7	7.5	9.5	8.7
海 南	Hainan	13.4	26.6	15.2	27.9	15.7	27.7
重 庆	Chongqing	26.3	27.2	25.8	29.3	24.4	29.7
四 川	Sichuan	25.6	33.8	28.6	34.8	27.4	34.1
贵 州	Guizhou	23.2	31.3	21.7	27.0	23.7	30.7
云 南	Yunnan	18.2	25.6	17.2	27.0	20.0	31.4
西 藏	Tibet	29.1	50.8	26.9	52.0	25.2	42.9
陕 西	Shaanxi	18.9	29.2	14.9	28.5	14.5	25.4
甘 肃	Gansu	29.5	36.5	24.0	31.8	28.4	44.8
青 海	Qinghai	13.3	23.6	9.0	16.7	15.6	19.3
宁 夏	Ningxia	14.6	26.3	16.5	30.7	14.9	32.2
新 疆	Xinjiang	18.2	32.2	15.4	24.6	17.3	24.2

12-12 分地区基层单位建立职工代表大会制度情况(2016年)
Employee Congress System in Grassroots Trade Union by Region(2016)

单位：个，人 (unit,person)

地区 Region		建立职工(代表)大会制度的企业单位 Number of Establishments with Employee Congress	本年度召开过职工(代表)大会的企业单位 Number of Establishments with Congress Held	职工(代表)大会的职工代表 Congress Members	#女职工代表 Female	实现厂务公开的企业单位 Number of Establishments with Publishing Management Affairs
全　国	**National Total**	**4548537**	**3529952**	**19247077**	**5524219**	**4457201**
北　京	Beijing	70673	62071	239900	74411	66054
天　津	Tianjin	83792	83077	297046	94394	83864
河　北	Hebei	145775	81071	722327	169634	135109
山　西	Shanxi	128540	121651	592845	114368	128050
内蒙古	Inner Mongolia	62872	37086	461968	95158	62358
辽　宁	Liaoning	132900	100440	633023	160029	131467
吉　林	Jilin	52326	30786	194638	43995	48624
黑龙江	Heilongjiang	82880	66788	351898	87778	77761
上　海	Shanghai	211861	184855	586921	185633	214177
江　苏	Jiangsu	315812	264848	2209341	641197	301471
浙　江	Zhejiang	419692	306023	1913335	697807	419231
安　徽	Anhui	111955	68073	572415	186027	116300
福　建	Fujian	216118	162307	728081	191693	211645
江　西	Jiangxi	96668	68702	543803	116270	96512
山　东	Shandong	379606	318610	1762611	447845	379904
河　南	Henan	197010	151164	1070184	423498	194087
湖　北	Hubei	167344	125923	714347	219163	152724
湖　南	Hunan	150819	105130	655091	139777	146022
广　东	Guangdong	541813	377491	1603950	556906	523494
广　西	Guangxi	133641	122546	563787	172327	132591
海　南	Hainan	20628	14372	51145	15470	20628
重　庆	Chongqing	187221	180497	435703	102539	185908
四　川	Sichuan	250728	225625	785126	215931	245909
贵　州	Guizhou	65841	47834	237797	47128	67539
云　南	Yunnan	89647	59324	235998	60891	86535
西　藏	Tibet	218	190	2281	754	212
陕　西	Shaanxi	132345	93273	544013	126233	131383
甘　肃	Gansu	45962	32838	229212	55583	45569
青　海	Qinghai	15935	10463	60705	11765	15699
宁　夏	Ningxia	12954	10675	60762	18328	11152
新　疆	Xinjiang	24961	16219	186824	51687	25222

十三、国际资料
International Statistical Indicators

13-1 人类发展指数(2015年)
Human Development Index (2015)

人类发展指数排名 HDI Rank	国家和地区	Country or Area	人类发展指数 Human Development Index	不平等调整后人类发展指数 Inequality-adjusted Human Development Index	不平等调整后预期寿命指数 Inequality-adjusted Life Expectancy Index	不平等调整后教育指数 Inequality-adjusted Education Index
	极高人类发展水平	Very high human development	0.892	0.793	0.865	0.797
	高人类发展水平	High human development	0.746	0.597	0.764	0.535
	中等人类发展水平	Medium human development	0.631	0.469	0.578	0.357
	低人类发展水平	Low human development	0.497	0.337	0.392	0.258
极高人类发展水平		**Very high human development**				
1	挪威	Norway	0.949	0.898	0.918	0.894
2	澳大利亚	Australia	0.939	0.861	0.921	0.921
2	瑞士	Switzerland	0.939	0.859	0.934	0.840
4	德国	Germany	0.926	0.859	0.905	0.891
5	丹麦	Denmark	0.925	0.858	0.894	0.896
5	新加坡	Singapore	0.925	..	0.943	..
7	荷兰	Netherlands	0.924	0.861	0.914	0.859
8	爱尔兰	Ireland	0.923	0.850	0.905	0.883
9	冰岛	Iceland	0.921	0.868	0.937	0.884
10	加拿大	Canada	0.920	0.839	0.912	0.856
10	美国	United States	0.920	0.796	0.856	0.850
12	中国香港	Hong Kong, China (SAR)	0.917	..	0.959	..
13	新西兰	New Zealand	0.915	..	0.910	..
14	瑞典	Sweden	0.913	0.851	0.928	0.826
15	列支敦士登	Liechtenstein	0.912	..	..	..
16	英国	United Kingdom	0.909	0.836	0.894	0.871
17	日本	Japan	0.903	0.791	0.948	0.675
18	韩国	Korea (Republic of)	0.901	0.753	0.920	0.645
19	以色列	Israel	0.899	0.778	0.925	0.796
20	卢森堡	Luxembourg	0.898	0.827	0.927	0.738
21	法国	France	0.897	0.813	0.921	0.776
22	比利时	Belgium	0.896	0.821	0.901	0.773
23	芬兰	Finland	0.895	0.843	0.907	0.830
24	奥地利	Austria	0.893	0.815	0.912	0.785
25	斯洛文尼亚	Slovenia	0.890	0.838	0.898	0.863
26	意大利	Italy	0.887	0.784	0.945	0.734
27	西班牙	Spain	0.884	0.791	0.932	0.777
28	捷克	Czech Republic	0.878	0.830	0.873	0.866
29	希腊	Greece	0.866	0.758	0.905	0.733
30	文莱	Brunei Darussalam	0.865	..	0.868	..
30	爱沙尼亚	Estonia	0.865	0.788	0.835	0.856

资料来源：联合国开发计划署《2016年人类发展报告》。
Source: UNDP Human Development Report 2016.

13-1 续表 1 continued 1

人类发展指数排名 HDI Rank	国家和地区	Country or Area	人类发展指数 Human Development Index	不平等调整后人类发展指数 Inequality-adjusted Human Development Index	不平等调整后预期寿命指数 Inequality-adjusted Life Expectancy Index	不平等调整后教育指数 Inequality-adjusted Education Index
32	安道尔	Andorra	0.858	..	..	..
33	塞浦路斯	Cyprus	0.856	0.762	0.891	0.688
33	马耳他	Malta	0.856	0.786	0.892	0.734
33	卡塔尔	Qatar	0.856	..	0.843	..
36	波兰	Poland	0.855	0.774	0.840	0.806
37	立陶宛	Lithuania	0.848	0.759	0.778	0.833
38	智利	Chile	0.847	0.692	0.881	0.719
38	沙特阿拉伯	Saudi Arabia	0.847	..	0.745	..
40	斯洛伐克	Slovakia	0.845	0.793	0.822	0.812
41	葡萄牙	Portugal	0.843	0.755	0.905	0.712
42	阿联酋	United Arab Emirates	0.840	..	0.828	..
43	匈牙利	Hungary	0.836	0.771	0.807	0.808
44	拉脱维亚	Latvia	0.830	0.742	0.780	0.803
45	阿根廷	Argentina	0.827	0.698	0.782	0.742
45	克罗地亚	Croatia	0.827	0.752	0.845	0.763
47	巴林	Bahrain	0.824	..	0.818	..
48	黑 山	Montenegro	0.807	0.736	0.823	0.738
49	俄罗斯	Russian Federation	0.804	0.725	0.705	0.798
50	罗马尼亚	Romania	0.802	0.714	0.773	0.734
51	科威特	Kuwait	0.800	..	0.779	..
高人类发展水平		**High human development**				
52	白俄罗斯	Belarus	0.796	0.745	0.746	0.804
52	阿曼	Oman	0.796	..	0.815	..
54	巴巴多斯	Barbados	0.795	..	0.791	0.730
54	乌拉圭	Uruguay	0.795	0.670	0.799	0.642
56	保加利亚	Bulgaria	0.794	0.709	0.771	0.735
56	哈萨克斯坦	Kazakhstan	0.794	0.714	0.674	0.758
58	巴哈马	Bahamas	0.792	..	0.774	..
59	马来西亚	Malaysia	0.789	..	0.788	..
60	帕劳	Palau	0.788	..	..	0.711
60	巴拿马	Panama	0.788	0.614	0.786	0.597
62	安提瓜和巴布达	Antigua and Barbuda	0.786	..	0.792	..
63	塞舌尔	Seychelles	0.782	..	0.746	..
64	毛里求斯	Mauritius	0.781	0.669	0.758	0.629
65	特立尼达和多巴哥	Trinidad and Tobago	0.780	0.661	0.648	0.670
66	哥斯达黎加	Costa Rica	0.776	0.628	0.842	0.599
66	塞尔维亚	Serbia	0.776	0.689	0.780	0.698
68	古巴	Cuba	0.775	..	0.866	0.694
69	伊朗	Iran (Islamic Republic of)	0.774	0.518	0.764	0.441
70	格鲁吉亚	Georgia	0.769	0.672	0.759	0.777
71	土耳其	Turkey	0.767	0.645	0.756	0.574

13-1 续表 2 continued 2

人类发展指数排名 HDI Rank	国家和地区	Country or Area	人类发展指数 Human Development Index	不平等调整后人类发展指数 Inequality-adjusted Human Development Index	不平等调整后预期寿命指数 Inequality-adjusted Life Expectancy Index	不平等调整后教育指数 Inequality-adjusted Education Index
71	委内瑞拉	Venezuela (Bolivarian Republic of)	0.767	0.618	0.741	0.586
73	斯里兰卡	Sri Lanka	0.766	0.678	0.778	0.656
74	圣基茨和尼维斯	Saint Kitts and Nevis	0.765	..	..	..
75	阿尔巴尼亚	Albania	0.764	0.661	0.804	0.630
76	黎巴嫩	Lebanon	0.763	0.603	0.850	0.498
77	墨西哥	Mexico	0.762	0.587	0.761	0.525
78	阿塞拜疆	Azerbaijan	0.759	0.659	0.613	0.663
79	巴西	Brazil	0.754	0.561	0.721	0.527
79	格林纳达	Grenada	0.754	..	0.752	..
81	波黑	Bosnia and Herzegovina	0.750	0.650	0.813	0.607
82	南斯拉夫	The former Yugoslav Republic of Macedonia	0.748	0.623	0.789	0.602
83	阿尔及利亚	Algeria	0.745	..	0.689	..
84	亚美尼亚	Armenia	0.743	0.674	0.759	0.703
84	乌克兰	Ukraine	0.743	0.690	0.718	0.774
86	约旦	Jordan	0.741	0.619	0.734	0.583
87	秘 鲁	Peru	0.740	0.580	0.724	0.536
87	泰国	Thailand	0.740	0.586	0.753	0.538
89	厄瓜多尔	Ecuador	0.739	0.587	0.733	0.562
90	中国	China	0.738	..	0.784	..
91	斐济	Fiji	0.736	0.624	0.677	0.695
92	蒙古	Mongolia	0.735	0.639	0.635	0.668
92	圣卢西亚	Saint Lucia	0.735	0.618	0.763	0.614
94	牙买加	Jamaica	0.730	0.609	0.757	0.640
95	哥伦比亚	Colombia	0.727	0.548	0.714	0.520
96	多米尼克	Dominica	0.726	..	..	..
97	苏里南	Suriname	0.725	0.551	0.682	0.510
97	突尼斯	Tunisia	0.725	0.562	0.743	0.421
99	多米尼亚	Dominican Republic	0.722	0.565	0.687	0.498
99	圣文森特和格林纳丁斯	Saint Vincent and the Grenadines	0.722	..	0.712	..
101	汤加	Tonga	0.721	..	0.704	..
102	利比亚	Libya	0.716	..	0.671	..
103	伯利兹	Belize	0.706	0.546	0.681	0.592
104	萨摩亚	Samoa	0.704	..	0.716	..
105	马尔代夫	Maldives	0.701	0.529	0.814	0.337
105	乌兹别克斯坦	Uzbekistan	0.701	0.590	0.575	0.729
中等人类发展水平		**Medium human development**				
107	摩尔多瓦	Moldova (Republic of)	0.699	0.628	0.724	0.672
108	博茨瓦纳	Botswana	0.698	0.433	0.542	0.447
109	加蓬	Gabon	0.697	0.531	0.501	0.473
110	巴拉圭	Paraguay	0.693	0.524	0.666	0.527

13-1 续表 3 continued 3

人类发展指数排名 HDI Rank	国家和地区	Country or Area	人类发展指数 Human Development Index	不平等调整后人类发展指数 Inequality-adjusted Human Development Index	不平等调整后预期寿命指数 Inequality-adjusted Life Expectancy Index	不平等调整后教育指数 Inequality-adjusted Education Index
111	埃及	Egypt	0.691	0.491	0.684	0.390
111	土库曼斯坦	Turkmenistan	0.691	..	0.521	..
113	印度尼西亚	Indonesia	0.689	0.563	0.630	0.492
114	巴勒斯坦	Palestine, State of	0.684	0.581	0.705	0.547
115	越南	Viet Nam	0.683	0.562	0.738	0.508
116	菲律宾	Philippines	0.682	0.556	0.623	0.563
117	萨尔瓦多	El Salvador	0.680	0.529	0.707	0.429
118	玻利维亚	Bolivia (Plurinational State of)	0.674	0.478	0.532	0.520
119	南非	South Africa	0.666	0.435	0.430	0.608
120	吉尔吉斯斯坦	Kyrgyzstan	0.664	0.582	0.675	0.685
121	伊拉克	Iraq	0.649	0.505	0.616	0.347
122	佛得角	Cabo Verde	0.648	0.518	0.713	0.436
123	摩洛哥	Morocco	0.647	0.456	0.702	0.273
124	尼加拉瓜	Nicaragua	0.645	0.479	0.725	0.382
125	危地马拉	Guatemala	0.640	0.450	0.665	0.324
125	纳米比亚	Namibia	0.640	0.415	0.543	0.410
127	圭亚那	Guyana	0.638	0.518	0.567	0.508
127	密克罗尼西亚	Micronesia (Federated States of)	0.638	..	0.608	..
129	塔吉克斯坦	Tajikistan	0.627	0.532	0.586	0.615
130	洪都拉斯	Honduras	0.625	0.443	0.660	0.391
131	印度	India	0.624	0.454	0.565	0.324
132	不丹	Bhutan	0.607	0.428	0.608	0.250
133	东帝汶	Timor-Leste	0.605	0.416	0.564	0.259
134	瓦努阿图	Vanuatu	0.597	0.494	0.678	0.434
135	刚果(布)	Congo	0.592	0.446	0.455	0.408
135	赤道几内亚	Equatorial Guinea	0.592	..	0.359	..
137	基里巴斯	Kiribati	0.588	0.394	0.526	0.464
138	老挝	Lao People's Democratic Republic	0.586	0.427	0.529	0.313
139	孟加拉国	Bangladesh	0.579	0.412	0.639	0.287
139	加纳	Ghana	0.579	0.391	0.442	0.358
139	赞比亚	Zambia	0.579	0.373	0.416	0.452
142	圣多美	Sao Tome and Principe	0.574	0.432	0.524	0.400
143	柬埔寨	Cambodia	0.563	0.436	0.603	0.333
144	尼泊尔	Nepal	0.558	0.407	0.618	0.267
145	缅甸	Myanmar	0.556	..	0.525	0.330
146	肯尼亚	Kenya	0.555	0.391	0.440	0.400
147	巴基斯坦	Pakistan	0.550	0.380	0.479	0.220
低人类发展水平		**Low human development**				
148	斯威士兰	Swaziland	0.541	0.361	0.289	0.399
149	叙利亚	Syrian Arab Republic	0.536	0.419	0.653	0.286
150	安哥拉	Angola	0.533	0.336	0.271	0.316

13-1 续表 4 continued 4

人类发展指数排名 HDI Rank	国家和地区	Country or Area	人类发展指数 Human Development Index	不平等调整后人类发展指数 Inequality-adjusted Human Development Index	不平等调整后预期寿命指数 Inequality-adjusted Life Expectancy Index	不平等调整后教育指数 Inequality-adjusted Education Index
151	坦桑尼亚	Tanzania (United Republic of)	0.531	0.396	0.525	0.315
152	尼日利亚	Nigeria	0.527	0.328	0.301	0.270
153	喀麦隆	Cameroon	0.518	0.348	0.335	0.322
154	巴布亚新几内亚	Papua New Guinea	0.516	..	0.484	0.371
154	津巴布韦	Zimbabwe	0.516	0.369	0.415	0.450
156	所罗门群岛	Solomon Islands	0.515	0.392	0.575	0.343
157	毛里塔尼亚	Mauritania	0.513	0.347	0.441	0.223
158	马达加斯加	Madagascar	0.512	0.374	0.527	0.320
159	卢旺达	Rwanda	0.498	0.339	0.483	0.301
160	科摩罗	Comoros	0.497	0.270	0.463	0.246
160	莱索托	Lesotho	0.497	0.320	0.308	0.380
162	塞内加尔	Senegal	0.494	0.331	0.541	0.196
163	海地	Haiti	0.493	0.298	0.458	0.262
163	乌干达	Uganda	0.493	0.341	0.388	0.330
165	苏丹	Sudan	0.490	..	0.459	0.182
166	多哥	Togo	0.487	0.332	0.418	0.299
167	贝宁	Benin	0.485	0.304	0.385	0.228
168	也门	Yemen	0.482	0.320	0.478	0.182
169	阿富汗	Afghanistan	0.479	0.327	0.403	0.219
170	马拉维	Malawi	0.476	0.328	0.454	0.320
171	科特迪瓦	Côte d'Ivoire	0.474	0.294	0.296	0.228
172	吉布提	Djibouti	0.473	0.310	0.439	0.165
173	冈比亚	Gambia	0.452	..	0.428	..
174	埃塞俄比亚	Ethiopia	0.448	0.330	0.478	0.202
175	马里	Mali	0.442	0.293	0.353	0.182
176	刚果(金)	Congo (Democratic Republic of the)	0.435	0.297	0.366	0.343
177	利比里亚	Liberia	0.427	0.284	0.424	0.242
178	几内亚比绍	Guinea-Bissau	0.424	0.257	0.302	0.211
179	厄立特里亚	Eritrea	0.420	..	0.504	..
179	塞拉利昂	Sierra Leone	0.420	0.262	0.273	0.197
181	莫桑比克	Mozambique	0.418	0.280	0.347	0.244
181	南苏丹	South Sudan	0.418	..	0.330	0.180
183	几内亚	Guinea	0.414	0.270	0.390	0.171
184	布隆迪	Burundi	0.404	0.276	0.338	0.249
185	布基纳法索	Burkina Faso	0.402	0.267	0.377	0.161
186	乍得	Chad	0.396	0.238	0.264	0.163
187	尼日尔	Niger	0.353	0.253	0.417	0.134
188	中非	Central African Republic	0.352	0.199	0.263	0.221

13-1 续表 5 continued 5

人类发展指数排名 HDI Rank	国家和地区	Country or Area	不平等调整后收入指数 Inequality-adjusted Income Index	性别发展指数 Gender Development Index	性别不平等指数 Gender Inequality Index
	极高人类发展水平	Very high human development	0.444	0.884	0.565
	高人类发展水平	High human development	..	..	..
	中等人类发展水平	Medium human development	0.576	0.926	0.467
	低人类发展水平	Low human development	0.509	0.867	..
极高人类发展水平		**Very high human development**	0.472	1.010	0.337
1	挪威	Norway	0.882	0.993	0.053
2	澳大利亚	Australia	0.753	0.978	0.120
2	瑞士	Switzerland	0.806	0.974	0.040
4	德国	Germany	0.787	0.964	0.066
5	丹麦	Denmark	0.789	0.970	0.041
5	新加坡	Singapore	..	0.985	0.068
7	荷兰	Netherlands	0.812	0.946	0.044
8	爱尔兰	Ireland	0.769	0.976	0.127
9	冰岛	Iceland	0.789	0.965	0.051
10	加拿大	Canada	0.755	0.983	0.098
10	美国	United States	0.692	0.993	0.203
12	中国香港	Hong Kong, China (SAR)	..	0.964	..
13	新西兰	New Zealand	..	0.963	0.158
14	瑞典	Sweden	0.806	0.997	0.048
15	列支敦士登	Liechtenstein	..	..	..
16	英国	United Kingdom	0.752	0.964	0.131
17	日本	Japan	0.774	0.970	0.116
18	韩国	Korea (Republic of)	0.720	0.929	0.067
19	以色列	Israel	0.639	0.973	0.103
20	卢森堡	Luxembourg	0.826	0.966	0.075
21	法国	France	0.752	0.988	0.102
22	比利时	Belgium	0.794	0.978	0.073
23	芬兰	Finland	0.796	1.000	0.056
24	奥地利	Austria	0.757	0.957	0.078
25	斯洛文尼亚	Slovenia	0.758	1.003	0.053
26	意大利	Italy	0.696	0.963	0.085
27	西班牙	Spain	0.684	0.974	0.081
28	捷克	Czech Republic	0.757	0.983	0.129
29	希腊	Greece	0.657	0.957	0.119
30	文莱	Brunei Darussalam	..	0.986	..
30	爱沙尼亚	Estonia	0.684	1.032	0.131

13-1 续表 6 continued 6

人类发展指数排名 HDI Rank	国家和地区	Country or Area	不平等调整后收入指数 Inequality-adjusted Income Index	性别发展指数 Gender Development Index	性别不平等指数 Gender Inequality Index
32	安道尔	Andorra	..	..	..
33	塞浦路斯	Cyprus	0.722	0.979	0.116
33	马耳他	Malta	0.742	0.923	0.217
33	卡塔尔	Qatar	..	0.991	0.542
36	波兰	Poland	0.685	1.006	0.137
37	立陶宛	Lithuania	0.675	1.032	0.121
38	智利	Chile	0.524	0.966	0.322
38	沙特阿拉伯	Saudi Arabia	..	0.882	0.257
40	斯洛伐克	Slovakia	0.748	0.991	0.179
41	葡萄牙	Portugal	0.669	0.980	0.091
42	阿联酋	United Arab Emirates	..	0.972	0.232
43	匈牙利	Hungary	0.704	0.988	0.252
44	拉脱维亚	Latvia	0.653	1.025	0.191
45	阿根廷	Argentina	0.586	0.982	0.362
45	克罗地亚	Croatia	0.660	0.997	0.141
47	巴林	Bahrain	..	0.970	0.233
48	黑 山	Montenegro	0.657	0.955	0.156
49	俄罗斯	Russian Federation	0.678	1.016	0.271
50	罗马尼亚	Romania	0.641	0.990	0.339
51	科威特	Kuwait	..	0.972	0.335
高人类发展水平		**High human development**			
52	白俄罗斯	Belarus	0.689	1.021	0.144
52	阿曼	Oman	..	0.927	0.281
54	巴巴多斯	Barbados	..	1.006	0.291
54	乌拉圭	Uruguay	0.586	1.017	0.284
56	保加利亚	Bulgaria	0.629	0.984	0.223
56	哈萨克斯坦	Kazakhstan	0.712	1.006	0.202
58	巴哈马	Bahamas	..	..	0.362
59	马来西亚	Malaysia	..	..	0.291
60	帕劳	Palau	0.573	..	..
60	巴拿马	Panama	0.493	0.997	0.457
62	安提瓜和巴布达	Antigua and Barbuda	..	..	..
63	塞舌尔	Seychelles	..	..	..
64	毛里求斯	Mauritius	0.628	0.954	0.380
65	特立尼达和多巴哥	Trinidad and Tobago	0.665	1.004	0.324
66	哥斯达黎加	Costa Rica	0.492	0.969	0.308
66	塞尔维亚	Serbia	0.600	0.969	0.185
68	古巴	Cuba	..	0.946	0.304
69	伊朗	Iran (Islamic Republic of)	0.412	0.862	0.509
70	格鲁吉亚	Georgia	0.514	0.970	0.361
71	土耳其	Turkey	0.618	0.908	0.328

13-1 续表 7 continued 7

人类发展指数排名 HDI Rank	国家和地区	Country or Area	不平等调整后收入指数 Inequality-adjusted Income Index	性别发展指数 Gender Development Index	性别不平等指数 Gender Inequality Index
71	委内瑞拉	Venezuela (Bolivarian Republic of)	0.543	1.028	0.461
73	斯里兰卡	Sri Lanka	0.610	0.934	0.386
74	圣基茨和尼维斯	Saint Kitts and Nevis	..	..	..
75	阿尔巴尼亚	Albania	0.571	0.959	0.267
76	黎巴嫩	Lebanon	0.517	0.893	0.381
77	墨西哥	Mexico	0.506	0.951	0.345
78	阿塞拜疆	Azerbaijan	0.702	0.940	0.326
79	巴西	Brazil	0.465	1.005	0.414
79	格林纳达	Grenada	..	..	..
81	波黑	Bosnia and Herzegovina	0.556	0.923	0.158
82	南斯拉夫	The former Yugoslav Republic of Macedonia	0.509	0.947	0.160
83	阿尔及利亚	Algeria	..	0.854	0.429
84	亚美尼亚	Armenia	0.573	0.993	0.293
84	乌克兰	Ukraine	0.590	1.000	0.284
86	约旦	Jordan	0.554	0.864	0.478
87	秘 鲁	Peru	0.503	0.959	0.385
87	泰国	Thailand	0.496	1.001	0.366
89	厄瓜多尔	Ecuador	0.492	0.976	0.391
90	中国	China	0.521	0.954	0.164
91	斐济	Fiji	0.516	..	0.358
92	蒙古	Mongolia	0.616	1.026	0.278
92	圣卢西亚	Saint Lucia	0.503	0.986	0.354
94	牙买加	Jamaica	0.467	0.975	0.422
95	哥伦比亚	Colombia	0.444	1.004	0.393
96	多米尼克	Dominica	..	..	..
97	苏里南	Suriname	0.481	0.972	0.448
97	突尼斯	Tunisia	0.567	0.904	0.289
99	多米尼亚	Dominican Republic	0.527	0.990	0.470
99	圣文森特和格林纳丁斯	Saint Vincent and the Grenadines	..	..	..
101	汤加	Tonga	..	0.969	0.659
102	利比亚	Libya	..	0.950	0.167
103	伯利兹	Belize	0.403	0.967	0.375
104	萨摩亚	Samoa	..	..	0.439
105	马尔代夫	Maldives	0.539	0.937	0.312
105	乌兹别克斯坦	Uzbekistan	0.489	0.946	0.287
中等人类发展水平		**Medium human development**			
107	摩尔多瓦	Moldova (Republic of)	0.509	1.010	0.232
108	博茨瓦纳	Botswana	0.335	0.984	0.435
109	加蓬	Gabon	0.631	0.923	0.542
110	巴拉圭	Paraguay	0.410	0.966	0.464

13-1 续表 8 continued 8

人类发展指数排名 HDI Rank	国家和地区	Country or Area	不平等调整后收入指数 Inequality-adjusted Income Index	性别发展指数 Gender Development Index	性别不平等指数 Gender Inequality Index
111	埃及	Egypt	0.444	0.884	0.565
111	土库曼斯坦	Turkmenistan	..	..	..
113	印度尼西亚	Indonesia	0.576	0.926	0.467
114	巴勒斯坦	Palestine, State of	0.509	0.867	..
115	越南	Viet Nam	0.472	1.010	0.337
116	菲律宾	Philippines	0.490	1.001	0.436
117	萨尔瓦多	El Salvador	0.488	0.958	0.384
118	玻利维亚	Bolivia (Plurinational State of)	0.396	0.934	0.446
119	南非	South Africa	0.316	0.962	0.394
120	吉尔吉斯斯坦	Kyrgyzstan	0.427	0.967	0.394
121	伊拉克	Iraq	0.602	0.804	0.525
122	佛得角	Cabo Verde	0.446	..	..
123	摩洛哥	Morocco	0.497	0.826	0.494
124	尼加拉瓜	Nicaragua	0.396	0.961	0.462
125	危地马拉	Guatemala	0.424	0.959	0.494
125	纳米比亚	Namibia	0.321	0.986	0.474
127	圭亚那	Guyana	0.483	0.943	0.508
127	密克罗尼西亚	Micronesia (Federated States of)	..	..	..
129	塔吉克斯坦	Tajikistan	0.418	0.930	0.322
130	洪都拉斯	Honduras	0.336	0.942	0.461
131	印度	India	0.512	0.819	0.530
132	不丹	Bhutan	0.517	0.900	0.477
133	东帝汶	Timor-Leste	0.495	0.858	..
134	瓦努阿图	Vanuatu	0.410	..	..
135	刚果(布)	Congo	0.477	0.932	0.592
135	赤道几内亚	Equatorial Guinea	..	..	..
137	基里巴斯	Kiribati	0.250	..	..
138	老挝	Lao People's Democratic Republic	0.472	0.924	0.468
139	孟加拉国	Bangladesh	0.380	0.927	0.520
139	加纳	Ghana	0.377	0.899	0.547
139	赞比亚	Zambia	0.275	0.924	0.526
142	圣多美	Sao Tome and Principe	0.384	0.907	0.524
143	柬埔寨	Cambodia	0.413	0.892	0.479
144	尼泊尔	**Nepal**	0.410	0.925	0.497
145	缅甸	Myanmar	..	..	0.374
146	肯尼亚	Kenya	0.339	0.919	0.565
147	巴基斯坦	Pakistan	0.523	0.742	0.546
低人类发展水平		Low human development			
148	斯威士兰	Swaziland	0.408	0.853	0.566
149	叙利亚	Syrian Arab Republic	0.394	0.851	0.554

13-1 续表 9 continued 9

人类发展指数排名 HDI Rank	国家和地区	Country or Area	不平等调整后收入指数 Inequality-adjusted Income Index	性别发展指数 Gender Development Index	性别不平等指数 Gender Inequality Index
150	安哥拉	Angola	0.445	..	..
151	坦桑尼亚	Tanzania (United Republic of)	0.374	0.937	0.544
152	尼日利亚	Nigeria	0.432	0.847	..
153	喀麦隆	Cameroon	0.391	0.853	0.568
154	巴布亚新几内亚	Papua New Guinea	..	..	0.595
154	津巴布韦	Zimbabwe	0.268	0.927	0.540
156	所罗门群岛	Solomon Islands	0.306	..	..
157	毛里塔尼亚	Mauritania	0.424	0.818	0.626
158	马达加斯加	Madagascar	0.310	0.948	..
159	卢旺达	Rwanda	0.267	0.992	0.383
160	科摩罗	Comoros	0.172	0.817	..
160	莱索托	Lesotho	0.280	0.962	0.549
162	塞内加尔	Senegal	0.340	0.886	0.521
163	海地	Haiti	0.219	..	0.593
163	乌干达	Uganda	0.309	0.878	0.522
165	苏丹	Sudan	..	0.839	0.575
166	多哥	Togo	0.293	0.841	0.556
167	贝宁	Benin	0.318	0.858	0.613
168	也门	Yemen	0.376	0.737	0.767
169	阿富汗	Afghanistan	0.395	0.609	0.667
170	马拉维	Malawi	0.242	0.921	0.614
171	科特迪瓦	Côte d'Ivoire	0.379	0.814	0.672
172	吉布提	Djibouti	0.410	..	..
173	冈比亚	Gambia	0.302	0.878	0.641
174	埃塞俄比亚	Ethiopia	0.372	0.842	0.499
175	马里	Mali	0.393	0.786	0.689
176	刚果(金)	Congo (Democratic Republic of the)	0.208	0.832	0.663
177	利比里亚	Liberia	0.224	0.830	0.649
178	几内亚比绍	Guinea-Bissau	0.267	..	..
179	厄立特里亚	Eritrea	..	..	..
179	塞拉利昂	Sierra Leone	0.333	0.871	0.650
181	莫桑比克	Mozambique	0.259	0.879	0.574
181	南苏丹	South Sudan	..	..	..
183	几内亚	Guinea	0.296	0.784	..
184	布隆迪	Burundi	0.251	0.919	0.474
185	布基纳法索	Burkina Faso	0.313	0.874	0.615
186	乍得	Chad	0.313	0.765	0.695
187	尼日尔	Niger	0.290	0.732	0.695
188	中非	Central African Republic	0.136	0.776	0.648

13-2 国土面积和人口(2016年)
Surface Area and Population (2016)

国家或地区	Country or Area	国土面积(万平方公里) Surface Area (10 000 sq.km)	年中人口数(万人) Mid-year Population (10 000 persons)	人口年增长率(%) Population Growth (annual %)	人口密度(人/平方公里) Population Density (persons/sq.km)
世界	**World**	**13432.5**	**744214**	**1.18**	**57**
中国	China	956.3	137867	0.54	147
中国香港	Hong Kong, China	0.1	735	0.56	6997
中国澳门	Macao, China	0.0	61	1.85	20204
孟加拉国	Bangladesh	14.8	16295	1.08	1252
文莱	Brunei Darussalam	0.6	42	1.35	80
柬埔寨	Cambodia	18.1	1576	1.56	89
印度	India	328.7	132417	1.15	445
印度尼西亚	Indonesia	191.1	26112	1.14	144
伊朗	Iran	174.5	8028	1.15	49
以色列	Israel	2.2	855	1.97	395
日本	Japan	37.8	12699	-0.12	348
哈萨克斯坦	Kazakhstan	272.5	1780	1.43	7
韩国	Korea, Rep.	10.0	5125	0.45	526
老挝	Laos	23.7	676	1.41	29
马来西亚	Malaysia	33.1	3119	1.50	95
蒙古	Mongolia	156.4	303	1.68	2
缅甸	Myanmar	67.7	5289	0.91	81
巴基斯坦	Pakistan	79.6	19320	2.00	251
菲律宾	Philippines	30.0	10332	1.56	347
新加坡	Singapore	0.1	561	1.30	7909
斯里兰卡	Sri Lanka	6.6	2120	1.12	338
泰国	Thailand	51.3	6886	0.30	135
越南	Viet Nam	33.1	9270	1.07	299
埃及	Egypt	100.1	9569	2.02	96
尼日利亚	Nigeria	92.4	18599	2.62	204
南非	South Africa	121.9	5591	1.62	46
加拿大	Canada	998.5	3629	1.21	4
墨西哥	Mexico	196.4	12754	1.30	66
美国	United States	983.2	32313	0.69	35
阿根廷	Argentina	278.0	4385	0.98	16
巴西	Brazil	851.6	20765	0.82	25
委内瑞拉	Venezuela	91.2	3157	1.32	36
捷克	Czech Rep.	7.9	1056	0.15	137
法国	France	54.9	6690	0.41	122
德国	Germany	35.7	8267	1.19	237
意大利	Italy	30.1	6060	-0.21	206
荷兰	Netherlands	4.2	1702	0.46	505
波兰	Poland	31.3	3795	-0.10	124
俄罗斯	Russia	1709.8	14434	0.17	9
西班牙	Spain	50.6	4644	-0.01	93
土耳其	Turkey	78.5	7951	1.57	103
乌克兰	Ukraine	60.4	4500	-0.33	78
英国	United Kingdom	24.4	6564	0.78	271
澳大利亚	Australia	774.1	2413	1.41	3
新西兰	New Zealand	26.8	469	2.09	18

资料来源：世界银行数据库，更新时间2017年9月14日。
Source: World Bank Database, last updated date 2017/9/14.

13-3 人口粗出生率和粗死亡率
Crude Birth Rate and Crude Death Rate

单位：‰ (‰)

国家和地区	Country or Area	粗出生率 Crude Birth Rate			粗死亡率 Crude Death Rate		
		2000	2010	2015	2000	2010	2015
世界	**World**	**21.6**	**19.9**	**19.1**	**8.5**	**7.9**	**7.6**
中国	China	14.0	11.9	12.1	6.5	7.1	7.1
中国香港	Hong Kong, China	8.1	12.6	8.2	5.1	6.0	6.3
中国澳门	Macao, China	9.1	10.0	12.0	4.9	4.8	3.8
孟加拉国	Bangladesh	27.6	21.3	19.3	6.9	5.7	5.3
文莱	Brunei Darussalam	21.9	17.5	16.1	3.0	3.0	3.5
柬埔寨	Cambodia	28.1	25.5	23.7	9.4	6.5	6.1
印度	India	26.5	21.6	19.3	8.7	7.6	7.3
印度尼西亚	Indonesia	21.5	21.0	19.4	7.3	7.2	7.1
伊朗	Iran	18.8	18.3	17.1	5.1	4.9	4.5
以色列	Israel	21.7	21.8	21.3	6.0	5.2	5.3
日本	Japan	9.4	8.5	7.9	7.7	9.5	10.1
哈萨克斯坦	Kazakhstan	14.7	22.5	22.7	10.1	9.0	7.5
韩国	Korea, Rep.	13.3	9.4	8.6	5.2	5.1	5.4
老挝	Laos	31.9	28.1	24.3	9.8	7.4	6.8
马来西亚	Malaysia	22.5	16.8	17.1	4.4	4.7	4.9
蒙古	Mongolia	19.3	23.9	24.7	7.7	6.5	6.3
缅甸	Myanmar	24.3	19.6	18.0	9.1	8.4	8.1
巴基斯坦	Pakistan	32.0	30.2	28.7	8.7	7.8	7.3
菲律宾	Philippines	29.6	24.6	23.4	6.2	6.4	6.5
新加坡	Singapore	11.8	9.3	9.7	3.9	4.4	4.8
斯里兰卡	Sri Lanka	18.5	17.5	15.6	7.0	6.5	6.8
泰国	Thailand	14.4	11.7	10.6	6.9	7.4	7.8
越南	Viet Nam	17.5	17.5	16.9	5.5	5.7	5.8
埃及	Egypt	25.0	27.1	27.2	6.6	6.3	6.0
尼日利亚	Nigeria	43.0	41.1	39.4	17.6	14.0	12.8
南非	South Africa	24.4	21.5	21.3	11.7	13.6	10.1
加拿大	Canada	10.9	11.1	10.9	7.1	7.1	7.5
墨西哥	Mexico	24.2	20.0	18.5	4.6	4.7	4.8
美国	United States	14.4	13.0	12.4	8.5	8.0	8.2
阿根廷	Argentina	19.4	18.2	17.4	7.8	7.6	7.6
巴西	Brazil	20.9	15.6	14.4	6.0	6.0	6.1
委内瑞拉	Venezuela	23.7	20.7	19.3	5.0	5.3	5.6
捷克	Czech Rep.	8.9	11.2	10.5	10.6	10.2	10.5
法国	France	13.3	12.9	12.0	8.9	8.5	9.0
德国	Germany	9.3	8.3	9.0	10.2	10.5	11.3
意大利	Italy	9.5	9.5	8.0	9.8	9.9	10.7
荷兰	Netherlands	13.0	11.1	10.0	8.8	8.2	8.7
波兰	Poland	9.9	10.9	9.7	9.6	9.9	10.4
俄罗斯	Russian Fed.	8.7	12.5	13.3	15.3	14.2	13.0
西班牙	Spain	9.9	10.4	9.0	9.0	8.2	9.0
土耳其	Turkey	21.6	17.9	16.5	6.4	5.8	5.8
乌克兰	Ukraine	7.8	10.8	10.7	15.3	15.2	14.9
英国	United Kingdom	11.5	12.9	11.9	10.3	8.9	9.3
澳大利亚	Australia	13.0	13.7	12.7	6.7	6.5	6.6
新西兰	New Zealand	14.7	14.7	13.3	6.9	6.5	6.9

资料来源：世界银行数据库，更新时间2017年9月14日。
Source: World Bank Database, last updated date 2017/9/14.

13-4 人口出生时预期寿命
Life Expectancy at Birth

单位：岁 (years)

国家和地区	Country or Area	总体 Total		男性 Male		女性 Femal	
		2000	2015	2000	2015	2000	2015
世界	**World**	**67.6**	**71.9**	**65.5**	**69.8**	**69.8**	**74.1**
中国	China	71.7	76.1	70.1	74.6	73.5	77.7
中国香港	Hong Kong, China	80.9	84.3	78.0	81.4	83.9	87.3
中国澳门	Macao, China	77.6	83.6	75.3	80.7	80.0	86.6
孟加拉国	Bangladesh	65.3	72.2	65.0	70.6	65.7	73.9
文莱	Brunei Darussalam	75.3	77.1	73.7	75.5	76.9	78.8
柬埔寨	Cambodia	58.4	68.5	56.2	66.5	60.6	70.6
印度	India	62.6	68.3	61.8	66.9	63.5	69.9
印度尼西亚	Indonesia	66.2	69.0	64.6	67.0	68.0	71.2
伊朗	Iran	70.1	75.7	69.2	74.7	71.1	76.9
以色列	Israel	79.0	82.1	77.1	80.1	80.9	84.1
日本	Japan	81.1	83.8	77.7	80.8	84.6	87.1
哈萨克斯坦	Kazakhstan	65.5	72.0	60.2	67.5	71.1	76.9
韩国	Korea, Rep.	75.8	82.2	72.3	79.0	79.6	85.5
老挝	Laos	58.9	66.3	57.5	64.8	60.3	67.8
马来西亚	Malaysia	72.9	75.2	70.9	73.0	75.0	77.5
蒙古	Mongolia	62.9	69.1	60.1	65.1	65.9	73.3
缅甸	Myanmar	62.1	66.4	60.1	64.1	64.2	68.8
巴基斯坦	Pakistan	62.8	66.3	62.0	65.4	63.6	67.3
菲律宾	Philippines	66.7	69.0	63.7	65.7	69.8	72.5
新加坡	Singapore	78.0	82.6	76.0	80.4	80.0	84.9
斯里兰卡	Sri Lanka	71.1	75.0	67.5	71.7	74.9	78.4
泰国	Thailand	70.6	75.1	66.9	71.4	74.5	79.0
越南	Viet Nam	73.1	75.9	68.4	71.3	78.1	80.7
埃及	Egypt	68.6	71.3	66.2	69.1	71.1	73.6
尼日利亚	Nigeria	46.6	53.0	46.1	52.2	47.2	53.8
南非	South Africa	55.8	61.9	53.7	58.5	58.0	65.6
加拿大	Canada	79.2	82.1	76.7	80.2	81.9	84.1
墨西哥	Mexico	74.3	76.9	71.9	74.5	76.8	79.4
美国	United States	76.6	78.7	74.1	76.4	79.3	81.2
阿根廷	Argentina	73.8	76.3	70.1	72.6	77.5	80.2
巴西	Brazil	70.0	75.2	66.3	71.6	74.0	78.9
委内瑞拉	Venezuela	72.3	74.4	68.5	70.4	76.4	78.6
捷克	Czech Rep.	75.0	79.5	71.7	76.4	78.4	82.7
法国	France	79.1	82.7	75.3	79.5	83.0	86.0
德国	Germany	77.9	81.1	75.0	78.7	81.0	83.6
意大利	Italy	79.8	83.5	76.9	81.1	82.8	86.0
荷兰	Netherlands	78.0	81.7	75.5	80.0	80.6	83.5
波兰	Poland	73.7	78.2	69.7	74.4	78.0	82.2
俄罗斯	Russian Fed.	65.3	70.9	59.0	65.5	72.0	76.6
西班牙	Spain	79.0	83.4	75.6	80.6	82.5	86.3
土耳其	Turkey	70.0	75.4	66.4	72.2	73.8	78.7
乌克兰	Ukraine	67.9	71.2	62.4	66.4	73.6	76.3
英国	United Kingdom	77.7	81.6	75.4	79.8	80.2	83.5
澳大利亚	Australia	79.2	82.5	76.6	80.5	82.0	84.5
新西兰	New Zealand	78.6	81.5	76.1	79.7	81.3	83.3

资料来源：世界银行数据库，更新时间2017年9月14日。
Source: World Bank Database, last updated date 2017/9/14.

13-5 人口构成(2016年)
Population Composition(2016)

单位：% (%)

国家和地区	Country or Area	年龄构成 Age Composition 0-14岁人口占比 Persons ages 14 and below	15-64岁人口占比 Persons ages 15 to 64	65岁以上人口占比 Persons ages 65 and above	女性人口比重 Female Population as Percentage of Tatal	城市人口比重 Urban Population as Percentage of Tatal
世界	**World**	**26.1**	**65.5**	**8.5**	**49.6**	**54.3**
中国	China	17.7	72.2	10.1	48.5	56.8
中国香港	Hong Kong, China	11.2	73.0	15.8	53.9	100.0
中国澳门	Macao, China	12.8	78.0	9.2	52.0	100.0
孟加拉国	Bangladesh	28.9	66.0	5.1	49.6	35.0
文莱	Brunei Darussalam	23.4	72.3	4.3	48.5	77.5
柬埔寨	Cambodia	31.4	64.4	4.3	51.2	20.9
印度	India	28.2	66.0	5.8	48.2	33.1
印度尼西亚	Indonesia	27.7	67.1	5.2	49.6	54.5
伊朗	Iran	23.7	71.1	5.2	49.7	73.9
以色列	Israel	27.9	60.6	11.5	50.4	92.2
日本	Japan	12.9	60.5	26.6	51.2	93.9
哈萨克斯坦	Kazakhstan	27.4	65.8	6.8	51.6	53.2
韩国	Korea, Rep.	13.7	72.9	13.4	50.0	82.6
老挝	Laos	33.3	62.8	4.0	50.1	39.7
马来西亚	Malaysia	24.6	69.3	6.1	48.3	75.4
蒙古	Mongolia	29.3	66.7	3.9	50.5	72.8
缅甸	Myanmar	27.4	67.1	5.5	51.2	34.7
巴基斯坦	Pakistan	34.9	60.6	4.5	48.6	39.2
菲律宾	Philippines	32.0	63.3	4.7	49.7	44.3
新加坡	Singapore	15.2	72.5	12.3	50.6	100.0
斯里兰卡	Sri Lanka	24.3	66.0	9.7	51.9	18.4
泰国	Thailand	17.7	71.4	11.0	51.2	51.5
越南	Viet Nam	23.1	70.0	6.9	50.5	34.2
埃及	Egypt	33.5	61.4	5.1	49.4	43.2
尼日利亚	Nigeria	44.1	53.2	2.7	49.3	48.6
南非	South Africa	29.2	65.6	5.2	50.9	65.3
加拿大	Canada	16.0	67.5	16.6	50.4	82.0
墨西哥	Mexico	27.1	66.3	6.7	50.2	79.5
美国	United States	19.0	65.9	15.0	50.5	81.8
阿根廷	Argentina	25.1	63.9	11.1	51.1	91.9
巴西	Brazil	22.1	69.6	8.2	50.8	85.9
委内瑞拉	Venezuela	27.9	65.7	6.4	50.2	89.0
捷克	Czech Rep.	15.2	66.2	18.5	50.9	73.0
法国	France	18.2	62.5	19.3	50.8	79.8
德国	Germany	13.1	65.6	21.3	50.8	75.5
意大利	Italy	13.6	63.7	22.7	51.3	69.1
荷兰	Netherlands	16.6	65.0	18.4	50.3	91.0
波兰	Poland	14.8	69.0	16.2	51.7	60.5
俄罗斯	Russian Fed.	17.3	68.9	13.8	53.5	74.1
西班牙	Spain	14.8	66.1	19.2	51.0	79.8
土耳其	Turkey	25.3	66.7	8.0	50.8	73.9
乌克兰	Ukraine	15.2	68.6	16.2	53.8	69.9
英国	United Kingdom	17.6	64.0	18.4	50.7	82.8
澳大利亚	Australia	18.9	65.8	15.3	50.2	89.6
新西兰	New Zealand	19.8	65.2	15.0	50.8	86.3

资料来源：世界银行数据库，更新时间2017年9月18日。
Source: World Bank Database, last updated date 2017/9/18.

13-6 粗结婚率与粗离婚率
Crude Marriage Rate and Crude Divorce Rate

单位：‰ (‰)

国家和地区	Country or Area	粗结婚率 Crude Marriage Rate		粗离婚率 Crude Divorce Rate	
		2010	2014	2010	2014
中　　国	China	9.3	9.6①	2.0	1.8①
中国香港	Hong Kong,China	7.5	7.8		
中国澳门	Macao,China	5.8	6.6	1.7	2.1
伊　　朗	Iran	12.0	9.3	1.8	2.1
日　　本	Japan	5.5	5.1	2.0	1.7
哈萨克斯坦	Kazakhstan	9.0	9.9②	2.5	3.0②
韩　　国	Korea,Rep.	6.5	6.0	2.3	2.3
蒙　　古	Mongolia	3.4	5.8	1.1	1.3
新 加 坡	Singapore	6.5	7.3	1.8	1.8
墨 西 哥	Mexico	5.0	4.8	0.8	0.9
美　　国	United States	6.8		2.8	
阿 根 廷	Argentina	3.0	2.8		
委内瑞拉	Venezuela	3.3	3.1		
白俄罗斯	Belarus	8.1	8.9	3.9	3.7
保加利亚	Bulgaria	3.2	3.4	1.5	1.5
捷　　克	Czech Republic	4.5	4.3	2.9	2.5
法　　国	France	3.9	3.7	2.1	1.9②
德　　国	Germany	4.7	4.8	2.3	2.1
意 大 利	Italy	3.7	3.1	0.9	0.9
荷　　兰	Netherland	4.5	3.9	2.0	2.1
波　　兰	Poland	5.9	5.0	1.6	1.7
罗马尼亚	Romania	5.7	5.9	1.6	1.4
俄 罗 斯	Russian Fed.	8.5	8.5②	4.5	4.5①
西 班 牙	Spain	3.6	3.4	2.2	2.2
土 耳 其	Turkey	8.0	7.8	1.6	1.7
乌 克 兰	Ukraine	6.7	6.9	2.7	3.0
英　　国	United Kingdom	4.5		2.1	2.0①
澳大利亚	Australia	5.5	5.2	2.3	2.0
新 西 兰	New Zealand	4.8	4.5	2.0	1.8

注：①2012年数据。②2013年数据。
Note: ①Data refer to 2012.②Data refer to 2013.
资料来源：联合国《人口统计年鉴2015》。
Source: UN Demographic Yearbook 2015.

13-7 享有卫生设施人口占总人口比重

Percentage of Population with Access to Improved Sanitation Facilities

单位：% (%)

国家和地区	Country or Area	享有卫生设施人口占总人口比重 Percentage of Population with Access to Improved Sanitation Facilities		城市享有卫生设施人口占总人口比重 Percentage of Population with Access to Improved Sanitation Facilities in Urban Areas		农村享有卫生设施人口占总人口比重 Percentage of Population with Access to Improved Sanitation Facilities in Rural Area	
		2000	2015	2000	2015	2000	2015
世界	**World**	**58.8**	**67.5**	**79.4**	**82.2**	**40.9**	**50.3**
高收入国家	**High Income**	**98.6**	**99.4**	**99.2**	**99.5**	**97.0**	**99.0**
中等收入国家	**Middle Income**	**53.3**	**65.3**	**73.6**	**79.3**	**38.8**	**50.8**
低收入国家	**Low Income**	**20.3**	**28.3**	**36.1**	**39.7**	**14.8**	**23.2**
中国	China	58.8	76.5	75.3	86.6	49.6	63.7
孟加拉国	Bangladesh	45.4	60.6	51.1	57.7	43.7	62.1
柬埔寨	Cambodia	16.3	42.4	43.3	88.1	10.2	30.5
印度	India	25.6	39.6	54.5	62.6	14.5	28.5
印度尼西亚	Indonesia	47.1	60.8	65.8	72.3	33.6	47.5
伊朗	Iran	78.9	90.0	84.1	92.8	69.5	82.3
以色列	Israel	100.0	100.0	100.0	100.0	100.0	100.0
日本	Japan	100.0	100.0	100.0	100.0	100.0	100.0
哈萨克斯坦	Kazakhstan	96.8	97.5	96.5	97.0	97.1	98.1
韩国	Korea, Rep.	100.0	100.0	100.0	100.0	100.0	100.0
老挝	Laos	28.0	70.9	66.1	94.5	17.2	56.0
马来西亚	Malaysia	91.2	96.0	92.8	96.1	88.5	95.9
蒙古	Mongolia	48.2	59.7	65.1	66.4	25.8	42.6
缅甸	Myanmar	61.9	79.6	78.6	84.3	55.8	77.1
巴基斯坦	Pakistan	36.9	63.5	71.6	83.1	19.6	51.1
菲律宾	Philippines	63.8	73.9	72.5	77.9	55.9	70.8
新加坡	Singapore	99.7	100.0	99.7	100.0		
斯里兰卡	Sri Lanka	81.2	95.1	85.1	88.1	80.3	96.7
泰国	Thailand	91.3	93.0	89.4	89.9	92.2	96.1
越南	Viet Nam	52.9	78.0	76.7	94.4	45.2	69.7
埃及	Egypt	84.3	94.7	94.5	96.8	76.7	93.1
尼日利亚	Nigeria	34.0	29.0	35.8	32.8	33.1	25.4
南非	South Africa	57.2	66.4	66.0	69.6	45.6	60.5
加拿大	Canada	99.8	99.8	100.0	100.0	99.0	99.0
墨西哥	Mexico	74.7	85.2	82.7	88.0	51.2	74.5
美国	United States	99.7	100.0	99.9	100.0	99.2	100.0
阿根廷	Argentina	91.4	96.4	92.5	96.2	81.9	98.3
巴西	Brazil	74.7	82.8	82.8	88.0	39.6	51.5
委内瑞拉	Venezuela	88.3	94.4	92.7	97.5	56.0	69.9
捷克	Czech Rep.	99.1	99.1	99.1	99.1	99.3	99.2
法国	France	98.7	98.7	98.6	98.6	98.9	98.9
德国	Germany	99.2	99.2	99.3	99.3	99.0	99.0
意大利	Italy	99.5	99.5	99.5	99.5	99.6	99.6
荷兰	Netherlands	98.1	97.7	97.5	97.5	99.9	99.9
波兰	Poland	87.0	97.2	94.0	97.5	75.8	96.7
俄罗斯联邦	Russian Fed.	72.5	72.2	77.5	77.0	58.5	58.7
西班牙	Spain	99.9	99.9	99.9	99.8	100.0	100.0
土耳其	Turkey	88.1	94.9	96.9	98.3	72.0	85.5
乌克兰	Ukraine	94.7	95.9	97.1	97.4	89.7	92.6
英国	United Kingdom	99.2	99.2	99.1	99.1	99.6	99.6
澳大利亚	Australia	100.0	100.0	100.0	100.0	100.0	100.0

资料来源：世界银行数据库。
Source: World Bank Database.

13-8 享有清洁饮用水源人口占总人口比重
Percentage of Population with Access to Improved Water Source

单位：% (%)

国家和地区	Country or Area	享有清洁饮用水源人口占总人口比重 Percentage of Population with Access to Improved Water Source		城市享有清洁饮用水源人口占总人口比重 Percentage of Population with Access to Improved Water Source in Urban Area		农村享有清洁饮用水源人口占总人口比重 Percentage of Population with Access to Improved Water Source in Rural Area	
		2000	2015	2000	2015	2000	2015
世界	**World**	**82.5**	**91.0**	**95.5**	**96.5**	**71.2**	**84.6**
高收入国家	**High Income**	**98.8**	**99.5**	**99.5**	**99.7**	**96.6**	**98.9**
中等收入国家	**Middle Income**	**81.5**	**92.2**	**94.4**	**96.1**	**72.3**	**88.1**
低收入国家	**Low Income**	**52.4**	**65.6**	**83.5**	**86.7**	**41.7**	**56.3**
中国	China	80.3	95.5	97.2	97.5	70.8	93.0
孟加拉国	Bangladesh	76.0	86.9	83.2	86.5	73.7	87.0
柬埔寨	Cambodia	41.6	75.5	57.1	100.0	38.1	69.1
印度	India	80.6	94.1	92.3	97.1	76.1	92.6
印度尼西亚	Indonesia	77.9	87.4	91.3	94.2	68.2	79.5
伊朗	Iran	94.1	96.2	98.3	97.7	86.8	92.1
以色列	Israel	100.0	100.0	100.0	100.0	100.0	100.0
日本	Japan	100.0	100.0	100.0	100.0	100.0	100.0
哈萨克斯坦	Kazakhstan	93.8	92.9	98.0	99.4	88.5	85.6
韩国	Korea, Rep.	93.4		98.1	99.7	75.3	
老挝	Laos	45.5	75.7	72.2	85.6	37.9	69.4
马来西亚	Malaysia	94.1	98.2	97.4	100.0	88.6	93.0
蒙古	Mongolia	56.3	64.4	74.2	66.4	32.4	59.2
缅甸	Myanmar	66.6	80.6	84.6	92.7	59.9	74.4
巴基斯坦	Pakistan	88.5	91.4	95.4	93.9	85.0	89.9
菲律宾	Philippines	87.1	91.8	92.0	93.7	82.5	90.3
新加坡	Singapore	100.0	100.0	100.0	100.0		
斯里兰卡	Sri Lanka	79.7	95.6	94.8	98.5	76.3	95.0
泰国	Thailand	91.9	97.8	96.6	97.6	89.7	98.0
越南	Viet Nam	77.4	97.6	93.6	99.1	72.2	96.9
埃及	Egypt	95.9	99.4	98.1	100.0	94.1	99.0
尼日利亚	Nigeria	51.8	68.5	78.2	80.8	37.7	57.3
南非	South Africa	86.5	93.2	98.5	99.6	70.6	81.4
加拿大	Canada	99.8	99.8	100.0	100.0	99.0	99.0
墨西哥	Mexico	88.6	96.1	93.8	97.2	73.0	92.1
美国	United States	98.8	99.2	99.6	99.4	95.8	98.2
阿根廷	Argentina	96.3	99.1	98.1	99.0	81.3	100.0
巴西	Brazil	93.5	98.1	97.6	100.0	75.7	87.0
委内瑞拉	Venezuela	91.1	93.1	93.6	95.0	72.5	77.9
捷克	Czech Rep.	99.8	100.0	99.9	100.0	99.6	100.0
法国	France	100.0	100.0	100.0	100.0	100.0	100.0
德国	Germany	100.0	100.0	100.0	100.0	100.0	100.0
意大利	Italy	100.0	100.0	100.0	100.0	100.0	100.0
荷兰	Netherlands	100.0	100.0	100.0	100.0	100.0	100.0
波兰	Poland	95.9	98.3	99.0	99.3	91.0	96.9
俄罗斯	Russian Fed.	94.9	96.9	98.2	98.9	85.6	91.2
西班牙	Spain	99.9	100.0	99.9	100.0	100.0	100.0
土耳其	Turkey	92.6	100.0	96.8	100.0	84.7	100.0
乌克兰	Ukraine	97.6	96.2	99.9	95.5	93.0	97.8
英国	United Kingdom	100.0	100.0	100.0	100.0	100.0	100.0
澳大利亚	Australia	100.0	100.0	100.0	100.0	100.0	100.0
新西兰	New Zealand	100.0	100.0	100.0	100.0	100.0	100.0

资料来源：世界银行数据库。
Source: World Bank Database.

13-9 每千人口医生数和医院床位数
Physician and Hospital Bed per 1000 Persons

国家和地区	Country or Area	每千人口医生数(人) Physicians per 1000 Persons (person)			每千人口医院床位数(张) Hospital Beds per 1000 Persons (bed)		
		2000	2005	2014	2000	2005	2012
高收入国家	**High Income**	**2.66**		**2.92①**	**6.5**	**5.9**	**4.2①**
中等收入国家	**Middle Income**	**1.08**		**1.35①**		**2.3**	**2.2①**
低收入国家	**Low Income**	**0.06**		**0.07①**			
中国	China	1.25	1.56	1.94②	2.5	2.5	3.8①
孟加拉国	Bangladesh		0.30	0.36①		0.3	0.6①
文莱	Brunei Darussalam	1.01	1.04	1.44②	2.6	3.0	2.8
柬埔寨	Cambodia	0.16		0.17③			0.7①
印度	India	0.55	0.60	0.73		0.9	0.7①
印度尼西亚	Indonesia	0.16		0.20②			0.9
伊朗	Iran		0.89	1.49		1.7	0.1
以色列	Israel	3.77		3.62	6.1	6.3	3.3
日本	Japan	2.01			14.7	14.1	
哈萨克斯坦	Kazakhstan	3.29	3.70	3.27	7.2	7.7	7.2
韩国	Korea, Rep.	1.30	1.79	2.23	6.1		
老挝	Laos	0.29	0.27	0.18②		1.2	1.5
马来西亚	Malaysia	0.70				1.8	1.9
蒙古	Mongolia			2.84①			6.8
缅甸	Myanmar	0.30	0.37	0.61②	0.7		
巴基斯坦	Pakistan	0.64	0.80	0.81		1.2	0.6
菲律宾	Philippines	0.59					1.0①
新加坡	Singapore		1.56	1.91③		3.2	2.0①
斯里兰卡	Sri Lanka	0.43	0.49		2.9		3.6
泰国	Thailand	0.37	0.29		2.2		
越南	Viet Nam		1.20	1.18③		2.6	
埃及	Egypt	2.12	2.43	0.81		2.2	0.5
尼日利亚	Nigeria	0.27	0.30		1.2		
南非	South Africa			0.76		2.8	
加拿大	Canada	2.10			3.4	3.4	
墨西哥	Mexico	1.98	1.75	2.07	1.1		1.5①
美国	United States	2.56	2.41	2.55③	3.5	3.2	2.9①
阿根廷	Argentina		3.21	3.76③	4.1	4.0	4.7
巴西	Brazil	1.15	1.66	1.85③		2.4	2.3
委内瑞拉	Venezuela						0.9①
捷克	Czech Rep.	3.40		3.68③	8.8	8.4	6.8①
法国	France	3.30		3.22	8.1	7.3	6.4①
德国	Germany	3.30		4.13	9.1	8.4	8.2①
意大利	Italy	4.20		3.95	4.7	4.0	3.4①
荷兰	Netherlands	3.20	3.71	3.35	4.8		
波兰	Poland	2.20	1.97	2.27	4.9	5.2	6.5①
俄罗斯	Russian Fed.	4.21	4.00	3.31	10.9	9.7	
西班牙	Spain	4.39	4.62	3.82	4.1	3.4	3.1①
土耳其	Turkey	1.25	1.38	1.75	2.6	2.6	2.5①
乌克兰	Ukraine	2.98		3.00	8.8	8.7	9.0
英国	United Kingdom	1.90		2.81	4.2		2.9①
澳大利亚	Australia	2.50		3.37③	7.8	4.0	
新西兰	New Zealand	2.20		2.85			2.3①

注：①2011年数据。②2012年数据。③2013年数据。
Note: ①Data refer to 2011.②Data refer to 2012.③Data refer to 2013.
资料来源：世界银行数据库，更新时间2017年10月18日。
Source: World Bank Database, last updated date 2017/10/18.

13-10 儿童健康
Child Health

国家和地区	Country or Area	新生儿死亡率 (‰) Neonatal Mortality Rate (‰)		5岁以下儿童死亡率 (‰) Mortality Rate of Children Aged＜5 (‰)		5岁以下儿童超重发生率(%) Prevalence of Overweight Children Aged ＜5 (%)	5岁以下儿童低体重率(%) Prevalence of Underweight Children Aged＜5(%)
		2000	2016	2000	2016	2016	2016
世界	**World**	**30.5**	**18.6**	**75.9**	**40.8**	**6.0**	**14.0**
高收入国家	**High Income**	**4.3**	**3.0**	**7.9**	**5.3**	**6.0**	**0.9**
中等收入国家	**Middle Income**	**32.0**	**18.6**	**71.8**	**37.8**	**5.5**	**14.4**
低收入国家	**Low Income**	**40.8**	**26.9**	**150.2**	**73.1**	**3.4**	**19.8**
中国	China	21.2	5.1	36.9	9.9	6.6①	3.4①
孟加拉国	Bangladesh	42.6	20.1	88.0	34.2	1.4⑤	32.6⑤
文莱	Brunei Darussalam	4.9	4.4	9.4	9.9		
柬埔寨	Cambodia	36.1	16.2	108.3	30.6	2.0⑤	23.9⑤
印度	India	45.1	25.4	91.2	43.0		
印度尼西亚	Indonesia	22.3	13.7	52.3	26.4	11.5④	19.9④
伊朗	Iran	19.2	9.6	34.7	15.1		
以色列	Israel	3.6	2.0	6.9	3.6		
日本	Japan	1.8	0.9	4.5	2.7	1.5①	3.4①
哈萨克斯坦	Kazakhstan	20.1	5.9	43.6	11.4	13.3①	3.7①
韩国	Korea, Rep.	2.4	1.5	6.1	3.4	6.7①	0.6①
老挝	Laos	43.3	28.7	117.7	63.9	2.0②	26.5②
马来西亚	Malaysia	5.3	4.4	10.2	8.3		
蒙古	Mongolia	25.7	9.7	62.7	17.9	10.5④	1.6④
缅甸	Myanmar	37.3	24.5	82.3	50.8		
巴基斯坦	Pakistan	60.4	45.6	112.3	78.8	4.8③	31.6③
菲律宾	Philippines	16.8	12.6	39.7	27.1	4.3②	20.2②
新加坡	Singapore	1.6	1.1	4.0	2.8		
斯里兰卡	Sri Lanka	10.1	5.3	16.3	9.4	0.6③	26.3③
泰国	Thailand	12.7	7.3	22.5	12.2	10.9③	9.2③
越南	Viet Nam	15.7	11.5	33.8	21.6	4.6④	12.1④
埃及	Egypt	22.3	12.8	46.5	22.8	15.7⑤	7.0⑤
尼日利亚	Nigeria	48.3	34.1	186.8	104.3	1.8⑤	19.8⑤
南非	South Africa	16.0	12.4	75.3	43.3		
加拿大	Canada	3.7	3.2	6.2	4.9		
墨西哥	Mexico	10.1	7.8	25.6	14.6	9.0③	2.8③
美国	United States	4.6	3.7	8.4	6.5	6.0③	0.5③
阿根廷	Argentina	11.3	6.2	20.2	11.1		
巴西	Brazil	16.0	7.8	32.0	15.1		
委内瑞拉	Venezuela	12.0	10.3	21.7	16.3		
捷克	Czech Rep.	3.9	1.6	6.6	3.2		
法国	France	2.8	2.4	5.4	3.9		
德国	Germany	2.8	2.3	5.4	3.8		
意大利	Italy	3.4	2.0	5.5	3.3		
荷兰	Netherlands	3.8	2.5	6.2	3.8		
波兰	Poland	5.8	2.8	9.3	4.7		
俄罗斯	Russian Fed.	12.5	3.4	23.2	7.7		
西班牙	Spain	4.0	2.0	6.5	3.3		
土耳其	Turkey	20.1	6.5	39.6	12.7	10.9④	1.9④
乌克兰	Ukraine	11.2	5.4	18.5	9.1		
英国	United Kingdom	3.8	2.6	6.6	4.3		
澳大利亚	Australia	3.5	2.2	6.2	3.7		
新西兰	New Zealand	3.5	3.0	7.4	5.4		

注：①2010年数据。②2011年数据。③2012年数据。④2013年数据。⑤2014年数据。
Note:①Data refer to 2010.②Data refer to 2011.③Data refer to 2012.④Data refer to 2013.⑤Data refer to 2014.
资料来源：世界银行数据库，更新时间2017年10月18日。
Source: World Bank Database, last updated date 2017/10/18.

13-11 生殖健康
Reproductive Health

国家和地区	Country or Area	总和生育率 Total Fertility Rate		15-49岁女性避孕普及率 (%) Contraceptive Prevalence (% of women ages 15-49)		孕产妇死亡率③ (1/10 0000) Maternal Mortality Ratio (1/10 0000)	
		2000	2015	2000	2014	2000	2015
世界	**World**	**2.7**	**2.5**	**60.2**	**63.3①**	**341**	**216**
中国	China	1.4	1.6	83.8	87.9①	58	27
中国香港	Hong Kong, China	1.0	1.2				
中国澳门	Macao, China	0.9	1.3				
孟加拉国	Bangladesh	3.2	2.1	54.3	62.4	399	176
文莱	Brunei Darussalam	2.3	1.9			31	23
柬埔寨	Cambodia	3.8	2.6	23.8	56.3	484	161
印度	India	3.3	2.4	46.9		374	174
印度尼西亚	Indonesia	2.5	2.4	54.8	62.5②	265	126
伊朗	Iran	2.2	1.7	73.8		51	25
以色列	Israel	3.0	3.1			8	5
日本	Japan	1.4	1.5	55.9		10	5
哈萨克斯坦	Kazakhstan	1.8	2.7			65	12
韩国	Korea, Rep.	1.5	1.2	79.3		16	11
老挝	Laos	4.3	2.8	32.2	49.8①	546	197
马来西亚	Malaysia	2.8	2.1			58	40
蒙古	Mongolia	2.1	2.8	67.4	54.6	161	44
缅甸	Myanmar	2.9	2.2			308	178
巴基斯坦	Pakistan	4.6	3.6		35.4②	306	178
菲律宾	Philippines	3.8	3.0	47.0	55.1②	124	114
新加坡	Singapore		1.2			18	10
斯里兰卡	Sri Lanka	2.2	2.1	70.0		57	30
泰国	Thailand	1.7	1.5	79.2	79.3①	25	20
越南	Viet Nam	2.0	2.0	74.2	75.7	81	54
埃及	Egypt	3.2	3.3	56.1	58.5	63	33
尼日利亚	Nigeria	6.1	5.6		15.1②	1170	814
南非	South Africa	2.9	2.5			85	138
加拿大	Canada	1.5	1.6			9	7
墨西哥	Mexico	2.7	2.2	70.0		77	38
美国	United States	2.1	1.8			12	14
阿根廷	Argentina	2.6	2.3		76.6②	60	52
巴西	Brazil	2.4	1.7			66	44
委内瑞拉	Venezuela	2.8	2.3			90	95
捷克	Czech Rep.	1.2	1.5			7	4
法国	France	1.9	2.0	81.8		12	8
德国	Germany	1.4	1.5			8	6
意大利	Italy	1.3	1.4			5	4
荷兰	Netherlands	1.7	1.7			14	7
波兰	Poland	1.4	1.3			8	3
俄罗斯	Russian Fed.	1.2	1.8			57	25
西班牙	Spain	1.2	1.3			5	5
土耳其	Turkey	2.5	2.1		73.5②	79	16
乌克兰	Ukraine	1.1	1.5	71.6	65.4①	34	24
英国	United Kingdom	1.6	1.8	76.0		12	9
澳大利亚	Australia	1.8	1.8			9	6
新西兰	New Zealand	2.0	2.0			12	11

注：①2012年数据。②2013年数据。③数据是通过回归模型得出的估计值，使用了生育、分娩护理、以及艾滋病流行率等方面的信息。

Note: ①Data refer to 2012.②Data refer to 2013.③The data are estimated with a regression model using information on the proportion of maternal deaths among non-AIDS deaths in women ages 15-49, fertility and birth attendants.

资料来源：世界银行数据库，更新时间2017年10月18日。

Source: World Bank Database, last updated date 2017/10/18.

13-12 卫生总费用占国内生产总值比重及构成
Total Health Expenditure as Percentage of GDP and Composition

单位：% (%)

国家和地区	Country or Area	医疗支出占国内生产总值的比重 Health Expenditure, Total as Percentage of GDP		政府卫生支出占卫生总费用比重 General Government Health Expenditure as Percentage of Health Expenditure		个人卫生支出占卫生总费用比重 Person Health Expenditure as Percentage of Health Expenditure	
		2000	2014	2000	2014	2000	2014
中国	China	4.6	5.5	38.3	55.8	61.7	44.2
孟加拉国	Bangladesh	2.3	2.8	40.7	27.9	59.3	72.1
文莱	Brunei Darussalam	3.1	2.6	85.1	93.9	14.9	6.1
柬埔寨	Cambodia	5.9	5.7	22.8	22.0	77.2	78.0
印度	India	4.3	4.7	26.1	30.0	73.9	70.0
印度尼西亚	Indonesia	2.0	2.8	36.6	37.8	63.4	62.2
伊朗	Iran	5.1	7.5	40.2	49.8	59.8	50.2
以色列	Israel	7.1	7.8	62.6	60.9	35.2	39.1
日本	Japan	7.5	10.2	80.8	83.6	19.2	16.4
哈萨克斯坦	Kazakhstan	4.2	4.4	50.9	54.4	49.1	45.6
韩国	Korea, Rep.	4.2	7.4	49.0	54.1	51.0	45.9
老挝	Laos	3.4	1.9	33.1	50.5	66.9	49.5
马来西亚	Malaysia	3.0	4.2	55.8	55.2	44.2	44.8
蒙古	Mongolia	4.9	4.7	77.8	55.4	22.2	44.6
缅甸	Myanmar	1.8	2.3	14.2	45.9	85.8	54.1
巴基斯坦	Pakistan	2.8	2.6	21.8	35.2	78.2	64.8
菲律宾	Philippines	3.2	4.7	47.6	34.3	52.4	65.7
新加坡	Singapore	2.7	4.9	45.0	41.7	55.0	58.3
斯里兰卡	Sri Lanka	3.8	3.5	48.9	56.1	51.1	43.9
泰国	Thailand	3.4	4.1	56.1	77.8	43.9	22.2
越南	Viet Nam	4.9	7.1	30.9	54.1	69.1	45.9
埃及	Egypt	5.6	5.6	40.5	38.2	59.5	61.8
尼日利亚	Nigeria	2.8	3.7	33.5	25.1	66.5	74.9
南非	South Africa	8.1	8.8	40.8	48.2	59.2	51.8
加拿大	Canada	8.7	10.4	70.4	70.9	29.6	29.1
墨西哥	Mexico	5.0	6.3	46.6	51.8	53.4	48.2
美国	United States	13.1	17.1	43.3	48.3	56.7	51.7
阿根廷	Argentina	9.2	4.8	53.9	55.4	46.1	44.6
巴西	Brazil	7.0	8.3	40.3	46.0	59.7	54.0
委内瑞拉	Venezuela	4.9	5.3	44.1	29.3	55.9	70.7
捷克	Czech Rep.	6.3	7.4	90.3	84.5	9.7	15.5
法国	France	9.8	11.5	79.4	78.2	20.6	21.8
德国	Germany	10.1	11.3	79.2	77.0	20.8	23.0
意大利	Italy	7.9	9.2	72.1	75.6	27.9	24.4
荷兰	Netherlands	7.4	10.9	63.1	87.0	36.9	13.0
波兰	Poland	5.5	6.4	70.0	71.0	30.0	29.0
俄罗斯	Russian Fed.	5.4	7.1	59.9	52.2	40.1	47.8
西班牙	Spain	7.2	9.0	71.6	70.9	28.4	29.1
土耳其	Turkey	4.9	5.4	62.9	77.4	37.1	22.6
乌克兰	Ukraine	5.6	7.1	51.8	50.8	48.2	49.2
英国	United Kingdom	6.9	9.1	79.6	83.1	20.4	16.9
澳大利亚	Australia	8.1	9.4	66.8	67.0	33.2	33.0
新西兰	New Zealand	7.5	11.0	78.0	82.3	22.0	17.7

资料来源：世界卫生组织数据库。
Source: World Health Organization Database.

13-13 人均卫生费用及人均政府卫生支出
Total Health Expenditure per Capita and General Government Health Expenditure per Capita

单位：美元 USD

国家和地区	Country or Area	人均卫生费用 Total Health Expenditure per Capita		人均政府卫生支出 General Government Health Expenditure per Capita	
		2000	2014	2000	2014
中国	China	43.6	419.7	16.7	234.2
孟加拉国	Bangladesh	9.1	30.8	3.7	8.6
文莱	Brunei Darussalam	554.4	957.6	471.8	898.8
柬埔寨	Cambodia	17.6	61.3	4.0	13.5
印度	India	19.6	75.0	5.1	22.5
印度尼西亚	Indonesia	15.4	99.4	5.7	37.6
伊朗	Iran	70.7	350.7	29.4	144.5
以色列	Israel	1490.0	2910.3	932.2	1771.0
日本	Japan	2838.6	3703.0	2293.9	3095.3
哈萨克斯坦	Kazakhstan	50.8	538.8	25.9	292.9
韩国	Korea, Rep.	504.9	2060.2	247.2	1113.6
老挝	Laos	10.5	32.6	3.5	16.5
马来西亚	Malaysia	121.6	455.8	67.8	251.5
蒙古	Mongolia	23.3	195.3	18.2	108.2
缅甸	Myanmar	3.2	20.3		9.3
巴基斯坦	Pakistan	15.5	36.2	3.4	12.7
菲律宾	Philippines	33.4	135.2	15.9	46.4
新加坡	Singapore	661.8	2752.3	297.9	1148.8
斯里兰卡	Sri Lanka	32.8	127.3	16.1	71.4
泰国	Thailand	74.2	360.4	45.1	309.9
越南	Viet Nam	20.5	142.4	6.3	77.0
埃及	Egypt	77.7	177.8	31.5	67.9
尼日利亚	Nigeria	17.2	117.5	5.8	29.6
南非	South Africa	245.1	570.2	99.9	275.0
加拿大	Canada	2099.8	5291.7	1477.3	3753.5
墨西哥	Mexico	322.1	677.2	150.0	350.6
美国	United States	4788.3	9402.5	2071.2	4541.2
阿根廷	Argentina	706.9	605.2	381.0	335.4
巴西	Brazil	262.8	947.4	105.9	436.2
委内瑞拉	Venezuela	234.8	873.4	103.5	256.3
捷克	Czech Rep.	361.2	1378.5	326.3	1165.4
法国	France	2209.2	4959.0	1753.8	3878.2
德国	Germany	2397.8	5410.6	1898.3	4165.5
意大利	Italy	1588.0	3257.8	1144.7	2463.3
荷兰	Netherlands	1931.8	5693.9	1218.6	4953.9
波兰	Poland	247.1	910.3	173.1	646.2
俄罗斯	Russian Fed.	96.2	892.9	57.6	466.1
西班牙	Spain	1045.5	2658.3	748.8	1884.1
土耳其	Turkey	206.7	567.6	130.1	439.6
乌克兰	Ukraine	35.8	202.7	18.6	102.9
英国	United Kingdom	1763.5	3934.8	1403.4	3271.5
澳大利亚	Australia	1745.9	6031.1	1167.0	4043.2
新西兰	New Zealand	1056.1	4896.3	823.9	4032.0

资料来源：世界卫生组织数据库。
Source: World Health Organization Database.

13-14 5岁及以上成人识字率
Adult Literacy Rate as Percentage of People Aged 15 and Above

单位：% (%)

国家和地区	Country or Area	总计 Total		男性 Male		女性 Female	
		2000	2016	2000	2016	2000	2016
世界	**World**	**81.5**	**86.2**	**86.6**	**89.8**	**76.4**	**82.7**
中等收入国家	**Middle Income**	**79.3**	**85.6**	**85.4**	**89.6**	**73.2**	**81.6**
低收入国家	**Low Income**	**50.7**	**60.6**	**60.3**	**68.6**	**41.4**	**52.8**
中国	China	90.9	95.1①	95.1	97.5①	86.5	92.7①
孟加拉国	Bangladesh		72.8		75.6		69.9
文莱	Brunei Darussalam		96.1②		97.4②		94.7②
印度	India		69.3②		78.9②		59.3②
印度尼西亚	Indonesia		95.4		97.2		93.6
伊朗	Iran		84.7⑤		89.6⑤		79.8⑤
哈萨克斯坦	Kazakhstan		99.8①		99.8①		99.7①
老挝	Laos	69.6	58.3②	81.4	67.4②	58.5	49.7②
马来西亚	Malaysia	88.7	93.1①	92.0	95.4①	85.4	90.7①
蒙古	Mongolia	97.8	98.3①	98.0	98.2①	97.5	98.3①
缅甸	Myanmar	89.9	75.6	93.9	80.0	86.4	71.8
巴基斯坦	Pakistan		57.0⑤		69.1⑤		44.3⑤
菲律宾	Philippines	92.6	96.1④	92.5	96.0④	92.7	96.8④
新加坡	Singapore	92.5	97.0	96.6	98.7	88.6	95.4
斯里兰卡	Sri Lanka		91.2①		92.6①		90.0①
泰国	Thailand	92.6	92.9⑥	94.9	94.7⑥	90.5	91.2⑥
越南	Viet Nam	90.2		93.9		86.6	
埃及	Egypt		75.1④		82.6④		67.2④
南非	South Africa		94.4⑥		95.4⑥		93.4⑥
墨西哥	Mexico	90.5	94.5⑥	92.6	95.5⑥	88.7	93.5⑥
阿根廷	Argentina		98.1⑥		98.0⑥		98.1⑥
巴西	Brazil	86.4	91.7⑤	86.2	91.4⑤	86.5	92.1⑤
委内瑞拉	Venezuela		97.1		97.0		97.2
意大利	Italy		98.8②		99.1②		98.6②
俄罗斯	Russian Fed.		99.7①		99.7①		99.6①
西班牙	Spain		98.3		98.8		97.7
土耳其	Turkey		95.6⑥		98.6⑥		92.6⑥
乌克兰	Ukraine		100.0③		100.0③		100.0③

注：①2010年数据。②2011年数据。③2012年数据。④2013年数据。⑤2014年数据。⑥2015年数据。
Note:①Data refer to 2010.②Data refer to 2011.③Data refer to 2012.④Data refer to 2013.⑤Data refer to 2014.⑥Data refer to 2015.
资料来源：世界银行数据库，更新时间2017年10月30日。
Source: World Bank Database, last updated date 2017/10/30.

13-15 25岁以上人口平均受教育年限
Mean Schooling Years of Population Over 25 Years

单位：年 (Year)

国家和地区	Country or Area	总计 Total		男性 Male		女性 Female	
		2000	2016	2000	2016	2000	2016
中国	China	6.2		6.8	7.6②	5.5	6.6②
中国香港	Hong Kong, China		12.0⑥		12.5⑥		11.6⑥
中国澳门	Macao, China		9.6③		10.0③		9.4③
印度尼西亚	Indonesia		7.9⑥		8.4⑥		7.5⑥
以色列	Israel		13.0⑥		13.0⑥		13.0⑥
哈萨克斯坦	Kazakhstan	9.7①		10.0①		9.6①	
韩国	Korea, Rep.	10.7	11.8②	11.7	12.6②	9.7	11.0②
马来西亚	Malaysia	8.6	10.0②	9.2	10.3②	8.0	9.6②
蒙古	Mongolia	9.0	9.8②	9.1	9.5②	8.9	10.1②
巴基斯坦	Pakistan		5.1④		6.5④		3.7④
菲律宾	Philippines	7.7	9.3④	7.6	9.2④	7.7	9.5④
新加坡	Singapore		11.5⑥		12.0⑥		11.0⑥
泰国	Thailand		8.3		8.5		8.2
南非	South Africa		10.3⑥		10.5⑥		10.1⑥
墨西哥	Mexico	6.6	8.6⑥	7.1	8.8⑥	6.3	8.4⑥
美国	United States		13.5⑥		13.5⑥		13.5⑥
巴西	Brazil		7.3④		7.1④		7.5④
委内瑞拉	Venezuela		10.1⑥		9.6⑥		10.5⑥
捷克	Czech Rep.		12.8⑥		13.1⑥		12.6⑥
法国	France		11.3⑥		11.6⑥		11.1⑥
德国	Germany		14.1⑥		14.5⑥		13.7⑥
意大利	Italy		10.2⑥		10.4⑥		10.0⑥
荷兰	Netherlands		12.1⑥		12.5⑥		11.8⑥
波兰	Poland		11.9⑤		12.0⑤		11.9⑤
俄罗斯	Russia		12.0②		12.1②		12.0②
西班牙	Spain		9.9⑥		10.1⑥		9.8⑥
土耳其	Turkey		8.1⑥		9.0⑥		7.2⑥
英国	United Kingdom		13.3⑤		13.4⑤		13.2⑤
澳大利亚	Australia		12.2⑥		12.2⑥		12.2⑥

注：①1999年数据。②2010年数据。③2011年数据。④2013年数据。⑤2014年数据。⑥2015年数据。
Note:①Data refer to 1999.②Data refer to 2010.③Data refer to 2011.④Data refer to 2013.⑤Data refer to 2014.⑥Data refer to 2015.
资料来源：联合国教科文组织统计研究所数据中心。
Source: UNESCO Institute of Statistics Data Centre.

13-16 各级教育毛入学率
Gross Enrollment Ratio of School by Level

单位：% (%)

国家和地区	Country or Area	初等教育 Primary Education		中等教育 Secondary Education		高等教育 Tertiary Education	
		2000	2015	2000	2015	2000	2015
中国	China	107.4①	104.1	61.0	94.3	7.7	43.4
中国香港	Hong Kong, China	98.8	111.0③	77.1①	100.8		68.5
中国澳门	Macao, China		100.4	82.7	96.5	26.2	75.6
孟加拉国	Bangladesh		120.4	48.1	63.5	5.4	13.4③
文莱	Brunei Darussalam	111.3	108.1	86.2	96.1	12.7	30.8
柬埔寨	Cambodia	106.5	116.7	17.2		2.5	13.1
印度	India	94.6	108.6	45.1	74.0	9.5	26.9
印度尼西亚	Indonesia	108.8	105.9	55.1	85.8	14.9	24.3
伊朗	Iran	100.1	108.9	78.6	89.2	19.3	71.9
以色列	Israel	106.0	104.8	103.0	102.5	49.5	64.7
日本	Japan	101.0	101.6②	101.8	101.9②	48.7	62.4②
哈萨克斯坦	Kazakhstan	96.4	110.6	93.4	109.1	31.7	46.0
韩国	Korea, Rep.	101.3	99.0	98.4	98.9	78.4	93.2
老挝	Laos	106.7	111.3	34.2	61.7	2.7	16.9
马来西亚	Malaysia	98.1	101.8	66.2	77.6	25.7	26.1
蒙古	Mongolia	99.0	100.9	65.1	91.5	30.2	68.6
缅甸	Myanmar	98.3	99.7③	36.3	51.3③	10.6①	
巴基斯坦	Pakistan	74.0	92.7		44.5		9.9
菲律宾	Philippines	109.4	116.8②	74.7①	88.4②	30.3①	35.8③
斯里兰卡	Sri Lanka	107.8①	101.7		99.7②		19.8
泰国	Thailand	97.9	102.7	62.8①	129.0	34.9	48.9
越南	Viet Nam	108.7	108.9			9.4	28.8
埃及	Egypt	93.5	103.9③	80.5	86.1③	29.6①	36.2
尼日利亚	Nigeria	98.4		24.5			
南非	South Africa	103.7	99.7③	87.3	93.8③		19.7②
加拿大	Canada	100.3	100.6③	101.5	109.3②	58.9	
墨西哥	Mexico	106.2	103.4③	69.9	90.6③	19.1	29.9③
美国	United States	102.5	100.1	93.2	97.6③	68.1	85.8
阿根廷	Argentina	117.4	110.6②	96.5	106.3②	53.2	80.0②
巴西	Brazil	150.8①	115.3		99.7	18.2①	50.6
委内瑞拉	Venezuela	99.3	100.0	59.3	89.7	28.5	
捷克	Czech Rep.	103.5	99.7	88.5	105.6	28.4	65.0
法国	France	104.5	105.4③	108.8	110.6③	54.4	64.4③
德国	Germany	107.2	105.0	99.8	102.7		68.3
意大利	Italy	102.9	101.0	92.5	102.9	49.4	62.5
荷兰	Netherlands	108.6	104.7	124.2	135.5	53.0	
波兰	Poland	97.8	101.3③	99.2	108.7②	50.5	71.2②
俄罗斯	Russian Fed.	102.8	100.5		104.5	55.8	80.4
西班牙	Spain	104.5	105.0	110.3	129.8	57.8	89.7
土耳其	Turkey	102.8	102.5	72.7	102.5	25.3①	94.7
乌克兰	Ukraine	115.1	103.9③	103.8	99.2③	48.7	82.3③
英国	United Kingdom	100.4	108.2③	101.9	127.8③	58.5	56.5③
澳大利亚	Australia	100.3	102.2	162.6	137.6②	67.0	86.6②
新西兰	New Zealand	99.4	99.4	110.6	116.6	66.2	83.9

注：①2001年数据。②2013年数据。③2014年数据。
Note: ①Data refer to 2001.②Data refer to 2013.③Data refer to 2014.
资料来源：联合国教科文组织统计研究所数据中心。
Source: UNESCO Institute of Statistics Data Centre.

13-17 各级教育生师比
Pupil-Teacher Ratio of School by Level

单位：教师人数=1 (Number of Teacher=1)

国家和地区	Country or Area	初等教育 Primary Education		中等教育 Secondary Education		高等教育 Tertiary Education	
		2000	2015	2000	2015	2000	2015
中国	China	22.2①	16.3	17.1	13.8	14.1	
中国香港	Hong Kong, China	21.5	13.7	18.8①	13.0		
中国澳门	Macao, China	30.0	14.1	23.9	11.4	8.9	15.3
孟加拉国	Bangladesh		36.1	38.4	35.2②	19.8	22.9③
文莱	Brunei Darussalam	13.7	10.0	10.9	8.8	8.2	11.9
柬埔寨	Cambodia	50.1	45.5	18.5		13.3	17.7
印度	India	40.0	31.5	33.6	31.7	23.6	24.3
印度尼西亚	Indonesia	22.1	16.6③	14.6	15.5③	14.4	25.0③
伊朗	Iran	26.1	26.8		17.0	21.7	15.3
以色列	Israel	13.6		10.6			
日本	Japan	20.7	16.7②	14.0		8.4	7.1②
哈萨克斯坦	Kazakhstan	18.7①	16.2		7.5	13.4	13.0
韩国	Korea, Rep.	32.1	16.9②	21.0	15.6②	20.8	14.7②
老挝	Laos	30.1	24.2	21.3	18.7	12.3	10.6
马来西亚	Malaysia	19.6	11.5	18.4	12.0	18.4	10.2
蒙古	Mongolia	32.6	28.2	19.9	13.7③	11.1	20.3
缅甸	Myanmar	32.8	27.6③	31.9	31.8③	52.6①	
巴基斯坦	Pakistan	33.0	46.3		21.1		17.6
菲律宾	Philippines	35.3	31.4②	36.4①	27.0②	25.9①	
新加坡	Singapore						13.6②
斯里兰卡	Sri Lanka	26.3①	23.2				
泰国	Thailand	20.8	16.9	24.0①	28.2	37.5	21.5
越南	Viet Nam	29.5	19.2			24.2	27.1
埃及	Egypt	23.0	23.1③	16.9	14.4③		23.9③
尼日利亚	Nigeria	42.9		30.9			
南非	South Africa	34.9	32.3③	28.1			
加拿大	Canada	17.4				9.1	
墨西哥	Mexico	27.2	27.4③	16.9	16.1③	9.7	9.8③
美国	United States	15.0	14.5③	14.6	14.8③	12.8	12.5③
阿根廷	Argentina	20.1		12.3		15.7	
巴西	Brazil	24.8	21.2②		17.3②	15.2	20.5②
委内瑞拉	Venezuela					12.5	
捷克	Czech Rep.	16.9	18.9②	10.8①	11.6②	12.7	26.0②
法国	France	18.7	18.2②	11.8	12.9②	17.1	21.3②
德国	Germany	15.3	12.2	14.4	12.1		7.5
意大利	Italy	11.0	12.0	10.5	11.3	23.6	20.3
荷兰	Netherlands		11.6		14.5	11.3	13.5
波兰	Poland	11.1①	10.2②	13.2①	9.5②	18.3	18.5②
俄罗斯	Russian Fed.	17.6	19.8③			12.1	
西班牙	Spain	14.5	13.2	11.4	12.0	17.1	12.5
土耳其	Turkey		19.8②		20.1②	23.7①	38.1②
乌克兰	Ukraine	19.9	16.9③	13.4	7.0	12.4	10.5
英国	United Kingdom	18.7	17.4③	15.1	15.8③	21.5	15.5③
澳大利亚	Australia						27.5②
新西兰	New Zealand	18.4	14.4③	15.5	14.0③	15.3	17.4③

注：①2001年数据。②2013年数据。③2014年数据。
Note: ①Data refer to 2001.②Data refer to 2013.③Data refer to 2014.
资料来源：联合国教科文组织统计研究所数据中心。
Source: UNESCO Institute of Statistics Data Centre.

13-18　教育经费
Education Expenditure

国家和地区	Country or Area	政府教育支出占国内生产总值比重(%) Government Expenditure on Education as Percentage of GDP(%)		教育支出占政府总支出比重(%) Expenditure on Education as Percentage of Total Government Expenditure(%)	
		2000	2015	2000	2015
中国	China	1.9①		12.6①	
中国香港	Hong Kong, China		3.3		18.6
中国澳门	Macao, China	3.7	2.0④		13.4④
孟加拉国	Bangladesh	2.1	2.0③	20.5	13.8③
文莱	Brunei Darussalam	3.7	3.4④	8.9	10.0④
柬埔寨	Cambodia	1.7	1.9④	11.1	9.1④
印度	India	4.3	3.8③	17.5	14.1③
印度尼西亚	Indonesia		3.6		20.5
伊朗	Iran	4.0	2.9	20.6	18.6
以色列	Israel	6.1	5.8④	12.9	14.3④
日本	Japan	3.5	3.6④	9.9	9.3④
哈萨克斯坦	Kazakhstan	3.3	2.8		11.9
韩国	Korea, Rep.	3.5①	5.1		
老挝	Laos	1.5	3.3④	7.3	12.2④
马来西亚	Malaysia	6.0	5.0	21.4	19.7
蒙古	Mongolia	5.6		16.1	
巴基斯坦	Pakistan	1.8	2.6	8.5	13.2
菲律宾	Philippines	3.3		15.2	
新加坡	Singapore	3.3	2.9③	18.3	20.0③
斯里兰卡	Sri Lanka		2.2		11.0
泰国	Thailand	5.3	4.1③	28.4	18.9③
越南	Viet Nam		5.7③		18.5③
南非	South Africa	5.4	6.0④		19.1④
加拿大	Canada	5.5		13.0	
墨西哥	Mexico	4.1	5.3④	19.8	19.1④
美国	United States	4.9①	5.4④		14.5④
阿根廷	Argentina	4.6	5.3④	16.2	14.7④
巴西	Brazil	3.9	6.0③	11.5	16.0③
捷克	Czech Rep.	3.7	4.1③	9.1	9.6③
法国	France	5.5	5.5③	10.8	9.7③
德国	Germany		5.0④		11.1④
意大利	Italy	4.3	4.1④	9.4	8.1④
荷兰	Netherlands	4.6	5.5④	11.1	12.0④
波兰	Poland	5.0	4.9④	11.9	11.6④
俄罗斯	Russia	2.9	3.9②	9.0	11.1②
西班牙	Spain	4.2	4.3④	10.7	9.6④
乌克兰	Ukraine	4.2	5.9④	11.4	13.1④
英国	United Kingdom	4.1	5.7	12.1	13.9
澳大利亚	Australia	4.9	5.2④	13.4	13.9④
新西兰	New Zealand	6.6①	6.4	18.0①	18.0

注：①1999数据。②2012年数据。③2013数据。④2014年数据。
Note: ①Data refer to 1999.②Data refer to 2012.③Data refer to 2013.④Data refer to 2014.
资料来源：联合国教科文组织统计研究所数据中心。
Source: UNESCO Institute of Statistics Data Centre.

13-19 劳动力及劳动参与率(2016年)
Labor Force and Labor Force Participation Rate(2016)

国家和地区	Country or Area	劳动力总数 (万人) Total Labor Force (10 000 persons)	15岁以上人口劳动参与率 (%) Labor Force Participation rate of total population ages 15+(%)	女性劳动力占劳动力总数的比重(%) Percentage of Female Labor Force in Total Labor Force(%)
世界	**World**	**344952**	**61.8①**	**39.4**
高收入国家	**High Income**	**59404**	**60.3②**	**43.9**
中等收入国家	**Middle Income**	**257289**	**61.8①**	**37.5**
低收入国家	**Low Income**	**28258**		**46.8**
中国	China	80297	70.7②	43.8
中国香港	Hong Kong, China	391	61.2②	48.2
中国澳门	Macao, China	38	73.7②	48.8
孟加拉国	Bangladesh	7208		34.6
文莱	Brunei Darussalam	21	65.6①	38.8
柬埔寨	Cambodia	875	82.6①	48.7
印度	India	51128	52.5①	24.3
印度尼西亚	Indonesia	12720	65.8②	37.8
伊朗	Iran	2738	41.8②	18.1
以色列	Israel	393	64.1	46.9
日本	Japan	6533	60.0	42.7
哈萨克斯坦	Kazakhstan	923	71.1②	48.8
韩国	Korea, Rep.	2692	62.8	41.4
老挝	Laos	350		50.8
马来西亚	Malaysia	1489	67.9②	37.6
蒙古	Mongolia	134	61.5②	46.0
缅甸	Myanmar	2990		49.8
巴基斯坦	Pakistan	6804	45.2②	22.2
菲律宾	Philippines	4550	63.7②	39.2
新加坡	Singapore	318	68.3②	44.1
斯里兰卡	Sri Lanka	829	53.8②	30.9
泰国	Thailand	4038	68.9②	45.7
越南	Viet Nam	5593	77.4②	48.4
埃及	Egypt	3157	46.9②	23.1
尼日利亚	Nigeria	5867	72.3②	42.7
南非	South Africa	2110	54.6②	44.7
加拿大	Canada	1994	65.7	47.2
墨西哥	Mexico	5788	59.7	37.1
美国	United States	16217	62.8	45.9
阿根廷	Argentina	2005	58.5①	41.1
巴西	Brazil	10826	55.7②	43.1
委内瑞拉	Venezuela	1473	63.9②	40.4
捷克	Czech Rep.	532	59.4②	44.2
法国	France	3006	55.9	47.2
德国	Germany	4330	60.2②	46.2
意大利	Italy	2528	49.0②	42.1
荷兰	Netherlands	903	64.4②	45.7
波兰	Poland	1835	56.2②	45.2
俄罗斯	Russian Fed.	7562	69.1②	48.7
西班牙	Spain	2303	58.5	46.1
土耳其	Turkey	2986	51.2②	31.1
乌克兰	Ukraine	2256	62.4②	48.3
英国	United Kingdom	3388	62.8②	46.4
澳大利亚	Australia	1264	64.8	45.7
新西兰	New Zealand	254	69.8	47.4

注：①2014数据。②2015年数据。
Note: ①Data refer to 2014.②Data refer to 2015.
资料来源：世界银行数据库，更新时间2017年10月30日。
Source: World Bank Database, last updated date 2017/10/30.

13-20 居民消费支出
Household Consumption Expenditure

国家和地区	Country or Area	居民最终消费支出（现价，亿美元）Household Final Consumption Expenditure (current 100 million USD)			居民消费价格指数（2010年=100）Consumer Price Index (2010 = 100)
		2000	2010	2015	2016
世界	**World**	**201509.8**	**378909.0**	**427727.7①**	
高收入国家	**High Income**	**164919.4**	**270552.9**	**284360.9①**	
中等收入国家	**Middle Income**	**35397.1**	**106182.4**	**140606.7**	
低收入国家	**Low Income**	**955.2**	**2238.2**	**3111.4**	
中国	China	5675.9	21573.3	42710.6①	117.2
中国香港	Hong Kong, China	1006.7	1403.3	2123.2	125.9
中国澳门	Macao, China	30.9	65.7	119.3	134.4
孟加拉国	Bangladesh	400.3	854.4	1530.6	151.6
文莱	Brunei Darussalam	14.9	20.2	24.1	101.5
柬埔寨	Cambodia	32.5	91.4	152.4	121.0
印度	India	2940.3	9139.7	13308.0	155.0
印度尼西亚	Indonesia	1017.4	4244.9	5375.6	137.0
伊朗	Iran	545.0	2107.9	1978.9①	309.6
以色列	Israel	706.4	1326.7	1757.6	106.1
日本	Japan	26593.7	32918.3	24791.1①	103.5
哈萨克斯坦	Kazakhstan	113.2	671.8	731.7	157.1
韩国	Korea, Rep.	3019.0	5507.6	6880.9	110.9
老挝	Laos	16.2	48.5	113.5	127.7
马来西亚	Malaysia	410.4	1226.0	1628.7	115.2
蒙古	Mongolia	8.5	39.7	59.5	164.4
缅甸	Myanmar				138.9
巴基斯坦	Pakistan	557.4	1414.2	2271.2	150.8
菲律宾	Philippines	585.0	1428.1	2242.9	119.5
新加坡	Singapore	398.1	839.9	1084.5	112.6
斯里兰卡	Sri Lanka	116.7	388.3	549.8	134.1
泰国	Thailand	684.2	1779.7	2062.2	110.6
越南	Viet Nam	207.2	771.7	1388.8	149.6
埃及	Egypt	757.4	1632.3	2783.6	178.5
尼日利亚	Nigeria	243.7	2440.3	3773.3①	183.9
南非	South Africa	860.6	2215.3	1752.5	138.4
加拿大	Canada	4040.7	9186.4	8904.5	110.2
墨西哥	Mexico	4841.3	7043.3	7150.4	122.8
美国	United States	67924.0	102021.9	122836.8①	110.1
阿根廷	Argentina	1970.4	2721.1	3609.5	
巴西	Brazil	4233.5	13302.4	11497.6	150.5
委内瑞拉	Venezuela	606.2	2197.7		2740.3
捷克	Czech Rep.	312.8	1019.5	906.4	108.2
法国	France	7450.1	14860.3	13560.9	105.8
德国	Germany	11142.7	19154.8	18574.0	107.4
意大利	Italy	6914.4	12965.2	11217.7	107.3
荷兰	Netherlands	2063.6	3741.6	3423.8	109.5
波兰	Poland	1093.6	2951.0	2753.0	107.5
俄罗斯	Russia	1199.5	7851.5	6602.4	162.2
西班牙	Spain	3554.4	8194.9	7121.8	106.3
土耳其	Turkey	1837.6	4867.2	5106.6	157.4
乌克兰	Ukraine	169.9	857.1	601.9	205.7
英国	United Kingdom	10875.8	15844.5	17091.8	112.6
澳大利亚	Australia	2409.6	6333.1	6943.3	113.5
新西兰	New Zealand	305.1	851.3	1006.2①	109.2

注：①2015年数据。
Note: ①Data refer to 2015.
资料来源：世界银行数据库，更新时间2017年10月30日。
Source: World Bank Database, last updated date 2017/10/30.

13-21 按每天1.90美元衡量的贫困人口比例(2011 PPP)
Poverty Headcount Ratio as Percentage of Population at $1.90 a day (2011 PPP)

单位：% (%)

国家和地区	Country or Area	2000	2010	2015
世界	**World**	**28.0②**	**15.6**	**10.7⑤**
中国	China	40.5②	11.2	1.9⑤
阿根廷	Argentina	5.7	2.1	1.7⑦
孟加拉国	Bangladesh	33.7	18.5	
玻利维亚	Bolivia	29.7	11.9④	7.1
巴西	Brazil	13.4②	6.2④	4.3
保加利亚	Bulgaria		1.9	1.5⑦
柬埔寨	Cambodia		4.6	2.2⑥
萨尔瓦多	El Salvador	11.8	7.2	1.9
加纳	Ghana	33.9①		
几内亚	Guinea			35.3⑥
印度	India		31.1④	
印度尼西亚	Indonesia	39.8	16.0	7.5
伊朗	Iran	2.6①	0.3④	0.1⑤
哈萨克斯坦	Kazakhstan		0.1	
吉尔吉斯斯坦	Kyrgyzstan	42.2	4.1	2.5
老挝	Laos			16.7⑥
马来西亚	Malaysia		0.3④	
墨西哥	Mexico	11.0	3.8	3.0⑦
蒙古	Mongolia	26.9①	0.8	0.2⑦
尼泊尔	Nepal		15.0	
尼日利亚	Nigeria		53.5④	
巴基斯坦	Pakistan	23.4①	8.3	6.1⑤
巴拿马	Panama	14.7	4.6	3.8⑦
巴拉圭	Paraguay	10.2②	6.1	2.5
秘鲁	Peru	16.7	4.7	3.0
菲律宾	Philippines	18.4	12④	8.3
卢旺达	Rwanda	77.0	60.3	60.4⑤
南非	South Africa	32.6	16.9③	
泰国	Thailand	2.6	0.1	
土耳其	Turkey		0.8	0.3⑦
乌克兰	Ukraine	8.3②	0.1④	0.1
乌兹别克斯坦	Uzbekistan	68.1		
越南	Viet Nam	34.8①	4.8	2.8⑦

注：①1998年数据。②1999年数据。③2008年数据。④2009年数据。⑤2012年数据。⑥2013年数据。⑦2014年数据。
Note: ①Data refer to 1998.②Data refer to 1999③Data refer to 2008.④Data refer to 2009.⑤Data refer to 2012.⑥Data refer to 2013.
⑦Data refer to 2013.
资料来源：世界银行数据库，更新时间2017年11月21日。
Source: World Bank Database, last updated date 2017/11/21.

13-22 生产电影故事片数量

Nnumber of National Feature Films Produced

单位：部 (film)

国家和地区	Country or Area	2005	2010	2015
中国	China	260	542	686
中国香港	Hong Kong, China	55	54	59
中国澳门	Macao, China		1	7
孟加拉国	Bangladesh	84		
柬埔寨	Cambodia	41	26	32
印度	India	1041	1274	1907
印度尼西亚	Indonesia	50	82	
伊朗	Iran	26	98	85
以色列	Israel	22	29	32
日本	Japan	356	408	581
哈萨克斯坦	Kazakhstan			16
韩国	Korea, Rep.	87	152	269
老挝	Laos			5
马来西亚	Malaysia	23	39	80
蒙古	Mongolia	1	14	41
缅甸	Myanmar			32
巴基斯坦	Pakistan	42		
菲律宾	Philippines	84	40	
新加坡	Singapore	8	14	21
泰国	Thailand	39	49	
越南	Viet Nam	12	90	
埃及	Egypt	23	37	34
尼日利亚	Nigeria	872	1074	
南非	South Africa	11	23	22
加拿大	Canada	52	98	103
墨西哥	Mexico	53	69	140
美国	United States	699	792	791
阿根廷	Argentina	41	121	182
巴西	Brazil	40	75	129
委内瑞拉	Venezuela	7	13	29
捷克	Czech Rep.	31	37	56
法国	France	240	261	300
德国	Germany	146	189	226
意大利	Italy	98	142	185
荷兰	Netherlands	51	65	87
波兰	Poland	30	60	42
俄罗斯	Russia	62	133	121
西班牙	Spain	142	200	255
土耳其	Turkey	28	65	137
乌克兰	Ukraine	5		3
英国	United Kingdom	106	346	298
澳大利亚	Australia	25	37	33
新西兰	New Zealand	3	21	28

资料来源：联合国教科文组织统计研究所数据中心。
Source: UNESCO Institute of Statistics Data Centre.

13-23 电影院情况(2015年)
Cinemas (2015)

国家和地区	Country or Area	室内电影院(个) Number of Indoor Cinemas (Unit)	银幕(块) Number of Screens (screen)	座位(个) Number of Seats (seat)
中国	China	1687①	31627	
中国香港	Hong Kong, China		221	
中国澳门	Macao, China	4	15	3558
柬埔寨	Cambodia	8	12②	5600
印度	India		11100	
印度尼西亚	Indonesia		842④	
伊朗	Iran	180	380	127000
以色列	Israel	49④	400	46196④
日本	Japan	585	3074	671556
哈萨克斯坦	Kazakhstan	89	246	38988
韩国	Korea, Rep.	333④	2492	349669④
老挝	Laos	2	4	2023
马来西亚	Malaysia	124④	994	141471④
蒙古	Mongolia	52①		8414
缅甸	Myanmar	228①	124①	2699
巴基斯坦	Pakistan	228①	319①	127600①
菲律宾	Philippines	197④	747④	301971④
新加坡	Singapore	33	233	40524
斯里兰卡	Sri Lanka	170④	170④	59500④
泰国	Thailand		846③	
越南	Viet Nam	105②		
埃及	Egypt	69	221	57090
尼日利亚	Nigeria	55②	100②	
南非	South Africa	677	800④	
加拿大	Canada		3114	
墨西哥	Mexico	666	6062	1061375
美国	United States	5628④	40547	
阿根廷	Argentina	299	912	225959
巴西	Brazil	742	3005	535600④
委内瑞拉	Venezuela	101④	481④	84493④
捷克	Czech Rep.	469	689	132929
法国	France	2033	5741	1094703
德国	Germany	1586	4613	780001
意大利	Italy	1152	3354	
荷兰	Netherlands	269	888	146390
波兰	Poland	444	1276	271011
俄罗斯	Russia	1101④	4021	
西班牙	Spain	711	3588	818355
土耳其	Turkey	620④	2648	271250④
乌克兰	Ukraine	248	408	92566
英国	United Kingdom	751	4046	783790
澳大利亚	Australia	492	2080	443000
新西兰	New Zealand	119	418	

注：①2009年数据。②2011数据。③2012年数据。④2013年数据。
Note: ①Data refer to 2009.②Data refer to 2011.③Data refer to 2012.④Data refer to 2013.
资料来源：联合国教科文组织统计研究所数据中心。
Source: UNESCO Institute of Statistics Data Centre.

13-24 国际旅游人数
Number of Arrivals and Departures of International Tourism

单位：万人 (10 000 persons)

国家和地区	Country or Area	入境旅游人数 Number of Arrivals		出境旅游人数 Number of Departures	
		2000	2015	2000	2015
世界	**World**	**69471**	**120006**	**81197**	**136045**
高收入国家	**High Income**	**48941**	**71814**	**54508**	**72644**
中等收入国家	**Middle Income**	**19381**	**45788**	**14960**	**44242**
低收入国家	**Low Income**	**649**	**1494**		
中国	China	3123	5689	1047	11689
中国香港	Hong Kong, China	881	2669	5890	8908
中国澳门	Macao, China	520	1431		147
孟加拉国	Bangladesh	20		113	
文莱	Brunei Darussalam		22		
柬埔寨	Cambodia	47	478	4	119
印度	India	265	1328	442	2038
印度尼西亚	Indonesia	506	1041	221	818
伊朗	Iran	134	524	229	662
以色列	Israel	242	280	353	589
日本	Japan	476	1974	1782	1621
哈萨克斯坦	Kazakhstan	147		125	
韩国	Korea, Rep.	532	1323	551	1931
老挝	Laos	19	354		307
马来西亚	Malaysia	1022	2572	3053	
蒙古	Mongolia	14	39		
缅甸	Myanmar	42	468		
巴基斯坦	Pakistan	56			
菲律宾	Philippines	199	536	167	
新加坡	Singapore	606	1205	444	913
斯里兰卡	Sri Lanka	40	180	52	136
泰国	Thailand	958	2992	191	679
越南	Viet Nam	214	794		
埃及	Egypt	512	914	296	
尼日利亚	Nigeria	81	126		
南非	South Africa	587	890	383	
加拿大	Canada	1963	1797	1918	3227
墨西哥	Mexico	2064	3209	1108	1960
美国	United States	5124	7751	6133	7345
阿根廷	Argentina	291	574	495	781
巴西	Brazil	531	631	323	947
委内瑞拉	Venezuela	47	79	95	154
捷克	Czech Rep.		871		586
法国	France	7719	8445	1989	2665
德国	Germany	1898	3497	7440	8374
意大利	Italy	4118	5073	2199	2904
荷兰	Netherlands	1000	1501	1390	1807
波兰	Poland	1740	1672	5668	4430
俄罗斯	Russian Fed.	2117	3373	1837	3455
西班牙	Spain	4640	6822	410	1441
土耳其	Turkey	959	3948	528	875
乌克兰	Ukraine	643	1243	1342	2314
英国	United Kingdom	2321	3444	5684	6572
澳大利亚	Australia	493	744	350	946
新西兰	New Zealand	178	304	128	241

资料来源：世界银行数据库，更新时间2017年9月18日。
Source: World Bank Database, last updated date 2017/9/18.

附　录
Appendix

附录　主要统计指标解释

人口家庭

人口数　指一定时点、一定地区范围内有生命的个人总和。

年度统计的年末人口数指每年 12 月 31 日 24 时的人口数。年度统计的全国人口总数内未包括香港、澳门特别行政区和台湾省以及海外华侨人数。

城镇人口和乡村人口　城镇人口是指居住在城镇范围内的全部常住人口；乡村人口是除上述人口以外的全部人口。

出生率(又称粗出生率)　指在一定时期内(通常为一年)一定地区的出生人数与同期内平均人数(或期中人数)之比，用千分率表示。本资料中的出生率指年出生率，其计算公式为:

$$出生率=\frac{年出生人数}{年平均人数}\times1000‰$$

式中：出生人数指活产婴儿，即胎儿脱离母体时(不管怀孕月数)，有过呼吸或其他生命现象。年平均人数指年初、年底人口数的平均数，也可用年中人口数代替。

死亡率(又称粗死亡率)　指在一定时期内(通常为一年)一定地区的死亡人数与同期内平均人数(或期中人数)之比，用千分率表示。本资料中的死亡率指年死亡率，其计算公式为:

$$死亡率=\frac{年死亡人数}{年平均人数}\times1000‰$$

人口自然增长率　指在一定时期内(通常为一年)人口自然增加数(出生人数减死亡人数)与该时期内平均人数(或期中人数)之比，用千分率表示。计算公式为:

$$人口自然增长率=\frac{本年出生人数-本年死亡人数}{年平均人数}\times1000‰$$

$$=人口出生率-人口死亡率$$

总抚养比　也称总负担系数。指人口总体中非劳动年龄人口数与劳动年龄人口数之比。通常用百分比表示。说明每 100 名劳动年龄人口大致要负担多少名非劳动年龄人口。用于从人口角度反映人口与经济发展的基本关系。计算公式为:

$$GDR=\frac{P_{0\sim14}+P_{65^+}}{P_{15\sim64}}\times100\%$$

其中：GDR 为总抚养比；

$P_{0\sim14}$为 0 ~ 14 岁少年儿童人口数；

$P_{65}+$为 65 岁及 65 岁以上的老年人口数；

$P_{15\sim64}$为 15 ~ 64 岁劳动年龄人口数。

老年人口抚养比　也称老年人口抚养系数。指某一人口中老年人口数与劳动年龄人口数之比。通常用百分比表示。用以表明每 100 名劳动年龄人口要负担多少名老年人。老年人口抚养比是从经济角度反映人口老化社会后果的指标之一。计算公式为:

$$ODR=\frac{P_{65^+}}{P_{15\sim64}}\times100\%$$

其中：ODR 为老年人口抚养比；

$P_{65}+$为 65 岁及 65 岁以上的老年人口数；

$P_{15\sim64}$为 15 ~ 64 岁的劳动年龄人口数。

少年儿童抚养比 也称少年儿童抚养系数。指某一人口中少年儿童人口数与劳动年龄人口数之比。通常用百分比表示。以反映每 100 名劳动年龄人口要负担多少名少年儿童。计算公式为：

$$CDR = \frac{P_{0\sim14}}{P_{15\sim64}} \times 100\%$$

其中：CDR 为少年儿童抚养比；

$P_{0\sim14}$为 0 ~ 14 岁少年儿童人口数；

$P_{15\sim64}$为 15 ~ 64 岁劳动年龄人口数。

卫生健康

医疗卫生机构 指从卫生行政部门取得《医疗机构执业许可证》、《计划生育技术服务许可证》，或从民政、工商行政、机构编制管理部门取得法人单位登记证书，为社会提供医疗保健、疾病控制、卫生监督服务或从事医学科研和医学在职培训等工作的单位。医疗卫生机构包括医院、基层医疗卫生机构、专业公共卫生机构、其他医疗卫生机构。

医院 包括综合医院、中医医院、中西医结合医院、民族医院、各类专科医院和护理院，不包括专科疾病防治院、妇幼保健院和疗养院。

基层医疗卫生机构 包括社区卫生服务中心、社区卫生服务站、街道卫生院、乡镇卫生院、村卫生室、门诊部、诊所(医务室)。

专业公共卫生机构 包括疾病预防控制中心、专科疾病防治机构、妇幼保健机构（含妇幼保健计划生育服务中心）、健康教育机构、急救中心（站）、采供血机构、卫生监督机构、取得《医疗机构执业许可证》或《计划生育技术服务许可证》的计划生育技术服务机构。

其他医疗卫生机构 包括疗养院、临床检验中心、医学科研机构、医学在职教育机构、医学考试中心、农村改水中心、人才交流中心、统计信息中心等卫生事业单位。

卫生人员 指在医院、基层医疗卫生机构、专业公共卫生机构及其他医疗卫生机构工作的职工，包括卫生技术人员、乡村医生和卫生员、其他技术人员、管理人员和工勤人员。一律按支付年底工资的在岗职工统计，包括各类聘任人员(含合同工)及返聘本单位半年以上人员，不包括临时工、离退休人员、退职人员、离开本单位仍保留劳动关系人员、本单位返聘和临聘不足半年人员。

卫生技术人员 包括执业医师、执业助理医师、注册护士、药师（士）、检验技师（士）、影像技师、卫生监督员和见习医（药、护、技）师（士）等卫生专业人员。不包括从事管理工作的卫生技术人员(如院长、副院长、党委书记等)。

执业医师 指《医师执业证》"级别"为"执业医师"且实际从事医疗、预防保健工作的人员，不包括实际从事管理工作的执业医师。执业医师类别分为临床、中医、口腔和公共卫生四类。

执业(助理)医师 指《医师执业证》"级别"为"执业助理医师"且实际从事医疗、预防保健工作的人员，不包括实际从事管理工作的执业助理医师。执业助理医师类别分为临床、中医、口腔和公共卫生四类。

每千人口执业(助理)医师 每千人口执业(助理)医师=（执业医师数+执业助理医师数)/人口数 × 1000。人口数系年末常住人口。

每千人口卫生技术人员 每千人口卫生技术人员=卫生技术人员数/人口数 × 1000。人口数系年末常住人口。

每千人口医疗卫生机构床位 每千人口医疗卫生机构床位=医疗卫生机构床位数/人口数 × 1000。人口数系年末常住人口。

甲乙类法定报告传染病发病率　是指某年某地区每10万人口中甲、乙类法定报告传染病发病数。即甲乙类法定报告传染病发病率=甲、乙类法定报告传染病发病数/人口数×100000。

甲乙类法定报告传染病死亡率　是指某年某地区每10万人口中甲、乙类法定报告传染病死亡数。即甲乙类法定报告传染病死亡率=甲、乙类法定报告传染病死亡数/人口数×100000。

甲乙类法定报告传染病病死率　是指某年某地区甲、乙类法定报告传染病死亡数与发病数之比。即甲乙类法定报告传染病病死率=甲、乙类法定报告传染病死亡数/发病数×100%。

病死率　表示一定时期内(通常为一年)，患某种疾病的死亡人数与患某种疾病发病人数之比，一般以%表示。

孕产妇死亡率　指年内每10万名孕产妇的死亡人数。孕产妇死亡指从妊娠期至产后42天内，由于任何妊娠或妊娠处理有关的原因导致的死亡，但不包括意外原因死亡者。按国际通用计算方法，“孕产妇总数”以“活产数”代替计算。

活产数　指年内妊娠满28周及以上（如孕周不清楚，可参考出生体重达1000克及以上），娩出后有心跳、呼吸、脐带搏动、随意肌收缩四项生命体征之一的新生儿数。

5岁以下儿童死亡率　指年内未满5岁儿童死亡人数与　活产数之比，一般以‰表示。

新生儿死亡率　指年内新生儿死亡数与活产数之比。一般以‰表示。新生儿死亡指出生至28天以内(即0-27天)死亡人数。

卫生总费用　指一个国家或地区在一定时期内，为开展卫生服务活动从全社会筹集的卫生资源的货币总额，按来源法核算。它反映一定经济条件下，政府、社会和居民个人对卫生保健的重视程度和费用负担水平，以及卫生筹资模式的主要特征和卫生筹资的公平性合理性。

政府卫生支出　指各级政府用于医疗卫生服务、医疗保障补助、卫生和医疗保险行政管理、人口与计划生育事务支出等各项事业的经费。

社会卫生支出　指政府支出外的社会各界对卫生事业的资金投入。包括社会医疗保障支出、商业健康保险费、社会办医支出、社会捐赠援助、行政事业性收费收入等。

个人现金卫生支出　指城乡居民在接受各类医疗卫生服务时的现金支付，包括享受各种医疗保险制度的居民就医时自付的费用。可分为城镇居民、农村居民个人现金卫生支出，反映城乡居民医疗卫生费用的负担程度。

人均卫生费用　即某年卫生总费用与同期平均人口数之比。

卫生总费用占GDP比重　指某年卫生总费用与同期国内生产总值（GDP）之比。是用来反映一定时期国家对卫生事业的资金投入力度，以及政府和全社会对卫生事业、居民健康的重视程度。

教育培训

普通高等学校　指通过国家普通高等教育招生考试，招收高中毕业生为主要培养对象，实施高等学历教育的全日制大学、独立设置的学院、独立学院和高等专科学校、高等职业学校及其他机构。

大学、独立设置的学院主要实施本科及本科层次以上的教育。独立学院主要实施本科层次的教育。高等专科学校、高等职业学校实施专科层次的教育。其他机构是指承担国家普通招生计划任务不计校数的机构，包括普通高等学校分校、大专班等。

独立学院　指由普通本科高校按新机制、新模式举办的本科层次的二级学院。一些普通本科高校按公办机制和模式建立的二级学院、“分校”或其他类似的二级办学机构不属此范畴。

成人高等学校　指通过国家成人高等教育招生考试，招收具有高中毕业或同等学力的人员为主要培养对象，利用函授、业余、脱产等多种形式，对其实施高等学历教育的学校。包括：职工高等学校、农民高等学校、管理干部学院、教育学院、独立函授学院、广播电视大学、其他机构。其他机构是指承担国家成人招生计划任务不计校数的机构。

民办的其他高等教育机构 指经省、自治区、直辖市教育行政部门审批并颁发办学许可证，不具有颁发普通本专科和成人本专科学历文凭资格的实施高等教育的单位。

中等职业教育 调整后的中等职业学校是指将普通中等专业学校（中等技术学校、中等师范学校）、成人中等专业学校、职业高中学校、其他机构等各种实施中等职业教育的办学类型，通过合并、共建、联办、划转等形式调整为统一的办学类型。

其他机构 指承担中等职业教育不计校数的教育机构（包括停办的学校和高等学校附设的中等职业教育机构）。

职业初中 指经县或县以上教育行政部门批准设立，招收小学毕业生实施初级中等职业技术教育的教学机构。

初等教育 指由县或县以上教育行政部门批准，招收学龄儿童实施初等教育的教学机构。

特殊教育 指独立设置的招收盲聋哑和智残儿童，以及其他特殊需要的儿童、青少年进行普通或职业初、中等教育的独立设置学校。

学前教育 包括幼儿园和学前班。学前班是指在部分不能满足学龄前幼儿三年入园的地区，组织学龄前儿童进行学前一年教育的一种组织形式。学前班是农村发展学前教育的重要形式，也是城市弥补幼儿园数量不足的一种辅助形式。

完全中学 指普通初、高中合设的教育机构。

在职人员攻读博士、硕士学位 指经国务院学位委员会批准的，为提高在职人员业务水平，通过攻读博士、硕士学位入学全国联考所招收的学生。培养的学生只有学位没有学历。

自考助学班学生 指为参加高等教育自学考试的学生举办的全日制教学辅导班所招收的学生。

学历文凭考试学生 指民办的其他高等教育机构中所招收参加高等教育学历文凭考试的全日制专科学生。

普通预科生 指经教育部和国家民委批准下达预科招生计划，招收的少数民族和港澳、华侨、台籍学生，经过一年的文化补习，合格者升入普通高等学校有关专业学习。

进修及培训 指在高等教育学校（机构）进行的各类非学历教育。

高等教育资格证书培训 指由各类高等教育机构举办的，招收具有高中毕业文化程度，从事专业技术工作或专业性较强的管理工作人员，经过学习及考试合格，取得达到岗位要求的专业知识水平的非学历教育。证书教育形式包括单科班和专业证书班。

高等教育岗位证书培训 指由各类高等教育机构举办的，以提高本职工作能力为目的的非学历教育和培训活动。接受培训的各类人员按要求经考核合格，颁发岗位合格证书和上岗任职聘任书。岗位培训形式包括资格性培训和适应性培训。

中等教育资格证书培训 指接受培训的各类人员经过学习及考试合格，取得达到岗位要求的职业资格证书。

中等教育岗位证书培训 指接受培训的各类人员经过学习及考试合格，颁发岗位合格证书和上岗任职聘任书。

小学学龄儿童净入学率 指调查范围内已入小学学习的学龄儿童占校内外学龄儿童总数的比重。

教职工（基础教育） 指编制在学校，并从事教学、管理和后勤保障工作的固定人员（不包括临时工和聘任教师）。

教职工按工作性质可分为教师、行政人员、教辅人员和工勤人员。

教职工（高等和中职教育） 指在学校（机构）工作并由学校（机构）支付工资的教职工人数，人员包括①在编人员，即根据原人事管理制度，人事关系和档案均在学校的人员；②聘任制人员，即人事制度改革后，高校（机构）招聘录用的长期、全时工作人员。聘任制人员的人事关系在学校但档案不在学校。

教职工数包括校本部教职工、科研机构人员、校办企业职工、其他附设机构人员。

专任教师 是指具有教师资格，专门从事教学工作的人员。

国家财政性教育经费 包括公共财政预算教育经费，各级政府征收用于教育的税费，企业办学中的企业拨款，校办产业和社会服务收入用于教育的经费，其他属于国家财政性教育经费。其中，企业办学中的企业拨款是指中央和地方所属企业在企业营业外资金列支或企业自有资金列支,并实际拨付所属学校的办学经费；校办产业和社会服务收入用于教育的经费是指学校举办的校办产业和各种经营取得的收益及投资收益中用于补充教育经费的部分。

公共财政预算内教育经费 指中央、地方各级财政或上级主管部门在年度内安排，并划拨到各级各类学校、教育行政单位、教育事业单位，列入国家预算支出科目的教育经费。包括教育事业拨款、科研拨款、基本建设拨款和其他拨款。

就业

经济活动人口 指在16周岁及以上，有劳动能力，参加或要求参加社会经济活动的人口。包括就业人员和失业人员。

就业人员 指在一定年龄以上，有劳动能力，为取得劳动报酬或经营收入而从事一定社会劳动的人员。具体指年满16周岁，为取得报酬或经营利润，在调查周内从事了1小时（含1小时）以上的劳动或由于学习、休假等原因在调查周内暂时处于未工作状态，但有工作单位或场所的人口。

单位就业人员 指报告期末最后一日24时在本单位中工作,并取得工资或其他形式劳动报酬的人员数。该指标为时点指标，不包括最后一日当天及以前已经与单位解除劳动合同关系的人员，是在岗职工、劳务派遣人员及其他就业人员之和。就业人员不包括:

(1)离开本单位仍保留劳动关系，并定期领取生活费的人员;

(2)利用课余时间打工的学生及在本单位实习的各类在校学生;

(3)本单位因劳务外包而使用的人员。

城镇私营和个体就业人员 城镇私营就业人员指在工商管理部门注册登记，其经营地址设在县城关镇(含县城关镇)以上的私营企业就业人员，包括私营企业投资者和雇工。城镇个体就业人员指在工商管理部门注册登记，并持有城镇户口或在城镇长期居住，经批准从事个体工商经营的就业人员，包括个体经营者和在个体工商户劳动的家庭帮工和雇工。

在岗职工 指在本单位工作且与本单位签订劳动合同，并由单位支付各项工资和社会保险、住房公积金的人员，以及上述人员中由于学习、病伤、产假等原因暂未工作仍由单位支付工资的人员。在岗职工还包括:

(1)应订立劳动合同而未订立劳动合同人员(如使用的农村户籍人员);

(2)处于试用期人员;

(3)编制外招用的人员;

(4)派往外单位工作，但工资仍由本单位发放的人员(如挂职锻炼、外派工作等情况)。

城镇登记失业人员 指有非农业户口，在一定的劳动年龄内(16周岁至退休年龄)，有劳动能力，无业而要求就业，并在当地劳动保障部门进行失业登记的人员。

城镇登记失业率 城镇登记失业人员与城镇单位就业人员(扣除使用的农村劳动力、聘用的离退休人员、港澳台及外方人员)、城镇单位中的不在岗职工、城镇私营业主、个体户主、城镇私营企业和个体就业人员、城镇登记失业人员之和的比。

收入消费

居民可支配收入 指居民可用于最终消费支出和储蓄的总和，即居民可用于自由支配的收入。既包括现金收入，也包括实物收入。按照收入的来源，可支配收入包含四项，分别为：工资性收入、经营性净收入、财产性净收入和转移性净收入。

居民消费支出 是指居民用于满足家庭日常生活消费需要的全部支出，既包括现金消费支出，也包括实物消费支出。消费支出可划分为食品烟酒、衣着、居住、生活用品及服务、交通通信、教育文化娱乐、医疗保健以及其他用品及服务八大类。

工资总额 指根据《关于工资总额组成的规定》(1990 年 1 月 1 日国家统计局发布的一号令)进行修订，在报告期内(季度或年度)直接支付给本单位全部就业人员的劳动报酬总额。包括计时工资、计件工资、奖金、津贴和补贴、加班加点工资、特殊情况下支付的工资，是在岗职工工资总额、劳务派遣人员工资总额和其他就业人员工资总额之和。

工资总额是税前工资，包括单位从个人工资中直接为其代扣或代缴的房费、水费、电费、住房公积金和社会保险基金个人缴纳部分等。

工资总额不论是计入成本的还是不计入成本的，不论是以货币形式支付的还是以实物形式支付的，均应列入工资总额的计算范围。

平均工资 指单位就业人员在一定时期内平均每人所得的工资额。它表明一定时期工资收入的高低程度，是反映就业人员工资水平的主要指标。计算公式为：

$$平均工资=\frac{报告期就业人员工资总额}{报告期就业人员平均人数}$$

平均工资指数 指报告期就业人员平均工资与基期就业人员平均工资的比率，是反映不同时期就业人员货币工资水平变动情况的相对数。计算公式为：

$$平均工资指数=\frac{报告期就业人员平均工资}{基期就业人员平均工资}\times 100\%$$

平均实际工资指数 就业人员平均实际工资指扣除物价变动因素后的就业人员平均工资。就业人员平均实际工资指数是反映实际工资变动情况的相对数，表明就业人员实际工资水平提高或降低的程度。计算公式为：

$$平均实际工资指数=\frac{报告期就业人员平均工资指数}{报告期城镇居民消费价格指数}\times 100\%$$

社会保障

城镇职工基本养老保险

参保职工人数 指报告期末按照国家法律、法规和有关政策规定参加城镇职工基本养老保险并在社保经办机构已建立缴费记录档案的职工人数，包括中断缴费但未终止养老保险关系的职工人数，不包括只登记未建立缴费记录档案的人数。

离退休人员人数 指报告期末参加城镇职工基本养老保险的离休、退休和退职人员的人数。

基金收入 指根据国家有关规定，由纳入基本养老保险范围的缴费单位和个人按国家规定的缴费基数和缴费比例缴纳的养老保险基金，以及通过其他方式取得的形成基金来源的收入。包括单位和职工个人缴纳的基本养老保险费、基本养老保险基金利息收入、上级补助收入、下级上解收入、转移收入、财政补贴和其他收入。

基金支出 指按照国家政策规定的开支范围和开支标准从养老保险基金中支付给参加基本养老保险的个人的养老金、丧葬抚恤补助，以及由于保险关系转移、上下级之间调剂资金等原因而发生的支出。包括离休金、退休金、退职金、各种补贴、医疗费、死亡丧葬补助费、抚恤救济费、社会保险经办机构管理费、补助下级支出、上解上级支出、转移支出、其他支出等。

基金累计结余 指截止报告期末基本养老保险基金收支相抵后的累计余额。

城乡居民基本养老保险

参保人数　指报告期末，参加城乡居民养老保险（在经办机构参保登记并已建立缴费记录以及制度实施当年已经年满60周岁并在经办机构参保登记）的总人数（不包括已经办理注销登记手续的人数）。

基金收入　指根据国家有关规定，由参加城乡居民基本养老保险的个人按规定缴费的城乡居民基本养老保险基金，以及通过集体补助、财政补助等其他方式取得的形成基金来源的收入。包括个人缴费收入、集体补助收入、政府补贴收入、利息收入、转移收入、上级补助收入、下级上解收入和其他收入。

基金支出　指按照国家政策规定的开支范围和开支标准从城乡居民基本养老保险基金中支付给参加城乡居民基本养老保险的个人养老金待遇支出，以及由于参保人员跨统筹地区流动而发生的支出等。包括养老金待遇支出、转移支出、补助下级支出、上解上级支出、其他支出。

基金累计结余　指截止报告期末城乡居民基本养老保险基金收支相抵后的累计余额。

基本医疗保险

参保人数　指报告期末按国家有关规定参加相应基本医疗保险的人数。

基金收入　指由用人单位和个人按照国家规定的缴费基数、缴费比例或缴费标准缴纳的基本医疗保险基金，财政补助资金以及通过其他方式取得的形成基金来源的款项，包括：单位缴纳收入、个人缴纳收入、财政补助收入（含医疗救助补助个人收入）、财政补贴收入、利息收入和其他收入。

基金支出　指按照国家政策规定的开支范围和开支标准，从基本医疗保险基金中支付给参保人员的医疗保险待遇支出，以及其他支出。包括住院医疗费用支出、门急诊医疗费用支出、个人账户基金支出、其他支出。

基金累计结余　指截止报告期末基本医疗保险基金累计结余金额。

失业保险

参保人数　指报告期末按照国家法律、法规和有关政策规定参加了失业保险的城镇企业、事业单位的职工及地方政府规定参加失业保险的其他人员的人数。

基金收入　指报告期内筹集的失业保险基金的总额，包括失业保险费收入、利息收入、财政补贴收入、其他收入、转移收入、上级补助收入、下级上解收入。

基金支出　指报告期内为保障失业人员基本生活、促进其再就业等支出的基金总额，包括失业保险金支出、医疗补助金支出、丧葬补助金和抚恤金支出、职业培训和职业介绍补贴支出、农民合同制工人一次性生活补助支出、其他支出、转移支出、上级补助支出、下级上解支出。

基金累计结余　指截止报告期末失业保险基金收支相抵后的累计余额。

工伤保险

参保人数　指报告期末依据国家有关规定参加工伤保险的职工人数和有雇工的个体工商户的雇工数。

享受保险待遇人数　指年初至报告期末因工伤或职业病而享受工伤保险待遇的人数。为享受工伤医疗待遇中未评定等级的人数、享受伤残待遇人数以及享受因工死亡待遇人数之和。

基金收入　指根据国家有关规定，由参加工伤保险的单位按国家规定的缴费基数和缴费比例缴纳的工伤保险基金，以及通过其他形式取得的形成基金来源的款项。包括：单位缴纳的社会统筹基金收入、财政补贴收入、利息收入、其他收入。

基金支出　指按照国家政策规定的开支范围和开支标准从工伤保险基金中支付给参加工伤保险的人员及供养直系亲属工伤保险待遇支出及其他支出。包括工伤医疗费、伤残补助金、工亡补助金、护理费、丧葬补助费、工伤预防费用、职业康复费用和其他支出。

基金累计结余　指截止报告期末工伤保险基金累计结余金额。

生育保险

参保人数 指报告期末依据有关规定参加生育保险的人数。

基金收入 指根据国家有关规定，由参加生育保险的单位按照国家规定的缴费基数和缴费比例缴纳的生育保险基金，以及通过其他方式取得的形成基金来源的款项，包括：单位缴纳的基金收入、利息收入和其他收入。

基金支出 指按照国家政策规定的开支范围和开支标准，从生育保险基金中支付给参加生育保险的职工，因妊娠、分娩和计划生育手术而享受的待遇及其他支出。包括：生育津贴、医疗费用支出及其他支出。

基金累计结余 指截止报告期末生育保险基金累计结余金额。

城市老年收养性福利机构 指提供食宿的、不以盈利为目的、城市中主要收养社会“三无”对象和家庭无力照顾的老年人的社会福利事业单位的总称。

农村老年收养性福利机构（农村五保供养福利机构） 指提供食宿的、不以盈利为目的、农村（乡、镇）中主要收养“五保户”和家庭无力照顾的老年人的社会福利单位的总称。

民办非企业 指企业事业单位、社会团体和其他社会力量以及公民个人利用非国有资产举办的，从事非营利性社会服务活动的社会组织。

每千人口社会服务床位数 指老年及残疾人床位数、智障和精神疾病床位数、儿童床位数、救助及其他社会服务床位数的总和除以当年期末人口数乘以1000。计算公式为:

$$每千人口社会服务床位数=\frac{社会服务床位数}{年末人口数}\times 1000$$

其中，老年及残疾人床位数包括城市养老服务机构、农村养老服务机构、社会福利院、光荣院、荣誉军人康复医院、复员军人疗养院中的相关床位数；智障和精神疾病床位数包括复退军人精神病院和社会福利医院中的相关床位数；儿童床位数包括儿童福利院和流浪儿童救助保护中心中的相关床位数；救助及其他社会服务床位数包括社区养老服务中心、社区养老服务站、生活无着人员救助管理站、其他收养机构、军休所、军供站的相关床位数。

孤儿数 指失去父母或查找不到生父母的未满18周岁的未成年人的人数。由地方县级以上民政部门依据有关规定和条件认定。

家庭儿童收养登记总数 指中国公民收养查找不到生父母的弃婴、儿童和福利机构抚养的孤儿以及外国人收养中国儿童并在中国县级及以上民政部门办理儿童收养登记后取得合法收养关系的总件数。县级及以上民政部门办理儿童收养登记一次为一件。

中国公民收养登记 指收养人是中国公民（包括港澳台居民及华侨）的儿童收养登记。

外国公民收养登记 指收养人是具有外国国籍（包括无国籍人）的人员。夫妻共同收养有一方是外国人的，按外国人办理收养登记。

城市居民最低生活保障人数 指在报告期末家庭平均收入在当地规定的最低生活保障线以下的城镇居民数。包括“三无”对象，失业人员和在职、下岗、退休人员等。

农村居民最低生活保障人数 指报告期末在建立农村最低生活保障制度的地区，得到当地政府或集体给予最低生活保障的农业人口家庭人数。

定期抚恤人数 指报告期末革命烈士家属、因公牺牲、病故军人家属中符合抚恤条件，国家给予定期发放抚恤金的人数。

定期补助人数 指报告期末由国家定期发放给带病回乡不能参加生产劳动、生活特别困难的复员、退伍军人，完全丧失劳动能力、生活困难的复员军人，红军失散人员，以及用抚恤费开支的其他享受定期发放的人员总和。

实际参保的残疾居民人数 指在“符合参保条件的残疾居民人数”中实际缴费参加城镇居民社会养老保险并已建立缴费记录档案的残疾居民人数。包括城镇居民养老保险制度实施时，已年满60周岁、未享受城镇职工基本养老保险待遇，直接按月领取城镇居民社会养老保险基础养老金的残疾居民，不包括只登记未建立缴费记录档案的人数。

实际参保的农村残疾居民人数　指在“符合参保条件的残疾居民人数”中实际缴费参加新型农村社会养老保险并已建立缴费记录档案的农村残疾居民人数。包括新型农村社会养老保险制度实施时，已年满 60 周岁、未享受城镇职工基本养老保险待遇，直接按月领取新型农村社会养老保险基础养老金的农村残疾居民，不包括只登记未建立缴费记录档案的人数。

已纳入最低生活保障范围　指具有城镇户口的残疾人家庭人均收入低于当地城市居民最低生活保障标准，并已经纳入最低生活保障的残疾人数。

集中供养　指城镇“三无”残疾人员在社会福利院等社会福利机构集中供养的人数。

其他救助救济　指本年度具有城镇户口，定期或不定期享受政府、残联或社会捐助的资金和实物救助救济的残疾人数。

已纳入最低生活保障范围　指具有农村户口的残疾人家庭人均收入低于当地城市居民最低生活保障标准，并已经纳入最低生活保障的残疾人数。

其他救助救济　指本年度具有农村户口，定期或不定期享受政府、残联或社会捐助的资金和实物救助救济的残疾人数。

托养服务机构　指为有托养服务需求的智力、精神、无生活自理能力、长期需要专人照料或护理的残疾人提供基本生活照料和护理、生活自理能力训练、心理及行为辅导、康复训练及医疗保健、社会适应辅导、休闲生活辅导、劳动技能训练和职业康复等方面服务的场所。包括各级各类寄宿制集中托养机构和日间照料机构。

寄宿制托养服务机构合计　指截止本年度末，实际建立的可以对残疾人进行寄宿托养服务的托养服务机构总数。

日间照料托养服务机构合计　指截止本年度末，实际建立的可以对残疾人进行日间照料的托养服务的机构总数。

居家托养服务　指以社区（村）为依托，以社会服务组织、志愿服务人员、家庭邻里等为载体，采取派人包户、定期上门、临时陪护、发放服务券等多种形式，为居住在家。

享受居家托养服务残疾人　指居住在家并符合托养条件，获得政府和残联组织提供的多种形式的生活照料、康复护理、精神慰藉、安全保护的等上门服务的残疾人。

居住环境

供水综合生产能力　指按供水设施取水、净化、送水、出厂输水干管等环节设计能力计算的综合生产能力。包括在原设计能力的基础上，经挖、革、改增加的生产能力。计算时，以四个环节中最薄弱的环节为主确定能力。

供水管道长度　指从送水泵至用户水表之间所有管道的长度。不包括新安装尚未使用、水厂内以及用户建筑物内的管道。

城市供水总量　指报告期供水企业(单位)供出的全部水量。包括有效供水量和漏损水量。

生产运营用水　指在城区范围内生产、运营的农、林、牧、渔业、工业、建筑业、交通运输业等单位在生产、运营过程中的用水。

公共服务用水　指为城区社会公共生活服务的用水。包括行政事业单位、部队营区和公共设施服务、批发零售业、住宿餐饮业以及社会服务业等单位的用水。

居民家庭用水　指城市范围内所有居民家庭的日常生活用水。包括城市居民、农民家庭、公共供水站用水。

用水普及率　指报告期末城区用水人口数与城市人口总数的比率。计算公式:

$$用水普及率=\frac{城区用水人口(含暂住人口)}{城区人口+城区暂住人口}\times 100\%$$

人工煤气生产能力 指报告期末人工燃气生产厂制气、净化、输送等环节的综合生产能力，不包括备用设备能力。一般按设计能力计算，当实际生产能力大于设计能力时，应按实际测定的生产能力计算。测定时应以制气、净化、输送三个环节中最薄弱的环节为主。

供气管道长度 指报告期末从气源厂压缩机的出口或门站出口至各类用户引入管之间的全部已经通气、投入使用的管道长度。不包括煤气生产厂、输配站、液化气储存站、灌瓶站、储配站、气化站、混气站、供应站等厂(站)内的管道。

城市供气总量 指报告期燃气企业(单位)向用户供应的燃气数量。包括销售量和损失量。

燃气普及率 指报告期末城区使用燃气的城市人口数与城市人口总数的比率。其中燃气包括人工煤气、天然气、液化石油气三种。计算公式为:

$$燃气普及率=\frac{城区用气人口(含暂住人口)}{城区人口+城区暂住人口}\times 100\%$$

城市供热能力 指供热企业(单位)向城市热用户输送热能的设计能力。

城市供热总量 指在报告期供热企业(单位)向城市热用户输送全部蒸汽和热水的总热量。

城市供热管道长度 指从各类热源到热用户建筑物接入口之间的全部蒸汽和热水的管道长度。不包括各类热源厂内部的管道长度。

道路长度 指道路长度和与道路相通的桥梁、隧道的长度，按车行道中心线计算。

城市桥梁 指为跨越天然或人工障碍物而修建的构筑物。包括跨河桥、立交桥、人行天桥以及人行地下通道等。

城市排水管道长度 指所有排水总管、干管、支管、检查井及连接井进出口等长度之和。

城市污水日处理能力 指污水处理厂(或污水处理装置)每昼夜处理污水量的设计能力。

年末运营车数 指年末城市用于公共交通运营业务的全部车辆数。新购、新制和调入的运营车辆，自投入之日起开始计算；调出、报废和调作他用的运营车辆，自上级主管机关批准之日起不再计入。

城市绿地面积 指报告期末用作园林和绿化的各种绿地面积。包括公园绿地、生产绿地、防护绿地、附属绿地和其他绿地的面积。

公园绿地 城市中向公众开放的、以游憩为主要功能，有一定的游憩设施和服务设施，同时兼有健全生态、美化景观、防灾减灾等综合作用的绿化用地。包括综合公园、社区公园、专类公园、带状公园和街旁绿地。其中综合公园、专类公园和带状公园面积之和为公园面积。

道路清扫保洁面积 指报告期末对城市道路和公共场所（主要包括城市行车道、人行道、车行隧道、人行过街地下通道、道路附属绿地、地铁站、高架路、人行过街天桥、立交桥、广场、停车场及其他设施等）进行清扫保洁的面积。一天清扫保洁多次的，按清扫保洁面积最大的一次计算。

市容环卫专用车辆设备 指用于环境卫生作业、监察的专用车辆和设备，包括用于道路清扫、冲洗、洒水、除雪、垃圾粪便清运、市容监察以及与其配套使用的车辆和设备。

每万人拥有公共交通车辆 指按城市人口计算的每万人平均拥有的公共交通车辆标台数。计算公式:

$$每万人拥有公共交通车辆=\frac{公共交通运营车标台数}{城区人口+城区暂住人口}$$

文化休闲

使用“中国标准书号”合计 使用统一书号的主要有两类: 1.各级技术标准文献; 2.年画、年历画、台历、无书名页的单张美术印刷品或折页美术印刷品，不另加封面的出版物（如活页文选、活页歌篇、小件印品）等。

不使用“中国标准书号”部分合计 指图片、图标（GB）、部标（BB）等标准类文件印品、活页文选、活页歌篇、小件印品等。

少年儿童读物类图书和课本出版种数 少年儿童读物指供初中及初中以下少年儿童阅读的书籍，课本指供大、中、小学生及业余教育使用的书籍。

国家综合档案馆 指由中央或地方各级档案行政管理部门直接管理的，按行政区划或历史时期设置的，收集和管理所辖范围内多种门类档案的档案馆。

公共广播节目套数 指经国家广电总局批准的、广播电视播出机构开办的不向听众收取收听费用，以为大众提供公共广播服务为主要目的，用固定频率播出，并编有整套自办节目时间表的广播节目套数。

全年制作广播节目时间 指广播电视节目制作机构全年自采、自编、自录的及合作制作、加工制作的各类广播节目，包括直播广播节目。

全年公共广播节目播出时间 指广播电视播出机构自办节目频率内公共节目全年播出的时间（含节目重复播出时间）。

公共电视节目套数 指经国家广电总局批准的、广播电视播出机构开办的不向观众收取收看费用，以为大众提供公共电视服务为主要目的，用固定频率播出的自办电视节目套数。

付费电视节目套数/时间 指经国家广电总局批准的、广播电视播出机构开办的向观众收取收看费用，以个性化、对象化、专业化为主的电视节目套数以及全年播出时间（含重复播出时间）。

全年制作电视节目时间 指广播电视节目制作机构全年自采、自编、自录的及合作制作、加工制作的各类电视节目，包括直播电视节目。

全年公共电视节目播出时间 指广播电视播出机构自办节目频道内全年播出公共电视节目的时间（含重复播出时间）。

中、短波转播发射台 指经省以上广电行政部门批准的有固定人员编制，固定频率和播出时间的中、短波发射台和转播台。

调频转播发射台 指经省以上广电行政部门批准的有固定人员编制，固定频率和播出时间的调频发射台和转播台。

电视转播发射台 指经省以上广电部门批准的有固定人员编制，固定频率和播出时间的电视发射台和转播台。

有线广播电视用户数 指通过广播电视有线传输网收看电视节目的家庭用户数，包括接收模拟信号和接收数字信号的有线电视用户数。

数字电视用户数 指通过广播电视有线传输网收看数字信号电视节目的家庭用户数。

广播节目综合人口覆盖率 指根据国家广电总局制定的《广播电视人口覆盖率统计技术标准和方法》进行统计调查的，在对象区内能接收到由中央、省、地市或县通过无线、有线或卫星等各种技术方式转播的各级广播节目的人口数占全部总人口数的百分比。

电视发射转播台 经省以上广电部门批准的有固定人员编制，固定频率和播出时间的电视发射台和转播台。

电视节目综合人口覆盖率 根据国家广电总局制定的《广播电视人口覆盖率统计技术标准和方法》进行统计调查的，在对象区内能接收到由中央、省、地市、或县通过无线、有线或卫星等各种技术方式转播的中央电视节目的人口数占全部总人口数的百分比。

有线广播电视入户率 计算公式为:（有线广播电视用户数/全国总户数）×100%

艺术表演团体 指由文化部门主办或实行行业管理（经文化市场行政部门审批或已申报登记并领取相关许可证），专门从事表演艺术等活动的各类专业艺术表演团体，含民间职业剧团。不包括群众业余文艺表演团体。

艺术表演场馆 指由文化部门主办或实行行业管理（经文化市场行政部门审批或已申报登记并领取相

关许可证），有观众席、舞台、灯光设备，公开售票、专供文艺团体演出的文化活动场所。

文物及文化保护 指对具有历史、文化、艺术、科学价值，并经有关部门鉴定，列入文物保护范围的不可移动文物的保护和管理活动；对我国语言、文字、民间文化艺术、民俗等非物质遗产的文化保护和管理活动。包括近现代重要史迹及具有代表性、纪念性的建筑物的保护（含革命遗址、纪念碑、名人故居）；寺庙、清真寺、教学及各种祠、堂、碑遗址的保护；古文化遗址、古墓地、古建筑、石窟寺、石记得等的保护；民族语言、文字遗产保护；民间艺术（民间传说、神话、歌谣、故事、音乐、舞蹈、戏曲、曲艺皮影、绘画、剪纸等）遗产保护；民间、民俗传统活动（传统节日、庆典、民族艺术活动、民族体育活动等）遗产保护；民族制作（建筑风格、服饰、家具、木器、陶器、铜器等）遗产保护；其他未列明的文物与文化保护。

博物馆 指为了研究、教育、欣赏的目的，收藏、保护、展示人类活动和自然环境的见证物，向公众开放，非营利性、永久性社会服务机构，包括以博物馆（院）、纪念馆（舍）、美术（艺术）馆、科技馆、陈列馆等专有名称开展活动的单位。

总藏量 指图书馆已编目的古籍、图书、期刊和报纸的合订本、小册子、手稿，以及缩微制品、录像带、录音带、光盘等视听文献资料数量之和。

藏品 指文博机构根据收藏品的文化属性、自然属性等情况，所划分的文物藏品、标本藏品、模型藏品（含具有收藏、展示价值的雕塑、绘画等艺术作品）和复制品藏品的总和。本指标所统计的藏品是指报告期末，该机构已经整理并登记入账的藏品数。

资源环境

耕地 指种植农作物的土地，包括熟地，新开发、复垦、整理地，休闲地（含轮歇地、轮作地）；以种植农作物（含蔬菜）为主，间有零星果树、桑树或其他树木的土地；平均每年能保证收获一季的已垦滩地和海涂。耕地中包括南方宽度＜1.0 米，北方宽度＜2.0 米固定的沟、渠、路和地坎（埂）；临时种植药材、草皮、花卉、苗木等的耕地，以及其他临时改变用途的耕地。

园地 指种植以采集果、叶、根、茎、汁等为主的集约经营的多年生木本和草本作物，覆盖度大于 50%和每亩株数大于合理株数 70%的土地。包括用于育苗的土地。

林地 指生长乔木、竹类、灌木的土地，及沿海生长红树林的土地。包括迹地，不包括居民点内部的绿化林木用地，铁路、公路征地范围内的林木，以及河流、沟渠的护堤林。

草地 指生长草本植物为主的土地。

径流量 指在一定时段内通过河流某一过水断面的水量，用以反映一个国家或地区水资源的丰歉程度。计算公式为:

径流量=降水量-蒸发量

流域 每条河流都有自己的干流和支流，干支流共同组成这条河流的水系。每条河流都有自己的集水区域，这个集水区域就称为该河流的流域。

外流河 指直接或间接流入海洋的河流。供给外流河河水的区域称为外流区域。

内陆河 指在陆地内部干燥地区，河水沿途消失于沙漠或注入内陆湖泊的河流。供给内陆河河水的区域称为内陆区域。

矿产资源 矿产资源指由地质作用形成的，具有利用价值的，呈固态、液态、气态的自然资源，是社会生产发展的重要物质基础。目前我国已发现矿种有 170 多种，按其特点和用途，可分为能源矿产(如煤炭、石油、天然气、地热)、金属矿产(如铁矿、锰矿、铜矿、铅矿、铝土矿)、非金属矿产(如金刚石、石灰岩、粘土)和水气矿产(如地下水、矿泉水、二氧化碳气)四大类。其中：金属矿产按其物质成份和性质又可分为:黑色金属矿产、有色金属矿产、贵金属矿产、稀有金属矿产、稀土金属矿产、分散元素金属矿产六类。

矿产基础储量 基础储量是查明矿产资源的一部分。它能满足现行采矿和生产所需的指标要求，是控制的、探明的并通过可行性或预可行性研究认为属于经济的、边界经济的部分，用未扣除设计、采矿损失的数量表示。

平均气温　气温指空气的温度，我国一般以摄氏度为单位表示。气象观测的温度表是放在离地面约1.5米处通风良好的百叶箱里测量的，因此，通常说的气温指的是离地面1.5米处百叶箱中的温度。计算方法:月平均气温是将全月各日的平均气温相加，除以该月的天数而得。年平均气温是将12个月的月平均气温累加后除以12而得。

年平均相对湿度　指空气中实际水气压与当时气温下的饱和水气压之比。其统计方法与气温相同。

降水量　指从天空降落到地面的液态或固态(经融化后)水，未经蒸发、渗透、流失而在地面上积聚的深度。计算方法：月降水量是将全月各日的降水量累加而得。年降水量是将12个月的月降水量累加而得。

全年日照时数　指太阳实际照射地面的时数，通常以小时为单位表示。其统计方法与降水量相同。

水资源总量　指当地降水形成的地表和地下产水总量，即地表径流量与降水入渗补给量之和。

地表水资源量　指河流、湖泊以及冰川等地表水体中可以逐年更新的动态水量，即天然河川径流量。

地下水资源量　指地下饱和含水层逐年更新的动态水量，即降水和地表水入渗对地下水的补给量。

地表水与地下水重复计算量　指地表水和地下水相互转化的部分，即天然河川径流量中的地下水排泄量和地下水补给量中来源于地表水的入渗补给量。

供水总量　指各种水源为用水户提供的包括输水损失在内的毛水量。

地表水源供水量　指地表水体工程的取水量，按蓄、引、提、调四种形式统计。从水库、塘坝中引水或提水，均属蓄水工程供水量；从河道或湖泊中自流引水的，无论有闸或无闸，均属引水工程供水量；利用扬水站从河道或湖泊中直接取水的，属提水工程供水量；跨流域调水指水资源一级区或独立流域之间的跨流域调配水量，不包括在蓄、引、提水量中。

地下水源供水量　指水井工程的开采量，按浅层淡水、深层承压水和微咸水分别统计。城市地下水源供水量包括自来水厂的开采量和工矿企业自备井的开采量。

用水总量　指各类用水户取用的包括输水损失在内的毛水量。

农业用水　包括农田灌溉用水、林果地灌溉用水、草地灌溉用水、鱼塘补水和畜禽用水。

工业用水　指工矿企业在生产过程中用于制造、加工、冷却、空调、净化、洗涤等方面的用水，按新水取用量计，不包括企业内部的重复利用水量。

生活用水　包括城镇生活用水和农村生活用水。城镇生活用水由居民用水和公共用水（含第三产业及建筑业等用水）组成；农村生活用水指居民生活用水。

生态环境补水　仅包括人为措施供给的城镇环境用水和部分河湖、湿地补水，而不包括降水、径流自然满足的水量。

生活垃圾清运量　指报告期收集和运送到各生活垃圾处理厂(场)和生活垃圾最终消纳点的生活垃圾数量。生活垃圾指城市日常生活或为城市日常生活提供服务的活动中产生的固体废物以及法律行政规定的视为城市生活垃圾的固体废物。包括：居民生活垃圾、商业垃圾、集市贸易市场垃圾、街道清扫垃圾、公共场所垃圾和机关、学校、厂矿等单位的生活垃圾。

生活垃圾无害化处理率　指报告期生活垃圾无害化处理量与生活垃圾产生量的比率。在统计上，由于生活垃圾产生量不易取得，可用清运量代替。计算公式为：

$$\text{生活垃圾无害化处理率}=\frac{\text{生活垃圾无害化处理量}}{\text{生活垃圾产生量}}\times 100\%$$

森林面积　包括郁闭度0.2以上的乔木林地面积和竹林面积，国家特别规定的灌木林地面积，农田林网以及村旁、路旁、水旁、宅旁林木的覆盖面积。

人工林面积　指由人工播种、植苗或扦插造林形成的生长稳定，(一般造林3–5年后或飞机播种5–7年后)每公顷保存株数大于或等于造林设计植树株数80%或郁闭度0.20以上(含0.20)的林分面积。

森林覆盖率 以行政区域为单位的森林面积占区域土地总面积的百分比。计算公式为:

$$森林覆盖率=\frac{森林面积}{土地总面积}\times 100\%$$

活立木总蓄积量 指一定范围土地上全部树木蓄积的总量，包括森林蓄积、疏林蓄积、散生木蓄积和四旁树蓄积。

森林蓄积量 指一定森林面积上存在着的林木树干部分的总材积。

造林面积 指在宜林荒山荒地、宜林沙荒地、无立木林地、疏林地和退耕地等其他宜林地上通过人工措施形成或恢复森林、林木、灌木林的过程。

人工造林 指在宜林荒山荒地、宜林沙荒地、无立木林地、疏林地和退耕地等其他宜林地上通过播种、植苗和分植来提高森林植被覆被率的技术措施。

湿地 指天然或人工、长久或暂时性的沼泽地、泥炭地或水域地带，包括静止或流动、淡水、半咸水、咸水体，低潮时水深不超过 6 米的水域以及海岸地带地区的珊瑚滩和海草床、滩涂、红树林、河口、河流、淡水沼泽、沼泽森林、湖泊、盐沼及盐湖。

自然保护区 指为了保护自然环境和自然资源，促进国民经济的持续发展，将一定面积的陆地和水体划分出来，并经各级人民政府批准而进行特殊保护和管理的区域个数。根据保护对象，自然保护区分为自然生态系统类、野生生物类、自然遗迹类。风景名胜区、文物保护区不计在内。

滑坡 指斜坡上不稳定的岩土体在重力作用下沿一定软弱面(或滑动带)整体向下滑动的物理地质现象。

崩塌 指陡坡上大块的岩土体在重力作用下突然脱离母体崩落的物理地质现象。

泥石流 指山地突然爆发的饱含大量泥沙、石块的特殊洪流。

地面塌陷 指地表岩、土体在自然或人为因素作用下向下陷落，并在地面形成塌陷坑(洞)的一种动力地质现象。

森林火灾次数 指发生在城市市区外的一切森林、林木和林地的火灾次数。按照受害森林面积和伤亡人数，森林火灾分为一般森林火灾、较大森林火灾、重大森林火灾和特别重大森林火灾：1.一般森林火灾：受害森林面积在 1 公顷以下或者其他林地起火的，或者死亡 1 人以上 3 人以下的，或者重伤 1 人以上 10 人以下的；2.较大森林火灾：受害森林面积在 1 公顷以上 100 公顷以下的，或者死亡 3 人以上 10 人以下的，或者重伤 10 人以上 50 人以下的；3.重大森林火灾：受害森林面积在 100 公顷以上 1000 公顷以下的，或者死亡 10 人以上 30 人以下的，或者重伤 50 人以上 100 人以下的；4.特别重大森林火灾：受害森林面积在 1000 公顷以上的，或者死亡 30 人以上的，或者重伤 100 人以上的。本条所称“以上”包括本数，“以下”不包括本数。

林业有害生物 危害森林、林木、荒漠植被、湿地植被等的病虫鼠兔及有害植物。

突发环境事件 指突然发生，造成或可能造成重大人员伤亡、重大财产损失和对全国或者某一地区的经济社会稳定、政治安定构成重大威胁和损害，有重大社会影响的涉及公共安全的环境事件。

发生地震灾害次数 指发生形成灾害(包括人员伤亡或经济损失)的所有震级的地震次数。

公共安全

人民检察院直接立案侦查案件 指按照管辖的规定，由人民检察院直接立案侦查的贪污贿赂犯罪、渎职侵权犯罪、国家机关工作人员利用职权实施的侵犯公民人身权利和民主权利的犯罪以及经省级人民检察院决定立案侦查的国家机关工作人员利用职权实施的其他重大犯罪案件。

受案 指本年新受理的案件。

立案 指人民检察院对受理的案件进行初步调查后，认为存在职务犯罪事实，应追究刑事责任，并决定作为刑事案件进行侦查的诉讼活动，是追究犯罪的开始。该指标主要反映人民检察院依法将职务犯罪线索作为刑事案件进行侦查的诉讼活动。

结案　指侦查程序的结束。

大案　指贪污贿赂案件数额在五万元以上，挪用公款数额在十万元以上，以及按照《人民检察院直接受理立案侦查的渎职侵权重特大案件标准（试行）》认定的案件。该指标主要反映人民检察院立案查办的职务犯罪案件中经济损失大、社会危害严重的案件。

要案　指县、处级以上的干部犯罪案件。该指标主要反映职务犯罪案件中县、处级以上干部被人民检察院依法立案侦查的情况。

批准逮捕　指人民检察院对公安机关、国家安全机关、监狱管理机关提出逮捕的犯罪嫌疑人进行审查，根据事实，依法做出逮捕决定。该指标主要反映人民检察院对提请逮捕犯罪嫌疑人进行审查后依法做出批准逮捕决定的情况。

决定逮捕　指人民检察院对直接立案侦查的案件，认为需要逮捕犯罪嫌疑人时，依据法律作出的逮捕决定。该指标主要反映人民检察院对直接受理的案件行使决定逮捕权的情况。

提起公诉　指人民检察院对公安机关、国家安全机关、监狱管理机关和检察机关侦查部门等移送起诉的案件进行审查，根据事实，做出提起公诉的案件。该指标主要反映人民检察院对各种刑事案件向人民法院提起公诉的情况。

刑事案件　指按照管辖的规定由公安机关、国家安全机关、监狱管理机关侦查的案件。

适用简易程序　指人民法院对依法可能判处三年以下有期徒刑、拘役、管制、单处罚金的公诉案件，事实清楚，证据充分，人民检察院建议或者同意适用简易程序的案件；告诉才处理的案件；被害人起诉的有证据证明的轻微刑事案件。

一审　指公诉案件的第一审程序。

再审　指人民法院按照审判监督程序重新审判的案件。

提出抗诉　指人民检察院对人民法院的判决、裁定认为确有错误，向人民法院提出对案件重新进行审理的诉讼活动。包括按照第二审程序提出的抗诉和按照审判监督程序（再审程序）提出的抗诉。

撤回抗诉　指上级人民检察院对下级人民检察院按照第二审程序提出的抗诉，经审查，认为抗诉不当时向同级人民法院撤回抗诉，同时通知提出抗诉的下级人民检察院。

立案　指决定立案审查的案件。

立案监督　指人民检察院对侦查机关刑事立案活动的监督。包括对应当立案而不立案的监督和不应立案而立案的监督。

监督立案　包括侦查机关接到要求说明不立案理由后主动立案和执行通知立案两个内容。

监督撤案　指人民检察院对侦查机关不应当立案而立案的监督。

监管活动　指人民检察院对监狱等监管改造场所的管理活动进行的监督。

受理　指人民检察院接受申诉的情况。包括来信和来访。

立案复查　指人民检察院接受申诉后；经审查决定立案进行复查。

结案　指立案复查有结果的案件。

首次举报　指单位或个人以来信、来访形式检举国家工作人员涉嫌贪污、贿赂犯罪，国家机关工作人员涉嫌渎职、侵权犯罪。不包括重复举报数。

首次控告　指单位或个人以来信、来访形式检举国家工作人员违法或涉嫌刑事犯罪。不包括重复控告数。

首次申诉　不服人民检察院处理决定的或不服人民法院判决或裁定的以来信、来访形式的申诉。不包括重复申诉。

分送检察机关　指人民检察院对受理的举报、控告、申诉案件，经审查，分不同情况，或由控告申诉部门直接办理、或转本院有关业务部门、或转其他人民检察院。

社会参与

社区服务机构数 指报告期末设立的社区服务指导中心、社区服务中心、社区服务站、其他社区服务机构的总和。具有面向老年人及其家庭的商品递送、医疗保健、家庭保洁、日间照料、留宿照料、陪伴服务等为社区居家养老服务的设施和突出综合服务的职能。包括未登记的敬老院、微型的五保村、幸福院、党员活动室、就业保障网络、社区卫生服务站、文化活动室、图书室、“爱心超市”、社区捐助接收站点、警务站（室）、老年活动室、未成年人文化活动场所等具有综合服务功能的机构。

社区服务机构覆盖率 计算公式为：

$$\text{社区服务机构覆盖率}=\frac{\text{社区服务机构数}}{\text{村委会数}+\text{居委会数}}\times 100\%$$

居民委员会数 指报告期末城市和建制镇在城镇居民集中居住的地区设立的居民委员会实有个数（含家委会）。

村民委员会数 指报告期末乡镇在农业人口的居住地区设立的群众性自治组织（即村民委员会）实有个数。

当年完成选举的村（居）委会数 指本年度内进行了村（居）委会选举，而且当选成员人数足够组成新一届村（居）委会开展工作的村（居）委会。

当年完成选举的村（居）选民登记数 指对本年度内完成村（居）委会选举的村统计这一数字。一个村的选民登记总数少于本村村民数，大于等于本届登记选民数。

本届登记选民数 指在本年度内完成村（居）委会选举的村（社区）中，按照村（居）民选举委员会发布的公告，于有效日前在村（居）民选举委员会依法登记，有资格参加投票的本村（社区）选民。

参加投票人数 指在本年度内完成村（居）委会选举的村中，以亲自投票、委托投票等形式参加了选举的选民人数。每个村（社区）的参选人数，从数值上，应当等于从票箱里收回的全部选票数。

志愿者组织数 是指由区、街道、居委会所建立的社区服务志愿者组织的数量。社区服务志愿者组织必须有章程、有计划、有活动，此外社区服务志愿者登记注册的人数应达到本社区居民的1%以上，80%以上的志愿者每月义务服务不少于两次。

注册社区志愿者人数 指在民政部门及其授权机构（主要包括志愿者协会、社区自治组织、志愿者组织等）注册的社区志愿者数量。

社会团体 指在中华人民共和国境内组织的各种协会、学会、联合会、研究会、基金会、联谊全、促进会、商会等合法机构的总称。各种社团，均不得从事以盈利为目的的经营性活动，并具备以下四项法人条件：①依法成立；②必要的财产或者经费；③有自己的名称、组织机构和场所；④能够独立承担民事责任。否则，不能统计为社团机构数。报告期末合法社团总数，即为年末实有社团机构数。

民办非企业单位 是指企业事业单位、社会团体和其他社会力量以及公民个人利用非国有资产举办的，从事非营利性社会服务活动的社会组织。目前，民办非企业单位主要分布在教育、卫生、文化、科技、体育、劳动、民政、社会中介、服务业等行(事)业中。

基金会 指国内的团体或个人自愿捐赠资金进行管理的组织。

专业技术技能人员：指除具有管理职责工作人员以外的，直接为老年人、儿童、残疾人等贫困弱势群体提供服务的人员，不包括从事管理工作的技术技能人员。主要有以下两类人员：

（1）专业技术人员：指机构内具备特定的专业技术，在专业技术岗位以其专业技术从事专业工作的人员。如：医生、护士、教师、会计、社会工作者等。

（2）技能人员：指机构内掌握特殊知识和专业技能，在工勤技能岗位直接从事生产和服务性工作的一线从业人员。如：养老护理员、孤残儿童护理员、假肢装配工、矫形器装配工、殡仪服务员、遗体接运工、遗体防腐师、遗体整容师、遗体火化师、墓地管理员、司机、厨师等。

国际资料

卫生设施指　经改善的卫生设施具有最基本的处理排泄物设施，这些设施能够有效防止人畜及蚊蝇与排泄物接触。经改善的卫生设施包括简单但有防护的厕坑和连通污水管道的直冲式厕所。为了保证有效，卫生设施的修建方式必须正确并得到适当维护。

清洁饮用水源　指改善的能够饮用的水源包括诸如接入家庭的输水管线、公共水管、蓄水池、受到保护的井、泉以及雨水收集。未经改善的水源包括售水机、水罐车、未加保护的井和泉。合理地获得水源意味着每人每天从距离居所 1 公里范围内的水源可获取至少 20 升水。